9·7급 공무원 시험대비

박문각 공무원

기본서

**합격까지 함께
국어 만점 기본서**

최근 출제 경향을 반영한 실전 대비 이론서

주요 내용을 한눈에 보기 쉽게 도식화

다양한 확인문제 및 연습문제 수록

강세진 편저

New
강세진
국어 All In One

동영상 강의 www.pmg.co.kr

박문각

이 책의 **머리말**

안녕하세요. 세진쌤입니다!

우리나라에는 국어와 관련된 시험이 참 많습니다.
그리고 시험마다 난도가 다릅니다.
어떤 시험은 국어가 어려울 수 있지만,
어떤 시험은 다른 과목이 어려울 수도 있습니다.

제가 강의뿐만 아니라 교재와 문제 제작,
게다가 콘텐츠까지 구성하여 창작하는 이유는 여기에서 출발합니다.

최소의 시간으로 최대의 효과를 위해,
나는 어떤 내용으로 가르쳐야 하는가와 같은 고민이었습니다.

초등학교 문제부터 교육청, 수능, 공무원, PSAT, LEET에 이르러 다년간 문제를 연구하였습니다.
이번에 제작한 'NEW 강세진 국어 All in one'은 이러한 고민의 집약체입니다.

기출 문제의 핵심을 반드시 알아야 하는 논점으로 바꾸어
이론뿐만 아니라 실전에 대비할 수 있도록 구성하였습니다.

또한 특정 직렬에 치우치지 않게 내용을 균형 있게 배분하였습니다.
'9급, 7급 국가직, 지방직, 국회직, 법원직, 군무원 등' 국어를 준비하는 학생들을 위하여
기출을 철저히 분석하고 문제 유형을 분류한 후, 공통된 내용만을 골라 교재를 재구성하였습니다.
따라서 해당 교재에 수록된 내용을 배우시면 이론은 물론, 기출 의도까지 완전히 파악할 수 있을 것입니다.

그뿐만 아니라 암기를 위한 콘텐츠, 응용을 위한 콘텐츠 역시 개발된 상태입니다.
기출 문제와 더불어 하프 모의고사, 동형 모의고사, 실전을 위한 강세진 국어 전문반 특강까지,
기본서와 함께 콘텐츠를 같이 이어 가시면 지식과 응용력 모두 갖출 수 있을 것입니다.
더불어 밴드에 가입하시면 영혼까지 함께하는 듯한 느낌을 받는 상담 창구도 이용하실 수 있습니다.

저는 여러분이 최상의 실력으로 시험을 볼 수 있도록 함께할 것입니다.
국어 문법, 어문 규정, 문학, 독서, 어휘 등 어느 분야도 놓치지 않도록 같이할 것입니다.

우리 모두 확실한 방법으로 문제를 풀어내는 힘을 길러 보아요!
감사합니다.

2024년 7월
강세진 올림

이 책의 **구성**

① 이론과 연계된 '연습문제' 수록

이론과 관련된 다양한 문제를 실전에 적용하여 바로바로 풀어볼 수 있도록 구성하였다.

② '참고' 및 '세진쌤의 핵심 tip' 수록

본문 이론과 관련된 부가적인 사항을 '참고'로 수록하였으며, 꼭 알아두어야 하는 사항을 '세진쌤의 핵심 tip'으로 정리하였다.

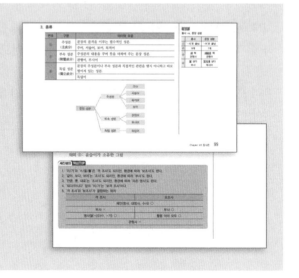

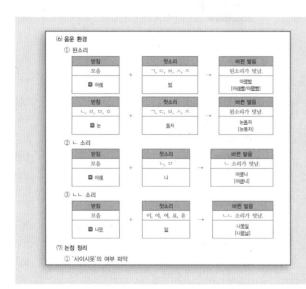

주요 내용을 도표화 ❸

주요 내용을 도표화하여 필요한 내용을 한눈에 알아보기 쉽게 정리하였다.

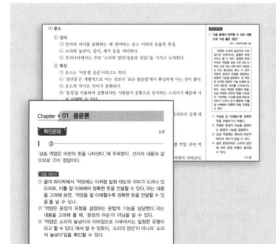

다양한 확인문제 및 풍부한 해설 수록 ❹

확인문제의 정답에 대한 해설뿐 아니라 오답에 대한 해설을 풍부하고 상세히 수록하여 도움이 되도록 하였다.

CONTENTS

이 책의 차례

강세진 국어
All In One

합격까지 **박문각**

국어 문법

01 음성과 음운

1 음성

1. 정의

(1) 사람의 발음 기관을 통해 내는 구체적이고 물리적인 소리이다.

(2) 발화자와 발화시에 따라 다르게 나는 소리로서 자음과 모음으로 나뉘는 성질이 있다.

2. 특징

(1) 음성은 사람이 발음 기관을 통해 내는 소리 가운데에서 말하는 데 사용되는 소리를 의미한다.

(2) 음성은 사람마다 목소리가 다르고, 같은 사람이라도 말할 때 다르게 소리를 내기 때문에 실제로 사용된 음성의 구체적인 모습은 각기 다른 것을 알 수 있다.

(3) 음성은 음운과 다르게 단어의 뜻을 구별할 수 없다.

(4) 음성을 다루는 학문 분야는 음성학이다.

2 음운

1. 정의

(1) 말의 뜻을 구별하여 주는 소리의 가장 작은 단위이다.

(2) 사람들이 같은 음이라고 생각하는 추상적 소리로, '님'과 '남'이 다른 뜻의 말이 되게 하는 'ㅣ'와 'ㅏ', '물'과 '불'이 다른 뜻의 말이 되게 하는 'ㅁ'과 'ㅂ' 따위를 이른다.

(3) 음운은 사람들의 관념에 따라 그 수가 달라질 수 있다. 예를 들어 우리말의 'ㄹ'을 영어에서는 'l'과 'r'의 두 개의 음운으로 인식한다.

2. 특징

(1) 음운은 단어 뜻을 구별해 준다.

(2) 음운은 음성에 의해 실현된다.

(3) 음운을 다루는 학문 분야는 음운론이다.

3. 논점 정리

세진쌤의 핵심TIP

음성 vs. 음운

음성	음운
음성학	음운론
단어의 뜻을 구별 ×	단어의 뜻을 구별 ○
구체적, 물리적, 개별적	추상적, 심리적, 관념적

(1) 운소

① 정의

　㉠ 단어의 의미를 분화하는 데 관여하는 음소 이외의 운율적 특징.

　㉡ 소리의 높낮이, 길이, 세기 등을 의미한다.

　㉢ 우리나라에서는 주로 '소리의 장단(장음과 단음)'을 가지고 논의한다.

② 특징

　㉠ 운소는 '비분절 음운'이라고도 한다.

　㉡ '장단음'은 개별적으로 아는 것보다 '표준 발음법'에서 확실하게 아는 것이 좋다.

　㉢ 운소의 차이로 의미가 분화된다.

　㉣ '음성'을 이용하여 실현되지만, 사람들이 공통으로 인지하는 소리이기 때문에 서로 이해할 수 있다.

③ 종류

　㉠ 장단음(= 소리의 길이): 낱말을 이루는 소리 가운데 본래 다른 소리보다 길게 내는 소리와 짧게 내는 소리이다.

　　예 눈[雪][눈ː] vs. 눈[目][눈]

　　　밤[栗][밤ː] vs. 밤[夜][밤]

　　　말[言][말ː] vs. 말[馬][말]

　㉡ 억양: 음(音)의 상대적인 높이를 변하게 함. 또는 그런 변화. 음절 억양, 단어 억양, 문장 억양 따위가 있다.

　㉢ 강세: 연속된 음성에서 어떤 부분을 강하게 발음하는 일. 주로 영어에서 나타난다.

확인문제

1 다음 글에서 파악할 수 있는 내용으로 가장 옳은 것은?

2017. 사복직(서울) 9급

> 억양은 소리의 높낮이의 이어짐으로 이루어지는 일정한 유형이라고 할 수 있다. 동일한 문장이라도 억양을 상승 조로 하느냐 하강 조로 하느냐에 따라 의문문도 되고 평서문도 된다. 이 경우 억양은 문장의 유형을 결정하는 문법적 기능을 담당한다. 또 억양은 이러한 문법적 기능 이외에 화자의 태도와 의미를 드러내기도 한다. 하강 억양은 완결의 뜻을, 상승 억양은 비판의 뜻을 나타낸다. 억양에는 이처럼 발화 태도와 의미가 드러나 있기 때문에, 이를 잘 이해해야 정확한 뜻을 전달할 수 있다.

① 억양을 잘 이해할수록 정확한 뜻을 전달하기가 어렵다.

② 억양은 문장의 어순을 결정하는 문법적 기능을 담당한다.

③ 상승 억양에는 화자의 비판적 태도와 의미가 담길 수 있다.

④ 같은 문장이라도 소리의 장단에 따라 문장 유형이 달라질 수 있다.

≫③

참고

제6항 표준 발음법

제6항 모음의 장단을 구별하여 발음하되, 단어의 첫음절에서만 긴소리가 나타나는 것을 원칙으로 한다.

예 (1) 눈보라[눈ː보라], 말씨[말ː씨], 밤나무[밤ː나무]

　(2) 첫눈[천눈], 참말[참말], 쌍동밤[쌍동밤]

(2) 음소

① 정의

㉠ 더 이상 작게 나눌 수 없는 음운론상의 최소 단위이다.

㉡ 하나 이상의 음소가 모여서 음절을 이룬다.

② 특징

㉠ 음소는 '분절 음운'이라고도 한다.

㉡ 음소에는 '자음과 모음'이 있다.

㉢ 음소의 차이로 의미가 '분화'된다.

㉣ '음성'을 이용하여 실현되지만, 사람들이 공통으로 인지하는 소리이기 때문에 서로 이해할 수 있다.

㉤ '음소'는 언어마다 차이가 있다.

③ 종류

㉠ 자음 : 장애를 받으며 나는 소리.

㉡ 모음 : 장애를 받지 않고 나는 소리.

㉮ 단모음 : 입술 모양이나 혀의 위치가 고정되어 처음과 나중이 달라지지 않는 모음.

㉯ 이중모음 : 입술 모양이나 혀의 위치가 처음과 나중이 달라지는 모음.

세진쌤의 핵심TIP

1. '장애음'이란 구강 통로가 폐쇄되거나 마찰이 생겨서 나는 소리로, 일반적으로 장애의 정도가 큰 파열음, 마찰음, 파찰음을 이른다.
2. '음운'은 '음소(자음과 모음)'와 '운소(장단음 등)'를 아우르는 말이다.

02 음운 체계

1 자음 체계

1. 정의

(1) 목, 입, 혀 따위의 발음 기관에 의해 구강 통로가 좁아지거나 완전히 막히는 따위의 장애를 받으며 나는 소리이다.

(2) 자음은 조음 위치와 조음 방법에 따라서 분류할 수 있다.

2. 특징

(1) 'ㅅ'은 거센소리가 없다.

(2) 비음(ㅁ, ㄴ, ㅇ)의 위치는 파열음의 예사소리(ㅂ, ㄷ, ㄱ) 위치와 같다.

(3) 유음(ㄹ)의 위치는 비음(ㄴ)의 위치와 같다.

(4) 경구개음과 파찰음은 'ㅈ-ㅊ-ㅉ'뿐이다.

(5) '비음화(ㅁ, ㄴ, ㅇ)'는 '조음 위치는 같고 조음 방법이 바뀌었다.'라는 설명으로 바꿀 수 있다.

3. 자음 체계 표

조음 방법 / 조음 위치			입술소리 양순음	잇몸소리 치조음 치경음	센입천장소리 경구개음	여린입천장소리 연구개음	목청소리 후(두)음 성문음
안울림소리(무성음)	파열음	예사소리(평음)					
		된소리(경음)					
		거센소리(격음)					
	마찰음	예사소리(평음)					
		된소리(경음)					
	파찰음	예사소리(평음)					
		된소리(경음)					
		거센소리(격음)					
울림소리(유성음)	비음						
	유음						

>> 자음 총 19개

조음방법 / 조음위치			입술소리 양순음	잇몸소리 치조음 치경음	센입천장소리 경구개음	여린입천장소리 연구개음	목청소리 후(두)음 성문음
안울림소리(무성음)	파열음	예사소리(평음)	ㅂ	ㄷ		ㄱ	
		된소리(경음)	ㅃ	ㄸ		ㄲ	
		거센소리(격음)	ㅍ	ㅌ		ㅋ	
	마찰음	예사소리(평음)		ㅅ			ㅎ
		된소리(경음)		ㅆ			
	파찰음	예사소리(평음)			ㅈ		
		된소리(경음)			ㅉ		
		거센소리(격음)			ㅊ		
울림소리(유성음)	비음		ㅁ	ㄴ		ㅇ	
	유음			ㄹ			

4. 조음 위치

(1) **입술소리(양순음)** : 두 입술 사이에서 나는 소리. 예 ㅁ, ㅂ, ㅍ, ㅃ

(2) **잇몸소리(치조음, 치경음)** : 혀끝과 잇몸 사이에서 나는 소리. 예 ㄴ, ㄷ, ㅌ, ㄸ, ㄹ, ㅅ, ㅆ

(3) **센입천장소리(경구개음)** : 혓바닥과 경구개 사이에서 나는 소리. 예 ㅈ, ㅊ, ㅉ

(4) **여린입천장소리(연구개음)** : 혀의 뒷부분과 연구개 사이에서 나는 소리. 예 ㅇ, ㄱ, ㅋ, ㄲ

(5) **목청소리(후음)** : 목구멍, 즉 인두의 벽과 혀뿌리를 마찰하여 내는 소리. 예 ㅎ

5. 조음 방법

(1) **무성음과 유성음**

① **안울림소리(무성음)** : 성대(聲帶)를 진동시키지 않고 내는 소리.
예 ㄱ-ㅋ-ㄲ, ㄷ-ㅌ-ㄸ, ㅂ-ㅍ-ㅃ, ㅅ-ㅆ, ㅈ-ㅊ-ㅉ, ㅎ

② **울림소리(유성음)** : 발음할 때, 목청이 떨려 울리는 소리.
예 ㄴ, ㄹ, ㅁ, ㅇ

(2) **파열음, 마찰음, 파찰음, 비음과 유음**

① **파열음** : 깨어지거나 갈라져 터지면서 나는 소리. 또는 공기의 흐름을 막았다가 터뜨리면서 내는 소리.
예 ㄱ-ㅋ-ㄲ, ㄷ-ㅌ-ㄸ, ㅂ-ㅍ-ㅃ

② **마찰음** : 입안이나 목청 따위의 조음 기관이 좁혀진 사이로 공기가 비집고 나오면서 마찰하여 나는 소리.
예 ㅅ-ㅆ, ㅎ

③ **파찰음** : 파열음과 마찰음의 두 가지 성질을 다 가지는 소리.
예 ㅈ-ㅊ-ㅉ

④ **비음** : 입안의 통로를 막고 코로 공기를 내보내면서 내는 소리.
예 ㄴ, ㅁ, ㅇ

⑤ **유음** : 혀끝을 잇몸에 가볍게 대었다가 떼거나, 잇몸에 댄 채 공기를 그 양옆으로 흘려보내면서 내는 소리.
예 ㄹ

(3) **평음, 경음, 격음**

① **예사소리(평음)** : 구강 내부의 기압 및 발음 기관의 긴장도가 낮아 약하게 파열되는 음.
예 ㄱ, ㄷ, ㅂ, ㅅ, ㅈ, (ㅎ)

② **된소리(경음)** : 후두(喉頭) 근육을 긴장하거나 성문(聲門)을 폐쇄하여 내는 음.
예 ㄲ, ㄸ, ㅃ, ㅆ, ㅉ

③ **거센소리(격음, 유기음)** : 숨이 거세게 나오는 파열음.
예 ㅋ, ㅌ, ㅍ, ㅊ

확인문제

4 설명이 옳지 <u>않은</u> 것은?
2017. 국가직 9급

① 'ㄴ, ㅁ, ㅇ'은 유음이다.
② 'ㅅ, ㅆ, ㅎ'은 마찰음이다.
③ 'ㅡ, ㅓ, ㅏ'는 후설 모음이다.
④ 'ㅟ, ㅚ, ㅗ, ㅜ'는 원순 모음이다.
≫ ①

5 현대 한국어의 '양순음'에 대한 설명으로 옳은 것을 〈보기〉에서 모두 고른 것은?
2018. 서울시 7급

┌─── 보기 ───┐
ㄱ. 양순음에는 'ㅂ, ㅃ, ㅍ, ㅁ' 등이 있다.
ㄴ. 양순음은 파열음과 마찰음이 골고루 발달되어 있다.
ㄷ. 'ㅁ'은 비음이지 양순음은 아니다.
ㄹ. 양순음은 발음 과정에서 윗입술과 아랫입술이 닿는 공통점이 있다.
└──────────┘

① ㄱ, ㄴ   ② ㄴ, ㄷ
③ ㄱ, ㄹ   ④ ㄴ, ㄹ
≫ ③

6 주어진 단어의 자음 두 개를 〈보기〉의 조건에 따라 순서대로 나타낼 때, 모두 옳은 것은?
2017. 사복직(서울) 9급

┌─── 보기 ───┐
하나의 음운이 가진 조음 위치의 특성을 +라고 하고, 가지고 있지 않은 특성을 −로 규정한다. 예컨대 'ㅌ'은 [+치조음, −양순음, −경구개음, −연구개음, −후음]으로 나타낼 수 있다.
└──────────┘

① 가로: [+경구개음], [−후음]
② 미비: [−경구개음], [+후음]
③ 부고: [+양순음], [−치조음]
④ 효과: [−후음], [−연구개음]
≫ ③

1. '폐쇄음'이란 폐에서 나오는 공기를 일단 막았다가 그 막은 자리를 터뜨리면서 내는 소리. 'ㅂ, ㅃ, ㅍ, ㄷ, ㄸ, ㅌ, ㄱ, ㄲ, ㅋ' 따위가 있다(＝파열음).
2. '삼지적 상관속'에 해당하는 자음은 'ㄱ-ㄲ-ㅋ', 'ㄷ-ㄸ-ㅌ', 'ㅂ-ㅃ-ㅍ', 'ㅈ-ㅉ-ㅊ'이 있으며, '파열음'과 '파찰음'이 해당한다.

2 모음 체계

1. 단모음 체계

(1) 정의

소리를 내는 도중에 입술 모양이나 혀의 위치가 달라지지 않는 모음.

(2) 특징

① 'ㅚ, ㅟ'는 단모음이지만, 이중모음으로 발음할 수 있다.

② 고모음의 평순 모음인 'ㅣ'와 'ㅡ'는 전설 모음과 후설 모음의 대표 모음이다.

③ 단모음에서 'ㅣ'와 결합한 것처럼 보이는 'ㅔ, ㅐ, ㅟ, ㅚ'는 '전설 모음'이다.

④ 'ㅓ'나 'ㅗ'와 관련된 모음은 무조건 '중모음'이다.

⑤ 'ㅏ, ㅐ'는 저모음으로 2개뿐이다.

(3) 단모음 체계 표

혀의 위치	전설 모음		후설 모음	
입술의 모양 ／ 혀의 높낮이	평순	원순	평순	원순
고모음				
중모음				
저모음				

≫ 단모음 총 10개

혀의 위치	전설 모음		후설 모음	
입술의 모양 ／ 혀의 높낮이	평순	원순	평순	원순
고모음	ㅣ	ㅟ	ㅡ	ㅜ
중모음	ㅔ	ㅚ	ㅓ	ㅗ
저모음	ㅐ		ㅏ	

(4) 혀의 위치

① 전설 모음: 혀의 앞쪽에서 발음되는 모음.
예 ㅣ, ㅔ, ㅐ, ㅟ, ㅚ

② 후설 모음: 혀의 뒤쪽과 여린입천장 사이에서 발음되는 모음.
예 ㅡ, ㅓ, ㅏ, ㅜ, ㅗ

7 다음은 일부 지역과 계층에서 '애'와 '에'를 잘 구분하지 못하는 이유를 설명한 것이다. 괄호 안에 들어갈 말로 적절한 것은? 2017. 지방직 7급

> '애'와 '에'를 구별하는 '(　　)'이 불분명하기 때문이다.

① 혀의 앞뒤 관련 자질
② 혀의 높낮이 관련 자질
③ 소리의 강약 관련 자질
④ 소리의 장단 관련 자질
>>②

연습문제

1 이중모음은 총 10개가 있다.
(○, ×)
2 'ㅔ'는 '중모음이자 전설 모음'이다.
(○, ×)
3 'ㅐ'는 '고모음이자 후설 모음'이다.
(○, ×)
>>**1.** ×(11개), **2.** ○,
3. ×(저모음, 전설 모음)

(5) 입술의 모양

① 평순 모음 : 입술을 둥글게 오므리지 않고 발음하는 모음.
예 ㅣ, ㅔ, ㅐ, ㅡ, ㅓ, ㅏ

② 원순 모음 : 입술을 둥글게 오므려 발음하는 모음.
예 ㅟ, ㅚ, ㅜ, ㅗ

(6) 혀의 높낮이

① 고모음 : 입을 조금 열고, 혀의 위치를 높여서 발음하는 모음.
예 ㅣ, ㅟ, ㅡ, ㅜ

② 중모음 : 입을 보통으로 열고 혀의 높이를 중간으로 하여 발음하는 모음.
예 ㅔ, ㅚ, ㅓ, ㅗ

③ 저모음 : 입을 크게 벌리고 혀의 위치를 가장 낮추어서 발음하는 모음.
예 ㅐ, ㅏ

2. 이중 모음 체계

(1) 정의

입술 모양이나 혀의 위치를 처음과 나중이 서로 달라지게 하여 내는 모음.

(2) 특징

① 'ㅟ'와 'ㅚ'는 이중모음이 아니다.

② 구성 요소 중 하나는 단모음이고 다른 하나는 반모음이다.

(3) 이중모음 체계 표

구성	종류
반모음[j계열(ㅣ)] + 단모음 (상향 이중모음)	
반모음[w계열(ㅗ/ㅜ)] + 단모음 (상향 이중모음)	
단모음 + 반모음[j계열(ㅣ)] (하향 이중모음)	

>> 이중모음 총 11개

구성	종류
반모음[j계열(ㅣ)] + 단모음 (상향 이중모음)	ㅑ, ㅕ, ㅛ, ㅠ, ㅖ, ㅒ
반모음[w계열(ㅗ/ㅜ)] + 단모음 (상향 이중모음)	ㅘ, ㅝ, ㅙ, ㅞ
단모음 + 반모음[j계열(ㅣ)] (하향 이중모음)	ㅢ

⑷ 반모음

① 모음과 같이 발음하지만 음절을 이루지 못하는 아주 짧은 모음이다.

② 'ㅑ', 'ㅒ', 'ㅕ', 'ㅖ', 'ㅘ', 'ㅙ', 'ㅛ', 'ㅝ', 'ㅞ', 'ㅠ', 'ㅢ' 따위의 이중 모음에서 나는 'j', 'w' 따위이다. '반모음'은 독립된 음운으로 보지 않기 때문에 반드시 다른 모음에 붙어야만 발음될 수 있다.

세진쌤의 핵심TIP

1. 자음: 19개 = ㄱ ~ ㅎ(14개) + ㄲ ~ ㅉ(5개)
2. 모음: 21개 = 단모음(10개) + 이중모음(11개)

03 연음

셀프 단원 MAP

1 정의

앞말의 받침이 '모음'으로 시작하는 '형식 형태소(조사, 접사, 어미)'가 오면 다음의 첫소리로 소리가 옮겨가서 발음하는 규칙.

2 특징

(1) '모음'으로 시작하는 형식 형태소가 온다.

(2) '모음'으로 시작하는 실질 형태소가 올 때는 '음운 변동' 후 '연음'된다.

(3) '자음'으로 시작하는 형식 형태소일 경우, '음운 변동'에 따라 바뀐다.

(4) '연음'은 '음운 변동'이 아니다.

(5) '옷 안'의 '안'과 같이 '모음'으로 시작하는 '실질 형태소'가 올 때, 먼저 음절 끝소리 규칙에 따라 [온]이라 발음하고, '연음'하여 [오단]이라고 발음한다.

3 음운 환경 ①

1. '모음'으로 시작하는 '조사'

받침		첫소리		설명
자음	+	모음 (조사)	→	자음이 '첫소리'에 위치
예 부엌		에서		[부어케서]

연습문제

1 옷이 : [   ]
2 여덟이 : [   ]
　　　　　　≫1. 오시, 2. 여덜비

주의 1. 구개음화

① 밭이 : [   ]

≫① 바치

주의 2. '자음'으로 시작하는 '조사'

① 옷과 : [   ]　　② 여덟과 : [   ]
③ 흙하고 : [   ]　　④ 옷만 : [   ]

≫① 온꽈, ② 여덜과, ③ 흐카고, ④ 온만

2. '모음'으로 시작하는 '어미'

받침		첫소리		설명
자음	+	모음 (어미)	→	자음이 '첫소리'에 위치
예 깎		아		[까까]

연습문제

1 꽂아 : [   ]
2 밟아 : [   ]
　　　　　≫1. 꼬자, 2. 발바

주의 1. ㅎ 탈락

① 끊어 : [   ]

>> ① 끄너

주의 2. '자음'으로 시작하는 '어미'

① 웃고 : [   ]   ② 웃니 : [   ]

③ 밟고 : [   ]   ④ 넓네 : [   ]

>> ① 욷꼬, ② 운 : 니, ③ 밥 : 꼬, ④ 널레

3. '모음'으로 시작하는 '접사'

받침		첫소리		설명
자음	+	모음 (접사)	→	자음이 '첫소리'에 위치
예 덮		–이–		[더피다]

주의 1. 구개음화

① 핥이다 : [   ]

>> ① 할치다

주의 2. ㅎ 탈락

① 놓이다 : [   ]

>> ① 노이다

주의 3. '자음'으로 시작하는 '접사'

① 덮개 : [   ]   ② 웃기다 : [   ]

>> ① 덥깨, ② 욷 : 끼다

세진쌤의 핵심TIP

1. '형식 형태소'는 '조사, 어미, 접사'가 있다.
2. 초성에 모음이 오면, 의미가 있는지 없는지를 생각하자.
3. '구개음화, ㅎ 탈락'을 조심해야 한다.

연습문제

1 덮이다 : [   ]
2 기울이다 : [   ]

>> **1.** 더피다, **2.** 기우리다

04 음운 변동 ①

셀프 단원 MAP

1 교체(＝대치)(A → B)

셀프 단원 MAP

1. 음절 끝소리 규칙

(1) 정의

음절의 끝소리가 'ㄱ, ㄴ, ㄷ, ㄹ, ㅁ, ㅂ, ㅇ'의 일곱 개 중 하나로 발음되는 현상.

(2) 특징

① 쌍자음 'ㄸ, ㅃ, ㅉ' 받침으로 쓰지 않는다.

② 자음 'ㄴ, ㄹ, ㅁ, ㅇ'이 받침으로 쓰일 때는, 음절 끝소리 규칙이 적용되었다고 말하지 않는다.

③ 자음 'ㄱ, ㄷ, ㅂ'으로 표기가 되어 있을 때는, 음절 끝소리 규칙이 적용되었다고 말하지 않는다.

(3) 음운 환경

홑받침	쌍받침		대표음
ㅋ	ㄲ		ㄱ
ㄴ	–		ㄴ
ㅅ, ㅌ, ㅈ, ㅊ, ㅎ	ㅆ	→	ㄷ
ㄹ	–		ㄹ
ㅁ	–		ㅁ
ㅍ	–		ㅂ
ㅇ	–		ㅇ

(4) 논점 정리

① 음운 변동 vs. 연음

㉠ 부엌: [   ] vs. 부엌에서: [   ]

㉡ 있다: [   ] vs. 있어: [   ]

　　　　　　　　　　　　》㉠ 부억, 부어케서. ㉡ 읻따, 이써

② 받침 + 실질 형태소

㉠ 옷 안: [   ]

㉡ 홑이불: [   ]

　　　　　　　　　　　　》㉠ 오단, ㉡ 혼니불

2. 경음화(＝된소리되기)

(1) 정의

① 예사소리(평음)였던 것이 된소리(경음)로 바뀌는 현상이다.

② 받침 'ㄱ(ㄲ, ㅋ, ㄳ, ㄺ), ㄷ(ㅅ, ㅆ, ㅈ, ㅊ, ㅌ), ㅂ(ㅍ, ㄼ, ㄿ, ㅄ)' 뒤에 연결되는 'ㄱ, ㄷ, ㅂ, ㅅ, ㅈ'은 된소리로 발음된다는 것이다.

(2) 특징

① '경음화'의 기본 환경은 받침 'ㄱ, ㄷ, ㅂ'으로 끝나고, 첫소리로 자음 'ㄱ, ㄷ, ㅂ, ㅅ, ㅈ'으로 구성될 때이다.(100% 적용)

② 자음 'ㄴ, ㄹ, ㅁ, ㅇ'과 관련된 경음화 현상은 별도로 다룬다.

③ '읽고'는 'ㄱ으로 시작하는 어미'와 같은 예외로, [익꼬]가 아니라 [일꼬]로 발음해야 한다.

④ '무성음 + 무성음' 사이에서 일어나는 현상이다.

(3) 음운 환경

홑받침	쌍받침	겹받침		대표음
음절 끝소리 규칙 (교체)		자음군 단순화 (탈락)		
ㅋ → ㄱ	ㄲ → ㄱ	ㄳ → ㄱ		ㄱ
		ㄺ → ㄱ		
ㅅ, ㅈ, ㅊ, ㅌ → ㄷ	ㅆ → ㄷ	–		ㄷ
ㅍ → ㅂ	–	ㄼ → ㅂ	→	ㅂ
		ㄿ → ㅂ		
		ㅄ → ㅂ		

(4) 논점 정리

① ㄱ, ㄷ, ㅂ + ㄱ, ㄷ, ㅂ, ㅅ, ㅈ(100%)

  ㉠ 깍두기 : [　　　　　]　　　　㉡ 국밥 : [　　　　　]

  ㉢ 작다 : [　　　　　]　　　　㉣ 집비둘기 : [　　　　　]

  >> ㉠ 깍뚜기, ㉡ 국빱, ㉢ 작 : 따, ㉣ 집삐둘기

② 어간 받침 'ㄴ(ㄵ), ㅁ(ㄻ)' + ㄱ, ㄷ, ㅅ, ㅈ

  ㉠ 신고 : [　　　　　]　　　　㉡ 앉고 : [　　　　　]

  ㉢ 더듬지 : [　　　　　]　　　㉣ 닮고 : [　　　　　]

  ㉤ 신과 (함께) : [　　　　　]

  >> ㉠ 신 : 꼬, ㉡ 안꼬, ㉢ 더듬찌, ㉣ 담 : 꼬, ㉤ 신과

③ 어간 받침 'ㄼ, ㄾ' + ㄱ, ㄷ, ㅅ, ㅈ

  ㉠ 넓게 : [　　　　　]　　　　㉡ 핥다 : [　　　　　]

  ㉢ 여덟과 : [　　　　　]

  >> ㉠ 널께, ㉡ 할따, ㉢ 여덜과

④ 한자어('ㄹ' 받침) + ㄷ, ㅅ, ㅈ

  ㉠ 갈등(葛藤) : [　　　　　]　　㉡ 말살(抹殺) : [　　　　　]

  ㉢ 결과(結果) : [　　　　　]　　㉣ 불법(不法) : [　　　　　]

  >> ㉠ 갈뜽, ㉡ 말쌀, ㉢ 결과, ㉣ 불법/불뻡

제5항 한글 맞춤법

제5항 한 단어 안에서 뚜렷한 까닭 없이 나는 된소리는 다음 음절의 첫소리를 된소리로 적는다.

1. 두 모음 사이에서 나는 된소리
  예 소쩍새, 어깨, 오빠, 으뜸, 가끔, 거꾸로 등
2. 'ㄴ, ㄹ, ㅁ, ㅇ' 받침 뒤에서 나는 된소리
  예 산뜻하다, 잔뜩, 담뿍, 몽땅

다만, 'ㄱ, ㅂ' 받침 뒤에서 나는 된소리는, 같은 음절이나 비슷한 음절이 겹쳐 나는 경우가 아니면 된소리로 적지 아니한다.
  예 국수, 깍두기, 딱지, 법석, 몹시 등
  예 똑똑하다(같은 음절), 쌉쌀하다(비슷한 음절)

제23항~제27항 표준 발음법

제23항 받침 'ㄱ(ㄲ, ㅋ, ㄳ, ㄺ), ㄷ(ㅅ, ㅆ, ㅈ, ㅊ, ㅌ), ㅂ(ㅍ, ㄼ, ㄿ, ㅄ)' 뒤에 연결되는 'ㄱ, ㄷ, ㅂ, ㅅ, ㅈ'은 된소리로 발음한다.
  예 국밥[국빱], 깎다[깍따], 넋받이[넉빠지]

제24항 어간 받침 'ㄴ(ㄵ), ㅁ(ㄻ)' 뒤에 결합되는 어미의 첫소리 'ㄱ, ㄷ, ㅅ, ㅈ'은 된소리로 발음한다.
  예 신고[신 : 꼬], 앉고[안꼬], 더듬지[더듬찌], 닮고[담 : 꼬]

다만, 피동, 사동의 접미사 '-기-'는 된소리로 발음하지 않는다.
  예 신기다[신기다], 감기다[감기다], 굶기다[굼기다]

제25항 어간 받침 'ㄼ, ㄾ' 뒤에 결합되는 어미의 첫소리 'ㄱ, ㄷ, ㅅ, ㅈ'은 된소리로 발음한다.
  예 넓게[널께], 핥다[할따]

제26항 한자어에서, 'ㄹ' 받침 뒤에 연결되는 'ㄷ, ㅅ, ㅈ'은 된소리로 발음한다.
  예 갈등[갈뜽], 말살[말쌀], 갈증[갈쯩], 불법(不法)[불법/불뻡]

제27항 관형사형 '-(으)ㄹ' 뒤에 연결되는 'ㄱ, ㄷ, ㅂ, ㅅ, ㅈ'은 된소리로 발음한다.
  예 할 것을[할꺼슬], 갈 데가[갈떼가], 할 바를[할빠를], 할 수는[할쑤는]

다만, 끊어서 말할 적에는 예사소리로 발음한다.
  예 할[할] 것을[거슬]

[붙임] '-(으)ㄹ'로 시작되는 어미의 경우에도 이에 준한다.
  예 할걸[할껄], 할밖에[할빠께], 할세라[할쎄라], 할지라도[할찌라도]

⑤ 관형사형 전성 어미 '-(으)ㄹ' + ㄱ, ㄷ, ㅂ, ㅅ, ㅈ

㉠ 할 것을 : [   ]   ㉡ 갈 데가 : [   ]

㉢ 만난 사람 : [   ]

>> ㉠ 할꺼슬, ㉡ 갈떼가, ㉢ 만난 사람

⑥ '-(으)ㄹ'로 시작되는 어미

㉠ 할걸 : [   ]   ㉡ 할게 : [   ]

㉢ 할밖에 : [   ]   ㉣ 할지라도 : [   ]

>> ㉠ 할껄, ㉡ 할께, ㉢ 할빠께, ㉣ 할찌라도

3. 비음화(자음 동화)

(1) 정의

비음이 아닌 파열음이나 유음이 비음을 만나서 '비음'이 되는 현상.

(2) 특징

① '비음화'는 '자음 동화'라고 한다.(100% 적용)

② '비음화'는 '조음 위치'는 바뀌지 않고, '조음 방법'이 바뀌는 현상이다.

③ 'ㄱ, ㄷ, ㅂ + ㄴ, ㅁ'의 환경은 '역행 동화'라고 한다.

④ 'ㅇ, ㅁ + ㄹ'의 환경은 '순행 동화'라고 한다.

⑤ 비음화는 '음절 끝소리 규칙'이나, '자음군 단순화'가 적용된 후에 일어난다. 처음부터 표기가 'ㄱ, ㄷ, ㅂ'일 경우는 바로 비음화만 적용하면 된다.

(3) 음운 환경

받침		첫소리		받침의 바뀐 발음
ㄱ	+	ㄴ, ㅁ	→	ㄱ → ㅇ
ㄷ				ㄷ → ㄴ
ㅂ				ㅂ → ㅁ

받침		첫소리		첫소리의 바뀐 발음
ㅇ, ㅁ	+	ㄹ	→	ㄹ → ㄴ

확인문제

8 다음 음운 규칙이 모두 나타나는 것은?

2015. 사복직 9급

- 음절의 끝소리 규칙 : 우리말의 음절의 끝에서는 7개의 자음만이 발음됨.
- 비음화 : 끝소리가 파열음인 음절 뒤에 첫소리가 비음인 음절이 연결될 때, 앞 음절의 파열음이 비음으로 바뀌는 현상

① 덮개[덥깨]
② 문고리[문꼬리]
③ 꽃망울[꼰망울]
④ 광한루[광할루]

>> ③

9 〈보기〉의 밑줄 친 부분에서 공통으로 일어나는 음운 현상에 대한 설명으로 가장 옳지 않은 것은?

2023. 서울시 9급

보기
이는 국회가 국민을 대변하는 기관으로서 정부에 책임을 묻는 것이다.

① 조음 위치가 바뀌는 음운 현상이다.
② 비음 앞에서 일어나는 음운 현상이다.
③ 동화 현상이다.
④ '읊는'에서도 일어나는 음운 현상이다.

>> ①

(4) **논점 정리**

① '방향'에 따른 종류

㉠ 역행 동화 : 어떤 음운이 뒤에 오는 음운의 영향을 받아서 그와 비슷하거나 같게 소리 나는 현상이다.

예 먹는대[멍는다]

㉡ 순행 동화 : 뒤의 음이 앞의 음의 영향을 받아 그와 비슷하거나 같게 소리 나는 현상이다.

예 종로[종노]

㉢ 상호 동화

㉮ 가까이 있는 두 음이 서로 영향을 주게 되는 동화 현상.('ㄱ, ㅂ + ㄹ'의 환경)

㉯ 어떤 학자는 '상호 동화'에서 'ㄹ'이 'ㄴ'으로 먼저 바뀌는 현상을 '유음의 비음화'라는 말로 설명하기도 한다.

예 국립[국닙 → 궁닙], 백로[백노 → 뱅노]

② '정도'에 따른 종류

㉠ 완전 동화 : 서로 영향을 주고받아 모양이 완전히 같아지는 경우를 의미한다.

예 난로[날 : 로]

㉡ 불완전 동화 : 서로 영향을 주고받아 모양이 유사해지는 경우를 의미한다.

예 국물[궁물]

③ 다양한 환경 조심

㉠ 밥물 : [   ] vs. 국물 : [   ]

㉡ 종로 : [   ] vs. 백로 : [   ]

≫ ㉠ 밤물, 궁물, ㉡ 종노, 뱅노

4. 유음화(자음 동화)

(1) **정의**

'ㄴ'이 'ㄹ'의 앞이나 뒤에서 'ㄹ'로 변하는 현상.

(2) **특징**

① '유음화'는 '자음 동화'라고 한다.

② 'ㄹ'의 위치는 '앞' 또는 '뒤'에 올 수 있다.

③ '유음화'는 '조음 위치'는 바뀌지 않고, '조음 방법'이 바뀌는 현상이다.

(3) **음운 환경**

받침	+	첫소리	→	받침의 바뀐 발음
ㄴ		ㄹ		ㄴ → ㄹ

받침	+	첫소리	→	첫소리의 바뀐 발음
ㄹ		ㄴ		ㄴ → ㄹ

(4) 논점 정리

① 같은 환경 다른 발음
- ㉠ 원론 : [   ] vs. 이원론 : [   ]
- ㉡ 권력 : [   ] vs. 공권력 : [   ]

>> ㉠ 월론, 이 : 원논, ㉡ 궐력, 공꿘녁

② 다른 환경 같은 발음
- 난로 : [   ] vs. 칼날 : [   ]

>> 날 : 로, 칼랄

③ 반드시 외워야 하는 단어
- ㉠ 대관령 : [   ]
- ㉡ 닳는 : [   ]
- ㉢ 넓네 : [   ]

>> ㉠ 대 : 괄령, ㉡ 달른, ㉢ 널레

5. 구개음화

(1) 정의

받침 'ㄷ, ㅌ(ㄾ)'이 조사나 접미사의 모음 'ㅣ'(형식 형태소)와 결합되는 경우에는, [ㅈ, ㅊ]으로 바꾸어서 뒤 음절 첫소리로 옮겨 발음하는 현상.

(2) 특징

① '구개음화'는 '역행 동화'에 해당한다.

② '구개음화'는 '조음 위치'와 '조음 방법'이 모두 바뀐다.

③ '실질 형태소와 모음으로 시작하는 형식 형태소'의 구조이지만, 연음이 아닌 구개음화가 적용된다.

④ 한 형태소 안에서는 구개음화가 일어나지 않는다.
   예 잔디[잔디], 느티나무[느티나무]

⑤ 받침 'ㄷ, ㅌ' 다음에 실질 형태소가 올 때, 구개음화가 일어나지 않는다.(파생어, 합성어)
   예 홑-이불[혼니불](파생어), 밭-이랑[반니랑](합성어)

⑥ '역사적 변천'으로 'ㄷ 구개음화'와 'ㄱ 구개음화'가 있다.
   예 둏다 → 좋다(ㄷ 구개음화), 김치 → 짐치(ㄱ 구개음화)

(3) 음운 환경

받침		모음 (조사, 접사)		받침의 발음
ㄷ	+	ㅣ	→	ㄷ → ㅈ
ㅌ				ㅌ → ㅊ
ㄾ				ㄾ → ㄹ/ㅊ

(4) 논점 정리

① 받침 + 조사

㉠ 끝이 : [   ] vs. 끝에 : [   ]

㉡ 밭이 : [   ] vs. 밭을 : [   ]

>> ㉠ 끄치, 끄테, ㉡ 바치, 바틀

② 받침 + 접사

㉠ 미닫이 : [   ]   ㉡ 같이 : [   ]

>> ㉠ 미 : 다지, ㉡ 가치

③ 축약 후 구개음화

㉠ 굳히다 : [   ]   ㉡ 닫히다 : [   ]

>> ㉠ 구티다 → 구치다, ㉡ 다티다 → 다치다

④ 반드시 외워야 할 단어

㉠ 벼훑이 : [   ]   ㉡ 훑이다 : [   ]

㉢ 핥이다 : [   ]

>> ㉠ 벼훌치, ㉡ 훌치다, ㉢ 할치다

확인문제

12 〈보기〉에서 밑줄 친 부분의 발음으로 가장 옳지 않은 것은?

2018. 서울시 9급

┌─────── 보기 ───────┐
손자 : 할아버지, 여기 있는 ㉠밭을 우리가 다 매야 해요?
할아버지 : 응. 이 ㉡밭만 매면 돼.
손자 : 이 ㉢밭 모두요?
할아버지 : 왜? ㉣밭이 너무 넓으니?
└──────────────────┘

① ㉠ : [바슬]   ② ㉡ : [반만]

③ ㉢ : [받]   ④ ㉣ : [바치]

>> ①

13 음운 규칙 중 동화의 예로 옳지 않은 것은? 2022. 서울시 9급

① 권력(權力) → [궐력]

② 래일(來日) → [내일]

③ 돕는다 → [돕는다]

④ 미닫이 → [미다지]

>> ②

6. 전설 모음화

(1) 정의

'ㅏ, ㅓ, ㅗ, ㅜ' 등의 후설 모음이 음절의 'ㅣ'와 만날 때, 전설 모음인 'ㅐ, ㅔ, ㅚ, ㅟ'로 변하는 현상.

(2) 특징

① 표준 발음이 아니다.

② '모음 동화, ㅣ 모음 역행 동화, 움라우트' 등 다양하게 불린다.

③ 움라우트(Umlaut) : 단어 또는 어절에 있어서, 'ㅏ', 'ㅓ', 'ㅗ' 따위의 후설 모음이 다음 음절에 오는 'ㅣ'나 'ㅣ'계(系) 모음의 영향을 받아 전설 모음 'ㅐ', 'ㅔ', 'ㅚ' 따위로 변하는 현상이다.

예 잡히다[자피다 → 재피다], 먹히다[머키다 → 메키다], 녹이다[노기다 → [뇌기다]

④ '역사적 변천'에서 말하는 '전설 모음화'와 다른 현상이다. 모음 'ㅡ'가 'ㅅ, ㅆ, ㅈ, ㅉ, ㅊ' 뒤에 서 전설화하여 'ㅣ'로 바뀌는 현상으로서, 역사적으로는 19세기 이후에 확산된 음운 현상이다.

예 구슬 → 구실(현대어 : 구슬), 즐겁다 → 질겁다(현대어 : 즐겁다), 으스대다 → 으시대다(현대어 : 으스대다)

(3) 음운 환경

후설 모음		모음		바뀐 발음 (전설 모음)
ㅏ				ㅏ → ㅐ
ㅓ	+	ㅣ	→	ㅓ → ㅔ
ㅗ				ㅗ → ㅚ
ㅜ				ㅜ → ㅟ

(4) 논점 정리

① **[표기] 후설 모음 → 전설 모음**

   제9항 'ㅣ' 역행 동화 현상에 의한 발음은 원칙적으로 표준 발음으로 인정하지 아니
   하되, 다만 다음 단어들은 그러한 동화가 적용된 형태를 표준어로 삼는다.

   예 냄비(○), 서울내기(○), 내동댕이치다(○), 담쟁이(○)
   아지랑이(○)

※ 맞으면 ○, 틀리면 ×를 표기하시오.					
㉠	아지랭이	○, ×	㉡	서울내기	○, ×
㉢	담쟁이	○, ×	㉣	내동댕이	○, ×

   ≫ ㉠ ×(아지랑이), ㉡ ○, ㉢ ○, ㉣ ×(내동댕이)

② **[발음] 후설 모음 → 전설 모음**

   ㉠ 어미 : [   ] (비표준발음)   ㉡ 고기 : [   ] (비표준발음)

   ≫ ㉠ 에미, ㉡ 괴기

2 탈락(AB → A, AB → B)

셀프 단원 MAP

1. 자음군 단순화(자음 탈락)

(1) 정의

음절의 끝에 두 개의 자음이 올 때, 하나가 탈락하는 현상.

(2) 특징

① 오른쪽 자음이 탈락하거나 왼쪽 자음이 탈락하거나 해야 한다.(굴! 그만 파!)

② 겹받침 'ㄺ': 'ㄱ으로 시작하는 어미' 앞에서 'ㄺ' 중 [ㄹ]로 발음해야 한다.

　　예 읽고[일꼬]

③ 겹받침 'ㄼ'

　ㄱ '밟다'는 자음 앞에서 무조건 [ㅂ]으로 발음해야 한다.

　　예 밟다[밥 : 따]

　ㄴ '넓죽하다, 넓둥글다, 넓적하다'는 'ㄼ' 중 무조건 [ㅂ]으로 발음해야 한다.

　　예 넓죽하다[넙쭈카다], 넓둥글다[넙뚱글다], 넓적하다[넙쩌카다]

④ 겹받침 'ㄿ': 'ㄿ'은 자음 앞에서 '자음군 단순화'뿐만 아니라 '음절 끝소리 규칙'도 겪으므로 주의해야 한다.

　　예 읊다[읖다 → 읍따], 읊조리다[읖조리다 → 읍쪼리다]

⑤ 겹자음을 모으면 다음과 같다.

　ㄱ ㄳ, ㄵ, ㄶ, ㄺ, ㄻ, ㄼ, ㄽ, ㄾ, ㄿ, ㅀ, ㅄ(총 11개)

　ㄴ **자음군 단순화 적용**: ㄳ, ㄵ, ㄺ, ㄻ, ㄼ, ㄽ, ㄾ, ㄿ, ㅄ(총 9개)

　ㄷ **ㅎ 탈락 적용**: ㄶ, ㅀ(총 2개)

(3) 음운 환경

구분	왼쪽 자음으로 발음		오른쪽 자음으로 발음	
	오른쪽 자음 탈락		왼쪽 자음 탈락	
ㄱ	ㄳ	삯[삭]	–	–
ㄴ	ㄵ	앉다[안따]	–	–
ㄹ	ㄼ	여덟[여덜]	ㄺ	흙[흑]
	ㄽ	외곬[외골]	ㄻ	앎[암 :]
	ㄾ	핥다[할따]	ㄿ	읊다[읍따]
ㅂ	ㅄ	없다[업 : 따]	–	–

(4) 논점 정리

① 자음군 단순화 vs. 연음

　ㄱ 닭: [　　　　] vs. 닭이: [　　　　　]

　ㄴ 넋: [　　　　] vs. 넋이: [　　　　　]

　　　　　　　　　　　　　　　　　　≫ㄱ 닥, 달기, ㄴ 넉, 넉씨

② 겹받침 'ㄺ'의 다양한 환경

　ㄱ 흙과: [　　　　] vs. 밝게: [　　　　　]

　ㄴ 흙하고: [　　　　　] vs. 밝히고: [　　　　　]

　　　　　　　　　　　　　　　　　　≫ㄱ 흑꽈, 발께, ㄴ 흐카고, 발키고

③ 겹받침 'ㄼ'의 다양한 환경

　　㉠ 넓어 : [　　　　] vs. 넓다 : [　　　　] vs. 넓네 : [　　　　]

　　㉡ 밟아 : [　　　　] vs. 밟다 : [　　　　] vs. 밟네 : [　　　　]

　　㉢ 넓죽하다 : [　　　　]

　　㉣ 넓적다리 : [　　　　]

>> ㉠ 널버, 널따, 널레, ㉡ 발바, 밥 : 따, 밤 : 네, ㉢ 넙쭈카다, ㉣ 넙쩌다리

2. ㅎ 탈락(자음 탈락)

(1) 정의

'ㅎ(ㄶ, ㅀ)' 뒤에 모음으로 시작된 어미나 접미사가 결합되는 경우에는, 'ㅎ'을 발음하지 않는다.

(2) 특징

① 용언이 활용되는 '어간과 어미' 사이거나, 단어가 형성된 '어근과 접사' 사이에 일어 난다.

② 명사에서는 ㅎ의 환경을 고려하여 발음한다.

　　예 철학[철학], 전화[전 : 화]

(3) 음운 환경

받침		모음 환경		바뀌는 상황
ㅎ				
ㄶ	+	어미, 접사	→	ㅎ 탈락
ㅀ				

(4) 논점 정리

① 받침 + 어미

　　㉠ 낳은 : [　　] vs. 낳는 : [　　] vs. 낳고 : [　　] vs. 낳소 : [　　]

　　㉡ 않은 : [　　] vs. 않는 : [　　] vs. 않고 : [　　] vs. 않소 : [　　]

>> ㉠ 나은, 난 : 는, 나 : 코, 나쏘, ㉡ 아는, 안는, 안코, 안쏘

② 받침 + 접사

　　㉠ 쌓이다 : [　　　　] (준말 : 쌔다)

　　㉡ 놓이다 : [　　　　] (준말 : 뇌다)

>> ㉠ 싸이다, ㉡ 노이다

③ 발음 vs. 표기

　　㉠ 낳다 : [　　　　] vs. 낳아 : [　　　　] (발음 : ㅎ 탈락)

　　㉡ 낫다 : [　　　　] vs. 나아 : [　　　　] (표기 : ㅅ 불규칙 용언)

>> ㉠ 나타, 나아, ㉡ 낟 : 따, 나아

3. ㄹ 탈락(자음 탈락) ① - 복합어의 ㄹ 탈락

(1) 정의

유음 탈락 가운데 하나로 복합어에서 'ㄹ'이 탈락하는 현상.

예 솔+나무 → <u>소나무</u>, 울+짖다 → <u>우짖다</u>

(2) 특징

① 주로 'ㄴ, ㄷ, ㅅ, ㅈ' 앞에서 탈락한다.('너도? 세진?')

② 역사적 변화와 관련되어 있으므로 단어 자체를 외워야 한다.

예 다달이(달-달-이), 따님(딸-님), 마소(말-소), 바느질(바늘-질),
부나비(불-나비), 부삽(불-삽), 부손(불-손), 소나무(솔-나무),
싸전(쌀-전), 여닫이(열-닫이), 우짖다(울-짖다), 화살(활-살)

㉠ 부나비 : 불나방과의 하나.

㉡ 부삽 : 아궁이나 화로의 재를 치거나, 숯불이나 불을 담아 옮기는 데 쓰는 조그마한 삽.

㉢ 부손 : 화로에 꽂아 두고 쓰는 작은 부삽.

㉣ 싸전 : 쌀과 그 밖의 곡식을 파는 가게.

(3) 음운 환경

받침		첫소리		바뀌는 상황
ㄹ	+	ㄴ	→	ㄹ 탈락
		ㄷ		
		ㅅ		
		ㅈ		

4. ㄹ 탈락(자음 탈락) ② - 동사 어간 말음의 ㄹ 탈락

(1) 정의

유음 탈락 가운데 하나로, 용언의 어간 말음 'ㄹ'이 'ㄴ, ㄹ, ㅂ'으로 시작하는 어미나 선어말 어미 '-시-', 어말 어미 '-오니' 및 하오체의 종결 어미 '-오' 앞에서 탈락하는 현상.

예 만들-+-는 → 만드는, 만들-+-(으)ㅂ시다 → 만듭시다

(2) 특징

① 어간 말음이 'ㄹ'일 경우 무조건 '규칙 활용'을 한다.(ㄹ 탈락 규칙 용언)

② 어미에 따라 'ㄹ'이 탈락하거나, 'ㄹ'이 탈락하지 않는다.

예 울-다, 울-어, 우-니(울-으니)

예 벌다 : 버십니다, 버오, 법시다, 벌, 번, 버네 등

③ 어미의 모양을 잘 봐야 하며, 특히 'ㅅ, ㅂ, ㄴ, 오' 등을 조심해야 한다.

(3) 음운 환경

받침		어미 환경		매개 모음 탈락, ㄹ 탈락 (예) 살다)
ㄹ	+	-(으)시-	→	사시오
		-(으)오		사오
		-(으)ㅂ시다		삽시다
		-(으)ㄹ		살
		-(으)ㄴ		산

받침		어미 환경		ㄹ 탈락 (예) 살다)
ㄹ	+	-네	→	사네
		-는		사는

받침		어미 환경		매개 모음 탈락 (예) 살다)
ㄹ	+	-(으)ㅁ	→	삶
		-(으)라		살라
		-(으)면		살면
		-(으)므로		살므로

5. ㅡ 탈락(모음 탈락)

(1) 정의

형태소들이 결합하는 과정에서 'ㅡ'가 다른 모음 앞에서 탈락하는 현상.

(2) 특징

① 어간이 'ㅡ'로 끝날 때 '규칙 활용'을 한다.(ㅡ 탈락 규칙 용언)

② '치르다, 우러르다, 다다르다, 들르다, 잇따르다, 노느다' 등은 'ㅡ 탈락의 예'에 해당한다.

③ 어간이 'ㅡ'로 끝날 때 '르 불규칙 용언'과 '러 불규칙 용언'을 조심해야 한다.

④ 참고로, 모음 탈락 중에는 'ㅜ 불규칙 용언'도 있다.(푸다)

(3) 음운 환경

모음 환경		어미 환경		바뀌는 상황
ㅡ	+	모음 어미	→	ㅡ 탈락

(4) 논점 정리

① 발음 vs. 표기

㉠ 모으- + -아 : (　　　　　) [　　　　　]

㉡ 뜨- + -어 : (　　　　　) [　　　　　]

>> ㉠ 모아[모아], ㉡ 떠[떠]

6. 동일 음운(＝모음) 탈락

(1) 정의

'-아'나 '-어'로 끝나는 용언 어간 뒤에 '-아'나 '-어'로 시작하는 어미가 와서 동일한 모음이 연속될 때 그중 한 모음이 탈락하는 음운 현상.

(2) 특징

① 같은 모음이 연속될 때 그중 한 모음이 탈락하는 것이지 '축약'이 적용된 것은 아니다.

② 형태소의 개수를 셀 때, 탈락한 어미를 다시 확인해야 한다.

　예 갔다 → 가/았/다(3개)

③ '-아' 계열 어미 : -아라, -아도, -아서, -아야지, -았- 등

④ '-어' 계열 어미 : -어라, -어도, -어서, -어야지, -었- 등

(3) 음운 환경

모음 환경	+	어미 환경	→	바뀌는 상황
ㅏ		-아 계열		ㅏ 탈락
ㅓ		-어 계열		ㅓ 탈락

(4) 논점 정리

① 'ㅐ'와 'ㅔ' 뒤의 '-어' 주의!

제34항 [붙임 1] 'ㅐ, ㅔ' 뒤에 '-어, -었-'이 어울려 줄 적에는 준 대로 적는다.

　예 개어[개어] → 개[개 :], 개었다[개얻따] → 갰다[갣 : 따]

② 발음 vs. 표기

㉠ 차- + -아서 : (　　　　　)

㉡ 가- + -아서 : (　　　　　)

>> ㉠ 차서, ㉡ 가서

확인문제

14 밑줄 친 부분이 〈보기〉에 해당하지 않는 것은?　　2017. 서울시 7급

━ 보기 ━
국어에는 동일한 모음이 연속될 때 하나가 탈락하는 현상이 나타난다.

① 늦었으니 어서 <u>자</u>.
② 여기 잠깐만 <u>서서</u> 기다려.
③ 조금만 천천히 <u>가자</u>.
④ 일단 <u>가</u> 보면 알 수 있겠지.

>> ③

05 음운 변동 ②

셀프 단원 MAP

1 축약(AB → C)

1. 정의

(1) 두 형태소가 서로 만날 때, 인접한 두 자음이 하나의 음소로 줄어들어 소리가 나는 현상.

(2) '거센소리되기, 격음화'라는 말로 표현한다.

2. 특징

(1) '용언의 어간과 어미' 사이뿐만 아니라 '어근과 접사' 사이에서도 자음 축약이 일어난다.
> 예 좋다[조ː타](어간과 어미), 밝히다[발키다](어근과 접사)

(2) 2음절 이상인 명사 내에도 발음할 때 자음 축약이 일어난다.
> 예 맏형[마텽]

(3) 앞의 자음이 'ㄱ, ㄷ, ㅂ, ㅈ'이고 뒤의 접사가 '-히-'이면 바로 자음 축약하면 된다.

(4) '닫히다'와 같이 어근의 받침이 'ㄷ'일 때는 '축약 후 구개음화'에 따르면 된다.(축약, 구개음화)
> 예 닫히다[다티다 → 다치다]

(5) 조사 '하고'는 자음으로 시작하는 형식 형태소이므로, 앞의 체언은 음운 변동을 겪은 다음 축약해야 한다.
> 예 흙-하고[흑+하고 → 흐카고]

15 표준 발음에서 축약 현상이 나타나는 것은? 2016. 사복직 9급
① 놓치다   ② 헛웃음
③ 똑같이   ④ 닫히다
>> ④

16 국어의 음운 현상에는 다음의 네 가지 유형이 있다. 〈보기〉의 (가)와 (나)에 해당하는 음운 현상의 유형을 순서대로 고르면? 2015. 서울시 9급

┌─────────────────────┐
│ ㉠ XAY → XBY(대치)   │
│ ㉡ XAY → XØY(탈락)   │
│ ㉢ XØY → XAY(첨가)   │
│ ㉣ XABY → XCY(축약) │
└─────────────────────┘

┌──── 보기 ────┐
│ 솥 + 하고 → [솓하고] → [소타고] │
│   (가)   (나)   │
└──────────────┘

① ㉠, ㉡   ② ㉠, ㉣
③ ㉡, ㉢   ④ ㉣, ㉡
>> ②

3. 음운 환경

받침		첫소리		바뀐 발음
ㅎ				ㅋ, ㅌ, ㅍ
ㄶ	+	ㄱ, ㄷ, ㅂ	→	ㄴ / ㅋ, ㅌ, ㅍ
ㅀ				ㄹ / ㅋ, ㅌ, ㅍ

받침		첫소리		바뀐 발음
ㄱ				ㅋ
ㄺ				ㄹ / ㅋ
ㄷ				ㅌ
ㅂ	+	ㅎ	→	ㅍ
ㄼ				ㄹ / ㅍ
ㅈ				ㅊ
ㄵ				ㄴ / ㅊ

4. 논점 정리

(1) 접미사 '-히-'

　　㉠ 젖히다 : [　　　　　]　　　㉡ 밝히다 : [　　　　　]

　　㉢ 밟히다 : [　　　　　]　　　㉣ 앉히다 : [　　　　　]

　　㉤ 갇히다 : [　　　　　]

>> ㉠ 저치다, ㉡ 발키다, ㉢ 발피다, ㉣ 안치다, ㉤ 가티다 → 가치다

(2) 조사 '하고'

　　㉠ 밥하고 : [　　　　　]　　　㉡ 닭하고 : [　　　　　]

>> ㉠ 바파고, ㉡ 다카고

2 첨가(A → AB)

1. ㄴ 첨가

(1) 정의

앞 음절이 자음으로 끝나고, 뒤 음절 모음 'ㅣ'나 '반모음 ㅣ[j]'가 있을 때, 'ㄴ'이 새로 생기는 현상.

(2) 특징

① 합성어와 파생어에서 일어난다.

② 앞 음절은 '자음'으로 끝나고, 다음 음절이 '모음'으로 연결된다는 점에서 '연음'과 유사한 환경이다. 따라서 'ㄴ'을 첨가하여 발음하거나 연음하는 등의 시도가 중요하다.

③ 'ㄴ'을 첨가한 후 앞 음절의 받침을 주의해야 한다.

　　㉠ 받침 'ㄱ, ㄷ, ㅂ' + 'ㄴ 첨가' → 비음화

　　㉡ 받침 'ㄹ' + 'ㄴ 첨가' → 유음화

④ ㄴ 첨가는 수의적이므로, 필요한 어휘는 암기해야 한다.

　　예 절약[저략], 담임[다밈], 활용[화룡], 독약[도걍], 그림일기[그ː리밀기], 한국인[한ː구긴] 등

(3) 음운 환경

받침		모음 환경		바뀐 발음
자음	+	이, 야, 여, 요, 유	→	ㄴ 첨가 [니, 냐, 녀, 뇨, 뉴]

확인문제

17 국어의 주요한 음운 변동을 다음과 같이 유형화할 때, '부엌일'에 일어나는 음운 변동 유형으로 옳은 것은?
2019. 국가직 9급

변동 전		변동 후
㉠ XaY	→	XbY(교체)
㉡ XY	→	XaY(첨가)
㉢ XabY	→	XcY(축약)
㉣ XaY	→	XY(탈락)

① ㉠, ㉡　　　② ㉠, ㉣
③ ㉡, ㉢　　　④ ㉡, ㉣

>> ①

18 〈보기〉에서 음의 첨가 현상이 일어나지 않는 것을 모두 고른 것은?
2020. 서울시 9급

── 보기 ──
ㄱ. 등용문　　ㄴ. 한여름
ㄷ. 눈요기　　ㄹ. 송별연

① ㄱ, ㄷ　　　② ㄱ, ㄹ
③ ㄴ, ㄷ　　　④ ㄴ, ㄹ

>> ②

19 음운 현상은 변동의 양상에 따라 크게 다섯 가지로 구분된다. 다음 중 음운 현상의 유형이 나머지 셋과 가장 다른 하나는? 2017. 서울시 9급

ㄱ 대치 – 한 음소가 다른 음소로 바뀌는 음운 현상
ㄴ 탈락 – 한 음소가 없어지는 음운 현상
ㄷ 첨가 – 없던 음소가 새로 끼어드는 음운 현상
ㄹ 축약 – 두 음소가 합쳐져 다른 음소로 바뀌는 음운 현상
ㅁ 도치 – 두 음소가 서로 자리를 바꾸는 음운 현상

① 국 + 만 → [궁만]
② 물 + 난리 → [물랄리]
③ 입 + 고 → [입꼬]
④ 한 + 여름 → [한녀름]

>> ④

20 음운 변동에 대한 설명으로 옳은 것은? 2018. 지방직 7급

① 값진[갑찐] : 탈락, 첨가 현상이 있다.
② 밖과[박꽈] : 대치, 축약 현상이 있다.
③ 끓는[끌른] : 탈락, 대치 현상이 있다.
④ 밭도[받또] : 대치, 첨가 현상이 있다.

>> ③

제28항 표준 발음법
제28항 표기상으로는 사이시옷이 없더라도, 관형격 기능을 지니는 사이시옷이 있어야 할(휴지가 성립되는) 합성어의 경우에는, 뒤 단어의 첫소리 'ㄱ, ㄷ, ㅂ, ㅅ, ㅈ'을 된소리로 발음한다.
예 문-고리[문꼬리], 눈-동자[눈똥자], 신-바람[신빠람], 산-새[산쌔], 손-재주[손째주]

(4) 논점 정리

① 받침(ㄱ, ㄷ ,ㅂ) + ㄴ 첨가
ㄱ 막일 : [   ]　　ㄴ 색연필 : [   ]
ㄷ 홑이불 : [   ]　　ㄹ 한여름 : [   ]
>> ㄱ 망닐, ㄴ 생년필, ㄷ 혼니불, ㄹ 한녀름

② 받침(ㄹ) + ㄴ 첨가
ㄱ 물약 : [   ] vs. 독약 : [   ]
ㄴ 서울역 : [   ]　　ㄷ 불여우 : [   ]
>> ㄱ 물략, 도갹, ㄴ 서울력, ㄷ 불려우

③ 연음 vs. ㄴ 첨가
ㄱ 송별연(送別宴) : [   ]　　ㄴ 금융(金融) : [   ]
ㄷ 야금야금 : [   ]　　ㄹ 유들유들 : [   ]
>> ㄱ 송 : 벼련, ㄴ 금늉/그뮹, ㄷ 야금냐금/야그먀금, ㄹ 유들류들

2. 사잇소리 현상(사이시옷 표기)

(1) 정의

① 합성 명사에서, 앞말의 끝소리가 '울림소리'이고 뒷말의 첫소리가 안울림 예사소리이면 뒤의 예사소리가 된소리로 변하는 현상.

② 합성 명사에서, 앞말이 '모음'으로 끝나는데 뒷말이 'ㅁ, ㄴ'으로 시작되면 앞말의 끝소리에 'ㄴ' 소리가 하나 덧나는 현상.

③ 합성 명사에서, 뒷말이 모음 'ㅣ'나 반모음 'ㅣ'로 시작되면, 앞말의 끝소리와 뒷말의 첫소리에 'ㄴ'이 둘 덧나는 현상.

(2) 특징

① 된소리로 변하는 현상일 때 주의할 점
ㄱ 모음 + ㄱ, ㄷ, ㅂ, ㅅ, ㅈ(발음 2개)
㉮ [ㄷ]이 없는 발음이 원칙이며, [ㄷ]이 있는 발음은 허용이다.
㉯ 이때 '사이시옷'을 표기해야 한다.
ㄴ ㄴ, ㄹ, ㅁ, ㅇ + ㄱ, ㄷ, ㅂ, ㅅ, ㅈ(발음 1개)
㉮ 초성을 된소리로 발음하되, '사이시옷'을 표기할 수 없다.
㉯ 즉, 사이시옷 표기 없이 '눈동자'와 같이 결합하여 쓴다.

② ㄴ 소리 하나 덧나는 현상일 때 주의할 점
ㄱ '받침 + ㄴ, ㅁ'의 구조만 있다.
ㄴ 음운 변동에 따르면, '비음화'로도 설명할 수 있다.

③ ㄴ 소리 둘 덧나는 현상일 때 주의할 점
ㄱ 음운 변동에 따르면, 'ㄴ 첨가'의 환경과 유사하다.
ㄴ 받침과 첫소리 모두 'ㄴ' 소리가 난다.

④ 사잇소리 현상의 유무는 의미를 분화한다.

> 예 잠자리[잠짜리] : 잠을 자기 위해 사용하는 침대보 따위를 통틀어 이르는 말.
> 잠자리[잠자리] : 잠자리목의 곤충을 통틀어 이르는 말.

(3) '사이시옷'의 구조

① '합성어(＝합성명사)'인지 확인해야 한다.

② 결합하는 어종이 다음 중 하나인지 확인해야 한다.
  - ㉠ 순우리말(＝고유어) ＋ 순우리말(＝고유어)
  - ㉡ 순우리말(＝고유어) ＋ 한자어
  - ㉢ 한자어 ＋ 순우리말(＝고유어)

③ 결합하는 두 말 중 앞말이 모음인지 확인해야 한다.

④ 두 말이 결합하며 발생하는 음운 현상이 다음 중 하나여야 한다.
  - ㉠ 된소리가 덧남.(발음 2개)
  - ㉡ ㄴ 소리가 덧남.(발음 1개)
  - ㉢ ㄴㄴ 소리가 덧남.(발음 1개)

(4) '사이시옷' 표기 주의

① '파생어'에서 '사이시옷'은 표기하지 않는다.

> 예 햇님(×) – 해님(○)(-님 : 접사)

② 뒤의 첫소리가 '거센소리'일 때 '사이시옷'을 표기하지 않는다.

> 예 윗층(×) – 위층(○)(ㅊ : 거센소리)

③ 뒤의 첫소리가 '된소리'일 때 '사이시옷'을 표기하지 않는다.

> 예 윗쪽(×), 위쪽(○)(ㅉ : 된소리)

④ 한자어는 2음절로 된 한자어를 제외하고는 '사이시옷'을 표기하지 않는다.

> 예 찻간(車間), 툇간(退間), 곳간(庫間), 셋방(貰房), 숫자(數字), 횟수(回數)(오직 6개)
> 예 전세-방(傳貰房), 기차-간(汽車間), 수라-간(水刺▽間) 등

⑤ 덧나는 음운 현상이 없으면 '사이시옷'을 표기하지 않는다.

> 예 머리-말[머리말], 인사-말[인사말], 농사-일[농사일], 기와-집[기와집] 등

(5) '사이시옷' 표기 여부

구분	사이시옷 ×	사이시옷 ○
-가(價)	<u>전세가</u>, 도매가, 소매가 등	–
-값	–	<u>전셋값</u>, 절댓값, 나잇값, 기댓값, 대푯값, 최댓값, 최솟값 등
-간(間)	<u>마구간</u>, <u>수라간</u>, 열차간 등	곳간, 툇간, 찻간 등
-국	–	만둣국, 북엇국, <u>선짓국</u>, 고깃국, 김칫국, 순댓국, 조갯국, 갈빗국 등
-기름	고래기름, 돼지기름, 고추기름 등	<u>고깃기름</u>, 머릿기름, 콧기름 등
-길	–	등굣길, 하굣길, 출셋길, 혼삿길, <u>농삿길</u> 등

참고

'전세'와 관련된 단어 모음
1. 전세가(傳貰價) : [전세까]
2. 전세권(傳貰權) : [전세꿘]
3. 전세금(傳貰金) : [전세금]
4. 전세방(傳貰房) : [전세빵]
5. 전셋값(傳貰값) : [전세깝/전섿깝]
6. 전셋돈(傳貰돈) : [전세똔/전섿똔]
7. 전셋집(傳貰집) : [전세찝/전섿찝]

주의해야 할 발음
1. 유리잔 : [유리잔]
2. 소주잔 : [소주짠]
3. 회수 : [회수/훼수]
4. 횟수 : [회쑤/훼쑤]
5. 갯벌 : [개뻘/갣뻘]

구분	사이시옷 ×	사이시옷 ○
-말	머리말, 인사말, 꼬리말, 예사말, 반대말, 흉내말, 우리말, 나라말, 소개말 등	존댓말, 노랫말, 혼잣말, 귓속말, 요샛말, 시쳇말 등
-방(房)	전세방, 월세방 등	아랫방, 셋방, 사글셋방 등
-빛	오렌지빛 등	연둣빛, 우윳빛, 포돗빛, 자줏빛 등
-일	농사일 등	뒷일 등
-잎	줄기잎 등	깻잎, 나뭇잎, 댓잎, 찻잎, 배춧잎, 고춧잎 등
-줄	동아줄, 고무줄, 가로줄, 세로줄 등	밧줄, 그넷줄, 전깃줄, 빨랫줄 등
-집	기와집, 초가집, 피자집 등	소줏집, 맥줏집, 처갓집, 외갓집, 종갓집, 전셋집, 상갓집, 건넛집, 고깃집 등

(6) **음운 환경**

① 된소리

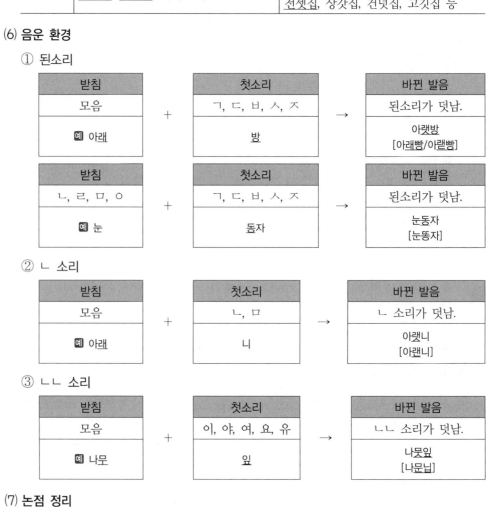

받침		첫소리		바뀐 발음
모음	+	ㄱ, ㄷ, ㅂ, ㅅ, ㅈ	→	된소리가 덧남.
예 아래		방		아랫방 [아래빵/아랟빵]

받침		첫소리		바뀐 발음
ㄴ, ㄹ, ㅁ, ㅇ	+	ㄱ, ㄷ, ㅂ, ㅅ, ㅈ	→	된소리가 덧남.
예 눈		동자		눈동자 [눈똥자]

② ㄴ 소리

받침		첫소리		바뀐 발음
모음	+	ㄴ, ㅁ	→	ㄴ 소리가 덧남.
예 아래		니		아랫니 [아랜니]

③ ㄴㄴ 소리

받침		첫소리		바뀐 발음
모음	+	이, 야, 여, 요, 유	→	ㄴㄴ 소리가 덧남.
예 나무		잎		나뭇잎 [나문닙]

(7) **논점 정리**

① '사이시옷'의 여부 파악

　　㉠ 버섯국: [　　　　　] vs. 선짓국: [　　　　　　]

　　㉡ 거짓말: [　　　　　] vs. 존댓말: [　　　　　　]

>> ㉠ 버섣꾹, 선지꾹/선짇꾹, ㉡ 거ː진말, 존댄말

② 사잇소리 현상 여부

    ㉠ 남대문 : [   ] vs. 눈동자 : [   ]

    ㉡ 선바람 : [   ] vs. 신바람 : [   ]

                                        ▶▶ ㉠ 남대문, 눈똥자, ㉡ 선바람, 신빠람

③ 사이시옷 vs. 연음

    ㉠ 깻잎 : [   ]   ㉡ 댓잎 : [   ]

    ㉢ 훗일 : [   ]   ㉣ 예삿일 : [   ]

                            ▶▶ ㉠ 깬닙, ㉡ 댄닙, ㉢ 훈 : 닐, ㉣ 예 : 산닐

3. 반모음 첨가

(1) 정의

두 개의 모음이 연속될 때, 모음과 모음 사이에 반모음이 삽입되는 음운 현상이다.

(2) 특징

① '반모음 첨가'는 보통 일상적인 발화에서 나타난다.

② [ㅣ어]가 원칙이고, [ㅣ여]가 허용이다. 마찬가지로 [ㅚ어]가 원칙이고, [ㅚ여]가 허용이다.

   예 피어[피어/피여], 되어[되어/되여]

③ 'ㅚ'는 이중 모음 발음도 가능하므로, [ㅚ어/ㅚ여]뿐만 아니라 [ㅔ어/ㅔ여]도 발음할 수 있다.

   예 되어[되어/되여/뒈어/뒈여]

④ '반모음 첨가'는 발음만의 문제이므로 이처럼 표기하면 비표준어이다.

   예 피었다(○), 피였다(×)

⑤ '반모음 첨가'와 '반모음화(교체)'는 다른 현상이다.(첨가 vs. 교체)

⑥ 'ㅣ어, ㅚ어, ㅟ어'는 '반모음 첨가'를 적용하지만, 'ㅐ어, ㅔ어'는 '반모음 첨가'를 적용하지 않는다.

   예 피어[피어/피여], 되어[되어/되여], 뛰어[뛰어/뛰여]

   예외 깨어[깨어], 세어[세어]

(3) 음운 환경

받침		첫소리		바뀐 발음
ㅣ	+	─어	→	ㅣ어/ㅣ여
ㅚ				ㅚ어/ㅚ여

06 고난도 논점

1 변이음(變異音)

1. 정의

같은 음소에 포괄되는 몇 개의 구체적인 음이 서로 구별되는 음의 특징을 지니고 있을 때의 음이다.

2. 특징

주로 'ㄱ, ㄷ, ㅂ'의 자음과 함께 환경을 고려하면 '변이음'의 개념을 알 수 있다.

연습문제

1 감기: [   ], [   ]
2 더듬이: [   ], [   ]
3 바보: [   ], [   ]

≫1. k, g, 2. t, d, 3. p, b

2 이형태(異形態)

1. 정의

(1) **형태**: 어떠한 구조나 전체를 이루고 있는 구성체가 일정하게 갖추고 있는 모양.

(2) **이형태**: 한 형태소가 주위 환경에 따라 음상(音相)을 달리하는 경우가 있는데, 이때 달라진 한 형태소의 여러 모양을 이르는 말.

2. 특징

(1) 같은 의미를 지닌다.

(2) 모양이 달라진 경우이다.

3. 종류

(1) **음운론적 이형태**

① 앞말의 받침 유무

ㄱ 이/가: 기린이 있다. / 사자가 있다.

ㄴ 을/를: 세진이가 기린을 잡았다. / 세진이가 고기를 먹었다.

ㄷ 은/는: 기린은 세진이를 좋아한다. / 사자는 세진이를 좋아한다.

ㄹ 과/와: 기린과 함께 놀았다. / 사자와 함께 놀았다.

② 앞말의 양성 모음/음성 모음의 여부

ㄱ -아/어: 토끼야 이것을 막아. / 먹어.

ㄴ -아라/어라: 토끼야 이것을 막아라. / 먹어라.

ㄷ -았/었-: 토끼가 적을 막았다. / 토끼가 당근을 먹었다.

③ 매개 모음의 여부(앞말의 받침 유무)

ㄱ -(으)시-: 할머니께서 귀가 밝으시다. / 식사를 하시었다.

예 (으)로, -(으)면 등

④ 동사냐, 형용사냐에 따라 '-는구나, 구나'를 붙인다.(서술격 조사도 가능)

> 예 세진이가 밥을 먹는구나! / 세진이가 대학생이구나!

(2) 형태론적 이형태

① 여 불규칙: -았-/-었-, -였-

㉠ 세진이가 적을 막았다. / 세진이가 공부를 하였다.

→ '-았-'과 '-였-'의 관계는 형태론적 이형태 관계이다.

㉡ 세진이가 밥을 먹었다. / 세진이가 공부를 하였다.

→ '-었-'과 '-였-'의 관계는 형태론적 이형태 관계이다.

3 최소 대립쌍

1. 정의

(1) **최소 대립**: 하나의 음운 때문에 의미가 달라지는 경우를 의미한다.

(2) **최소 대립쌍**: 하나의 음운 때문에 의미에서 차이가 나는 쌍을 의미한다.

2. 특징

(1) 해당 음절의 구조가 같아야 한다.

> 예 오리 vs. 소리 → '오리'와 '소리'는 음절 구조가 다르므로 최소 대립쌍이라고 할 수 없다.

(2) '초성, 중성, 종성' 중 단 하나의 차이가 의미를 분별한다.

(3) 장단음도 의미를 분별할 수 있다.

> 예 눈[雪][눈 ː] vs. 눈[目][눈]

3. 종류

(1) '자음(＝초성)'의 차이로 뜻이 변별

> 예 불 - 물

(2) '모음(＝중성)'의 차이로 뜻이 변별

> 예 감 - 곰

(3) '자음(＝종성)'의 차이로 뜻이 변별

> 예 문 - 물

4 반모음화(교체)

1. 정의

모음 'ㅣ'나 'ㅗ/ㅜ'가 다른 모음과 결합하여 하나의 음운으로 줄어 소리 나는 것을 말한다.

2. 특징

(1) 반모음은 'ㅗ'와 'ㅣ'만 있다.

(2) 모음 'ㅗ'와 'ㅣ'가 반모음으로 교체된 것을 '반모음화'라고 한다.

(3) '뵈다'는 '보이다'의 준말이기도 하지만, '뵈다' 자체가 용언이기도 하다.

※ 뵈다 : 웃어른을 대하여 보다.

3. 음운 환경

모음		모음		바뀐 형태
ㅗ	+	-아/어,	→	놔/궈,
ㅜ		-았/었-		놨/줬

모음		모음		바뀐 형태
ㅣ	+	-어, -었-	→	ㅕ, 쪘

5 준말

1. 정의

단어의 일부분이 줄어든 것. '사이'가 '새'로, '잘가닥'이 '잘각'으로 된 것 따위이다.

2. 특징

(1) '펴이다'는 '폐다'가 준말이다. '펴이어'의 준말은 '폐어'이다.

(2) '뜨이다'는 '띄다'가 준말이다.

(3) '뜨이어'의 준말인 '뜨여'는 '띄어쓰기'의 '띄어'와 다른 의미를 지닌다.

예 뜨이다 : 간밤에 늦게 잤더니 아침 늦게야 눈이 <u>뜨였다</u>.

(4) '띄어쓰기'는 '뜨여쓰기'로 쓸 수 없다.

3. 음운 환경

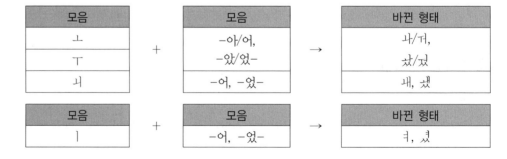

모음		모음		바뀐 형태
ㅗ	+	-아/어,	→	놔/궈,
ㅜ		-았/었-		놨/줬
ㅚ		-어, -었-		왜, 쐈

모음		모음		바뀐 형태
ㅣ	+	-어, -었-	→	ㅕ, 쪘

모음		모음		바뀐 형태
ㅏ, ㅕ, ㅗ, ㅜ, ㅡ	+	-이-(접사)	→	ㅐ, ㅖ, ㅚ, ㅟ, ㅢ
ㅏ, ㅗ, ㅜ, ㅡ		-이-(접사) + -어(어미)		ㅐ어, ㅚ어, ㅟ어, ㅢ어
				ㅏ여, ㅗ여, ㅜ여, ㅡ여

6 음절

1. 정의

(1) 하나의 종합된 음의 느낌을 주는 말소리의 단위.

(2) 몇 개의 음소로 이루어지며, 모음은 단독으로 한 음절이 되기도 한다.

2. 특징

(1) 음절은 실제로 발음된 상황을 고려한다.

(2) 음절의 개수는 반드시 있어야 하는 '모음의 개수'를 고려하면 된다.

(3) 초성 'ㅇ'은 가짜 이응이다. 따라서 받침으로 쓰는 자음 'ㅇ'과 구별해야 한다.

(4) 초성에는 겹자음이 나오지 않는다. 현대에는 '받침'으로 겹자음이 나타난다.

(5) '겹자음'은 자음이 2개가 결합된 것이므로, '닭'의 경우 자음군 단순화가 적용되어 [닥]과 같이 발음이 된다. 따라서 음절의 형성으로 보면 '자음+모음+자음'의 구조로 보아야 한다. 다만 '발음'과 '음절'의 문제가 아닌 '표기'에서의 변화를 물을 때는 '자음+모음+자음+자음'의 구조에서 '자음+모음+자음'의 구조로 바뀌었다 하여 '1개'가 탈락되었다는 설명을 같이 곁들인다.

3. 종류

(1) 모음 예 우유[우유], 아이[아이]

(2) 자음 + 모음 예 가구[가구], 사자[사자]

(3) 자음 + 모음 + 자음 예 빛[빋], 국[국]

(4) 모음 + 자음 예 양[양]

21 〈보기〉 중 음운 변동으로 음운의 수에 변화가 있는 단어를 모두 고른 것은?   2018.(3월) 서울시 7급

〈보 기〉
ㄱ. 발전   ㄴ. 국화
ㄷ. 솔잎   ㄹ. 독립

① ㄱ, ㄴ   ② ㄱ, ㄹ
③ ㄴ, ㄷ   ④ ㄷ, ㄹ

》③

22 다음에 대한 설명으로 적절한 것은?   2019. 지방직 9급

㉠ 가을일[가을릴] ㉡ 텃마당[턴마당]
㉢ 입학생[이팍쌩] ㉣ 흙먼지[흥먼지]

① ㉠: 한 가지 유형의 음운 변동이 나타난다.
② ㉡: 인접한 음의 영향을 받아 조음 위치가 같아지는 동화 현상이 나타난다.
③ ㉢: 음운 변동 전의 음운 개수와 음운 변동 후의 음운 개수가 서로 다르다.
④ ㉣: 음절 끝에 'ㄱ, ㄴ, ㄷ, ㄹ, ㅁ, ㅂ, ㅇ' 이외의 자음이 오면 이 7개의 자음 중 하나로 바뀌는 규칙이 적용된다.

》③

4. 음운의 개수

(1) 교체 → 0개 : 일대일로 대응하기 때문에 개수에 변화가 없다.
예 국물[궁물] : 표기(6개), 발음(6개)

(2) 탈락 → −1개 : 음운 변동 후 개수가 줄어든다.
예 좋아[조아] : 표기(4개), 발음(3개)

(3) 축약 → −1개 : 음운 변동 후 개수가 줄어든다.
예 좋고[조코] : 표기(5개), 발음(4개)

(4) 첨가 → +1개 : 음운 변동 후 개수가 늘어난다.
예 들일[들릴] : 표기(5개), 발음(6개)

7 모음조화

1. 정의

(1) 두 음절 이상의 단어에서, 뒤의 모음이 앞 모음의 영향으로 그와 가깝거나 같은 소리로 되는 언어 현상.

(2) 'ㅏ', 'ㅗ' 따위의 양성 모음은 양성 모음끼리, 'ㅓ', 'ㅜ' 따위의 음성 모음은 음성 모음끼리 어울리는 현상이다.

2. 종류

(1) **양성 모음** : ㅏ, ㅗ 계열[중세 국어 표기 : ·(아래 아)]

(2) **음성 모음** : ㅓ, ㅜ 계열

(3) **중성 모음** : ㅣ

3. 모음조화의 예

(1) **어미** : -아/어, -아라/어라, -았/었- 등

(2) **음성상징어** : 알록달록−얼룩덜룩, 갈쌍갈쌍−글썽글썽, 졸졸−줄줄 등

4. 모음조화가 깨진 예

(1) 깡충깡충(○), 깡총깡총(×)

(2) 쌍둥이(○), 쌍동이(×)

(3) 오뚝이(○), 오똑이(×)

8 연구개음화

1. 정의

자음이 조음될 때, 후설면(後舌面)이 연구개 쪽으로 올라가면서 발음되는 현상.

2. 특징

(1) 연구개음이 아닌 음소가 연구개음인 'ㄱ, ㄲ, ㅋ, ㅇ'에 동화되어 연구개음이 되는 것을 말한다.

(2) 해당 발음은 비표준 발음이다.

3. 연구개음화의 예

(1) 감기 : [감 : 기](○), [강 : 기](×)

(2) 옷감 : [옫깜](○), [옥깜](×)

(3) 있고 : [읻꼬](○), [익꼬](×)

(4) 꽃길 : [꼳낄](○), [꼭낄](×)

9 양순음화

1. 정의

(1) 입술소리가 아닌 것이 입술소리를 만나 입술소리로 바뀌는 현상.

(2) 주로 구어나 방언에서 '신문'이 [심문]이 되고 '꽃바구니'가 [꼽빠구니]가 되는 것 따위이다.

2. 특징

(1) 양순음이 아닌 음소가 양순음인 'ㅂ, ㅃ, ㅍ, ㅁ'에 동화되어 양순음이 되는 것을 말한다.

(2) 해당 발음은 비표준 발음이다.

3. 양순음화의 예

(1) 젖먹이 : [전머기](○), [점머기](×)

(2) 문법 : [문뻡](○), [뭄뻡](×)

(3) 꽃밭 : [꼳빧](○), [꼽빧](×)

01 〈보기〉를 바탕으로 단모음의 변별적 자질을 탐구한 내용으로 적절하지 <u>않은</u> 것은? [2020년]

━ 보기 ━

변별적 자질이란 한 음소를 이루는 여러 음성적 특성들을 별개의 단위로 독립하여 표시한 것이다. 하나의 변별적 자질은 오로지 두 부류로만 구별해 주며, 해당 변별적 자질이 나타내는 특성을 가진 부류는 '+', 그렇지 않은 부류는 '−'로 표시한다.

[자료 1] 단모음의 변별적 자질

• [후설성]: 혀의 전후 위치와 관련된 자질로 혀의 최고점이 중립적 위치보다 뒤에 놓이는 성질. 후설 모음은 [+후설성], 전설 모음은 [−후설성]이다.

• [고설성]: 혀의 높낮이와 관련된 자질로 혀의 최고점이 중립적 위치보다 높아지는 성질. 고모음은 [+고설성], 중모음과 저모음은 [−고설성]이다.

• [저설성]: 혀의 높낮이와 관련된 자질로 혀의 최고점이 중립적 위치보다 낮아지는 성질. 저모음은 [+저설성], 중모음과 고모음은 [−저설성]이다.

• [원순성]: 입술을 동그랗게 오므리는 성질. 원순 모음은 [+원순성], 평순 모음은 [−원순성]이다.

[자료 2] 단모음 체계표

혀의 전후 위치	전설 모음		후설 모음	
입술 모양 / 혀의 높낮이	평순 모음	원순 모음	평순 모음	원순 모음
고모음	ㅣ	ㅟ	ㅡ	ㅜ
중모음	ㅔ	ㅚ	ㅓ	ㅗ
저모음	ㅐ	✕	ㅏ	✕

① 'ㅡ'는 [+후설성]으로, 'ㅣ'는 [−후설성]으로 표시한다.

② 'ㅏ'와 'ㅓ'는 [저설성]을 나타내는 변별적 자질의 특성이 서로 다르다.

③ 'ㅚ'와 'ㅜ'의 동일한 변별적 자질의 특성은 [+원순성]과 [−저설성]이다.

④ 'ㅔ'와 'ㅗ'는 [저설성]을 나타내는 변별적 자질의 특성은 동일하고, [고설성]을 나타내는 변별적 자질의 특성은 서로 다르다.

⑤ 'ㅐ'와 'ㅟ'는 [후설성]을 나타내는 변별적 자질의 특성은 동일하고, [고설성]을 나타내는 변별적 자질의 특성은 서로 다르다.

02 〈학습 활동〉을 수행한 결과로 적절하지 <u>않은</u> 것은?

[2022년]

▶학습 활동◀

음운 변동에는 교체, 첨가, 탈락, 축약이 있는데 음운 변동의 결과로 음운의 개수가 변화하기도 한다. 분절 음운인 자음과 모음은 모여서 음절을 이루는데, 음절은 발음할 수 있는 최소의 단위로 음절의 유형은 크게 '모음', '자음 + 모음', '모음 + 자음', '자음 + 모음 + 자음'으로 나눌 수 있다. [자료]의 밑줄 친 부분을 중심으로 음운의 개수 변화와 음절의 유형을 탐구해 보자.

[자료]

• 책상에 <u>놓인</u> 책을 <u>한여름</u>이 지나서야 <u>읽기</u> 시작했다.
• <u>독서</u>를 즐기기 위해서는 자기에게 <u>맞는</u> 책을 골라야 한다.

① '놓인[노인]'은 탈락의 결과로 음운의 개수가 줄었으며, [노]는 음절 유형이 '자음 + 모음'이다.

② '한여름[한녀름]'은 첨가의 결과로 음운의 개수가 늘었으며, [녀]는 음절 유형이 '자음 + 모음'이다.

③ '읽기[일끼]'는 탈락의 결과로 음운의 개수가 줄었으며, [일]은 음절 유형이 '모음 + 자음'이다.

④ '독서[독써]'는 첨가의 결과로 음운의 개수가 늘었으며, [써]는 음절 유형이 '자음 + 모음'이다.

⑤ '맞는[만는]'은 교체의 결과로 음운의 개수는 변동이 없고, [만]은 음절 유형이 '자음 + 모음 + 자음'이다.

03 〈보기〉의 '학습 과제'를 바르게 수행하였다고 할 때, ㉠에 들어갈 단어로 적절한 것은?

[2023년]

▶보기◀

[학습 자료]

음운은 단어의 뜻을 구별해 주는 소리의 가장 작은 단위이다. 특정 언어에서 어떤 소리가 음운인지 아닌지는 최소 대립쌍을 통해 확인할 수 있다. 최소 대립쌍이란, 다른 모든 소리는 같고 단 하나의 소리 차이로 의미가 구별되는 단어의 쌍을 말한다. 예를 들어, 최소 대립쌍 '감'과 '잠'은 [ㄱ]과 [ㅈ]의 차이로 인해 의미가 구별되므로 'ㄱ'과 'ㅈ'은 서로 다른 음운이다.

[학습 과제]

앞사람이 말한 단어와 최소 대립쌍인 단어를 말해 보자.

| A: 쌀! → B: 달! → C: ㉠ → D: 굴! |

① 꿀
② 답
③ 둘
④ 말
⑤ 풀

음운의 동화는 인접한 두 음운 중 어느 한쪽 또는 양쪽이 서로 비슷하거나 같은 소리로 바뀌는 현상이다. 국어의 대표적인 동화에는 비음화, 유음화, 구개음화가 있다.

비음화는 비음이 아닌 'ㅂ, ㄷ, ㄱ'이 비음 'ㅁ, ㄴ' 앞에서 비음 'ㅁ, ㄴ, ㅇ'으로 바뀌어 소리 나는 현상이다. 예를 들어 '국민'이 [궁민]으로 발음되는 것은 비음화에 해당한다. 유음화는 비음 'ㄴ'이 유음 'ㄹ'의 앞이나 뒤에서 유음 'ㄹ'로 발음되는 현상이다. 유음화의 예로는 '칼날[칼랄]'이 있다. ㉠ 아래의 자음 체계표를 보면, 비음화와 유음화는 그 결과로 인접한 두 음운의 조음 방식이 같아진다는 것을 알 수 있다.

조음 위치 / 조음 방식	입술 소리	잇몸 소리	센입천장 소리	여린 입천장 소리
파열음	ㅂ, ㅍ	ㄷ, ㅌ		ㄱ, ㅋ
파찰음			ㅈ, ㅊ	
비음	ㅁ	ㄴ		ㅇ
유음		ㄹ		

구개음화는 끝소리 'ㄷ, ㅌ'이 모음 'ㅣ'로 시작되는 조사나 접미사 앞에서 구개음 'ㅈ, ㅊ'으로 발음되는 현상이다. 가령 '해돋이'가 [해도지]로 발음되는 것이 이에 해당한다. 이는 동화 결과로 조음 위치와 조음 방식이 모두 바뀌는 현상이다.

아래 그림을 보면 '해돋이'가 [해도디]가 아닌 [해도지]로 소리 나는 이유를 알 수 있다. [1]과 [2]에서 보듯이, 'ㄷ'과 'ㅣ'를 발음할 때의 혀의 위치가 달라 '디'를 발음할 때는 혀가 잇몸에서 입천장 쪽으로 많이 움직여야 한다. 그러나 [2]와 [3]을 보면, 'ㅈ'과 'ㅣ'를 발음할 때의 혀의 위치가 비슷하기 때문에 '지'를 발음할 때는 혀를 거의 움직이지 않아도 된다.

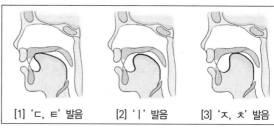

[1] 'ㄷ, ㅌ' 발음   [2] 'ㅣ' 발음   [3] 'ㅈ, ㅊ' 발음

비음화, 유음화, 구개음화는 동화 결과 인접한 두 음운의 성격이 비슷하거나 같은 소리로 바뀐다는 점에서 유사하다. 이처럼 성격이 비슷하거나 같은 소리가 연속되면 발음할 때 힘이 덜 들게 되므로 발음의 경제성이 높아진다.

04 윗글의 내용에 대한 이해로 적절하지 않은 것은?

① 음운의 동화는 인접한 두 음운이 비슷하거나 같은 소리로 바뀌는 현상이다.

② 음운의 동화로 조음 위치나 조음 방식이 바뀌면 발음의 경제성이 높아진다.

③ 구개음화와 달리 비음화와 유음화가 일어나는 인접한 두 음운은 모두 자음이다.

④ 구개음화는 자음으로 시작되는 조사나 접미사 앞에서는 일어나지 않는다.

⑤ 구개음화는 동화의 결과로 자음과 모음의 소리가 모두 바뀌는 현상이다.

05 ㉠을 참고할 때, 〈보기〉의 a~c에서 일어난 음운 동화에 대한 설명으로 적절한 것은?

보기

a. 밥물[밤물]
b. 신라[실라]
c. 굳이[구지]

① a: 비음화의 예로, 조음 방식만 바뀐 것이다.

② a: 유음화의 예로, 조음 방식만 바뀐 것이다.

③ b: 비음화의 예로, 조음 위치만 바뀐 것이다.

④ b: 유음화의 예로, 조음 위치만 바뀐 것이다.

⑤ c: 구개음화의 예로, 조음 방식만 바뀐 것이다.

01 9품사

셀프 단원 MAP

1 품사란?

'품사'란 분리하여 자립적으로 쓸 수 있는 말이나 이에 준하는 말. 또는 그 말의 뒤에 붙어서 문법적 기능을 나타내는 말을 뜻한다. 즉, '자립할 수 있어야 하며', '쉽게 분리될 수 있어야' 한다.

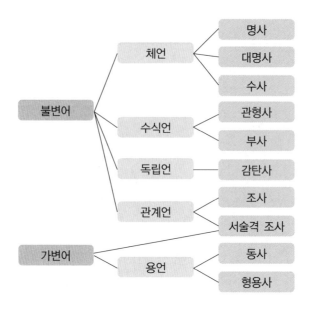

2 조사

1. 정의

체언이나 부사, 어미 따위에 붙어 그 말과 다른 말과의 문법적 관계를 표시하거나 그 말의 뜻을 도와주는 품사.

2. 특징

(1) 조사는 '의존 형태소'이다.

(2) 조사는 '형식 형태소'이지만, '단어'이다.

(3) 조사는 '자립성'은 없지만, 앞말과의 '분리성'은 지닌다.

(4) 조사는 여러 개를 결합할 수 있다.
   예 빵만으로, 빵으로만

(5) 서술격 조사 '이다'는 활용할 수 있는 '가변어'이다.
   예 배우이고, 배우이니, 배우이다

(6) 조사는 생략할 수가 있다.
   예 국수(를) 먹었어.

3. 종류

(1) 격 조사

체언이나 체언 구실을 하는 말 뒤에 붙어 앞말이 다른 말에 대하여 갖는 일정한 자격(＝문장 성분)을 나타내는 조사.

번호	종류	의미	문장 성분	조사 모음	
①	주격	문장 안에서, 체언이 서술어의 주어임을 표시하는 격 조사.	주어	이/가, 께서, 에서, 서	
②	서술격	문장 안에서, 체언이나 체언 구실을 하는 말 뒤에 붙어 서술어 자격을 가지게 하는 격 조사(모음 아래에서는 어간 '이'가 생략되기도 한다.)	서술어	이다	
③	목적격	문장 안에서, 체언이 서술어의 목적어임을 표시하는 격 조사.	목적어	ㄹ/을/를	
④	보격	문장 안에서, 체언이 보어임을 표시하는 격 조사.	보어	'되다, 아니다' 앞의 이/가	
⑤	관형격	문장 안에서, 앞에 오는 체언이 뒤에 오는 체언의 관형어임을 표시하는 조사.	관형어	의	
⑥	부사격	문장 안에서, 체언이 부사어임을 표시하는 조사.	부사어	동반	와/과, (이)랑, 하고
				비교	와/과, 보다, 만큼, 처럼, 같이
				처소	에서, 에
				원인, 이유	에, (으)로
				대상	에, 에게, 께, 한테
				자격	(으)로, (으)로서
				도구, 방법, 재료	(으)로, (으)로써
				인용	라고, 고
⑦	호격	문장 안에서, 체언이 부름의 자리에 놓이게 하여 독립어가 되게 하는 조사.	독립어	아, 야, (이)여, (이)시여	

(2) 보조사

체언, 부사, 활용 어미 따위에 붙어서 어떤 특별한 의미를 더해 주는 조사.

번호	기준	조사 모음
①	기본	ㄴ/은/는, 도, 만, 까지, 마저, 조차, 부터, 요
		대로, 뿐, 만큼, 밖에, 마다, 야(강조)
②	심화	따라, 치고, 토록, 그려, 그래, 깨나
		커녕/ㄴ커녕/은커녕/는커녕, 든지/든, 든가
		(이)야, (이)라도, (이)나마, (이)라야, (이)야말로, (이)란, (이)라고

1 밑줄 친 보조사의 의미를 설명한 것으로 옳지 않은 것은?

2016. 국가직 9급

① 그렇게 천천히 가다가는 지각하겠다.

　-는 : 어떤 대상이 다른 것과 대조됨을 나타냄.

② 웃지만 말고 다른 말을 좀 해 보아라.

　-만 : 다른 것으로부터 제한하여 어느 것을 한정함을 나타냄.

③ 단추는 단추대로 모아 두어야 한다.

　-대로 : 따로따로 구별됨을 나타냄.

④ 비가 오는데 바람조차 부는구나.

　-조차 : 이미 어떤 것이 포함되고 그 위에 더함을 나타냄.

>> ①

2 밑줄 친 조사의 쓰임이 옳은 것은?

2021. 지방직 9급

① 언니는 아버지의 딸로써 부족함이 없다.

② 대화로서 서로의 갈등을 풀 수 있을까?

③ 드디어 오늘로써 그 일을 끝내고야 말았다.

④ 시험을 치는 것이 이로서 세 번째가 됩니다.

>> ③

1 친구가 운동장에서 공을 찼다.

　→

2 학교에서 운동회를 개최하였다.

　→

3 물이 얼음이 되다.

　→

4 물이 얼음으로 되다.

　→

5 명훈이는 세진이와 결혼하였다.

　→

6 세진이와 윤슬이는 영화를 보았다.

　→

7 나는 너같이 예뻐지고 싶다.

　→

8 영준이는 영화 보러 민지와 같이 갔다.

　→

>> 1. 부사격 조사, 2. 주격 조사, 3. 보격 조사, 4. 부사격 조사, 5. 부사격 조사, 6. 접속 조사, 7. 부사격 조사, 8. 부사

(3) 접속 조사

두 단어를 같은 자격(＝문장 성분이 같다는 의미)으로 이어 주는 구실을 하는 조사.

번호	조사 모음
①	와/과
②	에, 하고(＝하며)
③	(이)고, (이)나, (이)랑, (이)며, (이)다, (이)면, (이)랴

4. 논점 정리

(1) 격 조사 vs. 격 조사

① 에서(주격 조사 vs. 부사격 조사)

　㉠ 정부에서 실시한 조사 결과가 발표되었다.

　㉡ 우리는 도서관에서 만나기로 하였다.

② 이/가(주격 조사 vs. 보격 조사)

　㉠ 언니가 글을 썼습니다.

　㉡ 올챙이가 개구리가 되었다.

(2) 격 조사 vs. 보조사

① 이/가

　㉠ 언니가 글을 썼습니다.

　㉡ 방이 깨끗하지가 않다.

② 을/를

　㉠ 그녀는 장미를 좋아한다.

　㉡ 아무리 해도 흥분이 가라앉지를 않았다.

(3) 격 조사 vs. 접속 조사

① 와/과

　㉠ 개는 늑대와 비슷하게 생겼다.

　㉡ 세진이는 개와 고양이를 키웠다.

② 에

　㉠ 세진이는 언덕 위에 집을 지었다.

　㉡ 잔칫집에서 밥에 떡에 술에 아주 잘 먹었다.

③ 이며

　㉠ 제 이름은 강세진이며, 학생입니다.

　㉡ 그림이며 조각이며 미술품으로 가득 찬 화실이 있다.

(4) 조사 vs. 명사

① 만큼

　㉠ 세진이는 집을 대궐만큼 크게 지었다.

　㉡ 노력한 만큼 대가를 얻는다.

② 밖에

　　㉠ 내가 사랑하는 사람은 너밖에 없어.

　　㉡ 민수야, 오늘 밖에 잠시 나갈 예정이니?

(5) 조사 vs. 부사

① 같이

　　㉠ 너같이 살면 너무 행복할 것 같다.

　　㉡ 영화 보러 같이 갈래?

(6) 조사 vs. 용언

① 하고

　　㉠ 배하고 사과하고 감을 가져오너라.

　　㉡ 세진이는 운동을 하고 씻었다.

(7) 관형격 조사 '의'

① 관형격 조사는 다양한 의미를 함의한다.

　　㉠ 소유주와 소유물의 관계 **예** 어머니의 신발

　　㉡ 주체와 행위의 관계 **예** 선생님의 충고

　　㉢ 목표와 수단의 관계 **예** 축하의 박수

　　㉣ 전체와 부분의 관계 **예** 국민의 절반

　　㉤ 작가와 작품의 관계 **예** 김수영의 풀

　　㉥ 목적어와 서술어의 관계 **예** 환경의 파괴

② 중의적 의미 : 관형격 조사는 중의성을 갖는다.

> [예제] 세진이의 집에는 윤슬이의 그림이 있다.

의미 ① : 윤슬이가 직접 그린 그림

의미 ② : 윤슬이를 그린 그림

의미 ③ : 윤슬이가 소유한 그림

세진쌤의 핵심TIP

1. '이/가'와 'ㄹ/을/를'은 '격 조사'도 되지만, 환경에 따라 '보조사'도 된다.
2. '같이, 보다, 마저'는 '조사'도 되지만, 환경에 따라 '부사'도 된다.
3. '만큼, 뿐, 대로'는 '조사'도 되지만, 환경에 따라 '의존 명사'도 된다.
4. '되다/아니다' 앞의 '이/가'는 '보격 조사'이다.
5. '격 조사'와 '보조사'가 결합하는 위치

격 조사	보조사
체언(명사, 대명사, 수사) ○	
부사 ×	부사 ○
명사절(-(으)ㅁ, -기) ○	활용 어미 모두 ○
관형사 ×	

3 국어의 조사에 대한 설명으로 가장 옳지 않은 것은? 2018. 서울시 7급

① '에서'는 '집에서 가져 왔다'의 경우에는 부사격 조사이지만 '우리 학교에서 우승을 차지했다'의 경우에는 주격 조사이다.

② '는'은 '그는 학교에 갔다'의 경우에는 주격 조사이지만 '일을 빨리는 한다'의 경우에는 보조사이다.

③ '가'는 '아이가 운동장에서 놀고 있다'의 경우에는 주격 조사이지만 '그것은 종이가 아니다'의 경우에는 보격 조사이다.

④ '과'는 '눈과 같이 하얗다'의 경우에는 부사격 조사이지만 '책과 연필이 있다'의 경우에는 접속 조사이다.

　　　　　　　　≫ ②

4 밑줄 친 조사의 성격이 다른 하나는? 2019.(2월) 서울시 7급

① 인생은 과연 뜬구름과 같은 것일까?

② 누구나 영수하고 친하게 지낸다.

③ 고등학교 때 수학과 영어를 무척 좋아했다.

④ 나와 그 친구는 서로 의지하는 사이였다.

　　　　　　　　≫ ③

3 명사

1. 정의

사물의 이름을 나타내는 말.

2. 특징

(1) '격 조사'와 결합한다.

> 예 소리가 들렸다.

(2) '관형어'는 '체언'을 꾸민다.

> 예 예쁜 윤슬이가 왔다.
> 예 이것은 윤슬이 것이다.

(3) 복수 접미사(-들)를 결합할 수 있다.

> 예 사람들, 동물들 등

(4) '불변어'이다.

3. 종류

(1) **고유 명사 vs. 보통 명사**

① 고유 명사 : 낱낱의 특정한 사물이나 사람을 다른 것들과 구별하여 부르기 위하여 고유의 기호를 붙인 이름.

> 주의 단, 고유 명사가 복수형을 의미할 때는 '보통 명사'가 된다.

> 예 강세진, 이순신, 서울 등

② 보통 명사 : 같은 종류의 모든 사물에 두루 쓰이는 명사. '특별한 대상'이란 의미보다는 '두루 쓰이는' 의미가 강하다.

> 예 사람, 나라, 도시, 강, 지하철 등

(2) **자립 명사 vs. 의존 명사**

① 자립 명사 : 다른 말의 도움을 받지 않고 단독으로 쓰일 수 있는 명사.

> 예 사자, 노래 등

② 의존 명사 : 의미가 형식적이어서 다른 말 아래에 기대어 쓰이는 명사.

> 예 대로, 만큼, 뿐, 것, 수, 지, 데, 바, 따름, 때문 등

(3) **유정 명사 vs. 무정 명사**

① 유정 명사 : 감정을 나타내는, '사람'이나 '동물'을 가리키는 명사. '에게, 한테'를 쓸 수 있다.

> 예 강세진, 토끼, 호랑이 등

② 무정 명사 : 감정을 나타내지 못하는, '식물'이나 '무생물'을 가리키는 명사. '에'를 쓸 수 있다.

> 예 나무, 꽃, 바다, 바위 등

참고

관형어의 종류
1. 체언 + 체언
   예 가을 하늘
2. 체언 + 관형격 조사 + 체언
   예 명수의 지갑
3. 관형사 + 체언
   예 새 책
4. 용언의 관형형 + 체언
   예 먹은 것, 먹는 것, 먹을 것

참고

명사의 특징을 고려한 구조
1. 관형어 + 명사 + 격 조사
2. 관형어 + 의존 명사 + 격 조사

참고

의존 명사의 특징
1. '의존 명사'는 '조사'가 아니므로 앞말과 띄어야 한다.
2. 의존 명사는 '자립 형태소'이다. (의존 형태소 ×)
3. 의존 명사는 '실질 형태소'이다. (형식 형태소 ×)

번호	종류	의존 명사 모음
①	보편성 의존 명사	분, 이, 것, 데, 바
②	주어성 의존 명사	지, 수, 리
③	목적성 의존 명사	줄
④	서술성 의존 명사	따름, 뿐, 터
⑤	부사성 의존 명사	대로, 만큼
⑥	단위성 의존 명사	섬, 명, 마리, 장, 켤레

세진쌤의 핵심TIP

1. '만큼, 뿐, 대로'는 '의존 명사'도 되지만, 환경에 따라 '조사'도 된다.
2. '이'는 '의존 명사'도 되지만, 환경에 따라 '대명사'도 되고, '관형사'도 된다.
3. '지, 데, 바'는 '의존 명사'도 되지만, 환경에 따라 '어미'도 된다.
4. 의존 명사에 '-하다/싶다'가 결합하면 '용언'이 된다.
   예 만(만하다), 양(양하다), 뻔(뻔하다), 체(체하다), 척(척하다)

4 대명사

1. 정의

사람이나 사물의 이름을 대신 나타내는 말.

2. 특징

(1) '격 조사'와 결합한다.

(2) '관형어'는 '체언'을 꾸민다.

(3) 복수 접미사(-들)를 결합할 수 있다.
   예 너희들, 저이들, 이이들 등

(4) '불변어'이다.

3. 종류

(1) 인칭 대명사

사람을 가리키는 대명사.

번호	종류		대명사 모음
①	1인칭 (화자 ○)		나, 우리, 저, 저희, 본인 등
②	2인칭 (청자 ○)		너, 너희, 자네, 그대, 당신 등
③	3인칭 (화자 ×, 청자 ×)		이이, 그이, 저이, 이분, 그분, 저분, 이들, 저들 등
④	3인칭	미지칭	누구 등
⑤		부정칭	아무, 누구 등
⑥		재귀칭	자기, 당신 등

연습문제

1 어떤 <u>이</u>가 이곳에 병을 버렸다.
   →

2 그를 만난 <u>지</u>가 꽤 오래되었다.
   →

3 새댁은 밥을 지을 <u>줄</u>을 모른다.

4 소문으로만 들었을 <u>뿐</u>이다.

5 그는 아는 <u>대로</u> 설명했다.
   →

6 벼 한 <u>섬</u>을 지게에 지다.
   →

7 나도 참을 <u>만큼</u> 참았어!
   →

8 그 사람<u>만큼</u> 해낼 수 있어!
   →

9 처벌하려면 법<u>대로</u> 해라.
   →

10 집에 도착하는 <u>대로</u> 편지를 썼다.

11 세진이는 강낭콩<u>에</u> 물을 주었다.

12 세진이는 햄스터<u>에게</u> 밥을 주었다.

>> 1. 의존 명사, 2. 의존 명사,
3. 의존 명사, 4. 의존 명사,
5. 의존 명사, 6. 의존 명사,
7. 의존 명사, 8. 조사, 9. 조사,
10. 의존 명사, 11. 조사, 12. 조사

확인문제

5 ⊙~ⓐ에 대한 설명으로 옳은 것은?
   2017. 지방직 9급

   ⊙그쪽에서 물건 하나를 맡아
   주었으면 해요. 그건 ⓒ우리 할머
   니의 유품이에요. ⓒ저는 할머니
   의 유지에 따라 당신에게 그것을
   전해야 할 책임을 느껴요. ⓒ할머
   니께서는 ⓒ본인의 생각을 저에
   게 누차 말씀하신 바 있기 때문이
   죠. 부디 ⓑ당신이 할머니가 품었
   던 호의를 거절하지 않기를 바랍
   니다. 아시다시피 할머니는 결코
   말씀이 많으신 분은 아니었지요.
   ⓐ당신께서 생전에 표현하지 못
   했던 심정이 거기에 절실히 아로
   새겨져 있을 거예요.

   ① ⊙과 ⓒ은 1인칭 대명사이다.
   ② ⓒ은 ⓒ과 ⓒ을 아우르는 말이다.
   ③ ⓒ과 ⓐ은 같은 사람을 가리키
      는 말이다.
   ④ ⓒ과 ⓑ은 같은 사람을 가리키
      는 말이다.

   >> ③

참고

지시 대명사의 의미

번호	종류	의미
①	근칭	말하는 사람 기준으로 가까이에 있는 것
②	중칭	그리 멀지 아니한 곳에 있는 사람이나 사물을 가리키는 것
③	원칭	말하는 사람 기준으로 멀리 있는 것

연습문제

1 <u>우리</u> 둘이 합치면 못 할 일이 없다.
 →

2 먼저 드세요. <u>우리</u>는 이만 가보겠습니다.
 →

3 <u>당신</u>에게 좋은 남편이 되도록 노력하겠소.
 →

4 할머니께서 생전에 <u>당신</u>의 장서를 소중히 다루셨다.
 →

5 밖에 어슬렁대는 사람 <u>누구</u>죠?

6 <u>누구</u>든지 이 문제를 풀 수 있다.

>> **1.** 1인칭 대명사(화자 + 청자), **2.** 1인칭 대명사(화자), **3.** 2인칭 대명사, **4.** 재귀칭 대명사, **5.** 미지칭 대명사, **6.** 부정칭 대명사

확인문제

6 밑줄 친 '당신' 중에서 인칭이 다른 것은?　　2022. 서울시 9급
 ① 할아버지께서는 생전에 <u>당신</u>의 장서를 소중히 다루셨다.
 ② <u>당신</u>에게 좋은 남편이 되도록 노력하겠소.
 ③ <u>당신</u>의 희생을 잊지 않겠습니다.
 ④ 이 일을 한 사람이 <u>당신</u>입니까?
　　　　　　　　　　>> ①

연습문제

1 <u>이</u> 아이가 네 아들이니?
 →

2 모자를 쓴 <u>이</u>가 바로 내 친구이다.
 →

3 <u>이들</u>이 모여서 농성을 벌이고 있다.
 →

4 <u>이</u>는 그자가 배신하였음을 보여주는 증거다.
 →

>> **1.** 관형사, **2.** 의존 명사, **3.** 대명사, **4.** 대명사

(2) 지시 대명사

사물이나 처소 따위를 이르는 대명사.

번호	종류	사물 표시	처소 표시
①	근칭	이것	여기
②	중칭	그것	거기
③	원칭	저것	저기
④	미지칭	무엇	어디
⑤	부정칭	아무것	아무 데

4. 논점 정리

(1) '우리'의 범주

① <u>우리</u> 같이 놀자.

② <u>우리</u> 먼저 갈게.

③ <u>우리</u> 엄마 최고야.

(2) 당신 (2인칭 vs. 재귀칭)

① 이 일을 한 사람이 <u>당신</u>이지요?

② 할아버지께서 생전에 <u>당신</u>의 장서를 소중히 다루셨다.

(3) 누구 (미지칭 vs. 부정칭)

① 밖에서 뛰는 사람 <u>누구</u>니?

② <u>누구</u>든지 할 수 있어!

(4) 이, 그, 저(인칭 대명사 vs. 지시 대명사 vs. 관형사)

번호	인칭 대명사	지시 대명사	관형사
①	<u>이</u>들은 사람이다.	<u>이</u>는 ~ 증거다.	<u>이</u> 사람은 ~
②	<u>그</u>는 사람이다.	<u>그</u>와 같은 사실	<u>그</u> 사람은 ~
③	<u>저</u>들 사람이다.	이도 <u>저</u>도 싫다.	<u>저</u> 사람은 ~

① 대명사: 이것, 그것, 저것, 아무것

② 대명사: 이곳, 그곳, 저곳

③ 대명사: 이이, 그이, 저이

④ 대명사: 이쪽, 그쪽, 저쪽

⑤ 대명사: 이편, 그편, 저편

(5) 명사 vs. 대명사

① 투표는 투표권자인 본인이 직접 해야만 한다. → 본인 : 명사

② 여러분께서도 본인의 의견을 따라 주시기 바랍니다. → 본인 : 대명사

세진쌤의 핵심TIP

1. '당신'은 '2인칭 대명사'도 있지만, '자기'를 높이는 '재귀칭 대명사'도 된다.
2. '이, 그, 저'는 '지시 대명사'도 있지만, 환경에 따라 '관형사'도 된다.(이때, '그'는 '인칭 대명사'도 있다.)
3. 인칭 대명사와 지시 대명사는 반드시 '사람'을 기준으로 접근해야 한다.
4. 모든 대명사는 암기해야 한다.
5. 모양이 똑같이 생겼지만, '대명사'와 '명사'를 구별하는 문제가 최근에 많이 나온다. '인칭 대명사'의 기준을 생각해야 한다.

5 수사

1. 정의

사물의 수량이나 순서를 나타내는 품사.

2. 특징

(1) '격 조사'와 결합한다.

(2) 복수 접미사(-들)를 결합할 수 없다.

　　예 너희들, 저이들, 이이들 등

(3) '수사'와 '수 관형사'는 둘 다 '숫자'를 다루지만, 품사는 다르다.

(4) '불변어'이다.

3. 종류

(1) 양수사

수량을 셀 때 쓰는 수사.

번호	종류	수사 모음
①	고유어	하나, 둘, 셋, 넷, 다섯, 여섯 등
②	한자어	일, 이, 삼, 사, 오, 육, 등

(2) 서수사

순서를 나타내는 수사.

번호	종류	수사 모음
①	고유어	첫째, 둘째, 셋째, 넷째 등
②	한자어	제일, 제이, 제삼, 제사 등

확인문제

7 ⊙~ⓒ에 대한 설명으로 적절하지 않은 것은? 2017.(하) 지방직 9급

- 형님은 ⊙자기 자신을 애국자라고 생각했다.
- 형님은 ⓛ당신 스스로 애국자라고 생각했다.
- 형님은 ⓒ그의 선물을 나에게 주었다.

① ⊙과 ⓛ은 모두 형님을 가리킨다.
② ⊙은 1인칭이고 ⓛ은 2인칭이다.
③ ⓛ은 ⊙보다 높임 표현이다.
④ ⓒ은 ⊙과 달리 형님 이외의 다른 대상을 가리킬 수 있다.

》》②

참고

'숫자'를 '한글'로 적는 방법
아라비아 숫자를 한글로 적을 때는 만 단위로 띄어 적는다.
예 22222222
　→ 이천이백이십만 이천이백이십이(이 자체가 한 단어이다.)

참고

'시간'의 품사
하루, 이틀, 사흘, 나흘 등 : 품사는 '명사'만 있다.
예 하루는 24시간이다.
예 이틀을 꼬박 굶었다.
예 비는 사흘 동안 계속되었다.

연습문제

1 사과가 세 개가 있습니다.
　→
2 셋이 모여 팀을 만드세요.
　→
3 첫째가 방금 집을 나갔다.
　→
4 영수의 성적은 반에서 첫째이다.
　→
》》1. 관형사, **2.** 수사,
3. 명사, **4.** 수사

4. 논점 정리

(1) 수사 vs. 관형사 vs. 명사

① 수술 환자를 다룰 때는 <u>첫째</u>, 마취를 제대로 할 수 있어야 하고, 둘째, 혈액을 취급할 줄 알아야 하고….

② 우리 동네 목욕탕은 매월 <u>첫째</u> 주 화요일에 쉰다.

③ 김 선생네는 <u>첫째</u>가 벌써 초등학교 5학년이다.

세진쌤의 핵심TIP

1. '수사'와 '수 관형사'는 둘 다 '숫자'를 다루지만, 품사는 다르다.
2. 모양이 똑같이 생겼지만, '수사'와 '명사'를 구별하는 문제가 최근에 많이 나온다. 꼭 의미상 '숫자'와 관련되어 있는지 확인해야 한다.

6 관형사

1. 정의

체언 앞에 놓여서, 그 체언의 내용을 자세히 꾸며주는 품사.

2. 특징

(1) 관형사는 '불변어'이다.

(2) 관형사는 '체언'을 꾸미므로, 체언 '앞'에 놓인다.

(3) 관형사에 '격 조사, 접속 조사, 보조사' 모두 붙일 수 없다.

(4) 관형사는 활용하지 않으므로 '서술어'로 쓰이지 않는다.

(5) 관형사는 활용하지 않으므로 '어미'가 결합하지 않는다.

(6) 관형사와 체언 사이에 다른 말이 들어갈 수 있다.
예 저 두 사람을 잡아라.

3. 종류

(1) 성상 관형사

사람이나 사물의 모양, 상태, 성질을 나타내는 관형사.
예 새, 헌, 순(純), 옛 등

(2) 지시 관형사

특정한 대상을 지시하여 가리키는 관형사.
예 이, 그, 저, 이런, 그런, 저런, 아무, 어느 등

(3) 수 관형사

사물의 수나 양을 나타내는 관형사.
예 두 사람의 '두', 모든, 몇 등

번호	기준	관형사 모음
①	기본	맨, 새, 순, 옛, 헌, 첫, 뭇, 딴, 한 등
		외, 그, 적, 이런, 저런, 그런, 다른 등
②	심화	갖은, 외딴, 오랜, 허튼, 바른, 어떤, 애먼, 긴긴, 먼먼, 몹쓸 등
		어떤, 무슨, 뭔, 아무, 아무런, 웬, 어느, 여느 등
		여러, 몇, 모든, 온, 온갖 등

4. 논점 정리

(1) (수) 관형사 vs. 수사

① 축구하기 위해 열 명이 모였다.

② 축구하기 위해 열이 모였다.

(2) 관형사 vs. 용언

번호	관형사	용언
①	불변어	가변어
②	서술성 ×	서술성 ○
③	관형사 + 체언 수식	관형사형 전성 어미 + 체언 수식
④	이런, 저런, 그런, 다른, 어떤 등	이리하다/이러하다, 저리하다/저러하다, 그리하다/그러하다, 다르다, 어떠하다 등
예	다른 물건을 가져 왔다.	나는 너와 생각이 다른 사람이다.

(3) 접미사 '-적(的)'의 분석

① 관형사 : '-적 + 체언'의 구조로 제시된다.

　　예 미적 관찰

② 명사 : '-적 + 조사'의 구조로 제시된다.

　　예 역사적인 순간

③ 부사 : '-적 + 용언'의 구조로 제시된다.('비교적, 가급적'뿐이어서 암기 필수)

　　예 비교적 교통이 빠르다.

세진쌤의 핵심TIP

1. 관형사는 '불변어'이다. 절대 형태가 변하지 않는다.
2. 관형사는 무조건 체언을 꾸민다.
3. 관형사는 절대 조사와 결합하지 않는다.

확인문제

10 밑줄 친 말의 품사를 잘못 밝힌 것은?　　2014. 국가직 9급

① 그는 하루에 책 다섯 권을 읽었다. [수사]

② 나도 좋은 시를 많이 읽고 싶다. [형용사]

③ 학교에서 재미있는 노래를 배웠어요. [조사]

④ 정치, 경제 및 문화 [부사]

　　≫≫ ①

확인문제

11 밑줄 친 단어의 성격이 다른 것은?　　2022. 서울시 9급

① 새 책　　② 갖은 양념

③ 이런 사람　　④ 외딴 섬

　　≫≫ ③

참고

'비교적'과 '가급적'의 품사

1. 비교적 : 명사, 관형사, 부사
2. 가급적 : 명사, 부사

연습문제

1　내 남편은 합리적이다.
　→

2　합리적 절차에 따른 결정이다.
　→

　　≫≫ 1. 명사, 2. 관형사

7 부사

1. 정의

용언 또는 다른 말 앞에 놓여 그 뜻을 분명하게 하는 품사.

2. 특징

(1) 부사는 '불변어'이다.

(2) 부사는 '보조사'와 결합이 가능하다.
　예 꽃이 무척이나 예쁘다.

(3) 부사는 '문장 성분'도 꾸미지만 '문장 전체'도 꾸민다.

　① 동사, 형용사 꾸밈.(성분 부사)

　② 관형사 꾸밈.(성분 부사)

　③ 부사 꾸밈.(성분 부사)

　④ (예외) 명사 꾸밈.(성분 부사)

　⑤ 문장 전체 꾸밈.(문장 부사)

(4) 부사는 '용언'을 꾸미는 것이 기본이지만 간혹 '체언'을 꾸미기도 한다.(품사는 부사로
　설정되어 있지만, 출제자 의도가 더욱 중요하다.)
　예 바로 너를 사랑한다.(이외에도 단지, '다만, 오직' 등도 있다.)
　예 너를 만나러 바로 왔다.(용언 수식)

(5) 대체로 부사의 이동이 자유롭지만, '부정 부사'의 자리는 고정이다.
　예 공부 안 해!(○)
　예 안 공부 해!(×)

(6) 영어에서 말하는 '접속사'는 우리나라에서 '접속 부사'에 해당한다.

3. 종류

(1) 성분 부사

문장의 한 성분을 꾸며주는 부사.

번호	종류	의미	부사 모음
①	성상 부사	사람이나 사물의 모양, 상태, 성질을 한정하여 꾸미는 부사.	잘, 매우, 바로 등
②	지시 부사	처소나 시간을 가리켜 한정하거나 앞의 이야기에 나온 사실을 가리키는 부사.	이리, 그리, 내일, 오늘 등
③	부정 부사	용언의 앞에 놓여 그 내용을 부정하는 부사.	아니, 안, 못 등
④	의성 부사	사람이나 사물의 소리를 흉내 낸 부사.	으앙으앙, 개굴개굴 등
⑤	의태 부사	사람이나 사물의 모양이나 움직임을 흉내 낸 부사.	뒤뚱뒤뚱, 데굴데굴 등

(2) 문장 부사

문장 전체를 꾸미는 부사.

번호	종류	의미	부사 모음
①	양태 부사	화자(話者)의 태도를 나타내는 문장 부사.	과연, 설마, 결코, 모름지기, 응당 등
②	접속 부사	앞의 체언이나 문장의 뜻을 뒤의 체언이나 문장에 이어 주면서 뒤의 말을 꾸며주는 부사.	그러나, 그런데, 그리고 등

4. 논점 정리

(1) 부사 vs. 관형사 vs. 명사

① 비교적 쉬운 문제였다.

② 비교적 고찰이란 무엇인가?

③ 비교적인 관점에서 바라볼 문제이다.

(2) 부사 vs. 용언

① 꽃이 잘 피었다.

② 꽃이 아름답게 피었다.

(3) 부사 vs. 부사격 조사

① 세진이는 호랑이에게 가까이 갔다.

② 나는 공부를 학교에서 했다.

세진쌤의 핵심TIP

1. '부사'가 종류가 많은 이유는 다른 단어의 영역이 절대적이기 때문이다.
2. '부사'의 종류는 구체적으로 외워야 헷갈리지 않는다.
3. '부사'는 보조사가 결합할 수 있다.
4. 체언을 수식하는 '부사'는 예외이므로, 출제자의 의도를 따라야 한다. '바로 너를 보러 왔다.'의 '바로'는 '부사'임에 불구하고, 기능상 '관형어'의 성격으로 보기도 한다.

---

8 감탄사

1. 정의

품사의 하나로, 말하는 이의 본능적인 놀람이나 느낌, 부름, 응답 따위를 나타내는 말의 부류이다.

확인문제

14 밑줄 친 단어의 품사가 다른 하나는?
2018. 서울시 9급

① 그곳에서 갖은 고생을 다 겪었다.
② 우리가 찾던 것이 바로 이것이구나.
③ 인천으로 갔다. 그리고 배를 탔다.
④ 아기가 방글방글 웃는다.

≫ ①

15 다음 예문의 밑줄 친 단어 가운데 품사가 다른 하나는? 2014. 서울시 9급

> 봄·여름·가을·겨울, 두루 사시(四時)를 두고 자연이 우리에게 내리는 혜택에는 제한이 없다. 그러나 그중에도 그 혜택을 가장 풍성히 아낌없이 내리는 시절은 봄과 여름이요, 그중에도 그 혜택이 가장 아름답게 나타나는 것은 봄, 봄 가운데도 만산(萬山)에 녹엽(綠葉)이 우거진 이때일 것이다.
> ─ 이양하, 「신록 예찬」

① 두루   ② 가장
③ 풍성히   ④ 아낌없이
⑤ 아름답게

≫ ⑤

2. 특징

(1) 감탄사는 '불변어'이다.(활용하지 않는다.)

(2) 감탄사는 '독립적'이기 때문에 다른 성분에 얽매이지 않는다.

(3) 감탄사와 돈호법인 '체언과 호격 조사'는 구별해야 한다.

3. 종류

번호	종류	의미	감탄사 모음
①	감정 감탄사	놀람, 기쁨, 슬픔과 관련된 감탄사이다.	아, 오, 아차, 아이고, 어머나 등
②	의지 감탄사	말하는 사람의 의미를 담은 감탄사이다.	옳지, 천만에, 글쎄 등
③	호응 감탄사	부름이나 대답과 관련된 감탄사이다.	응, 예, 아니요, 오냐, 여보세요 등
④	구습 감탄사	입버릇과 관련된 감탄사이다.	야, 뭐, 그, 음 등

4. 논점 정리

(1) **감탄사 vs. 체언**

[예제] 사랑, 그것은 아름다운 단어!

① 제시어를 확인한다.

② 격 조사를 결합해 본다.

(2) **감탄사 vs. 체언 + 호격 조사**

[예제] 친구야, 오늘 재미있게 놀자!

① 부르는 말을 확인한다.

② 조사가 있는지 확인한다.

③ 호격 조사가 있으면 '감탄사'가 아니다.

(3) **감탄사 vs. 용언**

① 옳지, 참 잘했다.

② 네 말이 옳지.

9 품사의 통용

1. 정의

(1) 모양은 같지만 쓰임이 다른 것들이 있다.

(2) 이를 '품사의 통용'이라고 한다.

2. 종류

(1) 조사 vs. 명사

번호	단어	예시
①	대로	① 나는 나대로 열심히 살겠다. ② 먹으면 먹는 대로 살이 찐다.
②	만큼	① 너만큼 잘할 수 있다. ② 나도 참을 만큼 참았다.
③	뿐	① 이제 믿을 것은 오직 실력뿐이다. ② 우리는 그저 노력할 뿐이다.

(2) 어미 vs. 명사

번호	단어	예시
①	듯(이)	① 땀이 비 오듯(이) 하다. ② 아기는 아버지를 빼다 박은 듯(이) 닮았다.

(3) 접사 vs. 명사

번호	단어	예시
①	들	① 사람들이 이곳에 많이 모였다. ② 과일에는 사과, 배, 감 들이 있다.

(4) 명사 vs. 대명사 vs. 관형사

번호	단어	예시
①	이	① 저 모자 쓴 이가 누구지? ② 이는 그자가 배신하였음을 보여주는 증거다. ③ 이 장소에서 살인 사건이 일어났다.

(5) 명사 vs. 대명사

번호	단어	예시
①	본인	① 투표는 투표권자인 본인이 직접 해야만 한다. ② 여러분께서도 본인의 의견을 따라 주시기 바랍니다.
②	나	① 나보다 남을 먼저 생각하는 사람이 되자. ② 나와 그 친구는 사이가 참 좋다.

확인문제

16 밑줄 친 단어의 품사가 같은 것은?
2017.(하) 국가직 9급

① ┌ 모두 제 잘못입니다.
　└ 심판은 규칙을 잘못 적용하여 비난을 받았다.

② ┌ 집에 도착하는 대로 편지를 쓰다.
　└ 큰 것은 큰 것대로 따로 모아 두다.

③ ┌ 비교적 교통이 편리한 곳에 사무실이 있다.
　└ 우리나라의 출산율은 비교적 낮은 편이다.

④ ┌ 이 사과가 맛있게 생겼다.
　└ 이보다 더 좋을 수는 없다.

≫ ③

17 '의존명사 - 조사'의 짝이 아닌 것은?
2018. 서울시 7급

① ┌ 할 만큼 했다.
　└ 나는 밥통째 먹으리만큼 배가 고팠다.

② ┌ 들어오는 대로 전화 좀 해 달라고 전해 주세요.
　└ 네 멋대로 일을 처리하면 안 된다.

③ ┌ 10년 만에 우리는 만났다.
　└ 너만 와라.

④ ┌ 시키는 대로 할 뿐이다.
　└ 그래야 우리는 다섯뿐이다.

≫ ①

18 밑줄 친 단어의 품사가 나머지 셋과 다른 것은? 2015. 지방직 9급

① 비 온 뒤에 땅이 굳는 법이다.
② 성격이 다른 사람들끼리는 함께 살기 어렵다.
③ 새해에는 으레 새로운 마음이 생기기 마련이다.
④ 몸이 아픈 사람은 교실에 남아 있었다.

≫ ①

(6) 명사 vs. 수사

번호	단어	예시
①	하나	① 자식 하나만 믿고 살아온 어머니이시다. ② 필통에서 연필 하나를 꺼냈다.

(7) 동사 vs. 형용사

번호	단어	예시
①	크다	① 날씨가 건조하면 나무가 크지 못한다. ② 돈의 액수가 크다. ↔「반대말」작다(형용사)
②	밝다	① 벌써 새벽이 밝아 온다. ② 벽지가 밝아서 집 안이 아주 환해 보인다. ↔「반대말」어둡다(형용사)
③	있다	① 내가 갈 테니 너는 학교에 있어라. →「높임말」계시다 ② 나는 신이 있다고 믿는다. ↔「반대말」없다(형용사)
④	늦다	① 그는 약속 시간에 항상 늦는다. ② 그는 다른 사람보다 서류 작성이 늦다. ↔「반대말」이르다(형용사)
⑤	굳다	① 밀가루 반죽을 오래 그냥 두면 딱딱하게 굳는다. ② 철석같이 굳은 결심이 생겼다.
⑥	길다	① 그녀는 머리가 잘 기는 편이다. ② 그 설명을 하자면 얘기가 복잡하고 길어. ↔「반대말」짧다(형용사)
⑦	감사하다	① 나는 친구에게 도와준 것에 감사했다.(부사어 필요) ② 당신의 작은 배려가 대단히 감사합니다.(주어 필요)

(8) 다양한 예들

① 수사 vs. 관형사 vs. 명사

ㄱ 몇, 몇몇, 여남은 등

ㄴ 스무째, 열두째, 스물두째(관형사) vs. 열둘째, 스물둘째(명사)

② 수사 vs. 관형사 vs. 명사

첫째, 둘째, 셋째, 넷째, 다섯째, 여섯째, 일곱째, 여덟째, 아홉째, 열째

확인문제

19 밑줄 친 단어 중 동사만을 모두 고른 것은?
2015. 국가직 7급

ㄱ. 옥수수는 가만 두어도 잘 큰다.
ㄴ. 이 규칙을 중시하지 않은 사람은 아무도 없었다.
ㄷ. 그 연예인도 사람인지라 늙는 것은 어쩔 수 없구나.

① ㄱ, ㄴ   ② ㄱ, ㄷ
③ ㄴ, ㄷ   ④ ㄱ, ㄴ, ㄷ

≫ ④

20 밑줄 친 부분이 〈보기〉의 ㉠에 해당하지 않는 것은? 2019. 서울시 7급

─ 보기 ─
국어의 '있다'는 경우에 따라 ㉠동사적인 모습을 보여 주기도 하고 형용사적인 모습을 보여 주기도 한다.

① 나는 오늘 집에 있는다.
② 할아버지는 재산이 많이 있으시다.
③ 눈이 그칠 때까지 가만히 있어라.
④ 비도 오니 그냥 집에 있자.

≫ ②

21 밑줄 친 부분의 품사가 다른 하나는?
2019. 서울시 9급

① 옷 색깔이 아주 밝구나!
② 이 분야는 전망이 아주 밝단다.
③ 내일 날이 밝는 대로 떠나겠다.
④ 그는 예의가 밝은 사람이다.

≫ ③

02 용언

1 용언(동사, 형용사)

1. 정의

(1) **동사** : 사물의 동작이나 작용을 나타내는 품사.

　① **타동사** : 동작의 대상인 목적어를 필요로 하는 동사.

　② **자동사** : 동사가 나타내는 동작이나 작용이 주어에만 미치는 동사.

(2) **형용사** : 사물의 성질이나 상태를 나타내는 품사.

2. 특징

번호	기준	예		예	
①	현재 시제 선어말 어미 (-ㄴ/는-)	○	먹는다	×	작는다(?)
②	관형사형 전성 어미 (-는)	○	먹는	×	작는(?)
③	청유문 (-자, -(으)ㅂ시다)	○	먹자	×	작자(?)
④	명령문 (-어라/아라, -하십시오)	○	먹어라	×	작아라(?)
⑤	진행형 (-고 있다)	○	먹고 있다	×	작고 있다(?)
⑥	목적 (-러 가다)	○	먹으러 가다	×	작으러 가다(?)
⑦	욕망 (-고 싶다)	○	먹고 싶다	×	작고 싶다(?)
⑧	의도, 욕망 (-려 하다)	○	먹으려 하다	×	작으려 하다(?)

3. 중요 동사, 형용사

번호	종류	예
①	동사	맞다, 늙다, 잘생기다, 못생기다, 생기다, 중시하다 등
②	형용사	① 없다, 아니다, 알맞다, 걸맞다, 젊다 등 ② 맛있다, 멋있다, 값있다, 재미있다, 뜻있다 등

2 어간과 어미

1. 정의

(1) **어간**: 용언 및 서술격 조사가 활용할 때에 변하지 않는 부분.

> 예 '보다, 보니, 보고'에서 '보-'

(2) **어미**: 용언 및 서술격 조사가 활용하여 변하는 부분.

① **모음 어미**: -어/아, -어서/아서, -었/았-, -(으)ㄴ, -(으)ㅁ 등

> 예 먹어, 먹어서, 먹었다, 먹은, 먹음 등
> 예 세어, 세어서, 세었다, 센, 셈 등
> 예 살아, 살아서, 살았다, 산, 삶 등

② **자음 어미**: -고, -네, -지, -자 등

> 예 먹고, 먹네, 먹지, 먹자 등
> 예 세고, 세네, 세지, 세자 등
> 예 살고, 사네, 살지, 살자 등

2. 특징

(1) 용언은 기본적으로 '-다'라는 기본형 어미와 결합해 있다.

(2) '-다'와 결합해 있는 상태를 '기본형'이라고 한다.

> 예 먹다, 마시다, 자다 등

3. 종류

(1) 선어말 어미

① **정의**

어말 어미 앞에 나타나는 어미.

② **특징**

㉠ '선어말 어미'로 단어를 끝맺을 수 없다.

㉡ '선어말 어미'는 여러 개가 동시에 올 때 순서가 있다.(높임 - 시제 - 추측 - 공손 - 회상 순)

> 예 하시었겠군요. 하시옵소서.

③ **종류**

번호	종류		선어말 어미
①	높임	주체 높임 선어말 어미	-(으)시-
②	시제	현재 시제 선어말 어미	-ㄴ/는-
③		과거 시제 선어말 어미	-었/았-
④		미래 시제 선어말 어미	-겠-
⑤	회상	회상 선어말 어미	-더-
⑥	공손	공손 선어말 어미	-옵-

확인문제

24 밑줄 친 부분에서 선어말어미 '-겠-'의 기능이 나머지 셋과 다른 하나는?
2019. 서울시 7급

① 구름이 몰려오는 것을 보니 조만간 비가 오겠다.

② 지금쯤 철수가 집에 도착하여 밥을 먹겠다.

③ 철수가 이번에는 자기가 가겠다고 하였다.

④ 8시에 출발하면 10시쯤에 도착하겠구나.

≫ ③

참고
'어미'가 제한된 단어
1. 데리-고, 데리-어
2. 더불-어
3. 말미암-아

(2) **어말 어미** : 활용 어미에 있어서 맨 뒤에 오는 어미를 말한다. '어말 어미'로 단어를 끝맺을 수 있으며, '종결 어미, 연결 어미, 전성 어미'가 있다.

① 종결 어미

　㉠ 정의

　　한 문장을 종결되게 하는 어말 어미.

　㉡ 특징

　　'평서문, 감탄문, 의문문, 명령문, 청유문'에서 쓰인다.

　㉢ 종류

번호	종류	어말 어미
①	평서형 종결 어미	−다/ㄴ다, −네 등
②	감탄형 종결 어미	−구나/는구나, −로구나, −더구나, −구려, −구면 등
③	의문형 종결 어미	−습니까?, −느냐?/냐?, −니?, −ㄴ가/는가 등
④	명령형 종결 어미	−어라/아라, −(으)ㅂ시오 등
⑤	청유형 종결 어미	−자, −(으)ㅂ시다 등

② 연결 어미

　㉠ 정의

　　어간에 붙어 다음 말에 연결하는 구실을 하는 어미.

　㉡ 특징

　　ⓐ '대등절, 종속절'을 파악하는 것이 중요하다.

　　ⓑ '본용언'과 '보조 용언'을 이어 주는 연결 어미는 '보조적 연결 어미'이다.

　　　예 보고 싶다, 깨뜨려(＝깨뜨리어) 버리다 등

　　ⓒ 합성용언 중에 '어근'과 '어근'을 이어 주는 연결 어미는 '보조적 연결 어미'이다.

　　　예 알아보다, 살아가다 등

　㉢ 종류

번호	종류		어말 어미
①	대등적 연결 어미	나열	−고, −(으)며 등
		대조	−지만, −나 등
		선택	−든지, −거나 등
②	종속절 연결 어미	조건	−(으)면, −거든 등
		원인	−어서/아서, −(으)니까 등
		의도	−(으)려고, −(으)러 등
		상황	−는데/−ㄴ데/−(으)데 등
		양보	−(으)ㄹ지라도, −더라도 등
		동시	−(으)면서, −자마자 등
③	보조적 연결 어미	본용언 + 보조 용언	−어/아, −게, −지, −고
		합성용언	

③ 전성 어미

ㄱ) 정의

용언의 어간에 붙어 다른 품사의 기능을 수행하게 하는 어미.

ㄴ) 특징

ⓐ 품사의 기능을 하는 것이지 품사가 바뀐 것은 아니다.

ⓑ '명사절, 관형절, 부사절'과 연결된다.

ⓒ 어간 말음 '-ㄹ'로 끝나는 용언에 '명사형 전성 어미'가 결합할 때 'ㄹ'도 써야
한다. 예 베풀다 → 베풂

ⓓ '명사형 전성 어미'는 후에 '명사화 파생 접사'와 같이 연결하여 이해해야 한다.

ㄷ) 종류

번호	종류	어말 어미
①	명사형 전성 어미	-(으)ㅁ (과거), -기 (미래)
②	관형사형 전성 어미	-(으)ㄴ, -는, -(으)ㄹ, -던
③	부사형 전성 어미	-게

④ 관형사형 전성 어미 활용 표 ① 동사

동사		과거	회상	현재	미래
		-(으)ㄴ	-던	-는	-(으)ㄹ
①	먹다	먹은	먹던	먹는	먹을
②	사다	산	사던	사는	살
③	쓰다	쓴	쓰던	쓰는	쓸
④	살다	산	살던	사는	살
⑤	듣다	들은	듣던	듣는	들을
⑥	줍다	주운	줍던	줍는	주울
⑦	머무르다	머무른	머무르던	머무르는	머무를
⑧	머물다(준말)	머문	머물던	머무는	머물
⑨	짓다	지은	짓던	짓는	지을
⑩	푸다	푼	푸던	푸는	풀
⑪	공부하다	공부한	공부하던	공부하는	공부할
⑫	이르다	이른	이르던	이르는	이를

⑤ 관형사형 전성 어미 활용 표 ② 형용사

형용사		과거	현재	미래
		-던	-(으)ㄴ	-(으)ㄹ
①	작다	작던	작은	작을
②	예쁘다	예쁘던	예쁜	예쁠
③	거칠다	거칠던	거친	거칠
④	곱다	곱던	고운	고울

참고

명사형 전성 어미 vs. 명사화 접미사

	명사형 전성 어미	명사화 접미사
	-(으)ㅁ, -기	
①	부사어의 수식	관형어의 수식
②	서술성 ○	서술성 ×
③	어간 + 어미	어근 + 접사
④	품사가 바뀌지 않음.	품사가 바뀜.
⑤	동사, 형용사 (+ 서술격 조사)	명사
⑥	새로운 의미 ×	새로운 의미 ○

확인문제

25 ㄱ~ㄹ을 활용하여 사례의 밑줄 친 부분을 분석한 것으로 옳지 **않은** 것은? 2022. 지방직 7급

어간과 결합하는 어미는 다음과 같이 분류될 수 있다. 먼저 실현되는 위치에 따라 ㄱ) 선어말 어미와 어말 어미로 나뉜다. 다음으로 어말 어미는 그 기능에 따라 ㄴ) 연결 어미, ㄷ) 종결 어미, ㄹ) 전성 어미로 나뉜다.

	사례	분석
①	형이 어머니를 잘 <u>모시겠지만</u> 조금은 걱정돼.	어간 + ㄱ) + ㄴ)
②	많은 사람들이 오 <u>갔기</u> 때문에 소득을 해야 해.	어간 + ㄱ) + ㄹ)
③	어머니께서 할머니께 전화를 <u>드리셨을</u> 텐데.	어간 + ㄱ) + ㄱ) + ㄴ)
④	아버지께서 지난 주에 편지를 <u>보내셨을걸.</u>	어간 + ㄱ) + ㄱ) + ㄷ)

>> ③

---

3 용언의 활용(규칙, 불규칙)

1. 정의

(1) **활용**: 용언의 어간이나 서술격 조사에 변하는 말이 붙어 문장의 성격을 바꿈.

　① **규칙 활용**: 동사와 형용사가 활용할 때 어간과 어미의 형태가 규칙적인 일.

　② **불규칙 활용**: 용언이 활용할 때 어간 또는 어미의 모습이 달라지는 일.

(2) 국어에서는 동사, 형용사, 서술격 조사의 어간에 여러 가지 어미가 붙는 형태를 이르는데, 이로써 시제·서법 따위를 나타낸다.

2. 종류

(1) **규칙 활용**

① **모습이 바뀌지 않는 것**

어간의 형태도, 본래 결합해야 할 어미의 형태도 바뀌지 않는다.

예 먹다, 먹고, 먹어, 먹자, 먹니?

② **모습이 바뀌는 것**

'― 탈락'과 'ㄹ 탈락' 모두 어간이 바뀐다.

번호	종류	변하는 환경	용언 모음
①	― 탈락 규칙	모음 어미 (‐ 어/아)	<u>치르다</u>, <u>우러르다</u>, <u>잇따르다</u>, <u>노느다</u>, 크다, 모으다, 담그다, 바쁘다, 아프다, 고프다 등
②	ㄹ 탈락 규칙	자음 어미 (‐네)	<u>거칠다</u>, 살다, 놀다, 둥글다, 어질다, 불다, 날다, 팔다, 울다, 졸다 등

③ **'ㄹ 탈락 규칙 용언'의 활용**

구분			동사 살다	형용사 거칠다	준말 머물다
①	‐(으)ㅁ	매개모음 탈락	삶	거칢	머묾
②	‐(으)면		살‐면	거칠‐면	머물‐면
③	‐(으)므로		살‐므로	거칠‐므로	머물‐므로
④	<u>‐(으)라</u> (명령형)		살라	×	머물라
⑤	‐(으)ㄴ	매개모음 탈락 + ㄹ 탈락	산	거친	머문
⑥	‐(으)ㄹ		살	거칠	머물
⑦	‐(으)ㄹ수록		살수록	거칠수록	머물수록
⑧	‐(으)ㄹ뿐더러		살뿐더러	거칠뿐더러	머물뿐더러
⑨	<u>‐(으)ㅂ시다</u> (청유형)		삽시다	×	머뭅시다

⑩	<u>-(으)세</u> (청유형)	매개모음 탈락 + ㄹ 탈락	사-세	×	머무-세
⑪	-(으)시-		사-시다	거치-시다	머무-시다
⑫	-(으)오		사-오	거치-오	머무-오
⑬	-(으)니까		사-니까	거치-니까	머무-니까
⑭	-네	ㄹ 탈락	사-네	거치-네	머무-네
⑮	<u>-는</u>		사-는	×	머무-는
⑯	-니?		사-니?	거치-니?	머무-니?

(2) 불규칙 활용

① 어간이 바뀌는 것

㉠ 'ㄷ 불규칙 활용' 중 '붇다'는 '불어, 불으면, 붇고, 붇는'과 같이 활용된다.

㉡ 'ㅂ 불규칙 활용' 중 '곱다'는 '고와, 고운, 고움'과 같이 활용된다.

㉢ 'ㅂ 불규칙 활용' 중 '돕다'는 '도와, 도운, 도움'과 같이 활용된다.

㉣ '이르다'는 '르 불규칙 활용의 예'이기도 하고, '러 불규칙 활용의 예'이기도 한다.

㉤ '머무르다, 서두르다, 서투르다'는 '르 불규칙 활용의 예'이므로 '머물러, 서둘러, 서툴러'와 같이 활용된다.

번호	종류	변하는 환경		용언 모음
①	ㄷ 불규칙	모음 어미 (-어/아)	ㄷ → ㄹ	<u>묻다[問]</u>, <u>붇다</u>, <u>깨닫다</u>, <u>일컫다</u>, 걷다, 싣다, 듣다 등
②	ㅂ 불규칙		ㅂ → ㅜ (도와, 고와)	① <u>돕다</u>, <u>곱다</u>, <u>깁다</u>, 가깝다, 무겁다, 줍다, 눕다, 사납다, 아니꼽다 등
				② '-답다, -롭다, -스럽다' 유형
③	르 불규칙		ㄹ → ㄹㄹ	<u>무르다</u>, 벼르다, 흐르다, 오르다, 빠르다, 가르다, 부르다, 타오르다, 누르다, 이르다, 배부르다 등
④	ㅅ 불규칙		ㅅ → 탈락	<u>붓다</u>, <u>낫다</u>, 젓다, 짓다, 긋다, 잇다 등
⑤	ㅜ 불규칙		ㅜ → 탈락	<u>푸다(only)</u>

② 어미가 바뀌는 것

번호	종류	변하는 환경	용언 모음
①	러 불규칙	-어/아 → -러	<u>푸르다</u>, <u>이르다</u>, <u>누르다</u>, <u>노르다(only)</u>
②	여 불규칙	-어/아 → -여	① 하다, 공부하다, 운동하다, 건강하다 등
			② '-하다(접사)' 유형
③	오 불규칙	-아라 → -오	달다(다오, 달라)

③ 어간, 어미가 바뀌는 것

㉠ 'ㅎ 불규칙 활용 용언'에 '-네'가 붙을 때 : 파랗네(○), 파라네(○)

참고

외워야 할 중요 단어
1. 모자르다(×) → 모자라다(○)
2. 머무르다 = 머물다
　서두르다 = 서둘다
　서투르다 = 서툴다

확인문제

28 밑줄 친 단어의 불규칙 활용 유형이 같은 것은? 2017.(하) 국가직 9급

① ┌ 나뭇잎이 <u>누르니</u> 가을이 왔다.
　 └ 나무가 높아 <u>오르기</u> 힘들다.
② ┌ 목적지에 <u>이르기</u>는 아직 멀었다.
　 └ 앞으로 <u>구르기</u>를 잘한다.
③ ┌ 주먹을 <u>휘두르지</u> 마라.
　 └ 머리를 짧게 <u>자른다</u>.
④ ┌ 그를 불운한 천재라 <u>부른다</u>.
　 └ 색깔이 아주 <u>푸르다</u>.

▶▶③

참고

외워야 할 중요 단어
1. 푸르다 : 러 불규칙
2. 푸르르다 : ㅡ 탈락 규칙

참고

외워야 할 중요 단어
1. 부기(浮氣)[부기] : 『의학』 부종
(浮腫)으로 인하여 부은 상태.
예 부기가 오르다.

확인문제

29 국어의 불규칙 활용에 대한 〈보기〉
의 설명과 그 예를 가장 바르게 짝
지은 것은?   2018. 서울시 7급

─ 보기 ─
(가) 불규칙 용언 가운데는 어간의
일부가 탈락되는 경우가 있다.
(나) 불규칙 용언 가운데는 어간
의 일부가 다른 것으로 바뀌
는 경우가 있다.
(다) 불규칙 용언 가운데는 어미가
다른 것으로 바뀌는 경우가 있다.
(라) 불규칙 용언 가운데는 어간과
어미가 함께 바뀌는 경우가 있다.

① (가) : 짓다, 푸다, 눕다
② (나) : 깨닫다, 춥다, 씻다
③ (다) : 푸르다, 하다, 노르다
④ (라) : 좋다, 파랗다, 부옇다

>> ③

30 ㉠, ㉡의 사례로 옳은 것만을 짝지
은 것은?   2021. 국가직 9급

용언의 불규칙 활용은 크게 ㉠
어간만 불규칙하게 바뀌는 부류,
㉡ 어미만 불규칙하게 바뀌는 부
류, 어간과 어미 둘 다 불규칙하
게 바뀌는 부류로 나눌 수 있다.

	㉠	㉡
①	걸음이 빠름	꽃이 노람
②	잔치를 치름	공부를 함
③	라면이 불음	합격을 바람
④	우물물을 품	목적지에 이름

>> ④

31 밑줄 친 단어의 기본형이 옳지 않
은 것은?   2019. 국가직 7급

① 아침이면 얼굴이 부어서 늘 고
생이다. (→ 붓다)
② 개울물이 불어서 징검다리가
안 보인다. (→ 불다)
③ 은행에 부은 적금만도 벌써 천
만 원이다. (→ 붓다)
④ 물속에 오래 있었더니 손과 발
이 퉁퉁 불었다. (→ 붇다)

>> ②

㉡ '좋아[조 : 아]'는 발음상 'ㅎ'이 탈락한 것이고, 'ㅎ 불규칙 용언'은 표기상 'ㅎ'이
탈락한 것이므로 조심해야 한다.
예 좋아(규칙 활용) : [조 : 아] 음운론 ㅎ 탈락
예 파래(불규칙 활용) : [파 : 래] 형태론 ㅎ 불규칙 활용

㉢ 그렇다, 이렇다, 저렇다 : 그래, 이래, 저래

㉣ 파랗다, 하얗다, 까맣다 : 파래, 하얘, 까매

㉤ 퍼렇다, 허옇다, 꺼멓다 : 퍼레, 허예, 꺼메

번호	종류	변하는 환경	용언 모음
①	ㅎ 불규칙	ㅎ 탈락, 어미 바뀜	파랗다, 하얗다, 누렇다, 까맣다 등

3. 논점 정리

(1) 붇다 vs. 붓다 vs. 불다

① 붇다 : 「1」 물에 젖어서 부피가 커지다. 예 북어포가 물에 불어 부드러워지다.
「2」 분량이나 수효가 많아지다. 예 재산이 붇는 재미에 힘든 줄을 모른다.
「3」 (주로 '몸'을 주어로 하여) 살이 찌다. 예 식욕이 왕성하여 몸이 많이 불었다.(기본형 : 붇다, ㄷ 불규칙)

② 붓다 : 「1」 살가죽이나 어떤 기관이 부풀어 오르다. 예 얼굴이 부었다.
「2」 (속되게) 성이 나서 뾰로통해지다. 예 왜 잔뜩 부어 있나?(기본형 : 붓다, ㅅ 불규칙)

③ 불다 : 「1」 바람이 일어나서 어느 방향으로 움직이다. 예 따뜻한 바람이 불다.
「2」 유행, 풍조, 변화 따위가 일어나 휩쓸다. 예 사무실에 영어 회화 바람이 불다.
「3」 입을 오므리고 날숨을 내어보내어, 입김을 내거나 바람을 일으키다. 예 뜨거운 차를
불어 식히다.(기본형 : 불다, ㄹ 탈락 규칙)

(2) 규칙 활용 vs. 불규칙 활용

어간의 형태가 변하지 않은 것과 변한 것의 형태를 확인해 본다.
예 고기를 구워 먹었다.(ㅂ 불규칙 활용 : ㅂ → ㅜ)
예 허리가 굽어 있다.(규칙 활용 : 굽-어)

(3) 불규칙 활용의 준말

① ㅂ 불규칙 활용 용언 : 걱정스러운(○) → 걱정스런(×)

② ㅅ 불규칙 활용 용언 : 나았다(○) → 났다(×)

(4) 어간이 '-르'로 끝나는 용언 정리

번호	단어	— 탈락 규칙	르 불규칙	러 불규칙
①	치르다	치러	~~찰러~~	~~치르러~~
②	가르다	~~가러~~	갈라	~~가르러~~
③	푸르다	~~푸러~~	~~풀러~~	푸르러

4 용언의 구조

1. 정의

(1) **본용언**: 문장의 주체를 주되게 서술하면서 보조 용언의 도움을 받는 용언.

예 동사, 형용사

(2) **보조 용언**: 본용언과 연결되어 그것의 뜻을 보충하는 역할을 하는 용언.

예 보조 동사, 보조 형용사

2. 특징

(1) 용언이 2개 이상일 때, 맨 앞의 용언은 무조건 본용언이다.

(2) 보조 용언은 홀로 서술어가 될 수 없다.

예 '가수가 되고 싶다.'에서 '싶다'는 보조 용언이다.

(3) 보조 동사와 보조 형용사의 구별은 '동사와 형용사' 구별과 같다.

(현재 시제 선어말 어미 -ㄴ/는- 활용)

(4) 본용언과 보조 용언 사이에 붙는 연결 어미는 '보조적 연결 어미(-어/아, -게, -지, -고)'이다.

(5) 본용언이 두 개일 경우는 '겹문장'이다.

3. 종류

번호	종류	용언 모음
①	보조 동사	① <u>가다</u>, <u>먹다</u>, <u>버리다</u>, <u>두다</u>, <u>놓다</u>, <u>말다</u>, 나다, 오다, 내다, 대다, 쌓다, 지다 등
		② -하다: <u>척하다</u>, <u>체하다</u> 등
②	보조 형용사	① -싶다: <u>싶다</u>, 듯싶다, 성싶다 등
		② -하다: <u>듯하다</u>, 성하다, 만하다, 뻔하다, 법하다 등
		③ 죽다
③	보조 동사 보조 형용사	① <u>보다</u>, 하다 등
		② -하다: <u>양하다</u>
		③ (부정문) <u>않다</u>, <u>못하다</u>

4. 용언의 구조

(1) **본용언 + 본용언**

① '본용언 + <u>-어서/아서</u> + 본용언'이 가능하다.

② 본용언과 본용언 사이는 반드시 띄어 써야 한다.

예 철수가 책을 <u>들고∨간다</u>.

확인문제

32 밑줄 친 단어의 문법적 기능이 나머지 셋과 다른 하나는?

2018.(3월) 서울시 7급

① 어머니가 바구니를 들고 <u>가셨</u>다.

② 나는 그 일을 끝내지 <u>못했다</u>.

③ 새 옷을 입어 <u>보았다</u>.

④ 그는 나를 놀려 <u>대곤</u> 했다.

≫ ①

33 '본용언 + 보조 용언' 구성이 **아닌** 것은?

2018. 서울시 9급

① 영수는 쓰레기를 <u>주워서 버렸다</u>.

② 모르는 사람이 나를 <u>아는</u> 척한다.

③ 요리 맛이 어떤지 일단 <u>먹어는</u> 본다.

④ 우리는 공부를 할수록 더 많은 것을 <u>알아 간다</u>.

≫ ①

(2) **본용언 + 보조 용언**

① '본용언 + <u>-어서 / 아서</u> + 보조 용언'이 불가능하다.

② 띄어 써도 되고, <u>경우에 따라</u> 붙여 써도 된다.

> 예 일이 잘 <u>되어</u>∨간다.(원칙)
> 예 일이 잘 <u>되어간다</u>.(허용)

5. 논점 정리

(1) **본용언 + 보조 용언**: 반드시 띄어 써야 하는 경우

① 본용언 + <u>조사</u> + 보조용언

> 예 읽어도∨보았다.

② 본용언 + 보조용언(=의존 명사 + <u>조사</u> + 용언)

> 예 그녀를 볼∨듯도∨하다.

③ 본용언(복합어) + 보조용언

> 예 <u>떠내려가</u>∨버렸다. <u>기록해</u>∨두었다.

(2) **보조 용언**: 의존 명사 + -하다/싶다

본용언 + [<u>의존 명사 + -하다/싶다</u>]

보조 용언

> 예 그녀를 볼∨<u>듯하다</u>.(원칙)
>
> 볼(본용언), 듯하다(보조용언)

> 예 그녀를 볼<u>듯하다</u>.(허용)
>
> 볼(본용언), 듯하다(보조용언)

(3) **부정문**: '-지 않다/못하다'의 품사 구별

번호	종류	예	
①	동사	<u>먹지</u>	<u>가지</u>
	보조 동사	않다	못하다
②	형용사	<u>예쁘지</u>	<u>건강하지</u>
	보조 형용사	않다	못하다

참고

외워야 할 중요 단어

1. <u>알맞지</u> 않는(×) → 알맞지 않은 (○)
2. <u>걸맞지</u> 않는(×) → 걸맞지 않은 (○)

확인문제

34 밑줄 친 단어 중 그 의미가 나머지 셋과 가장 <u>다른</u> 것은?

2018. 서울시 7급

① 그는 음식이 너무 매워 거의 먹지 <u>못했다</u>.
② 장군은 흐르는 눈물 때문에 말을 잇지 <u>못했다</u>.
③ 그 아이는 부모의 바람만큼 똑똑하지 <u>못했다</u>.
④ 오늘은 너무 바빠서 동창회에 가지 <u>못했다</u>.

>> ③

03 형태소와 단어

셀프 단원 MAP

1 형태소

1. 정의

'뜻'을 가진 작은 말의 단위.

2. 특징

(1) '음소'와 '형태소'는 다른 말이다. '음소'는 자음과 모음으로 구분해야 하고, '형태소'는 의미를 중심으로 구분해야 한다.
　예 사과, 논밭

(2) '어간'에서 합성어나 파생어는 조심해야 한다.('접사'와 '어근'을 구분해야 한다.)
　예 꾸다, 오가다

(3) '어미'는 선어말 어미와 어말 어미를 구분해야 한다.
　예 세진이가 밥을 먹다.
　예 세진이가 밥을 먹었다.
　예 세진이가 밥을 먹는다.
　예 세진이가 밥을 먹겠다.
　예 세진이가 밥을 먹었구나.
　예 세진이가 밥을 먹었니?
　예 세진이가 밥을 먹었다.

3. 종류

(1) '실질적 의미'가 기준

번호	종류	의미	형태소 모음
①	실질 형태소 / 어휘 형태소	구체적인 대상이나 동작, 상태를 표시하는 형태소. 어휘적 의미가 있다는 점에서 실질 형태소이다.	자립 형태소, 어간(어미에 결합하는 부분)
②	형식 형태소 / 문법 형태소	실질 형태소에 붙어 주로 말과 말 사이의 관계를 표시하는 형태소.	조사, 어미, 접사

(2) '자립성'이 기준

번호	종류	의미	형태소 모음
①	자립 형태소	다른 말에 의존하지 않고 홀로 자립하여 쓰일 수 있는 형태소.	나머지
②	의존 형태소	다른 말에 기대어 쓰며 홀로 자립하여 쓰일 수 없는 형태소.	형식 형태소, 어간(어미에 결합하는 부분)

참고

의존 형태소 + 실질 형태소

'어간'은 '의존 형태소'이자 '실질 형태소'이다. 다만 좀 더 정확하게 말한다면, 어미에 결합하는 '어간의 어근'이라 할 수 있겠다. '먹다'의 '먹–'은 홀로 쓰일 수 없으므로 '의존 형태소'이지만, 의미가 있으므로 '실질 형태소'이다.

확인문제

35 국어의 형태소에 대한 설명으로 가장 옳지 <u>않은</u> 것은?
2018.(3월) 서울시 9급

① 조사는 앞말에 붙어서 나타난다는 점에서 '의존 형태소'이다.
② 동사의 어간은 스스로 실질적인 단어이므로 명사와 더불어 '자립 형태소'이다.
③ 명사는 실제적인 의미를 가지고 있다는 면에서 동사의 어간과 더불어 '실질 형태소'이다.
④ 어미는 조사와 마찬가지로 문법적 기능을 하므로, '문법 형태소'이다.

≫ ②

36 〈보기〉의 문장을 바탕으로 국어의 형태소를 이해한 것으로 가장 옳지 <u>않은</u> 것은? 2017. 서울시 7급

┌─ 보기 ─┐
선생님께서 우리들에게 숙제를 주신다.
└──────┘

① '선생님께서'의 '께서', '우리들에게'의 '들', '주신다'의 '주'는 모두 의존 형태소에 해당하는 것들이다.
② '선생님께서'의 '께서', '숙제를'의 '를', '주신다'의 '다'는 모두 형식 형태소에 해당하는 것들이다.
③ '선생님께서'의 '님', '숙제를'의 '숙제', '주신다'의 '주'는 모두 실질 형태소에 해당하는 것들이다.
④ '선생님께서'의 '선생', '우리들에게'의 '우리', '숙제를'의 '숙제'는 모두 자립 형태소에 해당하는 것들이다.

≫ ③

4. 형태소를 분석하는 법

> [예제] 민수가 맨손으로 배를 먹었다.

① 어절 단위로 분리해야 한다.

② 조사를 분리해야 한다.

③ 어간과 어미를 분리해야 한다(주로 동사와 형용사 부분을 말한다).

　　주의 1. 어간에서 '접사'나 '또 다른 어근'은 반드시 분리해야 한다.

　　주의 2. 미는 '선어말 어미'와 '어말 어미'는 반드시 분리해야 한다.

④ 접사와 또 다른 어근을 분리해야 한다.

　　주의 3. 파생어나 합성어가 있는지 확인한다.

번호	종류	민수	가	맨-	손	으로	배	를	먹	었	다
①	형식		○	○		○		○		○	○
			조사	접사		조사		조사		어미	어미
②	실질	○			○		○		○		
③	의존		○	○		○		○	○	○	○
④	자립	○			○		○				

5. 논점 정리

(1) 음소 vs. 형태소

① 음소: 더 이상 작게 나눌 수 없는 '최소'의 단위.(자음과 모음)

　　예 ㅎ, ㅏ, ㄴ, ㅡ, ㄹ

② 형태소: '뜻'을 가진 작은 말의 단위.

　　예 하늘 등

(2) 어간 vs. 어근

① 어간 = 어근

　　예 기다리다: 어간(기다리-), 어근(기다리-)

② 어간≠어근

　　예 짓밟히다: 어간(짓밟히-), 어근(밟-)

(3) 동일 음운 탈락

① 갔다 → 가-/-았-/다(3개)

② 섰다 → 서-/-었-/다(3개)

(4) 어간 말음(ㄹ) + 관형사형 전성 어미(-(으)ㄴ / -(으)ㄹ)

① 여기에 산 사람 → 살- + -(으)ㄴ(2개)

② 여기에 살 사람 → 살- + -(으)ㄹ(2개)

연습문제

다음 밑줄 친 단어의 형태소를 분석하시오.

1 저리 <u>가</u>!
　→
2 물건을 <u>팔</u> 사람
　→
3 물을 <u>마셨다</u>.
　→
4 이불을 <u>개</u> 놓았다.
　→

　≫ **1.** 가/아(2개), **2.** 팔/을(2개),
　3. 마시/었/다(3개), **4.** 개/어(2개)

확인문제

37 형태소의 개수가 가장 많은 것은?

2019.(2월) 서울시 9급

① 떠내려갔다　② 따라 버렸다

③ 빌어먹었다　④ 여쭈어봤다

　≫ ①

(5) **준말**

① 이불을 <u>개</u> 놓았다. → 개- + -어(2개)

② 눈물을 <u>보였다</u>. → 보-/-이-/-었-/-다(4개)

2 단어

1. 정의

(1) '품사'란 분리하여 자립적으로 쓸 수 있는 말이나 이에 준하는 말. 또는 그 말의 뒤에 붙어서 문법적 기능을 나타내는 말을 뜻한다.

(2) '자립할 수 있어야 하며', '쉽게 분리될 수 있어야' 한다.

2. 특징

(1) '조사'는 자립성이 약하지만, 앞말이 쉽게 분리될 수 있다는 점에서 단어로 본다.

(2) '의존 명사'는 자립성이 약해 관형어가 필요하지만, 그래도 자립 형태소가 나타나는 환경에 쓰이기 때문에 단어로 본다.

예 나는 할 <u>만큼</u> 했다.(이때 '만큼'도 하나의 단어이다.)

(3) '보조 용언'은 자립성이 약해 본용언이 필요하지만, 그래도 단어로 본다.(어간과 어미로 분리되므로 의존 형태소의 결합으로도 볼 수 있음.)

예 나는 피자가 먹고 <u>싶다</u>.(이때 '싶다'도 하나의 단어이다.)

(4) '합성어'와 '파생어'도 하나의 단어로 본다.

(5) 형식 형태소 중 '접사'와 '어미'는 단어로 보지 않고, 형태소로 분석한다.

(6) 형식 형태소 중 '조사'만 단어로 본다.

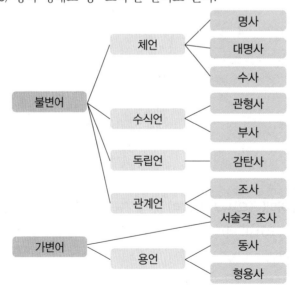

참고

사전적 정의

1. 본용언(本用言) : 문장의 주체를 주되게 서술하면서 보조 용언의 도움을 받는 용언.
2. 보조 용언(補助用言) : 본용언과 연결되어 그것의 뜻을 보충하는 역할을 하는 용언.

3. 종류

(1) '형태'를 기준

번호	종류	의미	모음
①	불변어 (不變語)	형태가 변하지 않는 말.	명사, 대명사, 수사, 관형사, 부사, 감탄사, 조사
②	가변어 (可變語)	형태가 변하는 말.	동사, 형용사, 서술격 조사 '이다'

(2) '기능'을 기준

번호	종류	의미	모음
①	체언 (體言)	문장에서 주어 따위의 기능을 하는 명사, 대명사, 수사를 통틀어 이르는 말.	명사, 대명사, 수사
②	수식언 (修飾言)	뒤에 오는 말을 수식하거나 한정하기 위하여 첨가하는 관형사와 부사를 통틀어 이르는 말.	관형사, 부사
③	독립언 (獨立言)	독립적으로 쓰이는 감탄사를 이르는 말.	감탄사
④	관계언 (關係言)	문장에 쓰인 단어들의 관계를 나타내는 기능을 하는 조사를 이르는 말.	조사
⑤	용언 (用言)	① 문장에서 서술어의 기능을 하는 동사, 형용사를 통틀어 이르는 말. ② 문장 안에서의 쓰임에 따라 본용언과 보조 용언으로 나눈다.	동사, 형용사

(3) '의미'를 기준

번호	종류	의미	모음
①	명사	사물의 이름을 나타내는 품사.	자립 명사, 의존 명사, 고유 명사, 보통 명사 등
②	대명사	사람이나 사물의 이름을 대신 나타내는 말. 또는 그런 말들을 지칭하는 품사.	인칭 대명사, 지시 대명사
③	수사	사물의 수량이나 순서를 나타내는 품사.	양수사, 서수사
④	관형사	체언 앞에 놓여서, 그 체언의 내용을 자세히 꾸며주는 품사.	성상 관형사, 지시 관형사, 수 관형사
⑤	부사	용언 또는 다른 말 앞에 놓여 그 뜻을 분명하게 하는 품사.	성분 부사(성상 부사, 지시 부사, 부정 부사), 문장 부사(양태 부사, 접속 부사)
⑥	감탄사	품사의 하나. 말하는 이의 본능적인 놀람이나 느낌, 부름, 응답 따위를 나타내는 말의 부류이다.	감정 감탄사, 의지 감탄사, 호응 감탄사, 구습 감탄사

확인문제

38 다음 중 국어의 '형태적' 특징은?
2015. 서울시 9급
① 수식어는 반드시 피수식어 앞에 온다.
② 동사와 형용사의 활용이 유사하다.
③ 문장 성분의 순서를 비교적 자유롭게 바꿀 수 있다.
④ 언어 유형 중 '주어-목적어-동사'의 어순을 갖는 SOV형 언어이다.
≫ ②

39 국어의 특징으로 가장 옳지 않은 것은?
2018.(3월) 서울시 9급
① 조사와 어미가 발달한 교착어적 특성을 보여 준다.
② '값'과 같이 음절 말에서 두 개의 자음이 발음될 수 있다.
③ 담화 중심의 언어로서 주어, 목적어 등이 흔히 생략된다.
④ 가족 관계를 나타내는 친족어가 발달해 있다.
≫ ②

⑦	조사	언이나 부사, 어미 따위에 붙어 그 말과 다른 말과의 문법적 관계를 표시하거나 그 말의 뜻을 도와주는 품사.	격 조사, 보조사, 접속 조사
⑧	동사	사물의 동작이나 작용을 나타내는 품사.	보조 동사
⑨	형용사	사물의 성질이나 상태를 나타내는 품사.	보조 형용사

(4) 단어를 분석하는 법

[예제] 민수가 맨손으로 배를 먹었다.

① 어절 단위로 쪼갠다.

② 조사를 구분한다.

③ 단어(＝품사)의 개수: 어절 ＋ 조사의 개수이다.

번호	민수	가	맨손	으로	배	를	먹었다
①	명사	조사	명사	조사	명사	조사	동사
②	4어절 ＋ 조사 3개 ＝ 7개(단어의 개수)						

세진쌤의 핵심TIP

1. '체언'은 격 조사와 결합이 가능하다.
2. '의존 명사'는 관형어의 꾸밈을 반드시 받아야 한다.
3. '관형사'는 격 조사, 보조사 등 어떤 조사도 붙일 수 없다.
4. '부사'는 보조사와 결합할 수 있다.
5. '관계언'은 앞말에 붙여 쓴다.
6. '동사'는 현재 시제 선어말 어미(-ㄴ/는-)를 붙일 수 있다.
7. '형용사'는 현재 시제 선어말 어미(-ㄴ/는-)를 붙일 수 없다.
8. '동사 또는 형용사'는 어간과 어미가 반드시 있다.

---

04 단어 형성

1 단어 형성

1. 정의

(1) **단일어(單一語)**: 하나의 실질 형태소로 된 말.
  예 사과, 먹다 등

(2) **복합어(複合語)**: 하나의 실질 형태소에 접사가 붙거나 두 개 이상의 실질 형태소가 결합한 말.
  ① **파생어(派生語)**: 실질 형태소에 접사가 결합하여 하나의 단어가 된 말.(어근(실질) ＋

연습문제

Q. 다음 문장의 단어 개수를 적으시오.
1 소가 물을 마셨다.   ( )
2 토끼를 보고 집에 갔다.   ( )
3 하늘에 예쁜 별이 많았다. ( )
  ≫1. 3+2＝5개. 2. 4+2＝6개.
           3. 4+2＝6개

참고

사전적 정의

1. 어절: 문장을 구성하고 있는 각각의 마디. 문장 성분의 최소 단위로서 띄어쓰기의 단위가 된다.
   예 강세진은 선생님이다.(2어절)
   예 그녀는 가수가 되었다.(3어절)

2. 음절: 하나의 종합된 음의 느낌을 주는 말소리의 단위. 몇 개의 음소로 이루어지며, 모음은 단독으로 한 음절이 되기도 한다.
   예 강세진(3음절), 아이(2음절)

접사, 접사 + 어근(실질)) 예 **풋**사과, 먹**이**다 등

② **합성어**(合成語): 둘 이상의 실질 형태소가 결합하여 하나의 단어가 된 말.(어근 + 어근)

예 밤낮, 꿈꾸다 등

참고

사전적 정의

1. 접사: 단독으로 쓰이지 아니하고 항상 다른 어근(語根)이나 단어에 붙어 새로운 단어를 구성하는 부분. 접두사(接頭辭)와 접미사(接尾辭)가 있다.
   예 헛-(접두사), -개(접미사)
2. 어근: 단어를 분석할 때, 실질적 의미를 나타내는 중심이 되는 부분
   예 논, 밭, 소리 등

2. 특징

(1) '어근'과 '접사'는 단어를 만들 때 쓰는 용어이고, '어간'과 '어미'는 활용할 때 쓰는 용어이다.

(2) '조사'를 제외한 모든 '품사'는 '어근'이 될 수 있다.

(3) 새롭게 형성된 단어는 모두 붙여 써야 한다.

(4) 새롭게 형성된 단어에는 '새로운 의미'가 있을 가능성이 높다.

(5) '한자어'는 어근과 접사의 구별이 정확하지 않으므로 해당 단어와 의미, 예를 모두 외워야 한다.

(6) '구'와 '단어'는 차이가 있다.

구(句)	단어
새로운 의미 ×	새로운 의미 ○
(방이) 큰 집	**큰집**: 큰아버지네 집

2 합성어

1. 통사적 구조에 따라 분류

(1) **통사적 합성어**: 일반적인 합성 방식

번호	종류	단어 모음
①	체언 + 체언	논밭, 밤낮, 눈물, 집안 등
②	관형사 + 체언	새해, 온종일, 첫사랑, 새마을, 새아기 등
③	부사 + 부사	잘못, 곧잘 등
④	부사 + 용언	잘하다, 가로막다, 그만두다 등
⑤	조사가 생략한 경우	힘들다, 값싸다, 본받다, 힘쓰다, 앞서다 등
⑥	용언의 어간 + 용언의 관형사형 어미 + 명사 (= 용언의 관형형 + 체언) (= 관형어 + 체언)	늙은이, 젊은이, 어린이, 큰형, 작은형, 길짐승 등
⑦	(보조적) 연결 어미로 연결된 경우	알아보다, 스며들다, 살아가다, 들어가다, 뛰어가다, 돌아가다 등

확인문제

40 통사적 합성어의 유형과 그 예가 맞지 않는 것은? 2014. 사복직 9급

① 명사와 명사가 결합된 경우 – 할미꽃
② 관형어와 체언이 결합된 경우 – 큰형
③ 주어와 서술어가 결합된 경우 – 빛나다
④ 용언의 연결형과 용언이 결합된 경우 – 날뛰다

≫ ④

41 통사적 합성어로만 묶인 것은? 2015. 국가직 7급

① 흔들바위, 꽃감
② 새언니, 척척박사
③ 길짐승, 높푸르다
④ 어린이, 가져오다

≫ ④

연습문제

1 접칼　　　　(통사, 비통사)
2 잘못　　　　(통사, 비통사)
3 배부르다　　(통사, 비통사)
4 오르내리다　(통사, 비통사)
　　≫≫1. 비통사, 2. 통사,
　　　　3. 통사, 4. 비통사

확인문제

42 비통사적 합성어로만 묶인 것은?
2016. 지방직 9급

① 열쇠, 새빨갛다
② 덮밥, 짙푸르다
③ 감발, 돌아가다
④ 젊은이, 가로막다

≫≫②

43 비통사적 합성어로만 묶은 것은?
2017. 국가직 7급

① 힘들다, 작은집, 돌아오다
② 검붉다, 굳세다, 밤낮
③ 부슬비, 늦더위, 굶주리다
④ 빛나다, 보살피다, 오르내리다

≫≫③

(2) 비통사적 합성어: 통사적 구조로 이루어지지 않은 합성 방식

번호	종류	단어 모음
①	용언의 어간 + 명사 (관형사형 어미 생략)	덮밥(덮은 밥), 꺾쇠(꺾은 쇠), 접칼(접은 칼), 곶감(곶은 감), 감발(감은 발) 등
②	(보조적) 연결 어미(-어/아, -게, -지, -고)가 생략된 경우	뛰놀다(뛰어 놀다), 오르내리다(오르고 내리다), 여닫다(열고 닫다), 우짖다(울고 짖다), 검푸르다(검고 푸르다) 등
③	부사 + 명사	산들바람, 부슬비, 헐떡고개, 척척박사 등
④	서술어 + 목적어/부사어	독서(讀書), 등산(登山), 급수(給水), 귀향(歸鄕) 등

2. 의미 관계에 따라 분류

번호	종류	특징	단어 모음
①	대등 합성어	어근이 각각 본래의 의미를 유지하면서 대등하게 붙어서 된 합성어이다.	오가다, 여닫다, 논밭, 손발 등
②	종속 합성어	한쪽의 어근이 다른 한쪽의 어근을 꾸며주는 합성어이다.(유속 합성어라고도 한다.)	콩나물, 돌다리, 책가방 등
③	융합 합성어	각각의 어근이 가진 본래의 의미와 다른 새로운 의미를 나타내는 합성어이다.	피땀, 연세 등
④	반복 합성어	하나의 어근이 겹쳐서 이루어진 합성어이다. '첩어'라고도 한다.	집집, 철썩철썩, 구불구불 등

3. 품사에 따라 분류

번호	종류	특징	단어 모음
①	합성 명사	둘 이상의 말이 결합하여 된 명사.	논밭, 눈물, 새해, 지름길, 부슬비 등
②	합성 부사	둘 이상의 말이 결합하여 된 부사.	이리저리, 곧잘 등
③	합성 동사	둘 이상의 말이 결합하여 된 동사.	본받다, 앞서다, 들어가다, 가로막다 등
④	합성 형용사	둘 이상의 말이 결합하여 된 형용사.	손쉽다, 깎아지르다, 붉디붉다, 힘들다, 검붉다, 검푸르다 등
⑤	합성 관형사	둘 이상의 말이 결합하여 된 관형사.	한두, 서너, 여남은 등
⑥	합성 수사	둘 이상의 말이 결합하여 된 수사.	열하나, 예닐곱 등

3 파생어

1. 정의

실질 형태소에 접사가 결합하여 하나의 단어가 된 말.

2. 특징

(1) 접두사 vs 어근(＝관형사)

① '접두사' 대부분은 품사를 바꾸지 않는다.

② '접두사'를 '관형사'와 헷갈리는 경우가 있다.
   예 첫사랑 vs. 풋사랑, 맨 꼭대기 vs. 맨발

(2) 접미사 vs. 어미

① 품사를 바꾸는 '접미사'가 있다.
   예 울보, 낮추다

② 의미만 덧붙이는 '접미사'가 있다.
   예 사기꾼

③ 일부는 명사형 전성 어미와 모양이 같은 것도 있다.(-(으)ㅁ, -기)
   예 잠을 잠(＝자다).

3. 종류

(1) 접두사(接頭辭)

① 어근의 뜻을 제한하고, 품사를 바꾸는 일이 없다.(어휘적 파생법)

② 관형사성 접두사 : 명사에 결합하고, 관형사와 성질이 비슷하다.

③ 부사성 접두사 : 동사, 형용사에 결합하고, 부사와 성질이 비슷하다.

(2) 접미사(接尾辭)

① 한정적 접사 : 어근의 뜻을 제한한다.

② 지배적 접사 : 품사를 바꾼다.

참고
굴절접사(屈折接辭)
조사와 어미를 이르는 말.

4. 접두사

번호	접두사	의미	단어 모음
①	강-	'다른 것이 섞이지 않고 그것만으로 이루어진'의 뜻.	강굴/강술/강참숯/강풀
		'마른', '물기가 없는'의 뜻.	강기침/강더위/강모/강서리
		'억지스러운'의 뜻.	강울음/강호령

44 밑줄 친 접두사가 한자에서 온 말이 아닌 것은? 2017. 국가직 9급

① 강염기
② 강타자
③ 강기침
④ 강행군

>> ③

45 다음 국어사전의 정보를 참고할 때, 접두사 '군-'의 의미가 다른 것은? 2014. 국가직 9급

군- 접사 (일부 명사 앞에 붙어)
① '쓸데없는'의 뜻을 더하는 접두사.
② '가외로 더한', '덧붙은'의 뜻을 더하는 접두사.

① 그녀는 신혼살림에 군식구가 끼는 것을 원치 않았다.
② 이번에 지면 깨끗이 군말하지 않기로 합시다.
③ 건강을 유지하려면 운동을 해서 군살을 빼야 한다.
④ 그는 꺼림칙한지 군기침을 두어 번 해 댔다.

>> ①

참고

파생어와 합성어 논란
※ 늦잠
1. 파생어로 보는 관점: 국립국어원에서 '늦-'이 접사로 있다.
2. 합성어로 보는 관점: 어간의 '늦-'과 명사인 '잠'의 결합으로 보는 견해도 있다.

파생어와 합성어 구분
군말(파생어) vs. 군밤(합성어)

번호	접두사	의미	단어 모음
②	개-	'야생 상태의', '질이 떨어지는', '흡사하지만 다른'의 뜻.	개금/개꿀/개떡/개먹/개살구/개철쭉
		'헛된', '쓸데없는'의 뜻.	개꿈/개나발/개수작/개죽음
③	군-	'쓸데없는'의 뜻.	군것/군글자/군기침/군말/군살/군침/군불
		'가외로 더한', '덧붙은'의 뜻.	군사람/군식구
④	늦-	'늦은'의 뜻.	늦공부/늦가을/늦더위/늦바람/늦장가
		'늦게'의 뜻.	늦되다/늦들다/늦심다
⑤	덧-	'거듭된', '겹쳐 신거나 입는'의 뜻.	덧니/덧버선/덧신/덧저고리
		'거듭', '겹쳐'의 뜻.	덧대다/덧붙이다
⑥	돌-	(동식물을 나타내는 일부 명사 앞에 붙어) '품질이 떨어지는', '야생으로 자라는'의 뜻.	돌배/돌감/돌조개
⑦	되-	'도로'의 뜻.	되돌아가다/되찾다/되팔다
		'도리어', '반대로'의 뜻.	되깔리다/되넘겨짚다
		'다시'의 뜻.	되살리다/되새기다/되씹다/되풀다
⑧	뒤-	'몹시, 마구, 온통'의 뜻.	뒤꼬다/뒤끓다/뒤덮다/뒤섞다/뒤얽다/뒤엉키다/뒤흔들다
		'반대로' 또는 '뒤집어'의 뜻.	뒤바꾸다/뒤받다/뒤엎다
⑨	드-	'심하게' 또는 '높이'의 뜻.	드날리다/드넓다/드높다/드세다/드솟다
⑩	들-	'무리하게 힘을 들여', '마구', '몹시'의 뜻.	들끓다/들볶다/들쑤시다
⑪	막-	'거친', '품질이 낮은'의 뜻.	막고무신/막과자/막국수/막담배/막소주
		'닥치는 대로 하는'의 뜻.	막노동/막말/막일
⑫	맞-	'마주', '서로 엇비슷하게'의 뜻.	맞들다/맞물다/맞바꾸다/맞부딪치다/맞서다
⑬	맨-	'다른 것이 없는'의 뜻.	맨눈/맨다리/맨땅/맨발/맨주먹
⑭	밭-	'바깥'의 뜻.	밭다리/밭사돈/밭주인/밭쪽
⑮	빗-	'기울어진'의 뜻.	빗금/빗면/빗이음/빗천장
		'기울어지게'의 뜻.	빗대다/빗뚫다/빗물다
		'잘못'의 뜻.	빗나가다/빗듣다/빗디디다/빗맞다
⑯	새-	① 된소리/거센소리/ㅎ + ㅏ/ㅗ ② '매우 짙고 선명하게'의 뜻.	새까맣다/새빨갛다/새뽀얗다/새카맣다/새파랗다/새하얗다
⑰	샛-	① 유성음 + ㅏ/ㅗ ② '매우 짙고 선명하게'의 뜻.	샛노랗다/샛말갛다

번호	접두사	의미	단어 모음
⑱	시-	① 된소리/거센소리/ㅎ + ㅓ/ㅜ ② '매우 짙고 선명하게'의 뜻.	시꺼멓다/시뻘겋다/시뿌옇다/시커멓다/시퍼렇다/시허옇다
⑲	싯-	① 유성음 + ㅓ/ㅜ ② '매우 짙고 선명하게'의 뜻.	싯누렇다/싯멀겋다
⑳	선-	'서툰', '충분치 않은'의 뜻.	선무당/선웃음/선잠
㉑	설-	'충분하지 못하게'의 뜻.	설깨다/설듣다/설마르다/설보다/설익다
㉒	수-	① 양/염소/쥐 × ② (성의 구별이 있는 동식물을 나타내는 일부 명사 앞) '새끼를 배지 않거나 열매를 맺지 않는'의 뜻.	수꿩/수소/수캐/수컷/수탉/수탕나귀/수퇘지/수평아리
		① 양/염소/쥐 × ② (짝이 있는 사물을 나타내는 일부 명사 앞에 붙어) '길게 튀어나온 모양의', '안쪽에 들어가는', '잘 보이는'의 뜻.	수나사/수단추/수무지개/수키와/수톨쩌귀/수틀
㉓	숫-	① 양/염소/쥐 ○ ② '새끼를 배지 않는'의 뜻.	숫양/숫염소/숫쥐
㉔	암-	(성의 구별이 있는 동식물을 나타내는 대부분의 명사 또는 '놈, 것' 앞에 붙어) '새끼를 배거나 열매를 맺는'의 뜻.	암꽃/암놈/암사자/암캐/암컷/암탉/암탕나귀/암퇘지/암평아리
		(짝이 있는 사물을 나타내는 일부 명사 앞에 붙어) '오목한 형태를 가진', '상대적으로 약한'의 뜻.	암나사/암단추/암무지개/암키와/암톨쩌귀
㉕	엇-	'어긋난', '어긋나게 하는'의 뜻.	엇각/엇결/엇길/엇시침
		'어긋나게', '삐뚜로'의 뜻.	엇걸리다/엇나가다/엇베다
		'어지간한 정도로 대충'의 뜻.	엇구수하다/엇비슷하다
㉖	엿-	'몰래'의 뜻.	엿듣다/엿보다/엿살피다
㉗	온-	'꽉 찬', '완전한' 따위의 뜻.	온달/온마리/온음
㉘	웃-	① (아래위의 대립이 없는 몇몇 명사 앞에 붙어) '위'의 뜻. ② '아래'와 '위'의 대립이 있는 명사 앞에는 '윗'을 쓴다. ③ '아랫니', '아랫도리', '아랫목'처럼 대립하는 말이 있는 경우는 '윗니', '윗도리', '윗목'이 된다.	웃거름/웃국/웃돈/웃어른
㉙	짓-	'마구', '함부로', '몹시'의 뜻.	짓개다/짓널다/짓누르다/짓두들기다/짓밟다/짓씹다/짓이기다/짓찧다/짓치다

참고

접두사와 관형사 구분
맨발 vs. 맨 처음
※ 맨: 더 할 수 없을 정도나 경지에 있음을 나타내는 말.
예 맨 처음/산의 맨 꼭대기/맨 먼저/그녀는 맨 구석 자리에 조심스럽게 앉아 있었다.

파생어와 합성어 논란
※ 설익다
1. 파생어로 보는 관점: 국립국어원에서 '설-'이 접사로 있다.
2. 합성어로 보는 관점: 동사인 '설-'과 동사인 '익다'의 결합으로 보는 견해도 있다.

수ㅎ-
1. 개, 강아지 - 수캐, 수캉아지
2. 닭, 병아리 - 수탉, 수평아리
3. 돼지 - 수퇘지
4. 당나귀 - 수탕나귀
5. 기와 - 수키와
6. 돌쩌귀 - 수톨쩌귀

참고

접두사와 관형사 구분
온점 vs. 온 집안
※ 온: 전부의. 또는 모두의.
예 온 집안/온 식구/온 국민/할아버지는 온 하루를 말 한마디 없이 땅만 내려다보고 걸었다.

번호	접두사	의미	예시
㉚	참-	'진짜', '진실하고 올바른'의 뜻.	참사랑/참뜻
		'품질이 우수한'의 뜻.	참먹/참젖/참흙
		'먹을 수 있는'의 뜻.	참꽃
㉛	처-	'마구', '많이'의 뜻.	처먹다/처넣다/처바르다/처박다/처대다/처담다
㉜	치-	'위로 향하게', '위로 올려'의 뜻.	치뜨다/치닫다/치받다/치솟다/치읽다
㉝	통-	'통째'의 뜻.	통가죽/통마늘/통닭/통나무
㉞	풋-	'처음 나온', '덜 익은'의 뜻.	풋감/풋고추/풋과실/풋김치/풋나물/풋콩
		'미숙한', '깊지 않은'의 뜻.	풋사랑/풋잠
㉟	한-	'큰'의 뜻.	한걱정/한길/한시름
		'정확한', '한창인'의 뜻.	한가운데/한겨울/한낮/한밤중/한복판/한잠
㊱	핫-	'솜을 둔'의 뜻.	핫것/핫바지/핫옷/핫이불
㊲	해-	'당해에 난'의 뜻.	해쑥/해콩/해팥
		'얼마 되지 않은'의 뜻.	×
㊳	햇-	'당해에 난'의 뜻.	햇감자/햇과일/햇양파
		'얼마 되지 않은'의 뜻.	햇병아리/햇비둘기
㊴	헛-	'이유 없는', '보람 없는'의 뜻.	헛걸음/헛고생/헛소문/헛수고
		'보람 없이', '잘못'의 뜻.	헛살다/헛디디다/헛보다/헛먹다
㊵	홀-	'짝이 없이 혼자뿐인'의 뜻.	홀몸/홀시아버지/홀시어머니/홀아비/홀어미
㊶	홑-	'한 겹으로 된', '하나인, 혼자인'의 뜻.	홑바지/홑옷/홑이불/홑몸
㊷	휘-	'마구', '매우 심하게'의 뜻.	휘갈기다/휘감다/휘날리다/휘늘어지다/휘말다/휘몰다/휘젓나
		'매우'의 뜻.	휘넓다/휘둥그렇다/휘둥글다

5. 접미사

(1) '다양한 의미'를 지닌 접미사들

번호	접미사	의미	단어 모음
①	-꾸러기	'그것이 심하거나 많은 사람'의 뜻.	장난꾸러기/욕심꾸러기/잠꾸러기/말썽꾸러기/걱정꾸러기
②	-꾼	'어떤 일을 전문적으로 하는 사람', '어떤 일을 잘하는 사람'의 뜻.	살림꾼/소리꾼/심부름꾼/씨름꾼
		'어떤 일을 습관적으로 하는 사람' 또는 '어떤 일을 즐겨 하는 사람'의 뜻.	낚시꾼/난봉꾼/노름꾼/말썽꾼/잔소리꾼/주정꾼
		'어떤 일 때문에 모인 사람'의 뜻.	구경꾼/일꾼/장꾼/제꾼
		'어떤 일을 하는 사람'에 낮잡는 뜻.	과거꾼/건달꾼/도망꾼/뜨내기꾼/마름꾼/머슴꾼/모사꾼
		'어떤 사물이나 특성을 많이 가진 사람'의 뜻.	건성꾼/꾀꾼/딸렁꾼/만석꾼/재주꾼/천석꾼
③	-깔	'상태' 또는 '바탕'의 뜻.	맛깔/빛깔/성깔
④	-내기	그 지역에서 태어나고 자라서 그 지역 특성을 지니고 있는 사람의 뜻.	서울내기/시골내기
		① (일부 어근이나 접두사 뒤에 붙어) 그런 특성을 지닌 사람의 뜻. ② 흔히 그런 사람을 낮잡아 이를 때 쓴다.	신출내기/여간내기/풋내기
⑤	-네	'그러한 부류 또는 그러한 부류에 속하는 사람'의 뜻.	동갑네/아낙네/여인네/우리네/당신네
		'그 사람이 속한 가족 따위의 무리'의 뜻.	철수네/언니네/그이네/누구네/김사장네
⑥	-님	(직위나 신분을 나타내는 일부 명사 뒤에 붙어) '높임'의 뜻.	사장님/총장님
		(사람이 아닌 일부 명사 뒤에 붙어) '그 대상을 인격화하여 높임'의 뜻.	달님/별님/토끼님/해님
		(옛 성인이나 신격화된 인물의 이름 뒤에 붙어) '그 대상을 높이고 존경'의 뜻.	공자님/맹자님/부처님/예수님
⑦	-데기	'그와 관련된 일을 하거나 그런 성질을 가진 사람'의 뜻.	부엌데기/새침데기/소박데기
⑧	-때기	'비하'의 뜻.	배때기/귀때기/볼때기/이불때기/송판때기/표때기
⑨	-둥이	'그러한 성질이 있거나 그와 긴밀한 관련이 있는 사람'의 뜻.	귀염둥이/막내둥이/해방둥이/바람둥이

참고

접미사와 명사 구분

일**꾼** vs. **꾼**

※ 꾼: 어떤 일, 특히 즐기는 방면의 일에 능숙한 사람을 낮잡아 이르는 말.

예 많은 상금이 걸린 낚시 대회에 전국의 **꾼**들이 모두 모였다.

번호	접미사	의미	단어 모음
⑩	-들	'복수(複數)'의 뜻.	사람들/그들/너희들/사건들
⑪	-맞이	'어떠한 날이나 일, 사람, 사물 따위를 맞는다'는 뜻.	손님맞이/추석맞이/달맞이
⑫	-매	'생김새', '맵시'의 뜻.	눈매/몸매/입매/옷매
⑬	-배기	(어린아이의 나이를 나타내는 명사구 뒤에 붙어) '그 나이를 먹은 아이'의 뜻.	두 살배기/다섯 살배기
		'그것이 들어 있거나 차 있음'의 뜻.	나이배기
		'그런 물건'의 뜻.	공짜배기/대짜배기/진짜배기
⑭	-빼기	'그런 특성이 있는 사람이나 물건'의 뜻.	곱빼기/밥빼기/악착빼기
		'비하'의 뜻.	앍둑빼기/외줄빼기/코빼기
⑮	-뱅이	'그것을 특성으로 가진 사람이나 사물'의 뜻.	가난뱅이/게으름뱅이/안달뱅이/주정뱅이/좁쌀뱅이/잘라뱅이/잡살뱅이/헌털뱅이
⑯	-보	(몇몇 명사 뒤에 붙어) '그것을 특성으로 지닌 사람'의 뜻.	꾀보/싸움보/잠보/털보
		① '그러한 행위를 특성으로 지닌 사람'의 뜻. ② (몇몇 동사, 형용사 어간 뒤에 붙어) 명사를 만드는 접미사.	먹보/울보/째보
		(몇몇 어근 뒤에 붙어) '그러한 특징을 지닌 사람'의 뜻.	땅딸보/뚱뚱보
⑰	-분	(사람을 나타내는 일부 명사 뒤에 붙어) 앞의 명사에 '높임'의 뜻.	친구분/남편분/환자분
⑱	-새	'모양', '상태', '정도'의 뜻.	걸음새/모양새/생김새/쓰임새/짜임새/차림새
⑲	-아치	'그 일에 종사하는 사람'의 뜻.	벼슬아치/동냥아치
⑳	-어치	(금액을 나타내는 명사 또는 명사구 뒤에 붙어) '그 값에 해당하는 분량'의 뜻.	한 푼어치/천 원어치/얼마어치
㉑	-장이	'그것과 관련된 기술을 가진 사람'의 뜻.	간판장이/땜장이/양복장이/옹기장이/칠장이
㉒	-쟁이	'그것이 나타내는 속성을 많이 가진 사람'의 뜻.	겁쟁이/고집쟁이/떼쟁이/멋쟁이/무식쟁이
		① '그것과 관련된 일을 직업으로 하는 사람'의 뜻. ② 그런 사람을 낮잡아 이를 때 쓴다.	관상쟁이/그림쟁이/이발쟁이

번호	접미사	의미	단어 모음
㉓	-질	'그 도구를 가지고 하는 일'의 뜻.	가위질/걸레질/망치질/부채질
		'그 신체 부위를 이용한 어떤 행위'의 뜻.	곁눈질/손가락질/입질/주먹질/뒷걸음질
		'직업이나 직책에 비하하는' 뜻.	선생질/순사질/목수질/회장질
		'주로 좋지 않은 행위에 비하하는' 뜻.	계집질/노름질/서방질/싸움질/자랑질
		'그것을 가지고 하는 일', '그것과 관계된 일'의 뜻.	물질/불질/풀질/흙질
		'그런 소리를 내는 행위'의 뜻.	딸꾹질/뚝딱질/수군덕질
㉔	-짜리	'그만한 수나 양을 가진 것', '그만한 가치를 가진 것'의 뜻.	한 뼘짜리/열 살짜리/오십 권짜리/방 두 개짜리/백 원짜리/얼마짜리
		'그런 차림을 한 사람'의 뜻.	양복짜리/장옷짜리/창의짜리
㉕	-째	'그대로', 또는 '전부'의 뜻.	그릇째/뿌리째/껍질째/통째/밭째
		'차례', '등급'의 뜻.	몇째/두 잔째/여덟 바퀴째/둘째/셋째
		'동안'의 뜻.	사흘째/며칠째/다섯 달째
㉖	-쯤	'알맞은 한도, 그만큼가량'의 뜻.	내일쯤/이쯤/얼마쯤/중간쯤/그런 사정쯤/12월 20일쯤
㉗	-채	'구분된 건물 단위'의 뜻.	문간채/바깥채/사랑채/안채/행랑채

(2) '피동, 사동'과 관련된 접미사들

번호	접미사	의미	단어 모음
①	-이-	(일부 동사 어간 뒤에 붙어) '사동'의 뜻.	보이다/기울이다/녹이다/먹이다/붙이다/끓이다
		(일부 동사 어간 뒤에 붙어) '피동'의 뜻.	깎이다/놓이다/꼬이다/쌓이다/떼이다
		① '사동'의 뜻. ② (몇몇 형용사 어간 뒤에 붙어) 동사를 만드는 접미사	높이다/깊이다
②	-히-	(일부 동사 어간 뒤에 붙어) '사동'의 뜻.	묵히다/굳히다/굽히다/젖히다/앉히다/읽히다
		(일부 동사 어간 뒤에 붙어) '피동'의 뜻.	막히다/닫히다/뽑히다/맺히다/얹히다/얽히다/밟히다
		① '사동'의 뜻. ② (일부 형용사 어간 뒤에 붙어) 동사를 만드는 접미사	괴롭히다/붉히다/넓히다/밝히다

참고

형용사 → 피동사, 사동사

	접사	예
①	-이-	높이다, 깊이다
②	-히-	넓히다, 붉히다
③	-추-	낮추다, 늦추다

확인문제

46 밑줄 친 단어 가운데 품사를 바꾸어 주는 접사가 포함된 것은?

2016. 지방직 7급

① 그 남자가 미간을 좁혔다.
② 청년이 여자의 어깨를 밀쳤다.
③ 이 말에 그만 아버지의 울화가 치솟았다.
④ 나는 문틈 사이에 눈을 대고 바깥을 엿보았다.

≫ ①

번호	접미사	의미	단어 모음
③	-리-	'사동'의 뜻.	날리다/울리다/끓리다/살리다/알리다
		'피동'의 뜻.	갈리다/팔리다/널리다/밀리다/빨리다/뚫리다
④	-기-	'피동'의 뜻.	안기다/뜯기다/담기다/찢기다/쫓기다
		'사동'의 뜻.	신기다/남기다/웃기다/맡기다/옮기다
⑤	-우-	'사동'의 뜻.	깨우다/비우다/피우다
⑥	-구-	'사동'의 뜻.	달구다/솟구다/돋구다
⑦	-추-	(몇몇 동사 어간 뒤에 붙어) '사동'의 뜻.	볼맞추다
		① '사동'의 뜻. ② (몇몇 형용사 어간 뒤에 붙어) 동사를 만드는 접미사.	곧추다/낮추다/늦추다
⑧	-애-	① '사동'의 뜻. ② (형용사 '없다'의 어간 뒤에 붙어) 동사를 만드는 접미사.	없애다
⑨	-으키-	(동사 '일다'의 어간 뒤에 붙어) '사동'의 뜻.	일으키다
⑩	-이우-	(일부 동사 어간 뒤에 붙어) '사동'의 뜻.	띄우다/틔우다/씌우다/재우다/채우다/태우다
⑪	-이키-	(동사 '돌다'의 어간 뒤에 붙어) 사동의 뜻.	돌이키다
⑫	-치-	'강조'의 뜻.	넘치다/밀치다/부딪치다/솟구치다
⑬	-되다	① '피동'의 뜻. ② 동사를 만드는 접미사.	가결되다/사용되다/형성되다
		(몇몇 명사, 어근, 부사 뒤에 붙어) 형용사를 만드는 접미사.	거짓되다/참되다/어중되다/숫되다/막되다/못되다/안되다
⑭	-받다	① '피동'의 뜻. ② 동사를 만드는 접미사.	강요받다/미움받다/사랑받다/오해받다
⑮	-시키다	① '사동'의 뜻. ② 동사를 만드는 접미사.	교육시키다/복직시키다/오염시키다/이해시키다/입원시키다/진정시키다/집합시키다/항복시키다/화해시키다

(3) '동사, 형용사'를 만드는 접미사들

번호	접미사	의미	단어 모음
①	-거리다/-대다	① (동작 또는 상태를 나타내는 일부 어근 뒤에 붙어) '그런 상태가 잇따라 계속됨'의 뜻. ② 동사를 만드는 접미사.	까불거리다/반짝거리다/방실거리다/출렁거리다
			까불대다/반짝대다/방실대다/출렁대다
②	-이다	(동작 또는 상태를 나타내는 일부 어근 뒤에 붙어) 동사를 만드는 접미사.	끄덕이다/망설이다/반짝이다/속삭이다/움직이다/출렁이다
③	-답다	① '성질이 있음'의 뜻. ② 형용사를 만드는 접미사.	꽃답다/정답다/참답다
		① '특성이나 자격이 있음'의 뜻. ②	너답다/철수답다/엄마답다/장수답다
④	-롭다	① '그러함' 또는 '그럴 만함'의 뜻. ② (모음으로 끝나는 일부 어근 뒤에 붙어) 형용사를 만드는 접미사.	명예롭다/신비롭다/자유롭다/풍요롭다/향기롭다/감미롭다/위태롭다
⑤	-스럽다	① '그러한 성질이 있음'의 뜻. ② 형용사를 만드는 접미사	복스럽다/걱정스럽다/자랑스럽다/거북스럽다/조잡스럽다
⑥	-다랗다	'그 정도가 꽤 뚜렷함'의 뜻.	가느다랗다/굵다랗다/기다랗다/깊다랗다/높다랗다/잔다랗다/좁다랗다/커다랗다
⑦	-뜨리다/-트리다	(몇몇 동사의 '-아/어' 연결형 또는 어간 뒤에 붙어) '강조'의 뜻.	깨뜨리다/깨트리다쫓기다/밀어뜨리다/밀어트리다/부딪뜨리다/부딪트리다
⑧	-하다	① (일부 명사 뒤에 붙어) 동사를 만드는 접미사.	공부하다/생각하다/사랑하다/빨래하다
		② (일부 명사 뒤에 붙어) 형용사를 만드는 접미사.	건강하다/순수하다/정직하다/진실하다/행복하다
		③ (의성·의태어 뒤에 붙어) 동사나 형용사를 만드는 접미사.	덜컹덜컹하다/반짝반짝하다/소곤소곤하다
		④ (의성·의태어 이외의 일부 부사 뒤에 붙어) 동사나 형용사를 만드는 접미사.	달리하다/돌연하다/빨리하다
		⑤ (몇몇 어근 뒤에 붙어) 동사나 형용사를 만드는 접미사.	흥하다/망하다/착하다/따뜻하다
		⑥ (몇몇 의존 명사 뒤에 붙어) 동사나 형용사를 만드는 접미사.	체하다/척하다/뻔하다/양하다/듯하다/법하다

47 다음 중 파생어끼리 짝지어진 것은?　　　　2015. 서울시 7급

① 동화책, 책상
② 맨손, 울보
③ 시동생, 어깨동무
④ 크다, 복스럽다

≫ ②

48 밑줄 친 부분이 ㉠의 예에 해당하는 것은?　　　　2019. 국가직 7급

> 어근의 앞이나 뒤에 파생 접사가 결합된 것을 파생어라 한다. 파생 접사는 그 위치에 따라 접두사와 접미사로 나누는데 접두사는 어근의 품사를 바꿀 수 없지만, ㉠접미사는 어근의 품사를 바꾸기도 한다.

① 황금을 보기를 돌같이 하라.
② 세 자매가 정답게 앉아 있다.
③ 옥수수 알이 크기에는 안 좋은 날씨이다.
④ 그곳은 낚시질하기에 가장 좋은 자리였다.

≫ ②

49 모두 파생어인 것은?　　　　2014. 지방직 7급

① 톱질, 슬픔, 잡히다
② 접칼, 작은아버지, 치솟다
③ 헛고생, 김치찌개, 어른스럽다
④ 새해, 구경꾼, 돌보다

≫ ①

참고

명사형 전성 어미 vs. 명사화 접미사

	명사형 전성 어미	명사화 접미사
	-(으)ㅁ, -기	
①	부사어의 수식	관형어의 수식
②	서술성 ○	서술성 ×
③	어간 + 어미	어근 + 접사
④	품사가 바뀌지 않음.	품사가 바뀜.
⑤	동사, 형용사 (+ 서술격 조사)	명사
⑥	새로운 의미 ×	새로운 의미 ○

명사화 접미사 vs. 부사화 접미사
예 높이, 깊이, 길이

	명사화 접미사	부사화 접미사
	-이	
①	품사가 바뀜.	품사가 바뀜.
②	명사	부사
③	격 조사 ○	격 조사 ×
④	용언 수식 ×	용언 수식 ○
예	**높이**가 있다.	**높이** 뛰었다.

확인문제

50 다음 중 〈보기〉의 설명에 해당되지 <u>않는</u> 단어는? 2015. 서울시 9급

┌─ 보기 ─┐
접미사는 품사를 바꾸거나 자동
사를 타동사로 바꾸는 기능을 한다.
└─────┘

① 보기 　　　② 낯섦
③ 낮추다 　　④ 꽃답다

　　　　　　　　　　　>> ②

참고

부사화 접미사

	부사화 접미사	
	-이	-히
①	(어근 받침 ㅅ) + -하다	
예	깨끗<u>이</u>	
②	ㅂ 불규칙 용언	
예	쉬<u>이</u>, 괴로<u>이</u>	
③	부사	어근 + -하다
예	일찍 → 일찍<u>이</u>	
④	첩어	
예	겹겹 → 겹겹<u>이</u>	
⑤	'-하다'로 끝나 지 않은 용언	
예	굳다 → 굳<u>이</u>	급하다→급<u>히</u>

(4) '명사'를 만드는 접미사들

번호	접미사	의미	단어 모음
①	-개	①'그러한 행위를 하는 간단한 도구'의 뜻. ② (일부 동사 어간 뒤에 붙어) 명사를 만드는 접미사.	날개/<u>덮</u>개/지우개
		①'그러한 행위를 특성으로 지닌 사람' 의 뜻. ② 동사 어간 뒤에 붙어) 명사를 만드 는 접미사.	<u>오줌싸개</u>/코흘리개
②	-기	(일부 동사나 형용사 어간 뒤에 붙어) <u>명사</u>를 만드는 접미사.	굵기/<u>달리기</u>/돌려짓기/모내기/사재 기/줄넘기/크기
③	-(으)ㅁ	('ㄹ'을 제외한 받침 있는 용언의 어간 뒤에 붙어) <u>명사</u>를 만드는 접미사.	믿음/죽음/웃음/걸음/젊음/수줍음
④	-이	(몇몇 형용사, 동사 어간 뒤에 붙어) 명 <u>사</u>를 만드는 접미사.	길이/<u>높이</u>/먹이/벌이
		① '사람', '사물', '일'의 뜻. ② (몇몇 명사와 동사 어간의 결합형 뒤에 붙어) <u>명사</u>를 만드는 접미사.	곱삶이/길잡이/남의집살이/살잡이/ 목걸이/생배앓이
		① '사람' 또는 '사물'의 뜻. ② (몇몇 명사, 어근, 의성·의태어 뒤 에 붙어) <u>명사</u>를 만드는 접미사.	절름발이/애꾸눈이/멍청이/<u>똑똑이</u>/ 뚱뚱이/딸랑이

(5) '부사'를 만드는 접미사들

번호	접미사	의미	단어 모음
①	-이	(일부 부사, 형용사 어근 뒤에 붙어) 부 <u>사</u>를 만드는 접미사.	<u>곰곰이</u>/더욱이/일찍이/깊숙이/수북 이/끔찍이/많이/같이/높이
		(일부 1음절 명사의 반복 구성 뒤에 붙 어) <u>부사</u>를 만드는 접미사.	집집이/나날이/다달이/일일이/낱낱 이/겹겹이/곳곳이
②	-히	(일부 명사나 부사, 형용사 어근 뒤에 붙어) <u>부사</u>를 만드는 접미사.	<u>조용히</u>/무사히/나란히/영원히

4 직접 구성 성분

1. 정의

구조주의 언어학에서, 둘 이상의 형태소가 결합하였을 때 그 구성을 직접 구성하고 있는 요소.

2. 특징

(1) 복잡한 구조를 지닌 '합성어'와 '파생어'를 분석할 수 있다.

(2) 복잡한 구조를 지닌 복합어를 수식 구조로 만들 수 있다.

　예 어근 + (어근 + 접사)

(3) '합성어' 내에 '파생어'가 있는지, '합성어' 내에 '합성어'가 있는지, '파생어' 내에 '합성어'가 있는지, '파생어' 내에 '파생어'가 있는지를 분석할 수 있다.

(4) '피동사와 사동사'는 가장 마지막에 붙을 가능성이 높으므로 주의 깊게 봐야 한다.

　예 짓밟-히다(파생어), 드높-이다(파생어)

3. 종류

(1) (어근 + 어근) + 접사

'합성어'에 '접사'가 결합하여 '파생어'가 된 경우.

　예 나들이
　예 미닫이

(2) (어근 + 접사) + 접사

'파생어'에 '접사'가 결합하여 '파생어'가 된 경우.

　예 뜨개질
　예 싸움꾼

(3) 어근 + (어근 + 접사)

'파생어'에 '어근'이 결합하여 '합성어'가 된 경우.

　예 병마개
　예 통조림

(4) (어근 + 접사) + 어근

'파생어'에 '어근'이 결합하여 '합성어'가 된 경우.

　예 놀이터

연습문제

1 군침　　(접두사, 접미사)
2 깊이　　(접두사, 접미사)
3 덮개　　(접두사, 접미사)
4 깜빡이　(접두사, 접미사)
5 줄이다　(접두사, 접미사)
6 치솟다　(접두사, 접미사)
>> 1. 접두사, 2. 접미사, 3. 접미사,
4. 접미사, 5. 접미사, 6. 접두사

확인문제

51 다음 중 단어의 짜임이 〈보기〉와 같은 것은?　2016. 서울시 9급

┌─── 보기 ───┐
놀리- + -ㅁ
↓(파생)
손 + 놀림
↓(합성)
손놀림
└──────────┘

① 책꽂이
② 헛소리
③ 가리개
④ 흔들림

>> ①

52 단어 형성 원리에 대한 설명으로 가장 옳은 것은? 2018. 3. 서울시 9급

① 형용사 '기쁘다'에 동사 파생접미사 '-하다'가 붙으면 동사 '기뻐하다'가 생성된다.
② '시누이'와 '선생님'은 접미파생명사들이다.
③ '빛나가다'와 '공부하다'는 합성동사들이다.
④ '한여름'은 단일명사이다.

>> ①

53 단어에 대한 설명으로 옳지 않은 것은?　2017.(하) 국가직 9급

① '바다', '맑다'는 어근이 하나인 단일어이다.
② '회덮밥'은 파생어 '덮밥'에 새로운 어근 '회'가 결합된 합성어이다.
③ '곁눈질'은 합성어 '곁눈'에 접미사 '-질'이 결합된 파생어이다.
④ '웃음'은 어근 '웃-'에 접미사 '-음'이 붙어 명사가 된 파생어이다.

>> ②

01 〈보기〉를 바탕으로 '조사'의 특징을 이끌어낸 것으로 적절하지 **않은** 것은? [2014년]

═ 보기 ═

ㄱ. 동생의 책을 읽는다. / 여기가 천국이다.

ㄴ. 엄마와 나는 영화를 보았다. / 나랑 동생은 학교로 갔다.

ㄷ. 오늘은 물만 마셨다. / 오늘은 물도 마셨다.

ㄹ. 꽃이 예쁘게도 피어 있다. / 천천히만 가거라.

ㅁ. 이것이 좋다. / 이것 좋다. / 이것만으로도 좋다.

① ㄱ: 앞의 체언이 문장에서 일정한 자격을 갖도록 해 준다.

② ㄴ: 두 체언을 같은 자격으로 이어 준다.

③ ㄷ: 앞의 체언을 다른 품사로 만들어 준다.

④ ㄹ: 체언 이외에 용언이나 부사 뒤에 붙어 쓰이기도 한다.

⑤ ㅁ: 생략하거나 둘 이상 겹쳐 쓰이기도 한다.

02 다음은 문법 수업의 내용을 정리한 학생의 노트이다. 이를 바탕으로 〈보기〉를 탐구한 내용으로 적절하지 **않은** 것은? [2017년]

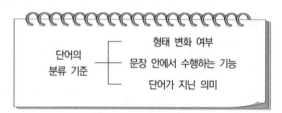

═ 보기 ═

• 우리도 두 팔을 넓게 벌려 원 하나를 이루었다.

• 동생이 나무로 된 탁자에 그린 꽃만 희미하다.

① '도'와 '만'은 형태가 변하지 않는 단어이다.

② '이루었다'와 '그린'은 형태가 변하는 단어이다.

③ '두'와 '하나'는 문장 안에서 수식의 기능을 하는 단어이다.

④ '나무'와 '꽃'은 사물의 이름을 나타내는 단어이다.

⑤ '넓게'와 '희미하다'는 대상의 상태를 나타내는 단어이다.

03 〈보기〉를 이해한 내용으로 적절하지 <u>않은</u> 것은?

[2015년]

═ 보기 ═

용언이 활용할 때 어간이나 어미의 기본 형태가 바뀌지 않거나 바뀌어도 일반적인 음운 규칙으로 설명할 수 있는 경우를 '규칙 활용'이라 하고, 어간이나 어미의 기본 형태가 바뀌는 것을 일반적인 음운 규칙으로 설명할 수 없는 경우를 '불규칙 활용'이라 한다. 불규칙 활용은 ⊙ 어간이 바뀌는 경우, ⓛ 어미가 바뀌는 경우, ⓔ 어간과 어미가 모두 바뀌는 경우로 나누어 살펴볼 수 있다.

① '솟다'가 '솟아'로 활용하는 것과 달리, '낫다'는 '나아'로 활용하므로 ⊙에 해당한다.
② '얻다'가 '얻어'로 활용하는 것과 달리, '엿듣다'는 '엿들어'로 활용하므로 ⊙에 해당한다.
③ '먹다'가 '먹어'로 활용하는 것과 달리, '하다'는 '하여'로 활용하므로 ⓛ에 해당한다.
④ '치르다'가 '치러'로 활용하는 것과 달리, '흐르다'는 '흘러'로 활용하므로 ⓛ에 해당한다.
⑤ '수놓다'가 '수놓아'로 활용하는 것과 달리, '파랗다'는 '파래'로 활용하므로 ⓔ에 해당한다.

※ [04~05] 다음 글을 읽고 물음에 답하시오.

[2019년]

문장의 주체를 서술하는 기능을 하는 용언은 홀로 쓰이는 본용언과, 홀로 쓰이지 않고 본용언 뒤에서 본용언에 특수한 의미를 더해 주는 보조 용언으로 나눌 수 있다. 예를 들어 '불이 꺼져 간다.'라는 문장이 있을 때, '꺼져'는 '불이 꺼진다.'라는 문장의 서술어로 홀로 쓰일 수 있으므로 본용언이다. 그러나 '간다'는 진행의 의미만 더해 주고 있어, '불이 간다.'라는 문장의 서술어로 홀로 쓰일 수 없으므로 보조 용언이다.

보조 용언은 다시 보조 동사와 보조 형용사로 구분될 수 있다. 일반적으로 보조 용언의 품사는 앞에 오는 본용언의 품사에 따른다. 예를 들어 보조 용언 '않다'는 앞에 오는 본용언의 품사가 동사이면 보조 동사, 형용사이면 보조 형용사로 쓰인다. 한편 보조 용언의 품사가 보조 용언의 의미에 따라 구분되는 경우도 있다. 예를 들어 보조 용언 '하다'가 앞말의 행동이나 상태에 대한 바람이라는 의미를 나타내는 경우에는 보조 동사이다. 또한 보조 용언 '보다'가 어떤 일을 경험한다는 의미를 나타내는 경우에는 보조 동사이고, 앞말이 뜻하는 행동이나 상태에 대한 걱정이라는 의미를 나타내는 경우에는 보조 형용사이다.

본용언은 주로 본용언의 어간에 보조적 연결어미가 결합되어 보조 용언과 연결된다. 예를 들어 '나는 일을 하고 나서 집에 갔다.'라는 문장은 본용언의 어간 '하-'에 보조적 연결어미 '-고'가 결합된 '하고'가 보조 용언 '나서'와 연결된 문장이다. 그리고 본용언과 보조 용언이 연결되는 경우들을 살펴보면, 보통 두 용언이 연결되는 경우가 많지만 의미의 추가를 위해 세 용언이 연결되는 경우도 있다. 여기에는 용언들이 ⊙ 본용언, 본용언, 보조 용언의 순서로 연결된 경우, ⓛ 본용언, 보조 용언, 본용언의 순서로 연결된 경우, ⓔ 본용언, 보조 용언, 보조 용언의 순서로 연결된 경우가 있다.

04 〈보기〉의 ⓐ~ⓔ를 보조 동사와 보조 형용사로 분류한 것으로 적절한 것은?

═ 보기 ═

- 내일 해야 할 업무가 생각만큼 쉽지는 ⓐ <u>않</u>겠다.
- 나는 부모님께 야단맞을까 ⓑ <u>봐</u> 얘기도 못 꺼냈다.
- 일을 마무리했음에도 사람들은 집에 가지 ⓒ <u>않았다</u>.
- 새로 일할 사람이 업무 처리에 항상 성실했으면 ⓓ <u>한다</u>.
- 이런 일을 당해 ⓔ <u>보지</u> 않은 사람은 내 심정을 모를 것이다.

	보조 동사	보조 형용사
①	ⓐ, ⓑ, ⓓ	ⓒ, ⓔ
②	ⓐ, ⓒ	ⓑ, ⓓ, ⓔ
③	ⓐ, ⓓ, ⓔ	ⓑ, ⓒ
④	ⓑ, ⓒ	ⓐ, ⓓ, ⓔ
⑤	ⓒ, ⓓ, ⓔ	ⓐ, ⓑ

05 윗글의 ㉠~㉢과 관련하여 〈보기〉의 Ⓐ~Ⓔ의 밑줄 친 부분을 분석한 내용으로 적절하지 <u>않은</u> 것은?

═ 보기 ═

- Ⓐ 그는 순식간에 사과를 <u>던져서</u> 베어 버렸다.
- Ⓑ 그는 식당에서 고기를 <u>먹어</u> 치우고 일어났다.
- Ⓒ 그에게 전화를 했을 때 그가 <u>깨어 있어</u> 행복했다.
- Ⓓ 나는 경기에 출전하지 못하고 의자에 <u>앉아 있게</u> 생겼다.
- Ⓔ 나는 평소 밥을 좋아하는데 오늘은 갑자기 빵을 <u>먹고 싶게</u> 되었다.

① Ⓐ: '베어'는 어간 '베-'에 보조적 연결어미 '-어'가 결합되어 '버렸다'와 연결된 형태이고 ㉠에 해당한다.

② Ⓑ: '치우고'는 어간 '치우-'에 보조적 연결어미 '-고'가 결합되어 '일어났다'와 연결된 형태이고 ㉠에 해당한다.

③ Ⓒ: '깨어'는 어간 '깨-'에 보조적 연결어미 '-어'가 결합되어 '있어'와 연결된 형태이고 ㉡에 해당한다.

④ Ⓓ: '앉아'는 어간 '앉-'에 보조적 연결어미 '-아'가 결합되어 '있게'와 연결된 형태이고 ㉢에 해당한다.

⑤ Ⓔ: '먹고'는 어간 '먹-'에 보조적 연결어미 '-고'가 결합되어 '싶게'와 연결된 형태이고 ㉢에 해당한다.

01 문장 성분

1 문장 성분

1. 정의

(1) 문장을 구성하는 기능적 단위.

(2) 주어, 서술어, 목적어, 보어, 관형어, 부사어, 독립어 따위가 있다.

2. 특징

(1) 더 이상 '조사'를 나누지 않는다.

(2) '본용언'과 '보조 용언'은 '하나의 서술어'로 파악한다.

(3) '본용언'과 '본용언'은 '두 개의 서술어'로 파악한다. (겹문장)

3. 종류

번호	구분	의미와 모음
①	주성분 (主成分)	문장의 골격을 이루는 필수적인 성분.
		주어, 서술어, 보어, 목적어
②	부속 성분 (附屬成分)	주성분의 내용을 꾸며 뜻을 더하여 주는 문장 성분.
		관형어, 부사어
③	독립 성분 (獨立成分)	문장의 주성분이나 부속 성분과 직접적인 관련을 맺지 아니하고 따로 떨어져 있는 성분.
		독립어

참고

품사 vs. 문장 성분

	품사	문장 성분
①	'-사'로 끝남.	'-어'로 끝남.
②	9개	7개
③	**새** 책 관형사	**새로운** 책 관형어
④	**잘** 살다 부사	**멋지게** 살다 부사어

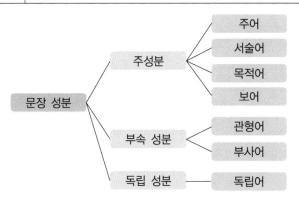

1 밑줄 친 부분의 문장 성분이 나머지 셋과 <u>다른</u> 것은?

2022.(2월) 서울시 9급

① 입은 비뚤어져도 <u>말은</u> 바로 해라.
② <u>호랑이도</u> 제 말 하면 온다.
③ 아니 땐 굴뚝에 <u>연기</u> 날까?
④ <u>꿀도</u> 약이라면 쓰다.

>> ①

2 밑줄 친 부분의 문장 성분이 나머지 셋과 <u>다른</u> 하나는?

2020. 서울시 9급

① 이 물건은 <u>시장에서</u> 사 왔다.
② 고마운 <u>마음에서</u> 드리는 말씀입니다.
③ <u>이에서</u> 어찌 더 나쁠 수가 있겠어요?
④ <u>정부에서</u> 실시한 조사 결과가 발표되었다.

>> ④

2 주성분

1. 주어

(1) 정의

서술어가 나타내는 동작이나 상태의 주체가 되는 말.

(2) 특징

① '무엇이/누가 어찌하다/어떠하다/무엇이다'에서 '무엇이/누가'에 해당한다.

② '서술어'의 '주체'에 해당한다.

(3) 종류

번호	종류	예
①	체언 + <u>주격 조사(이/가, 께서)</u>	세진이<u>가</u> 밥을 먹었다.
②	단체를 나타내는 명사 + <u>주격 조사(에서)</u>	정부<u>에서</u> 조사를 실시했다.
③	'혼자, 둘이, 셋이' 따위 사람의 수 + <u>주격 조사(서)</u>	혼자<u>서</u> 집을 지키고 있다.
④	체언 + <u>보조사</u>	세진이<u>는</u> 요리만 했다.
⑤	체언 + (조사 생략)	세진이 요리만 했다.
⑥	명사절 + <u>주격 조사(이/가)</u>	그녀가 범인임<u>이</u> 밝혀졌다.

2. 서술어

(1) 정의

① 한 문장에서 주어의 움직임, 상태, 성질 따위를 서술하는 말.

② 서술어 자릿수 매우 중요하다.

(2) 특징

① '무엇이/누가 어찌하다/어떠하다/무엇이다'에서 '어찌하다/어떠하다/무엇이다'에 해당한다.

② 동사, 형용사, 서술격 조사는 '서술어'로 파악할 수 있다.

③ '본용언'과 '보조 용언'은 '하나의 서술어'로 파악한다.

(3) 종류

번호	종류	예
①	동사	세진이가 열심히 <u>운동하였다</u>.
②	형용사	그녀는 무척 <u>아름다웠다</u>.
③	체언 + <u>서술격 조사</u>	세진이는 <u>배우이다</u>.
④	본용언 + 보조 용언	세진이는 치킨이 <u>먹고 싶다</u>.
⑤	서술절	코끼리는 <u>코가 길다</u>.

3. 서술어 자릿수

(1) 정의

① 각각의 서술어가 요구하는 논항의 수.

② 서술어가 지닌 의미 속성에 따라 결정된다. 예를 들어 '주다'는 '누가', '누구에게', '무엇을'에 해당하는, 주어, 부사어, 목적어의 세 자리 논항을 요구하는 서술어이다.

(2) 특징

① '서술어 자릿수'는 '1자리, 2자리, 3자리'뿐이다.

② '서술어'의 의미에 따라 '자릿수'는 다를 수 있다.
　예 <u>바위가</u> 저절로 움직인다.(1자리)
　예 <u>사람들이</u> <u>바위를</u> 움직였다.(2자리)

③ '서술어 자릿수'는 '서술어'가 필요로 하는 문장 성분을 가리키는 말이므로 '서술어'는 제외하고 필요한 성분을 세어야 한다.
　예 <u>세진이가</u> <u>가게에서</u> <u>먹을 것을</u> 사왔다.(주어, 부사어, 목적어)

④ '주어'는 모든 문장에서 필수적으로 있어야 하는 문장 성분이다.

⑤ '보어'가 있으면 2자리 서술어로 보아도 무방하다.

⑥ '필수적 부사어'는 '2자리'도 있지만, '3자리'도 있으므로 '부사어'의 기준이 매우 중요하다.

(3) 종류

번호	자릿수	문장 성분	예
①	1자리 서술어	주어	<u>새가</u> 날아간다.
②	2자리 서술어	주어 + 목적어	<u>세진이가</u> <u>밥을</u> 먹었다.
③		주어 + 보어	<u>세진이가</u> <u>선생님이</u> 되었다.
④		주어 + 필수적 부사어	<u>윤슬이는</u> <u>엄마와</u> 닮았다.
⑤	3자리 서술어	주어 + 목적어 + 필수적 부사어	<u>영희가</u> <u>밥을</u> <u>개에게</u> 주었다.

(4) 맥락에 따라 달라지는 자릿수

① 부르다
　㉠ 【…을】 말이나 행동 따위로 다른 사람의 주의를 끌거나 오라고 하다.
　　예 지나가는 <u>친구를</u> 큰 소리로 불렀다.
　㉡ 【…을 …에】【…을 …으로】 청하여 오게 하다.
　　예 <u>의사를</u> <u>집에</u> 부르다. / <u>택시를</u> <u>이곳으로</u> 부르다.

② 던지다
　㉠ 【…을】 관심을 가지지 아니하고 돌보지 아니하다(＝내버리다).
　　예 너는 우리 사이의 <u>신의를</u> 헌신짝같이 던졌구나.

참고

'필수적 부사어'를 필요로 하는 서술어 모음

	2자리	3자리
①	**닮다**, 비슷하다, 같다, 다르다	**주다**, 드리다
②	**변하다**, 바뀌다	**놓다**, **두다**
③	어울리다, 사귀다, **싸우다**, 다투다, 결혼하다	**삼다**, 여기다, 부르다
④	속다, 맞다, **향하다**	넣다, 던지다

확인문제

3 밑줄 친 서술어의 자릿수가 <u>다른</u> 하나는?　2020. 서울시 9급
① 그림이 실물과 <u>같다</u>.
② 나는 학생이 <u>아니다</u>.
③ 지호가 종을 <u>울렸다</u>.
④ 길이 매우 <u>넓다</u>.
　　　　》④

4 다음 중 서술어의 자릿수를 <u>잘못</u> 제시한 것은?　2016. 서울시 7급
① 우정은 마치 보석과도 같단다. → 두 자리 서술어
② 나 엊저녁에 시험 공부로 녹초가 됐어. → 두 자리 서술어
③ 철수의 생각은 나와는 아주 달라. → 세 자리 서술어
④ 원영이가 길가 우체통에 편지를 넣었어. → 세 자리 서술어
　　　　》③

ⓒ 【…에/에게 …을】 어떤 행동을 상대편에게 하다.

예 발표자에게 질문을 던지다.

ⓓ 【…에/에게 …을】【 …으로 …을】 ('…에/에게' 대신에 '…을 향하여'가 쓰이기도 한다)
손에 든 물건을 다른 곳에 떨어지게 팔과 손목을 움직여 공중으로 내보내다.

예 연못에 돌을 던지다.

③ 가다

ⓐ 어떤 대상이 다른 곳으로 이동하여 사라지다.

예 기차는 이미 갔어.

ⓑ 【…에】 금, 줄, 주름살, 흠집 따위가 생기다.

예 옷에 주름이 가다.

ⓒ 【…에/에게】【 …으로】【 …을】 한곳에서 다른 곳으로 장소를 이동하다.

예 산에(산을) 가다.

(5) 서술어 자릿수 vs. 필수 성분

번호	서술어 자릿수	필수 성분
①	서술어를 제외한 나머지 문장 성분 포함.	ⓐ 서술어를 포함. ⓑ 의존 명사일 경우 관형어도 포함.
예	이것은 언니 것이다.	
	주어	주어, 관형어, 서술어

4. 목적어

(1) 정의

타동사가 쓰인 문장에서 동작의 대상이 되는 말.

(2) 특징

① '무엇을/누구를 어찌하다'에서 '무엇을/누구를'에 해당한다.

② '타동사'에서 주로 목적어를 실현한다.

(3) 종류

번호	종류	예
①	체언 + 목적격 조사(을/를)	세진이가 밥을 먹었다.
②	체언 + 보조사	세진이가 요리만 했다.
③	체언 + 조사의 결합	세진이가 밥만을 먹었다.
④	체언 + (조사 생략)	세진이가 밥 먹었다.
⑤	명사절 + 목적격 조사(을/를)	그는 그가 건강하기를 바랐다.

확인문제

5 밑줄 친 부분의 문장 성분이 다른 하나는? 2019. 서울시 9급
① 그는 밥도 안 먹고 일만 한다.
② 몸은 아파도 마음만은 날아갈 것 같다.
③ 그는 그녀에게 물만 주었다.
④ 고향의 사투리까지 싫어할 이유는 없었다.

≫ ②

5. 보어

(1) 정의

불완전한 곳을 보충하여 뜻을 완전하게 하는 수식어.

(2) 특징

① 국어에서는 '되다, 아니다' 앞에 조사 '이, 가'를 취하여 나타나는 문장 성분이다.

예 세진이가 훌륭한 <u>선생님이</u> 되었다.

예 <u>봄이</u> 되다.

② '보격 조사'인 '이/가'를 써야 '보어'이다.

예 물이 <u>얼음이</u> 되다.(보격 조사 '이' → 보어)

예 물이 <u>얼음으로</u> 되다.(부사격 조사 '으로' → 부사어)

(3) 종류

번호	종류	예
①	체언 + 보격 조사(이/가) + 되다/아니다	개구리가 <u>올챙이가</u> 되었다.

3 부속 성분

1. 관형어

(1) 정의

체언 앞에서 체언의 뜻을 꾸며주는 구실을 하는 문장 성분.

(2) 특징

① '체언'을 수식하며 '체언 앞'에 위치한다.

② '관형어'는 '관형사'와 달리 '다양한 품사'로 이루어진다.

③ '의존 명사'는 관형어가 필요하다.

예 그 우산은 <u>언니</u> 것이다.

④ '관형사형 전성 어미'를 보면 시제도 분석할 수 있다.

(3) 종류

번호	종류	예
①	체언	<u>가을</u> 하늘, <u>도시</u> 생활 등
②	체언 + 관형격 조사(의)	<u>너의</u> 책, <u>명수의</u> 가방 등
③	관형사	<u>새</u> 책, <u>헌</u> 책, <u>한</u> 그루 등
④	용언/서술격 조사의 어간 + 관형사형 전성 어미(-(으)ㄴ, -는, -(으)ㄹ, -던)	<u>먹은</u> 것, <u>먹던</u> 것, <u>먹는</u> 것, <u>먹을</u> 것
⑤	명사절	철수는 <u>비가 오기</u> 전에 집에 왔다.
⑥	관형절	그는 <u>세진이가 산</u> 무를 다 먹었다.

확인문제

6 밑줄 친 부분의 문장 성분이 관형어가 <u>아닌</u> 것은? 2021. 서울시 9급

① 아기가 <u>새</u> 옷을 입었다.

② <u>군인인</u> 형이 휴가를 나왔다.

③ 친구가 <u>나에게</u> 선물을 주었다.

④ 소녀는 <u>시골의</u> 풍경을 좋아한다.

>> ③

7 다음 〈보기〉 가운데 우리말의 관형어에 대한 설명으로 옳은 것을 모두 고르면? 2015. 서울시 7급

― 보기 ―

㉠ 관형어는 명사, 대명사, 수사와 같은 체언류를 꾸미는 문장 성분이다.

㉡ 명사는 그대로 관형어가 될 수 있다.

㉢ 동사나 형용사도 관형어가 될 수 있다.

㉣ 조사 '의'는 관형어를 만드는 중요한 격 조사이다.

① ㉠, ㉡, ㉢, ㉣

② ㉠, ㉢, ㉣

③ ㉡, ㉢

④ ㉡, ㉣

>> ①

2. 부사어

(1) 정의

용언의 내용을 한정하는 문장 성분.

(2) 특징

① '부사어'는 서술어, 부사어, 관형어, 문장 전체 등 다양하게 꾸며준다.(주로 '용언')

② '부사어'의 종류로는 '성분 부사어'와 '문장 부사어'가 있다.(부사와 맥락이 같다.)

③ '부사어'는 '부사'와 달리 '다양한 품사'로 이루어진다.

④ '부사어'는 '수의적 부사어'와 '필수적 부사어'로 나뉜다.

수의적 부사어	필수적 부사어
필수적 부사어와 달리 문장에서 반드시 필요로 하지 않는 부사어.	문장을 구성할 때 반드시 있어야 하는 부사어.

⑤ '보어'의 '이/가'는 '(으)로'로 대체하여 쓸 수 있다. 단, 이때는 '보어'가 아니라 '부사어'로 보아야 한다.
  예 물이 <u>얼음으로</u> 되었다.

⑥ 격 조사가 여러 개가 결합할 때, 처음 결합한 조사 먼저 파악해야 한다.
  예 내가 <u>시장에를</u> 갔다.(부사어)

(3) 종류

번호	종류	예
①	부사 + (보조사 가능)	그는 <u>빨리(는)</u> 달렸다.
②	체언 + 부사격 조사	세진이는 <u>학교에서</u> 열심히 공부하였다.
③	용언의 어간 + 부사형 전성 어미(-게)	꽃이 <u>아름답게</u> 피었다.
④	명사절+ 부사격 조사	이 장소는 <u>농사를 짓기에</u> 적합하다.
⑤	부사절	㉠ 그는 <u>소리도 없이</u> 밖으로 나갔다. ㉡ 아이스크림이 <u>이가 시리게</u> 차가웠다.

2 독립 성분

1. 독립어

(1) 정의

문장의 다른 성분과 밀접한 관계없이 독립적으로 쓰는 말.

(2) 특징

① '독립어'는 생략해도 문장이 성립된다.

② 다른 문장 성분을 꾸미거나 하지 않는다.

(3) 종류

번호	종류	예
①	명사의 제시어	<u>사랑</u>, 그것은 너무나도 아름다운 것!
②	감탄사	<u>아</u>, 나는 너를 너무나도 사랑했다.
③	체언 + 호격 조사	<u>철수야</u>, 오늘도 힘내자!

세진쌤의 **핵심TIP**

1. 모든 문장은 '서술어'가 기준이다.
2. 서술어 중 '되다/아니다'가 있으면 먼저 '보어'를 확인해야 한다.
3. 서술어가 '타동사'라면 '목적어'를 확인해야 한다.
4. 서술어 자릿수 중 '필수적 부사어'는 맥락에 관한 이해와 더불어 암기가 필수이다.

확인문제

9 ⊙~㉣을 설명한 내용으로 적절하지 **않은** 것은? 2023. 지방직 9급

- ⊙<u>지원</u>은 자는 동생을 깨웠다.
- 유선은 도자기를 ⓒ<u>만들었다</u>.
- 물이 ⓒ<u>얼음이</u> 되었다.
- ㉣<u>어머나</u>, 현찌가 언제 이렇게 컸지?

① ⊙: 동작의 주체를 나타내는 주어이다.

② ⓒ: 주어와 목적어를 요구하는 서술어이다.

③ ⓒ: 서술어를 꾸며주는 부사어이다.

④ ㉣: 문장의 다른 성분과 직접적으로 관련을 맺지 않는 독립어이다.

>> ③

10 다음 중 국어의 문장 성분에 관한 설명이 옳은 것끼리 묶인 것은? 2016. 서울시 7급

⊙ 주어는 성격에 따라 필요로 하는 문장 성분의 숫자가 다르다.
ⓒ 주어, 서술어, 목적어, 부사어는 주성분에 속한다.
ⓒ '물이 얼음으로 되었다.'의 문장 성분은 주어, 부사어, 서술어이다.
㉣ 부사어는 관형어나 다른 부사어를 수식하기도 한다.
㉤ 체언에 호격 조사가 결합된 형태는 독립어에 해당된다.
㉥ 문장에서 주어는 생략될 수 있지만 목적어는 생략될 수 없다.

① ⊙, ⓒ, ⓒ ② ⓒ, ⓒ, ㉣
③ ⓒ, ㉣, ㉤ ④ ㉣, ㉤, ㉥

>> ③

02 홑문장과 겹문장

1 홑문장과 겹문장

1. 정의

(1) **홑문장**: 주어와 서술어가 각각 하나씩 있어서 둘 사이의 관계가 한 번만 이루어지는 문장.

(2) **겹문장**: 한 문장의 성분 속에 두 개 이상의 절이 종속적인 관계로 겹쳐진 문장.

2. 특징

(1) '홑문장'은 '주어와 서술어'가 한 번만 나타난다.

(2) '겹문장'은 '주어와 서술어'가 두 번 이상 나타난다.

(3) '안은문장'과 '이어진문장'은 모두 겹문장에 해당한다.

3. 종류

번호	구분	의미와 모음	
①	안은문장	하나의 문장 안에 주어와 서술어의 관계가 두 번 이상 이루어지며 성분 절을 가진 문장.	
		안긴문장	명사절, 관형절, 부사절, 서술절, 인용절
②	이어진문장	둘 이상의 절(節)이 연결 어미에 의하여 결합된 문장. 종속절(從屬節)과 주절(主節)로 이루어지며, 대등하게 이어지는 것과 종속적으로 이어지는 것이 있다.	
		종속절, 대등절	

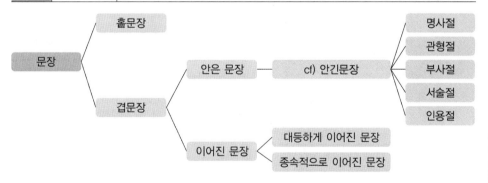

연습문제

1 그녀는 사탕을 사고 싶었다.
　→

2 그는 그 아이와 무척 닮았다.
　→

3 그 전시장은 창문이 너무 많다.
　→

4 지훈이는 마음씨가 착한 학생이다.
　→

5 그는 열심히 공부해서 의사가 되었다.
　→

6 부장님께서 서류 가방을 들고 가셨다.
　→

>> 1. 홑문장, 2. 홑문장, 3. 서술절,
4. 서술절, 관형절, 5. 종속절(-어서),
6. 종속절(-고)

4. 논점 정리

(1) 홑문장 vs. 겹문장

번호	홑문장	겹문장
①	주어 1개 + 서술어 1개	주어 2개 이상 + 서술어 2개 이상
		서술절(주어 2개 + 서술어 1개)
예	<u>세진이는 선생님이 되었다.</u>	세진이는 키가 크다.
②	본용언 + 보조 용언	본용언 + 본용언
예	세진이는 사과를 먹어 버렸다.	세진이는 택배를 받아 갔다.
③	부사격 조사 '와/과'	접속조사 '와/과'
예	세진이는 <u>명훈이와</u> 싸웠다.	세진이는 <u>자와 칼을</u> 샀다.

2 안은문장

1. 명사절

(1) 정의

명사 구실을 하는 절.(주어, 목적어, 부사어, 관형어 등 다양)

(2) 특징

① '명사절'이므로 조사가 결합할 수 있으며, 이에 따라 문장 성분도 분석할 수 있다. 또한 조사 생략도 가능하다.

② 조사에 따라 '주어, 목적어, 부사어'의 역할을 할 수 있으며, '관형어'는 체언을 수식하는 구조를 확인해야 한다.

번호	역할	예
①	주어	<u>그 여자가 범인임이</u> 밝혀졌다.
②	목적어	세진이는 <u>그가 건강하기를</u> 바랐다.
③	부사어	이 장소는 <u>운동을 하기에</u> 적합하다.
④	관형어	철수는 <u>비가 오기</u> 전에 집에 왔다.
⑤	(조사 생략)	그녀는 <u>그 물건이 잘 팔리기(를)</u> 바랐다.

③ 어간과 전성 어미 사이에 선어말 어미를 쓸 수 있다.

(3) 종류

번호	명사형 전성 어미	특징
①	-(으)ㅁ	① 과거를 의미.
		② -음 : '-었-', '-겠-' 뒤에 붙을 수 있음. -ㅁ : '-으시-'
		③ 'ㄹ 말음'을 가진 어간의 활용 예 베풂
②	-기	① 미래를 의미.
		② '-으시-, -었-, -겠-' 뒤에 붙을 수 있음.

확인문제

11 다음 밑줄 친 단어 중 명사를 모두 고른 것은? 2014. 지방직 9급

• 십 년 만에 그 친구를 <u>만남</u>으로써 갈등이 다소 해결되었다.
• 가능한 <u>한</u> 깨끗하게 청소하여라.
• 그녀는 웃을 <u>뿐</u> 말이 없었다.
• 나를 <u>보기</u> 위해 왔니?

① 만남, 한, 뿐 ② 한, 뿐
③ 한, 뿐, 보기 ④ 만남, 보기

≫ ②

12 밑줄 친 부분에 해당하는 것은? 2017.(하) 지방직 9급

'-ㅁ/-음'은 'ㄹ'을 제외한 받침 있는 용언의 어간이나 어미 '-었-', '-겠-' 뒤에 붙어, 그 말이 명사 구실을 하게 하는 어미로 쓰이는 경우와, 어간 말음이 자음인 용언 어간 뒤에 붙어 명사를 만드는 집미사로 쓰이는 경우가 있다.

① 그는 수줍음이 많은 사람이다.
② 그는 <u>죽음</u>을 각오하고 일에 매달렸다.
③ 태산이 <u>높음</u>을 사람들은 알지 못한다.
④ 나라를 위해 <u>젊음</u>을 바친 사람이 애국자다.

≫ ③

2. 관형절(= 관형사절)

(1) 정의

문장에서 관형사형 어미와 결합하여 '관형어'의 구실을 하는 절.

(2) 특징

① '관형절'은 체언을 수식하며, 체언 '앞'에 위치한다.

② 관형절의 서술어에서 시제도 같이 분석할 수 있다.

번호	동사	과거		현재	미래
		-(으)ㄴ	-던	-는	-(으)ㄹ
①	먹다	먹은	먹던	먹는	먹을
②	사다	산	사던	사는	살
③	살다	산	살던	사는	살

번호	형용사 서술격 조사	과거	현재	미래
		-던	-(으)ㄴ	-(으)ㄹ
①	작다	작던	작은	작을
②	예쁘다	예쁘던	예쁜	예쁠
③	배우이다	배우이던	배우인	배우일

③ 어간과 전성 어미 사이에 선어말 어미를 쓸 수 있다.

④ '관형절'은 '생략 여부'에 따라 '동격 관형절(생략 ×)'과 '관계 관형절(생략 ○)'을 묻기도 한다.(생략 여부로 이해할 것!) 또한 생략된 단어의 문장 성분이 어떤 역할을 하는지도 묻기도 한다.

(3) 종류

① 관형사형 전성 어미

번호	관형사형 전성 어미	특징
①	-(으)ㄴ	㉠ 동사 : 과거를 의미.
		㉡ 형용사, 서술격 조사 : 현재를 의미.
②	-던	㉠ 동사, 형용사, 서술격 조사 : 과거를 의미.
		㉡ '-으시-, -었-' 뒤에 붙을 수 있음.
③	-는	㉠ 동사 : 현재를 의미.
		㉡ '-으시-', '-겠-' 뒤에 붙어
④	-(으)ㄹ	㉠ 동사, 형용사, 서술격 조사 : 미래를 의미.
		㉡ -을 : '-었-' 뒤에 붙을 수 있음.
		㉢ -ㄹ : '-으시-' 뒤에 붙을 수 있음.

참고

'~는 것'에 관하여

'윤슬이가 운동을 잘한다는 것은 사실이다.'란 문장을 학교 문법에 따르면 '관형절'이 아니라 '명사절'로 본다.

확인문제

13 밑줄 친 부분의 문법적 성격이 다른 하나는?   2020. 국가직 7급

① 내가 어제 책을 산 서점은 우리 집 옆에 있다.

② 저는 제가 직접 그분을 만난 기억이 없습니다.

③ 그 화가는 붓을 놓고 이마에 흐르는 땀을 씻었다.

④ 횃불을 추켜든 사람들이 골짜기를 샅샅이 뒤졌다.

≫②

확인문제

14 밑줄 친 절의 성격이 나머지 셋과 다른 것은?   2019. 서울시 7급

① 나는 영수가 만든 음식이 정말 맛있다.

② 영수가 한 질문이 너무 어려웠다.

③ 나는 영수가 애쓴 사실을 알고 있다.

④ 영수가 들은 소문은 헛소문이었다.

≫③

② 동격 관형절 vs. 관계 관형절
'관계 관형절'에서 생략된 문장 성분은 '주어, 목적어, 부사어' 등 다양하다.

번호	동격 관형절	관계 관형절		
①	체언 수식			
②	생략된 성분 ×	생략된 성분 ○		
	그는 철수가 온다는 소식을 들었다.	주어	그는 예쁜 꽃을 선물로 주었다.	
			꽃이 예쁘다.	
		목적어	그는 세진이가 산 무를 먹었다.	
			세진이가 무를 샀다.	
		부사어	그는 장갑을 산 가게에 갔다.	
			그는 가게에서 장갑을 샀다.	

3. 부사절

(1) 정의

문장에서 '부사어'의 구실을 하는 절.

(2) 특징

① '용언'을 주로 수식한다.

② '-게, -도록, -듯이'와 달리 '-이'로 부사절이 구성될 때, '-이'가 결합한 단어의 품사는 '부사'이다.(부사가 '서술어' 역할을 하는 것이 특이하다.)

③ 학교 문법에서 부사절을 종속적으로 이어진 문장으로 보기도 한다.
- 예 빙수는 [이가 시리게] 차가웠다.(부사절)
- 예 이가 시리게 / 빙수는 차가웠다.(종속적으로 이어진 문장)

(3) 종류

① 부사형 전성 어미

번호	부사형 전성 어미	예
①	-게	빙수는 이가 시리게 차가웠다. (시리다 : 형용사)
②	-도록	학생들은 밤이 새도록 토론을 계속하였다. (새다 : 동사)
③	-듯이	사람들의 분노가 파도가 일듯이 일어났다. (일다 : 동사)

② 부사 파생 접사

번호	부사 파생 접사	예
①	-이	㉠ 그녀는 소리 없이 집에 갔다.(없이 : 부사) ㉡ 그는 형과 달리 공부를 잘한다.(달리 : 부사)

4. 서술절

(1) 정의

문장에서 '서술어' 구실을 하는 절.

(2) 특징

① '서술어'는 1개이지만, '주어'는 2개인 구조이다.

② '서술절' 자체가 '서술어'이므로 '안은문장의 서술어'와 '안긴문장의 서술어'는 다르다.

예 그는 키가 크다.		
구분	주어	서술어
안긴문장	키가	크다.
안은문장	그는	키가 크다.(＝서술절)

③ 서술절의 구조는 'S ＋ (S ＋ V)'이다.

④ '서술절'은 주체 높임법 중 '간접 높임법'을 예문으로 쓸 때가 있다.

예 할머니께서 (귀가 ＋ 밝으시다.)

⑤ 주의해야 할 '홑문장'의 구조는 '주어 ＋ 보어 ＋ 서술어'이다.

예 세진이가 선생님이(보어) 되었다.

예 세진이는 선생님이(보어) 아니다.

(3) 다양한 예들

번호	주어	서술어(＝서술절)	
		주어	서술어
①	토끼는	귀가	길다.
②	코끼리는	코가	길다.
③	나는	마음씨가	좋다, 나쁘다.
④	그녀는	인정이, 돈이	많다, 적다.
⑤	그는	손이, 키가	크다, 작다.
⑥	무가	값이	비싸다, 싸다.
⑦	너는	얼굴이	예쁘다.

5. 인용절

(1) 정의

남의 말이나 글에서 직접 또는 간접으로 따온 절.

(2) 특징

① 인용격 조사(라고, 고)도 있지만 용언(하고)도 있다.

② 하다 : (인용 조사 없이 발화를 직접 인용하는 문장 뒤에 쓰여) 인용하는 기능을 나타내는 말.

예 보초는 "손 들어!"∨하고 크게 외쳤다.

확인문제

15 안긴문장이 주성분으로 쓰이지 않은 것은? 2016. 국가직 9급

① 그 학교는 교정이 넓다.

② 농부들은 비가 오기를 학수고대한다.

③ 아이들이 놀다 간 자리는 항상 어지럽다.

④ 대화가 어디로 튈지 아무도 몰랐다.

》③

③ '인용절'은 '작은따옴표' 또는 '큰따옴표'를 이용하기도 한다.

④ '간접 인용절'로 바꿀 때, '인칭 대명사, 시간 표현, 지시 표현, 문장의 종류' 등을 고려하여 바꾸어야 한다.

> 예 외국에 있는 형이 어제 전화로 "<u>나</u>는 <u>내일 이곳</u>에서 볼 시험 때문에 걱정이 <u>많아</u>."라고 말했다.
> → 외국에 있는 형이 어제 전화로 <u>자기</u>는 <u>오늘 그곳</u>에서 볼 시험 때문에 걱정이 <u>많다</u>고 말했다.

(3) 종류

① 평서문, 감탄문

구분	직접 인용절		간접 인용절	
	라고		고	
형태	"–다."라고 "–구나!"라고		동사	–는/ㄴ다고
			형용사	–다고
			서술격 조사	–(이)라고
예	동사	"먹는다."라고 "먹구나!"라고	먹<u>는</u>다고	
		"공부한다."라고 "공부하구나!"라고	공부<u>한</u>다고	
	형용사	"부족하다."라고 "부족하구나!"라고	부족하<u>다</u>고	
		"작다."라고 "작구나!"라고	작<u>다</u>고	
	서술격 조사	"배우이다."라고 "배우이구나!"라고	배우<u>라</u>고	
		"선생님이다."라고 "선생님이구나!"라고	선생님<u>이라</u>고	

② 의문문

구분	직접 인용절		간접 인용절	
	라고		고	
형태	"–니?"<u>라고</u>		동사	–느냐고
			형용사	–(으)냐고
			서술격 조사	–(이)냐고
예	동사	"먹니?"라고	먹<u>느</u>냐고	
		"사니?"라고	사<u>느</u>냐고	
	형용사	"부족하니?"라고	부족하냐고	
		"작니?"라고	작<u>으</u>냐고	
	서술격 조사	"배우이니?"라고	배우<u>냐</u>고	
		"선생님이니?"라고	선생님<u>이냐</u>고	

③ 명령문(동사만)

구분	직접 인용절	간접 인용절
	라고	고
형태	"-어라/아라."<u>라고</u>	-(으)라고
예	"먹어라."라고	먹으라고
	"사다."라고	사라고

④ 청유문(동사만)

구분	직접 인용절	간접 인용절
	라고	고
형태	"-자."<u>라고</u>	-자고
예	"먹자."라고	먹자고
	"사자."라고	사자고

3 이어진문장

1. 대등적으로 이어진문장

(1) 정의

앞의 홑문장과 뒤의 홑문장이 서로 동등한 문장을 의미한다.

(2) 특징

① '나열, 선택, 대조' 등을 의미로 사용하여 대칭 구조를 이룬다.

② 대등적으로 이어진 문장은 각 문장의 위치를 서로 바꾸어도 의미가 변하지 않는다.

(3) 종류

번호	구분	연결 어미	예
①	나열	-고, -(으)며	낮말은 새가 <u>듣고</u>, 밤말은 쥐가 듣는다.
②	대조	-지만, -(으)나	나는 아들을 <u>좋아하지만</u>, 그는 딸을 좋아한다.
③	선택	-든지, -거나, -(으)나	그가 짬뽕을 <u>선택하든지</u> 짜장면을 <u>선택하든지</u> 상관이 없다.

2. 종속적으로 이어진문장

(1) 정의

앞의 홑문장과 뒤의 홑문장이 동등하지 못하고, 어느 한쪽에 종속될 때 쓰이는 문장이다.

(2) 특징

① '이유, 조건, 의도' 등을 의미로 사용하므로 종속적인 관계가 중요하다.

② 종속적으로 이어진 문장은 각 문장의 위치를 서로 바꾸면 의미가 바뀐다.

16 안긴문장이 없는 것은?

2020. 국가직 9급

① 나는 동생이 시험에 합격하기를 고대한다.

② 착한 영호는 언제나 친구들을 잘 도와준다.

③ 해진이는 울산에 살고 초희는 광주에 산다.

④ 아버지께서는 나에게 내일 가족 여행을 가자고 말씀하셨다.

≫③

17 다음 중 문장의 짜임이 나머지 셋과 다른 것은? 2015. 서울시 7급

① 그 일은 하기가 쉽지 않다.

② 봄이 오면 꽃이 핀다.

③ 철수는 발에 땀이 나도록 뛰었다.

④ 우리는 인간이 존귀하다고 믿는다.

≫②

(3) 종류

번호	구분	연결 어미	예
①	조건	-(으)면, -더라면, -거든	네가 식사를 <u>준비하면</u>, 내가 설거지를 할게.
②	원인	-(아)서/-(어)서, -(으)니까, -(으)므로	눈이 <u>와서</u> 길이 미끄럽다.
③	의도	-(으)려고, -러, -고자	자네 이야기를 <u>들으려고</u> 이곳에 찾아왔네.
④	상황	-는데	내가 텔레비전을 보고 <u>있는데</u> 전화벨이 울렸다.
⑤	양보	-(으)ㄹ지라도, -더라도	마음에 걱정이 <u>있을지라도</u> 그에게 내색하지 마라.
⑥	동시	-자마자 -(으)면서	속이 안 좋아서 음식을 <u>먹자마자</u> 토해 버렸다.
⑦	전환	-다가	교실이 <u>조용하다가</u> 갑자기 시끄러워졌다.

세진쌤의 핵심TIP

1. 명사절, 관형절, 부사절은 '전성 어미'를 중심으로 파악한다.
2. 대등절, 종속절을 판단할 때는 각 문장의 위치를 바꾸면 된다.
3. 서술절은 최대한 예를 많이 외울수록 좋다.
4. 인용절은 문장의 종류와 관련되어 문제가 나올 수 있으니, '의문문, 감탄문, 명령문, 청유문' 위주로 파악해 둔다.

03 문장의 종류

1 정의

1. **평서문**: 화자가 사건의 내용을 객관적으로 진술하는 문장.

2. **감탄문**: 화자가 청자를 별로 의식하지 않거나 거의 독백 상태에서 자기의 느낌을 표현하는 문장.

3. **의문문**: 화자가 청자에게 질문을 하여 그 해답을 요구하는 문장.

4. **명령문**: 화자가 청자에게 무엇을 시키거나 행동을 요구하는 문장.

5. **청유문**: 화자가 청자에게 같이 행동할 것을 요청하는 문장.

2 특징

1. '명령문'과 '청유문'은 시제 선어말 어미와 결합할 수 없으며 오로지 '동사'만 쓸 수 있다.

2. 우리가 알고 있는 대표 종결 어미들은 대다수가 '해라체'이다.

3. '문장의 종류'는 '종결 어미'에 의해 결정된다. 이때 '대표 어미'는 꼭 알아야 한다.

4. '수사 의문문'은 문학에서 '설의법' 또는 '설의적 표현'이라고 표현한다.

3 종류

구분		평서문	의문문	명령문	청유문	감탄문
격식체	하십시오체	-습니다 -ㅂ니다	습니까? ㅂ니까?	<u>-(으)십시오</u>	(-(으)시지요)	×
	하오체	-오	-오?	-오 -구려	<u>-(으)ㅂ시다</u>	-(는)구려 -로구려
	하게체	-네 -(으)ㄹ세	-는가? -ㄴ가?	<u>-게</u>	<u>-(으)세</u>	-(는)구먼 -로구먼
	해라체	-다 -ㄴ다 -는다	<u>-니?</u> <u>-느냐?</u>	<u>-아라</u> <u>-어라</u>	<u>-자</u>	<u>-(는)구나</u> -로구나
비격식체	해요체	-아요 -어요 -지요	-아요? -어요? -지요?	-아요 -어요 -지요	-아요 -어요 -지요	<u>-(는)군요</u>
	해체	-아 -어 -지	-아? -어? -지?	-아 -어 -지	-아 -어 -지	<u>-(는)군</u>

4 논점 정리

1. 의문문의 종류

번호	종류	의미	예
①	판정 의문문	상대편에게 '예', '아니요'의 대답을 요구하는 의문문.	A: <u>내일 가니?</u> B: 예/아니요.
②	설명 의문문	상대의 구체적인 설명을 요구하는 의문문. '어디', '언제', '누구', '무엇', '어떻게', '왜' 따위의 의문사를 쓴 문장이다.	A: <u>언제</u> 집에 <u>가니?</u> B: 내일 가요.

연습문제

1 이번 대회에 같이 참가하자.
→ 해당 문장은 '청유문'이고, 연결 어미 '-자'가 쓰였다. (○, ×)

2 정원에 핀 국화가 무척 아름답다.
→ 해당 문장은 '평서문'이고, 종결 어미 '-답다'가 쓰였다. (○, ×)

3 오늘까지 이 문서를 정리해 놓아라.
→ 해당 문장은 '간접 명령문'이고, 종결 어미 '-(으)라'가 쓰였다. (○, ×)

4 무척 슬픈 영화였구나.
→ 해당 문장은 '감탄문'이고, 연결 어미 '-구나'가 쓰였다. (○, ×)

>> 1. ×(종결 어미),
2. ×(종결 어미 -다)
3. ×(직접 명령문 -어라/아라),
4. ×(종결 어미)

참고

'의문사'의 품사
1. 어디: 대명사, (감탄사)
2. 언제: 대명사, (부사)
3. 누구: 대명사
4. 무엇: 대명사
5. 어떻게: '어떠하다'의 활용(형용사)
6. 왜: 부사, (감탄사)

번호	종류	의미	예
③	수사 의문문	① 문장의 형식은 물음을 나타내나 답변을 요구하지 아니하고 강한 긍정 진술을 내포하고 있는 의문문. ② 겉으로 드러내는 말과 의미가 일치하지 않을 때가 있다. ③ 종류: 감탄 의문문, 반어 의문문, 명령 의문문 등	**감탄 의문문** 이 얼마나 아름다운 <u>강산인가</u>. **반어 의문문** 너한테 가방 하나 못 <u>사줄까</u>? **명령 의문문** (창문을 닫으라는 의미) 여기 너무 춥지 <u>않니</u>?

2. 명령문의 종류

번호	종류	의미	예
①	직접 명령문	① 직접적으로 듣는 이에게 하는 명령문. ② '어간'에 '-어라/아라'(-거라, -여라, -너라도 가능)를 결합.	막아라, 먹어라 등
②	간접 명령문	① 담화 현장에 청자가 없는 누군가에게 하는 명령문. ② '어간'에 '-(으)라'를 결합	막으라, 먹으라 등

[예제]

번호	어미	막다 받침 ○	자다 받침 ×	먹다 받침 ○	서다 받침 ×	개다 받침 ×
①	-어라/아라					
②	-(으)라					

번호	어미	쓰다 ㅡ 탈락	울다 ㄹ 탈락	붇다 ㄷ 불규칙	굽다 ㅂ 불규칙	가르다 르 불규칙
①	-어라/아라					
②	-(으)라					

번호	어미	짓다 ㅅ 불규칙	푸다 ㅜ 불규칙	공부하다 여 불규칙	이르다 러 불규칙	오다 받침 ×
①	-어라/아라					
②	-(으)라					

>>

번호	막다	자다	먹다	서다	개다
①	막아라	자라	먹어라	서라	개어라
②	막으라	자라	먹으라	서라	개라

번호	쓰다	울다	붇다	굽다	가르다
①	써라	울어라	불어라	구워라	갈라라
②	쓰라	울라	불으라	구우라	가르라

번호	짓다	푸다	공부하다	이르다	오다
①	지어라	퍼라	공부하여라 (＝공부해라)	이르러라	와라
②	지으라	푸라	공부하라	이르라	오라

3. 청유문의 상황 맥락

(1) **같이**: 화자와 청자가 서술어의 행동을 같이 하는 것을 의미한다.

  예 같이 학교에 가잣!

(2) **화자 only**: 해당 행위는 오로지 화자가 한다.

  예 좀 내립시다. 밥 좀 먹읍시다.

(3) **청자 only**: 해당 행위는 오로지 화자를 위해 청자가 행동을 해야 한다.

  예 창문 좀 닫읍시다. 조용히 좀 합시다.

세진쌤의 핵심TIP

1. 문장의 종류와 관련된 문제를 풀 때는 반드시 '종결 어미'를 확인해야 한다.
2. '의문문, 명령문, 청유문'과 관련된 모든 문제 유형을 알아야 문제 의도를 빨리 파악할 수 있다.

04 부정 표현

1 정의

부정의 뜻을 나타내는 문장.

2 특징

1. 부정 표현은 '부정 부사'와 '부정 용언'을 활용한다.

2. 부정 표현은 '짧은 부정문'과 '긴 부정문'이란 용어를 사용한다.

3. '긴 부정문'일 때는 '본용언 + 보조 용언'의 구조로 분석할 수 있다. 이때 쓰는 연결 어미는 '보조적 연결 어미'이다.

4. '폭풍 때문에 학교에 가지 못했다.'와 같이 능력 범주 바깥에 있는 일로 인해 하지 못할 때 '능력 부정'이라고 하지 않는다.

연습문제

1 영희는 노래를 부른다. (못)
  ① 짧은 부정문: (   )
  ② 긴 부정문: (   )
2 윤미는 친구인 혜리를 잡았다. (안)
  ① 짧은 부정문: (   )
  ② 긴 부정문: (   )
3 민지야, 그곳에 가라.
  ① 부정 명령문(하십시오체):
    (   )
  ② 부정 명령문(해라체):
    (   )
  ③ 부정 명령문(해체):
    (   )
4 사랑아, 놀이동산에 함께 가자.
  ① 부정 청유문(하오체):
    (   )
  ② 부정 청유문(해라체):
    (   )

>> **1.** ① 못 부른다. ② 부르지 못한다.
   2. ① 안 잡았다. ② 잡지 않았다.
3. ① 민지님, 그곳에 가지 마십시오,
  ② 민지야, 그곳에 가지 마라/말아라,
      ③ 민지야, 그곳에 가지 마.
4. ① 사랑님, 놀이동산에 함께 가지
맙시다. ② 사랑아, 놀이동산에 함께
            가지 말자.

3 종류

1. 부정 부사(짧은 부정문): 용언의 앞에 놓여 그 내용을 부정하는 부사.
예 못, 안(=아니)

2. 부정 용언(긴 부정문): 보조 용언의 위치에 놓여 그 내용을 부정하는 용언.
예 못하다, 않다(=아니하다)

번호	의미 구분	짧은 부정문	긴 부정문
①	능력 부정	못	-지 못하다
	상태 부정		
②	의지 부정	안	-지 않다(=아니하다)
	상태 부정 (=단순 부정)		

번호	종류	청유문	명령문
①	하십시오체	×	-지 마십시오
②	하오체	-지 맙시다	-지 마오
③	하게체	-지 마세	-지 말게
④	해라체	-지 말자	-지 말아라, -지 마라

4 논점 정리

1. 중의문

부정 표현은 문장에서 무엇을 부정하느냐에 따라서 중의적일 때가 있다.

[예제 1] 학생들이 다 오지 않았다.

→ 학생들이 전부 오지 않았는지, 학생들이 일부 오지 않았는지 의미 파악이 어렵다.

해결 ① 학생들이 다, 오지 않았다.(쉼표 사용, 전부 오지 않음을 의미)

해결 ② 학생들이 모두 오지 않았다.(단어 바꾸기, 전부 오지 않음을 의미)

해결 ③ 학생들이 다 오지는 않았다.(보조사 삽입, 일부 오지 않음을 의미)

[예제 2] 세진이가 요리를 하지 않았다.

→ '주어, 목적어, 서술어' 모두 어디에 부정하느냐에 따라 의미가 달라진다.

해결 ① 세진이는 요리를 하지 않았다.(보조사 삽입, 세진이 이외의 다른 인물이 요리를 했다는 의미)

해결 ② 세진이가 요리는 하지 않았다.(보조사 삽입, 세진이가 요리 외에 다른 것은 했다는 것을 의미)

해결 ③ 세진이가 요리를 하지는 않았다.(보조사 삽입, 세진이가 요리를 먹거나 다른 행동을 했다는 의미)

2. '-지 않다/못하다'의 품사 구별

번호	종류	예	
①	동사	<u>먹지</u>	<u>가지</u>
	보조 동사	않다	못하다
②	형용사	<u>예쁘지</u>	<u>건강하지</u>
	보조 형용사	않다	못하다

3. 복합어 + 부정 부사/부정 용언

① '복합어'일 때는 긴 부정문을 쓰는 것이 자연스럽다.

② 짧은 부정문을 쓸 때는 다음과 같이 바꾸어 써야 한다.

  예 운동하<u>지 않았다.</u>(○) → 운동을 <u>안</u> 했다.(○)

③ '부정 부사'는 용언 앞에 적는다. 다만 '명사+-하다'로 구성된 용언일 경우에는 '긴 부정문'으로 적거나, '명사+부정 부사+-하다'로 적어야 한다.

세진쌤의 핵심TIP

1. '부정 부사'는 위치가 자유롭지 못하다.
   예 나는 밥을 <u>안</u> 먹었다. → 나는 <u>안</u> 밥을 먹었다.(?)
2. '부정문'일 때, 부정 표현이 무엇인지 구체적으로 보아야 한다.

---

05 시제와 상

1 시제(과거, 현재, 미래)

1. 정의

(1) **시제**: 어떤 사건이나 사실이 일어난 시간 선상의 위치를 표시하는 문법 범주.

(2) **발화시와 사건시**

  ① 발화시(發話時): 말하는 이가 말을 시작하는 때.

  ② 사건시(事件時): 문장이 나타내는 사건이 일어나는 시점.

2. 특징

(1) 시제에는 '과거 시제, 현재 시제, 미래 시제'가 있다.

(2) 시제에는 '절대 시제, 상대 시제'가 있다.

(3) 관형사형 전성 어미의 형태는 앞의 품사에 따라 제약이 있다.

번호	품사	과거	현재	미래
①	동사	먹은, 먹던	먹는	먹을
②	형용사	예쁘던	예쁜	예쁠
③	서술격 조사	학생이던	학생인	학생일

(4) '동사'와 달리 '형용사와 서술격 조사'는 현재를 드러내는 관형사형 전성 어미인 '-는'을 활용할 수 없다.(단, '있는, 없는'은 예외이다.)

(5) 발화시와 사건시는 '발화시'를 기준으로 시제를 구분한다.

번호	과거	현재	미래
①	사건시(①) → 발화시(②)	사건시 = 발화시	발화시(①) → 사건시(②)
②	㉠ '사건시'가 '발화시' 앞에 있다. ㉡ '발화시'가 '사건시' 뒤에 있다.	'사건시'와 '발화시'가 동시에 진행된다.	㉠ '사건시'가 '발화시' 뒤에 있다. ㉡ '발화시'가 '사건시' 앞에 있다.

3. 종류

(1) 과거 시제

① 정의

'사건시'가 '발화시'보다 이전에(먼저, 앞서) 일어난 경우

② 특징

㉠ '먹었다, 예뻤다, 학생이었다' 등에서 확인할 수 있다시피 과거 시제 선어말 어미는 '동사, 형용사, 서술격 조사' 모두에 결합한다.

㉡ '과거 시제 선어말 어미'인 '-었/았-'을 쓰려면 반드시 '사건시'가 '발화시'보다 이전에 일어나야 한다.

㉢ '-었/았-'은 상황 맥락에 따라 현재 시제와 미래 시제도 된다.

> 예 코스모스가 지금 활짝 피었구나.(현재)
> 예 이대로만 공부하면 틀림없이 대학에 붙었다.(미래)

③ 종류

번호	종류	모음		
①	선어말 어미	-었/았- (기본)	-였- (여 불규칙)	-더- (회상)
		동사, 형용사, 서술격 조사		
②	어말 어미 (관형사형 전성 어미)	-(으)ㄴ		-던 (회상)
		동사		동사, 형용사, 서술격 조사

번호	종류	모음
③	시간 개념어	어제, 엊그제, 지난주, 그저께 등
④	대과거	-었었/았었- (단절된 과거를 의미)
		예 먹었었다, 막았었다

2. 현재 시제

(1) 정의

'사건시'와 '발화시'가 일치하는 경우.

(2) 특징

① '형용사'와 '서술격 조사'는 현재 시제 선어말 어미 '-ㄴ/는-'을 쓰지 못한다.

② '형용사'와 '서술격 조사'는 관형사형 전성 어미 '-는'을 쓰지 못한다.

③ 과학적 사실 또는 진리는 시제를 구분하기가 어렵다.

　예 지구가 태양을 돈다.

(3) 종류

번호	종류	모음		
①	선어말 어미	-ㄴ/는-	×	
		동사	형용사	서술격 조사
②	어말 어미 (관형사형 전성 어미)	-는	-(으)ㄴ	
		동사	형용사	서술격 조사
③	시간 개념어	지금, 현재 등		

3. 미래 시제

(1) 정의

'사건시'가 '발화시'보다 나중에 일어난 경우.

(2) 특징

① '-겠-'은 문장의 맥락에 따라 다양한 기능을 하므로, '미래 시제, 추측, 의지' 등 구체적으로 확인해야 한다.

② 관형사형 전성 어미 '-(으)ㄹ'은 '동사, 형용사, 서술격 조사' 모두 가능하다.

1 <u>내일</u>은 비가 <u>올</u> 것입니다.
　→

2 지금 떠나면 새벽에 <u>도착하겠다.</u>
　→

3 <u>내일</u>이면 <u>늦으리니</u> 빨리 대책을
세워야 <u>할 것이다.</u>
　→

4 연서는 대회에 <u>참가할</u> 준비를 어
제 끝내 <u>놓았다.</u>
　① '참가할'에는 미래를 의미하는
　　어말 어미가 있다.　(○, ×)
　② '놓았다'에는 과거를 의미하는
　　선어말 어미가 있다.　(○, ×)

　　>>1. 내일(미래, 부사)
　　올(미래, 전성 어미),
　2. 도착하겠다(미래, 선어말 어미),
　3. 내일(미래, 부사), 늦으리니(미래,
　　선어말 어미), 할 것이다(미래,
　　전성 어미)
　　　　　4. ① ○, ② ○

**19 밑줄 친 부분의 시제가 나머지 세
문장과 <u>다른</u> 것은?** 2021. 서울시 9급
　① 세월이 많이 흐르건 흘렀네,
　　너도 많이 <u>늙었다.</u>
　② 너는 네 아버지 어릴 때를 꼭
　　<u>닮았어.</u>
　③ 그 사람은 작년에 부쩍 <u>늙었어.</u>
　④ 고생해서 그런지 많이 <u>말랐네.</u>
　　　　　　　　　　　>>③

(3) 종류

번호	종류	모음		
①	선어말 어미	−겠−		−(으)리−
		미래의 일, 추측		추측
②	어말 어미 (관형사형 전성 어미)	−(으)ㄹ		
		동사	형용사	서술격 조사
③	시간 개념어	내일, 모레, 다음 주 등		
④	표현	−(으)ㄹ 것이다.		

4. 논점 정리

(1) 절대시제 vs. 상대시제

① 정의

번호	종류	의미	판단 기준		
①	절대 시제	㉠ 발화할 때를 기준으로 하여 그 앞뒤의 시간 관계를 매기는 시제. ㉡ 안은문장의 서술어에 결합한 '선어말 어미'에 따라 결정.	과거	사건시(①) → 발화시(②)	
			현재	사건시＝발화시	
			미래	발화시(①) → 사건시(②)	
②	상대 시제	㉠ 관형사형이나 연결형에서 안은문장의 사건시를 기준으로 결정되는 시제. ㉡ 안긴문장의 서술어에 결합한 '관형사형 전성 어미'에 따라 결정.	과거	−(으)ㄴ −던	동사, 형용사, 서술격, 조사
			현재	−는	동사
			미래	−(으)ㄹ	동사, 형용사, 서술격, 조사

[예제] 그는 요리를 ① <u>준비하는</u> 그녀를 ② <u>도왔다.</u>

번호	종류	① 준비하는	② 도왔다
①	절대 시제 (발화시 vs. 사건시)	과거	과거
②	상대 시제 (사건시 vs. 사건시)	현재	−

2 상(완료, 진행)

1. 정의

전통 문법에서, 동사가 가지는 동작의 양태(樣態)·특질 따위를 나타내는 문법 범주의 하나.

2. 특징

(1) '완료상'과 '진행상'이 있다.

(2) '상' 또는 '동작상'이라고도 한다.

(3) '진행상' 중 '착용'과 관련된 표현은 중의적으로 해석된다.

(4) '완료상과 진행상'은 '시제(과거, 현재, 미래)'와 함께 활용할 수 있다. 따라서 '과거 완료상', '현재 완료상', '미래 완료상', '과거 진행상', '현재 진행상', '미래 진행상' 모두 가능하다.

번호	시제	완료상	진행상
①	과거	그가 의자에 앉아 있었다.	그가 의자에 앉고 있었다.
②	현재	그가 의자에 앉아 있는다.	그가 의자에 앉고 있는다.
③	미래	그가 의자에 앉아 있겠다.	그가 의자에 앉고 있겠다.

3. 종류

(1) **완료상**

① 정의

동작의 완료를 나타내는 동작상(動作相).

② 특징

㉠ '발화시'를 기준으로 동작이 막 끝난 상태를 의미한다.

㉡ '과거 완료상, 현재 완료상, 미래 완료상' 모두가 있다.

③ 종류

번호	종류	모음
①	본용언 + 보조 용언	-아/어 있다, -아/-어 버리다, -아/어 두다, -아/어 놓다, -아/어 내다 등
②	연결 어미	-자마자, -고서 등

(2) **진행상**

① 정의

움직임이 진행 중임을 나타내는 동사 동작상.

연습문제

1 빨래가 점점 말라 간다.
→

2 어제 민수가 소파에 누워 있었다.
→

3 명인이는 내일 여기에 오고 있겠다.
→

4 민희는 도서관에서 책을 읽는 중이다.
→

5 윤지는 아끼던 옷을 어제 쓰레기통에 버려 버렸다.
→

>> 1. 현재 진행상(-아 가다),
2. 과거 완료상(-어 있다),
3. 미래 진행상(고 있다),
4. 현재 진행상(-는 중이다),
5. 과거 완료상(-어 버리다)

② 특징

㉠ '발화시'를 기준으로 동작이 쭉 이어가는 모습을 의미한다.

㉡ '-고 있다'는 중의적 문장과 관련지어 문제를 낼 수 있다. 주로 몸에 착용하는 것과 관련이 있다.

㉮ 신발을 <u>신고 있다</u>.

① 현재 신발을 신고 있는 중을 의미한다.(진행상)

② 이미 신발을 신은 상태를 의미한다.(완료상)

㉯ 넥타이를 <u>매고 있다</u>.

① 현재 넥타이를 매고 있는 중을 의미한다.(진행상)

② 이미 넥타이를 맨 상태를 의미한다.(완료상)

③ 종류

번호	종류	모음
①	본용언 + 보조 용언	-고 있다, -아/어 가다 등
②	연결 어미	-(으)면서 등
③	표현	-는 중이다, -는 중에 있다 등

세진쌤의 핵심TIP

1. 완료상과 진행상은 '표현 양식'부터 먼저 확인해야 한다.
2. 착용과 관련된 문제라면 '중의적 문장'임을 확인해야 한다.
3. 시제와 관련될 때, '과거, 현재, 미래'를 다시 확인해야 한다.
4. 시제는 '선어말 어미'와 '어말 어미'와 관련된 공부가 선행되어야 한다.

06 피동문과 사동문

1 피동문(＝피동 표현)

1. 정의

(1) **피동문**: 피동사가 서술어로 쓰인 문장.

피동사: 남의 행동을 입어서 행하여지는 동작을 나타내는 동사.

(2) **능동문**: 능동사가 서술어로 쓰인 문장.

능동사: 주어가 제힘으로 행하는 동작을 나타내는 동사.

연습문제

1 도둑이 경찰에게 잡혔다.
→

2 아이가 엄마에게 안겼다.
→

3 말 궁둥이에 채찍을 갈겼다.
→

4 어머니께서 독에 쌀을 채우고 있다.
→

5 선생님은 학생을 자리에서 세웠다.
→

>> 1. 피동문, 2. 피동문,
3. 능동문/주동문, 4. 사동문,
5. 사동문

2. 특징

(1) 피동사를 만들 때 '접사'는 특정 동사에만 결합한다. 따라서 파생적 피동과 통사적 피동 모두 알아야 한다.

(2) '당하다'라는 단어는 피동 표현과 관련이 깊으므로 예문 하나 정도는 알아 두는 것이 낫다.
   예 동네 불량배들에게 폭행을 <u>당했다</u>.

(3) 피동 접미사와 사동 접미사가 '-이/히/리/기-'로 같다. 따라서 목적어의 유무와 '당하다' 라는 의미를 같이 고려해야 한다.
   예 아이가 그에게 <u>안겼다</u>. vs. 세진이가 <u>아이를</u> 그에게 <u>안겼다</u>.

(4) '부사어' 자리에는 '에게/에', '-에 의해'와 같은 표현으로 제시된다.
   예 <u>경찰이</u> 도둑을 잡았다. → 도둑이 <u>경찰에게</u> 잡혔다.

(5) '피동문'이라고 하여 무조건 목적어가 없는 것은 아니다. 제일 어려운 문제는 '목적어'가 있는 피동문이다. 따라서 사동문과 헷갈리면 '-게 하다'로 바꾸어 '사동의 의미'를 생각해 보자.
   예 그가 개에게 엉덩이를 <u>물렸다</u>. vs. 그가 개에게 막대기를 <u>물렸다</u>.

(6) '자동사'로 '피동사'를 만들 수 있다.
   예 <u>낙엽이</u> 바람에 <u>난다</u>.(자동사) → <u>낙엽이</u> 바람에 <u>날린다</u>.(피동사)

(7) 서술어 자릿수는 서술어의 성격에 따라 달라질 수 있다.
   예 세진이가 <u>산을</u> <u>보다</u>.(2자리) → <u>산이</u> 세진이에게 <u>보이다</u>.(1자리)

3. 종류

구분	유형	활용 방법	예	비고
단형 피동	피동사에 의한 피동법	능동사 어근 + 피동 파생 접미사 (-이/히/리/기-)	<u>보이다, 뽑히다, 들리다, 쫓기다</u>	파생적 피동
	어휘적 피동	체언 + 접사 (-되다, -받다, -당하다)	<u>건설되다, 사랑받다, 거절당하다</u>	능동 표현 -하다
장형 피동	'-어지다'에 의한 피동법	용언의 어간 + -어지다	<u>믿어지다, 만들어지다, 보태어지다, 느껴지다</u>	통사적 피동
	'-게 되다'에 의한 피동법	용언의 어간 + -게 되다	<u>뽑게 되다, 듣게 되다</u>	
오류	이중 피동	피동사의 어간 + -어지다	<u>뽑혀지다, 쫓겨지다</u>	삼가야 할 표현
		피동사의 어간 + -게 되다	<u>보이게 되다, 뽑히게 되다</u>	
		체언 + -되다 + -어지다	<u>건설되어지다</u>	

참고

피동 표현 vs. 사동 표현

구분		피동 표현	사동 표현
구분		피동사 - 능동사	사동사 - 주동사
		피동문 - 능동문	사동문 - 주동문
①		타동사	자동사, 타동사, 형용사
②		-이/히/리/기-	-이/히/리/기- -우/구/추-
		파생적 피동	파생적 사동
③		-어지다 -게 되다	-게 하다
		통사적 피동	통사적 사동
④		당하다, 되다	시키다
⑤		목적어 × (예외가 있음)	목적어 ○

참고

피동문의 대표 문장
예 경찰이 도둑을 잡았다.
→ 도둑이 경찰에게 잡혔다.

2 사동문(＝사동 표현)

1. 정의

(1) **사동문**: 사동사가 서술어로 쓰인 문장.

　사동사: 문장의 주체가 자기 스스로 행하지 않고 남에게 그 행동이나 동작을 하게 함을 나타내는 동사.

(2) **주동문**: 주동사가 서술어로 쓰인 문장.

　주동사: 문장의 주체가 스스로 행하는 동작을 나타내는 동사.

2. 특징

(1) '-이/히/리/기-'는 피동 파생 접미사와 모양이 같으므로 목적어의 유무로 사동문인지 확인해야 한다.

　예 아이가 어머니에게 안겼다.(피동문)
　예 세진이가 어머니께 아이를 안겼다.(사동문)

(2) '피동 표현'과 헷갈리면, '-게 하다'를 결합하면 된다.

(3) 사동사를 만들 때 쓰는 '접사'는 제한이 있다. 따라서 일부 용언만 '접사'를 결합하여 사동사를 만들 수 있다. 다른 용언은 장형 사동 표현과 결합하여 만들어야 한다.

(4) '사동문'은 무조건 '목적어'가 필요하다.

(5) '사동사'는 품사를 바꾸고, 문장 구조도 바꾼다.(-이/히/추-)

번호	접사	단어	문장 구조와 문장 성분이 바뀜.
①	-이-	깊이다	땅이 깊다. → 세진이가 땅을 깊이다.
		높이다	벽이 높다. → 세진이가 벽을 높이다.
②	-히-	넓히다	마당이 넓다. → 세진이가 마당을 넓혔다.
③	-추-	낮추다	소리가 낮다. → 세진이가 소리를 낮추다.
		늦추다	걸음이 늦다. → 세진이가 걸음을 늦추다.

(6) 서술어 자릿수는 서술어의 성격에 따라 달라질 수 있다.

　예 땅이 깊다.(1자리) → 세진이가 땅을 깊이다.(2자리)
　예 독에 물이 차 있다.(2자리) → 세진이가 독에 물을 채우다.(3자리)

확인문제

20 다음 중 〈보기〉에 대한 이해로 적절하지 않은 것은? 2016. 서울시 9급

	보기	
주동문	㉠ 아이가 밥을 먹었다. ↓	㉢ 마당이 넓다. ↓
사동문	㉡ 어머니가 아이에게 밥을 먹게 하였다.	㉣ 인부들이 마당을 넓혔다.

① ㉡, ㉣을 보니, 사동문에는 두 가지 유형이 있군.
② ㉡, ㉣을 보니, 주동문의 주어는 사동문에서 다른 문장 성분으로 나타날 수 있군.
③ 〈보기〉를 보니, 동사만 사동화될 수 있군.
④ 〈보기〉를 보니, 주동문을 사동문으로 바꾸면 서술어의 자릿수가 변화할 수 있군.

》》 ③

3. 종류

	유형	활용 방법	예	비고
단형 사동	사동사에 의한 피동법	주동사 어근 + 사동 파생 접미사 (-이/히/리/기-, -우/구/추)	죽이다 앉히다 날리다 웃기다 깨우다 솟구다 낮추다	파생적 사동
	어휘적 사동	체언 + 접사 (-시키다, -이키-, -으키-, -애)	공부시키다 오염시키다 입원시키다 돌이키다 일으키다 없애다	능동 표현 -하다
장형 사동	'-게 하다'에 의한 사동법	용언의 어간 + -게 하다	죽게 하다 앉게 하다 날게 하다	통사적 사동
오류	이중 사동	사동사의 어간 + -게 하다	(~을) 죽이게 하다 (~을) 앉히게 하다 (~을) 웃기게 하다	삼가야 할 표현

3 논점 정리

1. 기본형 파악

(1) 능동사 ↔ 피동사

번호	능동사	피동사	예
①	(~을 ~으로) 갈다	(~이 ~으로) 갈리다	주인이 새 사람으로 갈리다.
	(~을) 갈다	(~이) 갈리다	칼이 잘 갈리다.
②	(~을 ~에) 걸다	(~이 ~에) 걸리다	그림이 벽에 걸리다.
③	(~을 ~에) 깔다	(~이 ~에/에게) 깔리다	정원에 잔디가 깔리다.
④	(~을) 달다	(~이 ~에) 달리다	문에 종이 달리다.
⑤	(~을 ~에) 들다	(~이 ~에) 들리다	양손에 보따리가 들리다.
⑥	(~을) 말다	(~이) 말리다	멍석이 말리다.
⑦	(~을) 물다	(~이 ~에게 ~을) 물리다	그가 개에게 엉덩이를 물리다.
⑧	(~이) 불다	(~이 ~에) 불리다	낙엽이 바람에 불리다.
⑨	(~을) 가르다	(~이 ~으로) 갈리다	길이 양쪽으로 갈리다.
⑩	(~을) 누르다	(~이 ~에) 눌리다	아이가 짐짝에 눌리다.

번호	능동사	피동사	예
⑪	(~을) 바르다	(~이 ~에) 발리다	유리에 창호지가 발리다.
⑫	(~을) 부르다	(~이 ~에게) 불리다	선생님에게 그가 불리다.
⑬	(~을) 자르다	(~이) 잘리다	생선이 잘리다.
⑭	(~을) 조르다	(~이 ~에게) 졸리다	범인에게 목이 졸리다.
⑮	(~을 ~에) 찌르다	(~이 ~에) 찔리다	바늘에 손가락이 찔리다.
⑯	(~을 ~에) 싣다	(~이 ~에) 실리다	차에 짐이 실리다.
⑰	(~을) 듣다	(~이) 들리다	소리가 들리다.

확인문제

21 사동 표현이 없는 것은?

2018. 지방직 7급

① 목동이 양들에게 풀부터 뜯겼다.
② 아이들은 종이비행기만 하늘로 날렸다.
③ 태희는 반지마저 유진에게 보여 주었다.
④ 소영의 양손에 무거운 보따리가 들려 있다.

>> ④

(2) 주동사 ↔ 사동사

번호	주동사	사동사	예
①	(~을 ~으로) 갈다	(~에게 ~을) 갈리다	그가 아이에게 연탄불을 갈리다.
②	(~을 ~에게) 달다	(~에게/에 ~을) 달리다	그녀는 남편에게 아이를 달리다.
③	(~을 ~에) 들다	(~을) 들리다	그가 친구에게 꽃을 들리다.
④	(~을) 물다	(~에게/에 ~을) 물리다	어머니가 아이에게 사탕을 물리다.
⑤	(~을) 불다	(~에게 ~을) 불리다	그가 학생에게 단소를 불리다.
⑥	(~으로) 구르다	(~을) 굴리다	그가 눈덩이를 굴리다.
⑦	(~이) 마르다	(~을) 말리다	그가 옷을 말리다.
⑧	(~을) 무르다	(~을) 물리다	친구는 책을 물리다.
⑨	(~을 ~에) 바르다	(~에게 ~을) 발리다	그가 그에게 벽지를 발리다.
⑩	(~이) 부르다	(~을) 불리다	관리들이 배를 불리다.
⑪	(~이 ~에) 겯다	(~에 ~을) 결리다	종이에 기름을 결리다.
⑫	(~이) 눋다	(~을) 눌리다	찬밥을 눌리다.
⑬	(~이) 닫다	(~을) 달리다	말을 달리다.
⑭	(~을) 듣다	(~을) 들리다	이야기를 아이에게 들리다.
⑮	(~이) 붇다	(~을) 불리다	녹두를 물에 불리다.
⑯	(~을 ~에) 싣다	(~에 ~을) 실리다	구급차에 환자를 실리다.

(3) 이중 사동 접미사

① '재우다, 세우다, 채우다, 씌우다'는 이중 사동 표현은 아니다. 다만, '이중 사동 접미사'라는 표현으로 이 단어를 설명하기도 한다.

② 이우-: '사동'의 뜻을 더하는 접미사.(-이- + -우- or -이우-)

번호	주동사	과정			사동사
①	(~이) 자다	자-	-이-	-우-	(~을) 재우다
②	(~이) 서다	서-	-이-	-우-	(~을) 세우다
③	(~이 ~에) 차다	차-	-이-	-우-	(~에 ~을) 채우다
④	(~이 ~에) 타다	타-	-이-	-우-	(~에 ~을) 태우다
⑤	(~을) 쓰다	쓰-	-이-	-우-	(~에게 ~을) 씌우다

번호	주동사	과정			사동사
⑥	(~이 ~에) 뜨다	뜨-	-이-	-우-	(~에 ~을) 띄우다
⑦	(~을) 트다	트-	-이-	-우-	(~을) 틔우다

2. 문장의 관계

(1) 능동문 vs. 피동문

① 능동문의 '서술어'에 '-이/히/리/기-' 접미사가 결합하여 '피동사'가 되는지 확인한다.

② 능동문의 '목적어'가 피동문의 '주어'가 되는지 확인한다.

③ '당하는' 맥락을 꼭 확인한다.

번호	능동문	피동문
①	세진이가 감기에 <u>걸리다</u>.	×
②	철수가 칭찬을 <u>듣다</u>. (=피동문이 없는 능동문)	<u>칭찬이</u> 철수에게 <u>들리다</u>.(×)
③	죄의식이 <u>그를</u> <u>쫓다</u>.(×)	<u>그가</u> 항상 죄의식에 <u>쫓기다</u>. (=능동문이 없는 피동문)
④	<u>열매를</u> <u>열다</u>.(×)	<u>열매가</u> <u>열리다</u>. (=능동문이 없는 피동문)
⑤	<u>날씨를</u> <u>풀다</u>.(×)	<u>날씨가</u> 풀리다. (=능동문이 없는 피동문)

(2) 주동문 vs. 사동문

① 주동문의 '서술어'에 '-이/히/리/기-, -우/구/추-' 접미사가 결합하여 '사동사'가 되는지 확인한다.

② 주동문의 '주어'가 사동문의 '목적어'가 되는지 확인한다.

③ 단, '타동사'일 때는 이미 목적어가 있으므로, 해당 목적어가 사동문에서도 유지된다.

④ '시키는' 맥락을 꼭 확인한다.

번호	주동문		사동문
①	형용사	길이 넓다.	세진이가 <u>길을</u> <u>넓히다</u>.
②	자동사	아이가 <u>놀다</u>.	세진이가 <u>아이를</u> <u>놀리다</u>.
③	타동사	그가 <u>옷을</u> <u>입다</u>.	세진이가 그에게 <u>옷을</u> <u>입히다</u>.
④	<u>(진실이)</u> <u>밝다</u>.(×)		그가 <u>진실을</u> <u>밝히다</u>. (=주동문이 없는 사동문)
⑤	<u>사방이</u> <u>밝다</u>.(○)		조명탄이 <u>사방을</u> <u>밝히다</u>.(○)

참고

'밝히다'에 대하여
1. 불빛 따위로 어두운 곳을 환하게 하다. '밝다'의 사동사.
2. 진리, 가치, 옳고 그름 따위를 판단하여 드러내 알리다.
3. 명훈이가 세진이에게 <u>진실을 밝히게 했다</u>.: '세진이가 진실을 밝히다'가 '주동문이 없는 사동문'임에 불구하고 다시 '사동문'을 만들 수 있는 경우에 해당한다. 이때 주의해야 하는 것은 어떤 학자는 '밝히다'를 '주동문이 없는 사동문'으로 보는가 하면, '밝히다' 자체를 하나의 능동사로 보는 학자도 있다는 것이다. 그러므로 문제의 의도를 고려하며 접근해야 한다.
4. '밝혀지다'의 구성
   ① 능동사(밝히다) + -어지다: 피동
   ② 사동사(밝히다) + -어지다: 사동사에 결합된 피동
   ③ 복합어로 보는 관점(사전에 등재 ○)

확인문제

22 다음 중 피동과 사동에 대한 설명으로 가장 옳지 않은 것은?

2016. 서울시 7급

① 동사에 따라서는 사동사와 피동사의 형태가 같은 경우도 있다.

② 사동 접사는 타동사뿐 아니라 자동사나 형용사와도 결합할 수 있다.

③ 사동문과 피동문 각각에 대응하는 주동문과 능동문이 없는 경우도 있다.

④ 일반적으로 단형 사동은 사동주의 직접 행위는 물론 간접 행위도 나타내는데, 장형 사동은 사동주의 직접 행위를 나타낸다.

>> ④

(3) '사동문'의 중의성

① '단형 사동'을 쓴다고 무조건 중의성을 지닌 것은 아니므로 '문맥'을 정확하게 파악해야 한다.

② '단형 사동'의 중의성은 사동 주체의 직접 참여이냐, 간접 참여이냐에 따라 의미가 달라지기 때문이다.

③ '읽히다, 재우다'는 사동 주체가 직접 참여가 어려운 행동이므로, 간접 참여로 이해해야 한다.

번호	단형 사동	장형 사동
①	중의성 ○ (예외도 있음.)	중의성 ×
②	㉠ 사동 주체의 <u>직접</u> 참여 ㉡ 사동 주체의 <u>간접</u> 참여	사동 주체의 <u>간접</u> 참여
예	그녀가 아이에게 <u>밥</u>을 먹였다. (직접 참여 ○, 간접 참여 ○)	그녀가 아이에게 <u>밥</u>을 먹게 했다.
예외	그녀가 아이에게 <u>책</u>을 읽혔다. (직접 참여 ×, 간접 참여 ○)	그녀가 아이에게 <u>책</u>을 읽게 했다.
예외	그녀가 <u>아이</u>를 재웠다. (직접 참여 ×, 간접 참여 ○)	그녀가 <u>아이</u>를 자게 했다.

3. 오류 모음

(1) 이중피동(피동사 + -어지다) vs. 사동사 + -어지다

① '받아들여지다(=받아들이다 + -어지다)'는 '이중 피동 표현'으로 보지 않는다.

② '밝혀지다, 알려지다'는 사전에 등재되었다.

번호	피동사 + -어지다 → 오류 ○	사동사 + -어지다 → 오류 ×
①	들판의 풀이 <u>뽑혔다</u>.(○)	그녀가 그의 머리를 <u>감겼다</u>.(○)
②	들판의 풀이 <u>뽑혀졌다</u>.(×)	<u>그의 머리가 그녀에 의해 감겨졌다</u>.(○)

(2) 불필요한 접사 결합

① '-이-, -히-, -우-, -시키다' 등 불필요한 접사를 결합하여 단어를 만드는 경우가 있다. 해당 단어는 여러 번 읽어 숙지해 두어야 한다.

② 불필요한 접사 모음 ①

번호	○	×
①	설레다, 설렘	설레이다, 설레임
②	헤매다, 헤맴	헤매이다, 헤매임
③	목메다, 목멤	목메이다, 목메임
④	되뇌다, 되뇜	되뇌이다, 되뇌임

번호	○	×
⑤	개다, 갬	개이다, 개임
⑥	배다, 뱀	배이다, 배임
⑦	끼어들다	끼이어들다, 끼여들다
⑧	교육하다	교육시키다
⑨	소개하다	소개시키다
⑩	개선하다	개선시키다
⑪	분리하다	분리시키다

③ 불필요한 접사 모음 ②

번호	○		×
①	피동사	파이다	패이다
②	피동사	덮이다	덮히다
③	피동사	갈리다	갈리우다
④	피동사	내밀리다	내밀리우다
⑤	피동사	불리다	불리우다
⑥	피동사	씻기다	씻기우다
⑦	피동사	잘리다	잘리우다
⑧	피동사	팔리다	팔리우다

4. 암기해야 할 단어

(1) 능동사 vs. 피동사

① (과일을) 괴다 vs. (과일이) 괴이다

번호	단어	의미
①	괴다	【…을】「2」 의식이나 잔칫상에 쓰는 음식이나 장작, 꼴 따위를 차곡차곡 쌓아 올리다. ≒ 고이다.
②	괴이다	「2」 의식이나 잔칫상에 쓰는 음식이나 장작, 꼴 따위가 차곡차곡 쌓아 올려지다. '괴다'의 피동사.

② (가방을) 끼다(＝끼우다) vs. (가방이) 끼이다

번호	단어	의미
①	끼다 (＝끼우다)	• 【…에 …을】「1」 벌어진 사이에 무엇을 넣고 죄어서 빠지지 않게 하다. • 「1」 '끼우다'의 준말.
②	끼이다	• 【…에】「1」 벌어진 사이에 들어가 죄이고 빠지지 않게 되다. '끼다'의 피동사.

③ (턱을) 베다 vs. (턱이) 베이다

번호	단어	의미
①	베다	【…을】「2」날이 있는 물건으로 상처를 내다.
②	베이다	「2」【…에 (…을)】날이 있는 물건으로 상처가 나게 되다. '베다'의 피동사.

④ (가슴을) 에다 vs. (가슴이) 에이다

번호	단어	의미
①	에다	【…을】「2」마음을 몹시 아프게 하다.
②	에이다	「2」마음이 칼로 도려지듯 몹시 아파지다. '에다'의 피동사.

⑤ (물을) 켜다 vs. (물이) 켜이다

번호	단어	의미
①	켜다	【…을】「2」갈증이 나서 물을 자꾸 마시다.
②	켜이다	【…이】갈증이 나서 물을 자꾸 마시게 되다. '켜다'의 피동사.

⑥ (사람을) 치다 vs. (사람이) 치이다

번호	단어	의미
①	치다	【…을】차나 수레 따위가 사람을 강한 힘으로 부딪고 지나가다.
②	치이다	【…에】차나 수레 따위에 사람이 강한 힘으로 부딪히다. '치다'의 피동사.

⑦ (문을) 닫(치)다 vs. (문이) 닫히다

번호	단어	의미
①	닫(치)다	• 닫다: 【…을】「1」열린 문짝, 뚜껑, 서랍 따위를 도로 제자리로 가게 하여 막다. • 닫치다: 【…을】「1」열린 문짝, 뚜껑, 서랍 따위를 꼭꼭 또는 세게 닫다.
②	닫히다	「1」열린 문짝, 뚜껑, 서랍 따위가 도로 제자리로 가 막히다. '닫다'의 피동사.

(2) 주동사 vs. 사동사

① (벽을) 트다 vs. (벽을) 틔우다

번호	단어	의미
①	트다	【…을】「1」막혀 있던 것을 치우고 통하게 하다.
②	틔우다	【…을】「1」막혀 있던 것을 치우고 통하게 하다. '트다'의 사동사.

② (모자를) 쓰다 vs. (모자를) 씌우다

번호	단어	의미
①	쓰다	【…에 …을】「1」 모자 따위를 머리에 얹어 덮다.
②	씌우다	【…에/에게 …을】「1」 모자 따위를 머리에 얹어 덮게 하다. '쓰다'의 사동사.

③ (배가 물에) 뜨다 vs. (배를) 띄우다

번호	단어	의미
①	뜨다	【…에】【 …으로】 물속이나 지면 따위에서 가라앉거나 내려앉지 않고 물 위나 공중에 있거나 위쪽으로 솟아오르다.
②	띄우다	【…을 …에】【 …을 …으로】 물 위나 공중에 있게 하거나 위쪽으로 솟아오르게 하다. '뜨다'의 사동사.

④ (날이) 새다 vs. (날을) 새우다

번호	단어	의미
①	새다	날이 밝아 오다.
②	새우다	【…을】 (주로 '밤'을 목적어로 하여) 한숨도 자지 아니하고 밤을 지내다. 늑패다.

⑤ (구름이) 피다 vs. (담배를) 피우다

번호	단어	의미
①	피다	「2」 연탄이나 숯 따위에 불이 일어나 스스로 타다.
②	피우다	【…을】「6」 어떤 물질에 불을 붙여 연기를 빨아들이었다가 내보내다.

⑥ (한글을) 깨치다 vs. (잘못을) 깨우치다

번호	단어	의미
①	깨치다	【…을】 일의 이치 따위를 깨달아 알다.
②	깨우치다	【…을】 깨달아 알게 하다.

세진쌤의 핵심TIP

1. 피동 표현과 사동 표현은 '주어'와 '목적어'를 중심으로 파악하는 것이 중요하다.
2. 접미사를 확인할 때, 기본형을 고려하여 보는 것이 좋다.
3. 항상 문장의 구조 변화를 중요하게 여기며, 문장의 맥락을 놓치지 않는다.
4. 피동문과 사동문 예외는 많이 알수록 좋다.

07 높임법

1 주체 높임법

1. 정의

용언의 어간에 높임의 선어말 어미 '-(으)시-'를 붙여 문장의 주체를 높여 표현한다.

2. 특징

(1) 서술어의 주체인 '주어'를 높인다.

(2) 주체 직접 높임과 주체 간접 높임이 있다.

(3) 구어체에서는 주격 조사 '께서' 대신 '이/가'를 쓰기도 한다. 단, 서술어에 주체 높임 선어말 어미는 과도하지 않는 이상 쓰는 것이 낫다.

> 예 그분께서 물건도 사시고, 요리도 하시고, 설거지도 하신다.(○)
> → 그분이 물건도 사고, 요리도 하고, 설거지도 하신다.(○)

3. 종류

번호	종류	모음
①	주체 높임 선어말 어미	-(으)시-
②	주격 조사	께서
③	접사	-님
④	특수 어휘	주무시다, 계시다
⑤	그 밖의 어휘	잡수시다, 드시다, 편찮으시다, 돌아가시다 등
⑥		집 → 댁, 그 사람 → 그분, 밥 → 진지, 나이 → 연세 등

4. 논점 정리

(1) 직접 높임법 vs. 간접 높임법

번호	직접 높임법	간접 높임법
①	높임의 대상 (주어)	
②	주체 자체를 높임.	높여야 할 대상인 주체와 관련된 신체, 소유물, 생각 등과 관련된 말.
③	S + (다양한 문장 성분) + V	S + (S + V)
④	있다 → 계시다	있다 → 있으시다
예	할아버지께서 댁에 계십니다.	할머니께서 따님이 있으십니다.

연습문제

1 따님이 예쁘십니다.
　→

2 선생님께서 키가 크십니다.
　→

3 선생님, 가방이 무거우시지요?
　→

4 교장 선생님의 말씀이 있으시겠습니다.
　→

　>> 1. 간접 높임법, 2. 간접 높임법, 3. 간접 높임법, 4. 간접 높임법

2. '간접 높임법'의 오류

보통 사이즈, 포장, 품절과 같이 손님을 응대하는 과정에서 나타난다.

예 주문하신 커피 나오셨습니다(×), <u>나왔습니다</u>(○).

예 손님, 문의하신 카드가 나오셨습니다(×), <u>나왔습니다</u>(○).

예 손님, 문의하신 사이즈가 여기 있으십니다(×), <u>있습니다</u>(○).

3. 압존법

(1) 정의

① 높여야 할 대상이지만 듣는 이가 더 높을 때 그 공대를 줄이는 어법.

② 청자를 중심으로 높임법이 결정된다. 화자 입장에서는 두 대상 모두 높은 사람이다.

(2) 특징

① 압존법은 문장 내에 사람이 '2명'이 나와야 하고, 위계가 있어야 한다.

② 압존법은 '직장'에서는 적용되지 않으므로, 전부 높여서 쓰면 된다.

(3) 예시

할아버지, 아버지<u>께서</u> <u>오셨습니다.</u>(화자 < 아버지 < 할아버지)

→ 할아버지, 아버지<u>가</u> <u>왔습니다.</u>(압존법 적용)(듣는 이 : 할아버지)

4. '말씀'의 의미

(1) **높임 표현** : 「1」 남의 말을 높여 이르는 말.

예 선생님의 <u>말씀</u>대로 저는 집으로 돌아가겠습니다.

(2) **낮춤 표현** : 「2」 자기의 말을 낮추어 이르는 말.

예 제가 <u>말씀</u>을 올리겠습니다.

2 객체 높임법

1. 정의

한 문장의 주어의 행위가 미치는 대상을 높여 표현한다.

2. 특징

(1) 서술어의 대상인 '부사어'와 '목적어'를 높인다.

(2) '부사어'를 높일 때에는 부사격 조사 '께'를 활용한다.

(3) '모시다, 뵈다, 드리다, 여쭈다'의 반말은 '데리다, 보다, 주다, 묻다'이다.

확인문제

23 다음 ㉠~㉢의 밑줄 친 부분이 높이고 있는 인물은? 2014. 사복직 9급

㉠할아버지께서는 아버지의 사업을 <u>도우신다</u>.
㉡형님이 선생님을 <u>모시고</u> 집으로 왔다.
㉢할머니, 아버지가 고모에게 전화하는 것을 들었어요.

	㉠	㉡	㉢
①	아버지	선생님	할머니
②	아버지	형님	아버지
③	할아버지	형님	아버지
④	할아버지	선생님	할머니

➤➤ ④

24 "숙희야, 내가 선생님께 꽃다발을 드렸다."의 문장을 다음 규칙에 따라 옳게 표시한 것은? 2017. 지방직 9급

우리말에는 주체 높임, 객체 높임, 상대 높임 등이 있다. 주체 높임과 객체 높임의 경우 높임은 +로, 높임이 아닌 것은 −로 표시하고 상대 높임의 경우 반말체를 −로, 해요체를 +로 표시한다.

① [주체−], [객체+], [상대−]
② [주체+], [객체+], [상대+]
③ [주체−], [객체+], [상대+]
④ [주체+], [객체−], [상대−]

➤➤ ①

참고

사전에 등재 여부

	단어	사전에 등재 여부
①	모시다	○
		'데리다'의 높임말
②	뵈다	○
		웃어른을 대하여 보다.
③	뵙다	○
		'뵈다'보다 더 겸양의 뜻
④	드리다	○
		'주다'의 높임말
⑤	여쭈다 =여쭙다	○
		웃어른에게 말씀을 올리다.

연습문제

1 할아버지께서 운동을 하신다.
   →
2 선생님, 제 말씀 좀 들어 주세요.
   →
3 민주야, 선생님께서 오라고 하셨어.
   →
4 어머니께서 할머니를 모시고 오
   셨습니다.
   →
  ≫ 1. 주체, 2. 주체, 상대, 3. 주체,
     4. 주체, 객체, 상대

확인문제

25 다음 글의 ㉠에 들어갈 문장으로
   적절한 것은?   2019. 국가직 9급

   국어의 높임법에는 말하는 이
   가 듣는 이에 대하여 높이거나 낮
   추어 말하는 상대 높임법, 서술어
   의 주체를 높이는 주체 높임법,
   서술어의 객체를 높이는 객체 높
   임법 등이 있다. 이러한 높임 표
   현은 한 문장에서 복합적으로 실
   현되기도 하는데, (㉠)의 경우
   대화의 상대, 서술어의 주체, 서
   술어의 객체를 모두 높인 표현이다.

   ① 아버지께서 할머니를 모시고
      댁에 들어가셨다.
   ② 제가 어머니께 그렇게 말씀
      드리면 될까요?
   ③ 어머니께서 아주머니께 이 김
      치를 드리라고 하셨습니다.
   ④ 주민 여러분께서는 잠시만 제
      이야기에 귀를 기울여 주시기
      바랍니다.

                      ≫ ③

3. 종류

번호	종류		모음
①	부사격 조사		께
②	특수 어휘	목적어 높임	모시다, 뵈다 / 뵙다
		부사어 높임	드리다, 여쭈다 / 여쭙다

4. 논점 정리

(1) 주체 높임법 vs. 객체 높임법

① 주체 높임법과 객체 높임법을 같이 활용할 수 있다. 주어보다 높은 대상이 목적어나 부사어에 등장하면 된다.(주어 < 목적어, 부사어)

② 예시 비교

번호	주체 높임법, 객체 높임법	객체 높임법
①	화자 < 아버지 < 할아버지	화자 = 민희 < 선생님
예	아버지께서 할아버지를 모시고 병원에 가셨다.	민희는 선생님께 모르는 문제를 여쭈었다.

3 상대 높임법

1. 정의

일정한 종결 어미를 선택함으로써 상대편을 높여 표현한다.

2. 특징

(1) '상대 높임법'은 종결 어미가 중요하다.

(2) '상대 높임법'은 '듣는 이'를 낮추거나 높이거나 한다.

(3) '상대 높임법'은 '듣는 이'에 따라 바뀌므로 '반말'도 있고, '존댓말'도 있다(출제 의도에 따라 '존댓말'만 범위에 해당할 때도 있고, '반말+존댓말' 모두 해당할 때도 있다).

(4) '존댓말'로는 '하십시오체, 하오체, 해요체'가 있다.

(5) '반말'로는 '하게체, 해라체, 해체'가 있다.

(6) 격식체인 '하십시오체'에는 '감탄문'이 없다.

(7) 격식체인 '하십시오체'에서 '하십시오'는 '명령문'이다.

(8) 격식체인 '하오체'에서 청유문은 '-(으)ㅂ시다'이다.

(9) 격식체인 '해라체'와 달리 '하라체'는 불특정 다수를 대상으로 하는 간접 명령법이기 때문에 조심해야 한다.
   예 공부해라(청자에게 직접 표현). / 공부하라(불특정 다수를 대상으로 표현).

3. 종류

(1) 높임 표현과 낮춤 표현

구분	높임 표현		낮춤 표현	
격식체	하십시오체	하오체	하게체	해라체
	아주 높임	예사 높임	예사 낮춤	아주 낮춤
비격식체	해요체		해체	
	두루 높임		두루 낮춤	

확인문제

26 다음 중 상대 높임법의 등급이 다른 하나는?　　2017. 서울시 7급
① 여보게, 어디 가는가?
② 김 군, 벌써 봄이 왔다네.
③ 오후에 나와 같이 산책하세.
④ 어느덧 벚꽃이 다 지는구려.

≫④

(2) 상대 높임법과 문장의 종류

	구분	평서문	의문문	명령문	청유문	감탄문
격식체	하십시오체	−습니다 −ㅂ니다	습니까? ㅂ니까?	−(으)십시오	(−(으)시지요)	×
	하오체	−오	−오?	−오 −구려	−(으)ㅂ시다	−(는)구려 −로구려
	하게체	−네 −(으)ㄹ세	−는가? −ㄴ가?	−게	−(으)세	−(는)구먼 −로구먼
	해라체	−다 −ㄴ다 −는다	−니? −느냐?	−아라 −어라	−자	−(는)구나 −로구나
비격식체	해요체	−아요 −어요 −지요	−아요? −어요? −지요?	−아요 −어요 −지요	−아요 −어요 −지요	−(는)군요
	해체	−아 −어 −지	−아? −어? −지?	−아 −어 −지	−아 −어 −지	−(는)군

세진쌤의 핵심TIP

1. 주체 높임법과 객체 높임법과 상대 높임법 모두 나타날 수 있다.
2. '해요체'와 '해체'를 구별할 때, '요'를 기준으로 하면 쉽게 찾을 수 있다.
3. '−어요'는 사전에서 해요의 종결 어미로 파악하기도 하지만, '−어'라는 어미와 '요'라는 보조사의 결합으로 보기도 한다.

01 ⊙~⑩에 대한 설명으로 적절하지 **않은** 것은?

2021.

■ 보기 ■

⊙ 그는 우리와 함께 일하기를 거부했다.
ⓒ 개는 사람보다 후각이 훨씬 예민하다.
ⓒ 나는 그가 우리를 도와 준 일을 잊지 않았다.
ⓔ 날이 추워지면 방한 용품이 필요하다.
⑩ 수만 명의 관객들이 공연장을 가득 메웠다.

① ⊙: '우리와 함께 일하기를'이 안은문장에서 목적어의 역할을 하고 있군.

② ⓒ: '후각이 훨씬 예민하다'가 안은문장에서 서술어의 역할을 하고 있군.

③ ⓒ: '그가 우리를 도와 준'이 안은문장에서 관형어의 역할을 하고 있군.

④ ⓔ: '날이 추워지다.'와 '방한 용품이 필요하다.'가 대등하게 이어진 문장이군.

⑤ ⑩: '관객들이'가 주어이고 '메웠다'가 서술어인 홑문장이군.

02 밑줄 친 ⊙의 예로 적절한 것은?

2023.

우리말의 문장 유형은 평서문, 의문문, 명령문, 청유문, 감탄문으로 나뉘는데, 대개 특정한 종결 어미를 통해 실현된다. 그런데 경우에 따라 ⊙ 동일한 형태의 종결 어미가 서로 다른 문장 유형을 실현하기도 한다.

① -니 ┌ 너는 무엇을 먹었니?
       └ 아버님은 어디 갔다 오시니?

② -ㄹ게 ┌ 오늘은 내가 먼저 나갈게.
        └ 내가 나중에 다시 전화할게.

③ -구나 ┌ 그것 참 그럴듯한 생각이구나.
        └ 올해도 과일이 많이 열리겠구나.

④ -ㅂ시다 ┌ 지금부터 함께 청소를 합시다.
          └ 밥을 먹고 공원에 놀러 갑시다.

⑤ -어라 ┌ 늦을 것 같으니까 어서 씻어라.
         └ 그 사람을 몹시도 만나고 싶어라.

※ [03~04] 다음 글을 읽고 물음에 답하시오.   2020.

국어의 시제는 과거, 현재, 미래가 있는데, 이는 발화시와 사건시라는 시점을 기준으로 나눈 것이다. 발화시는 말하는 이가 말하는 시점을 뜻하고, 사건시는 동작이나 상태가 나타나는 시점을 가리킨다. 발화시보다 사건시가 앞서면 '과거 시제', 발화시와 사건시가 일치하면 '현재 시제', 발화시보다 사건시가 나중이면 '미래 시제'라고 한다.

시제는 다음과 같이 어미나 시간 부사를 통해 실현된다.

시제의 종류　　　　문법 요소	과거 시제	현재 시제	미래 시제
선어말 어미	-았-/-었-, -았었-, -었었-, -더-	•동사: -는-, -ㄴ- •형용사: 없음	-겠-, -(으)리-
관형사형 어미	•동사: -(으)ㄴ, -던 •형용사: -던	•동사: -는 •형용사: -(으)ㄴ	-(으)ㄹ
시간 부사	어제, 옛날 등	오늘, 지금 등	내일, 곧 등

시간을 표현하는 문법 요소는 항상 특정한 시제만 표현하는 것은 아니다. 예를 들어 '-았-/-었-'은 주로 과거 시제를 표현하지만, 과거에 이루어진 어떤 상태가 현재까지 지속되는 경우에 쓰이기도 하고, ㉠ 미래의 상황을 표현하는 경우에 쓰이기도 한다.

㉮ 찬호는 어려서부터 아빠를 닮았다.
㉯ 네가 지금처럼 공부하면 틀림없이 대학에 붙었다.

㉮는 '찬호와 아빠의 닮음'이라는 과거의 상태가 현재까지도 지속되고 있음을 보여준다. 한편 ㉯의 '붙었다'에서 과거 시제 선어말 어미 '-었-'이 쓰였지만, 발화시에서 볼 때 '대학에 붙는 일'은 앞으로 벌어질 미래의 사건이다.

03 윗글을 읽고 〈보기〉의 ⓐ~ⓒ를 탐구한 내용으로 가장 적절한 것은?

──▪ 보기 ▪──

ⓐ 아기가 새근새근 잘 잔다.
ⓑ 영주는 어제 영화를 한 편 봤다.
ⓒ 전국적으로 비가 곧 내리겠습니다.

① ⓐ: 발화시보다 사건시가 나중인 시간 표현이 사용되었다.
② ⓐ: 관형사형 어미와 선어말 어미를 활용한 시간 표현이 나타난다.
③ ⓑ: 발화시와 사건시가 일치하는 시간 표현이 사용되었다.
④ ⓑ: 시간 부사와 선어말 어미를 활용한 시간 표현이 나타난다.
⑤ ⓒ: 발화시보다 사건시가 앞선 시간 표현이 사용되었다.

04 ㉠의 사례로 가장 적절한 것은?
① 그는 여행을 떠나기로 결심했다.
② 1919년 3월 1일, 만세운동이 일어났다.
③ 봄날 거리에 개나리가 흐드러지게 피었다.
④ 학생들이 운동장에서 축구공을 차고 있었다.
⑤ 어린 동생과 싸웠으니 난 이제 어머니께 혼났다.

강세진 국어✦
All In One

02

어문 규정

01 제1장 총칙

1 규정

> 제1항 표준 발음법은 표준어의 실제 발음을 따르되, 국어의 전통성과 합리성을 고려
> 하여 정함을 원칙으로 한다.

2 특징

1. 표준어의 실제 발음: 현대 서울말의 현실 발음을 기반으로 표준 발음을 정한다는 뜻.

2. '전통성'을 고려한다는 것

(1) **모음의 장단**: 현실 발음에서는 모음의 장단이 정확히 구별되지 않거나 모음의 장단과
관련된 변동이 제대로 이루어지지 않는 경우가 많다. 그런데도 모음의 장단은 이전부터
오랜 기간 구별해 왔으며 단어의 의미 변별에도 중요한 역할을 해 왔기 때문에 표준 발
음법에서는 모음의 장단에 대해 세부적으로 규정을 해 두었다. 특히 장단의 변동 또는
장모음의 위치 등에 대해 구체적으로 언급을 하고 있다.

(2) **단모음 'ㅐ'와 'ㅔ'의 구별**: 'ㅐ'와 'ㅔ'는 원래 명확하게 구별되는 단모음들이었지만, 현
재는 일부 지역의 노년층을 제외하면 대부분 사람이 이 두 단모음을 명확히 구별하여
발음하지도 못하고 인식하지도 못한다. 'ㅐ'와 'ㅔ'를 구별하지 못하여 표기 실수를 많이
하는 것도 이 때문이다. 그러나 이 두 단모음은 오랜 기간 별개의 단모음으로서 그 지위
가 확고했고 여전히 구별하는 사람들이 남아 있다. 이러한 전통을 감안하여 표준 발음
법에서는 'ㅐ'와 'ㅔ'를 항상 다르게 발음하도록 규정한 것이다.

3. '합리성'을 고려한다는 것

(1) '닭, 흙, 여덟'(겹받침을 가진 체언) + 모음으로 시작하는 조사가 결합할 때: 겹받침 중
하나를 연음해야 한다.

(2) '맛있다, 멋있다'의 원칙 발음: '[마딛따], [머딛따]'로 정한 것도 합리성을 고려한 것.

02 제2장 자음과 모음

1 규정

제2항 표준어의 자음은 다음 <u>19개</u>로 한다.
ㄱ ㄲ ㄴ ㄷ ㄸ ㄹ ㅁ ㅂ ㅃ ㅅ ㅆ ㅇ ㅈ ㅉ ㅊ ㅋ ㅌ ㅍ ㅎ

제3항 표준어의 모음은 다음 <u>21개</u>로 한다.
ㅏ ㅐ ㅑ ㅒ ㅓ ㅔ ㅕ ㅖ ㅗ ㅘ ㅙ ㅚ ㅛ ㅜ ㅝ ㅞ ㅟ ㅠ ㅡ ㅢ ㅣ

제4항 'ㅏ ㅐ ㅓ ㅔ ㅗ ㅚ ㅜ ㅟ ㅡ ㅣ'는 <u>단모음(單母音)</u>으로 발음한다.

[붙임] 'ㅚ, ㅟ'는 <u>이중 모음</u>으로 발음할 수 있다.

제5항 'ㅑ ㅒ ㅕ ㅖ ㅘ ㅙ ㅛ ㅝ ㅞ ㅠ ㅢ'는 이중 모음으로 발음한다.

다만 1. 용언의 활용형에 나타나는 '져, 쪄, 쳐'는 [<u>저, 쩌, 처</u>]로 발음한다.

가지어 → 가져[가저]	찌어 → 쪄[쩌]	다치어 → 다쳐[다처]

다만 2. '예, 례' 이외의 'ㅖ'는 [ㅔ]로도 발음한다.

계집[계 : 집/게 : 집]	계시다[계 : 시다/게 : 시다]	몌별[몌별/메별](袂別)*
개폐[개폐/개페](開閉)	혜택[혜 : 택/혜 : 택](惠澤)	지혜[지혜/지헤](智慧)

다만 3. 자음을 첫소리로 가지고 있는 음절의 'ㅢ'는 [ㅣ]로 발음한다.

늴리리	띄어쓰기	씌어	틔어
희어	희망	유희	

다만 4. 단어의 첫음절 이외의 '의'는 [ㅣ]로, 조사 '의'는 [ㅔ]로 발음함도 허용한다.

주의[주의/주이]	협의[혀븨/혀비]	우리의[우리의/우리에]

2 특징

1. '져, 쪄, 쳐'는 용언의 활용형에 나타나므로 단어를 주의해서 보아야 한다.

2. '단모음을 이중 모음'으로 발음하는 것, '이중 모음을 단모음'으로 발음하는 것 모두 '허용'으로 보아야 한다. 원칙이 별도로 있으므로 외워야 한다.

[참고]
제2장 요약 〈표기가 기준!〉

	모음	조건	원칙	허용
①	예, 례	○	[ㅖ]	✕
②	예, 례	✕	[ㅖ]	[ㅔ]
③	의	첫음절	[ㅢ]	✕
		둘째 음절	[ㅢ]	[ㅣ]
		조사	[ㅢ]	[ㅔ]
	자음 + ㅢ		[ㅣ]	✕
④	져, 쩌, 쳐	활용	[ㅓ]	✕

주의해야 할 단어
1. 퇴근[퇴 : 근/퉤 : 근]
2. 국외[구괴/구궤]
3. 상견례[상견녜]
4. 결례[결례]
5. 굳혀[구텨 → 구쳐 → **구처**]
6. 묻혀[무텨 → 무쳐 → **무처**]
6. 붙여[부텨 → 부쳐 → **부처**]
7. 잊혀[이처]

사전적 정의
몌별(袂別) : 소매를 잡고 헤어진다는 뜻으로, 섭섭히 헤어짐을 이르는 말.

[확인문제]
1 밑줄 친 발음이 표준 발음이 아닌 것은?   2018. 국가직 7급
① 연계[연계] 교육
② 차례[차례] 지내기
③ 충의의[충이의] 자세
④ 논의[노늬]에 따른 방안
≫②

세진쌤의 핵심TIP

1. <u>예, 례</u> 발음 조심! [예, 례]로 발음하기! **예** 상견례[상견녜]
2. <u>예, 례</u> 이외의 발음은 둘 다 가능! **예** [계/게]
3. '<u>ㅚ</u>' 발음은 둘 다 [ㅚ/ㅔ]
4. '<u>의</u>'는 상황에 따라 다름!
   ① 첫음절[의], ② 둘째 음절 이상[의/이], ③ 조사[의/에]
5. '<u>자음</u>'을 가진 '<u>의</u>'는 [ㅣ]만 발음하기!
6. '<u>져, 쳐, 쪄</u>'는 [저, 처, 쩌]로만 발음하기!

③ 연습문제

※ 다음 단어의 표준 발음을 적으시오.

①	묻혀	[ ]	④	닝큼	[ ]
②	계시다	[ ]	⑤	협의	[ ]
③	지혜(智惠)	[ ]	⑥	강의의	[ ]

>> ① 무처, ② 계 : 시다/게 : 시다, ③ 지혜/지헤, ④ 닝큼, ⑤ 혀븨/혀비, ⑥ 강 : 의의/강 : 의에/강 : 이의/강 : 이에

03 제3장 음의 길이

① 규정

제6항 모음의 장단을 구별하여 발음하되, 단어의 <u>첫음절</u>에서만 긴소리가 나타나는 것을 원칙으로 한다.

(1) 눈보라[눈 : 보라]	말씨[말 : 씨]	밤나무[밤 : 나무]
많다[만 : 타]	멀리[멀 : 리]	벌리다[벌 : 리다]
(2) 첫눈[천눈]	참말[참말]	쌍동밤[쌍동밤]
수많이[수 : 마니]	눈멀다[눈멀다]	떠벌리다[떠벌리다]

다만, 합성어의 경우에는 <u>둘째 음절</u> 이하에서도 분명한 긴소리를 인정한다.

반신반의[반 : 신바 : 늬/반 : 신바 : 니]	재삼재사[재 : 삼재 : 사]

붙임 용언의 <u>단음절</u> 어간에 어미 '-아/-어'가 결합되어 한 음절로 축약되는 경우에도 <u>긴소리</u>로 발음한다.

보아 → 봐[봐 :]	기어 → 계[겨 :]	되어 → 돼[돼 :]
두어 → 둬[둬 :]	하여 → 해[해 :]	

다만, '오아 → 와, 지어 → 져, 찌어 → 쪄, 치어 → 쳐' 등은 긴소리로 발음하지 않는다.

제7항 긴소리를 가진 음절이라도, 다음과 같은 경우에는 짧게 발음한다.

1. 단음절인 용언 어간에 모음으로 시작된 어미가 결합되는 경우

감다[감 : 따] – 감으니[가므니]	밟다[밥 : 따] – 밟으면[발브면]
신다[신 : 따] – 신어[시너]	알다[알 : 다] – 알아[아라]

다만, 다음과 같은 경우에는 예외적이다.

끌다[끌 : 다] – 끌어[끄 : 러]	떫다[떨 : 따] – 떫은[떨 : 븐]
벌다[벌 : 다] – 벌어[버 : 러]	썰다[썰 : 다] – 썰어[써 : 러]
없다[업 : 따] – 없으니[업 : 쓰니]	

2. 용언 어간에 피동, 사동의 접미사가 결합되는 경우

감다[감 : 따] – 감기다[감기다]	꼬다[꼬 : 다] – 꼬이다[꼬이다]
밟다[밥 : 따] – 밟히다[발피다]	

다만, 다음과 같은 경우에는 예외적이다.

끌리다[끌 : 리다]	벌리다[벌 : 리다]	없애다[업 : 쌔다]

붙임 다음과 같은 복합어에서는 본디의 길이에 관계없이 짧게 발음한다.

밀–물	썰–물	쏜–살–같이	작은–아버지

참고
주의해야 할 단어
1. 눈[目][눈] vs. 눈[雪][눈 :]
2. 밤[夜][밤] vs. 밤[栗][밤 :]
3. 말[馬][말] vs. 말[言][말 :]

2 특징

(1) 제6항

① 단어(본래 단음) → 1음절로 '축약' (장음 발음), 한 단어인, '사이, 아이'가 줄어든 '새, 애'의 'ㅐ'는 장음이 된다.

예 사이[사이] → 새[새 :], 아이[아이] → 애[애 :]

② 어간(본래 단음) → 1음절로 축약 (장음 발음), 파생어가 줄어드는 경우, 어간과 접미사가 축약되어 1음절로 바뀌면 장음이 된다.

예 보다[보다] → 보이다[보이다] → 뵈다[뵈 : 다],
뜨다[뜨다] → 뜨이다[뜨이다] → 띄다[띠 : 다]

(2) 제7항

① 단음절 단어 + 모음 어미(장음 발음)/자음 어미(장음 발음)

㉠ 장음 발음 : 끌다[끌 : 다], 벌다[벌 : 다], 썰다[썰 : 다], 없다[업 : 따]

㉡ 장음 발음 : 굵다[국 : 따], 얻다[얻 : 따], 엷다[열 : 따], 웃다[욷 : 따], 작다[작 : 따], 좋다[조 : 타]

② 용언의 활용형이 포함된 합성어의 장단이 일치하지 않은 예
  ㉠ 장음 발음: 밀[밀 :], 쏜[쏜 :], 작은[자 : 근]
  ㉡ 단음 발음: 밀-물[밀물], 썰-물[썰물], 쏜-살-같이[쏜살가치], 작은-아버지[자그나버지]

04 제4장 받침의 발음

1 제8항~제11항

1. 규정

> 제8항 받침소리로는 'ㄱ, ㄴ, ㄷ, ㄹ, ㅁ, ㅂ, ㅇ'의 7개 자음만 발음한다.

> 제9항 받침 'ㄲ, ㅋ', 'ㅅ, ㅆ, ㅈ, ㅊ, ㅌ', 'ㅍ'은 <u>어말</u> 또는 <u>자음</u> 앞에서 각각 대표음 [ㄱ, ㄷ, ㅂ]으로 발음한다.

닭다[닥따]	키읔[키윽]	키읔과[키윽꽈]	옷[옫]
웃다[욷 : 따]	있다[읻따]	젖[젇]	빚다[빋따]
꽃[꼳]	쫓다[쫃따]	솥[솓]	뱉다[밷 : 따]
앞[압]	덮다[덥따]		

> 제10항 <u>겹받침</u> 'ㄳ', 'ㄵ', 'ㄼ, ㄽ, ㄾ', 'ㅄ'은 어말 또는 자음 앞에서 각각 [ㄱ, ㄴ, ㄹ, ㅂ]으로 발음한다.

넋[넉]	넋과[넉꽈]	앉다[안따]	여덟[여덜]
넓다[널따]	외곬[외골]	핥다[할따]	값[갑]
없다[업 : 따]			

다만, '밟-'은 자음 앞에서 [밥]으로 발음하고, '넓-'은 다음과 같은 경우에 [넙]으로 발음한다.

(1) 밟다[밥 : 따]	밟소[밥 : 쏘]		밟지[밥 : 찌]
밟는[밥 : 는 → 밤 : 는]	밟게[밥 : 께], 밟고[밥 : 꼬]		
(2) 넓-죽하다[넙쭈카다]	넓-둥글다[넙뚱글다]		

제11항 <u>겹받침</u> 'ᆰ, ᆱ, ᆵ'은 어말 또는 자음 앞에서 각각 [ㄱ, ㅁ, ㅂ]으로 발음한다.

닭[닥]	흙과[흑꽈]	맑다[막따]	늙지[늑찌]
삶[삼ː]	젊다[점ː따]	읊고[읍꼬]	읊다[읍따]

다만, <u>용언</u>의 어간 말음 'ᆰ'은 'ㄱ' 앞에서 [ㄹ]로 발음한다.

맑게[말께]	묽고[물꼬]	얽거나[얼꺼나]

2. 특징

(1) **겹자음 'ᆲ'**: [ㅂ]으로 발음하는 단어가 있다.
   예 넓죽하다[넙쭈카다], 넓둥글다[넙뚱글다], 넓적하다[넙쩌카다]
   예 밟다[밥ː따], 밟고[밥ː꼬], 밟지[밥ː찌]

(2) **넓네 vs. 밟네**: '넓네[널레]'에는 '유음화'가 적용되지만, '밟네[밤ː네]'에는 '비음화'가 적용된다.

(3) **겹자음 'ᆰ'**: [ㄹ]로 발음하는 경우가 있다. 어미 'ㄱ' 앞이란 조건을 주의해야 한다. 겹자음 'ᆰ'은 용언의 활용형뿐만 아니라 파생어에도 적용된다.
   예 굵개[글깨], 밝기[발끼]

(4) **겹자음 'ᆵ'**: 어말이나 자음 앞에 있을 때, '탈락과 교체'의 과정에 따라 발음해야 한다.
   예 읊다[읍따]

세진쌤의 핵심TIP

1. '쌍자음'은 '겹자음'과 달리 자음 앞에서 '교체'가 적용된다.
2. '겹자음' 중 'ᆰ[ㄱ], ᆱ[ㅁ], ᆵ[ㅂ]'은 자음 앞에서 오른쪽으로 읽는다.
3. ᆰ: 'ㄱ'으로 시작하는 '어미'를 만날 때, [ㄹ]로 발음해야 한다.
4. ᆵ: 자음군 단순화, 음절 끝소리 규칙을 적용하는 과정을 주의해야 한다.
5. ᆲ: 왼쪽으로 읽는다. 그러나 예외는 [ㅂ]으로 발음해야 한다.
6. 넓죽하다, 넓둥글다, 넓적하다, 넓적다리 발음을 조심해야 한다.

3. 연습문제

※ 다음 단어의 표준 발음을 적으시오.					
①	밟는	[ ]	④	읊다	[ ]
②	묽고	[ ]	⑤	흙과	[ ]
③	있다	[ ]	⑥	넓죽하다	[ ]

≫ ① 밤ː는, ② 물꼬, ③ 읻따,
④ 읍따, ⑤ 흑꽈, ⑥ 넙쭈카다

2 표준 발음이 <u>아닌</u> 것은?
2019. 서울시 7급

① 핥다[할따]
② 밟게[밥ː께]
③ 얽거나[얼꺼나]
④ 맑고[막꼬]

≫④

3 표준 발음으로 가장 옳지 <u>않은</u> 것은?
2020. 서울시 9급

① 풀꽃아[풀꼬다]
② 옷 한 벌[오탄벌]
③ 넓둥글다[넙뚱글다]
④ 늙습니다[늑씀니다]

≫①

참고

'ㄱ'으로 시작하는 어미
1. 어미: -고, -고서, -거나, -거든, -게, -구나
2. 접사: -기

참고

제12항 요약

	종성 (자음)	초성 (자음)	대표음
①	ㄱ(ㄺ)	ㅎ (반대도 가능)	[ㅋ]
	ㄷ		[ㅌ]
	ㅂ(ㄼ)		[ㅍ]
	ㅈ(ㄵ)		[ㅊ]
예 꽂히다			[꼬치다]
②	ㅎ(ㄶ, ㅀ)	ㅅ	[ㅆ]
예 싫소			[실쏘]
③	ㄶ, ㅀ	ㄴ	ㅎ 탈락
예 않네			[안네]
예 뚫네			[뚤레]
④	ㅎ	ㄴ	[ㄴ]
예 놓는			[논는]
⑤	ㅎ(ㄶ, ㅀ)	모음(어미, 접사)	ㅎ 탈락
예 낳은			[나은]

참고

주의해야 할 단어
1. 밝히다[발키다] : 자음 축약(축약)
2. 흙하고[흐카고] : 자음군 단순화 (탈락), 자음 축약(축약)

ㅎ을 그대로 발음하는 경우
1. 한자어 : 고향[고향], 면허[면 : 허], 경험[경험], 실학[실학]
2. 복합어 : 진술하다[진 : 술하다], 신선하다[신선하다], 셈하다[셈 : 하다], 주저하다[주저하다]

2 제12항

1. 규정

> 제12항 받침 'ㅎ'의 발음은 다음과 같다.

(1) 'ㅎ(ㄶ, ㅀ)' 뒤에 'ㄱ, ㄷ, ㅈ'이 결합되는 경우에는, 뒤 음절 첫소리와 합쳐서 [ㅋ, ㅌ, ㅊ]으로 발음한다.

놓고[노코]	좋던[조 : 턴]	쌓지[싸치]	많고[만 : 코]
않던[안턴]	닳지[달치]		

붙임 1 받침 'ㄱ(ㄺ), ㄷ, ㅂ(ㄼ), ㅈ(ㄵ)'이 뒤 음절 첫소리 'ㅎ'과 결합되는 경우에도, 역시 두 음을 합쳐서 [ㅋ, ㅌ, ㅍ, ㅊ]으로 발음한다.

각하[가카]	먹히다[머키다]	밝히다[발키다]	맏형[마텽]
좁히다[조피다]	넓히다[널피다]	꽂히다[꼬치다]	앉히다[안치다]

붙임 2 규정에 따라 'ㄷ'으로 발음되는 'ㅅ, ㅈ, ㅊ, ㅌ'의 경우에도 이에 준한다.
옷 한 벌[오탄벌], 낮 한때[나탄때],

꽃 한 송이[꼬탄송이]	숱하다[수타다]

(2) 'ㅎ(ㄶ, ㅀ)' 뒤에 'ㅅ'이 결합되는 경우에는, 'ㅅ'을 [ㅆ]으로 발음한다.

닿소[다 : 쏘]	많소[만 : 쏘]	싫소[실쏘]

(3) 'ㅎ' 뒤에 'ㄴ'이 결합되는 경우에는, [ㄴ]으로 발음한다.

놓는[논는]	쌓네[싼네]

붙임 'ㄶ, ㅀ' 뒤에 'ㄴ'이 결합되는 경우에는, 'ㅎ'을 발음하지 않는다.

않네[안네]	않는[안는]	뚫네[뚤네 → 뚤레]	뚫는[뚤는 → 뚤른]

※ '뚫네[뚤네 → 뚤레], 뚫는[뚤는 → 뚤른]'에 대해서는 제20항 참조.

(4) 'ㅎ(ㄶ, ㅀ)' 뒤에 모음으로 시작된 어미나 접미사가 결합되는 경우에는, 'ㅎ'을 발음하지 않는다.

낳은[나은]	놓아[노아]	쌓이다[싸이다]	많아[마 : 나]
않은[아는]	닳아[다라]	싫어도[시러도]	

2. 특징

(1) **싫증**: 'ㅎ'과 'ㅈ'이 [ㅊ]으로 줄지 않고 [실쯩]으로 발음된다. 이는 '증(症)'이 붙는 말의 일반적인 발음 경향과 같다. '염증[염쯩], 건조증[건조쯩]'에서 알 수 있듯이 '증(症)'이 단어의 둘째 음절 이하에 놓일 때에는 경음화가 잘 일어난다. '싫증'도 이러한 경향에 따라 [실쯩]으로 발음한다.

(2) **닿소**: '닿소[다 : 쏘]'와 같이 'ㅎ(ㄶ, ㅀ)' 뒤에 'ㅅ'이 결합할 때 'ㅎ'과 'ㅅ'이 [ㅆ]으로 실현되는 것을 설명하는 방식에는 두 가지가 있다.

① 'ㅎ'과 'ㅅ'이 곧바로 축약되어 [ㅆ]이 되었다는 것이다.

② 'ㅎ'이 먼저 대표음 'ㄷ'으로 바뀌고(ㅎㅅ → ㄷㅅ) 'ㄷ' 뒤에서 'ㅅ'이 경음으로 바뀐 후(ㄷㅅ → ㄷㅆ) 'ㅆ' 앞에서 'ㄷ'이 탈락했다고 보는 것이다.

3. 연습문제

※ 다음 단어의 표준 발음을 적으시오.					
①	앉히다	[ ]	④	뚫네	[ ]
②	숱하다	[ ]	⑤	닿소	[ ]
③	쌓이다	[ ]	⑥	않는	[ ]

≫ ① 안치다, ② 수타다, ③ 싸이다, ④ 뚤레, ⑤ 다 : 쏘, ⑥ 안는

세진쌤의 핵심TIP

1. ㅎ + ㄱ/ㄷ/ㅂ/ㅈ → ㅋ/ㅌ/ㅍ/ㅊ
2. 'ㅎ 받침 + ㅅ으로 시작하는 어미'를 조심해야 한다.
   예 닿소[다 : 쏘]

3 제13항~제15항

1. 규정

제13항 홑받침이나 쌍받침이 모음으로 시작된 조사나 어미, 접미사와 결합되는 경우에는, 제 음가대로 뒤 음절 첫소리로 옮겨 발음한다.

깎아[까까]	옷이[오시]	있어[이써]	낮이[나지]
꽂아[꼬자]	꽃을[꼬츨]	쫓아[쪼차]	밭에[바테]
앞으로[아프로]	덮이다[더피다]		

확인문제

4 밑줄 친 ㉠을 고려할 때 표준 발음으로 옳지 않은 것은?
2017. 사복직(서울) 9급

『표준어 규정』 제2부 표준 발음법 제12항 받침 'ㅎ'의 발음은 다음과 같다.
4. ㉠'ㅎ(ㄶ, ㅀ)' 뒤에 모음으로 시작된 어미나 접미사가 결합되는 경우에는, 'ㅎ'을 발음하지 않는다.
낳은[나은], 쌓이다[싸이다], 많아[마나], 싫어도[시러도]……

① 바지가 다 닳아서[다라서] 못 입게 되었다.
② 저녁 반찬으로 찌개를 끓이고[끄리고] 있다.
③ 가지고 온 책은 책상 위에 놓아[노아] 두렴.
④ 기회를 놓치지 않은[안는] 사람이 결국에는 성공하더라.

≫ ④

참고

제13항~제15항 요약

구분	제13항	제14항	제15항
종성	홑받침 쌍받침	겹받침	받침
초성	모음 (조사, 어미, 접사)		모음 (실질 형태소)
발음	연음		음운 변동 후 연음
예	깎아 [까까]	앉아 [안자]	늪 앞 [늡 압 → 느밥]

참고

주의해야 할 단어

1. 닭이[다기](×), 닭이[달기](○)
   닭을[다글](×), 닭을[달글](○)
2. 여덟이[여더리](×),
   여덟이[여덜비](○)
   여덟을[여더를](×),
   여덟을[여덜블](○)
3. 맛있다[마딛따/마싣따](○)
4. 멋있다[머딛따/머싣따](○)
5. 뜻있다[뜨딛따](○), [뜨싣따](×)
6. 값있다[가빋따](○), [갑씯따](×)
7. 빛있다[비딛따](○), [비칟따](×)
8. 값어치[가버치](○)

제14항 겹받침이 모음으로 시작된 조사나 어미, 접미사와 결합되는 경우에는, 뒤엣 것만을 뒤 음절 첫소리로 옮겨 발음한다.(이 경우, 'ㅅ'은 된소리로 발음함.)

넋이[넉씨]	앉아[안자]	닭을[달글]	젊어[절머]
곬이[골씨]	핥아[할타]	읊어[을퍼]	값을[갑쓸]
없어[업 : ː써]			

제15항 받침 뒤에 모음 'ㅏ, ㅓ, ㅗ, ㅜ, ㅟ'들로 시작되는 실질 형태소가 연결되는 경우에는, 대표음으로 바꾸어서 뒤 음절 첫소리로 옮겨 발음한다.

밭 아래[바다래]	늪 앞[느밥]	젖어미[저더미]	맛없다[마덥따]
겉옷[거돋]	헛웃음[허두슴]	꽃 위[꼬뒤]	

다만, '맛있다, 멋있다'는 [마싣따], [머싣따]로도 발음할 수 있다.

붙임 겹받침의 경우에는, 그중 하나만을 옮겨 발음한다.

넋 없다[너겁따]	닭 앞에[다가페]	값어치[가버치]	값있는[가빈는]

2. 특징

(1) 제13항

① '실질 형태소 + 형식 형태소(조사, 어미, 접사)'의 구조

② **예외** 구개음화 : 'ㄷ, ㅌ'으로 끝나는 말 뒤에 'ㅣ'로 시작하는 형식 형태소가 결합할 때 연음되지 않는다.
　예 굳이[구지], 밭이[바치]

③ **예외** ㅎ 탈락 : 'ㅎ'으로 끝나는 용언 어간의 받침 'ㅎ'도 탈락하므로 연음의 예외에 속한다고 할 수 있다.
　예 쌓이다[싸이다], 낳은[나은]

④ 강, 방 : 'ㅇ'으로 끝나는 말은 연음이 되지 않는다. 이것은 'ㅇ'을 초성으로 발음할 수 없다는 국어의 발음상 제약 때문이다.
　예 강[강], 공방[공방]

(2) 제14항

① '실질 형태소 + 형식 형태소(조사, 어미, 접사)'의 구조

② ㄳ, ㄾ, ㅄ : 연음할 때 'ㅅ' 대신 [ㅆ]으로 발음된다.
　예 몫이[목씨], 외곬으로[외골쓰로/웨골쓰로], 없이[업 : 씨]

(3) 제15항 주의

① '실질 형태소 + 실질 형태소'의 구조

② '모음'으로 시작하는 실질 형태소는 'ㅏ, ㅓ, ㅗ, ㅜ, ㅟ'로 한정하고 있다.('ㅚ, ㅐ, ㅔ'도 포함)

③ 단모음 'ㅣ' 또는 반모음 'ㅣ[j]'로 시작하는 'ㅑ, ㅕ, ㅛ, ㅠ'와 같은 경우는 'ㄴ'이 첨가된다.

예 앞일[암닐], 꽃잎[꼰닙]

3. 연습문제

※ 다음 단어의 표준 발음을 적으시오.					
①	곬이	[ ]	④	값어치	[ ]
②	없어	[ ]	⑤	멋있다	[ ]
③	여덟이	[ ]	⑥	젖어미	[ ]

>> ① 골씨, ② 업 : 써, ③ 여덜비,
④ 가버치, ⑤ 머딛따/머싣따, ⑥ 저더미

세진쌤의 **핵심TIP**

1. '모음으로 시작하는 형식 형태소'의 구조 예외는 'ㅎ 탈락'과 '구개음화'이다.
2. 모음으로 시작하는 실질 형태소를 만날 때, 받침이 있을 경우 마지막까지 연음해야 한다.
   예 겉옷 : [거온](×) [거돋](○)
3. '받침 + 이, 야, 여, 요, '유'의 구조일 때는 '연음'을 하거나 'ㄴ을 첨가'하여 발음해 보는 것이 좋다.

4 제16항

1. 규정

제16항 한글 자모의 이름은 그 받침소리를 연음하되, 'ㄷ, ㅈ, ㅊ, ㅋ, ㅌ, ㅍ, ㅎ'의 경우에는 특별히 다음과 같이 발음한다.

디귿이[디그시]	디귿을[디그슬]	디귿에[디그세]	지읒이[지으시]
지읒을[지으슬]	지읒에[지으세]	치읓이[치으시]	치읓을[치으슬]
치읓에[치으세]	키읔이[키으기]	키읔을[키으글]	키읔에[키으게]
티읕이[티으시]	티읕을[티으슬]	티읕에[티으세]	피읖이[피으비]
피읖을[피으블]	피읖에[피으베]	히읗이[히으시]	히읗을[히으슬]
히읗에[히으세]			

참고

제16항 요약

	자음	대표음
①	ㄱ(기역), ㄴ(니은), ㄹ(리을), ㅁ(미음), ㅂ(비읍), ㅅ(시옷), ㅇ(이응),	연음
②	ㅋ(키읔)	[ㄱ]
③	ㄷ(디귿), ㅈ(지읒), ㅊ(치읓), ㅌ(티읕), ㅎ(히읗)	[ㅅ]
④	ㅍ(피읖)	[ㅂ]

2. 특징

(1) [ㅂ]으로 발음하는 경우: '피읖에[피으베]'로 발음하므로 [피으페]로 읽지 않도록 조심하자.

(2) [ㅅ]으로 발음하는 경우: 'ㄷ, ㅈ, ㅊ, ㅌ, ㅎ'의 명칭 '디귿, 지읒, 치읓, 티읕, 히읗'이며, 이들은 조사와 함께 결합할 때 [ㅅ]으로 발음한다.

3. 연습문제

확인문제

5 다음 중 단어의 발음이 옳은 것끼리 묶인 것은?   2016. 서울시 9급
① 디귿이[디그시], 홑이불[혼니불]
② 뚫는[뚤는], 밝히다[발키다]
③ 핥다[할따], 넓죽하다[넙쭉카다]
④ 흙만[흑만], 동원령[동 : 원녕]

>> ①

※ 다음 단어의 표준 발음을 적으시오.					
①	키읔이	[　　　]	④	디귿이	[　　　]
②	피읖이	[　　　]	⑤	치읓이	[　　　]
③	히읗에	[　　　]	⑥	티읕에	[　　　]

>> ① 키으기, ② 피으비, ③ 히으세,
④ 디그시, ⑤ 치으시, ⑥ 티으세

---

05 제5장 음의 동화

1 제17항~제19항

1. 규정

> 제17항 받침 'ㄷ, ㅌ(ㄾ)'이 조사나 접미사의 모음 'ㅣ'와 결합되는 경우에는, [ㅈ, ㅊ]으로 바꾸어서 뒤 음절 첫소리로 옮겨 발음한다.

곧이듣다[고지든따]	굳이[구지]	미닫이[미 : 다지]	땀받이[땀바지]
밭이[바치]	벼훑이[벼훌치]		

붙임 'ㄷ' 뒤에 접미사 '히'가 결합되어 '티'를 이루는 것은 [치]로 발음한다.

굳히다[구치다]	닫히다[다치다]	묻히다[무치다]

> 제18항 받침 'ㄱ(ㄲ, ㅋ, ㄳ, ㄺ), ㄷ(ㅅ, ㅆ, ㅈ, ㅊ, ㅌ, ㅎ), ㅂ(ㅍ, ㄼ, ㄿ, ㅄ)'은 'ㄴ, ㅁ' 앞에서 [ㅇ, ㄴ, ㅁ]으로 발음한다.

먹는[멍는]	국물[궁물]	깎는[깡는]	키읔만[키응만]
몫몫이[몽목씨]	긁는[긍는]	흙만[흥만]	닫는[단는]
짓는[진 : 는]	옷맵시[온맵씨]	있는[인는]	맞는[만는]
젖멍울[전멍울]	쫓는[쫀는]	꽃망울[꼰망울]	붙는[분는]
놓는[논는]	잡는[잠는]	밥물[밤물]	앞마당[암마당]
밟는[밤 : 는]	읊는[음는]	없는[엄 : 는]	

참고

제17항~제19항 요약

	제17항	제18항	제19항
	구개음화	비음화	
종성	ㄷ, ㅌ(ㄾ)	ㄱ, ㄷ, ㅂ	ㅁ, ㅇ
조건	모음 'ㅣ' (조사, 접사)	ㄴ, ㅁ	ㄹ
발음	[ㅈ, ㅊ]	[ㅇ, ㄴ, ㅁ]	[ㄴ]
예	벼훑이 [벼훌치]	흙만 [흥만]	강릉 [강능]
	굳히다 [구치다]	읊는 [음는]	막론 [망논]

주의해야 할 단어
1. 밭-이랑[바치랑] : 구개음화
2. 밭-이랑[반니랑] : 음절의 끝소리 규칙, ㄴ 첨가, 비음화

붙임 두 단어를 이어서 한 마디로 발음하는 경우에도 이와 같다.

책 넣는다[챙넌는다]	흙 말리다[흥말리다]	옷 맞추다[온맏추다]
밥 먹는다[밤멍는다]	값 매기다[감매기다]	

제19항 받침 'ㅁ, ㅇ' 뒤에 연결되는 'ㄹ'은 [ㄴ]으로 발음한다.

담력[담 : 녁]	침략[침 : 냑]	강릉[강능]	항로[항 : 노]
대통령[대 : 통녕]			

붙임 받침 'ㄱ, ㅂ' 뒤에 연결되는 'ㄹ'도 [ㄴ]으로 발음한다.

막론[막논 → 망논]	석류[석뉴 → 성뉴]	협력[협녁 → 혐녁]	법리[법니 → 범니]

2. 특징

(1) 제17항

① 구개음화 : 자음의 조음 위치가 모음의 조음 위치에 동화된 것으로 해석할 수 있다.

② 구개음화의 조건 : 주격 조사 '이' 앞에서도 일어나고 접미사 '-이' 앞에서도 일어난다.

예 밭-이[바치], 굳-이[구지]

(2) 제19항

• 상호 동화 : 'ㄱ ㅂ' 뒤에서는 'ㄹ'이 'ㄴ'으로 바뀐 후 다시 'ㄴ'에 의해 선행하는 'ㄱ ㅂ'이 'ㅇ ㅁ'으로 바뀐다.(주로 한자어에서 찾아볼 수 있음.)

예 막론[막논 → 망논]

3. 연습문제

※ 다음 단어의 표준 발음을 적으시오.					
①	석류	[ ]	④	몫몫이	[ ]
②	협력	[ ]	⑤	묻히다	[ ]
③	핥네	[ ]	⑥	곧이듣다	[ ]

≫① 성뉴, ② 혐녁, ③ 할레,
④ 몽목씨, ⑤ 무치다, ⑥ 고지듣따

세진쌤의 핵심TIP

1. 구개음화 받침 'ㄷ, ㅌ' 확인해야 한다.(축약 후 구개음화)
   예외 굳히다[구치다], 닫히다[다치다], 묻히다[무치다]
2. 상호 동화가 되는 구조를 외워야 한다.
   받침(ㄱ, ㅂ) + ㄹ 구조
3. '비음화'는 '조음 방법'이 바뀌는 음운 변동이고, '구개음화'는 '조음 위치와 조음 방법'이 바뀌는 음운 변동이다.

참고

제19항, 제20항 요약

	제19항		제20항
	비음화	상호 동화	유음화 (비음화)
종성	ㅁ, ㅇ	ㄱ, ㅂ	ㄴ, ㄹ
조건	ㄹ	ㄹ	ㄹ, ㄴ
발음	[ㄴ]	[ㅇ/ㅁ, ㄴ]	[ㄹ] or [ㄴ]
예	강릉 [강능]	석류 [성뉴]	원론 [월론]
예	막론 [망논]	섭리 [섬니]	이원론 [이 : 원논]

'ㄹ' 앞의 'ㄴ'에 대하여

1. 'ㄹ' 앞의 'ㄴ'이 항상 'ㄹ'로 바뀌는 것은 아니다. 경우에 따라서 'ㄴ' 뒤에 있는 'ㄹ'이 'ㄴ'으로 바뀌기도 한다.
   예 의견-란[의 : 견난]
2. 'ㄴ'으로 끝나는 2음절 한자어 뒤에 'ㄹ'로 시작하는 한자가 결합할 때에는 'ㄹ'이 'ㄴ'으로 바뀌는 경향이 강하다.
   예 생산-량[생산냥]

주의해야 할 단어

1. 할는지[할른지]
2. 상견례[상견녜]
3. 이원론[이 : 원논]
4. 공권력[공꿘녁]

2 제20항~제22항

1. 규정

제20항 'ㄴ'은 'ㄹ'의 앞이나 뒤에서 [ㄹ]로 발음한다.

(1) 난로[날 : 로] 신라[실라] 천리[철리] 광한루[광 : 할루] 대관령[대 : 괄령]
(2) 칼날[칼랄] 물난리[물랄리] 줄넘기[줄럼끼] 할는지[할른지]

붙임 첫소리 'ㄴ'이 'ㅀ', 'ㄾ' 뒤에 연결되는 경우에도 이에 준한다.

닳는[달른] 뚫는[뚤른] 핥네[할레]

다만, 다음과 같은 단어들은 'ㄹ'을 [ㄴ]으로 발음한다.

의견란[의 : 견난] 임진란[임 : 진난] 생산량[생산냥] 결단력[결딴녁]
공권력[공꿘녁] 동원령[동 : 원녕] 상견례[상견녜] 횡단로[횡단노]
이원론[이 : 원논] 입원료[이붠뇨] 구근류[구근뉴]

제21항 위에서 지적한 이외의 자음 동화는 인정하지 않는다.

감기[감 : 기](○)/[강 : 기](×) 옷감[옫깜](○)/[옥깜](×)
있고[읻꼬](○)/[익꼬](×) 꽃길[꼳낄](○)/[꼭낄](×)
젖먹이[전머기](○)/[점머기](×) 문법[문뻡](○)/[뭄뻡](×)
꽃밭[꼳빧](○)/[꼽빧](×)

제22항 다음과 같은 용언의 어미는 [어]로 발음함을 원칙으로 하되, [여]로 발음함도 허용한다.

되어[되어/되여] 피어[피어/피여]

붙임 '이오, 아니오'도 이에 준하여 [이요, 아니요]로 발음함을 허용한다.

2. 특징

(1) 제20항

① 유음화: 'ㄾ ㅀ'과 같이 'ㄹ'로 시작하는 겹받침을 가진 어간 뒤의 'ㄴ'은 유음화를 적용한다. 예 닳는[달른], 뚫는[뚤른]

② ㄹ 탈락: 'ㄹ'로 끝나는 용언 어간의 경우는 'ㄴ'으로 시작하는 어미를 만나면 'ㄹ'이 탈락된다. 예 울-+-는 → 우는

(2) 제21항

① 비표준 발음 : '연구개음'의 조음 위치에 동화된 경우이다.
  예 감기[강 : 기](×), 옷감[옥깜](×)

② 비표준 발음 : '양순음'의 조음 위치에 동화된 경우이다.
  예 문법[뭄뻡](×), 꽃밭[꼽빹](×)

(3) 제22항

① 반모음 첨가가 되는 환경
  ㉠ '되-'와 같이 'ㅚ'로 끝나는 용언 어간 전체
    예 되어[되어/되여]
  ㉡ '피-'와 같이 'ㅣ'로 끝나는 용언 어간 전체
    예 피어[피어/피여]
  ㉢ '뛰-'와 같이 'ㅟ'로 끝나는 용언 어간 전체
    예 뛰어[뛰어/뛰여]

② 반모음이 첨가되지 않는 환경
  ㉠ '깨-, 패-'와 같이 'ㅐ'로 끝나는 용언 어간 뒤
    예 깨어[깨어], 패어[패어]
  ㉡ '데-, 세-'와 같이 'ㅔ'로 끝나는 용언 어간 뒤
    예 데어[데어], 세어[세어]

③ '폐어'라는 단어 발음도 조심해야 한다.
  예 폐어[폐어/폐여/페어/페여]

3. 연습문제

※ 다음 단어의 표준 발음을 적으시오.

①	닳는	[ ]	④	꽃길	[ ]
②	할는지	[ ]	⑤	새어	[ ]
③	횡단로	[ ]	⑥	아니오	[ ]

≫ ① 달른, ② 할른지, ③ 횡단노,
④ 꼳낄, ⑤ 새어, ⑥ 아니오/아니요

세진쌤의 **핵심TIP**

1. 'ㄴ'으로 끝나는 2음절 한자어 뒤에 'ㄹ'로 시작하는 한자가 결합할 때 조심해야 한다. 특히 '공권-력, 상견-례, 이원-론'은 외워야 한다.
2. 반모음 첨가 되는 경우인 'ㅣ, ㅚ, ㅟ' 환경은 외워야 한다.
3. 'ㅚ'로 구성된 단어의 발음은 [ㅚ/ㅔ]도 되므로 조심해야 한다.
  예 되어[되어/되여/뒈어/뒈여]

확인문제

6 밑줄 친 부분의 발음이 현행 『표준 발음법』에서 표준 발음으로 인정되지 않는 것은? (단, 'ː'은 장모음 표시임.) 2019. 서울시 9급
① 비가 많이 내려서 물난리[물랄리]가 났다.
② 그는 줄곧 신문[심문]만 읽고 있었다.
③ 겨울에는 보리를 밟는다[밥ː는다].
④ 날씨가 벌써 한여름[한녀름]과 같다.
≫ ②

7 표준 발음법상 'ㄹ'의 발음이 동일한 것들을 바르게 묶은 것은? 2018. 서울시 7급
① 상견례, 의견란, 백리
② 임진란, 공권력, 광한루
③ 대관령, 입원료, 협력
④ 동원령, 구근류, 난로
≫ ①

06 ## 제6장 경음화

1 제23항~제25항

1. 규정

참고

제23항~제25항 요약

	제23항	제24항	제25항
	100%	용언의 어간	
종성	ㄱ, ㄷ, ㅂ	ㄴ(ㄵ), ㅁ(ㄻ)	ㄼ, ㄾ
조건	ㄱ, ㄷ, ㅂ, ㅅ, ㅈ	ㄱ, ㄷ, ㅅ, ㅈ	
발음	[ㄲ, ㄸ, ㅃ, ㅆ, ㅉ]	[ㄲ, ㄸ, ㅆ, ㅉ]	
예	있던 [읻떤]	신고 [신 : 꼬]	넓게 [널께]
	읊조리다 [읍쪼리다]	신기다 [신기다]	알게 [알 : 게]

주의해야 할 단어
1. 신기다[신기다]
2. 웃기다[욷끼다]
3. 신-과[신꽈], 삶-과[삼 : 꽈]
4. 여덟-도[여덜도]
5. 안대[안 : 때], 안대[안 : 다](=알다)

> **제23항** 받침 'ㄱ(ㄲ, ㅋ, ㄳ, ㄺ), ㄷ(ㅅ, ㅆ, ㅈ, ㅊ, ㅌ), ㅂ(ㅍ, ㄼ, ㄿ,ㅄ)' 뒤에 연결되는 'ㄱ, ㄷ, ㅂ, ㅅ, ㅈ'은 <u>된소리</u>로 발음한다.

국밥[국빱]	깎다[깍따]	넋받이[넉빠지]	삯돈[삭똔]
닭장[닥짱]	칡범[칙뻠]	뻗대다[뻗때다]	옷고름[옫꼬름]
있던[읻떤]	꽂고[꼳꼬]	꽃다발[꼳따발]	낯설다[낟썰다]
밭갈이[받까리]	솥전[솓쩐]	곱돌[곱똘]	덮개[덥깨]
옆집[엽찝]	넓죽하다[넙쭈카다]	읊조리다[<u>읍쪼리다</u>]	값지다[갑찌다]

> **제24항** <u>어간</u> 받침 'ㄴ(ㄵ), ㅁ(ㄻ)' 뒤에 결합되는 <u>어미</u>의 첫소리 'ㄱ, ㄷ, ㅅ, ㅈ'은 된소리로 발음한다.

신고[신 : 꼬]	껴안다[껴안따]	앉고[안꼬]	얹다[언따]
삼고[삼 : 꼬]	더듬지[더듬찌]	닮고[담 : 꼬]	젊지[점 : 찌]

다만, 피동, 사동의 접미사 '-기-'는 된소리로 발음하지 않는다.

안기다	감기다	굶기다	옮기다

> **제25항** <u>어간</u> 받침 'ㄼ, ㄾ' 뒤에 결합되는 <u>어미</u>의 첫소리 'ㄱ, ㄷ, ㅅ, ㅈ'은 된소리로 발음한다.

넓게[널께]	핥다[할따]	훑소[훌쏘]	떫지[떨 : 찌]

확인문제

8 밑줄 친 부분이 『표준 발음법』에 맞지 않는 것은? 2014. 지방직 9급
① 색연필[생년필] 사러 문방구에 갔다 올게요.
② 불볕더위[불볃더위]가 연일 기승을 부리고 있다.
③ 너도 그렇게 차려입으니 옷맵시[온맵씨]가 난다.
④ 서점 가는 길에 식용유[시굥뉴]도 좀 사 오너라.
≫ ②

2. 특징

(1) **용언 어간 + 피동, 사동 접미사**: 된소리가 일어나지 않는 것이 표준 발음이다.
예 감기다[감기다], 신기다[신기다]

(2) **체언**: '신'과 '여덟'과 같이 체언 뒤에서는 경음화가 일어나지 않는다.
예 신과[신과], 여덟도[여덜도]

(3) **'ㄹ' 말음으로 끝나는 용언**: 해당 어간 뒤에서는 경음화가 일어나지 않는다.
예 울지[울 : 지](=울다)

3. 연습문제

※ 다음 단어의 표준 발음을 적으시오.					
①	뻗대다	[ ]	④	옳소	[ ]
②	신기다	[ ]	⑤	훑소	[ ]
③	밭갈이	[ ]	⑥	껴안다	[ ]

>> ① 뻗때다, ② 신기다, ③ 받까리,
④ 올쏘, ⑤ 훌쏘, ⑥ 껴안따

세진쌤의 핵심TIP

1. 표기가 아닌 발음에서 '받침 ㄱ, ㄷ, ㅂ'은 다음의 'ㄱ, ㄷ, ㅂ, ㅅ, ㅈ'은 100% 경음화가 적용된다.
2. 어간 받침 ㄴ(ㄵ), ㅁ(ㄻ) 뒤의 'ㄱ, ㄷ, ㅅ, ㅈ'은 된소리로 발음해야 한다.
   예 안다[안 : 따], 앉다[안따], 삼다[삼 : 따], 삶다[삼 : 따]
3. 어간 받침 ㄴ(ㄵ), ㅁ(ㄻ) + 피동사동 접미사 '-기-'는 된소리로 발음하지 않는다.
   예 신기다[신기다]
4. 어간 받침 'ㄼ, ㄾ' 뒤의 'ㄱ, ㄷ, ㅅ, ㅈ'은 된소리로 발음해야 한다.
   예 넓다[널때], 핥다[할따]
   (비교) 삶다[삼 : 따], 읊다[읍따], 긁다[극따], 밟다[밥 : 따]

2 제26항~제28항

1. 규정

제26항 한자어에서, 'ㄹ' 받침 뒤에 연결되는 'ㄷ, ㅅ, ㅈ'은 된소리로 발음한다.

갈등[갈뜽]	발동[발똥]	절도[절또]	말살[말쌀]
불소[불쏘](弗素)	일시[일씨]	몰상식[몰쌍식]	불세출[불쎄출]
갈증[갈쯩]	물질[물찔]	발전[발쩐]	

다만, 같은 한자가 겹쳐진 단어의 경우에는 된소리로 발음하지 않는다.

허허실실[허허실실](虛虛實實)	절절-하다[절절하다](切切-)

제27항 관형사형 '-(으)ㄹ' 뒤에 연결되는 'ㄱ, ㄷ, ㅂ, ㅅ, ㅈ'은 된소리로 발음한다.

할 것을[할꺼슬]	갈 데가[갈떼가]	할 바를[할빠를]	할 수는[할쑤는]
할 적에[할쩌게]	갈 곳[갈꼳]	할 도리[할또리]	만날 사람[만날싸람]

다만, 끊어서 말할 적에는 예사소리로 발음한다.

붙임 '-(으)ㄹ'로 시작되는 어미의 경우에도 이에 준한다.

| 할걸[할껄] | 할밖에[할빠께] | 할세라[할쎄라] | 할수록[할쑤록] |
| 할지라도[할찌라도] | 할지언정[할찌언정] | 할진대[할찐대] | |

> **제28항** 표기상으로는 사이시옷이 없더라도, 관형격 기능을 지니는 사이시옷이 있어야 할(휴지가 성립되는) 합성어의 경우에는, 뒤 단어의 첫소리 'ㄱ, ㄷ, ㅂ, ㅅ, ㅈ'을 된소리로 발음한다.

문-고리[문꼬리]	눈-동자[눈똥자]	신-바람[신빠람]	산-새[산쌔]
손-재주[손째주]	길-가[길까]	물-동이[물똥이]	발-바닥[발빠닥]
굴-속[굴 : 쏙]	술-잔[술짠]	바람-결[바람껼]	그믐-달[그믐딸]
아침-밥[아침빱]	잠-자리[잠짜리]	강-가[강까]	초승-달[초승딸]
등-불[등뿔]	창-살[창쌀]	강-줄기[강쭐기]	

2. 특징

(1) 제26항

① 한자어 'ㄷ, ㅅ, ㅈ'만 경음화 : 'ㄱ'이나 'ㅂ'과 같이 입안의 중앙이 아닌 양 끝에서 나는 자음에서는 경음화가 일어나지 않는다.
　예 갈구[갈구], 출발[출발]

(2) 제27항

① 관형사형 전성 어미 '-(으)ㄹ' : 된소리가 나는 구조는 다음과 같다.
　ⓐ 관형사형 어미 '-(으)ㄹ' 뒤 + 명사
　　예 할 것을[할꺼슬], 갈 데가[갈떼가]
　ⓑ 관형사형 어미 '-(으)ㄹ' 뒤 + 보조 용언
　　예 할 듯하다[할뜨타다], 할 성싶다[할썽십따]

(3) 제28항

① 합성 명사, 사잇소리 현상(된소리) : 앞의 명사가 뒤의 명사의 '시간, 장소, 용도, 기원(또는 소유)'과 같은 의미를 나타낼 때 '관형격 기능'을 지닌다고 할 수 있으며, 이런 경우 경음화가 잘 일어난다.
　예 그믐달[그믐딸](시간), 길가[길까](장소),
　　술잔[술짠](용도), 강줄기[강쭐기](기원)

② 주의해야 할 단어
　ⓐ 가을고치[가을고치], 민물송어[민물송어], 운동자금[운 : 동자금], 콩기름[콩기름]
　ⓑ 물불[물불], 손발[손발], 돌부처[돌 : 부처], 콩밥[콩밥], 물장난[물장난], 불고기[불고기]

참고

주의해야 할 단어 ①

번호	단어	원칙	허용
①	관건(關鍵)	[관건]	[관껀]
②	교과서(敎科書)	[교:과서]	[교:꽈서]
③	김-밥	[김 : 밥]	[김 : 빱]
④	불법(不法)	[불법]	[불뻡]
⑤	안-간힘	[안깐힘]	[안간힘]
⑥	인-기척(人氣척)	[인끼척]	[인기척]
⑦	효과(效果)	[효 : 과]	[효 : 꽈]

주의해야 할 단어 ②
1. 반창-고(絆瘡膏)[반창고]
2. 유리-잔(琉璃盞)[유리잔]

주의해야 할 단어 ③
1. 날-짐승[날찜승]
2. 몰-상식(沒常識)[몰쌍식]
3. 속임-수(속임數)[소김쑤]
4. 손-사래[손싸래]
5. 할밖에[할빠께]

3. 연습문제

※ 다음 단어의 표준 발음을 적으시오.					
①	할걸	[ ]	④	산새	[ ]
②	발바닥	[ ]	⑤	굴속	[ ]
③	물장난	[ ]	⑥	눈동자	[ ]

≫① 할껄, ② 발빠닥, ③ 물장난,
④ 산쌔, ⑤ 굴 : 쏙, ⑥ 눈똥자

세진쌤의 핵심TIP

1. 관형사형 전성어미 '-(으)ㄹ' + 명사(ㄱ, ㄷ, ㅂ, ㅅ) → 된소리로 발음할 수 있다.
2. 한자어 'ㄹ' 받침 뒤 + 'ㄷ, ㅅ, ㅈ' → 된소리로 발음할 수 있다.
3. 표기상으로는 사이시옷이 없더라도, 관형격 기능을 지니는 사이시옷이 있어야 할(휴지가 성립되는) 합성어의 경우 조심!!
   예 손-재주[손째주], 술-잔[술짠], 아침-밥[아침빱], 등-불[등뿔]

07 제7장 음의 첨가

1 제29항

1. 규정

제29항 합성어 및 파생어에서, 앞 단어나 접두사의 끝이 자음이고 뒤 단어나 접미사의 첫음절이 '이, 야, 여, 요, 유'인 경우에는, 'ㄴ' 음을 첨가하여 [니, 냐, 녀, 뇨, 뉴]로 발음한다.

솜-이불[솜 : 니불]	홑-이불[혼니불]	막-일[망닐]	삯-일[상닐]
맨-입[맨닙]	꽃-잎[꼰닙]	내복-약[내 : 봉냑]	한-여름[한녀름]
남존-여비[남존녀비]	신-여성[신녀성]	색-연필[생년필]	직행-열차[지캥녈차]
늑막-염[능망념]	콩-엿[콩녇]	담-요[담 : 뇨]	눈-요기[눈뇨기]
영업-용[영엄뇽]	식용-유[시굥뉴]	백분-율[백뿐뉼]	밤-윷[밤 : 뉻]

다만, 다음과 같은 말들은 'ㄴ' 음을 첨가하여 발음하되, 표기대로 발음할 수 있다.

이죽-이죽[이중니죽/이주기죽]	야금-야금[야금냐금/야그먀금]
검열[검 : 녈/거 : 멸]	욜랑-욜랑[욜랑뇰랑/욜랑욜랑]
금융[금늉/그뮹]	

참고

제29항, 제30항 요약

구분	제29항	제30항
	ㄴ 첨가	사이시옷
단어	합성어, 파생어	합성어
받침	○	✕ (모음으로 끝남)
조건	이, 야, 여, 요, 유	된소리 → ㄱ, ㄷ, ㅂ, ㅅ, ㅈ
		ㄴ덧남 → ㄴ, ㅁ
		ㄴㄴ덧남 → 이, 야, 여, 요, 유
예	물-약 [물략]	냇-가[내 : 까/낻 : 까]
		아랫-니[아랜니]
	독약 [도갹]	나뭇-잎[나문닙]

주의해야 할 단어 ①

번호	단어	원칙 ㄴ첨가	허용 연음
①	검열	[검 : 녈]	[거 : 멸]
②	금융	[금늉]	[그뮹]
③	밤-이슬	[밤니슬]	[바미슬]
④	연-이율	[연니율]	[여니율]

주의해야 할 단어 ② (연음)
1. 독약[도갹]
2. 담임[다밈]
3. 선열[서널]
4. 절약[저략]
5. 몰-인정[모린정]
6. 불-일치[부릴치]
7. 한국-인[한 : 구긴]
8. 경축-일[경 : 추길]
9. 송별-연[송 : 벼련]
10. 그림-일기[그 : 리밀기]

주의해야 할 단어 ③ (첨가, 유음화)
1. 설-익다[설릭따]

주의해야 할 단어 ④ (첨가, 비음화)
1. 늑막-염[능망념]

붙임 1 'ㄹ' 받침 뒤에 첨가되는 'ㄴ' 음은 [ㄹ]로 발음한다.

들-일[들 : 릴]	솔-잎[솔립]	설-익다[설릭따]	물-약[물략]
불-여우[불려우]	서울-역[서울력]	물-엿[물렫]	휘발-유[휘발류]
유들-유들[유들류들]			

붙임 2 두 단어를 이어서 한 마디로 발음하는 경우에도 이에 준한다.

한 일[한닐]	옷 입다[온닙따]	서른여섯[서른녀섣]	3 연대[삼년대]
먹은 엿[머근녇]	할 일[할릴]	잘 입다[잘립따]	스물여섯[스물려섣]
1 연대[일련대]	먹을 엿[머글렫]		

다만, 다음과 같은 단어에서는 'ㄴ(ㄹ)' 음을 첨가하여 발음하지 않는다.

6·25[유기오]	3·1절[사밀쩔]	송별-연[송 : 벼련]	등-용문[등용문]

2. 특징

(1) 문법적 측면 vs. 소리의 측면

① **문법적 측면** : 뒷말이 '어휘적인 의미'를 나타내는 경우가 대부분이다. '영업용'과 같이 접미사 '-용'이 결합한 경우에도 'ㄴ'이 첨가되지만, 이때의 '-용'은 <u>어휘적인 의미</u>를 강하게 지닌다.

② **소리의 측면** : 앞말은 자음으로 끝나고 뒷말은 단모음 '이' 또는 이중 모음 '야, 여, 요, 유'로 시작해야 한다. 이때 첨가되는 'ㄴ'은 뒷말의 첫소리에 놓인다.

(2) 다양한 조건

① '얘, 예'와 같이 반모음 'ㅣ[j]'로 시작하는 모든 이중 모음 앞 : 'ㄴ'이 첨가된다.
   예 슬픈 얘기[슬픈내기], 먼 옛날[먼 : 녠날]

② 앞말의 마지막 자음이 'ㄹ'일 경우 : 첨가된 'ㄴ'이 실제로는 [ㄹ]로 발음된다. 이것은 'ㄴ'이 첨가된 후 앞선 'ㄹ'에 동화가 일어난 결과이다.(유음화)
   예 물-약[물략]

③ 'ㄴ'의 첨가는 항상 적용되지는 않는다.
   예 이죽-이죽[이중니죽/이주기죽], 송별-연[송 : 벼련]

④ 'ㄴ' 첨가가 일어나지 않는 경우

번호	조건	예
①	접두사가 결합한 경우	몰인정[모린정], 불일치[부릴치] 등
②	합성어의 경우	독약[도갹], 그림일기[그 : 리밀기] 등
③	구 구성의 경우	작품 이름[작푸미름], 아침 인사[아치민사] 등
④	한자 계열의 접미사가 결합한 경우	한국인[한 : 구긴], 경축일[경 : 추길] 등

3. 연습문제

※ 다음 단어의 표준 발음을 적으시오.

①	막일	[ ]	④	설익다	[ ]
②	늑막염	[ ]	⑤	남존여비	[ ]
③	유들유들	[ ]	⑥	서른여섯	[ ]

>> ① 망닐, ② 능망념, ③ 유들류들,
④ 설릭따, ⑤ 남존녀비, ⑥ 서른녀섣

세진쌤의 핵심TIP

1. '합성어 및 파생어' 앞 단어나 접두사의 끝이 자음 + '이, 야, 여, 요, 유'(단어, 접미사) → ㄴ 첨가, [니, 냐, 녀, 뇨, 뉴]
2. (1) 'ㄱ, ㄷ, ㅂ' + '이, 야, 여, 요, 유' → ㄴ 첨가, 비음화
   (2) 'ㄹ' + '이, 야, 여, 요, 유' → ㄴ 첨가, 유음화
3. 해당 환경일 때는 '① ㄴ 첨가'이거나 '② 연음'으로 발음이 되는데, 둘 다 발음할 때는 모두 외워야 한다.

2 제30항

1. 규정

제30항 사이시옷이 붙은 단어는 다음과 같이 발음한다.

(1) 'ㄱ, ㄷ, ㅂ, ㅅ, ㅈ'으로 시작하는 단어 앞에 사이시옷이 올 때는 이들 자음만을 된소리로 발음하는 것을 원칙으로 하되, 사이시옷을 [ㄷ]으로 발음하는 것도 허용한다.

냇가[내 : 까/낻 : 까]   샛길[새 : 낄/샏 : 낄]   빨랫돌[빨래똘/빨랟똘]
콧등[코뜽/콛뜽]   깃발[기빨/긷빨]   대팻밥[대 : 패빱/대 : 팯빱]
햇살[해쌀/핻쌀]   뱃속[배쏙/밷쏙]   뱃전[배쩐/밷쩐]
고갯짓[고개찓/고갣찓]

(2) 사이시옷 뒤에 'ㄴ, ㅁ'이 결합되는 경우에는 [ㄴ]으로 발음한다.

콧날[콛날 → 콘날]   아랫니[아랟니 → 아랜니]
툇마루[퇻 : 마루 → 퇸 : 마루]   뱃머리[밷머리 → 밴머리]

(3) 사이시옷 뒤에 '이' 음이 결합되는 경우에는 [ㄴㄴ]으로 발음한다.

베갯잇[베갣닏 → 베갠닏]   깻잎[깯닙 → 깬닙]
나뭇잎[나묻닙 → 나 묻닙]   도리깻열[도리깯녈 → 도리깬녈]
뒷윷[뒫 : 늍 → 뒨 : 늍]

참고

'사이시옷'을 적을 때 구조
1. 우리말 + 우리말
2. 우리말 + 한자어
3. 한자어 + 우리말
4. 사이시옷을 쓸 수 있는 한자어(2음절 6개): 곳간, 셋방, 툇간, 횟수, 숫자, 찻간

확인문제

12 『표준 발음법』에 따라 옳지 않은 것은?   2022. 서울시 9급
① 금융[금늉/그뮹]
② 샛길[새 : 낄/샏 : 낄]
③ 나뭇잎[나문닙/나무닙]
④ 이죽이죽[이중니죽/이주기죽]
>> ③

2. 특징

(1) '된소리' 덧남

① '사이시옷 + ㄱ, ㄷ, ㅂ, ㅅ, ㅈ'의 구조로 되어 있다.

② 'ㄷ'이 첨가되는 경우로 사이시옷이 [ㄷ]으로 발음된 것이다.

③ 사이시옷은 [ㄷ]으로 발음하는 경우와 사이시옷을 발음하지 않는 경우 모두 표준 발음으로 인정하되, 발음하지 않는 쪽을 원칙으로 삼고 [ㄷ]으로 발음하는 것도 허용하고 있다(표준 발음 2개).

> 예 깃발 : [기빨]이 원칙이고, [긷빨]도 허용하는 것이다.

(2) 'ㄴ 소리' 덧남

① '사이시옷 + ㄴ, ㅁ'의 구조로 되어 있다.

② 'ㄴ'이 첨가되는 경우로 사이시옷이 음절 종성에서 [ㄷ]으로 바뀐 후 뒤에 오는 비음에 동화된 결과이다.

③ 해당 조항의 경우 사이시옷을 반드시 [ㄷ]으로 발음해야만 'ㄴ'으로 동화될 수 있다는 점에서 차이가 있다.

> 예 콧날[콛날 → 콘날]

(3) 'ㄴㄴ 소리' 덧남

① '사이시옷 + 이, 야, 여, 요, 유'의 구조로 되어 있다.

② 'ㄴㄴ'이 첨가되는 경우로 뒷말이 '이' 또는 반모음 'ㅣ[j]'로 시작해야 한다는 조건이 있다.

③ 사이시옷이 먼저 첨가된 후 'ㄴ'이 첨가되고, 다시 자음 동화를 거친 결과 'ㄴㄴ'으로 발음되는 것이다.

> 예 베갯잇[베갣닏 → 베갠닏]

3. 연습문제

※ 다음 단어의 표준 발음을 적으시오.					
①	깃발	[ ]	④	놀잇감	[ ]
②	훗일	[ ]	⑤	베갯잇	[ ]
③	툇마루	[ ]	⑥	뱃머리	[ ]

>> ① 기빨/긷빨, ② 훈 : 닐, ③ 퇸 : 마루/퇜 : 마루,
④ 노리깜/노릳깜, ⑤ 베갠닏, ⑥ 밴머리

세진쌤의 핵심TIP

1. 합성 명사인지 확인해 본다.
2. '사이시옷'을 중심으로 '우리말 + 우리말' 구조인지, '우리말 + 한자어' 구조인지 확인해 본다.
3. '사잇소리 현상'인 '된소리, ㄴ 소리 덧남, ㄴㄴ 소리 덧남'을 확인해 본다.
4. 한자어는 2음절 중 6개만 사이시옷을 쓸 수 있다.(차퇴고, 세수회!)
5. 사이시옷 다음에 '거센소리, 된소리'가 있을 경우, 사이시옷을 쓸 수 없다.
6. 파생어는 사이시옷을 쓸 수 없다.
7. '한자어+한자어'로 이루어진 구조는 사잇소리 현상이 있다고 하더라도 사이시옷을 쓸 수 없다.(단, 2음절 한자어 6개 제외)

01 표기의 기본 원칙

제1항 국어의 로마자 표기는 국어의 <u>표준 발음법</u>에 따라 적는 것을 원칙으로 한다.

제2항 로마자 이외의 부호는 되도록 사용하지 않는다.

02 표기 일람

1 제1항

1. 규정

제1항 모음은 다음 각호와 같이 적는다.

(1) 단모음

단모음	ㅏ	ㅓ	ㅗ	ㅜ	ㅡ
로마자	a	<u>eo</u>	o	u	<u>eu</u>

단모음	ㅣ	ㅐ	ㅔ	ㅚ	ㅟ
로마자	i	ae	e	<u>oe</u>	<u>wi</u>

(2) 이중 모음

이중 모음	ㅑ	ㅕ	ㅛ	ㅠ	ㅐ	ㅖ
로마자	ya	<u>yeo</u>	yo	yu	yae	ye

이중 모음	ㅘ	ㅙ	ㅝ	ㅞ	ㅢ
로마자	wa	wae	<u>wo</u>	we	<u>ui</u>

참고

단모음 체계

구분	전설 모음		후설 모음	
고모음	ㅣ	ㅟ	ㅡ	ㅜ
로마자	i	wi	eu	u
중모음	ㅔ	ㅚ	ㅓ	ㅗ
로마자	e	oe	eo	o
저모음	ㅐ	✕	ㅏ	✕
로마자	ae		a	

붙임 1 'ㅢ'는 'ㅣ'로 소리 나더라도 ui로 적는다.

번호	단어	발음	로마자
①	광희문	[광히문]	Gwanghuimun

붙임 2 장모음의 표기는 따로 하지 않는다.

2. 특징

(1) 단모음

① 영어 'a, e, i, o, u'에 따라 'ㅏ, ㅔ, ㅣ, ㅗ, ㅜ'를 연상하면 외우기 쉽다.

② 'ㅚ'와 'ㅟ'는 규칙이 없으므로 'oe, wi'라고 별도로 외워야 한다.

③ 'ㅡ'도 규칙이 없으므로 'eu'라고 별도로 외워야 한다.

④ 'ㅓ'와 'ㅚ'는 로마자가 반대이다.(eo vs. oe)

⑤ 'ㅟ'는 이중 모음처럼 'w'를 쓴다.

(2) 이중 모음

① 'ㅢ'는 발음이 [ㅣ]로 나더라도 'ui'로 적어야 한다.

② 'ㅘ, ㅙ, ㅝ, ㅞ'는 모두 'w'로 표기해야 한다.

③ 'ㅝ'는 'weo'가 아니라 'wo'이다.

3. 연습문제

※ 다음 모음의 로마자를 적으시오.				
①	ㅓ		④	ㅡ	
②	ㅚ		⑤	ㅔ	
③	ㅟ		⑥	ㅏ	

>> ① eo, ② oe, ③ wi,
④ eu, ⑤ e, ⑥ a

2 제2항

1. 규정

제2항 자음은 다음 각호와 같이 적는다.

(1) 파열음

구분	ㄱ		ㄲ		ㅋ	
위치	초성	종성	초성	종성	초성	종성
로마자	g	k	kk	–	k	–

구분	ㄷ		ㄸ		ㅌ	
위치	초성	종성	초성	종성	초성	종성
로마자	d	t	tt	–	t	–

구분	ㅂ		ㅃ		ㅍ	
위치	초성	종성	초성	종성	초성	종성
로마자	b	p	pp	–	p	–

(2) 파찰음

구분	ㅈ		ㅉ		ㅊ	
위치	초성	종성	초성	종성	초성	종성
로마자	j	–	jj	–	ch	–

(3) 마찰음

구분	ㅅ		ㅆ		ㅎ	
위치	초성	종성	초성	종성	초성	종성
로마자	s	–	ss	–	h	–

(4) 비음

구분	ㄴ		ㅁ		ㅇ	
위치	초성	종성	초성	종성	초성	종성
로마자	n	–	m	–	ng	–

(5) 유음

구분	ㄹ		ㄹㄹ	
위치	초성	종성	초성	종성
로마자	r	l	l	l

붙임 1 'ㄱ, ㄷ, ㅂ'은 모음 앞에서는 'g, d, b'로, 자음 앞이나 어말에서는 'k, t, p'로 적는다.([ ] 안의 발음에 따라 표기함.)

번호	단어	발음	로마자
①	구미	[구미]	Gumi
②	영동	[영 : 동]	Yeongdong
③	백암	[배감]	Baegam
④	옥천	[옥천]	Okcheon
⑤	합덕	[합떡]	Hapdeok
⑥	호법	[호 : 법]	Hobeop
⑦	월곶	[월곧]	Wolgot
⑧	벗꽃	[벋꼳]	beotkkot
⑨	한밭	[한받]	Hanbat

붙임 2 '르'은 모음 앞에서는 '<u>r</u>'로, 자음 앞이나 어말에서는 '<u>l</u>'로 적는다. 단, 'ㄹㄹ'은 '<u>ll</u>'로 적는다.

번호	단어	발음	로마자
①	구리	[구리]	G<u>ur</u>i
②	설악	[서락]	Seo<u>r</u>ak
③	칠곡	[칠곡]	Chilgok
④	임실	[임 : 실]	Im<u>s</u>il
⑤	울릉	[울릉]	U<u>ll</u>eung
⑥	대관령	[대 : 괄령]	Daegwa<u>ll</u>yeong

2. 특징

(1) 파열음

① ㄱ, ㄷ, ㅂ : 초성과 종성 발음을 주의하며 로마자를 구별하여 적어야 한다.

② ㄲ, ㅋ : 종성에서 [ㄱ]으로 발음이 바뀌므로, 초성에만 나타난다.

③ ㄱ, ㅋ : 종성의 'ㄱ'과 초성의 'ㅋ'의 로마자는 'k'로 같다.

(2) 파찰음

① ㅈ, ㅉ, ㅊ : 종성에서 [ㄷ]으로 발음이 바뀌므로, 모두 초성에만 나타난다.

② ㅊ : 'ㅈ'과 아예 다른 표기를 쓴다. 'j'와 'ch' 차이를 인지해야 한다.

(3) 마찰음

ㅅ, ㅆ, ㅎ : 종성에서 [ㄷ]으로 발음이 바뀌므로, 모두 초성에만 나타난다.

(4) 유음

① r, l : 'ㄹ'과 관련된 문자는 총 2개이므로, 초성과 종성을 구별하여 쓴다.

② 단, 유음화로 인해 'ㄹㄹ'로 바뀌거나 표기 자체가 'ㄹㄹ'일 경우 'll'로 써야 한다.

3. 연습문제

※ 다음 자음의 로마자를 적으시오.					
①	ㄲ		④	ㅆ	
②	ㅌ		⑤	ㄹ	
③	ㅍ		⑥	ㅎ	

>> ① kk, ② t, ③ p,
④ ss, ⑤ r, l, ⑥ h

※ 다음 단어의 로마자를 적으시오.

①	설악		④	벗꽃	
②	백암		⑤	광희문	
③	월곶		⑥	대관령	

>> ① Seorak, ② Baegam, ③ Wolgot,
④ beotkkot, ⑤ Gwanghuimun, ⑥ Daegwallyeong

03 표기상 유의점

1 제1항

1. 규정

제1항 음운 변화가 일어날 때에는 변화의 결과에 따라 다음 각호와 같이 적는다.

(1) 자음 사이에서 동화 작용이 일어나는 경우

번호	단어	발음	로마자
①	백마	[뱅마]	Baengma
②	신문로	[신문노]	Sinmunno
③	종로	[종노]	Jongno
④	왕십리	[왕심니]	Wangsimni
⑤	별내	[별래]	Byeollae
⑥	신라	[실라]	Silla

(2) 'ㄴ, ㄹ'이 덧나는 경우

번호	단어	발음	로마자
①	학여울	[항녀울]	Hangnyeoul
②	알약	[알략]	allyak

(3) 구개음화가 되는 경우

번호	단어	발음	로마자
①	해돋이	[해도지]	haedoji
②	같이	[가치]	gachi
③	굳히다	[구치다]	guchida

참고

음운 변동 정리

		음운 변동	로마자
교체		1. 음절 끝소리 규칙	○
		2. 경음화(된소리되기)	×
		3. 비음화(상호동화)	○
		4. 유음화	○
		5. 구개음화	○
탈락		1. 자음군 단순화	○
		2. ㅎ 탈락	○
축약	자음 축약	체언 ○	×
		체언 ×	○
첨가		1. ㄴ 첨가	○
		2. 사이시옷 표기	○

(4) 'ㄱ, ㄷ, ㅂ, ㅈ'이 'ㅎ'과 합하여 거센소리로 소리 나는 경우

번호	단어	발음	로마자
①	좋고	[조코]	joko
②	놓다	[노타]	nota
③	잡혀	[자펴]	japyeo
④	낳지	[나치]	nachi

다만, 체언에서 'ㄱ, ㄷ, ㅂ' 뒤에 'ㅎ'이 따를 때에는 'ㅎ'을 밝혀 적는다.

번호	단어	발음	로마자
①	묵호	[무코]	Mukho
②	집현전	[지편전]	Jiphyeonjeon

붙임 된소리되기는 표기에 반영하지 않는다.

번호	단어	발음	로마자
①	압구정	[압꾸정]	Apgujeong
②	낙동강	[낙똥강]	Nakdonggang
③	죽변	[죽뼌]	Jukbyeon
④	낙성대	[낙썽대]	Nakseongdae
⑤	합정	[합쩡]	Hapjeong
⑥	팔당	[팔땅]	Paldang
⑦	샛별	[새ː뼐/샏ː뼐]	②saetbyeol
⑧	울산	[울싼]	Ulsan

2. 특징

(1) 경음화

① ㄲ, ㄸ, ㅃ, ㅆ, ㅉ : 표기 자체를 '된소리'로 할 때, 'kk, tt, pp, ss, jj'와 같이 쓸 수 있다.

② 표기와 달리 발음에서 벌어진 일은 표기에 반영하지 않는다.

(2) 축약

① '체언'일 때에만 자음 축약으로 소리가 난다고 하더라도 표기에 반영하지 않는다.

② '체언'이 아닌 용언에서 벌어질 때는 표기에 모두 반영한다.

3. 연습문제

※ 다음 단어의 로마자를 적으시오.					
①	별내		④	낙성대	
②	해돋이		⑤	집현전	
③	신문로		⑥	학여울	

>> ① Byeollae, ② haedoji, ③ Sinmunno,
④ Nakseongdae, ⑤ Jiphyeonjeon, ⑥ Hangnyeoul

2 제2항~제4항

1. 규정

제2항 발음상 혼동의 우려가 있을 때에는 음절 사이에 붙임표(-)를 쓸 수 있다.

번호	단어	로마자
①	중앙	Jung-ang
②	반구대	Ban-gudae
③	세운	Se-un
④	해운대	Hae-undae

제3항 고유 명사는 첫 글자를 대문자로 적는다.

번호	단어	로마자
①	부산	Busan
②	세종	Sejong

제4항 인명은 성과 이름의 순서로 띄어 쓴다. 이름은 붙여 쓰는 것을 원칙으로 하되 음절 사이에 붙임표(-)를 쓰는 것을 허용한다.( ) 안의 표기를 허용함.)

번호	단어	로마자
①	민용하	Min Yongha (Min Yong-ha)
②	송나리	Song Nari (Song Na-ri)

(1) 이름에서 일어나는 음운 변화는 표기에 반영하지 않는다.

번호	단어	로마자
①	한복남	Han Boknam (Han Bok-nam)
②	홍빛나	Hong Bitna (Hong Bit-na)

(2) 성의 표기는 따로 정한다.

2. 특징

(1) 고유 명사는 무조건 '대문자'로 시작한다.

(2) 로마자를 연이어 쓸 때 혼동되는 부분이 있으면 '붙임표'를 쓴다.

(3) '이름'은 '성과 이름의 순서로' 띄어쓰기, 단, '이름'은 붙여 써야 한다.

(4) 성과 이름 첫 로마자는 '대문자'로 써야 한다.

확인문제

4 『로마자 표기법』에 관한 다음 규정이 적용된 것은? 2018. 국가직 9급

> 발음상 혼동의 우려가 있을 때에는 음절 사이에 붙임표(-)를 쓸 수 있다.

① 독도 Dok-do
② 반구대 Ban-gudae
③ 독립문 Dok-rip-mun
④ 인왕리 Inwang-ri

>> ②

5 〈보기〉의 로마자 표기가 옳은 것을 모두 고르면? 2019(2월). 서울시 9급

┌─── 보기 ───┐
ㄱ. 오죽헌　　　　Ojukeon
ㄴ. 김복남(인명)　Kim Bok-nam
ㄷ. 선릉　　　　　Sunneung
ㄹ. 합덕　　　　　Hapdeok
└───────────┘

① ㄱ, ㄴ　　② ㄱ, ㄷ
③ ㄴ, ㄹ　　④ ㄷ, ㄹ

>> ③

3. 연습문제

①	중앙		③	홍빛나	
②	반구대		④	강세진	

※ 다음 단어의 로마자를 적으시오.

>> ① Jung-ang, ② Ban-gudae,
③ Hong Bitna (Hong Bit-na), ④ Kang Sejin (Kang Se-jin)

3 제5항

1. 규정

> 제5항 '도, 시, 군, 구, 읍, 면, 리, 동'의 행정 구역 단위와 '가'는 각각 'do, si, gun, gu, eup, myeon, ri, dong, ga'로 적고, 그 앞에는 붙임표(-)를 넣는다. 붙임표(-) 앞뒤에서 일어나는 음운 변화는 표기에 반영하지 않는다.

번호	단어	로마자
①	충청북도	Chungcheongbuk-do
②	제주도	Jeju-do
③	의정부시	Uijeongbu-si
④	양주군	Yangju-gun
⑤	도봉구	Dobong-gu
⑥	신창읍	Sinchang-eup
⑦	삼죽면	Samjuk-myeon
⑧	인왕리	Inwang-ri
⑨	당산동	Dangsan-dong
⑩	봉천 1동	Bongcheon 1(il)-dong
⑪	종로 2가	Jongno 2(i)-ga
⑫	퇴계로 3가	Toegyero 3(sam)-ga

붙임 '시, 군, 읍'의 행정 구역 단위는 생략할 수 있다.

번호	단어	로마자
①	청주시	Cheongju
②	함평군	Hampyeong
③	순창읍	Sunchang

참고

-리

1. 왕십리 : Wangsimni
2. 청량리 : Cheongnyangni
3. 을왕리 : Eurwangni

확인문제

6 「로마자 표기법」이 옳지 <u>않은</u> 것은?   2016. 사복직 9급

① 춘천 Chuncheon
② 밀양 Millyang
③ 청량리 Cheongnyangni
④ 예산 Yesan

>> ②

7 「로마자 표기법」이 바르지 <u>않은</u> 것은?   2014. 사복직 9급

① 월곶 Weolgot
② 벚꽃 beotkkot
③ 별내 Byeollae
④ 신창읍 Sinchang-eup

>> ①

8 「로마자 표기법」이 가장 옳지 <u>않은</u> 것은?   2018(3월). 서울시 7급

① 신리 Sin-li
② 일직면 Iljik-myeon
③ 사직로 Sajik-ro
④ 진량읍 Jillyang-eup

>> ①

2. 특징

(1) '시, 군, 읍'은 행정 구역 단위를 생략할 수 있다.

(2) '붙임표' 앞뒤에 일어난 음운 변동은 로마자에 반영하지 않는다.

3. 연습문제

※ 다음 단어의 로마자를 적으시오.				
①	삼죽면		③	퇴계로	
②	인왕리		④	제주도	

>> ① Samjuk-myeon, ② Inwang-ri, ③ Toegyero ④ Jeju-do

4 제6항

1. 규정

> 제6항 자연 지물명, 문화재명, 인공 축조물명은 붙임표(-) 없이 붙여 쓴다.

번호	단어	발음	로마자
①	남산	[남산]	Namsan
②	속리산	[송니산]	Songnisan
③	금강	[금ː강]	Geumgang
④	독도	[독또]	Dokdo
⑤	경복궁	[경ː복꿍]	Gyeongbokgung
⑥	무량수전	[무량수전]	Muryangsujeon
⑦	연화교	[연화교]	Yeonhwagyo
⑧	극락전	[긍낙쩐]	Geungnakjeon
⑨	안압지	[아ː납찌]	Anapji
⑩	남한산성	[남한산성]	Namhansanseong
⑪	화랑대	[화랑대]	Hwarangdae
⑫	불국사	[불국싸]	Bulguksa
⑬	현충사	[현ː충사]	Hyeonchungsa
⑭	독립문	[동님문]	Dongnimmun
⑮	오죽헌	[오주컨]	Ojukheon
⑯	촉석루	[촉썽누]	Chokseongnu
⑰	종묘	[종묘]	Jongmyo
⑱	다보탑	[다보탑]	Dabotap

확인문제

9 다음 중 「로마자 표기법」이 옳지 **않은** 것은?　2017. 서울시 7급
① 독도 Dokdo
② 불국사 Bulguksa
③ 극락전 Geukrakjeon
④ 촉석루 Chokseongnu
>> ③

10 「로마자 표기법」으로 가장 옳지 **않은** 것은?　2018. 서울시 7급
① 독립문 Dongnimmun, 광화문 Gwanghwamun
② 선릉 Seolleung, 정릉 Jeongneung
③ 신문로 Sinmunno, 율곡로 Yulgongro
④ 한라산 Hallasan, 백두산 Baekdusan
>> ③

11 〈보기〉의 ㉠~㉣을 현행 「로마자 표기법」에 따라 표기한 것으로 가장 적절한 것은?　2019. 서울시 9급

┌─ 보기 ─┐
㉠ 다락골　㉡ 국망봉
㉢ 낭림산　㉣ 한라산
└─────┘

① ㉠: Dalakgol
② ㉡: Gukmangbong
③ ㉢: Nangrimsan
④ ㉣: Hallasan
>> ④

2. 특징

(1) 속리산, 극락전, 독립문, 촉석루 : 상호 동화를 주의해야 하는 단어이다.

(2) 독도, 경복궁, 불국사 : 경음화를 주의해야 하는 단어이다.

(3) 안압지 : 연음과 경음화를 주의해야 하는 단어이다.

(4) 오죽헌 : 자음 축약을 주의해야 하는 단어이다.

3. 연습문제

※ 다음 단어의 로마자를 적으시오.					
①	속리산		④	남산	
②	화랑대		⑤	독도	
③	다보탑		⑥	현충사	

>> ① Songnisan, ② Hwarangdae, ③ Dabotap
④ Namsan, ⑤ Dokdo, ⑥ Hyeonchungsa

5 제7항, 제8항

제7항 인명, 회사명, 단체명 등은 그동안 써 온 표기를 쓸 수 있다.

제8항 학술 연구 논문 등 특수 분야에서 한글 복원을 전제로 표기할 경우에는 한글 표기를 대상으로 적는다. 이때 글자 대응은 제2장을 따르되 'ㄱ, ㄷ, ㅂ, ㄹ'은 'g, d, b, l'로만 적는다. 음가 없는 'ㅇ'은 붙임표(-)로 표기하되 어두에서는 생략하는 것을 원칙으로 한다. 기타 분절의 필요가 있을 때에도 붙임표(-)를 쓴다.

번호	단어	로마자
①	집	jib
②	짚	jip
③	밖	bakk
④	값	gabs
⑤	붓꽃	buskkoch
⑥	먹는	meogneun
⑦	독립	doglib
⑧	문리	munli
⑨	물엿	mul-yeos
⑩	굳이	gud-i
⑪	좋다	johda
⑫	가곡	gagog
⑬	조랑말	jolangmal
⑭	없었습니다	eobs-eoss-seubnida

01 제1장 총칙

1 제1항~제3항

> 제1항 한글 맞춤법은 표준어를 <u>소리</u>대로 적되, <u>어법</u>에 맞도록 함을 원칙으로 한다.

> 제2항 문장의 각 <u>단어</u>는 <u>띄어 씀</u>을 원칙으로 한다.

> 제3항 외래어는 '외래어 표기법'에 따라 적는다.

02 제2장 자모

> 제4항 한글 자모의 수는 <u>스물넉 자</u>로 하고, 그 순서와 이름은 다음과 같이 정한다.

번호	구분	순서와 이름
①	자음	ㄱ(<u>기역</u>), ㄴ(니은), ㄷ(<u>디귿</u>), ㄹ(리을), ㅁ(미음), ㅂ(비읍), ㅅ(<u>시옷</u>), ㅇ(이응), ㅈ(지읒), ㅊ(치읓), ㅋ(키읔), ㅌ(티읕), ㅍ(피읖), ㅎ(<u>히읗</u>)
②	모음	ㅏ(아), ㅑ(야), ㅓ(어), ㅕ(여), ㅗ(오), ㅛ(요), ㅜ(우), ㅠ(유), ㅡ(으), ㅣ(이)

[붙임 1] 위의 자모로써 적을 수 없는 소리는 <u>두 개</u> 이상의 자모를 어울러서 적되, 그 순서와 이름은 다음과 같이 정한다.

번호	구분	순서와 이동
①	쌍자음	ㄲ(쌍기역), ㄸ(쌍디귿), ㅃ(쌍비읍), ㅆ(쌍시옷), ㅉ(쌍지읒)
②	이중 모음	ㅐ(애), ㅒ(얘), ㅔ(에), ㅖ(예), ㅘ(와), ㅙ(왜), ㅚ(외), ㅝ(워), ㅞ(웨), ㅟ(위), ㅢ(의)

2 ㉠~㉣을 사전에 올릴 때 '한글 맞춤법 규정'에 따른 순서로 적절한 것은?

2020 국가직 9급

㉠ 곬	㉡ 규탄
㉢ 곳간	㉣ 광명

① ㉠ – ㉢ – ㉡ – ㉣
② ㉠ – ㉢ – ㉣ – ㉡
③ ㉢ – ㉠ – ㉡ – ㉣
④ ㉢ – ㉠ – ㉣ – ㉡

>> ②

참고

제5항 주의
1. 눈곱[눈꼽]
2. 발바닥[발빠닥]
3. 잠자리[잠짜리]

붙임 2 사전에 올릴 적의 자모 순서는 다음과 같이 정한다.

번호	구분	자음과 모음 순서
①	자음	ㄱ, ㄲ, ㄴ, ㄷ, ㄸ, ㄹ, ㅁ, ㅂ, ㅃ, ㅅ, ㅆ, ㅇ, ㅈ, ㅉ, ㅊ, ㅋ, ㅌ, ㅍ, ㅎ
②	모음	ㅏ, ㅐ, ㅑ, ㅒ, ㅓ, ㅔ, ㅕ, ㅖ, ㅗ, ㅘ, ㅙ, ㅚ, ㅛ, ㅜ, ㅝ, ㅞ, ㅟ, ㅠ, ㅡ, ㅢ, ㅣ

03 제3장 소리에 관한 것

1 제1절 된소리

> 제5항 한 단어 안에서 뚜렷한 까닭 없이 나는 된소리는 다음 음절의 첫소리를 된소리로 적는다.

(1) 두 모음 사이에서 나는 된소리

번호	단어 모음
①	소쩍새, 어깨, 오빠, 으뜸, 아끼다, 기쁘다, 깨끗하다, 어떠하다, 해쓱하다, 가끔, 거꾸로, 부썩, 어찌, 이따금

(2) 'ㄴ, ㄹ, ㅁ, ㅇ' 받침 뒤에서 나는 된소리

번호	구분	단어 모음
①	ㄴ	산뜻하다, 잔뜩
②	ㄹ	살짝, 훨씬
③	ㅁ	담뿍, 움찔
④	ㅇ	몽땅, 엉뚱하다

다만, 'ㄱ, ㅂ' 받침 뒤에서 나는 된소리는, 같은 음절이나 비슷한 음절이 겹쳐 나는 경우가 아니면 된소리로 적지 아니한다.

번호	구분	단어 모음
①	ㄱ	국수, 깍두기, 딱지, 색시, 싹둑(~싹둑)
②	ㅂ	법석, 갑자기, 몹시
③	같은 음절	똑똑하다
④	비슷한 음절	쓱싹쓱싹, 씁쓸하다, 쌉쌀하다

2 제2절 구개음화

> 제6항 'ㄷ, ㅌ' 받침 뒤에 종속적 관계를 가진 '-이(-)'나 '-히-'가 올 적에는 그 'ㄷ, ㅌ'이 'ㅈ, ㅊ'으로 소리 나더라도 'ㄷ, ㅌ'으로 적는다.(ㄱ을 취하고, ㄴ을 버림.)

번호	ㄱ(○)	ㄴ(×)	ㄱ(○)	ㄴ(×)
①	맏이	마지	<u>핥이다</u>	할치다
②	해돋이	해도지	<u>걷히다</u>	거치다
③	굳이	구지	닫히다	다치다
④	같이	가치	묻히다	무치다
⑤	끝이	끄치		

3 제3절 'ㄷ' 소리 받침

1. 규정

> 제7항 'ㄷ' 소리로 나는 받침 중에서 'ㄷ'으로 적을 근거가 없는 것은 'ㅅ'으로 적는다.

번호	단어 모음
①	<u>덧저고리</u>, 돗자리, 엇셈, <u>웃어른</u>, <u>핫옷</u>, 무릇, 사뭇, 얼핏, 자칫하면, 뭇[衆], 옛, 첫, 헛

2. 특징

(1) 'ㄷ'으로 적을 근거가 있는 것

번호		'ㄷ' 받침
①	맏-	맏이[마지], 맏아들[마다들]
②	낟-	낟[낟 :], 낟알[나 : 달], 낟가리[낟 : 까리]
③	곧-	곧이[고지], 곧장[곧짱]

(2) 본말 → 준말

번호	'ㄷ' 받침	
	본말	준말
①	<u>도두보다</u>	돋보다
②	<u>디디다</u>	딛다
③	<u>어디에다가</u>	얻다가

참고

종속적 관계(-이-, -히-)

	종류		예
①	-이-	명사 파생 접미사	맏이, 해돋이
		부사 파생 접미사	같이, 굳이
		사동 접미사	붙이다
	이	주격 조사	끝이, 밭이, 솥이
		서술격 조사	끝이다, 밭이다
②	-히-	피동 접미사	걷히다, 닫히다
		사동 접미사	굳히다
③	하나의 형태소 내부		마디, 견디다

확인문제

3 다음 한글 맞춤법 제6항에 대한 설명으로 옳지 않은 것은?

2017. 국가직(하) 9급

> 'ㄷ, ㅌ' 받침 뒤에 종속적 관계를 가진 '-이(-)'나 '-히-'가 올 적에는, 그 'ㄷ, ㅌ'이 'ㅈ, ㅊ'으로 소리 나더라도 'ㄷ, ㅌ'으로 적는다.

① 예시로는 '해돋이, 같이'가 있다.
② 위 조항은 한글 맞춤법 총칙 중 '어법에 맞게 적는다'는 원리를 따른 것이다.
③ 종속적 관계란 체언, 어근, 용언 어간 등에 조사, 접사, 어미 등이 결합하는 관계를 말한다.
④ '잔디, 버티다'는 하나의 형태소에서 'ㄷ, ㅌ'과 'ㅣ'가 만난 것으로서 위 조항의 예에 해당된다.

≫④

4 밑줄 친 말이 한글 맞춤법에 맞는 것은?

2017. 서울시 7급

① 점심 <u>설겆이</u>는 내가 할게.
② 일이 <u>얼키고설켜서</u> 풀기가 어렵다.
③ 감히 <u>얻다가</u> 대고 반말이야?
④ 모두 소매를 <u>걷어부치고</u> 달려들었다.

≫③

4 제4절 모음

1. 제8항

> 제8항 '계, 례, 메, 폐, 혜'의 'ㅖ'는 'ㅔ'로 소리 나는 경우가 있더라도 'ㅖ'로 적는다.
> (ㄱ을 취하고, ㄴ을 버림.)

번호	ㄱ(○)	ㄴ(×)	ㄱ(○)	ㄴ(×)
①	계수(桂樹)	게수	혜택(惠澤)	헤택
②	사례(謝禮)	사레	계집	게집
③	연몌(連袂)	연메	핑계	핑게
④	폐품(廢品)	페품	계시다	게시다

다만, 다음 말은 본음대로 적는다.

번호	단어 모음
①	게송(偈頌), 게시판(揭示板), 휴게실(休憩室)

> 제9항 '의'나, 자음을 첫소리로 가지고 있는 음절의 'ㅢ'는 'ㅣ'로 소리 나는 경우가
> 있더라도 'ㅢ'로 적는다.(ㄱ을 취하고, ㄴ을 버림.)

번호	ㄱ(○)	ㄴ(×)	ㄱ(○)	ㄴ(×)
①	의의(意義)	의이	닁큼	닝큼
②	본의(本義)	본이	띄어쓰기	띠어쓰기
③	무늬[紋]	무니	씌어	씨어
④	보늬	보니	틔어	티어
⑤	오늬	오니	희망(希望)	히망
⑥	하늬바람	하니바람	희다	히다
⑦	늴리리	니리리	유희(遊戲)	유히

5 제5절 두음 법칙

1. 제10항

> 제10항 한자음 '녀, 뇨, 뉴, 니'가 단어 첫머리에 올 적에는, 두음 법칙에 따라 '여,
> 요, 유, 이'로 적는다.(ㄱ을 취하고, ㄴ을 버림.)

번호	ㄱ(○)	ㄴ(×)	ㄱ(○)	ㄴ(×)
①	여자(女子)	녀자	유대(紐帶)	뉴대
②	연세(年歲)	년세	이토(泥土)	니토
③	요소(尿素)	뇨소	익명(匿名)	닉명

참고
'ㅢ'로 적는 유형 정리

'ㅢ'를 표기하는 방법		
ㅡ + ㅣ	한자어	전통
① 모음 'ㅡ, ㅣ'가 줄어듦	한자어	발음과 표기의 전통
예 쓰이어 → 씌어	희망(希望)	무늬, 하늬바람

참고
제10항 vs. 제11항

구분	제10항	제11항
한자음	녀, 뇨, 뉴, 니	랴, 려, 례, 료, 류, 리
두음 법칙	여, 요, 유, 이	야, 여, 예, 요, 유, 이
의존 명사	냥, 년	리
복합어	신-여성	연-이율
①	년도, 연도	숫률, 백분율 운량, 구름양
②	×	외자로 된 이름
③	×	준말

년도 vs. 연도

	년, 년도	연, 연도
①	의존 명사	명사
예	일 년	연 강수량
	2018 년도	생산 연도

제10항 주의
1. 신년-도[신년도](○)
2. 구년-도[구 : 년도](○)

다만, 다음과 같은 <u>의존 명사</u>에서는 '냐, 녀' 음을 인정한다.

번호	단어 모음
①	냥(兩), 냥쭝(兩-), 년(年)(몇 년)

붙임 1 단어의 <u>첫머리</u> 이외의 경우에는 본음대로 적는다.

번호	단어 모음
①	남녀(男女), 당뇨(糖尿), 결뉴(結紐), 은닉(隱匿)

붙임 2 <u>접두사</u>처럼 쓰이는 한자가 붙어서 된 말이나 <u>합성어</u>에서, 뒷말의 첫소리가 'ㄴ' 소리로 나더라도 두음 법칙에 따라 적는다.

번호	단어 모음
①	신-여성(新女性), 공-염불(空念佛), 남존-여비(男尊女卑)

붙임 3 둘 이상의 단어로 이루어진 <u>고유 명사</u>를 붙여 쓰는 경우에도 붙임 2에 준하여 적는다.

번호	단어 모음
①	한국-여자-대학, 대한-요소-비료-회사

2. 제11항

> 제11항 한자음 '랴, 려, 례, 료, 류, 리'가 단어의 첫머리에 올 적에는, 두음 법칙에 따라 '야, 여, 예, 요, 유, 이'로 적는다.(ㄱ을 취하고, ㄴ을 버림.)

번호	ㄱ(○)	ㄴ(×)	ㄱ(○)	ㄴ(×)
①	양심(良心)	량심	용궁(龍宮)	룡궁
②	역사(歷史)	력사	유행(流行)	류행
③	예의(禮儀)	례의	이발(理髮)	리발

다만, 다음과 같은 <u>의존 명사</u>는 본음대로 적는다.

번호	단어 모음	
①	리(里) : 몇 리냐?	리(理) : 그럴 리가 없다.

붙임 1 단어의 <u>첫머리</u> 이외의 경우에는 본음대로 적는다.

번호	구분		단어 모음
①	良	어질 량(양)	개량(改良), 선량(善良)
②	力	힘 력(역)	수력(水力), 협력(協力)
③	禮	예도 례(예)	사례(謝禮), 혼례(婚禮)

参考
렬, 률 vs. 열, 율

조건		예
한자어 외래어	모음, ㄴ 받침 ○	열, 율
		비율(○)
		서비스율(○)
	모음, ㄴ 받침 ×	렬, 률
		출석률(○)
		슛률(○)

'렬, 률'의 한자어
1. 렬(列, 烈, 裂, 劣)
2. 률(律, 率, 栗, 慄)

량 vs. 양

조건	한자음	예
한자어	량(量)	운량(雲量)
고유어, 외래어	양(量)	구름양
		벡터양

제11항 주의
1. 오륙도(五六島)
2. 사륙판(四六判)

번호	구분		단어 모음
④	龍	용 룡(용)	와룡(臥龍), 쌍룡(雙龍)
⑤	流	흐를 류(유)	하류(下流), 급류(急流)
⑥	理	다스릴 리(이)	도리(道理), 진리(眞理)

다만, 모음이나 'ㄴ' 받침 뒤에 이어지는 '렬, 률'은 '열, 율'로 적는다.(ㄱ을 취하고, ㄴ을 버림.)

번호	ㄱ(○)	ㄴ(×)	ㄱ(○)	ㄴ(×)
①	나열(羅列)	나렬	분열(分裂)	분렬
②	치열(齒列)	치렬	선열(先烈)	선렬
③	비열(卑劣)	비렬	진열(陳列)	진렬
④	규율(規律)	규률	선율(旋律)	선률
⑤	비율(比率)	비률	전율(戰慄)	전률
⑥	실패율(失敗率)	실패률	백분율(百分率)	백분률

[붙임 2] 외자로 된 이름을 성에 붙여 쓸 경우에도 본음대로 적을 수 있다.

번호	구분	단어 모음
①	립	신입/신립(申砬), 김입/김립(金笠)
②	린	최인/최린(崔麟)
③	륜	채윤/채륜(蔡倫), 하윤/하륜(河崙)

[붙임 3] 준말에서 본음으로 소리 나는 것은 본음대로 적는다.

번호	단어 모음
①	국련(국제 연합), 한시련(한국 시각 장애인 연합회)

[붙임 4] 접두사처럼 쓰이는 한자가 붙어서 된 말이나 합성어에서, 뒷말의 첫소리가 'ㄴ' 또는 'ㄹ' 소리로 나더라도 두음 법칙에 따라 적는다.

번호	단어 모음
①	역-이용(逆利用), 연-이율(年利率), 열-역학(熱力學), 해외-여행(海外旅行)

[붙임 5] 둘 이상의 단어로 이루어진 고유 명사를 붙여 쓰는 경우나 십진법에 따라 쓰는 수(數)도 붙임 4에 준하여 적는다.

번호	단어 모음
①	서울-여관, 신흥-이발관, 육천-육백-육십-육(六千六百六十六)

3. 제12항

> 제12항 한자음 '라, 래, 로, 뢰, 루, 르'가 단어의 첫머리에 올 적에는, 두음 법칙에 따라 '나, 내, 노, 뇌, 누, 느'로 적는다.(ㄱ을 취하고, ㄴ을 버림.)

번호	ㄱ(○)	ㄴ(×)	ㄱ(○)	ㄴ(×)
①	낙원(樂園)	락원	뇌성(雷聲)	뢰성
②	내일(來日)	래일	누각(樓閣)	루각
③	노인(老人)	로인	능묘(陵墓)	룽묘

붙임 1 단어의 첫머리 이외의 경우에는 본음대로 적는다.

번호	구분		단어 모음
①	樂	즐길 락(낙)	쾌락(快樂), 극락(極樂)
②	來	올 래(내)	거래(去來), 왕래(往來)
③	老	늙을 로(노)	부로(父老), 연로(年老)
④	雷	우레 뢰(뇌)	지뢰(地雷), 낙뢰(落雷)
⑤	樓	다락 루(누)	고루(高樓), 광한루(廣寒樓)
⑥	陵	언덕 릉(능)	동구릉(東九陵), 강릉(江陵), 왕릉(王陵), 정릉(貞陵), 태릉(泰陵), 서오릉(西五陵)
⑦	欄	난간 란(난)	가정란(家庭欄), 독자란(讀者欄), 비고란(備考欄), 공란(空欄), 소식란(消息欄), 투고란(投稿欄), 어머니-난, 가십(gossip)-난

붙임 2 접두사처럼 쓰이는 한자가 붙어서 된 단어는 뒷말을 두음 법칙에 따라 적는다.

번호	구분		단어 모음
①	來	올 래(내)	내-내월(來來月)
②	老	늙을 로(노)	상-노인(上老人)
③	勞	일할 로(노)	중-노동(重勞動)
④	論	논할 론(논)	비-논리적(非論理的)

참고

제11항 vs. 제12항

구분		제11항	제12항
한자음		랴, 려, 례, 료, 류, 리	라, 래, 로, 뢰, 루, 르
두음 법칙		야, 여, 예, 요, 유, 이	나, 내, 노, 뇌, 누, 느
의존 명사		리	×
복합어		연-이율	상-노인
①		슛률, 백분율	동구릉, 아기능
		운랑, 구름양	독자란, 어린이난
②		외자로 된 이름	×
③		준말	×

릉 vs. 능

조건	한자음	예
한자어	릉(陵)	동구릉(東九陵)
고유어, 외래어	능(陵)	아기능(아기陵)

란 vs. 난

조건	한자음	예
한자어	란(欄)	독자란(讀者欄)
고유어, 외래어	난(欄)	어린이난

제12항 주의
1. 실-낙원(失樂園), 복-낙원(復樂園)
2. 부화-뇌동(附和雷同)
3. 고랭-지(高冷地)[고랭지] : '표고 (標高)가 높고 한랭한 곳'이란 뜻.

확인문제

6 다음 예문에서 밑줄 친 부분이 맞춤법에 맞는 것은? 2014. 서울시 9급
① 올해 신입생 <u>입학율</u>이 저조하다.
② 네 기사가 <u>어린이란</u>에 실렸다.
③ 알고도 모르는 <u>채하였다</u>.
④ 남술의 처는 또 한번 웃기 잘하는 그의 입술을 <u>방끗</u> 벌리었다.
⑤ <u>껍질채</u> 먹는 것이 몸에 좋다.

≫④

6 제6절 겹쳐 나는 소리

> 제13항 한 단어 안에서 같은 음절이나 비슷한 음절이 겹쳐 나는 부분은 같은 글자로 적는다.(ㄱ을 취하고, ㄴ을 버림.)

번호	ㄱ(○)	ㄴ(×)	ㄱ(○)	ㄴ(×)
①	딱딱	딱닥	꼿꼿하다	꼿곳하다
②	쌕쌕	쌕색	놀놀하다	놀롤하다
③	씩씩	씩식	눅눅하다	눙눅하다
④	똑딱똑딱	똑닥똑닥	밋밋하다	민밋하다
⑤	쓱싹쓱싹	쓱삭쓱삭	싹싹하다	싹삭하다
⑥	연연불망 (戀戀不忘)	연련불망	쌀쌀하다	쌀살하다
⑦	유유상종 (類類相從)	유류상종	씁쓸하다	씁슬하다
⑧	누누이 (屢屢-)	누루이	짭짤하다	짭잘하다

04 제4장 형태에 관한 것

1 제1절 체언과 조사

> 제14항 체언은 조사와 구별하여 적는다.

번호	이	을	에	도	만
①	떡이	떡을	떡에	떡도	떡만
②	손이	손을	손에	손도	손만
③	팔이	팔을	팔에	팔도	팔만
④	밤이	밤을	밤에	밤도	밤만
⑤	집이	집을	집에	집도	집만
⑥	옷이	옷을	옷에	옷도	옷만
⑦	콩이	콩을	콩에	콩도	콩만
⑧	낮이	낮을	낮에	낮도	낮만
⑨	꽃이	꽃을	꽃에	꽃도	꽃만
⑩	밭이	밭을	밭에	밭도	밭만
⑪	앞이	앞을	앞에	앞도	앞만

⑫	밖이	밖을	밖에	밖도	<u>밖만</u>
⑬	넋이	넋을	넋에	넋도	<u>넋만</u>
⑭	흙이	흙을	흙에	흙도	<u>흙만</u>
⑮	삶이	삶을	삶에	삶도	삶만
⑯	<u>여덟이</u>	여덟을	여덟에	<u>여덟도</u>	여덟만
⑰	<u>곬이</u>	곬을	곬에	곬도	곬만
⑱	<u>값이</u>	값을	값에	값도	<u>값만</u>

2 제2절 어간과 어미

1. 제15항

제15항 용언의 어간과 <u>어미</u>는 구별하여 적는다.

번호	-다	-고	-어	-(으)니
①	먹다	먹고	먹어	먹으니
②	신다	신고	신어	신으니
③	믿다	믿고	믿어	믿으니
④	울다	울고	울어	(우니)
⑤	넘다	넘고	넘어	넘으니
⑥	입다	입고	입어	입으니
⑦	웃다	웃고	웃어	웃으니
⑧	찾다	찾고	찾어	찾으니
⑨	좇다	좇고	좇어	좇으니
⑩	같다	같고	<u>같아</u>	같으니
⑪	높다	높고	높어	높으니
⑫	좋다	좋고	<u>좋아</u>	<u>좋으니</u>
⑬	깎다	깎고	<u>깎아</u>	깎으니
⑭	앉다	앉고	앉어	앉으니
⑮	많다	많고	<u>많아</u>	많으니
⑯	늙다	늙고	늙어	늙으니
⑰	젊다	젊고	젊어	젊으니
⑱	넓다	넓고	넓어	넓으니
⑲	훑다	훑고	훑어	훑으니
⑳	읊다	읊고	읊어	읊으니
㉑	옳다	옳고	<u>옳아</u>	<u>옳으니</u>
㉒	없다	없고	없어	없으니
㉓	있다	있고	있어	있으니

붙임 1 두 개의 용언이 어울려 한 개의 용언이 될 적에, 앞말의 본뜻이 유지되고 있는 것은 그 원형을 밝히어 적고, 그 본뜻에서 멀어진 것은 밝히어 적지 아니한다.

(1) 앞말의 본뜻이 유지되고 있는 것

번호	단어 모음
①	넘어지다, 늘어지다, 떨어지다, 벌어지다, 엎어지다, 틀어지다, 흩어지다
②	돌아가다, 들어가다, 되짚어가다, 접어들다, 늘어나다

(2) 본뜻에서 멀어진 것

드러나다, 사라지다, 쓰러지다

붙임 2 종결형에서 사용되는 어미 '-오'는 '요'로 소리 나는 경우가 있더라도 그 원형을 밝혀 '오'로 적는다.(ㄱ을 취하고, ㄴ을 버림.)

번호	ㄱ(○)	ㄴ(×)
①	이것은 책이오.	이것은 책이요.
②	이리로 오시오.	이리로 오시요.
③	이것은 책이 아니오.	이것은 책이 아니요.

붙임 3 연결형에서 사용되는 '이요'는 '이요'로 적는다.(ㄱ을 취하고, ㄴ을 버림.)

번호	ㄱ(○)	ㄴ(×)
①	이것은 책이요, 저것은 붓이요, 또 저것은 먹이다.	이것은 책이오, 저것은 붓이오, 또 저것은 먹이다.

2. 제16항, 제17항

제16항 어간의 끝음절 모음이 'ㅏ, ㅗ'일 때에는 어미를 '-아'로 적고, 그 밖의 모음일 때에는 '-어'로 적는다.

(1) '-아'로 적는 경우

번호	단어	-아	-아도	-아서
①	낮다	나아	나아도	나아서
②	막다	막아	막아도,	막아서
③	얇다	얇아	얇아도	얇아서
④	돌다	돌아	돌아도	돌아서
⑤	보다	보아	보아도	보아서

(2) '–어'로 적는 경우

번호	단어	–어	–어도	–어서
①	개다	개어	개어도	개어서
②	겪다	겪어	겪어도	겪어서
③	되다	되어	되어도	되어서
④	베다	베어	베어도	베어서
⑤	쉬다	쉬어	쉬어도	쉬어서
⑥	젓다	저어	저어도	저어서
⑦	주다	주어	주어도	주어서
⑧	피다	피어	피어도	피어서
⑨	희다	희어	희어도	ws희어서

> 제17항 어미 뒤에 덧붙는 <u>조사</u> '요'는 '<u>요</u>'로 적는다.

번호	ㄱ(○)	ㄴ(○)
①	읽어	읽어<u>요</u>
②	참으리	참으리<u>요</u>
③	좋지	좋지<u>요</u>

3. 제18항

> 제18항 다음과 같은 용언들은 어미가 바뀔 경우, 그 어간이나 어미가 원칙에 벗어나면 벗어나는 대로 적는다.

(1) 어간의 끝 'ㄹ'이 줄어질 적

번호	단어	–니	–(으)ㄴ	–(으)ㅂ니다	–(으)시–	–(으)오
①	갈다	가니	간	갑니다	가시다	가오
②	놀다	노니	논	놉니다	노시다	노오
③	불다	부니	분	붑니다	부시다	부오
④	둥글다	둥그니	둥근	둥급니다	둥그시다	둥그오
⑤	어질다	어지니	어진	어집니다	어지시다	어지오

붙임 다음과 같은 말에서도 'ㄹ'이 준 대로 적는다.

번호	단어 모음
①	마지못하다, <u>마</u>지않다
②	(하)다마다, (하)자마자, (하)지 마라, (하)지 마(아)

참고

참으리요 vs. 참으리오

1. 참으리요
   (1) '참으리'에 '요'가 결합한 말이다.
   (2) '–으리'는 주로 혼잣말로 자신의 의향을 나타내는 데 쓰인다. 그런데 여기에 '요'가 결합하면 청자에게 자신의 의도를 드러내는 의미로 쓰이기도 한다.
   예 이제 고향에 돌아가리요.
2. 참으리오
   (1) '참으리오'는 '참–'에 '–으리오'가 결합한 말이다.
   (2) '–으리오'는 주로 혼잣말에 쓰이며, 미루어 판단하건대 어찌 그러할 것이냐고 반문하는 뜻을 나타낸다.
   예 가는 세월을 어찌 막<u>으리오</u>.

참고

ㄹ 탈락 규칙 용언

1. 'ㄴ, ㅂ, ㅅ'으로 시작하는 어미, 어미 '–오, –ㄹ' 등 앞에서 'ㄹ'이 탈락.
2. 갈다, 날다, 말다, 물다, 벌다, 불다, 알다, 울다, 졸다, 팔다

'말다'의 활용형

1. 마라(○), 말아라(○)
2. 마(○), 말아(○)
3. 마요(○), 말아요(○)

ㅅ 탈락 불규칙 용언

1. 모음으로 시작하는 어미 앞에서 'ㅅ'이 탈락.
2. '나아'는 다시 '나'로 줄지 않음.
3. 어간이 바뀌는 경우 : 긋다, 낫다, 붓다, 잇다, 잣다, 젓다, 짓다
4. 어간이 바뀌지 않는 경우 : 벗다, 빗다, 빼앗다, 솟다, 씻다, 웃다

확인문제

8 밑줄 친 부분이 어문 규정에 맞는 것은?
2017. 국가직 9급

① 병이 씻은 듯이 <u>낳았다</u>.
② <u>넉넉치</u> 못한 선물이나 받아 주세요.
③ 그는 자물쇠로 책상 서랍을 잠<u>갔다</u>.
④ 옷가지를 <u>이여서</u> 밧줄처럼 만들었다.

>> ③

참고

ㅎ 불규칙 용언
1. 모음으로 시작하는 어미 앞에서 'ㅎ'이 탈락.
2. 노랗- + -(으)ㄴ → 노란
   노랗- + -(으)니 → 노라니
   노랗- + -아 → 노래
   노랗- + -아지다 → 노래지다
   노랗- + -네 → 노라네/노랗네
3. 그렇다, 이렇다, 저렇다: '그래, 이래, 저래'로 일관되게 활용.
4. 허여네(○), 허옇네(○)

ㅜ 탈락 불규칙 용언
1. 모음으로 시작하는 어미 앞에서 'ㅜ'가 탈락.
2. '푸다'만 있음.

ㅡ 탈락 규칙 용언
1. 어미 '-어/아'가 결합하면 'ㅡ'가 탈락.
2. 가쁘다, 기쁘다, 끄다, 나쁘다, 따르다, 뜨다, 미쁘다, 슬프다, 아프다, 예쁘다, 잠그다, 치르다, 크다, 트다
3. 시험을 치르다.(○), 시험을 치다(○)

ㄷ 불규칙 용언
1. 'ㄷ'이 모음 앞에서 'ㄹ'로 바뀜.
2. 어간이 바뀌는 경우: 긷다, 깨닫다, 눋다, 닫다(빨리 뛰다), 붇다, 일컫다
3. 어간이 바뀌지 않는 경우: (빨래를) 걷다, 곧다, 굳다, (문을) 닫다, 돋다, 뜯다, (땅에) 묻다, 믿다, 받다, 벋다, 뻗다

(2) 어간의 끝 'ㅅ'이 줄어질 적

번호	단어	-어/아	-(으)니	-었/았-
①	긋다	그어	그으니	그었다
②	낫다	나아	나으니	나았다
③	잇다	이어	이으니	이었다
④	짓다	지어	지으니	지었다

(3) 어간의 끝 'ㅎ'이 줄어질 적

번호	단어	-(으)니	-(으)ㄹ	-(으)면	-(으)오
①	<u>그렇다</u>	<u>그러니</u>	<u>그럴</u>	<u>그러면</u>	<u>그러오</u>
②	까맣다	까마니	까말	까마면	까마오
③	동그랗다	동그라니	동그랄	동그라면	동그라오
④	퍼렇다	퍼러니	퍼럴	퍼러면	퍼러오
⑤	하얗다	하야니	하얄	하야면	하야오

(4) 어간의 끝 'ㅜ, ㅡ'가 줄어질 적

번호	단어	-어/아	-었/았-
①	푸다	퍼	펐다
②	뜨다	떠	떴다
③	끄다	꺼	껐다
④	크다	커	컸다
⑤	담그다	담가	담갔다
⑥	고프다	고파	고팠다
⑦	<u>따르다</u>	<u>따라</u>	<u>따랐다</u>
⑧	바쁘다	바빠	바빴다

(5) 어간의 끝 'ㄷ'이 'ㄹ'로 바뀔 적

번호	단어	-어	-(으)니	-었-
①	걷다[步]	걸어	걸으니	걸었다
②	듣다[聽]	들어	들으니	들었다
③	묻다[問]	물어	물으니	물었다
④	싣다[載]	실어	실으니	실었다

(6) 어간의 끝 'ㅂ'이 'ㅜ'로 바뀔 적

번호	단어	-어	-(으)니	-었-
①	깁다	기워	기우니	기웠다
②	굽다[炙]	구워	구우니	구웠다
③	가깝다	가까워	가까우니	가까웠다
④	괴롭다	괴로워	괴로우니	괴로웠다
⑤	맵다	매워	매우니	매웠다
⑥	무겁다	무거워	무거우니	무거웠다
⑦	밉다	미워	미우니	미웠다
⑧	쉽다	쉬워	쉬우니	쉬웠다

다만, '돕-, 곱-'과 같은 단음절 어간에 어미 '-아'가 결합되어 '와'로 소리 나는 것은 '-와'로 적는다.

번호	단어	-아	-아서	-아도	-았-
①	돕다[助]	도와	도와서	도와도	도왔다
②	곱다[麗]	고와	고와서	고와도	고왔다

(7) '하다'의 활용에서 어미 '-아'가 '-여'로 바뀔 적

번호	단어	-여	-여서	-여도	-여라	-였-
①	긋다	하여	하여서	하여도	하여라	하였다

(8) 어간의 끝음절 '르' 뒤에 오는 어미 '-어'가 '-러'로 바뀔 적

번호	단어	-러	-렀-
①	이르다[至]	이르러	이르렀다
②	노르다	노르러	노르렀다
③	누르다	누르러	누르렀다
④	푸르다	푸르러	푸르렀다

(9) 어간의 끝음절 '르'의 'ㅡ'가 줄고, 그 뒤에 오는 어미 '-아/-어'가 '-라/-러'로 바뀔 적

번호	단어	-어/아	-었/았-
①	가르다	갈라	갈랐다
②	부르다	불러	불렀다
③	거르다	걸러	걸렀다
④	오르다	올라	올랐다
⑤	구르다	굴러	굴렀다
⑥	이르다	일러	일렀다
⑦	벼르다	별러	별렀다
⑧	지르다	질러	질렀다

확인문제

9 밑줄 친 부분의 표기가 맞춤법에 맞지 않는 것은? 2019. 서울시 7급

① 바짝 존 찌개를 다시 끓였다.
② 가을이라 그런지 은행잎들이 정말 노라네.
③ 앉은 자세가 곧바라야 허리에 무리가 가지 않는다.
④ 생김은 저러나 마음은 매우 유순하다.

≫③

참고

ㅂ 불규칙 용언
1. 'ㅂ'이 모음 앞에서 '우'로 바뀜.
2. 어간이 바뀌는 경우: 가깝다, 가볍다, 간지럽다, 괴롭다, (고기를) 굽다, 깁다, 노엽다, 눕다, 더럽다, 덥다, 맵다, 메스껍다, 무겁다, 미덥다, 밉다, 사납다, 서럽다, 쉽다, 아니꼽다, 어둡다, 역겹다, 즐겁다, 지겹다, 차갑다, 춥다, '꽃답다, 슬기롭다, 자연스럽다' 유형 등
3. 어간이 바뀌지 않는 경우: (추위에 손이) 곱다, (허리가) 굽다, 꼬집다, (손을) 꼽다, 다잡다, 비집다, 뽑다, 수줍다, 씹다, 업다, 잡다, 접다, 좁다, 집다, 헤집다

여 불규칙 용언
1. 어간 '하-'에 어미 '-아'가 결합하여 '하여'로 바뀜.
2. '하여'는 '해'로 줄어들 수 있음. (한글 맞춤법 제34항 붙임 2 참조)

러 불규칙 용언
1. '르'로 끝나는 어간 뒤에 어미 '-어'가 결합하여 '-러'로 바뀜.
2. 푸르다, (빛깔이) 노르다, (빛깔이) 누르다, (어디에) 이르다
3. 푸르르다(ㅡ 탈락 규칙 용언)

참고

접사 '-이-'가 결합하는 경우
1. '르'로 끝나는 어간에 피·사동 접미사 '-이-'가 결합하는 경우에도 나타남.
2. 가르다: 가르- + -이- + -다 → 갈리다
부르다: 부르- + -이- + -다 → 불리다

참고

제19항 요약

	제19항	
①	어간 + -이	어간 + -이
	어간 + -(으)ㅁ	어간 + -히
②	명사	부사
③	원형 ○	
예	<u>길이</u>, <u>깊이</u>, <u>높이</u>	
	<u>걸음</u>	<u>밝히</u>

확인문제

10 다음 한글 맞춤법 규정의 예로 옳지 <u>않은</u> 것은?　2018. 지방직 9급

(가) 제19항 어간에 '-이'나 '-음/ㅁ'이 붙어서 명사로 된 것과 '-이'나 '-히'가 붙어서 부사로 된 것은 그 어간의 원형을 밝히어 적는다.

(나) 제19항 [붙임] 어간에 '-이'나 '-음' 이외의 모음으로 시작된 접미사가 붙어서 다른 품사로 바뀐 것은 그 어간의 원형을 밝히어 적지 아니한다.

(다) 제20항 명사 뒤에 '-이'가 붙어서 된 말은 그 명사의 원형을 밝히어 적는다.

(라) 제20항 [붙임] '-이' 이외의 모음으로 시작된 접미사가 붙어서 된 말은 그 명사의 원형을 밝히어 적지 아니한다.

① (가) : 미닫이, 졸음, 익히
② (나) : 마개, 마감, 지붕
③ (다) : 육손이, 집집이, 곰배팔이
④ (라) : 끄트머리, 바가지, 이파리

　　　　》》②

연습문제

너머 vs. 넘어 vs. 너무
1. 저 산 너머에 고향이 있다.
　→
2. 산을 넘어 고향에 간다.
　→
3. 사람이 너무 많다.
　→
　　　》》1. 명사, 2. 동사, 3. 부사

---

3 **제3절 접미사가 붙어서 된 말**

1. 제19항

제19항 <u>어간</u>에 '-이'나 '-음/-ㅁ'이 붙어서 <u>명사</u>로 된 것과 '-이'나 '-히'가 붙어서 <u>부사</u>로 된 것은 그 어간의 원형을 밝히어 적는다.

(1) '-이'가 붙어서 <u>명사</u>로 된 것

번호	단어 모음
①	<u>길이</u>, <u>깊이</u>, <u>높이</u>, 다듬이, 땀받이, 달맞이, 먹이, 미닫이
②	벌이, 벼훑이, 살림살이, 쇠붙이

(2) '-음/-ㅁ'이 붙어서 <u>명사</u>로 된 것

번호	단어 모음
①	걸음, 묶음, 믿음, <u>얼음</u>, 엮음, 울음, 웃음, <u>졸음</u>, 죽음, <u>앎</u>

(3) '-이'가 붙어서 <u>부사</u>로 된 것

번호	단어 모음
①	같이, 굳이, <u>길이</u>, <u>높이</u>, 많이, 실없이, <u>좋이</u>, 짓궂이

(4) '-히'가 붙어서 <u>부사</u>로 된 것

번호	단어 모음
①	밝히, 익히, 작히

다만, <u>어간</u>에 '-이'나 '-음'이 붙어서 명사로 바뀐 것이라도 그 어간의 뜻과 <u>멀어진 것</u>은 원형을 밝히어 적지 아니한다.

번호		단어 모음
①	-이	굽도리, 다리[髢], 목거리(목병), 무녀리, 코끼리
②	-(으)ㅁ	거름(비료), 고름[膿], 노름(도박)

붙임 <u>어간</u>에 '-이'나 '-음' <u>이외의</u> <u>모음</u>으로 시작된 접미사가 붙어서 다른 품사로 바뀐 것은 그 어간의 원형을 밝히어 적지 아니한다.

(1) <u>명사</u>로 바뀐 것

번호	단어 모음
①	귀머거리, 까마귀, <u>너머</u>, 뜨더귀, <u>마감</u>, <u>마개</u>, <u>마중</u>, <u>무덤</u>
②	비렁뱅이, 쓰레기, 올가미, <u>주검</u>

(2) 부사로 바뀐 것

번호	단어 모음
①	거뭇거뭇, 너무, 도로, 뜨덤뜨덤, 바투, 불긋불긋, 비로소
②	오긋오긋, 자주, 차마

(3) 조사로 바뀌어 뜻이 달라진 것

번호	단어 모음
①	나마, 부터, 조차

2. 제20항

제20항 명사 뒤에 '-이'가 붙어서 된 말은 그 명사의 원형을 밝히어 적는다.

(1) 부사로 된 것

번호	단어 모음
①	곳곳이, 낱낱이, 몫몫이, 샅샅이, 앞앞이, 집집이

(2) 명사로 된 것

번호	단어 모음
①	곰배팔이, 바둑이, 삼발이, 애꾸눈이, 육손이, 절뚝발이/절름발이

붙임 '-이' 이외의 모음으로 시작된 접미사가 붙어서 된 말은 그 명사의 원형을 밝히어 적지 아니한다.

번호	단어 모음
①	꼬락서니, 끄트머리, 모가치, 바가지, 바깥, 사타구니, 싸라기
②	이파리, 지붕, 지푸라기, 짜개

3. 제21항

제21항 명사나 혹은 용언의 어간 뒤에 자음으로 시작된 접미사가 붙어서 된 말은 그 명사나 어간의 원형을 밝히어 적는다.

(1) 명사 뒤에 자음으로 시작된 접미사가 붙어서 된 것

번호	단어 모음
①	값지다, 홑지다, 넋두리, 빛깔, 옆댕이, 잎사귀

<참고>
차마 vs. 참아
1. 차마 거절할 수 없다.
   →
2. 영희는 졸음을 못 참아 눈을 감았다.
   →
   >> 1. 부사, 2. 동사

<참고>
제20항 요약

	제20항		
①	명사 + -이		
②	결합 ○		결합 ×
	부사	명사	명사
③	원형 ○	원형 ○	소리 ○
예	집집이	삼발이	지붕

제20항 주의
1. 값어치(○)
2. 벼슬아치(○), 반빗아치(○)
3. 모가치(○)
4. 나날이(○), 다달이(○)
5. 간간이(○), 간간히(○)
6. 첩첩이(○), 첩첩히(○)
7. 번번이(○), 번번히(○)
8. 점잖이(○), 점잔이(○)

<참고>
접사 모음
1. -지다 예 값지다
2. -답다 예 너답다
3. -내 예 봄내
4. -데기 예 새침데기
5. -쟁이 vs. -장이 예 겁쟁이
6. -깔 예 빛깔
7. -매 예 입매
8. -질 예 흙질
9. -다랗- 예 높다랗다

넓- vs. 넙- vs. 납-
1. 넓다[ㅂ]: 넓적이, 넓적하다, 넓적넓적, 넓적다리, 넓죽하다, 넓죽넓죽, 넓죽스름하다, 넓죽이
2. 넓다[ㄹ]: 널따랗다, 널찍하다
3. 납작: 납작하다, 납작납작, 납작납작하다, 납작납작이, 납작스름하다, 납작이
4. 납죽: 납죽하다, 납죽납죽, 납죽납죽하다, 납죽납죽이, 납죽스름하다, 납죽이

(2) <u>어간</u> 뒤에 <u>자음</u>으로 시작된 접미사가 붙어서 된 것

번호	구분	단어 모음
①	받침	낚시, 늙정이, <u>덮개</u>, <u>뜯게질</u>, 깊숙하다, 높다랗다
②	ㄺ [ㄱ]	갉작갉작하다, 갉작거리다, <u>굵다랗다</u>, <u>굵직</u>하다
		<u>늙수</u>그레하다, <u>얽죽</u>얽죽하다
③	ㄼ [ㅂ]	<u>넓적</u>하다
④	ㄷ	뜯적거리다, 뜯적뜯적하다

다만, 다음과 같은 말은 소리대로 적는다.

(1) 겹받침의 <u>끝소리</u>가 드러나지 아니하는 것

번호	구분	단어 모음
①	받침	<u>실쭉</u>하다, 실큼하다, 실컷
②	ㄺ [ㄹ]	말끔하다, 말쑥하다, 말짱하다
③	ㄼ [ㄹ]	<u>널따랗다</u>, 널찍하다
		<u>얄따랗다</u>, 얄팍하다
		<u>짤따랗다</u>, 짤막하다
④	ㄾ [ㄹ]	할짝거리다

(2) 어원이 분명하지 아니하거나 본뜻에서 멀어진 것

번호	단어 모음
①	넙치, 올무, 골막하다, <u>납작</u>하다

4. 제22항, 제23항

제22항 용언의 <u>어간</u>에 다음과 같은 접미사들이 붙어서 이루어진 말들은 그 어간을 밝히어 적는다.

(1) '-기-, -리-, -이-, -히-, -구-, -우-, -추-, -으키-, -이키-, -애-'가 붙는 것

번호	접미사	단어 모음
①	-기-	맡기다, 옮기다, 웃기다, 쫓기다
②	-리-	뚫리다, 울리다
③	-이-	낚이다, 쌓이다, 핥이다
④	-히-	굳히다, 굽히다, 넓히다, 앉히다, 얽히다, 잡히다
⑤	-구-	돋구다, 솟구다

확인문제

11 밑줄 친 어휘의 표기가 옳은 것은?
2017. 지방직 7급

① 달걀 파동으로 <u>먹거리</u>에 대한 관심이 높아졌다.
② 식당에서 <u>깎두기</u>를 더 주문했다.
③ 손님은 종업원에게 당장 주인을 불러오라고 <u>닥달하였다</u>.
④ 작은 문 옆에 차가 드나들 수 있을 만큼 <u>넓다란</u> 길이 났다.

≫ ①

참고

접사 모음
1. -이/히/리/가-: 피동, 사동 접미사
2. -우/구/추-: 사동 접미사
3. -으키/이키/애-: 사동 접미사
4. -치-: 강조 접미사
5. -뜨리/트리-: 복수 표준어

번호	접미사	단어 모음
⑥	-우-	돋우다
⑦	-추-	갖추다, 곧추다, 맞추다
⑧	-으키-	일으키다
⑨	-이키-	돌이키다
⑩	-애-	없애다

다만, '-이-, -히-, -우-'가 붙어서 된 말이라도 <u>본뜻</u>에서 멀어진 것은 소리대로 적는다.

번호	접미사	단어 모음
①	-이-	(칼로) 도리다, (용돈을) 드리다
②	-히-	고치다, (세금을) <u>바치다</u>, (편지를) <u>부치다</u>
③	-우-	거두다, 미루다, 이루다

(2) '-치-, -뜨리-, -트리-'가 붙는 것

번호	접미사	단어 모음
①	-치-	<u>놓치다</u>, 덮치다, 떠받치다, 받치다, 밭치다, <u>부딪치다</u>, 뻗치다, 엎치다
②	-뜨리/트리-	부딪뜨리다/부딪트리다, 쏟뜨리다/쏟트리다, 젖뜨리다/젖트리다, 찢뜨리다/찢트리다, 흩뜨리다/흩트리다

붙임 '-업-, -읍-, -브-'가 붙어서 된 말은 소리대로 적는다.

번호	구분	단어 모음
①	-업-	미덥다
②	-읍-	우습다
③	-브-	미쁘다

제23항 '<u>-하다</u>'나 '<u>-거리다</u>'가 붙는 어근에 '-이'가 붙어서 <u>명사</u>가 된 것은 그 원형을 밝히어 적는다.(ㄱ을 취하고, ㄴ을 버림.)

번호	ㄱ(○)	ㄴ(×)	ㄱ(○)	ㄴ(×)
①	깔쭉이	깔쭈기	살살이	살사리
②	꿀꿀이	꿀꾸리	쌕쌕이	쌕쌔기
③	눈깜짝이	눈깜짜기	<u>오뚝이</u>	오뚜기
④	더펄이	더퍼리	코납작이	코납자기
⑤	배불뚝이	배불뚜기	푸석이	푸서기
⑥	삐죽이	삐주기	홀쭉이	홀쭈기

참고
제23항 요약

	제23항	
	-하다, -거리다	
①	결합 ○	결합 ×
	어근 + -이	그 어근 + 다른 모음 접사
②	명사	
③	원형 ○	소리 ○
예	오뚝하다(×)	개굴하다(×) 개굴거리다(×)
	오뚝이	개구리

접사 모음
1. -하다 예 홀쭉하다(어근)
2. -거리다/-대다 : 복수 표준어
3. -이다 예 끄덕이다(부사)

-하다 vs. -거리다 vs. -이다
1. 삐죽거리다(○) → 삐죽이다(○) → 삐죽이(○)
2. 오뚝하다(○) → 오뚝이(○)
3. 번쩍거리다(○) → 번쩍이다(○)
4. 개굴하다(?), 개굴거리다(?), 개굴이다(?) → 개굴이(×), 개구리(○)

붙임 '-하다'나 '-거리다'가 붙을 수 없는 어근에 '-이'나 또는 다른 모음으로 시작되는 접미사가 붙어서 명사가 된 것은 그 원형을 밝히어 적지 아니한다.

번호	단어 모음
①	개구리, 귀뚜라미, 기러기, 깍두기, 꽹과리, 날라리, 누더기
②	동그라미, 두드러기, 딱따구리, 매미, 부스러기, 뻐꾸기
③	얼루기, 칼싹두기

5. 제24항~제26항

제24항 '-거리다'가 붙을 수 있는 시늉말 어근에 '-이다'가 붙어서 된 용언은 그 어근을 밝히어 적는다.(ㄱ을 취하고, ㄴ을 버림.)

번호	ㄱ(○)	ㄴ(×)	ㄱ(○)	ㄴ(×)
①	깜짝이다	깜짜기다	속삭이다	속사기다
②	꾸벅이다	꾸버기다	숙덕이다	숙더기다
③	끄덕이다	끄더기다	울먹이다	울머기다
④	뒤척이다	뒤처기다	움직이다	움지기다
⑤	들먹이다	들머기다	지껄이다	지꺼리다
⑥	망설이다	망서리다	퍼덕이다	퍼더기다
⑦	번득이다	번드기다	허덕이다	허더기다
⑧	번쩍이다	번쩌기다	헐떡이다	헐떠기다

제25항 '-하다'가 붙는 어근에 '-히'나 '-이'가 붙어서 부사가 되거나, 부사에 '-이'가 붙어서 뜻을 더하는 경우에는 그 어근이나 부사의 원형을 밝히어 적는다.

(1) '-하다'가 붙는 어근에 '-히'나 '-이'가 붙는 경우

번호	구분	단어 모음
①	-히-	급히, 꾸준히, 도저히, 딱히
②	-이-	어렴풋이, 깨끗이

붙임 '-하다'가 붙지 않는 경우에는 소리대로 적는다.

번호	단어 모음
①	갑자기, 반드시(꼭), 슬며시

(2) 부사에 '-이'가 붙어서 역시 부사가 되는 경우

번호	구분	단어 모음
①	-이-	곰곰이, 더욱이, 생긋이, 오뚝이, 일찍이, 해죽이

참고
제24항 vs. 제23항

	제24항	제23항
	-거리다	-하다, -거리다
①	결합 ○	결합 ×
	어근 + -이다	그 어근 + 다른 모음 접사
②	용언	명사
③	원형 ○	소리 ○
예	번쩍거리다(○)	개굴하다(×) 개굴거리다(×)
	번쩍이다	개구리

참고
제25항 요약

	제25항	
	-이	-히
①	(어근 받침 ㅅ)+-하다	
예	깨끗이	
②	ㅂ 불규칙 용언	
예	쉬이, 괴로이	
③	부사	어근+-하다
예	일찍 → 일찍이	
④	첩어	
예	겹겹 → 겹겹이	
⑤	'-하다'로 끝나지 않은 용언	
예	굳다 → 굳이	급하다 → 급히

제25항 주의
1. 곰곰이(○) vs. 꼼꼼히(○)
2. 다행히(○), 도저히(○)
3. 꾸준히(○), 버젓이(○)

반듯이 vs. 반드시
1. 소나무가 (㉠) 서 있다.
  →
2. 오늘 안에 (㉡) 일을 끝내자.
  →
  ≫1. ㉠ 반듯이, 2. ㉡ 반드시

지긋이 vs. 지그시
1. 나이가 (㉠) 든 신사이다.
  →
2. 눈을 (㉡) 감았다.
  →
  ≫1. ㉠ 지긋이, 2. ㉡ 지그시

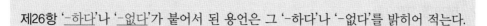
제26항 '–하다'나 '–없다'가 붙어서 된 용언은 그 '–하다'나 '–없다'를 밝히어 적는다.

(1) '–하다'가 붙어서 용언이 된 것

번호	구분	단어 모음
①	–하다	딱하다, 숱하다, 착하다, 텁텁하다, 푹하다

(2) '–없다'가 붙어서 용언이 된 것

번호	구분	단어 모음
①	–없다	부질없다, 상없다, 시름없다, 열없다, 하염없다

참고
'–하다, –없다'와 결합하는 어근
1. '–하다'의 어근
  1) 자립 ○ : 노래하다, 운동하다
  2) 자립 × : 딱하다, 착하다
2. '없다'의 어근
  1) 자립 ○ : 두말없다, 버릇없다
  2) 자립 × : 느닷없다, 부질없다

4 제4절 합성어 및 접두사가 붙은 말

1. 제27항

제27항 둘 이상의 단어가 어울리거나 접두사가 붙어서 이루어진 말은 각각 그 원형을 밝히어 적는다.

번호	단어 모음
①	새파랗다, 샛노랗다, 시꺼멓다, 싯누렇다
②	빛나가다, 엇나가다, 엿듣다, 웃옷, 짓이기다, 헛웃음, 헛되다, 홀아비, 홑몸, 국말이, 꺾꽂이
③	꽃잎, 물난리, 부엌일, 옷안, 첫아들, 칼날, 팥알, 흙내, 빛나다, 굶주리다
④	끝장, 밑천, 싫증, 젖몸살, 값없다, 겉늙다, 낮잡다, 맞먹다, 받내다, 벋놓다, 엎누르다, 옻오르다

붙임 1 어원은 분명하나 소리만 특이하게 변한 것은 변한 대로 적는다.

번호	단어 모음
①	할아버지, 할아범

붙임 2 어원이 분명하지 아니한 것은 원형을 밝히어 적지 아니한다.

번호	단어 모음
①	골병, 골탕, 끌탕, 며칠, 아재비, 오라비, 업신여기다, 부리나케

붙임 3 '이[齒, 虱]'가 합성어나 이에 준하는 말에서 '니' 또는 '리'로 소리 날 때에는 '니'로 적는다.

번호	구분	단어 모음
①	치아	간니, 덧니, 사랑니, 송곳니, 앞니, 어금니, 윗니, 젖니, 톱니, 틀니
②	벌레	가랑니, 머릿니

참고
새-/시-, 샛-/싯-

구분	양성 모음	음성 모음
된소리	새-	시-
거센소리		
유성음	샛-	싯-

제27항 주의
1. 며칠(○)
2. 부리나케(○)
3. 아랫니(○)
4. 눈살[눈쌀](○)
5. 눈곱[눈꼽](○)
6. 눈썹(○)

확인문제

12 한글 맞춤법에 따라 바르게 표기된 것만 나열한 것은? 2019. 서울시 9급
① 새끼맣다 – 싯퍼렇다 – 샛노랗다
② 시뻘겋다 – 시허옇다 – 싯누렇다
③ 새퍼렇다 – 새빨갛다 – 샛노랗다
④ 시허옇다 – 시꺼멓다 – 싯누렇다
》②

13 밑줄 친 부분이 바르게 쓰이지 않은 것은? 2021. 지방직 9급
① 바쁘다더니 여긴 웬일이야?
② 결혼식이 몇 월 몇 일이야?
③ 굳은살이 박인 오빠 손을 보니 안쓰럽다.
④ 그는 주말이면 으레 친구들과 야구를 한다.
》②

2. 제28항, 제29항

> **제28항** 끝소리가 'ㄹ'인 말과 딴 말이 어울릴 적에 'ㄹ' 소리가 나지 아니하는 것은 아니 나는 대로 적는다.

번호	구분	단어 모음
①	ㄴ	따님(딸-님)
②	ㄷ	마되(말-되), 다달이(달-달-이), 여닫이(열-닫이)
③	ㅅ	마소(말-소), 부삽(불-삽), 부손(불-손), 화살(활-살)
④	ㅈ	무자위(물-자위), 바느질(바늘-질), 싸전(쌀-전), 우짖다(울-짖다)

> **제29항** 끝소리가 'ㄹ'인 말과 딴 말이 어울릴 적에 'ㄹ' 소리가 'ㄷ' 소리로 나는 것은 'ㄷ'으로 적는다.

번호	구분	단어 모음
①	도구	반짇고리(바느질~), 숟가락(술~)
②	날짜	이튿날(이틀~), 사흗날(사흘~), 삼짇날(삼질~), 섣달(설~)
③	잘다	잗주름(잘~), 잗다듬다(잘~), 잗다랗다(잘~)
④	기타	푿소(풀~), 섣부르다(설~)

3. 제30항

(1) 규정

> **제30항** 사이시옷은 다음과 같은 경우에 받치어 적는다.

① 순우리말로 된 합성어로서 앞말이 모음으로 끝난 경우
    ㉠ 뒷말의 첫소리가 된소리로 나는 것

번호	구분	단어 모음
①	ㄱ	나뭇가지, 냇가, 댓가지, 바닷가, 볏가리, 뒷갈망, 킷값, 선짓국, 머릿기름, 뱃길
②	ㄷ	핏대, 잿더미, 맷돌, 부싯돌
③	ㅂ	쳇바퀴, 혓바늘, 귓밥, 나룻배, 햇볕, 모깃불
④	ㅅ	조갯살, 우렁잇속,
⑤	ㅈ	잇자국, 못자리, 고랫재, 쇳조각, 아랫집, 찻집

ⓒ 뒷말의 첫소리 'ㄴ, ㅁ' 앞에서 'ㄴ' 소리가 덧나는 것

번호	구분	단어 모음
①	ㄴ	멧나물, 아랫니
②	ㅁ	텃마당, 아랫마을, 뒷머리, 잇몸, 깻묵, 냇물, 빗물

ⓒ 뒷말의 첫소리 모음 앞에서 'ㄴㄴ' 소리가 덧나는 것

번호	구분	단어 모음
①	이	두렛일, 뒷일, 뒷입맛, 베갯잇, 욧잇, 깻잎, 나뭇잎, 댓잎
②	여	도리깻열
③	유	뒷윷

② 순우리말과 한자어로 된 합성어로서 앞말이 모음으로 끝난 경우

㉠ 뒷말의 첫소리가 된소리로 나는 것

번호	구분	단어 모음
①	ㄱ	횟가루(灰가루), 샛강(샛江), 촛국(醋국), 핏기(핏氣)
②	ㄷ	봇둑(洑둑)
③	ㅂ	사잣밥(使者밥), 머릿방(머릿房), 아랫방(아랫房), 횟배(蛔배), 귓병(귓病), 콧병(콧病), 뱃병(뱃病)
④	ㅅ	자릿세(자릿貰), 텃세(텃勢), 햇수(햇數)
⑤	ㅈ	찻잔(찻盞), 찻종(찻鍾), 탯줄(胎줄), 전셋집(傳貰집)

ⓒ 뒷말의 첫소리 'ㄴ, ㅁ' 앞에서 'ㄴ' 소리가 덧나는 것

번호	구분	단어 모음
①	ㄴ	곗날(契날), 제삿날(祭祀날), 훗날(後날)
②	ㅁ	툇마루(退마루), 양칫[楊枝]물

ⓒ 뒷말의 첫소리 모음 앞에서 'ㄴㄴ' 소리가 덧나는 것

번호	구분	단어 모음
①	이	가욋일(加外일), 사삿일(私私일), 예삿일(例事일), 훗일(後일)

③ 두 음절로 된 다음 한자어(차퇴고, 세수회)

번호	단어 모음
①	곳간(庫間), 셋방(貰房), 숫자(數字), 찻간(車間), 툇간(退間), 횟수(回數)

확인문제

14 〈보기〉는 『한글 맞춤법』 제30항 사이시옷 표기의 일부이다. ㉠, ㉡, ㉢에 들어갈 단어가 바르게 연결된 것은?   2016. 서울시 7급

— 보기 —
제30항 사이시옷은 다음과 같은 경우에 받치어 적는다.
1. 순우리말로 된 합성어로서 앞말이 모음으로 끝난 경우
(1) 뒷말의 첫소리가 된소리로 나는 것
고랫재 귓밥 (㉠)
(2) 뒷말의 첫소리 ㄴ, ㅁ 앞에서 ㄴ 소리가 덧나는 것
뒷머리 아랫마을 (㉡)
(3) 뒷말의 첫소리 모음 앞에서 ㄴㄴ 소리가 덧나는 것
도리깻열 뒷윷 (㉢)

	㉠	㉡	㉢
①	못자리	멧나물	두렛일
②	쳇바퀴	잇몸	훗일
③	잇자국	툇마루	나뭇잎
④	사잣밥	곗날	예삿일

》① ①

15 사이시옷 표기가 모두 옳지 않은 것은?   2019. 서울시 7급

① 붕엇빵 – 공붓벌레
② 마굿간 – 인삿말
③ 공깃밥 – 백짓장
④ 도맷값 – 머릿털

》② ②

확인문제

16 밑줄 친 부분이 어법에 맞는 것은?
2019. 지방직 9급

① 이 가곡의 <u>노래말</u>은 아름답다.
② 그 집의 <u>순대국</u>은 아주 맛있다.
③ <u>학교길</u>은 늘 아이들로 북적인다.
④ 선생님은 간단한 <u>인사말</u>을 건넸다.

>> ④

17 밑줄 친 단어의 표기가 옳은 것은?
2021. 서울시 9급

① 이 책은 <u>머릿말</u>부터 마음에 들었다.
② 복도에서 <u>윗층</u>에 사는 노부부를 만났다.
③ <u>햇님</u>이 방긋 웃는 듯하다.
④ <u>북엇국</u>으로 든든하게 아침을 먹었다.

>> ④

18 다음 규정에 근거할 때 옳지 않은 것은?
2022. 국가직 9급

> **한글 맞춤법 제30항**
> 사이시옷은 다음과 같은 경우에 받치어 적는다.
> (가) 순우리말로 된 합성어로서 앞말이 모음으로 끝나면서 뒷말의 첫소리가 된소리로 나는 것
> (나) 순우리말과 한자어로 된 합성어로서 앞말이 모음으로 끝나면서 뒷말의 첫소리가 된소리로 나는 것

① (가)에 따라 '아래+집'은 '아랫집'으로 적는다.
② (가)에 따라 '쇠+조각'은 '쇳조각'으로 적는다.
③ (나)에 따라 '전세+방'은 '전셋방'으로 적는다.
④ (나)에 따라 '자리+세'는 '자릿세'로 적는다.

>> ③

(2) 특징

① 첫 번째 조건, 합성 명사
㉠ 햇님(×), 해님(○) : 파생어
㉡ 햇빛(○), 해빛(×) : 합성어(명사)

② 두 번째 조건, 음운론적 현상
㉠ 뒷말의 첫소리가 된소리로 나는 경우
㉡ 뒷말의 첫소리 'ㄴ, ㅁ' 앞에서 'ㄴ' 소리가 덧나는 경우
㉢ 뒷말의 첫소리 모음 앞에서 'ㄴㄴ' 소리가 덧나는 경우

③ 세 번째 조건, 구성 요소
㉠ 순우리말 + 순우리말
㉡ 순우리말 + 한자어
㉢ 한자어 + 한자어(2음절, 6개)

④ 사이시옷을 적을 수 없는 조건
㉠ 파생어 **예** 해님
㉡ 뒷말의 첫소리가 '된소리, 거센소리'일 때 **예** 위쪽, 위턱
㉢ 된소리, ㄴ 소리, ㄴㄴ 소리가 덧나지 않는 경우 **예** 가로줄[가로줄], 세로줄[세 : 로줄]
㉣ 외래어가 있는 경우 **예** 오렌지빛, 피자집
㉤ 모두 한자어 구성일 경우(2음절로 된 6개만 제외) **예** 개수(個數), 초점(焦點), 기차간(汽車間), 전세방(傳貰房)

⑤ 사이시옷을 쓰는 경우(고유어)

번호	고유어	단어 모음
①	값	절댓값[절때깝/절땐깝], 덩칫값[덩치깝/덩친깝], 죗값[죄 : 깝/쥃 : 깝]
②	길	등굣길[등교낄/등굗낄], 혼삿길[혼사낄/혼삳낄], 고갯길[고개낄/고갣낄]
③	집	맥줏집[맥쭈찝/맥쭏찝], 횟집[회 : 찝/휃 : 찝], 부잣집[부 : 자찝/부 : 잗찝]
④	빛	장밋빛[장미삗/장믿삗], 보랏빛[보라삗/보랃삗], 햇빛[해삗/핻삗]
⑤	말	혼잣말[혼잔말], 시쳇말[시첸말], 노랫말[노랜말]
⑥	국	만둣국[만두꾹/만둗꾹], 고깃국[고기꾹/고긷꾹], 북엇국[부거꾹/부걷꾹]

⑥ 사이시옷 특정 한자어

번호	고유어	단어 모음
①	과(科)	외과(外科), 이비인후과(耳鼻咽喉科), 국어과(國語科), 장미과(薔薇科) 고양잇과[고양이꽈/고양읻꽈], 멸칫과[멸치꽈/멸칟꽈], 소나뭇과[소나무꽈/소나묻꽈], 가짓과[가지꽈/가짇꽈]

4. 제31항

> 제31항 두 말이 어울릴 적에 'ㅂ' 소리나 'ㅎ' 소리가 덧나는 것은 소리대로 적는다.

(1) 'ㅂ' 소리가 덧나는 것

번호	구분	모음
①	쌀	멥쌀(메ㅂ쌀), 입쌀(이ㅂ쌀), 좁쌀(조ㅂ쌀), 햅쌀(해ㅂ쌀)
②	때	입때(이ㅂ때), 접때(저ㅂ때)
③	기타	댑싸리(대ㅂ싸리), 볍씨(벼ㅂ씨)
		냅뜨다, 부릅뜨다, 칩떠보다, 휩싸다, 휩쓸다

(2) 'ㅎ' 소리가 덧나는 것

번호	구분	모음
①	머리ㅎ	머리카락(머리ㅎ가락)
②	살ㅎ	살코기(살ㅎ고기)
③	안ㅎ	안팎(안ㅎ밖)
④	수ㅎ	수컷(수ㅎ것), 수캐(수ㅎ개), 수탉(수ㅎ닭)
		수캉아지(수ㅎ강아지), 수키와(수ㅎ기와)
⑤	암ㅎ	암컷(암ㅎ것), 암캐(암ㅎ개), 암탉(암ㅎ닭)

5 제5절 준말

1. 제32항, 제33항

> 제32항 단어의 끝모음이 줄어지고 자음만 남은 것은 그 앞의 음절에 받침으로 적는다.

번호	본말(○)	준말(○)	본말(○)	준말(○)
①	기러기야	기럭아		
②	어제그저께	엊그저께	어제저녁	엊저녁
③	가지고, 가지지	갖고, 갖지	디디고, 디디지	딛고, 딛지

> 제33항 체언과 조사가 어울려 줄어지는 경우에는 준 대로 적는다.

번호	본말(○)	준말(○)	본말(○)	준말(○)
①	그것은	그건	그것이	그게
②	그것으로	그걸로		
③	나는	난	나를	날
④	너는	넌	너를	널
⑤	무엇을	뭣을/무얼/뭘	무엇이	뭣이/무에

참고

제32항 vs. 제33항

	제32항	제33항
기준	끝모음 줄어짐.	체언과 조사 결합
	자음만 남음.	
	앞 음절의 받침이 됨.	부사와 조사 결합
예	엊저녁 (어제 → 엊)	뭣을/무얼 (무엇 → 뭣) (무어 + ㄹ)

제32항 주의
1. 가지-가지 → 갖가지
2. 어긋-매끼다 → 엇매끼다
3. 바깥-벽 → 밭벽
4. 바깥-사돈 → 밭사돈

제33항 주의 ① '체언과 조사'가 결합한 경우
1. 그것으로 → 그걸로
2. 이것으로 → 이걸로
3. 저것으로 → 저걸로

제33항 주의 ② '부사와 조사'가 결합한 경우
1. 그리로 → 글로
2. 이리로 → 일로
3. 저리로 → 절로
4. 조리로 → 졸로
5. 요리로 → 욜로

참고

제34항 요약

	제34항	붙임 1	붙임 2
①	어간(ㅏ, ㅓ) + -아/-어 -았/었-	어간(ㅐ, ㅔ) + -어 -었-	어간(하-) + -여 -였-
②	본말 ×	본말 ○	본말 ○
	준말 ○	준말 ○	준말 ○
예	가았다 (×) 갔다(○)	개었다 (○) 갰다(○)	하였다 (○) 했다(○)

제34항 주의 ① 'ㅅ' 불규칙 용언
1. 'ㅅ' 불규칙 용언의 어간에서 'ㅅ'이 줄어든 경우에는 원래 자음이 있었으므로 'ㅏ/ㅓ'가 줄어들지 않는다.
2. 낫다: 나아, 나아서, 나아도, 나아야, 나았다

제34항 주의 ② 모음이 줄어들어서 'ㅐ'가 된 용언
1. 모음이 줄어들어서 'ㅐ'가 된 경우에는 '-어'가 결합하더라도 다시 줄어지는 않는다.
2. 옷감이 빈틈없이 째어(○)/째(×) (←짜이어) 있다.
3. 도로가 이곳저곳 패어(○)/패(×) (←파이어) 있다.
4. 째다(=짜이다)(기본형), 째어(활용)(○) → 째(×)

참고

제35항 요약

	제35항	붙임 1	붙임 2
①	어간(ㅗ, ㅜ) + -아/-어 -았/었-	어간(놓-) + -아 -았-	어간(ㅚ) + -어 -었-
②	본말 ○	본말 ○	본말 ○
	준말 ○	준말 ○	준말 ○
예	꼬았다 (○) 꽜다(○)	놓았다 (○) 놨다(○)	되었다 (○) 됐다(○)

제35항 주의 ① 오다
1. '-아' 계열 어미가 결합할 때.
2. ×: 오아, 오아라, 오았다
3. ○: 와, 와라, 왔다

제35항 주의 ② 놓다
1 놓다: 놔, 놔라, 놨다
2. 쌓이다: 쌔다, 쌔어, 쌔, 쌨다
3. 놓이다: 뇌다, 뇌어, 뇌, 뇄다

2. 제34항

> 제34항 모음 'ㅏ, ㅓ'로 끝난 어간에 '-아/-어, -았-/-었-'이 어울릴 적에는 준 대로 적는다.

번호	본말(×)	준말(○)	본말(×)	준말(○)
①	가아	가	가았다	갔다
②	나아	나	나았다	났다
③	타아	타	타았다	탔다
④	서어	서	서었다	섰다
⑤	켜어	켜	켜었다	켰다
⑥	펴어	펴	펴었다	폈다

붙임 1 'ㅐ, ㅔ' 뒤에 '-어, -었-'이 어울려 줄 적에는 준 대로 적는다.

번호	본말(○)	준말(○)	본말(○)	준말(○)
①	개어	개	개었다	갰다
②	내어	내	내었다	냈다
③	베어	베	베었다	벴다
④	세어	세	세었다	셌다

붙임 2 '하여'가 한 음절로 줄어서 '해'로 될 적에는 준 대로 적는다.

번호	본말(○)	준말(○)	본말(○)	준말(○)
①	하여	해	하였다	했다
②	더하여	더해	더하였다	더했다
③	흔하여	흔해	흔하였다	흔했다

3. 제35항

> 제35항 모음 'ㅗ, ㅜ'로 끝난 어간에 '-아/-어, -았-/-었-'이 어울려 'ㅘ/ㅝ, ㅘㅆ/ㅝㅆ'으로 될 적에는 준 대로 적는다.

번호	본말(○)	준말(○)	본말(○)	준말(○)
①	꼬아	꽈	꼬았다	꽜다
②	보아	봐	보았다	봤다
③	쏘아	쏴	쏘았다	쐈다
④	두어	둬	두었다	뒀다
⑤	쑤어	쒀	쑤었다	쒔다
⑥	주어	줘	주었다	줬다

붙임 1 '놓아'가 '놔'로 줄 적에는 준 대로 적는다.

붙임 2 'ㅚ' 뒤에 '-어, -었-'이 어울려 '괘, 괬'으로 될 적에도 준 대로 적는다.

번호	본말(○)	준말(○)	본말(○)	준말(○)
①	괴어	괘	괴었다	괬다
②	되어	돼	되었다	됐다
③	뵈어	봬	뵈었다	뵀다
④	쇠어	쇄	쇠었다	쇘다
⑤	쐬어	쐐	쐬었다	쐤다

4. 제36항~제38항

제36항 'ㅣ' 뒤에 '-어'가 와서 <u>ㅕ</u>로 줄 적에는 준 대로 적는다.

번호	본말(○)	준말(○)	본말(○)	준말(○)
①	가지어	가져	가지었다	가졌다
②	견디어	견뎌	견디었다	견뎠다
③	다니어	다녀	다니었다	다녔다
④	막히어	막혀	막히었다	막혔다
⑤	버티어	버텨	버티었다	버텼다
⑥	치이어	치여	치이었다	<u>치였다</u>

제37항 'ㅏ, ㅕ, ㅗ, ㅜ, ㅡ'로 끝난 어간에 '-이-'가 와서 각각 'ㅐ, ㅖ, ㅚ, ㅟ, ㅢ'로 줄 적에는 준 대로 적는다.

번호	본말(○)	준말(○)	본말(○)	준말(○)
①	싸이다	쌔다	누이다	뉘다
②	펴이다	<u>폐다</u>	뜨이다	띄다
③	보이다	뵈다	쓰이다	씌다

제38항 'ㅏ, ㅗ, ㅜ, ㅡ' 뒤에 '-이어'가 어울려 줄어질 적에는 준 대로 적는다.

번호	본말(○)	준말(○)	본말(○)	준말(○)
①	싸이어	<u>쌔어, 싸여</u>	뜨이어	띄어
②	보이어	뵈어, 보여	쓰이어	씌어, 쓰여
③	쏘이어	쐬어, 쏘여	트이어	틔어, 트여
④	누이어	뉘어, 누여		

참고

제35항 다른 예
꾀다, 외다, 죄다, 쬐다. 되뇌다, 사
뢰다, 선뵈다, 아뢰다

제35항 관련 문장
1. 이렇게 만나게 돼서(←되어서) 반
   갑다.
3. 어느덧 가을이 됐다(←되었다).

확인문제

20 밑줄 친 부분의 맞춤법이 가장 옳지 않은 것은? 2020. 서울시 9급
① 남에게 존경 받는 사람이 <u>돼라</u>
  는 아버지의 유언
② 존경 받는 사람이 <u>되었다</u>.
③ 남에게 존경 받는 사람이 <u>돼라</u>.
④ 존경 받는 사람이 <u>되고</u> 있다.

>> ①

참고

제36항 요약

		제36항	제37항	제38항
①		ㅣ +	어간 (ㅏ, ㅕ, ㅗ, ㅜ, ㅡ)	ㅏ, ㅗ, ㅜ, ㅡ +
		-어	-이다	-이어
②	본말	○ 준말 ○	본말 ○ 준말 ○	본말 ○ 준말 ○
예		가지어 (○)	싸이다 (○)	싸이어 (○)
		가져(○)	쌔다(○)	쌔어, 싸여(○)

제37항 다른 예
까이다 → 깨다, 차이다 → 채다, 모
이다 → 뫼다, 쏘이다 → 쐬다, 꾸이
다 → 뀌다, 트이다 → 틔다

제37항 주의 '-스레'
1. '-스럽다'로 끝나는 형용사 + 부
   사를 만드는 접미사 '-이'
   → '-스레'가 되는 경우
2. 새삼스럽- + -이 → 새삼스레

제38항 동의어, 준말
1. 쐬다: '쏘이다'의 준말, 복수 표준어
   ① 쏘-이다 → 쐬다(준말):
     쏘여(○), 쐬어(○), 쐐(○)
   ② 쐬다: 쐬어(○), 쐐(○)
2. 띄다: '뜨이다, 띄우다'의 준말
   ① 뜨-이다 → 띄다(준말)
     (눈에) 뜨여(○), 띄어(○)
   ② 띄-우다 → 띄다(준말)
     띄워(○), 뜨여(×), 띄어(○)

참고

제39항 요약

	제39항	
기준	-지	울림소리 + -하지
	않-	않-
	-잖-	-찮-
예	적잖은	만만찮은

제39항 사전에 등재된 단어 모음
달갑잖다, 마뜩잖다, 시답잖다, 오죽잖다, 올곧잖다, 당찮다, 편찮다, 변변찮다 등

제39항 사전에 등재되지 않음
그렇잖다, 두렵잖다, 편안찮다, 허술찮다 등

제40항 요약

	제40항	붙임 2
기준	울림소리 (모음, ㄴ/ㄹ/ㅁ/ㅇ) + -하다	안울림소리 + -하다
	'ㅎ'만 남기	'하'가 탈락
예	간편하게 → 간편케	생각하다 → 생각다

제40항 모음, ㄴ/ㄹ/ㅁ/ㅇ 모음
무능타, 부지런타, 아니타, 감탄케, 달성케, 실망케, 당치, 무심치, 허송치, 분발토록, 실천토록, 추진토록, 결근코자, 달성코자, 사임코자, 청컨대, 회상컨대

제39항 + 제40항
1. 갑갑지 않다 → 갑갑잖다
2. 깨끗지 않다 → 깨끗잖다
3. 넉넉지 않다 → 넉넉잖다
4. 답답지 않다 → 답답잖다

5. 제39항

> 제39항 어미 '-지' 뒤에 '않-'이 어울려 '<u>-잖-</u>'이 될 적과 '-하지' 뒤에 '않-'이 어울려 '<u>-찮-</u>'이 될 적에는 준 대로 적는다.

번호	본말(○)	준말(○)	본말(○)	준말(○)
①	그렇지 않은	그렇잖은	만만하지 않다	만만찮다
②	적지 않은	적잖은	변변하지 않다	변변찮다

6. 제40항

> 제40항 어간의 끝음절 '<u>하</u>'의 'ㅏ'가 줄고 'ㅎ'이 다음 음절의 첫소리와 어울려 <u>거센소리</u>로 될 적에는 거센소리로 적는다.

번호	본말(○)	준말(○)	본말(○)	준말(○)
①	간편하게	간편케	다정하다	다정타
②	연구하도록	연구토록	정결하다	정결타
③	가하다	가타	흔하다	흔타

붙임 2 어간의 끝음절 '하'가 아주 줄 적에는 준 대로 적는다.

번호	본말(○)	준말(○)	본말(○)	준말(○)
①	거북하지	거북지	넉넉하지 않다	넉넉지 않다
②	생각하건대	생각건대	못하지 않다	못지않다
③	생각하다 못해	생각다 못해	섭섭하지 않다	섭섭지 않다
④	깨끗하지 않다	깨끗지 않다	익숙하지 않다	익숙지 않다

붙임 1 'ㅎ'이 어간의 끝소리로 굳어진 것은 받침으로 적는다.

번호	본말(○)	준말(○)	활용
①	아니하다	않다	않고, 않지, 않든지
②	아무러하다	<u>아무렇다</u>	아무렇고, 아무렇지, 아무렇든지
③	어떠하다	어떻다	어떻고, 어떻지, 어떻든지
④	이러하다	이렇다	이렇고, 이렇지, 이렇든지
⑤	저러하다	저렇다	저렇고, 저렇지, 저렇든지
⑥	그러하다	그렇다	그렇고, 그렇지, 그렇든지

붙임 3 다음과 같은 부사는 소리대로 적는다.

번호	구분	부사 모음
①	-코	결단코, 결코, 기필코, 무심코, 정녕코, 필연코, 한사코
②	-튼	<u>아무튼</u>(지), 하여튼(지)
③	기타	요컨대, 하마<u>터면</u>

22 〈보기〉의 설명에 따라 올바르게 표기된 경우가 **아닌** 것은?

2019. 서울시 9급

> ─── 보기 ───
> • 어간의 끝절 '하'의 'ㅏ'가 줄고 'ㅎ'이 다음 음절의 첫소리와 어울려 거센소리로 될 적에는 거센소리로 적는다.
> • 어간의 끝절 '하'가 아주 줄 적에는 준 대로 적는다.

① 섭섭지   ② 흔타
③ 익숙치   ④ 정결타

≫ ③

23 ㉠~㉣ 중 한글 맞춤법에 맞게 쓰인 것만을 모두 고르면?

2023. 국가직 9급

> • 헤인 씨에게 ㉠<u>무정타</u> 말하지 마세요.
> • 재아에게는 ㉡<u>섭섭치</u> 않게 사례해 주자.
> • 규정에 따라 딱 세 명만 ㉢<u>선발토록</u> 했다.
> • ㉣<u>생각컨대</u> 그의 보고서는 공정하지 못했다.

① ㉠, ㉡   ② ㉠, ㉢
③ ㉡, ㉣   ④ ㉢, ㉣

≫ ②

24 밑줄 친 부분이 표준어로 쓰인 것은?   2024. 국가직 9급

① 그 친구는 <u>허구헌</u> 날 놀러만 다닌다.
② 닭을 <u>통째로</u> 구우니까 더 먹음직스럽다.
③ 발을 잘못 디뎌서 <u>하마트면</u> 넘어질 뻔했다.
④ 언니가 허리가 <u>잘룩하게</u> 들어간 코트를 입었다.

≫ ②

제40항 주의
1. 서슴다 → 서슴<u>지 않</u>다
2. 녹록하다 → 녹록<u>지 않</u>다
3. 부사: 어떻든(지), 어쨌든(지)

제41항 조사 논점 정리
1. 밖에(보조사) vs. 밖(=바깥)에
2. 같이(격 조사) vs. 같이(부사) vs.
   같은(형용사)
3. 마저(보조사) vs. 마저(부사)
4. 보다(격 조사) vs. 보다(부사)
5. 하고(접속 조사, 부사격 조사) vs.
   하고(기본형 : 하다, 동사)
6. 만큼/대로/뿐/만(조사) vs. 만큼/
   대로/뿐/만(의존 명사)

확인문제

25 띄어쓰기가 옳은 것은?
2016. 국가직 9급

① 그는∨우리∨시대의∨스승이라
  기∨보다는∨자상한∨아버이이다.
② 그는∨황소∨같이∨일을∨했다.
③ 하루∨종일∨밥은∨커녕∨물∨한
  ∨모금도∨마시지∨못했다.
④ 내∨모자는∨그것하고∨다르다.
>>④

26 띄어쓰기가 잘못된 문장은?
2016. 지방직 7급

① 이제 봄이 옵니다그려.
② 집에서처럼 그렇게 해야겠지?
③ 사과하고 배하고는 과일입니다.
④ 나가면서 까지도 말썽을 피우
  고 있다.
>>④

27 다음 중 띄어쓰기가 옳은 것은?
2015. 서울시 9급

① 차라리 얼어서 죽을망정 겻불
  은 아니 쬐겠다.
② 마음에 걱정이 있을 지라도 내
  색하지 마라.
③ 그녀는 얼굴이 예쁜대신 마음
  씨는 고약하다.
④ 그 사람이 친구들 말을 들을
  지 모르겠다.
>>①

28 띄어쓰기가 옳지 않은 것은?
2016. 사복직 9급

① 나는 거기에 어떻게 갈지 결정
  하지 못했다.
② 이미 설명한바 그 자세한 내용
  은 생략하겠습니다.
③ 은연 중에 자신의 속뜻을 내비
  치고 있었다.
④ 그 빨간 캡슐이 머리 아픈 데
  먹는 약입니다.
>>③

---

05 제5장 띄어쓰기

1 제1절 조사

> 제41항 조사는 그 앞말에 붙여 쓴다.

번호	구분	조사 모음
①	조사	꽃이, 꽃마저, 꽃밖에, 꽃처럼, 꽃이나마, 꽃이다, 꽃입니다
②	결합	꽃에서-부터, 꽃으로-만, 어디까지-나 나에게-만-이라도, 여기서-부터-입니다
③	기타	거기도, 멀리는, 웃고만, 사과하기는커녕, 먹을게요, 맑군그래, 오는군요

2 제2절 의존 명사, 단위를 나타내는 명사 및 열거하는 말 등

1. 제42항

(1) 규정

> 제42항 의존 명사는 띄어 쓴다.

번호	구분	의존 명사 모음
①	의존 명사	아는 것이 힘이다. 나도 할 수 있다. 아는 이를 만났다.
②	조사 vs. 의존 명사	먹을 만큼 먹어라.
③	어미 vs. 의존 명사	네가 뜻한 바를 알겠다. 그가 떠난 지가 오래다.

(2) 특징

① 조사 vs. 의존 명사

번호	구분	종류	기준
①	조사	뿐	체언 뒤, 한정의 뜻
		대로	체언 뒤, '그와 같이'라는 뜻
		만큼	체언 뒤, '앞말과 비슷한 정도로'라는 뜻
		만	체언에 붙어서, 한정 또는 비교의 뜻
②	의존 명사	뿐	용언의 관형사형 뒤
		대로	
		만큼	
		만	시간의 경과나 횟수를 나타내는 경우

② 어미 vs. 의존 명사

번호	구분	종류	기준
①	어미	-ㄴ지/-ㄹ지	㉠ 의존 명사 의미와 관련이 없음.
		-ㄴ데/-는데	㉡ 격조사와 결합할 수 없음.
		-ㄴ바/-는바	
		-듯(이)	용언의 어간 뒤
②	의존 명사	지	시간의 경과
		데	㉠ 곳, 장소, ㉡ 일, 것, ㉢ 경우
		바	㉠ 일, ㉡ 방법, ㉢ 기회
		듯(이)	용언의 관형사형 뒤

③ 접사 vs. 의존 명사

번호	구분	종류	기준
①	접사	-들	복수를 나타냄.
		-차	명사 뒤, '목적'의 뜻
②	의존 명사	들	두 개 이상의 사물을 열거
		차	용언의 관형사형 뒤

④ 어근 vs. 의존 명사

번호	구분	종류	기준
①	어근	판	예 노름판, 씨름판, 웃음판
②	의존 명사	판	수 관형사 뒤, 승부를 겨루는 일을 세는 단위

확인문제

29 **밑줄 친 부분의 띄어쓰기가 옳은 것은?** 2017. 국가직 9급

① <u>한밤중에</u> 전화가 왔다.
② 그는 일도 잘할 <u>뿐더러</u> 성격도 좋다.
③ 친구가 도착한 지 두 <u>시간만에</u> 떠났다.
④ 요즘 경기가 안 좋아서 장사가 잘 <u>안 된다.</u>

≫ ①

30 **띄어쓰기가 가장 옳은 것은?** 2022. 서울시 9급

① 예전에V가가V본데가V어디쯤인지V모르겠다.
② 사람을V돕는데에V애V어른이V어디V있겠습니까?
③ 이V그릇은V귀한V거라V손님을V대접하는데나V쓴다.
④ 저분이V그럴V분이V아니신데V큰V실수를V하셨다.

≫ ④

참고

제43항, 제44항, 제46항

	기준		여부	
①	단위	양, 수효 (개년, 개월)	띄어쓰기	○
		단음절(3개 이상) 일부	붙여쓰기	○
		순서 (년, 월, 일)	띄어쓰기	○
			붙여쓰기	○
		아라비아 숫자 (양, 순서)	띄어쓰기	○
			붙여쓰기	○
②	수	만 단위	띄어쓰기	○

개수	품목	예
2	조기, 배추 고등어	1 손(=2마리, 2개 등)
10	생강	1 동(=10접)
	고사리, 산나물	1 두름(=10모숨)
	생선	1 뭇(=10마리)
	미역	1 뭇(=10장)
	옷, 그릇	1 죽(=10벌)
12	양말, 연필	1 타(=12개)
20	조기, 청어	1 두름(=20마리)
	한약	1 제(=20첩)
	오징어	1 축(=20마리)
	북어	1 쾌(=20마리)
24	바늘	1 쌈(=24개)
30	달걀	1 판(=30개)
50	오이, 가지	1 거리(=50개)
100	쪼갠 장작	1 강다리(=100개비)
	채소, 과일, 마늘, 배추	1 접(=100개)
	김	1 톳(=100장)
1000	조기	1 동(=1000마리)
2000	기와	1 우리(=2000장)

31 다음 물품의 총 개수는?

2014. 지방직 7급

- 조기 두 두름
- 북어 세 쾌
- 마늘 두 접

① 170개   ② 200개
③ 280개   ④ 300개

≫④

2. 제43항

(1) 규정

> **제43항** 단위를 나타내는 명사는 띄어 쓴다.

번호	구분	띄어쓰기(원칙)
①	단위성 명사	한 개, 소 한 마리, 열 살, 연필 한 자루, 신 두 켤레
		조기 한 손, 버선 한 죽, 북어 한 쾌
②	단음절 연속	집 한 채, 차 한 대, 금 서 돈, 옷 한 벌

다만, 순서를 나타내는 경우나 숫자와 어울리어 쓰이는 경우에는 붙여 쓸 수 있다.

번호	구분		띄어쓰기(원칙), 붙여쓰기(허용)
①	시간	고유어	두시 삼십분 오초
		아라비아 숫자	1446년 10월 9일
②	구분	고유어	제일과, 삼학년, 육층
		아라비아 숫자	16동 502호, 제1실습실, 2대대
③	단위	고유어	팔십원, 열개, 칠미터
		아라비아 숫자	80원, 10개, 7미터

(2) 특징

① 단위성 의존 명사 모음

예 그루, 근, 대, 돈, 마리, 마지기, 말, 모금, 술, 장, 채, 척, 톨, 톳, 통 등

② 단위성 명사 모음

예 그릇, 병, 사람, 송이, 줌, 포기 등

③ 접두사 '제-'

예 제일∨편(원칙) / 제일편(허용)

예 제7∨항(원칙) / 제7항(허용)

3. 제44항~제46항

제44항 수를 적을 적에는 '만(萬)' 단위로 띄어 쓴다.

번호	구분	띄어쓰기(원칙)
①	고유어	십이억 삼천사백오십육만 칠천팔백구십팔
	아라비아 숫자	12억 3456만 7898

제45항 두 말을 이어 주거나 열거할 적에 쓰이는 다음의 말들은 띄어 쓴다.

번호	구분	띄어쓰기(원칙)
①	명사	국장∨겸∨과장, 청군∨대∨백군, 책상, 걸상 등, 사과, 배, 귤∨등등, 사과, 배∨등속, 부산, 광주∨등지, 배추, 상추, 무∨따위
②	부사	열∨내지∨스물, 이사장∨및∨이사들, 수박∨또는∨참외, 중학생∨혹은∨고등학생

제46항 단음절로 된 단어가 연이어 나타날 적에는 붙여 쓸 수 있다.

번호	구분	띄어쓰기(원칙), 붙여쓰기(허용)
①	관형어 + 체언	의말 적말, 한잎 두잎, 내것 네것
②	부사어 + 부사어 (의미 단위 고려)	좀더 큰 것
③	3개 이상 단음절	이 새차, 그 옛차, 물 한병

확인문제

32 다음 중 띄어쓰기가 옳은 것은?
2015. 서울시 7급

① 먹을 만큼 덜어서 집에 갈거야.
② 이게 얼마만인가?
③ 저 도서관만큼 크게 지으시오.
④ 제 27대 국회의원

≫ ③

33 밑줄 친 부분의 띄어쓰기가 옳지 않은 것은?
2018. 국가직 9급

① 이처럼 좋은 걸 어떡해?
② 제 3장의 내용을 요약해 주세요.
③ 공사를 진행한 지 꽤 오래되었다.
④ 결혼 10년 차에 내 집을 장만 했다.

≫ ②

참고

제47항 본용언 + 보조 용언

	기준		여부	
①	본용언(단일어)	띄어쓰기	○	
		붙여쓰기	○	
	본용언(복합어) 2음절 이하	띄어쓰기	○	
		붙여쓰기	○	
	본용언(복합어) 3음절 이상	띄어쓰기	○	
		붙여쓰기	×	
②	구 + -아/어 하다	띄어쓰기	○	
	형용사 + -아/어하다	붙여쓰기	○	
③	동사/형용사 + -/어지다	붙여쓰기	○	
④	본용언 + 조사 결합, 의존명사 + 조사 결합	띄어쓰기	○	

제47항 '도와주다'
'도와주다'가 사전에 올라 있으므로 '도와드리다'도 붙이는 것이 자연스럽다.

확인문제

34 띄어쓰기가 옳지 않은 것은?

2017. 국가직(하) 9급

① 조금 의심스러운 부분이 있어서 물어도 보았다.
② 매일같이 지각하던 김 선생이 직장을 그만두었다.
③ 이번 시험에서 우리 중 안 되어도 세 명은 합격할 듯하다.
④ 지난주에 발생한 사고를 어떻게 해결해야 할지 회의를 했다.

≫ ③

3 제3절 보조 용언

1. 규정

> **제47항** <u>보조 용언</u>은 띄어 씀을 원칙으로 하되, 경우에 따라 붙여 씀도 허용한다.(ㄱ을 원칙으로 하고, ㄴ을 허용함.)

번호	띄어쓰기(원칙)	붙여쓰기(허용)
①	불이 <u>꺼져</u>∨<u>간다</u>.	불이 <u>꺼져간다</u>.
②	내 힘으로 <u>막아</u>∨<u>낸다</u>.	내 힘으로 <u>막아낸다</u>.
③	어머니를 <u>도와</u>∨<u>드린다</u>.	어머니를 <u>도와드린다</u>.
④	그릇을 <u>깨뜨려</u>∨<u>버렸다</u>.	그릇을 <u>깨뜨려버렸다</u>.
⑤	비가 <u>올</u>∨<u>듯하다</u>.	비가 <u>올듯하다</u>.
⑥	그 일은 <u>할</u>∨<u>만하다</u>.	그 일은 <u>할만하다</u>.
⑦	일이 <u>될</u>∨<u>법하다</u>.	일이 <u>될법하다</u>.
⑧	비가 <u>올</u>∨<u>성싶다</u>.	비가 <u>올성싶다</u>.
⑨	잘 <u>아는</u>∨<u>척한다</u>.	잘 <u>아는척한다</u>.

다만, 앞말에 <u>조사</u>가 붙거나 앞말이 <u>합성 용언</u>인 경우, 그리고 <u>중간에 조사</u>가 들어갈 적에는 그 뒤에 오는 보조 용언은 띄어 쓴다.

번호	구분	띄어쓰기(원칙)
①	본용언 + 조사	잘도 놀아<u>만</u> 나는구나!, 책을 읽어<u>도</u> 보고……..
②	본용언 (합성 용언)	네가 <u>덤벼들어</u> 보아라. 이런 기회는 <u>다시없을</u> 듯하다.
③	중간에 조사	그가 올 <u>듯도</u> 하다. 잘난 <u>체를</u> 한다.

2. 특징

(1) 구성

① '본용언 + -아/-어 + 보조 용언' 구성

② '관형사형 + 보조 용언(의존 명사 + -하다/싶다)' 구성

③ (이외 특이한 형태) '명사형 + 보조 용언(직하다)' 구성

> **예** 먹었음∨직하다.(원칙) / 먹었음직하다.(허용)

(2) 보조 용언 모음

보조 용언	띄어쓰기(원칙)	붙여쓰기(허용)
가다(진행)	늙어 간다, 되어 간다	늙어간다, 되어간다
가지다(보유)	알아 가지고 간다	알아가지고 간다
나다(종결)	겪어 났다, 견뎌 났다	겪어났다, 견뎌났다
내다(종결)	이겨 낸다, 참아 냈다	이겨낸다, 참아냈다
놓다(보유)	열어 놓다, 적어 놓다	열어놓다, 적어놓다
대다(강세)	떠들어 댄다	떠들어댄다
두다(보유)	알아 둔다, 기억해 둔다	알아둔다, 기억해둔다
드리다(봉사)	읽어 드린다	읽어드린다
버리다(종결)	놓쳐 버렸다	놓쳐버렸다
보다(시행)	뛰어 본다, 써 본다	뛰어본다, 써본다
쌓다(강세)	울어 쌓는다	울어쌓는다
오다(진행)	참아 온다, 견뎌 온다	참아온다, 견뎌온다
지다(피동)	예뻐진다(항상 붙여 쓰기)	

(3) '띄어쓰기'만 허용

① '-(으)ㄴ가, -나, -는가, -(으)ㄹ까, -지' + 보조 용언

> **예** 책상이 <u>작은가</u>∨싶다.(○), 집에 <u>갈까</u>∨보다.(○)

② 구(句) + -아/어 하다 구성(먹고 싶다, 마음에 들다, 내키지 않다)

> **예** <u>먹고</u>∨싶어∨하다.(○), <u>마음에</u>∨들어∨하다.(○)

③ 조사가 결합할 때

　㉠ 본용언 + 조사 + 보조 용언 구성

> **예** 직접 <u>먹어도</u>∨보았다.(○)

　㉡ 의존 명사 + 조사 구성(보조 용언 내에 조사가 결합할 때)

> **예** 읽은∨<u>체를</u>∨한다.(○), 비가 올∨<u>듯도</u>∨하다.(○)

④ 합성 용언/파생어(활용형이 3음절 이상) + 보조 용언 구성

> **예** <u>떠내려가</u>∨버렸다.(○), <u>쫓아내</u>∨버렸다.(○), <u>매달아</u>∨놓는다.(○)
> **예** <u>집어넣어</u>∨둔다.(○), <u>파고들어</u>∨본다.(○), <u>공부해</u>∨보아라.(○)

확인문제

35 다음 중 띄어쓰기가 옳지 **않은** 것은? 　2019. 서울시 9급

① 불이 꺼져 간다.
② 그 사람은 잘 아는척한다.
③ 강물에 떠내려 가 버렸다.
④ 그가 올 듯도 하다.

》③

36 띄어쓰기가 가장 옳지 **않은** 것은? 　2022. 서울시(2월) 9급

① 이∨일도∨이제는∨할∨만하다.
② 나는∨하고∨싶은∨대로∨할∨테야.
③ 다음부터는∨일이∨잘될∨듯∨싶었다.
④ 그녀는∨그∨사실에∨대해∨아는∨체를∨하였다.

》③

(4) '붙여 쓰기'만 허용

① '-아/어 지다'가 붙는 경우

ㄱ 타동사 + '-아/-어 지다' → 자동사

ㄴ 형용사 + '-아/-어 지다' → 자동사

예 낙서를 지운다. → 낙서가 <u>지워진다</u>.(○)

② '-아/-어 하다'가 붙는 경우: 형용사 + -아/어 하다 → 타동사

예 아기가 예쁘다. → 아기를 <u>예뻐한다</u>.(○)

(5) '띄어쓰기' 원칙, '붙여 쓰기' 허용

① 합성 용언/파생어(활용형이 2음절 이하) + 보조 용언 구성

예 <u>나가</u>∨버렸다.(원칙) / <u>나가</u>버렸다.(허용)

② 본용언 + 보조 용언 + 보조 용언 구성: 앞의 보조 용언만을 붙여 쓸 수 있다.

예 <u>적어</u>∨둘∨만하다.(원칙) / <u>적어</u>둘 만하다.(허용)

예 <u>읽어</u>∨볼∨만하다.(원칙) / <u>읽어</u>볼 만하다.(허용)

예 <u>되어</u>∨가는∨듯하다.(원칙) / <u>되어</u>가는 듯하다.(허용)

4 제4절 고유 명사 및 전문 용어

1. 제48항

> 제48항 <u>성과 이름</u>, 성과 호 등은 붙여 쓰고, 이에 덧붙는 <u>호칭어</u>, 관직명 등은 띄어 쓴다.

번호	구분	모음
①	성과 이름	김양수(金良洙)
②	성과 호	서화담(徐花潭)(서경덕), 정송강(정철), 이충무공(이순신), 이퇴계(이황), 김매월당(김시습)
③	호칭어	채영신∨씨 (또는 님, 양, 군, 옹)
④	관직명	최치원∨선생, 박동식∨박사, 충무공∨이순신∨ 장군

다만, 성과 이름, 성과 호를 분명히 구분할 필요가 있을 경우에는 <u>띄어</u> 쓸 수 있다.

번호	성	모음
①	남궁	남궁억/남궁∨억, 남궁수/남∨궁수/남궁∨수
②	독고	독고준/독고∨준
③	황보	황보지봉(皇甫芝峰)/황보∨지봉, 황보영/황∨보영/황보∨영
④	선우	선우진/선∨우진/선우∨진

확인문제

37 〈보기〉의 밑줄 친 말 중에서 맞춤법에 맞게 쓰인 것을 옳게 짝지은 것은? 2021. 서울시 9급

— 보기 —
휴일을 ㉠ 보내는 데에는 ㉡ 책만한 것이 없다. 책을 읽다 보면 삶이 풍요로워짐을 느낀다. 독서의 중요성을 강조한 ㉢ 김박사님의 말씀이 떠오른다. 그런데 ㉣ 솔직이 말하면 이런 즐거움을 느끼게 된 것은 그다지 오래되지 않았다. 여태까지는 시험 문제의 답을 잘 ㉤ 맞추기 위한 목적에서 책을 읽는 것이 대부분이었기 때문이다. 이제부터는 지식과 지혜를 ㉥ 늘리고 삶을 윤택하게 하려는 목적에서 책을 ㉦ 읽으로써 나 자신을 성장시키도록 ㉧ 해야 겠다.

① ㉠, ㉢   ② ㉡, ㉥
③ ㉢, ㉦   ④ ㉣, ㉧

≫② ②

2. 제49항

(1) 규정

> 제49항 성명 이외의 <u>고유 명사</u>는 <u>단어별로 띄어 씀</u>을 원칙으로 하되, <u>단위별로 띄어</u>
> 쓸 수 있다.(ㄱ을 원칙으로 하고, ㄴ을 허용함.)

번호	띄어쓰기(원칙)	붙여쓰기(허용)
①	대한∨중학교	대한중학교
②	한국∨대학교∨사범∨대학	한국대학교 사범대학

(2) 특징

① 부설(附設), 부속(附屬), 직속(直屬), 산하(傘下): 띄어쓰기(원칙)
   (원칙) 한국∨해양∨과학∨기술원∨<u>부설</u>∨극지∨연구소
   (허용) 한국해양과학기술원∨<u>부설</u>∨극지연구소

② 교육 기관 등에 딸린 학교나 병원: 띄어쓰기(원칙), 붙여쓰기(허용)
   (원칙) <u>부속</u>∨학교, <u>부속</u>∨초등학교, <u>부속</u>∨중학교, <u>부속</u>∨고등학교, <u>부속</u>∨병원
   (허용) <u>부속</u>∨학교, <u>부속</u>∨초등학교, <u>부속</u>∨중학교, <u>부속</u>∨고등학교, <u>부속</u>∨병원
   (원칙) 한국∨대학교∨의과∨대학∨<u>부속</u>∨병원
   (허용) 한국대학교∨의과대학∨<u>부속병원</u>

③ 산, 강, 산맥, 평야, 고원 등 지명: 합성어, 붙여쓰기(원칙)

번호	구분	단어 모음
①	산	북한<u>산</u>, 에베레스트<u>산</u>
②	강	영산<u>강</u>, 미시시피<u>강</u>
③	산맥	소백<u>산맥</u>, 알프스<u>산맥</u>
④	평야	나주<u>평야</u>, 화베이<u>평야</u>
⑤	고원	개마<u>고원</u>, 티베트<u>고원</u>

④ 고유 명사(용언의 관형사형 + 명사): 띄어쓰기(원칙), 붙여쓰기(허용)
   예 즐거운∨노래방 / <u>즐거운노래방</u>

⑤ 고유 명사(명사 + 조사 + 명사): 띄어쓰기(원칙), 붙여쓰기(허용)
   예 부부의∨날 / <u>부부의날</u>

확인문제

38 다음 중 띄어쓰기가 가장 옳은 것은?
2019. 서울시(2월) 9급

① 열 길 물속은 알아도 한 길 사람의 속은 모른다.
② 데칸 고원은 인도 중부와 남부에 위치한 고원이다.
③ 못 본 사이에 키가 전봇대 만큼 자랐구나!
④ 이번 행사에서는 쓸모 있는 주머니만들기를 하였다.

≫①

3. 제50항

(1) 규정

> 제50항 <u>전문 용어</u>는 <u>단어별</u>로 띄어 씀을 원칙으로 하되, 붙여 쓸 수 있다.(ㄱ을 원칙으로 하고, ㄴ을 허용함.)

번호	띄어쓰기(원칙)	붙여쓰기(허용)
①	만성∨골수성∨백혈병	만성골수성백혈병
②	중거리∨탄도∨유도탄	중거리탄도유도탄

(2) 특징

① 전문 용어란 학술 용어나 기술 용어와 같이 전문적인 영역에서 쓰이는 용어를 말한다.

② 한자로 된 고전 책명 : 붙여쓰기(원칙)
- 예 분류두공부시언해, 동국신속삼강행실도, 번역소학(한문 고전 책명)

③ 서양의 고전(구와 문장) : 띄어쓰기(원칙)
- 예 베니스의 상인(서양의 고전 작품명)

④ 현대 책명, 작품명(구와 문장) : 띄어쓰기(원칙)
- 예 고용, 이자 및 화폐의 일반 이론(현대의 책명)
- 예 바람과 함께 사라지다(서양의 현대 작품명)

⑤ 전문 용어(용언의 관형사형 + 체언) : 띄어쓰기(원칙), 붙여쓰기(허용)
- 예 따뜻한∨구름 / <u>따뜻한구름</u>

⑥ 전문 용어(명사 + 조사 + 명사) : 띄어쓰기(원칙), 붙여쓰기(허용)
- 예 강조의∨허위 / <u>강조의허위</u>

⑦ 전문 용어(전문 용어 + 접속 조사 + 전문 용어) : 띄어쓰기(원칙), 붙여쓰기(허용)
- 예 <u>자음∨동화</u>와∨<u>모음∨동화</u> / <u>자음동화</u>와∨<u>모음동화</u>

06 제6장 그 밖의 것

1 제51항

> 제51항 부사의 끝음절이 분명히 '이'로만 나는 것은 '-이'로 적고, '히'로만 나거나 '이'나 '히'로 나는 것은 '-히'로 적는다.

1. '이'로만 나는 것

번호	구분	모음
①	받침 'ㅅ'	가붓이, 깨끗이, 나붓이, 느긋이, 둥긋이, 따뜻이, 반듯이, 버젓이, 산뜻이, 의젓이
		기웃이, 나긋나긋이, 남짓이, 뜨뜻이, 버젓이, 번 듯이, 빠듯이, 지긋이
②	ㅂ 불규칙	가까이, 고이, 날카로이, 대수로이, 번거로이
		가벼이, 괴로이, 기꺼이, 너그러이, 부드러이, 새로이, 쉬이, 외로이, 즐거이
③	부사	곰곰(이), 더욱(이), 생긋(이), 오뚝(이), 일찍(이), 히죽(이)
④	첩어	겹겹이, 번번이, 일일이, 집집이, 틈틈이
		골골샅샅이, 곳곳이, 길길이, 낱낱이, 땀땀이, 몫몫이, 샅샅이, 알알이, 앞앞이, 줄줄이, 짬짬이, 철철이, 나날이, 다달이
⑤	-하다 ×	많이, 적이, 헛되이
		같이, 굳이, 길이, 깊이, 높이, 많이, 실없이, 헛되이

2. '히'로만 나는 것

번호	구분	모음
①	-하다	극히, 급히, 딱히, 속히, 작히, 족히, 특히, 엄격히, 정확히
		간편히, 과감히, 극히, 급히, 꼼꼼히, 능히, 딱히, 속히, 엄격히, 정확히, 족히

3. '이, 히'로 나는 것

번호	구분	모음
①	-하다	솔직히, 가만히, 간편히, 나른히, 무단히, 각별히, 소홀히, 쓸쓸히, 정결히, 과감히, 꼼꼼히, 심히, 열심히, 급급히, 답답히, 섭섭히, 공평히, 능히, 당당히, 분명히, 상당히, 조용히, 간소히, 고요히, 도저히

참고

제51항 요약

	제51항	
	-이	**-히**
①	(어근 받침 ㅅ) + -하다	
예	깨끗이	
②	ㅂ 불규칙 용언	
예	쉬이, 괴로이	
③	부사	어근+-하다
예	일찍 → 일찍이	
④	첩어	
예	겹겹 → 겹겹이	
⑤	'-하다'로 끝나지 않은 용언	
예	굳다 → 굳이	급하다 → 급히

제51항 주의
1. 번번이(○), 번번히(○)
2. 나붓이(○), 나부시(○)
3. 반듯이(○), 반드시(○)
4. 지긋이(○), 지그시(○)
5. 작히(○), 작이(○)

확인문제

39 〈보기〉의 밑줄 친 부분의 사례로 옳지 **않은** 것은? 2022. 서울시 9급

> ┌─── 보기 ───┐
> 제51항 부사의 끝음절이 분명히 '이'로만 나는 것은 '-이'로 적고, '히'로만 나거나 '이'나 '히'로 나는 것은 '-히'로 적는다.

① 꼼꼼히   ② 당당히
③ 섭섭히   ④ 정확히

》》④

참고

속음

한자의 음을 읽을 때, 본음과는 달리 일부 단어에서 굳어져 쓰이는 음. 예를 들어 '六月'을 '육월'로 읽지 않고 '유월'로 읽는 따위이다. ≒통용음.

제52항 다른 예들

한자어	
본음	**속음**
① 提: 끌 제, 떼지어 날 시	
본음: 제	속음: 리
제공(提供), 제기(提起)	보리(菩提), 보리수(菩提樹)
② 場: 마당 장, 새로 일군 땅 상	
본음: 장	속음: 량
도장(道場) (무예를 닦는 곳)	도량(道場) (도를 얻으려고 수행하는 곳)
③ 布: 베 포/펼 포, 보시 보	
본음: 포	속음: 보
공포(公布)	보시(布施), 보싯돈(布施-)
④ 宅: 댁 댁, 집 택, 터질 탁	
본음: 택	속음: 댁
자택(自宅)	본댁(本宅), 시댁(媤宅), 댁내(宅內)
⑤ 丹: 붉을 단, 붉을 란(난)	
본음: 단	속음: 란
단심(丹心), 단풍(丹楓)	모란(牡丹)
⑥ 洞: 골 동, 밝을 통	
본음: 동	속음: 통
동굴(洞窟), 동네(洞-)	통찰(洞察), 통촉(洞燭)
⑦ 糖: 엿 당, 엿 탕	
본음: 당	속음: 탕
당분(糖分), 혈당(血糖)	사탕(砂糖), 설탕(雪糖), 탕수육(糖水肉)

2 제52항

> **제52항** 한자어에서 <u>본음</u>으로도 나고 <u>속음</u>으로도 나는 것은 각각 그 소리에 따라 적는다.

번호	한자어	본음	속음
①	諾: 허락할 낙(락)	본음: 낙	속음: 락
		승낙(承諾)	수락(受諾), 쾌락(快諾), 허락(許諾)
②	難: 어려울 난, 우거질 나	본음: 난	속음: 란
		만난(萬難)	곤란(困難), 논란(論難)
③	寧: 평안할 녕(영), 평안할 령(영)	본음: 녕	속음: 령
		안녕(安寧)	의령(宜寧), 회령(會寧)
④	怒: 성낼 노(로)	본음: 노	속음: 로
		분노(忿怒)	대로(大怒), 희로애락(喜怒哀樂)
⑤	論: 논할 론(논), 조리 륜(윤)	본음: 론	속음: 논
		토론(討論)	의논(議論)
⑥	六: 여섯 륙(육)	본음: 륙	속음: 뉴, 유
		오륙십(五六十)	오뉴월, 유월(六月)
⑦	木: 나무 목	본음: 목	속음: 모
		목재(木材)	모과(木瓜)
⑧	十: 열 십	본음: 십	속음: 시
		십일(十日)	시방정토(十方淨土), 시왕(十王), 시월(十月)
⑨	八: 여덟 팔	본음: 팔	속음: 파
		팔일(八日)	초파일(初八日)

3 제53항

> 제53항 다음과 같은 <u>어미</u>는 <u>예사소리</u>로 적는다.(ㄱ을 취하고, ㄴ을 버림.)

번호	ㄱ(○)	ㄴ(×)	ㄱ(○)	ㄴ(×)
①	-(으)ㄹ거나	-(으)ㄹ꺼나	-(으)ㄹ걸	-(으)ㄹ껄
②	-(으)ㄹ게	-(으)ㄹ께	-(으)ㄹ세	-(으)ㄹ쎄
③	-(으)ㄹ세라	-(으)ㄹ쎄라	-(으)ㄹ수록	-(으)ㄹ쑤록
④	-(으)ㄹ시	-(으)ㄹ씨	-(으)ㄹ지	-(으)ㄹ찌
⑤	-(으)ㄹ지니라	-(으)ㄹ찌니라	-(으)ㄹ지라도	-(으)ㄹ찌라도
⑥	-(으)ㄹ지어다	-(으)ㄹ찌어다	-(으)ㄹ지언정	-(으)ㄹ찌언정
⑦	-(으)ㄹ진대	-(으)ㄹ찐대	-(으)ㄹ진저	(으)ㄹ찐지
⑧	-올<u>시</u>다	-올씨다		

다만, <u>의문</u>을 나타내는 다음 어미들은 된소리로 적는다.

번호	구분	모음
①	-꼬, -까	-(으)ㄹ까?, -(으)ㄹ꼬?, -(스)ㅂ니까?, -(으)리까?
②	-냐	-(으)ㄹ쏘냐?
③	그 외	-ㄹ깝쇼, -ㄹ쏜가

4 제54항

1. 규정

> 제54항 다음과 같은 <u>접미사</u>는 된소리로 적는다.(ㄱ을 취하고, ㄴ을 버림.)

번호	ㄱ(○)	ㄴ(×)	ㄱ(○)	ㄴ(×)
①	심부름꾼	심부름군	귀<u>때기</u>	귓대기
②	익살꾼	익살군	볼때기	볼대기
③	일꾼	일군	판자때기	판잣대기
④	장꾼	장군	뒤<u>꿈치</u>	뒷굼치
⑤	장난꾼	장난군	팔꿈치	팔굼치
⑥	지게꾼	지겟군	이마빼기	이맛배기
⑦	때<u>깔</u>	땟갈	코<u>빼기</u>	콧배기
⑧	빛<u>깔</u>	빛갈	객<u>쩍다</u>	객적다
⑨	성<u>깔</u>	성갈	겸연<u>쩍다</u>	겸연적다

참고

어미(-ㄹ걸) vs. 구어체(것을)
1. -ㄹ걸: 해할 자리나 혼잣말에 쓰여, 화자의 추측이 상대편이 이미 알고 있는 바나 기대와는 다른 것임을 나타내는 종결 어미. 가벼운 반박이나 감탄의 뜻을 나타낸다.
2. 걸(=것을): 의존 명사와 조사의 결합

참고

-배기 vs. -빼기

	제54항		
	-배기		-빼기
	접사		
기준	[배기]로 발음됨.	한 형태소, 'ㄱ, ㅂ' 받침 뒤, [빼기]로 발음됨.	다른 형태소 뒤, [빼기]로 발음되는 것
예	귀퉁배기 나이배기	뚝배기 학배기	고들빼기 곱빼기

-적다 vs. -쩍다

	제54항		
	-적다		-쩍다
	접사 ×		접사 ○
기준	[적따]로 발음되는 경우	'적다[少]'의 뜻 ○, 합성어	'적다[少]'의 뜻 ×, [쩍다]로 발음되는 경우
예	괘다리적다	맛적다 (재미나 흥미가 거의 없어 싱겁다)	맥쩍다 멋쩍다

40 밑줄 친 부분의 표기가 잘못된 것은? 　2015. 지방직 9급

① 나는 그 일을 <u>시답지</u> 않게 생각한다.
② 그에게는 <u>다섯 살배기</u> 딸이 있다.
③ 밖에 있던 그가 <u>금세</u> 뛰어왔다.
④ 건물이 <u>부숴진</u> 지 오래되었다.

>> ④

41 밑줄 친 어휘의 쓰임이 옳은 것만을 모두 고른 것은?　2015. 사복직 9급

> ㄱ. 꼬마들에게는 주사를 <u>맞추기</u>가 힘들다.
> ㄴ. 수수께끼에 대한 답을 정확하게 <u>맞추면</u> 상품을 드립니다.
> ㄷ. 할아버지는 할머니를 소박을 <u>맞히고</u> 나서 두고두고 후회하셨다.
> ㄹ. 여자 친구와 다음 주 일정을 <u>맞춰</u> 보았더니 목요일에만 만날 수 있을 것 같다.

① ㄱ, ㄴ　　② ㄱ, ㄷ
③ ㄴ, ㄹ　　④ ㄷ, ㄹ

>> ④

-더라, -던 vs. -든지

제56항	
-더라, -던	-든지
어미	어미, 조사
① 과거에 경험하여 알게 된 사실을 현재로 옮겨 그대로 전달할 때 쓰임.	선택의 의미를 지님
예 선생님은 교실에 계시던걸.	사과를 먹든지 감을 먹든지 하렴.

2. 특징 – 다양한 접미사

(1) –꾼(접사) : 구경꾼, 나무꾼, 낚시꾼, 난봉꾼, 노름꾼, 농사꾼, 누리꾼 등

(2) –군(群)(접사) : 식물군.

(3) –깔(접사) : 맛깔, 태깔(態–)

(4) –때기(접사) : 거적때기, 나무때기, 널판때기, 등때기, 배때기, 송판때기, 판때기, 팔때기

(5) –꿈치(접사 ×) : 발꿈치, 발뒤꿈치

5　제55항, 제56항

1. 규정

> 제55항 두 가지로 구별하여 적던 다음 말들은 한 가지로 적는다.(ㄱ을 취하고, ㄴ을 버림.)

번호	ㄱ(○)	ㄴ(×)
①	맞추다(입을 맞춘다. 양복을 맞춘다.)	마추다
②	뻗치다(다리를 뻗친다. 멀리 뻗친다.)	뻐치다

> 제56항 '–더라, –던'과 '–든지'는 다음과 같이 적는다.

(1) 지난 일을 나타내는 어미는 '–더라, –던'으로 적는다.(ㄱ을 취하고, ㄴ을 버림.)

번호	ㄱ(○)	ㄴ(×)
①	지난겨울은 몹시 <u>춥더</u>라.	지난겨울은 몹시 <u>춥드</u>라.
②	<u>깊던</u> 물이 얕아졌다.	<u>깊든</u> 물이 얕아졌다.
③	그렇게 <u>좋던</u>가?	그렇게 <u>좋든</u>가?
④	그 사람 말 <u>잘하던</u>데!	그 사람 말 <u>잘하든</u>데!
⑤	얼마나 <u>놀랐던</u>지 몰라.	얼마나 <u>놀랐든</u>지 몰라.

(2) 물건이나 일의 내용을 가리지 아니하는 뜻을 나타내는 조사와 어미는 '(–)든지'로 적는다.(ㄱ을 취하고, ㄴ을 버림.)

번호	ㄱ(○)	ㄴ(×)
①	<u>배든지</u> <u>사과든지</u> 마음대로 먹어라.	<u>배던지</u> <u>사과던지</u> 마음대로 먹어라.
②	<u>가든지</u> <u>오든지</u> 마음대로 해라.	<u>가던지</u> <u>오던지</u> 마음대로 해라.

2. 특징

(1) '맞추다'의 의미

① '제자리에 맞게 붙이다, 주문하다, 똑바르게 하다, 비교하다' 등의 뜻이 있는 말.

② 퍼즐을 맞추다, 구두를 맞추다, 줄을 맞추다, 기분을 맞추다, 시간을 맞추다, (친구와) 답을 맞추다

(2) '뻗치다'의 의미

① '어떤 방향으로 길게 이어져 가다, 어떤 것에 미치게 길게 내밀다'의 뜻이 있는 말.

② 태백산맥은 남북으로 길게 **뻗쳐** 있다.

6 제57항

> 제57항 다음 말들은 각각 구별하여 적는다.

1. 가름, 갈음[가름]

번호	구분	예	비고
①	가름	둘로 <u>가름</u>.	'가르다'의 '가르-'에 '-ㅁ'이 붙은 말.
②	갈음	새 책상으로 <u>갈음</u>하였다.	'갈다'의 '갈-'에 '-(으)ㅁ'이 붙은 말.

2. 거름, 걸음[거름]

번호	구분	예	비고
①	거름	풀을 썩힌 <u>거름</u>.	'(땅이) 걸다'의 '걸-'에 '-음'이 붙은 형태. 본뜻에서 멀어져 '비료'의 의미로 쓰이므로 소리 나는 대로 '거름'으로 적는다.
②	걸음	빠른 <u>걸음</u>.	'걷다'의 '걷-'에 '-음'이 붙은 형태.

3. 거치다, 걷히다[거치다]

번호	구분	예	비고
①	거치다	영월을 <u>거쳐</u> 왔다.	'무엇에 걸리거나 막히다.', '오가는 도중에 어디를 지나거나 들르다.', '어떤 과정이나 단계를 겪거나 밟다.'의 뜻으로 쓰이는 동사.
②	걷히다	외상값이 잘 <u>걷힌다</u>.	'걷다'의 피동사.

PART 02

확인문제

42 ㉠~㉢에 들어갈 말로 가장 적절한 것은?　2022. 국가직 9급

- 그들의 끈기가 이 경기의 승패를 (㉠)했다.
- 올해 영화제 시상식은 11개 (㉡)으로 나뉜다.
- 그 형제는 너무 닮아서 누가 동생이고 누가 형인지 (㉢)할 수 없다.

	㉠	㉡	㉢
①	가름	부문	구별
②	가름	부분	구분
③	갈음	부문	구별
④	갈음	부분	구분

≫ ①

43 밑줄 친 단어의 쓰임이 올바르지 <u>않은</u> 것은?　2023. 지방직 9급

① 이 일은 정말 힘에 <u>부치는</u> 일이다.

② 그와 나는 전부터 <u>알음</u>이 있던 사이였다.

③ 대문 앞에 서 있는데 대문이 저절로 <u>닫혔다</u>.

④ 경기장에는 <u>걷잡아서</u> 천 명이 넘게 온 듯하다.

≫ ④

4. 걷잡다, 겉잡다

번호	구분	예	비고
①	걷잡다	걷잡을 수 없는 상태.	'한 방향으로 치우쳐 흘러가는 형세 따위를 붙들어 잡다.', '마음을 진정하거나 억제하다.'라는 뜻을 나타냄.
②	겉잡다	겉잡아서 이틀 걸릴 일.	'겉으로 보고 대강 짐작하여 헤아리다.'라는 뜻을 나타냄.

5. 그러므로, 그럼으로(써)

번호	구분	예	비고
①	그러므로	그는 부지런하다. 그러므로 잘 산다.	앞의 내용이 뒤에 나오는 내용의 이유나 원인, 근거가 될 때 쓰임.
②	그럼으로(써)	그는 열심히 공부한다. 그럼으로(써) 은혜에 보답한다.	'그러다'의 명사형 '그럼'에 '으로(써)'가 결합한 것, '그렇게 하는 것으로(써)'라는 뜻을 나타냄. '그러므로'에는 '써'가 결합할 수 없다는 점에서 '그럼으로(써)'와 차이가 있음.

6. 노름, 놀음[노름]

번호	구분	예	비고
①	노름	노름이 벌어졌다.	'놀-'에 '-음'이 붙어서 되었다고 생각되지만, 어간의 본뜻에서 멀어졌으므로 소리 나는 대로 적는다.
②	놀음	즐거운 놀음.	'놀다'의 '놀-'에 '-음'이 붙은 것, 어간의 본뜻이 유지되므로 그 형태를 밝히어 적는다.

7. 느리다, 늘이다[느리다], 늘리다

번호	구분	예	비고
①	느리다	진도가 너무 느리다.	'동작을 하는 데 걸리는 시간이 길다'라는 뜻을 나타냄.
②	늘이다	고무줄을 늘인다.	'본디보다 더 길어지게 하다', '아래로 길게 처지게 하다'라는 뜻을 나타냄.
③	늘리다	수출량을 더 늘린다.	'물체의 부피 따위를 본디보다 커지게 하다', '수나 분량 따위를 본디보다 많아지게 하다' 등의 뜻을 나타냄.

8. 다리다, 달이다[다리다]

번호	구분	예	비고
①	다리다	옷을 <u>다린다</u>.	'옷이나 천 따위의 주름이나 구김을 펴기 위해 다리미로 문지르다'라는 뜻을 나타냄.
②	달이다	약을 <u>달인다</u>.	'액체를 끓여서 진하게 하다', '약재에 물을 부어 우러나도록 끓이다'라는 뜻을 나타냄.

9. 다치다, 닫히다[다치다], 닫치다

번호	구분	예	비고
①	다치다	부주의로 손을 <u>다쳤다</u>.	'신체에 상처가 생기다'라는 뜻을 나타냄.
②	닫히다	문이 저절로 <u>닫혔다</u>.	'닫다(문짝 따위를 제자리로 가게 하여 막다)'의 피동사.
③	닫치다	문을 힘껏 <u>닫쳤다</u>.	'문짝 따위를 세게 닫다', '입을 굳게 다물다'의 뜻을 나타냄.

10. 마치다, 맞히다[마치다]

번호	구분	예	비고
①	마치다	벌써 일을 <u>마쳤다</u>.	'일이나 과정, 절차 따위가 끝나다'라는 뜻을 나타냄.
②	맞히다	여러 문제를 더 <u>맞혔다</u>. (정답, 과녁(화살), 주사 등)	'표적에 적중하다', '맞는 답을 내놓다', '침이나 매 따위를 맞게 하다'라는 뜻을 나타냄.

11. 목거리[목꺼리], 목걸이[목꺼리]

번호	구분	예	비고
①	모거리	<u>목거리</u>가 덧났다.	'목이 붓고 아픈 병'을 뜻함.
②	모걸이	<u>금목걸이</u>, 은목걸이.	'목에 거는 장신구'를 뜻함.

확인문제

44 밑줄 친 말의 쓰임이 옳지 않은 것은? 2014. 사복직 9급
① 어머니는 밥을 <u>안치기</u> 시작하셨다.
② 이 원고를 인쇄에 <u>부치기로</u> 하였다.
③ 가게 주인이 상품을 <u>벌여</u> 놓기 시작했다.
④ 바람에 문이 절로 <u>닫치며</u> 큰 소리가 났다.

>> ④

12. 바치다, 받치다, 받히다[바치다], 밭치다[받치다]

번호	구분	예	비고
①	바치다	나라를 위해 목숨을 <u>바쳤다</u>.	'신이나 웃어른께 드리다', '무엇을 위하여 모든 것을 아낌없이 내놓거나 쓰다'라는 뜻을 나타냄.
②	받치다	우산을 받치고 간다. 책받침을 <u>받친다</u>.	'물건의 밑이나 옆 따위에 다른 물체를 대다', '어떤 일을 잘할 수 있도록 뒷받침해 주다' 등의 뜻을 나타냄.
③	받히다	쇠뿔에 <u>받혔다</u>.	'받다(머리나 뿔 따위로 세차게 부딪치다)'의 피동사.
④	밭치다	술을 체에 <u>밭친다</u>.	'밭다(건더기와 액체가 섞인 것을 체 따위에 따라서 액체만을 따로 받아 내다)'를 강조하여 이르는 말.

13. 반드시, 반듯이[반드시]

번호	구분	예	비고
①	반드시	약속은 <u>반드시</u> 지켜라.	'틀림없이 꼭'이라는 뜻을 나타냄.
②	반듯이	고개를 <u>반듯이</u> 들어라.	'비뚤어지거나 기울거나 굽지 않고 바르게'라는 뜻을 나타냄.(반듯하다)

확인문제

45 밑줄 친 어휘 중 잘못 쓰인 것으로만 묶은 것은? 2019. 지방직 7급

어쩔 수 없는 상황이었지만 혼자 낯선 이의 집에서 숙식을 ㉠<u>붙인</u>다는 것은 분명 힘에 ㉡<u>부치는</u> 일로 보였다. 오늘은 측은한 마음에 말을 ㉢<u>붙여</u> 보았지만, 아무 대답 없이 아버지에게 편지를 보내려고 우표를 ㉣<u>부치고</u> 있을 뿐이었다. ㉤<u>붙여</u> 먹을 땅 한 평 없던 아버지일지라도 그 아이가 유일하게 정을 ㉥<u>붙였던</u> 사람이라는 것을 알 수 있었다.

① ㉠, ㉢, ㉥   ② ㉠, ㉣, ㉤
③ ㉡, ㉢, ㉤   ④ ㉡, ㉣, ㉥

≫②

14. 부딪치다[부딛치다], 부딪히다[부디치다]

번호	구분	예	비고
①	부딪치다	차와 차가 마주 <u>부딪쳤다</u>.	'부딪다(무엇과 무엇이 힘 있게 닿거나 마주 대다)'를 강조하여 이르는 말.
②	부딪히다	마차가 화물차에 <u>부딪혔다</u>.	'부딪다'의 피동사.

15. 부치다, 붙이다[부치다]

번호	구분	예	비고
①	부치다	힘이 <u>부치는</u> 일이다.	모자라거나 미치지 못하다.
		편지를 부친다.	편지나 물건 따위를 상대에게 보내다.
		논밭을 <u>부친다</u>.	논밭을 이용하여 농사를 짓다.
		빈대떡을 부친다.	프라이팬 따위에 기름을 바르고 빈대떡 따위의 음식을 만들다.
		식목일에 부치는 글.	어떤 행사나 특별한 날에 즈음하여 어떤 의견을 나타내다.
		회의에 <u>부치는</u> 안건.	어떤 문제를 다른 곳이나 다른 기회로 넘기어 맡기다.
		인쇄에 <u>부치는</u> 원고.	원고를 인쇄에 넘기다.
		삼촌 집에 숙식을 <u>부친다</u>.	먹고 자는 일을 제집이 아닌 다른 곳에서 하다.

②	붙이다	우표를 붙인다.	'붙게 하다'의 의미가 있음. 맞닿아 떨어지지 아니하게 하다.
		책상을 벽에 붙였다.	물체와 물체 따위를 서로 바짝 가깝게 놓다.
		흥정을 붙인다.	겨루는 일 따위가 서로 어울려 시작되게 하다.
		불을 붙인다.	불을 옮겨 타게 하다.
		감시원을 붙인다.	사람 등을 딸려 붙게 하다.
		조건을 붙인다.	조건, 이유, 구실 따위를 달다.
		취미를 붙인다.	어떤 감정이나 감각이 생겨나게 하다.
		별명을 붙인다.	이름 따위를 만들어 주다.

16. 시키다, 식히다[시키다]

번호	구분	예	비고
①	시키다	일을 시킨다.	'어떤 일이나 행동을 하게 하다'라는 뜻을 나타냄.
②	식히다	끓인 물을 식힌다.	'식다(더운 기가 없어지다, 어떤 일에 대한 열 의나 생각 따위가 줄거나 가라앉다)'의 사동사.

17. 아름, 알음[아름], 앎

번호	구분	예	비고
①	아름	세 아름 되는 둘레.	'두 팔을 둥글게 모아서 만든 둘레' 또는 그러 한 둘레의 길이를 나타내는 단위를 뜻함.
②	알음	전부터 알음이 있는 사이.	'사람끼리 서로 아는 일', '지식이나 지혜가 있 음'과 같은 뜻을 나타냄.
③	앎	앎이 힘이다.	'아는 일'이라는 뜻의 말.

확인문제

**46 밑줄 친 말의 쓰임이 바르지 않은
것은?**   2014. 국가직 9급

① 그와 나는 전부터 알음이 있는
    사이이다.
② 된장찌개가 입맛을 돋운다.
③ 약속 날짜를 너무 바투 잡았다.
④ 그는 설레이는 가슴을 가라앉
    히지 못하였다.

》》④

18. 안치다, 앉히다[안치다]

번호	구분	예	비고
①	안치다	밥을 <u>안친다</u>.	'음식을 만들기 위하여 그 재료를 솥이나 냄비 따위에 넣고 불 위에 올리다'라는 뜻을 나타냄.
②	앉히다	윗자리에 <u>앉힌다</u>.	'앉다'의 사동사로 쓰이거나, '문서에 줄거리를 따로 적어 놓다', '버릇을 가르치다'라는 뜻을 나타냄.

19. 어름, 얼음[어름]

번호	구분	예	비고
①	어름	두 물건의 <u>어름</u>에서 일어난 현상.	'두 사물의 끝이 맞닿은 자리'를 뜻함.
②	얼음	<u>얼음</u>이 얼었다.	'물이 얼어서 굳어진 물질'을 뜻함. '얼음'은 '얼다'의 어간 '얼-'에 '-음'이 붙은 형태이므로, 어간의 본모양을 밝히어 적음.

20. 이따가, 있다가[읻따가]

번호	구분	예	비고
①	이따가	<u>이따가</u> 오너라.	'조금 지난 뒤에'라는 뜻을 나타내는 부사. '이따가'도 어원적인 형태는 '있- + -다가'로 분석되는 것이지만, 그 어간의 본뜻에서 멀어진 것이므로 소리 나는 대로 적음.
②	있다가	돈은 <u>있다가</u>도 없다.	'있다'의 '있-'에 어떤 동작이나 상태가 끝나고 다른 동작이나 상태로 옮겨지는 뜻을 나타내는 어미 '-다가'가 붙은 형태.

21. 저리다, 절이다[저리다]

번호	구분	예	비고
①	저리다	다친 다리가 <u>저린다</u>.	'뼈마디나 몸의 일부가 쑤시듯이 아프다', '몸의 일부가 오래 눌려서 피가 잘 통하지 못해 감각이 둔하고 아리다'라는 뜻임.
②	절이다	김장 배추를 <u>절인다</u>.	'푸성귀나 생선 따위에 소금기나 식초, 설탕 따위를 배어들게 하다'라는 뜻임.

22. 조리다, 졸이다[조리다]

번호	구분	예	비고
①	조리다	생선을 <u>조린다</u>. 통<u>조림</u>, 병<u>조림</u>.	'양념을 한 고기나 생선, 채소 따위를 국물에 넣고 바짝 끓여서 양념이 배어들게 하다'라는 뜻을 나타냄.
②	졸이다	마음을 <u>졸인다</u>.	'속을 태우다시피 초조해하다'라는 뜻을 나타냄.

23. 주리다, 줄이다[주리다]

번호	구분	예	비고
①	주리다	여러 날을 <u>주렸다</u>.	'제대로 먹지 못하여 배를 곯다'라는 의미.
②	줄이다	비용을 <u>줄인다</u>.	'줄다'의 사동사.

24. 하노라고, 하느라고

번호	구분	예	비고
①	-노라고	<u>하노라고</u> 한 것이 이 모양이다.	자기 나름대로 꽤 노력했음을 나타냄.
②	-느라고	공부하<u>느라고</u> 밤을 새웠다.	앞의 내용이 뒤에 오는 내용의 목적이나 원인이 됨을 나타냄.

25. -느니보다, -는 이보다

번호	구분	예	비고
①	-느니보다	나를 찾아오<u>느니보다</u> 집에 있거라.	'-는 것보다'라는 뜻으로 쓰임.
②	-는 이보다	오는 이가 가는 <u>이보다</u> 많다.	'-는 사람보다'라는 뜻으로 쓰임.

26. -(으)리만큼, -(으)ㄹ 이만큼

번호	구분	예	비고
①	-(으)리만큼	나를 미워하<u>리만큼</u> 그에게 잘못한 일이 없다.	'-(으)ㄹ 정도로'라는 뜻을 나타냄.
②	-(으)ㄹ 이만큼	찬성할 이도 반대할 <u>이만큼</u>이나 많을 것이다.	'-(으)ㄹ 사람만큼'이라는 뜻을 나타냄.

확인문제

47 밑줄 친 부분이 어법상 맞는 것은?
2021. 지방직 7급

① 어머니는 밥을 하려고 솥에 쌀을 <u>앉혔다</u>.
② 요리사는 마른 멸치와 고추를 간장에 <u>조렸다</u>.
③ 다른 사람에 비해 실력이 딸리니 더 열심히 노력해야겠다.
④ 오랫동안 나를 기다리던 친구는 화가 나서 잔뜩 <u>불어</u> 있었다.

≫②

48 밑줄 친 단어의 쓰임이 옳은 것은?
2020. 지방직 9급

① <u>하노라고</u> 한 것이 이 모양이다.
② 물품 대금은 나중에 예치금에서 자동으로 <u>결재된다</u>.
③ 예산을 대충 <u>걷잡아서</u> 말하지 말고 잘 뽑아 보세요.
④ 행운이 가득하기를 기원하는 것으로 치사를 <u>가름합니다</u>.

≫①

27. -(으)러, -(으)려

번호	구분	예	비고
①	-(으)러	공부하러 간다.	가거나 오거나 하는 동작의 목적을 나타냄.
②	-(으)려	서울 가려 한다.	어떤 행동을 할 의도나 욕망을 가지고 있음을 나타냄.

28. (으)로서, (으)로써

번호	구분	예	비고
①	(으)로서	사람으로서 그럴 수는 없다.	'지위나 신분, 자격'을 나타냄.
②	(으)로써	닭으로써 꿩을 대신했다.	① '재료, 수단, 도구' 등을 나타냄. ② '어떤 일의 기준이 되는 시간'의 의미를 나타냄.

29. -(으)므로, -(으)ㅁ으로(써)

번호	구분	예	비고
①	-(으)므로	그가 나를 믿으므로 나도 그를 믿는다.	까닭을 나타내는 어미.
②	-(으)ㅁ으로(써)	그는 믿음으로(써) 산 보람을 느꼈다.	'-(으)ㅁ'에 조사 '으로(써)'가 결합한 형태. 어미 '-(으)므로'에는 '써'가 결합하지 않음.

확인문제

49 맞춤법이 가장 옳지 않은 것은?
2018. 서울시(3월) 9급

① 철수는 열심히 일함으로써 보람을 느꼈다.
② 이제 각자의 답을 정답과 맞혀 보도록 해라.
③ 강아지가 고깃덩어리를 넙죽 받아먹었다.
④ 아이가 밥을 먹었을는지 모르겠어.

≫ ②

---

01 **제1장 표기의 기본 원칙**

제1항 외래어는 국어의 현용 <u>24</u> 자모만으로 적는다.

제2항 외래어의 1 음운은 원칙적으로 1 기호로 적는다.

제3항 받침에는 '<u>ㄱ, ㄴ, ㄹ, ㅁ, ㅂ, ㅅ, ㅇ</u>'만을 쓴다.

제4항 파열음 표기에는 <u>된소리</u>를 쓰지 않는 것을 원칙으로 한다.

제5항 이미 굳어진 외래어는 관용을 존중하되, 그 범위와 용례는 따로 정한다.

02 제2장 표기 일람표

자음			반모음		모음	
국제 음성 기호	한글		국제 음성 기호	한글	국제 음성 기호	한글
	모음 앞	자음 앞 또는 어말				
p	ㅍ	ㅂ, 프	j	이*	i	이
b	ㅂ	브	ɥ	위	y	위
t	ㅌ	ㅅ, 트	w	오, 우*	e	에
d	ㄷ	드			ø	외
k	ㅋ	ㄱ, 크			ɛ	에
g	ㄱ	그			ɛ̃	앵
f	ㅍ	프			œ	외
v	ㅂ	브			œ̃	욍
θ	ㅅ	스			æ	애
ð	ㄷ	드			a	아
s	ㅅ	스			ɑ	아
z	ㅈ	즈			ã	앙
ʃ	시	슈, 시			ʌ	어
ʒ	ㅈ	지			ɔ	오
ʦ	ㅊ	츠			ɔ̃	옹
dz	ㅈ	즈			o	오
ʧ	ㅊ	치			u	우
ʤ	ㅈ	지			ə**	어
m	ㅁ	ㅁ			ɚ	어
n	ㄴ	ㄴ				
ɲ	니*	뉴				
ŋ	ㅇ	ㅇ				
l	ㄹ, ㄹㄹ	ㄹ				
r	ㄹ	르				
h	ㅎ	흐				
ç	ㅎ	히				
x	ㅎ	흐				

* [j], [w]의 '이'와 '오, 우', 그리고 [ɲ]의 '니'는 모음과 결합할 때 제3장 표기 세칙에 따른다.
** 독일어의 경우에는 '에', 프랑스어의 경우에는 '으'로 적는다.

03 **제3장 표기 세칙(제1절 영어의 표기)**

1 제1항 무성 파열음 ([p], [t], [k])

1. 짧은 모음 다음의 어말 무성 파열음([p], [t], [k])은 <u>받침</u>으로 적는다.

번호	영어	외래어	비고	
①	g<u>ap</u>[gæp]	갭	'ㅂ'	ap
②	c<u>at</u>[kæt]	캣	'ㅅ'	at
③	b<u>ook</u>[buk]	북	'ㄱ'	ook

2. 짧은 모음과 유음·비음([l], [r], [m], [n]) 이외의 <u>자음</u> 사이에 오는 무성 파열음([p], [t], [k])은 받침으로 적는다.

번호	영어	외래어	비고	
①	<u>apt</u>[æpt]	앱트	'ㅂ'	apt
②	s<u>etb</u>ack[setbæ<u>k</u>]	셋백	'ㅅ'	etb
③	<u>act</u>[ækt]	액트	'ㄱ'	act

3. 위 경우 이외의 어말과 자음 앞의 [p], [t], [k]는 '<u>으</u>'를 붙여 적는다.

2 제2항 유성 파열음 ([b], [d], [g])

어말과 모든 자음 앞에 오는 <u>유성 파열음</u>은 '으'를 붙여 적는다.

번호	영어	외래어	비고	
①	bul<u>b</u>[bʌl<u>b</u>]	벌브	'ㅂ'	b
②	lan<u>d</u>[læn<u>d</u>]	랜드	'ㄷ'	d
③	zigzag[zigzæg]	<u>지그재그</u>	'ㄱ', 'ㄱ'	gz, g
④	lo<u>b</u>ster[lɔbstə]	<u>로브스터</u>	'ㅂ'	bs
⑤	ki<u>dn</u>ap[kidnæp]	키드냅	'ㄷ'	dn
⑥	si<u>gn</u>al[signəl]	<u>시그널</u>	'ㄱ'	gn

확인문제

3 외래어 표기 규정에 모두 맞는 것은?
2016. 지방직 7급
① 브러쉬, 케익
② 카페트, 파리
③ 초콜릿, 셰퍼드
④ 슈퍼마켙, 서비스

>> ③

4 외래어 표기가 모두 옳은 것은?
2019. 서울시 7급
① 옐로카드(yellow card), 스태프(staff), 케이크(cake)
② 가디건(cardigan), 뷔페(buffet), 캐러멜(caramel)
③ 냅킨(napkin), 점퍼(jumper), 초콜렛(chocolate)
④ 팡파레(fanfare), 크로켓(croquette), 마사지(massage)

>> ①

3 제3항 마찰음 ([s], [z], [f], [v], [θ], [ð], [ʃ], [ʒ])

1. 어말 또는 자음 앞의 [s], [z], [f], [v], [θ], [ð]는 '으'를 붙여 적는다.

번호	영어	외래어	비고	
①	mask[mɑ : sk]	마스크	'스'	sk
②	jazz[dʒæz]	재즈	'즈'	z
③	graph[græf]	그래프	'프'	ph
④	olive[ɔliv]	올리브	'브'	v
⑤	thrill[θril]	스릴	'스'	th
⑥	bathe[beið]	베이드	'드'	

2. 어말의 [ʃ]는 '시'로 적고, 자음 앞의 [ʃ]는 '슈'로, 모음 앞의 [ʃ]는 뒤따르는 모음에 따라 '샤', '섀', '셔', '셰', '쇼', '슈', '시'로 적는다.

번호	영어	외래어	비고	
①	flash[flæʃ]	플래시	어말, '시'	sh
②	shrub[ʃrʌb]	슈러브	자음 앞, '슈'	shr
③	shark[ʃɑ : k]	샤크	샤	sha
④	shank[ʃæŋk]	섀크	섀	
⑤	fashion[fæʃən]	패션	셔	shi
⑥	sheriff[ʃerif]	셰리프	셰	she
⑦	shopping[ʃɔpiŋ]	쇼핑	쇼	sho
⑧	shoe[ʃu :]	슈	슈	shoe
⑨	shim[ʃim]	심	시	shi

3. 어말 또는 자음 앞의 [ʒ]는 '지'로 적고, 모음 앞의 [ʒ]는 'ㅈ'으로 적는다.

번호	영어	외래어	비고	
①	mirage[mirɑ : ʒ]	미라지	어말, '지'	ge
②	vision[viʒən]	비전	모음 앞, 'ㅈ'	sio

4 제4항 파찰음 ([ʦ], [dz], [ʧ], [ʤ])

1. 어말 또는 자음 앞의 [ʦ], [dz]는 '츠', '즈'로 적고, [ʧ], [ʤ]는 '치', '지'로 적는다.

번호	영어	외래어	비고	
①	Keats[ki : ʦ]	키츠	'츠'	ts
②	odds[ɔdz]	오즈	'즈'	ds
③	switch[swiʧ]	스위치	'치'	ch
④	bridge[briʤ]	브리지	'지'	ge
⑤	Pittsburgh[pitsbə : g]	피츠버그	자음 앞, '츠'	tsb
⑥	hitchhike[hiʧhaik]	히치하이크	자음 앞, '치'	chh

2. 모음 앞의 [ʧ], [ʤ]는 '치', 'ㅈ'으로 적는다.

번호	영어	외래어	비고	
①	chart[ʧɑ : t]	차트	모음 앞, ㅊ	cha
②	virgin[və : ʤin]	버진	모음 앞, ㅈ	gi

5 제5항 비음 ([m], [n], [ŋ])

1. 어말 또는 자음 앞의 비음은 모두 받침으로 적는다.

번호	영어	외래어	비고	
①	steam[sti : m]	스팀	어말 'ㅁ'	m
②	corn[kɔ : n]	콘	어말 'ㄴ'	n
③	ring[riŋ]	링	어말 'ㅇ'	ng
④	lamp[læmp]	램프	자음 앞, 'ㅁ'	mp
⑤	hint[hint]	힌트	자음 앞, 'ㄴ'	nt
⑥	ink[iŋk]	잉크	자음 앞, 'ㅇ'	nk

2. 모음과 모음 사이의 [ŋ]은 앞 음절의 받침 'ㅇ'으로 적는다.

번호	영어	외래어	비고	
①	hanging[hæŋiŋ]	행잉	모음 사이, 'ㅇ'	angi
②	longing[lɔŋiŋ]	롱잉	모음 사이 'ㅇ'	ongi

6 제6항 유음 ([l])

1. 어말 또는 자음 앞의 [l]은 받침으로 적는다.

번호	영어	외래어	비고	
①	hotel[houtel]	호텔	어말, 'ㄹ'	l
②	pulp[pʌlp]	펄프	자음 앞, 'ㄹ'	lp

확인문제

8 외래어 표기가 올바른 것으로만 묶은 것은? 2022. 서울시(2월) 9급
① 플랭카드, 케잌, 스케줄
② 커피숍, 리더십, 파마
③ 텔레비전, 쵸콜릿, 플래시
④ 캐비넷, 로켓, 슈퍼마켓

≫ ②

2. 어중의 [l]이 모음 앞에 오거나, 모음이 따르지 않는 비음([m], [n]) 앞에 올 때에는 'ㄹㄹ'로 적는다.

  다만, 비음([m], [n]) 뒤의 [l]은 모음 앞에 오더라도 'ㄹ'로 적는다.

7 제7항 장모음

장모음의 장음은 따로 표기하지 않는다.

번호	영어	외래어	비고
①	team[tiːm]	팀	
②	route[ruːt]	루트	

8 제8항 중모음 ([ai], [au], [ei], [ɔi], [ou], [auə])

중모음은 각 단모음의 음가를 살려서 적되, [ou]는 '오'로, [auə]는 '아워'로 적는다.

번호	영어	외래어	비고	
①	time[taim]	타임	'아이'	ime
②	house[haus]	하우스	'아우'	ou
③	skate[skeit]	스케이트	'에이'	ate
④	oil[ɔil]	오일	'오이'	oi
⑤	boat[bout]	③보트	'오'	oa
⑥	tower[tauə]	타워	'아워'	ower

9 제9항 반모음 ([w], [j])

1. [w]는 뒤따르는 모음에 따라 [wə], [wɔ], [wou]는 '워', [wɑ]는 '와', [wæ]는 '왜', [we]는 '웨', [wi]는 '위', [wu]는 '우'로 적는다.

번호	영어	외래어	비고	
①	word[wəːd]	워드	'워'	wo
②	want[wɔnt]	원트	'워'	wa
③	woe[wou]	워	'워'	woe
④	wander[wɑndə]	완더	'와'	wa
⑤	wag[wæg]	왜그	'왜'	wa
⑥	west[west]	웨스트	'웨'	we
⑦	witch[witʃ]	위치	'위'	wi
⑧	wool[wul]	울	'우'	woo

2. 자음 뒤에 [w]가 올 때에는 두 음절로 갈라 적되, [gw], [hw], [kw]는 한 음절로 붙여 적는다.

번호	영어	외래어	비고	
①	swing[swiŋ]	스윙	'스위'	swi
②	twist[twist]	트위스트	'트위'	twi
③	penguin[peŋgwin]	펭귄	'귀'	gui
④	whistle[hwisl]	휘슬	'휘'	whi
⑤	quarter[kwɔ : tə]	쿼터	'쿼'	qua

3. 반모음 [j]는 뒤따르는 모음과 합쳐 '야', '애', '여', '예', '요', '유', '이'로 적는다. 다만, [d], [l], [n] 다음에 [jə]가 올 때에는 각각 '디어', '리어', '니어'로 적는다.

번호	영어	외래어	비고	
①	yard[jɑ : d]	야드	'야'	ya
②	yank[jæŋk]	앵크	'애'	ya
③	yearn[jə : n]	연	'여'	yea
④	yellow[jelou]	옐로	'예'	ye
⑤	yawn[jɔ : n]	욘	'요'	ya
⑥	you[ju :]	유	'유'	you
⑦	year[jiə]	이어	'이'	ye
⑧	Indian[indjən]	인디언	'디어'	dia
⑨	battalion[bətæljən]	버탤리언	'리어'	lio
⑩	union[ju : njən]	유니언	'니어'	nio

10 제10항 복합어

1. 따로 설 수 있는 말의 합성으로 이루어진 복합어는 그것을 구성하고 있는 말이 단독으로 쓰일 때의 표기대로 적는다.

번호	영어	외래어	비고	
①	cuplike[kʌplaik]	컵라이크	컵	라이크
②	bookend[bukend]	북엔드	북	엔드
③	headlight[hedlait]	헤드라이트	헤드	라이트
④	touchwood[tʌʧwud]	터치우드	터치	우드
⑤	sit-in[sitin]	싯인	싯	인
⑥	bookmaker[bukmeikə]	북메이커	북	메이커
⑦	flashgun[flæʃgʌn]	플래시건	플래시	건
⑧	topknot[tɔpnɔt]	톱놋	톱	놋

2. 원어에서 띄어 쓴 말은 띄어 쓴 대로 한글 표기를 하되, 붙여 쓸 수도 있다.

번호	영어	외래어
①	Los Alamos[lɔsæləmous]	로스 앨러모스 로스앨러모스
②	top class[tɔpklæs]	톱 클래스 톱클래스

---

04 **제4장 인명, 지명 표기의 원칙**

1 **제1절 표기 원칙**

제1항 외국의 인명, 지명의 표기는 제1장, 제2장, 제3장의 규정을 따르는 것을 원칙으로 한다.

제2항 제3장에 포함되어 있지 않은 언어권의 인명, 지명은 원지음을 따르는 것을 원칙으로 한다.

번호	영어	원지음
①	Ankara	앙카라
②	Gandhi	간디

제3항 원지음이 아닌 제3국의 발음으로 통용되고 있는 것은 관용을 따른다.

번호	영어	제3국의 발음
①	Hague	헤이그
②	Caesar	시저

제4항 고유 명사의 번역명이 통용되는 경우 관용을 따른다.

번호	영어	고유 명사
①	Pacific Ocean	태평양
②	Black Sea	흑해

확인문제

12 〈보기〉의 외래어 표기가 옳은 것을 모두 고른 것은? 2021. 서울시 9급

┌─── 보기 ───
ㄱ. 아젠다(agenda)
ㄴ. 시저(Caesar)
ㄷ. 레크레이션(recreation)
ㄹ. 싸이트(site)
ㅁ. 팸플릿(pamphlet)
ㅂ. 규슈(キュウシュウ, 九州)

① ㄱ, ㄷ, ㄹ
② ㄴ, ㅁ, ㅂ
③ ㄱ, ㄴ, ㄷ, ㅂ
④ ㄴ, ㄷ, ㄹ, ㅁ

≫②

2 제2절 동양의 인명, 지명 표기

제1항 중국 인명은 과거인과 현대인을 구분하여 과거인은 종전의 한자음대로 표기하고, 현대인은 원칙적으로 중국어 표기법에 따라 표기하되, 필요한 경우 한자를 병기한다.

제2항 중국의 역사 지명으로서 현재 쓰이지 않는 것은 우리 한자음대로 하고, 현재 지명과 동일한 것은 중국어 표기법에 따라 표기하되, 필요한 경우 한자를 병기한다.

제3항 일본의 인명과 지명은 과거와 현대의 구분 없이 일본어 표기법에 따라 표기하는 것을 원칙으로 하되, 필요한 경우 한자를 병기한다.

제4항 중국 및 일본의 지명 가운데 한국 한자음으로 읽는 관용이 있는 것은 이를 허용한다.

번호	중국 및 일본의 지명	발음	한국 한자음
①	東京	도쿄	동경
②	京都	교토	경도
③	上海	상하이	상해
④	臺灣	타이완	대만
⑤	黃河	황허	황하

3 제3절 바다, 섬, 강, 산 등의 표기 세칙

제1항 바다는 '해(海)'로 통일한다.

번호	단어 모음
①	홍해, 발트해, 아라비아해

제2항 우리나라를 제외하고 섬은 모두 '섬'으로 통일한다.

번호	구분	단어 모음
①	우리나라	제주도, 울릉도
②	해외	타이완섬, 코르시카섬

제3항 한자 사용 지역(일본, 중국)의 지명이 하나의 한자로 되어 있을 경우, '강', '산', '호', '섬' 등은 겹쳐 적는다.

번호	구분	단어 모음
①	강	주장강(珠江), 하야카와강(早川)
②	산	온타케산(御岳), 위산산(玉山)
③	섬	도시마섬(利島)

제4항 지명이 산맥, 산, 강 등의 뜻이 들어 있는 것은 '산맥', '산', '강' 등을 겹쳐 적는다.

번호	구분	영어	외래어
①	강	Rio Grande	리오그란데강
②	산	Monte Rosa	몬테로사산
		Mont Blanc	몽블랑산
③	산맥	Sierra Madre	시에라마드레산맥

CHAPTER 05 표준어 규정

01 제1장 총칙

1 제1항

> 제1항 표준어는 교양 있는 사람들이 두루 쓰는 현대 <u>서울말</u>로 정함을 원칙으로 한다.

2 제2항

> 제2항 외래어는 따로 사정한다.

02 제2장 발음 변화에 따른 표준어 규정

1 제1절 자음

1. 제3항

> 제3항 다음 단어들은 <u>거센소리</u>를 가진 형태를 표준어로 삼는다.(ㄱ을 표준어로 삼고, ㄴ을 버림.)

번호	○	×	비고	예
①	<u>끄나풀</u>	끄나불		
②	나팔-꽃	나발-꽃		나팔(○), <u>나팔바지</u>(○), <u>나팔관</u>(○), <u>나팔벌레</u>(○) 나발(○), 개나발(○), 병나발(○)
③	녘	녁	동~, 들~, 새벽~, 동틀 ~.	동녘(○), 들녘(○), 새벽녘(○), 동틀 녘(○)
④	부엌	부억		
⑤	살-쾡이	삵-괭이		삵(○)
⑥	칸	간	1. ~막이, 빈~, 방 한 ~. 2. '초가삼간, 윗간'의 경우에는 '간'임.	칸막이(○), 빈칸(○), 방 한 칸(○), 화물칸(○), 침대칸(○) 수라간(○), 마구간(○), 푸줏간(○), 고깃간(○), 초가삼간(○), 윗간(○)
⑦	털어-먹다	떨어-먹다	재물을 다 없애다.	털다(○), 은행털이(○) 떨다(○), 재떨이(○), 먼지떨이(○)

참고
제1항 해설
1. 사회적 기준 : 교양 있는 사람들
2. 시대적 기준 : 현대의 언어
3. 지역적 기준 : 서울말

참고
제3항 vs. 제4항

	제3항	제4항
①	<u>거센소리</u> (○, 표준어)	거센소리 (×, 표준어)
예	나팔꽃	분침

'제3항' 단어의 의미
1. 푸줏-간(푸줏間)(명사) : 예전에, 쇠고기나 돼지고기 따위의 고기를 끊어 팔던 가게.≒고깃간, 포사, 푸주.
2. 털다(동사) : 【…을】「1」 달려 있는 것, 붙어 있는 것 따위가 떨어지게 흔들거나 치거나 하다. 「2」 자기가 가지고 있는 것을 남김없이 내다. 「3」 남이 가진 재물을 몽땅 빼앗거나 그것이 보관된 장소를 모조리 뒤지어 훔치다. 「4」 일, 감정, 병 따위를 완전히 극복하거나 말끔히 정리하다.
3. 떨다(동사) : ① 【…을】「1」 달려 있거나 붙어 있는 것을 쳐서 떼어 내다. 「2」 돈이나 물건을 있는 대로 써서 없애다. 「3」 언짢은 생각 따위를 없애다. 「4」 팔다 남은 것을 모두 팔아 버리거나 사다. 「5」 남에게서 재물을 모조리 훔치거나 빼앗다. ② 【…에서 …을】 전체 가운데 얼마를 덜어 내거나 빼다.

참고

'제4항' 단어의 의미

가을-갈이(명사):『농업』다음 해의 농사에 대비하여, 가을에 논밭을 미리 갈아 두는 일.≒추경.

참고

제5항

	제5항	
	규정	다만
①	어원에서 멀어진 형태로 굳어짐.	어원적으로 원형에 더 가까운 형태
예	강낭콩	말결

'제5항' 단어의 의미
1. 고샅(명사): 초가지붕을 일 때 쓰는 새끼.
2. 고-샅(명사):「1」시골 마을의 좁은 골목길. 또는 골목 사이.≒고샅길.「2」좁은 골짜기의 사이.「3」'사타구니'를 비유적으로 이르는 말.
3. 울력-성당(울력成黨)(명사): 떼지어 으르고 협박함.≒완력성당.
4. 갓모(명사):『공예』사기그릇을 만드는 돌림판의 밑구멍에 끼우는, 사기로 된 고리.
5. 갈모(갈帽)(명사): 예전에, 비가 올 때 갓 위에 덮어 쓰던 고깔과 비슷하게 생긴 물건. 비에 젖지 않도록 기름종이로 만들었다.≒입모.
6. 말-곁(명사): 남이 말하는 옆에서 덩달아 참견하는 말.

확인문제

1 〈보기〉에 공통적으로 적용되는 표준어 규정으로 가장 옳은 것은?
2020. 서울시 9급

── 보기 ──
강낭콩, 고샅, 사글세

① 어원에서 멀어진 형태로 굳어져서 널리 쓰이는 것은, 그것을 표준어로 삼는다.
② 어원적으로 원형에 더 가까운 형태가 아직 쓰이고 있는 경우에는, 그것을 표준어로 삼는다.
③ 모음의 발음 변화를 인정하여, 발음이 바뀌어 굳어진 형태를 표준어로 삼는다.
④ 비슷한 발음의 몇 형태가 쓰일 경우, 그 의미에 아무런 차이가 없고, 그중 하나가 더 널리 쓰이면, 그 한 형태만을 표준어로 삼는다.

▶▶ ①

2. 제4항

제4항 다음 단어들은 거센소리로 나지 않는 형태를 표준어로 삼는다.(ㄱ을 표준어로 삼고, ㄴ을 버림.)

번호	○	×	예
①	가을-갈이	가을-카리	
②	거시기	거시키	
③	분침	푼침	돈푼(○), 서푼(○), 무일푼(○)

3. 제5항

제5항 어원에서 멀어진 형태로 굳어져서 널리 쓰이는 것은, 그것을 표준어로 삼는다.(ㄱ을 표준어로 삼고, ㄴ을 버림.)

번호	○	×	비고	예
①	강낭-콩	강남-콩		겉고샅(○), 속고샅(○)
②	고샅	고샅	겉~, 속~.	고-샅(○)
③	사글-세	삭월-세	'월세'는 표준어임.	월세(○)
④	울력-성당	위력-성당	떼를 지어서 으르고 협박하는 일.	

다만, 어원적으로 원형에 더 가까운 형태가 아직 쓰이고 있는 경우에는, 그것을 표준어로 삼는다.(ㄱ을 표준어로 삼고, ㄴ을 버림.)

번호	○	×	비고	예
①	갈비	가리	~구이, ~찜, 갈빗-대.	갈비구이(○), 갈비찜(○), 갈빗대(○)
②	갓모	갈모	1. 사기 만드는 물레 밑 고리. 2. '갈모'는 갓 위에 쓰는, 유지로 만든 우비.	갈모(○)
③	굴-젓	구-젓		
④	말-곁	말-겻		
⑤	물-수란	물-수랄		
⑥	밀-뜨리다	미-뜨리다		
⑦	적-이	저으기	적이-나, 적이나-하면.	적이나(○), 적이나하면(○)
⑧	휴지	수지		

4. 제6항

제6항 다음 단어들은 의미를 구별함이 없이, 한 가지 형태만을 표준어로 삼는다.(ㄱ을 표준어로 삼고, ㄴ을 버림.)

번호	○	×	비고	예
①	돌	돐	생일, 주기.	
②	둘-째	두-째	'제2, 두 개째'의 뜻.	
③	셋-째	세-째	'제3, 세 개째'의 뜻.	
④	넷-째	네-째	'제4, 네 개째'의 뜻.	
⑤	빌리다	빌다	1. 빌려주다, 빌려 오다. 2. '용서를 빌다'는 '빌다'임.	빌려주다(○), 빌려 오다(○)

다만, '둘째'는 십 단위 이상의 서수사에 쓰일 때에 '두째'로 한다.

번호	○	×	비고	예
①	열두-째		열두 개째의 뜻은 '열둘째'로.	열둘째(○)
②	스물두-째		스물두 개째의 뜻은 '스물둘째'로.	스물둘째(○)

5. 제7항

제7항 수컷을 이르는 접두사는 '수-'로 통일한다.(ㄱ을 표준어로 삼고, ㄴ을 버림.)

번호	○	×	비고	예
①	수-꿩	수-퀑/숫-꿩	'장끼'도 표준어임.	장끼(○)
②	수-나사	숫-나사		
③	수-놈	숫-놈		
④	수-사돈	숫-사돈		
⑤	수-소	숫-소	'황소'도 표준어임.	황소(○)
⑥	수-은행나무	숫-은행나무		

다만 1. 다음 단어에서는 접두사 다음에서 나는 거센소리를 인정한다. 접두사 '암-'이 결합되는 경우에도 이에 준한다.(ㄱ을 표준어로 삼고, ㄴ을 버림.)

번호	○	×	예
①	수-캉아지	숫-강아지	
②	수-캐	숫-개	
③	수-컷	숫-것	숫것(○)
④	수-키와	숫-기와	
⑤	수-탉	숫-닭	

참고

제6항

	제6항	
	규정	다만
①	한 가지 형태만 (표준어)	'둘째' + 십 단위 이상, 서수사
예	둘째	열두째

'제6항' 단어의 의미

1. 둘-째: [I] (수사) 순서가 두 번째가 되는 차례의. [II] (관형사) 순서가 두 번째가 되는 차례의. [III] 「명사」「1」맨 앞에서부터 세어 모두 두 개가 됨을 이르는 말. 「2」둘째 자식.

2. 스물두-째: [I] (수사) 순서가 스물두 번째가 되는 차례. [II] (관형사) 순서가 스물두 번째가 되는 차례.

3. 스물둘-째: [I] (명사) 맨 앞에서부터 세어 모두 스물두 개가 됨을 이르는 말.

확인문제

2 다음 중 한글 맞춤법에 따라 바르게 표기된 것은? 2015. 서울시 9급

① 철수는 우리 반에서 키가 열둘째이다.
② 요즘 재산을 떨어먹는 사람이 많다.
③ 나는 집에 사흘 동안 머무를 예정이다.
④ 숫병아리가 내게로 다가왔다.

≫ ③

참고

제7항

	제7항		
	규정	다만 1	다만 2
①	수-	수ㅎ-	숫-
예	소소	캐/캉아지	양
	수거미	탉/평아리	염소
	수개미	탐나귀	쥐
		돼지	

'제7항' 단어의 의미

1. 수-사돈(수查頓)(명사): 사위 쪽의 사돈.

2. 숫-것(명사): 손을 대거나 변하지 아니한 본디의 순수한 것.

3. 수톨쩌귀(명사): 문짝에 박아서 문설주에 있는 암톨쩌귀에 꽂게 되어 있는, 뾰족한 촉이 달린 돌쩌귀. ≒수쇠.

⑥	수-탕나귀	숫-당나귀	
⑦	수-톨쩌귀	숫-돌쩌귀	
⑧	수-퇘지	숫-돼지	
⑨	수-평아리	숫-병아리	

다만 2. 다음 단어의 <u>접두사</u>는 '<u>숫-</u>'으로 한다.(ㄱ을 표준어로 삼고, ㄴ을 버림.)

번호	○	×
①	숫-양	소-양
②	숫-염소	소-염소
③	숫-쥐	소-쥐

2 제2절 모음

1. 제8항

제8항 <u>양성 모음</u>이 <u>음성 모음</u>으로 바뀌어 굳어진 다음 단어는 음성 모음 형태를 표준어로 삼는다.(ㄱ을 표준어로 삼고, ㄴ을 버림.)

번호	○	×	비고	예
①	깡충-깡충	깡총-깡총	큰말은 '껑충껑충'임.	강중강중(○), 깡쭝깡쭝(○), 껑충껑충(○), 겅중겅중(○), 껑쭝껑쭝(○)
②	-둥이	-동이	←童-이. 귀-, 막-, 선-, 쌍-, 검-, 바람-, 흰-.	귀둥이(○), 막둥이(○), 쌍둥이(○), 바람둥이(○), 흰둥이(○)
				금동이(○), 놋동이(○), 쌍동밤(○), 옴포동하다(○), 옴포동이(○)
③	발가-숭이	발가-송이	센말은 '빨가숭이', 큰말은 '벌거숭이, 뻘거숭이'임.	빨가숭이(○), 벌거숭이(○), 뻘거숭이(○)
				애송이(○)
④	보퉁이	보통이		고집통이(○), 골통이(○)
⑤	봉죽	봉족	←奉足. ~꾼, ~들다.	봉죽꾼(○), 봉죽들다(○)
⑥	뻗정-다리	뻗장-다리		벋정다리(○)
⑦	<u>아서, 아서라</u>	앗아, 앗아라	하지 말라고 금지하는 말.	
⑧	오뚝-이	오똑-이	부사도 '오뚝-이'임.	
⑨	주추	주초	←柱礎. 주춧-돌.	<u>주춧돌</u>(○)

확인문제

3 표준어 규정에 맞지 않는 단어로만 짝지은 것은? 2022. 서울시 9급

① 숫양, 숫기와
② 수캉아지, 수탉
③ 숫병아리, 숫당나귀
④ 수퇘지, 수은행나무

» ③

참고

제8항

제8항	
규정	다만
① 양성 모음 → 음성 모음 ○	어원 의식, 양성 모음 ○
예 쌍둥이	삼촌

'제8항' 단어의 의미 ①

1. 귀-둥이(貴童이)(명사): 특별히 귀염을 받는 아이.≒귀동.
2. 놋-동이(명사): 놋쇠로 만든 동이.
3. 쌍둥-밤(雙童밤)(명사): 한 껍데기 속에 두 쪽이 들어 있는 밤.
4. 보-퉁이(褓퉁이)(명사): 물건을 보에 싸서 꾸려 놓은 것.
5. 봉죽(명사): 일을 꾸려 나가는 사람을 곁에서 거들어 도와줌.
6. 벋정-다리(명사): 「1」 구부렸다 폈다 하지 못하고 늘 벋어 있는 다리. 또는 그런 다리를 가진 사람. 「2」 뻣뻣해져서 자유롭게 굽힐 수가 없게 된 물건.
7. 아서(감탄사): 그렇게 하지 말라고 금지할 때 하는 말. 해할 자리에 쓴다.
8. 주춧-돌(명사): 『건설』 기둥 밑에 기초로 받쳐 놓은 돌.≒모퉁잇돌, 초반, 초석.

확인문제

4 한글 맞춤법에 맞는 것으로만 묶은 것은? 2017. 국가직(하) 7급

① 반듯이, 수나비, 에두르다
② 쓱싹쓱싹, 명중률, 푸주간
③ 등교길, 늠름하다, 깡충강충
④ 돋보이다, 거적떼기, 야단법석

» ①

다만, 어원 의식이 강하게 작용하는 다음 단어에서는 양성 모음 형태를 그대로 표준어로 삼는다.(ㄱ을 표준어로 삼고, ㄴ을 버림.)

번호	○	×	비고	예
①	부조(扶助)	부주	~금, 부좃-술.	부조금(○), 부조술(○)
②	사돈(査頓)	사둔	밭~, 안~.	밭사돈(○), 안사돈(○)
③	삼촌(三寸)	삼춘	시~, 외~, 처~.	

2. 제9항

> 제9항 'ㅣ' 역행 동화 현상에 의한 발음은 원칙적으로 표준 발음으로 인정하지 아니하되, 다만 다음 단어들은 그러한 동화가 적용된 형태를 표준어로 삼는다.(ㄱ을 표준어로 삼고, ㄴ을 버림.)

번호	○	×	비고	예
①	-내기	-나기	서울~, 시골~, 신출~, 풋~.	서울내기(○), 시골내기(○), 신출내기(○), 풋내기(○), 여간내기(○)
②	냄비	남비		남비(○)
③	동댕이-치다	동당이-치다		

붙임 1 다음 단어는 'ㅣ' 역행 동화가 일어나지 아니한 형태를 표준어로 삼는다.(ㄱ을 표준어로 삼고, ㄴ을 버림.)

번호	○	×
①	아지랑이	아지랭이

붙임 2 기술자에게는 '-장이', 그 외에는 '-쟁이'가 붙는 형태를 표준어로 삼는다.(ㄱ을 표준어로 삼고, ㄴ을 버림.)

번호	○	×	예
①	미장이	미쟁이	칠장이(○), 갓장이(○)
②	유기장이	유기쟁이	
③	멋쟁이	멋장이	
④	소금쟁이	소금장이	
⑤	담쟁이-덩굴	담장이-덩굴	갓쟁이(○), 환쟁이(○), 점쟁이(○)
⑥	골목쟁이	골목장이	
⑦	발목쟁이	발목장이	

참고
'제8항' 단어의 의미 ②

1. 부조-금(扶助金)(명사) : 부조로 내는 돈. ≒부좃돈.
2. 부좃-술(扶助술)(명사) : 부조로 보내는 술.
3. 밭-사돈(밭査頓)(명사) : 딸의 시아버지나 며느리의 친정아버지를 양쪽 사돈집에서 서로 이르거나 부르는 말.=바깥사돈.
4. 안-사돈(안査頓)(명사) : 딸의 시어머니나 며느리의 친정어머니를 양편 사돈집에서 서로 이르거나 부르는 말.≒사돈댁.

참고
제9항

제9항				
	규정	붙임 1	붙임 2	
①	ㅣ 역행 동화 현상 표기 ○	ㅣ 역행 동화 현상 표기 ×	기술자 ○	-장이
			기술자 ×	-쟁이
예	시골 내기	아지 랑이	미장이	
			소금쟁이	

'제9항' 단어의 의미

1. 남비(濫費)(명사) : 시간이나 재물 따위를 헛되이 헤프게 씀.=낭비.
2. 칠-장이(漆장이)(명사) : 칠하는 일을 직업으로 하는 사람.≒칠공.
3. 갓-장이(명사) : 갓을 만들거나 고치는 일을 하는 사람.
4. 유기-장이(柳器장이)(명사) : 키버들로 고리짝이나 키 따위를 만들어 파는 일을 직업으로 하는 사람.=고리장이.
5. 골목-쟁이(명사) : 골목에서 좀 더 깊숙이 들어간 좁은 곳.
6. 발-목쟁이(명사) : 「1」 '발'을 속되게 이르는 말.=발모가지. 「2」 '발목'을 속되게 이르는 말. =발모가지.
7. 갓-쟁이(명사) : 갓을 쓴 사람을 낮잡아 이르는 말.

참고

제10항 vs. 제11항

	제10항	제11항
	규정	규정
①	이중 모음 → 단순화	모음의 발음 변화 인정함.
예	미루나무	나무라다

'제10항' 단어의 의미

1. 괴팍-하다(乖愎▽하다)(형용사) : 붙임성이 없이 까다롭고 별나다.
2. 강퍅-하다(剛愎하다)(형용사) : 성격이 까다롭고 고집이 세다.
3. 퍅-하다(동사) : 갑자기 성을 내다.
4. 퍅성(愎性)(명사) : 너그럽지 못하고 까다로워 걸핏하면 화를 내는 성질.
5. 미력(微力)(명사) : '적은 힘' 또는 '힘이 적다'는 뜻으로, 남을 위하여 애쓴 자신의 힘을 겸손하게 이르는 말.
6. 온-달(명사) : 꽉 찬 한 달.
7. 허우대(명사) : 겉으로 드러난 체격. 주로 크거나 보기 좋은 체격을 이른다.

참고

'제11항' 단어의 의미

1. 깍쟁이(명사) : 「1」이기적이고 인색한 사람. 「2」아주 약빠른 사람.
2. 찰-깍쟁이(명사) : 아주 지독한 깍쟁이.
3. 깍정이(명사) : 「식물」밤나무, 떡갈나무 따위의 열매를 싸고 있는 술잔 모양의 받침. ≒각두.
4. 미수(명사) : 설탕물이나 꿀물에 미숫가루를 탄 여름철 음료. ≒미식.
5. 시러베-아들(명사) : 실없는 사람을 낮잡아 이르는 말.=시러베자식.
6. 주책(명사) : 「1」일정하게 자리 잡힌 주장이나 판단력. 「2」일정한 줏대가 없이 되는대로 하는 짓.
7. 주책-없다(형용사) : 일정한 줏대가 없이 이랬다저랬다 하여 몹시 실없다.

3. 제10항

제10항 다음 단어는 모음이 <u>단순화한</u> 형태를 표준어로 삼는다.(ㄱ을 표준어로 삼고, ㄴ을 버림.)

번호	○	×	비고	예
①	괴팍-하다	괴퍅-하다 괴팩-하다		강퍅하다(○), 퍅하다(○), 퍅성(○)
②	-구먼	-구면		
③	미루-나무	미류-나무	←美柳~.	
④	미륵	미력(한자어)	←彌勒. ~보살, ~불, 돌~.	미륵보살(○), 미륵불(○), 돌미륵(○)
⑤	여느	여늬		니나노(○)
⑥	온-달	왼-달	만 한 달.	
⑦	으레	으레		
⑧	케케-묵다	켸켸-묵다		
⑨	허우대	허위대		
⑩	허우적-허우적	허위적-허위적		허우적거리다(○)

4. 제11항

제11항 다음 단어에서는 모음의 발음 변화를 인정하여, 발음이 바뀌어 굳어진 형태를 표준어로 삼는다.(ㄱ을 표준어로 삼고, ㄴ을 버림.)

번호	○	×	비고	예
①	-구려	-구료(한자어)		
②	깍쟁이	깍정이	1. 서울~, 알~, 찰~. 2. 도토리, 상수리 등의 받침은 '깍정이'임.	서울깍쟁이(○), 알깍쟁이(○), 찰깍쟁이(○)
③	나무라다	나무래다		
④	미숫	미싯(한자어)	미숫-가루.	
⑤	바라다	바래다	'바램[所望]'은 비표준어임.	바람(○), 바라요(○), 바램(○), 바래요(○)
⑥	상추	상치(한자어)	~쌈.	상추쌈(○)
⑦	시러베-아들	실업의-아들		
⑧	주책	주착(한자어)	←主着. ~망나니, ~없다.	주책망나니(○), 주책없다(○), 주책이다(○)
⑨	지루-하다	지리-하다	←支離.	

번호	○	×	비고	예
⑩	튀기	트기		
⑪	허드레	허드래	허드렛-물, 허드렛-일.	허드렛물(○), 허드렛일(○)
⑫	호루라기	호루루기		

5. 제12항

제12항 '웃-' 및 '윗-'은 명사 '위'에 맞추어 '윗-'으로 통일한다.(ㄱ을 표준어로 삼고, ㄴ을 버림.)

번호	○	×	비고	예
①	윗-넓이	웃-넓이		
②	윗-눈썹	웃-눈썹		
③	윗-니	웃-니		
④	윗-당줄	웃-당줄		
⑤	윗-덧줄	웃-덧줄		
⑥	윗-도리	웃-도리		
⑦	윗-동아리	웃-동아리	준말은 '윗동'임.	
⑧	윗-막이	웃-막이		
⑨	윗-머리	웃-머리		
⑩	윗-목	웃-목		
⑪	윗-몸	웃-몸	~ 운동.	윗몸 운동
⑫	윗-바람	웃-바람		
⑬	윗-배	웃-배		
⑭	윗-벌	웃-벌		
⑮	윗-변	웃-변	수학 용어.	
⑯	윗-사랑	웃-사랑		
⑰	윗-세장	웃-세장		
⑱	윗-수염	웃-수염		
⑲	윗-입술	웃-입술		
⑳	윗-잇몸	웃-잇몸		
㉑	윗-자리	웃-자리		
㉒	윗-중방	웃-중방		

참고

'제11항' 단어의 의미

1. 튀기(명사) : 「1」 종(種)이 다른 두 동물 사이에서 난 새끼.≒탁맥. 「2」 수탕나귀와 암소 사이에서 나는 동물. 「3」 '혼혈인'을 낮잡아 이르는 말.
2. 트-기(명사) : 옷자락을 트는 일.

참고

제12항

	제12항		
	규정	다만 1	다만 2
①	아래, 위 ○		아래, 위 ×
	된소리 거센소리 ×	된소리 거센소리 ○	
②	윗-	위-	웃-
예	윗머리	위쪽	웃돈

'제12항' 단어의 의미 ①

1. 윗-덧줄(명사) : 『음악』 악보의 오선(五線) 위에 덧붙여 그 이상의 음높이를 나타내기 위하여 짧게 긋는 줄.
2. 웃-도리(명사) : 「1」 『건설』 동자기둥에 얹어서 서까래나 지붕널을 받치는 가로재.=중도리. 「2」 → 윗도리.
3. 윗-동아리(명사) : 「1」 긴 물체의 위쪽 부분. 「2」 둘로 갈라진 토막의 위쪽 동아리.
4. 윗-막이(명사) : 물건의 위쪽 머리를 막은 부분.
5. 웃-머리(명사) : 소를 매매할 때 소의 이를 검사하여 나이가 많을 것으로 판명된 늙은 소.
6. 웃-바람(명사) : 겨울에, 방 안의 천장이나 벽 사이로 스며들어 오는 찬 기운.≒웃풍.
7. 윗-사랑(윗舍廊)(명사) : 위채에 있는 사랑.
8. 윗-세장(명사) : 지게나 걸채 따위에서 윗부분에 가로질러 박은 나무.
9. 윗-중방(윗中枋)(명사) : 『건설』 창문 위 또는 벽의 위쪽 사이에 가로지르는 인방. 창이나 문틀 윗부분 벽의 하중을 받쳐 준다.=상인방.

참고

'제12항' 단어의 의미 ②

1. 위-치마(명사): 갈퀴의 앞초리 쪽으로 대나무를 가로 대고 철사나 끈 따위로 묶은 코.
2. 위턱-구름(명사):『지구』 대기권 윗부분에 떠 있는 구름. 권운, 권적운, 권층운이 이에 포함되며, 대류권의 상부에 위치하여 구름 입자는 주로 얼음의 결정으로 이루어진다.=상층운.
3. 웃-국(명사):「1」 간장이나 술 따위를 담가서 익힌 뒤에 맨 처음에 떠낸 진한 국. 「2」 뜨물, 구정물, 빗물 따위의 받아 놓은 물에서 찌꺼기가 가라앉고 남은 윗부분의 물.
4. 웃기(명사):「1」 흰떡에 물을 들여 여러 모양으로 만든 떡. 합이나 접시에 담은 떡 위에, 모양을 내기 위하여 얹거나 꽂는다. 철에 따라 돈전병, 오입쟁이떡, 산병(散餅), 색절편, 묵전 따위가 있다.=웃기떡. 「2」 떡, 포, 과일 따위를 괸 위에 모양을 내기 위하여 얹는 재료, 주악, 화전 따위가 있다.
5. 웃-비(명사): 아직 우기(雨氣)는 있으나 좍좍 내리다가 그친 비.
6. 웃비-걷다(동사): 좍좍 내리던 비가 그치며 잠시 날이 들다.
7. 웃-옷(명사): 맨 겉에 입는 옷.

확인문제

6 다음 중 표준어가 아닌 것은?

2014. 국가직 9급

① 윗목 ② 윗돈
③ 위층 ④ 웃옷

>> ②

다만 1. 된소리나 거센소리 앞에서는 '위-'로 한다.(ㄱ을 표준어로 삼고, ㄴ을 버림.)

번호	○	×	비고	예
①	위-짝	웃-짝		
②	위-쪽	웃-쪽		
③	위-채	웃-채		
④	위-층	웃-층		
⑤	위-치마	웃-치마		
⑥	위-턱	웃-턱	~구름[上層雲].	위턱구름
⑦	위-팔	웃-팔		

다만 2. '아래, 위'의 대립이 없는 단어는 '웃-'으로 발음되는 형태를 표준어로 삼는다.(ㄱ을 표준어로 삼고, ㄴ을 버림.)

번호	○	×	비고	예
①	웃-국	윗-국		
②	웃-기	윗-기		
③	웃-돈	윗-돈		
④	웃-비	윗-비	~걷다.	웃비걷다
⑤	웃-어른	윗-어른		
⑥	웃-옷	윗-옷		

6. 제13항

제13항 한자 '구(句)'가 붙어서 이루어진 단어는 '귀'로 읽는 것을 인정하지 아니하고, '구'로 통일한다.(ㄱ을 표준어로 삼고, ㄴ을 버림.)

번호	○	×	비고	예
①	구법(句法)	귀법(한자어)		
②	구절(句節)	귀절		
③	구점(句點)	귀점(한자어)		
④	결구(結句)	결귀(한자어)		
⑤	경구(警句)	경귀(한자어)		
⑥	경인구(警人句)	경인귀		
⑦	난구(難句)	난귀		
⑧	단구(短句)	단귀(한자어)		
⑨	단명구(短命句)	단명귀		
⑩	대구(對句)	대귀(한자어)	~법(對句法).	대구법
⑪	문구(文句)	문귀		
⑫	성구(成句)	성귀	~어(成句語).	성구어
⑬	시구(詩句)	시귀(한자어)		
⑭	어구(語句)	어귀		
⑮	연구(聯句)	연귀(한자어)		
⑯	인용구(引用句)	인용귀		
⑰	절구(絕句)	절귀		

다만, 다음 단어는 '귀'로 발음되는 형태를 표준어로 삼는다.(ㄱ을 표준어로 삼고, ㄴ을 버림.)

번호	○	×
①	귀-글	구-글
②	글-귀	글-구

참고

'제13항' 단어의 의미 ①

1. 귀법(歸法)(명사):『수학』 산가지나 주산으로 구귀가를 응용하여 셈하는 나눗셈.=구귀제법.
2. 귀점(龜占)(명사):『민속』 거북의 등딱지를 불에 태워서 그 갈라지는 틈을 보고 길흉을 판단하는 점.=거북점.
3. 결귀(決歸)(명사):마음을 결정하고 돌아감.
4. 경구(警句)(명사):진리나 삶에 대한 느낌이나 사상을 간결하고 날카롭게 표현한 말.
5. 경인-구(警人句)(명사):사람을 놀라게 할 만큼 잘 지은 시구(詩句).≒경구.
6. 단귀(명사):『한의』 구릿대의 뿌리. 감기로 인한 두통이나 요통, 비연(鼻淵) 따위에 쓰며 종기에 외과약으로도 쓴다.=백지.
7. 단명-구(短命句)(명사):글쓴이의 목숨이 짧으리라는 징조가 드러나 보이는 글귀.
8. 시귀(蓍龜)(명사):점칠 때 쓰는 가새풀과 거북.
9. 어귀(명사):드나드는 목의 첫머리.
10. 연구(聯句/連句)(명사):『문학』 한 사람이 각각 한 구씩을 지어 이를 합하여 만든 시. 중국 한나라 무제 때부터 시작되었다고 한다.≒연시.
11. 연귀(燕口▽)(명사):『건설』 두 재를 맞추기 위하여 나무 마무리가 보이지 않게 귀를 45도 각도로 비스듬히 잘라 맞춘 곳.≒제비촉.

참고

'제13항' 단어의 의미 ②

1. 귀-글(句▽글)(명사):『문학』 한시(漢詩) 따위에서 두 마디가 한 덩이씩 되게 지은 글. 그 한 덩이를 '구(句)'라 하고 각 마디를 '짝'이라 하는데, 앞마디를 안짝, 뒷마디를 바깥짝이라고 한다.≒구문.
2. 글-귀(글句)(명사):글의 구나 절.

3 제3절 준말

1. 제14항

> **제14항** 준말이 널리 쓰이고 본말이 잘 쓰이지 않는 경우에는, 준말만을 표준어로 삼는다.(ㄱ을 표준어로 삼고, ㄴ을 버림.)

번호	○	×	비고	예
①	귀찮다	귀치 않다		
②	김	기음(한자어)	~매다.	김매다(○)
③	똬리	또아리		
④	무	무우(한자어)	~강즙, ~말랭이, ~생채, 가랑~, 갓~, 왜~, 총각~.	무강즙(○), 무말랭이(○), 무생채(○), 가랑무(○), 갓무(○), 왜무(○), 총각무(○)
⑤	미다	무이다	1. 털이 빠져 살이 드러나다. 2. 찢어지다.	
⑥	뱀	배암		
⑦	뱀-장어	배암-장어		
⑧	빔	비음(한자어)	설~, 생일~.	설빔(○), 생일빔(○)
⑨	샘	새암	~바르다, ~바리.	샘바르다(○), 샘바리(○)
⑩	생-쥐	새앙-쥐		
⑪	솔개	소리개		
⑫	온-갖	온-가지		
⑬	장사-치	장사-아치		

2. 제15항

> 제15항 준말이 쓰이고 있더라도, 본말이 널리 쓰이고 있으면 본말을 표준어로 삼는다.(ㄱ을 표준어로 삼고, ㄴ을 버림.)

번호	○	×	비고	예
①	경황-없다	경-없다		경황(○), 경(○)
②	궁상-떨다	궁-떨다		궁상(○), 궁(○)
③	귀이-개	귀-개		
④	낌새	낌		
⑤	낙인-찍다	낙-하다/낙-치다		
⑥	내왕-꾼	냉-꾼		
⑦	돗-자리	돗		돗바늘(○), 돗틀(○)
⑧	뒤웅-박	뒹-박		
⑨	뒷물-대야	뒷-대야		
⑩	마구-잡이	막-잡이		
⑪	맵자-하다	맵자다	모양이 제격에 어울리다.	
⑫	모이	모		
⑬	벽-돌	벽		
⑭	부스럼	부럼	정월 보름에 쓰는 '부럼'은 표준어임.	
⑮	살얼음-판	살-판		
⑯	수두룩-하다	수둑-하다		
⑰	암-죽	암	마음(=맘), 다음(=담)	
⑱	어음	엄		
⑲	일구다	일다		
⑳	죽-살이	죽-살		
㉑	퇴박-맞다	퇴-맞다		
㉒	한통-치다	통-치다		

붙임 다음과 같이 명사에 <u>조사</u>가 붙은 경우에도 이 원칙을 적용한다.(ㄱ을 표준어로 삼고, ㄴ을 버림.)

번호	○	×	예
①	아래-로	알-로	<u>이리로</u>(=일로)(○), <u>그리로</u>(=글로)(○), <u>저리로</u>(=절로)(○), <u>요리로</u>(=욜로)(○), <u>고리로</u>(=골로)(○), <u>조리로</u>(=졸로)(○)

참고

'제15항' 단어의 의미 ①

1. 낙-하다(烙하다)(동사) : 「1」 대 따위의 표면을 불에 달군 쇠로 지져서 글자를 쓰거나 그림을 그리다. 「2」 → 낙인찍다.
2. 내왕-꾼(來往꾼)(명사) : 『불교』 절에서 심부름하는 일반 사람.
3. 돗-바늘(명사) : 매우 크고 굵은 바늘. 돗자리, 구두, 가죽 따위의 단단한 것이나 이불처럼 두꺼운 것을 꿰매는 데 쓴다.
4. 뒤웅-박(명사) : 박을 쪼개지 않고 꼭지 근처에 구멍만 뚫어 속을 파낸 바가지. 마른 그릇으로 쓴다. ≒뒤옹.
5. 뒷물-대야(명사) : 사람의 국부나 항문을 씻을 때 쓰는 대야.
6. 막-잡이(명사) : 「1」 아무렇게나 마구 쓰는 물건. ≒조용품. 「2」 어떤 물건들 중에서 좋은 것을 골라내고 남은 찌꺼기. 「3」 → 마구잡이.
7. 맵자-하다(형용사) : 모양이 제격에 어울려서 맞다.
8. 부스럼(명사) : 피부에 나는 종기를 통틀어 이르는 말.
9. 일구다(동사) : 「1」 논밭을 만들기 위하여 땅을 파서 일으키다. 「2」 두더지 따위가 땅을 쑤시어 흙이 솟게 하다. 「3」 현상이나 일 따위를 일으키다.
10. 죽살-이(명사) : 「1」 삶과 죽음을 아울러 이르는 말.=생사. 「2」 죽고 사는 것을 다투는 정도의 고생.
11. 퇴박-맞다(退박맞다)(동사) : 마음에 들지 아니하여 거절당하거나 물리침을 받다.
12. 한통-치다(동사) : 나누지 아니하고 한곳에 합치다.

참고

'제15항' 단어의 의미 ②

1. 이리-로(부사) : '이리'를 강조하여 이르는 말.
2. 그리-로(부사) : '그리'를 강조하여 이르는 말.
3. 저리-로(부사) : '저리'를 강조하여 이르는 말.
4. 요리-로(부사) : '요리'를 강조하여 이르는 말.
5. 고리-로(부사) : '고리'를 강조하여 이르는 말.
6. 조리-로(부사) : '조리'를 강조하여 이르는 말.

3. 제16항

제16항 준말과 본말이 다 같이 널리 쓰이면서 준말의 효용이 뚜렷이 인정되는 것은, 두 가지를 다 표준어로 삼는다.(ㄱ은 본말이며, ㄴ은 준말임.)

번호	ㅇ	ㅇ	비고	예
①	거짓-부리	거짓-불	작은말은 '가짓부리, 가짓불'임.	가짓부리(ㅇ), 가짓불(ㅇ)
②	노을	놀	저녁~.	저녁노을(ㅇ), 저녁놀(ㅇ)
③	막대기	막대		
④	망태기	망태		
⑤	머무르다	머물다	모음 어미가 연결될 때에는 준말의 활용형을 인정하지 않음.	머물러(ㅇ), 서둘러(ㅇ), 서툴러(ㅇ), 가지다(ㅇ), 갖다(ㅇ), 가져(ㅇ)
⑥	서두르다	서둘다		
⑦	서투르다	서툴다		
⑧	석새-삼베	석새-베		
⑨	시-누이	시-뉘 / 시-누		
⑩	오-누이	오-뉘 / 오-누		
⑪	외우다	외다	외우며, 외워/외며, 외어.	외우며(ㅇ), 외며(ㅇ), 외워(ㅇ), 외어(ㅇ), 거두다(ㅇ), 걷다(ㅇ), 걷어(ㅇ)
⑫	이기죽-거리다	이죽-거리다		
⑬	찌꺼기	찌끼	'찌꺽지'는 비표준어임.	

참고

'제16항' 단어의 의미

1. 거짓-부리(명사): '거짓말'을 속되게 이르는 말.=거짓부렁이.
2. 가짓-부리(명사): '가짓말'을 속되게 이르는 말.=가짓부렁이.
3. 망태기(網태기)(명사): 물건을 담아 들거나 어깨에 메고 다닐 수 있도록 만든 그릇. 주로 가는 새끼나 노 따위로 엮거나 그물처럼 떠서 성기게 만든다.≒망탁.
4. 석새-삼베(명사): 『공예』 240올의 날실로 짠 베라는 뜻으로, 성글고 굵은 베를 이르는 말.≒삼승, 삼승포, 석새.
5. 이기죽-거리다(동사): 자꾸 밉살스럽게 지껄이며 짓궂게 빈정거리다.≒이죽대다.

4 제4절 단수 표준어

1. 제17항 ①

> 제17항 비슷한 발음의 몇 형태가 쓰일 경우, 그 의미에 아무런 차이가 없고, 그중 하나가 더 널리 쓰이면, 그 <u>한 형태만</u>을 표준어로 삼는다.(ㄱ을 표준어로 삼고, ㄴ을 버림.)

번호	○	×	비고	예
①	<u>거든</u>-그리다	<u>거둥</u>-그리다	1. 거든하게 거두어 싸다. 2. 작은말은 '가든-그리다'임.	<u>가든</u>그리다(○)
②	<u>구어</u>-박다	<u>구워</u>-박다	사람이 한 군데에서만 지내다.	
③	<u>귀</u>-고리	<u>귀엣</u>-고리		눈<u>엣</u>가시(○), 귀<u>엣</u>말(○), 앞<u>엣</u>것(○), 뒤<u>엣</u>것(○)
④	귀-<u>띔</u>	귀-<u>튐</u>		
⑤	<u>귀</u>-지	<u>귀에</u>-지		
⑥	<u>까딱</u>-하면	<u>까땍</u>-하면		
⑦	꼭두-각시	꼭둑-각시		
⑧	내색	나색	감정이 나타나는 얼굴빛	
⑨	<u>내숭</u>-스럽다	<u>내흉</u>-스럽다		
⑩	<u>냠냠</u>-거리다	<u>얌냠</u>-거리다	냠냠-하다.	
⑪	<u>냠냠</u>-이	<u>얌냠</u>-이		
⑫	너[四]	네	~ 돈, ~ 말, ~ 발, ~ 푼.	너 돈(○), 너 말(○), 너 발(○), 너 푼(○)
⑬	넉[四]	너 / 네	~ 냥, ~ 되, ~ 섬, ~ 자.	네 냥(○), 네 되(○), 네 섬(○), 네 자(○)
⑭	다다르다	다닫다		
⑮	댑-싸리	대-싸리		
⑯	<u>더부룩</u>-하다	<u>더뿌룩</u>-하다 <u>듬뿌룩</u>-하다		

참고

'제17항' 단어의 의미 ①

1. 거든-하다(형용사): 「1」 다루기에 거볍고 간편하거나 손쉽다. 「2」 [⋯이] 마음이 후련하고 상쾌하다.
2. 구어-박다(동사): 「1」 한곳에서 꼼짝 못 하고 지내다. 혹은 그렇게 하다. 「2」 쐐기 따위를, 단단히 끼어 있게 하기 위하여 불에 쬐어서 박다. 「3」 이자 놓는 돈을 한곳에 잡아 두고 더 이상 늘리지 않다.
3. 댑-싸리(명사): 「식물」 명아줏과의 한해살이풀. 높이는 1미터 정도이며, 잎은 어긋나고 피침 모양이다. 한여름에 연한 녹색의 꽃이 피며 줄기는 비를 만드는 재료로 쓰인다. 유럽, 아시아가 원산지로 한국과 중국 등지에 분포한다. ≒지부.

참고

'제17항' 단어의 의미 ②
1. 반비(飯婢)(명사) : 예전에, 밥 짓
   는 일을 맡아보던 계집종.
2. 반빗-아치(飯빗아치)(명사) : 예
   전에, 반찬을 만드는 일을 맡아
   하던 여자 하인.≒반빗, 찬비.
3. 보섭(步涉)(명사) : 길을 걷고 물
   을 건넘.
4. 본새(本새)(명사) : 「1」 어떤 물건
   의 본디의 생김새.「2」 어떠한 동
   작이나 버릇의 됨됨이.
5. 뻐개다(동사) : 「1」 크고 딴딴한
   물건을 두 쪽으로 가르다.「2」 거
   의 다 된 일을 완전히 어긋나게
   하다.「3」 (속되게) 사람을 매우
   치다.「4」 (속되게) 매우 기뻐서
   입을 벌리다.
6. 뻐기다(동사) : 얄미울 정도로 매
   우 우쭐거리며 자랑하다.
7. 사자-탈(獅子탈)(명사) : 「민속」
   사자의 형상을 본떠 만들어 연희
   에서 쓰는 탈.≒사자 가면.

2. 제17항 ②

번호	○	×	비고	예
①	-던	-든	선택, 무관의 뜻을 나타내는 어미는 '-든'임.	가든지 말든지(○), 보든가 말든가(○)
②	-던가	-든가		
③	-던걸	-든걸	가-든(지) 말-든(지), 보-든(가) 말-든(가).	
④	-던고	-든고		
⑤	-던데	-든데		
⑥	-던지	-든지		
⑦	-(으)려고	-(으)ㄹ려고 / -(으)ㄹ라고		
⑧	-(으)려야	-(으)ㄹ려야 / -(으)ㄹ래야		
⑨	망가-뜨리다	망그-뜨리다		
⑩	멸치	며루치 / 메리치		
⑪	반빗-아치	반비-아치	'반빗' 노릇을 하는 사람. 찬비(饌婢). '반비'는 밥 짓는 일을 맡은 계집종.	
⑫	보습	보십 / 보섭(한자어)		
⑬	본새	뽄새		
⑭	봉숭아	봉숭화	'봉선화'도 표준어임.	봉숭아(○), 봉선화(○)
⑮	뺨-따귀	뺌-따귀 / 뺨-따구니	'뺨'의 비속어임.	
⑯	뻐개다[斫]	뻐기다	두 조각으로 가르다.	
⑰	뻐기다[誇]	뻐개다	뽐내다.	
⑱	사자-탈	사지-탈		
⑲	상-판대기	쌍-판대기		
⑳	서[三]	세 / 석	~돈 ~말 ~발 ~푼	서 돈(○), 서 말(○), 서 발(○), 서 푼(○)

3. 제17항 ③

번호	○	×	비고	예
①	석[三]	세	~ 냥, ~ 되, ~ 섬, ~ 자.	석 냥(○), 석 되(○), 석 섬(○), 석 자(○)
②	설령(設令)	서령(한자어)		
③	-습니다	-읍니다	모음 뒤에는 '-ㅂ니다'임.	먹습니다(○), 갔습니다(○), 없습니다(○), 있습니다(○), 좋습니다(○)
④	시름-시름	시늄-시늄		
⑤	씀벅-씀벅	썸벅-썸벅		
⑥	아궁이	아궁지		
⑦	안내	안해		
⑧	어-중간	어지-중간		
⑨	오금-팽이	오금-탱이		
⑩	오래-오래	도래-도래	돼지 부르는 소리.	
⑪	-올시다	-올습니다		
⑫	옹골-차다	공골-차다		
⑬	우두커니	우두머니	작은말은 '오도카니'임.	오도카니(○)
⑭	잠-투정	잠-투세 / 잠-주정		
⑮	재봉-틀	자봉-틀	발~, 손~.	발재봉틀(○), 손재봉틀(○)
⑯	짓-무르다	짓-물다		
⑰	짚-북데기	짚-북세기	'짚북더기'도 비표준어임.	
⑱	쪽	짝	편(便). 이~, 그~, 저~. 다만, '아무-짝'은 '짝'임.	이쪽(○), 그쪽(○), 저쪽(○), 아무짝(○)
⑲	천장(天障)	천정(한자어)	'천정부지(天井不知)'는 '천정'임.	
⑳	코-맹맹이	코-맹녕이		
㉑	흉-업다	흉-헙다		

참고

'제17항' 단어의 의미 ③

1. 서령(誓令)(명사) : 다짐해 두는 명령.
2. 씀벅-씀벅(부사) : 「1」 눈꺼풀을 움직이며 눈을 자꾸 감았다 떴다 하는 모양. '슴벅슴벅'보다 센 느낌을 준다. 「2」 눈이나 살 속이 찌르듯이 자꾸 시근시근한 모양. '슴벅슴벅'보다 센 느낌을 준다.
3. 안-해(명사) : 이해의 바로 앞의 해.=지난해.
4. 오금-팽이(명사) : 「1」 구부러진 물건에서 오목하게 굽은 자리의 안쪽. 「2」 오금이나, 오금처럼 오목하게 팬 곳을 낮잡아 이르는 말.
5. 오래-오래(감탄사) : 돼지를 계속하여 부르는 소리.
6. 도래-도래(부사) : 여러 사람이나 물건이 주위에 동그랗게 둘러 있는 모양.
7. 오도카니(부사) : 작은 사람이 넋이 나간 듯이 가만히 한자리에 서 있거나 앉아 있는 모양.
8. 짓-무르다(동사) : 「1」 살갗이 헐어서 문드러지다. 「2」 채소나 과일 따위가 너무 썩거나 무르거나 하여 푹 물크러지다. 「3」 눈자위가 상하여서 핏발이 서고 눈물에 젖다.
9. 짚-북데기(명사) : 짚이 아무렇게나 엉킨 북데기.
10. 흉-업다(凶업다)(형용사) : 말이나 행동 따위가 불쾌할 정도로 흉하다.

참고

'제18항' 단어의 의미

1. 괴다(동사): 「1」물 따위의 액체나 가스, 냄새 따위가 우묵한 곳에 모이다.≒고이다.「2」입에 침이 모이거나 눈에 눈물이 어리거나 하다.≒고이다.

2. 꾀다(동사): 「1」벌레 따위가 한곳에 많이 모여들어 뒤끓다.≒꼬이다.「2」사람이 한곳에 많이 모이다.≒꼬이다.

3. 꼬이다(동사): 「1」하는 일 따위가 순순히 되지 않고 얽히거나 뒤틀리다.「2」비위에 거슬려 마음이 뒤틀리다.

4. 쐬다(동사): 「1」얼굴이나 몸에 바람이나 연기, 햇빛 따위를 직접 받다.≒쏘이다.「2」【…을 …에/에게】자기 물건을 평가받기 위하여 남에게 보이다.

5. 죄다(동사): ▣「1」느슨하거나 헐거운 것을 단단하거나 팽팽하게 하다. 또는 그렇게 되다.≒조이다.「2」차지하고 있는 자리나 공간을 좁히다. 또는 그렇게 되다.≒조이다.「3」긴장하거나 마음을 졸이다. 또는 그렇게 되다.≒조이다. ▣【…을】「1」노름 따위에서, 마음을 졸이며 패를 젖혀 보다.≒조이다.「2」목, 손목 따위를 힘으로 압박하다.≒조이다.

6. 쬐다(동사): 「1」볕이 들어 비치다.≒쪼이다.「2」【…을】【…에 …을】볕이나 불기운 따위를 몸에 받다.≒쪼이다.

참고

'제19항' 단어의 의미

1. 게슴츠레-하다(형용사): 졸리거나 술에 취해서 눈이 흐리멍덩하며 거의 감길 듯하다.=거슴츠레하다.

2. 고까(명사): 어린아이의 말로, 알록달록하게 곱게 만든 아이의 옷이나 신발 따위를 이르는 말.≒꼬까, 때때.

3. 고린-내(명사): 썩은 풀이나 썩은 달걀 따위에서 나는 냄새와 같이 고약한 냄새.≒초취, 코린내, 하취

4. 교기(驕氣)(명사): 남을 업신여기고 잘난 체하며 뽐내는 태도.≒갸기.

5. 쿠린-내(명사): 똥이나 방귀 냄새와 같이 고약한 냄새.=구린내.

6. 께름-하다(형용사): 마음에 걸려서 언짢은 느낌이 꽤 있다.

7. 나부랭이(명사): 「1」종이나 헝겊 따위의 자질구레한 오라기.≒너부렁이.「2」어떤 부류의 사람이나 물건을 낮잡아 이르는 말.≒너부렁이.

5 제5절 복수 표준어

1. 제18항

제18항 다음 단어는 ㄱ을 원칙으로 하고, ㄴ도 허용한다.

번호	○	○	비고	예
①	네	예		
②	쇠-	소-	-가죽, -고기, -기름, -머리, -뼈.	쇠가죽(○), 쇠고기(○), 쇠기름(○), 쇠머리(○), 쇠뼈(○) 소가죽(○), 소고기(○), 소기름(○), 소머리(○), 소뼈(○)
③	괴다	고이다	물이 ~, 밑을 ~.	
④	꾀다	꼬이다	어린애를 ~, 벌레가 ~.	
⑤	쐬다	쏘이다	바람을 ~.	
⑥	죄다	조이다	나사를 ~.	
⑦	쬐다	쪼이다	볕을 ~.	

2. 제19항

제19항 어감의 차이를 나타내는 단어 또는 발음이 비슷한 단어들이 다 같이 널리 쓰이는 경우에는, 그 모두를 표준어로 삼는다.(ㄱ, ㄴ을 모두 표준어로 삼음.)

번호	○	○	비고	예
①	거슴츠레-하다	게슴츠레-하다		
②	고까	꼬까	~신, ~옷.	고까신(○), 고까옷(○), 꼬까신(○), 꼬까옷(○), 때때신(○), 때때옷(○)
③	고린-내	코린-내		고리다(○), 코리다(○)
④	교기(驕氣)	갸기	교만한 태도.	
⑤	구린-내	쿠린-내		구리다(○), 쿠리다(○)
⑥	꺼림-하다	께름-하다		
⑦	나부랭이	너부렁이		냄비(○), 새내기(○), 풋내기(○)

03 제3장 어휘 선택의 변화에 따른 표준어 규정

1 제1절 고어

1. 제20항

> 제20항 사어(死語)가 되어 쓰이지 않게 된 단어는 고어로 처리하고, 현재 널리 사용되는 단어를 표준어로 삼는다.(ㄱ을 표준어로 삼고, ㄴ을 버림.)

번호	○	×	비고	예
①	난봉	봉(한자어)		
②	낭떠러지	낭(한자어)		
③	설거지-하다	설겆다		설거지(○)
④	애달프다	애닯다		서럽다(○), 섧다(○)
⑤	오동-나무	머귀-나무		
⑥	자두	오얏		

2 제2절 한자어

1. 제21항 ①

> 제21항 고유어 계열의 단어가 널리 쓰이고 그에 대응되는 한자어 계열의 단어가 용도를 잃게 된 것은, 고유어 계열의 단어만을 표준어로 삼는다.(ㄱ을 표준어로 삼고, ㄴ을 버림.)

번호	○ (고유어)	× (한자어)	비고	예
①	가루-약	말-약		말차(末차)(=가루차)(○), 계피말(桂皮末)(=계핏(桂皮)가루)(○)
②	구들-장	방-돌		
③	길품-삯	보행-삯		
④	까막-눈	맹-눈		
⑤	꼭지-미역	총각-미역		
⑥	나뭇-갓	시장-갓		
⑦	늪-다리	노닥-다리		
⑧	두껍-닫이	두껍-창		
⑨	떡-암죽	병-암죽		
⑩	마른-갈이	건-갈이		
⑪	마른-빨래	건-빨래		
⑫	메-찰떡	반-찰떡		
⑬	박달-나무	배달-나무		
⑭	밥-소라	식-소라	큰 놋그릇.	
⑮	사래-논	사래-답	묘지기나 마름이 부쳐 먹는 땅.	
⑯	사래-밭	사래-전		

참고

'제20항' 단어의 의미

1. 난봉(명사): 「1」 허랑방탕한 짓. 「2」 허랑방탕한 짓을 일삼는 사람. =난봉꾼.
2. 머귀-나무(명사): 「식물」 운향과의 낙엽 활엽 소교목. 줄기는 높이가 15미터 정도이고 가시가 많으며, 잎은 우상 복엽으로 긴 타원형이고 잔톱니가 있다. 5월에 누런 흰 꽃이 취산(聚繖) 화서로 피고 열매는 삭과(蒴果)로 11월에 익는다. 나무는 나막신 재료로 쓰고 열매는 약용한다. 따뜻한 해안 부근에 나는데 한국, 일본, 중국, 대만 등지에 분포한다. ≒식수유.

참고

제21항 vs. 제22항

	제21항	제22항
①	고유어 (표준어)	고유어 ×
②	한자어 ×	한자어 (표준어)
예	가루약	흰죽

'제21항' 단어의 의미 ①

1. 꼭지-미역(명사): 한 줌 안에 들어올 만큼을 모아서 잡아맨 미역.
2. 나뭇-갓(명사): 나무를 가꾸는 말림갓. ≒시장.
3. 두껍-닫이(명사): 「건설」 미닫이를 열 때, 문짝이 옆벽에 들어가 보이지 아니하도록 만든 것. ≒두껍집.
4. 떡-암죽(떡암粥)(명사): 말린 흰무리를 빻아 묽게 쑨 죽.
5. 마른-갈이(명사): 「농업」 마른논에 물을 넣지 않고 논을 가는 일.
6. 마른-빨래(명사): 「1」 흙 묻은 옷을 말려서 비벼 깨끗하게 하는 일. 「2」 휘발유, 벤젠 따위의 약품으로 옷의 때를 지워 빼는 일. 「3」 새 옷을 입은 사람 곁에서 잠으로써, 자기 옷의 이를 옮기게 하여 없애는 일. 「4」 물에 적시지 않은 빨랫감이나 빨아서 말린 빨래.
7. 메-찰떡(명사): 찹쌀과 멥쌀을 섞어서 만든 시루떡. ≒반나병.
8. 밥-소라(명사): 밥, 떡국, 국수 따위를 담는 큰 놋그릇. 뚜껑 없이 위가 조금 벌쭉하며 굽이 높다.
9. 사래-밭(명사): 묘지기나 마름이 수고의 대가로 부쳐 먹는 밭. ≒사경전.

2. 제21항 ②

	○ (고유어)	× (한자어)	비고	예
①	삯-말	삯-마		
②	성냥	화-곽		
③	솟을-무늬	솟을-문(~紋)		
④	외-지다	벽-지다		
⑤	움-파	동-파		
⑥	잎-담배	잎-초		엽초(葉草)(=잎담배)(○), 초담배(草담배)(○)
⑦	잔-돈	잔-전		
⑧	조-당수	조-당죽		
⑨	죽데기	피-죽	'죽더기'도 비표준어임.	
⑩	지겟-다리	목-발	지게 동발의 양쪽 다리.	
⑪	짐-꾼	부지-군(負持-)		
⑫	푼-돈	분-전(한자어) 푼-전		
⑬	흰-말	백-말 / 부루-말	'백마'는 표준어임.	백마(○), 백나비(○), 백모래(○)
⑭	흰-죽	백-죽		

3. 제22항 ①

제22항 고유어 계열의 단어가 생명력을 잃고 그에 대응되는 한자어 계열의 단어가 널리 쓰이면, 한자어 계열의 단어를 표준어로 삼는다.(ㄱ을 표준어로 삼고, ㄴ을 버림.)

번호	○ (한자어)	× (고유어)	비고	예
①	개다리-소반	개다리-밥상		
②	겸-상	맞-상		
③	고봉-밥	높은-밥		
④	단-벌	홑-벌		단자음(=홑자음)(○), 단탁자(=홑탁자)(○), 단비례(=홑비례)(○), 단수(=홑수)(○)
⑤	마방-집	마바리-집	馬房~.	
⑥	민망-스럽다 면구-스럽다	민주-스럽다		
⑦	방-고래	구들-고래		
⑧	부항-단지	뜸-단지		
⑨	산-누에	멧-누에		
⑩	산-줄기	멧-줄기 / 멧-발		
⑪	수-삼	무-삼		

4. 제22항 ②

번호	○ (한자어)	× (고유어)	비고	예
①	심-돋우개	불-돋우개		
②	양-파	둥근-파		
③	어질-병	어질-머리		
④	윤-달	군-달		
⑤	장력-세다	장성-세다		
⑥	제석	젯-돗		
⑦	총각-무	알-무 / 알타리-무		총각김치(○)
⑧	칫-솔	잇-솔		
⑨	포수	총-댕이		

❸ 제3절 방언

1. 제23항

> 제23항 방언이던 단어가 표준어보다 더 널리 쓰이게 된 것은, 그것을 표준어로 삼는다. 이 경우, 원래의 표준어는 그대로 표준어로 남겨 두는 것을 원칙으로 한다.(ㄱ을 표준어로 삼고, ㄴ도 표준어로 남겨 둠.)

번호	○ (방언)	○ (표준어)	비고	예
①	멍게	우렁쉥이		
②	물-방개	선두리		
③	애-순	어린-순		애벌레(○)

참고

'제24항' 단어의 의미

1. 까-뭉개다(동사) : 「1」 높은 데를 파서 깎아 내리다. 「2」 인격이나 문제 따위를 무시해 버리다.
2. 무느다(동사) : 쌓여 있는 것을 흩어지게 하다.
3. 생인-손(명사) : 『한의』 손가락 끝에 종기가 나서 곪는 병. 늑대지, 사두창, 생손, 생손앓이.
4. 새앙-손이(명사) : 손가락 모양이 생강처럼 생긴 사람.
5. 코-주부(명사) : 코가 큰 사람을 놀림조로 이르는 말.

2. 제24항

> 제24항 방언이던 단어가 널리 쓰이게 됨에 따라 표준어이던 단어가 안 쓰이게 된 것은, 방언이던 단어를 표준어로 삼는다.(ㄱ을 표준어로 삼고, ㄴ을 버림.)

번호	○ (방언)	× (표준어)	비고	예
①	귀밑-머리	귓-머리		
②	까-뭉개다	까-무느다		무느다(○)
③	막상	마기		
④	빈대-떡	빈자-떡		
⑤	생인-손	생안-손	준말은 '생-손'임.	새앙손이(○)
⑥	역-겹다	역-스럽다		고난스럽다(○), 자랑스럽다(○), 원망스럽다(○)
⑦	코-주부	코-보		

4 제4절 단수 표준어

1. 제25항 ①

> 제25항 의미가 똑같은 형태가 몇 가지 있을 경우, 그중 어느 하나가 압도적으로 널리 쓰이면, 그 단어만을 표준어로 삼는다.(ㄱ을 표준어로 삼고, ㄴ을 버림.)

참고

'제25항' 단어의 의미 ①

1. 골목-쟁이(명사) : 골목에서 좀 더 깊숙이 들어간 좁은 곳.
2. 괴-통(명사) : 괭이, 삽, 쇠스랑, 창 따위의 쇠 부분에 자루를 박도록 만든 통.
3. 길-앞잡이(명사) : 「1」『동물』 길앞잡잇과의 곤충을 통틀어 이르는 말. 늑가뢰. 「2」『동물』 길앞잡잇과의 곤충. 몸은 원통형이며, 광택이 나고 금빛 녹색 또는 금빛 적색 무늬가 있다. 딱지날개는 광택이 있는 검은색이다. 여름에 흔히 사람의 앞길을 뛰어 날아다니므로 이런 이름이 붙었다. 한국, 중국 등지에 분포한다.
4. 꼬창-모(명사) : 『농업』 강모의 하나. 논에 물이 없어 흙이 굳었을 때에 꼬챙이로 구멍을 파고 심는다.
5. 나루(명사) : 강이나 내, 또는 좁은 바닷목에서 배가 건너다니는 일정한 곳. 늑강구, 도구, 도두, 도진, 진도, 진두, 하진.

번호	○	×	비고	예
①	-게끔	-게시리		-도록(○)
②	겸사-겸사	겸지-겸지 겸두-겸두		
③	고구마	참-감자		
④	고치다	낫우다	병을 ~.	
⑤	골목-쟁이	골목-자기		
⑥	광주리	광우리		
⑦	괴통	호구(한자어)	자루를 박는 부분.	
⑧	국-물	멀-국 말-국(한자어)		
⑨	군-표	군용-어음		
⑩	길-잡이	길-앞잡이	'길라잡이'도 표준어임.	길잡이(○), 길라잡이(○)
⑪	까치-발	까치-다리	선반 따위를 받치는 물건.	
⑫	꼬창-모	말뚝-모	꼬챙이로 구멍을 뚫으면서 심는 모.	
⑬	나룻-배	나루	'나루[津]'는 표준어임.	나루(○), 나룻배(○)

2. 제25항 ②

번호	○	×	비고	예
①	납-도리	민-도리		
②	농-지거리	기롱-지거리	다른 의미의 '기롱지거리'는 표준어임.	
③	다사-스럽다	다사-하다(한자어)	간섭을 잘하다.	
④	다오	다구(한자어)	이리 ~.	
⑤	담배-꽁초	담배-꼬투리 담배-꽁치 담배-꽁추		
⑥	담배-설대	대-설대		
⑦	대장-일	성냥-일		
⑧	뒤져-내다	뒤어-내다		
⑨	뒤통수-치다	뒤꼭지-치다		
⑩	등-나무	등-칡		등칡(○), 등나무(○)
⑪	등-때기	등-떠리	'등'의 낮은말.	
⑫	등잔-걸이	등경-걸이		
⑬	떡-보	떡-충이		
⑭	똑딱-단추	딸꼭-단추		
⑮	매-만지다	우미다		
⑯	먼-발치	먼-발치기		
⑰	며느리-발톱	뒷-발톱		
⑱	명주-붙이	주-사니		
⑲	목-메다	목-맺히다		
⑳	밀짚-모자	보릿짚-모자		
㉑	바가지	열-바가지 열-박(한자어)		
㉒	바람-꼭지	바람-고다리	튜브의 바람을 넣는 구멍에 붙은, 쇠로 만든 꼭지.	
㉓	반-나절	나절-가웃		
㉔	반두	독대(한자어)	그물의 한 가지.	
㉕	버젓-이	뉘연-히		
㉖	본-받다	법-받다		

참고

'제25항' 단어의 의미 ②

1. 납-도리(명사): 『건설』모가 나게 만든 도리.≒평도리, 평형.
2. 농-지거리(弄지거리)(명사): 점잖지 아니하게 함부로 하는 장난이나 농담을 낮잡아 이르는 말.
3. 기롱-지거리(欺弄지거리)(명사): 남을 속이거나 비웃으며 놀리는 짓을 낮잡아 이르는 말.
4. 다사-스럽다(多事스럽다)(형용사): 「1」보기에 바쁜 데가 있다. 「비슷한말」 다사롭다(多事롭다) 「2」보기에 쓸데없는 일에 간섭을 잘하는 데가 있다.
5. 대장-일(명사): 수공업적인 방법으로 쇠를 달구어 연장 따위를 만드는 일.≒야장일.
6. 뒤져-내다(동사): 샅샅이 뒤져서 들춰내거나 찾아내다.
7. 며느리-발톱(명사): 「1」새끼발톱 뒤에 덧달린 작은 발톱. 「2」말이나 소 따위 짐승의 뒷발에 달린 발톱. 「3」『동물』새 수컷의 다리 뒤쪽에 있는 각질의 돌기물. ≒거.
8. 명주-붙이(明紬붙이)(명사): 명주실로 짠 여러 가지 피륙.≒주속.
9. 바람-꼭지(명사): 튜브의 바람 넣는 구멍에 붙은 꼭지.
10. 반-나절(半나절)(명사): 「1」한나절의 반.≒반상, 반향, 한겻. 「2」하룻낮의 반(半). =한나절.
11. 나절-가웃(명사): 「1」하룻낮의 4분의 3쯤 되는 동안. 「2」→ 반나절.
12. 반두(명사): 양쪽 끝에 가늘고 긴 막대로 손잡이를 만든 그물. 주로 얕은 개울에서 물고기를 몰아 잡는다.≒조망, 족산대.
13. 부지깽이(명사): 아궁이 따위에 불을 땔 때에, 불을 헤치거나 끌어내거나 거두어 넣거나 하는 데 쓰는 가느스름한 막대기.≒화곤, 화장.
14. 비켜-덩이(명사): 『농업』김을 맬 때 흙덩이를 옆으로 빼내는 일. 또는 그 흙덩이.
15. 빙충-이(명사): 똘똘하지 못하고 어리석으며 수줍음을 잘 타는 사람.

3. 제25항 ③

번호	○	×	비고	예
①	부각	다시마-자반		
②	부끄러워-하다	부끄리다		
③	부스러기	부스럭지		
④	부지깽이	부지팽이		
⑤	부항-단지	부항-항아리	부스럼에서 피고름을 빨아내기 위하여 부항을 붙이는 데 쓰는, 자그마한 단지.	
⑥	붉으락-푸르락	푸르락-붉으락		오락가락(○), 들락날락(○), 쥐락펴락(○)
⑦	비켜-덩이	옆-사리미	김맬 때에 흙덩이를 옆으로 빼내는 일, 또는 그 흙덩이.	
⑧	빙충-이	빙충-맞이	작은말은 '뱅충이'.	
⑨	빠-뜨리다	빠-치다	'빠트리다'도 표준어임.	빠뜨리다(○), 빠트리다(○)
⑩	뻣뻣-하다	왜긋다		
⑪	뽐-내다	느물다		
⑫	사로-잠그다	사로-채우다	자물쇠나 빗장 따위를 반 정도만 걸어 놓다.	
⑬	살-풀이	살-막이		
⑭	상투-쟁이	상투-꼬부랑이	상투 튼 이를 놀리는 말.	
⑮	새앙-손이	생강-손이		
⑯	샛-별	새벽-별		
⑰	선-머슴	풋-머슴		
⑱	섭섭-하다	애운-하다		
⑲	속-말	속-소리	국악 용어 '속소리'는 표준어임.	
⑳	손목-시계	팔목-시계 팔뚝-시계		
㉑	손-수레	손-구루마	'구루마'는 일본어임.	
㉒	쇠-고랑	고랑-쇠		
㉓	수도-꼭지	수도-고동		

4. 제25항 ④

번호	○	×	비고	예
①	숙성-하다	숙-지다		
②	순대	골-집		
③	술-고래	술-꾸러기 술-부대 술-보 / 술-푸대		
④	식은-땀	찬-땀		
⑤	신기-롭다	신기-스럽다	'신기-하다'도 표준 어임.	신기하다(○), 신기롭다(○), 지 혜롭다(○), 바보스럽다(○), 간 사스럽다(○), 명예롭다(○), 명 예스럽다(○), 자유롭다(○), 자 유스럽다(○), 평화롭다(○), 평 화스럽다(○)
⑥	쌍동-밤	쪽-밤		
⑦	쏜살-같이	쏜살-로		
⑧	아주	영판		
⑨	안-걸이	안-낚시	씨름 용어.	
⑩	안다미-씌우다	안다미-시키다	제가 담당할 책임 을 남에게 넘기다.	
⑪	안쓰럽다	안-슬프다		
⑫	안절부절-못하다	안절부절-하다		칠칠하다(○)
⑬	앉은뱅이-저울	앉은-저울		
⑭	알-사탕	구슬-사탕		
⑮	암-내	곁땀-내		
⑯	앞-지르다	따라-먹다		

참고
'제25항' 단어의 의미 ④
1. 숙성-하다(夙成하다)(형용사) :
   나이에 비하여 지각이나 발육이
   빠르다.
2. 숙-지다(동사) : 어떤 현상이나 기
   세 따위가 점차로 누그러지다.
3. 술-고래(명사) : 술을 아주 많이
   마시는 사람을 비유적으로 이르
   는 말.≒고래.
4. 쌍동-밤(雙童밤)(명사) : 한 껍데
   기 속에 두 쪽이 들어 있는 밤.
5. 안-걸이(명사) : 『체육』 씨름에
   서, 자신의 오른쪽 다리로 상대편
   의 왼쪽 다리를 걸어 샅바를 당기
   며 상대편의 상체를 자기의 가슴
   과 어깨로 밀어 넘어뜨리는 기
   술.=안다리 걸기.
6. 안다미-씌우다(동사) : 자기의 책
   임을 남에게 지우다.
7. 안절부절-못하다(동사) : 마음이
   초조하고 불안하여 어찌할 바를
   모르다.
8. 칠칠-하다(형용사) : 「1」 나무, 풀,
   머리털 따위가 잘 자라서 알차고
   길다. 「2」 ((주로 '못하다', '않다'
   와 함께 쓰여)) 주접이 들지 아니
   하고 깨끗하고 단정하다. 「3」
   ((주로 '못하다', '않다'와 함께 쓰
   여)) 성질이나 일 처리가 반듯하
   고 야무지다. 「4」 터울이 잦지 아
   니하다.

www.pmg.co.kr

5. 제25항 ⑤

번호	○	×	비고
①	애-벌레	어린-벌레	
②	얕은-꾀	물탄-꾀	
③	언뜻	펀뜻	
④	언제나	노다지	
⑤	얼룩-말	워라-말	
⑥	열심-히	열심-으로	
⑦	입-담	말-담	
⑧	자배기	너벅지	
⑨	전봇-대	전선-대	
⑩	쥐락-펴락	펴락-쥐락	
⑪	-지만	-지만서도	← -지마는.
⑫	짓고-땡	지어-땡 짓고-땡이	
⑬	짧은-작	짜른-작	
⑭	찹-쌀	이-찹쌀	
⑮	청대-콩	푸른-콩	
⑯	칡-범	갈-범	

5 제5절 복수 표준어

1. 제26항 ①

제26항 한 가지 의미를 나타내는 형태 몇 가지가 널리 쓰이며 표준어 규정에 맞으면, 그 모두를 표준어로 삼는다.

번호	○	○	비고	예
①	가는-허리	잔-허리		
②	가락-엿	가래-엿		
③	가뭄	가물		가뭄철(○)/가물철(○), 왕가뭄(○)/왕가물(○)
④	가엾다	가엽다	가엾어/가여워, 가엾은/가여운.	서럽다(○)/섧다(○), 여쭙다(○)/여쭈다(○)
⑤	감감-무소식	감감-소식		
⑥	개수-통	설거지-통	'설겆다'는 '설거지하다'로.	

참고

'제25항' 단어의 의미 ⑤

1. 자배기(명사): 둥글넓적하고 아가리가 넓게 벌어진 질그릇.
2. 짓고-땡(명사): 「1」화투 노름의 하나. 다섯 장의 패 가운데 석 장으로 열 또는 스물을 만들고, 남은 두 장으로 땡 잡기를 하거나 끗수를 맞추어 많은 쪽이 이긴다. ≒도리짓고땡. 「2」하는 일이 뜻대로 잘되어 가는 것을 속되게 이르는 말.
3. 짧은-작(명사): 길이가 짧은 화살. 주로 단궁(短弓)에 쓴다. ≒단전, 왜전.
4. 청대-콩(靑대콩)(명사):「식물」콩의 한 품종. 열매의 껍질과 속살이 다 푸르다.＝푸르대콩.
5. 칡-범(명사):「동물」몸에 칡덩굴 같은 어룽어룽한 줄무늬가 있는 범.

참고

'제26항' 단어의 의미 ①

1. 가는-허리(명사): 잘록 들어간, 허리의 뒷부분. ≒세요, 잔허리.
2. 가락-엿(명사): 둥근 모양으로 길고 가늘게 뽑은 엿. ≒가래엿.
3. 감감-소식(감감消息)(명사): 소식이나 연락이 전혀 없는 상태. '깜깜소식'보다 여린 느낌을 준다. ≒감감무소식.
4. 개수-통(개수桶)(명사): 음식 그릇을 씻을 때 쓰는, 물을 담는 통. ≒설거지통.
5. 갱-엿(명사): 푹 고아 여러 번 켜지 않고 그대로 굳혀 만든, 검붉은 빛깔의 엿. ≒검은엿.
6. 거위-배(명사):「한의」회충으로 인한 배앓이. ≒충복통, 회복통, 회통, 횟배, 횟배앓이.
7. 해(의존 명사): 그 사람의 소유물임을 나타내는 말.＝것.
8. 고깃-간(고깃間)(명사): 예전에, 쇠고기나 돼지고기 따위의 고기를 끊어 팔던 가게.＝푸줏간.
9. 다림-방(다림房)(명사): 다리미질을 하도록 꾸며 놓은 방.

254　Part 02 어문 규정

2. 제26항 ②

번호	○	○	비고	예
①	개숫-물	설거지-물		
②	갱-엿	검은-엿		
③	-거리다	-대다	가물-, 출렁-.	나대다(○), 나거리다(×), 가물거리다(○)/가물대다(○), 출렁거리다(○)/출렁대다(○)
④	거위-배	횟-배		
⑤	것	해	내 ~, 네 ~, 뉘 ~.	
⑥	게을러-빠지다	게을러-터지다		
⑦	고깃-간	푸줏-간	'고깃-관, 푸줏-관, 다림-방'은 비표준어임.	고깃관(×), 푸줏관(×), 다림방(○)(다른 의미로 있음)
⑧	곰곰	곰곰-이		
⑨	관계-없다	상관-없다		
⑩	교정-보다	준-보다		
⑪	구들-재	구재		
⑫	귀퉁-머리	귀퉁-배기	'귀퉁이'의 비어임.	
⑬	극성-떨다	극성-부리다		
⑭	기세-부리다	기세-피우다		
⑮	기승-떨다	기승-부리다		
⑯	깃-저고리	배내-옷 배냇-저고리		
⑰	꼬까	때때 / 고까	~신, ~옷.	꼬까신(○)/때때신(○)/고까신(○), 꼬까옷(○)/때때옷(○)/고까옷(○)
⑱	꼬리-별	살-별		
⑲	꽃-도미	붉돔		
⑳	나귀	당-나귀		
㉑	날-걸	세-뿔	윷판의 쨀밭 다음의 셋째 밭.	
㉒	내리-글씨	세로-글씨		
㉓	넝쿨	덩굴	'덩쿨'은 비표준어임	
㉔	녘	쪽	동~, 서~.	
㉕	눈-대중	눈-어림 눈-짐작		
㉖	느리-광이	느림-보 늘-보		
㉗	늦-모	마냥-모	← 만이앙-모.	만이앙모(○)

확인문제

8 어문 규범에 맞는 단어로만 묶은 것은? 2022. 서울시(2월) 9급

① 곰곰이, 간질이다, 닦달하다
② 통채, 발자욱, 구렛나루
③ 귀뜸, 핼쑥하다, 널찍하다
④ 대물림, 구시렁거리다, 느지막하다

≫ ④

참고

'제26항' 단어의 의미 ②
1. 교정-보다(校正보다)(동사): 교정쇄와 원고를 대조하여 오자, 오식, 배열, 색 따위를 바로잡다. ≒준보다.
2. 구들-재(명사): 방고래에 앉은 그을음과 재. ≒구재.
3. 귀퉁이(명사): 「1」 사물이나 마음의 한구석이나 부분. 「2」 물건의 모퉁이나 삐죽 나온 부분. 「3」 귀의 언저리.
4. 깃-저고리(명사): 깃과 섶을 달지 않은, 갓난아이의 옷.=배냇저고리.
5. 꼬리-별(명사): 『천문』 가스 상태의 빛나는 긴 꼬리를 끌고 태양을 초점으로 긴 타원이나 포물선에 가까운 궤도를 그리며 운행하는 천체. 핵, 코마, 꼬리 부분으로 이루어져 있다.=혜성.
6. 날-걸(명사): 『민속』 윷판에서 날밭의 세 번째 자리. ≒세뿔.
7. 늦-모(명사): 『농업』 제철보다 늦게 내는 모. ≒마냥모, 만앙, 만이앙모.
8. 만이앙-모(晚移秧모)(명사): 『농업』 제철보다 늦게 내는 모.=늦모.

참고

'제26항' 단어의 의미 ③

1. 다기-지다(多氣지다)(형용사) : 마음이 굳고 아무지다. ≒다기있 다, 다기차다.
2. 다박-나룻(명사) : 다보록하게 난 짧은 수염.≒다박수염.
3. 다보록-하다(형용사) :「1」 풀이 나 작은 나무 따위가 탐스럽게 소 복하다.「2」 수염이나 머리털 따 위가 짧고 촘촘하게 많이 나서 소 담하다.
4. 독장-치다(獨場치다)(동사) :「1」 어떠한 판을 혼자서 휩쓸다.≒독 판치다, 외장치다, 장치다.「2」 다른 사람은 무시하듯 혼자서 고 래고래 떠들다. ≒외장치다, 장치다.
5. 동자-기둥(童子기둥)(명사) :「건 설」들보 위에 세우는 짧은 기둥. 상량(上樑), 오량(五樑), 칠량(七 樑) 따위를 받치고 있다.≒동바 리, 동자주, 쪼구미.
6. 돼지-감자(명사) :「식물」 국화 과의 여러해살이풀. 줄기는 높이 가 1.5~3미터이고 잔털이 있으 며, 땅속줄기는 감자 모양이다. 잎은 마주나는데 윗부분에서 어 긋나고 달걀 모양으로 가장자리 에 톱니가 있다. 8~9월에 노란 꽃이 핀다.=뚱딴지.
7. 되-우(부사) : 아주 몹시.=되게.

확인문제

9 〈보기〉는 복수 표준어에 대한 설명 이다. 이에 따른 표기로 가장 옳지 **않은** 것은? 2019. 서울시(2월) 9급

┌─── 보기 ───┐
한 가지 의미를 나타내는 형태 몇 가지가 널리 쓰이며 표준어 규 정에 맞으면, 그 모두를 표준어로 삼는다.
└─────────┘

① 가는허리 / 잔허리
② 고깃간 / 정육간
③ 관계없다 / 상관없다
④ 기세부리다 / 기세피우다

≫②

10 표준어끼리 묶었을 때 가장 옳지 **않은** 것은? 2023. 서울시 9급

① 가엽다, 배냇저고리, 감감소식, 검은엿
② 눈짐작, 세로글씨, 푸줏간, 가물
③ 상관없다, 외눈퉁이, 덩쿨, 귀 퉁배기
④ 겉창, 뚱딴지, 툇돌, 들랑날랑

≫③

3. 제26항 ③

번호	○	○	비고
①	다기-지다	다기-차다	
②	다달-이	매-달	
③	-다마다	-고말고	
④	다박-나룻	다박-수염	
⑤	닭의-장	닭-장	
⑥	댓-돌	툇-돌	
⑦	덧-창	겉-창	
⑧	독장-치다	독판-치다	
⑨	동자-기둥	쪼구미	
⑩	돼지-감자	뚱딴지	
⑪	되우	된통 / 되게	

4. 제26항 ④

번호	○	○	비고	예
①	두동-무니	두동-사니	윷놀이에서, 두 동이 한데 어울려 가는 말.	
②	뒷-갈망	뒷-감당		
③	뒷-말	뒷-소리		
④	들락-거리다	들랑-거리다		
⑤	들락-날락	들랑-날랑		
⑥	딴-전	딴-청		
⑦	땅-콩	호-콩		
⑧	땔-감	땔-거리		바느질감(○)/바느질거리(○), 반찬감(○)/반찬거리(○), 양념감(○)/양념거리(○), 일감(○)/일거리(○), 국거리(○), 장난감(○)
⑨	-뜨리다	-트리다	깨-, 떨어-, 쏟-.	깨뜨리다(○)/깨트리다(○), 떨어뜨리다(○)/떨어트리다(○), 쏟뜨리다(○)/쏟트리다(○)
⑩	뜬-것	뜬-귀신		
⑪	마룻-줄	용총-줄	돛대에 매어 놓은 줄. '이어줄'은 비표준어임.	
⑫	마-파람	앞-바람		
⑬	만장-판	만장-중(滿場中)		
⑭	만큼	만치		
⑮	말-동무	말-벗		
⑯	매-갈이	매-조미		

'제26항' 단어의 의미 ④
1. 두동-무니(명사):『민속』윷놀이에서, 두 동이 한데 포개어져 가는 말.≒두동사니.
2. 뒷-갈망(명사): 일의 뒤끝을 맡아서 처리함.=뒷감당.
3. 뒷-소리(명사):「1」일이 끝난 뒤에 뒷공론으로 하는 말.=뒷말.「2」뒤에서 응원하는 소리.「3」맞대 놓고 말을 못 하고 뒤에서 치는 큰소리.「4」『음악』민요에서, 한 사람이 앞소리를 메기면 뒤따라 여럿이 함께 받아 부르는 소리. =받는소리.
4. 딴-전(명사): 어떤 일을 하는 데 그 일과는 전혀 관계없는 일이나 행동.≒딴청.
5. 뜬-것(명사):『민속』떠돌아다니는 못된 귀신.≒등신, 뜬귀신, 부귀, 부행신.
6. 마룻-줄(명사): 돛대에 매어 놓은 줄. 돛을 올리거나 내리는 데 쓴다.=용총줄.
7. 마-파람(명사): 뱃사람들의 은어로, '남풍'을 이르는 말.
8. 만장-판(滿場판)(명사): 많은 사람이 모인 곳. 또는 그 많은 사람.=만장중.
9. 매-갈이(명사): 벼를 매통에 갈아서 왕겨만 벗기고 속겨는 벗기지 아니한 쌀을 만드는 일.≒매조미, 조미.

'제26항' 단어의 의미 ⑤

1. 매-통(명사): 「농업」곡물의 껍질을 벗기는 농기구. 주로 겉겨를 벗기는 데 쓴다. 굵은 통나무를 잘라 만든 두 개의 마구리에 요철(凹凸)로 이를 파고, 위짝의 윗마구리는 우긋하게 파서 가운데에 구멍을 뚫어 벼를 담고 위짝 양쪽에 자루를 가로 박아서 그것을 손잡이로 하여 이리저리 돌려 벼의 겉껍질을 벗긴다. ≒매, 목년, 목마, 목매.

2. 먹-새(명사): 「1」음식을 먹는 태도. =먹음새. 「2」음식을 먹는 분량. =먹성.

3. 목판-되(木版되)(명사): 네 개의 모가 반듯하게 된 되. 예전에 쓰던 되가 아니고 근래에 나왔다. =모되.

4. 물-부리(명사): 담배를 끼워서 빠는 물건. ≒빨부리, 연취.

5. 물-심부름(명사): 세숫물이나 숭늉 따위를 떠다 줌. 또는 그런 잔심부름. ≒물시중.

6. 물추리-나무(명사): 「농업」쟁기의 성에 앞 끝에 가로로 박은 막대기. 두 끝에 봇줄을 매어 끈다. ≒끌이막대, 물추리막대.

5. 제26항 ⑤

번호	○	○	비고	예
①	매-통	목-매		
②	먹-새	먹음-새	'먹음-먹이'는 비표준어임.	
③	멀찌감치	멀찌가니 멀찍이		일찌감치(○)/일찌거니(○), 일찍이(○), 널찌감치(○), 널찍이(○), 느지감치(○)/느지거니(○), 느직이(○)
④	멱통	산-멱 산-멱통		
⑤	면-치레	외면-치레		
⑥	모-내다	모-심다	모-내기, 모-심기.	
⑦	모쪼록	아무쪼록		
⑧	목판-되	모-되		
⑨	목화-씨	면화-씨		
⑩	무심-결	무심-중		
⑪	물-봉숭아	물-봉선화		
⑫	물-부리	빨-부리		
⑬	물-심부름	물-시중		
⑭	물추리-나무	물추리-막대		

11 다음은 같은 의미를 지닌 단어들을 묶은 것이다. 이들 가운데 표준어가 <u>아닌</u> 예가 들어 있는 것은?

2014. 서울시 9급

① 눈대중 – 눈어림 – 눈짐작
② 보통내기 – 여간내기 – 예사내기
③ 멀찌감치 – 멀찌가니 – 멀찍이
④ 넝쿨 – 덩굴 – 덩쿨
⑤ 되우 – 된통 – 되게

≫ ④

6. 제26항 ⑥

번호	○	○	비고	예
①	물-타작	진-타작		
②	민둥-산	벌거숭이-산		
③	밑-층	아래-층		
④	바깥-벽	밭-벽		바깥마당(○)/밭마당(○), 바깥부모(○)/밭부모(○), 바깥사돈(○)/밭사돈(○), 바깥상제(○)/밭상제(○), 바깥주인(○)/밭주인(○)
⑤	바른	오른[右]	~손, ~쪽, ~편.	바른손(○)/오른손(○), 바른쪽(○)/오른쪽(○), 바른편(○)/오른편(○)
⑥	발-모가지	발-목쟁이	'발목'의 비속어임.	
⑦	버들-강아지	버들-개지		
⑧	벌레	버러지	'벌거지, 벌러지'는 비표준어임.	
⑨	변덕-스럽다	변덕-맞다		
⑩	보-조개	볼-우물		
⑪	보통-내기	여간-내기 예사-내기	'행-내기'는 비표준어임.	
⑫	볼-따구니	볼-퉁이 볼-때기	'볼'의 비속어임.	
⑬	부침개-질	부침-질 지짐-질	'부치개-질'은 비표준어임.	
⑭	불똥-앉다	등화-지다 등화-앉다		

참고

'제26항' 단어의 의미 ⑥

1. 물-타작(물打作)(명사): 『농업』 베어 말릴 사이 없이 물벼 그대로 이삭을 떨어서 낟알을 거둠. 또는 그 타작 방법.≒진타작.
2. 밑-층(밑層)(명사): 여러 층으로 된 것의 아래에 있는 층.=아래층.
3. 바깥-벽(바깥壁)(명사): 『건설』 건물 바깥쪽을 둘러싸고 있는 벽.≒밭벽, 외벽.
4. 바깥-부모(바깥父母)(명사): 늘 집 바깥에 계신 부모라는 뜻으로, '아버지'를 달리 이르는 말.≒바깥어버이, 밭부모, 밭어버이.
5. 바깥-사돈(바깥査頓)(명사): 딸의 시아버지나 며느리의 친정아버지를 양쪽 사돈집에서 서로 이르거나 부르는 말.≒밭사돈.
6. 바깥-상제(바깥喪制)(명사): 남자 상제.≒밭상제.
7. 바른(관형사): 오른쪽을 이를 때 쓰는 말.=오른.
8. 버러지(명사): 곤충을 비롯하여 기생충과 같은 하등 동물을 통틀어 이르는 말.=벌레.
9. 볼-우물(명사): 볼에 팬 우물이라는 뜻으로, '보조개'를 이르는 말.
10. 보통-내기(普通내기)(명사): 만만하게 여길 만큼 평범한 사람.≒여간내기, 예사내기.
11. 지짐-질(명사): 「1」 부침개를 부치는 일.=부침개질. 「2」 불에 달군 물건 따위를 다른 물체에 대어 약간 태우거나 눋게 하는 일.
12. 불똥-앉다(동사): 심지 끝에 등화가 생기다.=등화앉다.

'제26항' 단어의 의미 ⑦

1. 불-사르다(동사) : 「1」 불에 태워 없애다. ≒사르다. 「2」 어떤 것을 남김없이 없애 버리다. ≒사르다.
2. 사르다(동사) : 키 따위로 곡식을 까불러 쓸모없는 것을 떨어 버리다.
3. 비발(명사) : 어떤 일을 하는 데 드는 돈.=비용.
4. 상두-꾼(喪頭꾼)(명사) : 상여를 메는 사람.=상여꾼.
5. 상-씨름(上씨름)(명사) : 『체육』 씨름판에서 결승을 다투는 씨름. ≒소걸이.
6. 생-뿔(명사) : 「1」 생강 뿌리의 삐죽삐죽 돋아 있는 부분.=생강뿔. 「2」 두 개가 모두 생강처럼 짧게 난 소의 뿔. =생강뿔.
7. 생-철(生鐵)(명사) : 안팎에 주석을 입힌 얇은 철판. 통조림통이나 석유통 따위를 만드는 데에 쓰인다.=양철.
8. 서방-질(書房질)(명사) : 자기 남편이 아닌 남자와 정을 통하는 일을 낮잡아 이르는 말.≒화냥질.
9. 성글다(형용사) : 「1」 물건의 사이가 뜨다.=성기다. 「2」 반복되는 횟수나 도수(度數)가 뜨다. =성기다. 「3」 관계가 깊지 않고 서먹하다. =성기다.
10. -으셔요(어미) : '-으시어요'의 준말.≒으세요.
11. 수숫-대(명사) : 수수의 줄기.=수수깡.
12. 시새(명사) : 가늘고 고운 모래.=세사.
13. 신주-보(神主褓)(명사) : 예전에, 신주를 모셔 두는 나무 궤를 덮던 보.=독보.
14. 아귀-차다(형용사) : 「1」 휘어잡기 어려울 만큼 벅차다. 「2」 마음이 굳세어 남에게 잘 꺾이지 아니하다. =아귀세다.

7. 제26항 ⑦

번호	○	○	비고	예
①	불-사르다	사르다		
②	비발	비용(費用)		
③	뽀두라지	뽀루지		
④	삵-쾡이	삵	삵-피.	
⑤	삽살-개	삽사리		
⑥	상두-꾼	상여-꾼	'상도-꾼, 향도-꾼'은 비표준어임.	
⑦	상-씨름	소-걸이		
⑧	생	새앙 / 생강		
⑨	생-뿔	새앙-뿔 생강-뿔	'쇠뿔'의 형용.	
⑩	생-철	양-철	1. '서양철'은 비표준어임. 2. '生鐵'은 '무쇠'임.	
⑪	서럽다	섧다	'설다'는 비표준어임.	
⑫	서방-질	화냥-질		
⑬	성글다	성기다		
⑭	-(으)세요	-(으)셔요		
⑮	송이	송이-버섯		
⑯	수수-깡	수숫-대		
⑰	술-안주	안주		
⑱	-스레하다	-스름하다	거무-, 발그-.	거무스레하다(○)/거무스름하다(○), 발그스레하다(○)/발그스름하다(○)
⑲	시늉-말	흉내-말		
⑳	시새	세사(細沙)		
㉑	신	신발		
㉒	신주-보	독보(櫝褓)		
㉓	심술-꾸러기	심술-쟁이		
㉔	씁쓰레-하다	씁쓰름-하다		
㉕	아귀-세다	아귀-차다		
㉖	아래-위	위-아래		
㉗	아무튼	어떻든 / 어쨌든 하여튼 / 여하튼		

8. 제26항 ⑧

번호	○	○	비고	예
①	앉음-새	앉음-앉음		
②	알은-척	알은-체		
③	애-갈이	애벌-갈이		
④	애꾸눈-이	외눈-박이	'외대-박이, 외눈-퉁이'는 비표준어임.	외대박이(다른 의미로 있음), 외눈퉁이(×)
⑤	양념-감	양념-거리		
⑥	어금버금-하다	어금지금-하다		
⑦	어기여차	어여차		
⑧	어림-잡다	어림-치다		
⑨	어이-없다	어처구니-없다		
⑩	어저께	어제		
⑪	언덕-바지	언덕-배기		
⑫	얼렁-뚱땅	엄벙-뗑		
⑬	여왕-벌	장수-벌		
⑭	여쭈다	여쭙다		
⑮	여태	입때	'여직'은 비표준어임.	여직(한자어)
⑯	여태-껏	이제-껏 입때-껏	'여직-껏'은 비표준어임.	
⑰	역성-들다	역성-하다	'편역-들다'는 비표준어임.	
⑱	연-달다	잇-달다		연달다(○), 잇달다(○), 잇따르다(○) '잇딴 사고'의 '잇딴'은 잘못이다. '잇달다'와 '잇따르다'의 관형형은 '잇단'과 '잇따른'이므로 '잇단 사고'와 '잇따른 사고'가 옳다.
⑲	엿-가락	엿-가래		
⑳	엿-기름	엿-길금		
㉑	엿-반대기	엿-자박		
㉒	오사리-잡놈	오색-잡놈	'오합-잡놈'은 비표준어임.	
㉓	옥수수	강냉이	~떡, ~묵, ~밥, ~튀김.	옥수수떡(○)/강냉이떡(○), 옥수수묵(○)/강냉이묵(○), 옥수수밥(○)/강냉이밥(○), 옥수수튀김(○)/강냉이튀김(○)

참고

'제26항' 단어의 의미 ⑧

1. 앉음-새(명사) : 자리에 앉아 있는 모양새.≒앉음앉음, 앉음앉이.
2. 알은-척(명사) : 「1」 어떤 일에 관심을 가지는 듯한 태도를 보임. ≒알은체. 「2」 사람을 보고 인사하는 표정을 지음. ≒알은체.
3. 애-갈이(명사) : 『농업』 논이나 밭을 첫 번째 가는 일.=애벌갈이.
4. 외대-박이(명사) : 「1」 돛대가 하나뿐인 배. 「2」 무나 배추 따위의 한 포기가 한 뭇을 이룬 것. 「3」 → 애꾸눈이.
5. 어금버금-하다(형용사) : 서로 엇비슷하여 정도나 수준에 큰 차이가 없다.=어금지금하다.
6. 어기여차(감탄사) : 여럿이 힘을 합할 때 일제히 내는 소리.≒어기영차, 어여차.
7. 언덕-바지(명사) : 언덕의 꼭대기. 또는 언덕의 몹시 비탈진 곳. ≒언덕배기.
8. 얼렁-뚱땅(부사) : 어떤 상황을 얼김에 슬쩍 넘기는 모양. 또는 남을 엉너리로 슬쩍 속여 넘기게 되는 모양.≒엄벙뗑.
9. 입때-껏(부사) : '입때'를 강조하여 이르는 말.=여태껏.
10. 연-달다(連달다)(동사) : 「1」 어떤 물체가 다른 물체의 뒤를 이어 따르다. 또는 다른 물체에 이어지다.=잇따르다. 「2」 어떤 사건이나 행동 따위가 이어 발생하다. = 잇따르다.
11. 엿-기름(명사) : 보리에 물을 부어 싹이 트게 한 다음에 말린 것. 녹말을 당분으로 바꾸는 효소를 함유하고 있으며, 식혜나 엿을 만드는 데에 쓰인다.≒건맥아, 맥아, 맥얼, 엿길금.
12. 엿-반대기(명사) : 둥글넓적하게 반대기처럼 만든 엿.=엿자박.
13. 오사리-잡놈(오사리雜놈)(명사) : 「1」 온갖 못된 짓을 거침없이 하는 잡놈. ≒오가잡탕, 오구잡탕, 오사리잡탕놈, 오색잡놈. 「2」 여러 종류의 잡된 무리.

참고

'제26항' 단어의 의미 ⑨

1. 왕골-기직(명사) : 왕골을 굵게 쪼개어 엮어 만든 자리. ≒왕골자리.
2. 외겹-실(명사) : 단 한 올로 된 실. =외올실.
3. 올-실(명사) : 「1」 『공업』 가는 실 모양의 고분자 물질. 불휘발성 고체로 물에 잘 녹지 않고 적당한 탄성이 있는 것을 이른다. 천연 섬유·인조 섬유·합성 섬유로 구별되며, 용도에 따라 방직용과 제지용으로 구분된다. 「2」 → 외올실.
4. 우지(명사) : 걸핏하면 우는 아이. =울보.
5. 을러-대다(동사) : 위협적인 언동으로 을러서 남을 억누르다. ≒을러메다.
6. 이틀-거리(명사) : 『한의』 학질의 하나. 이틀을 걸러 발작하며, 좀처럼 낫지 않는다. ≒노학, 당고금, 당학, 삼일열, 양일학, 이일학, 해학.
7. 입찬-말(명사) : 자기의 지위나 능력을 믿고 지나치게 장담하는 말. ≒입찬소리.
8. 자리-옷(명사) : 잠잘 때 입는 옷. = 잠옷.
9. 자물-통(자물筒)(명사) : 여닫게 되어 있는 물건을 잠그는 장치. =자물쇠.

확인문제

12 밑줄 친 단어의 표기가 옳은 것은?

2014. 지방직 9급

① 어제 선생님을 <u>뵀습니다.</u>
② 오늘따라 피아노가 잘 안 <u>쳐져</u><u>요.</u>
③ 삼촌이 그러는데요, 민희가 무척 <u>예뻐졌데요.</u>
④ 놀이터에서 놀고 있는 두 아이는 <u>쌍둥이에요.</u>

>> ②

9. 제26항 ⑨

번호	○	○	비고	예
①	왕골-기직	왕골-자리		
②	<u>외겹</u>-실	<u>외올</u>-실 홑-실	'홑겹-실, 올-실'은 비표준어임.	올실(다른 의미로는 있음)
③	<u>외손</u>-잡이	한손-잡이		
④	욕심-<u>꾸러기</u>	욕심-쟁이		
⑤	<u>우레</u>	천둥	우렛-소리/천둥-소리.	<u>우렛소리</u>(○), <u>천둥</u>소리(○)
⑥	<u>우지</u>	울-보		
⑦	을러-대다	을러-메다		
⑧	의심-<u>스럽다</u>	의심-쩍다		
⑨	-이에요	-이어요		철수<u>이에요</u>(○)/철수<u>예요</u>(○), 철수이어요(○)/철수여요(○), (받침이 없을 때만, '예요, 여요'로 줄여 쓸 수 있다.) 영숙<u>이에요</u>(○)/영숙이어요(○), 아니에요(○)/아녜요(○), 아니어요(○)/아녀요(○) 아니여요(×), 아니예요(×)
⑩	이틀-거리	당-고금	학질의 일종임.	
⑪	<u>일일</u>-이	하나-하나		
⑫	일찌감치	일찌거니		
⑬	입찬-말	입찬-소리		
⑭	자리-옷	잠-옷		
⑮	자물-쇠	자물-통		

10. 제26항 ⑩

번호	○	○	비고	예
①	장가-가다	장가-들다	'서방-가다'는 비표준어임.	
②	재롱-떨다	재롱-부리다		
③	제-가끔	제-각기		
④	좀-처럼	좀-체	'좀-체로, 좀-해선, 좀-해'는 비표준어임.	
⑤	줄-꾼	줄-잡이		
⑥	중신	중매		
⑦	짚-단	짚-뭇		
⑧	쪽	편	오른~, 왼~.	오른쪽(○)/왼쪽(○)
⑨	차차	차츰		
⑩	책-씻이	책-거리		
⑪	척	체	모르는 ~, 잘난 ~.	
⑫	천연덕-스럽다	천연-스럽다		
⑬	철-따구니	철-딱서니 철-딱지	'철-때기'는 비표준어임.	
⑭	추어-올리다	추어-주다	'추켜-올리다'는 비표준어임.	추켜올리다(○)
⑮	축-가다	축-나다		
⑯	침-놓다	침-주다		
⑰	통-꼭지	통-젖	통에 붙은 손잡이.	
⑱	파자-쟁이	해자-쟁이	점치는 이.	
⑲	편지-투	편지-틀		
⑳	한턱-내다	한턱-하다		
㉑	해웃-값	해웃-돈	'해우-차'는 비표준어임.	
㉒	혼자-되다	홀로-되다		
㉓	흠-가다	흠-나다 흠-지다		

참고

'제26항' 단어의 의미 ⑩

1. 제-각기(제各其) : [Ⅰ] (명사) 저마다 각기. [Ⅱ] (부사) 저마다 따로따로. ≒제가끔.

2. 줄-꾼(명사) : 「1」 가래질을 할 때, 줄을 잡아당기는 사람. ≒줄잡이. 「2」 줄모를 심을 때, 줄을 대 주는 일꾼. ≒줄잡이. 「3」 『민속』 줄타기하는 사람.

3. 중신(中信)(명사) : 결혼이 이루어지도록 중간에서 소개하는 일. 또는 그런 사람. =중매.

4. 책-씻이(冊씻이)(명사) : 글방 따위에서 학생이 책 한 권을 다 읽어 떼거나 다 베껴 쓰고 난 뒤에 선생과 동료들에게 한턱내는 일. ≒세책례, 책거리, 책례.

5. 추켜-올리다(동사) : 「1」 옷이나 물건, 신체 일부 따위를 위로 가뜬하게 올리다. =추어올리다. 「2」 실제보다 과장되게 칭찬하다. = 추어올리다.

6. 축-가다(縮가다)(동사) : 「1」 일정한 수나 양에서 모자람이 생기다. =축나다. 「2」 몸이나 얼굴 따위에서 살이 빠지다. =축나다.

7. 통-꼭지(桶꼭지)(명사) : 통의 바깥쪽에 달린 손잡이. ≒통젖.

8. 파자-쟁이(破字쟁이)(명사) : 『민속』 한자의 자획을 나누거나 합하여 길흉을 점치는 사람. =해자쟁이.

9. 편지-투(便紙套)(명사) : 「1」 편지에서 쓰는 글투. 「2」 편지글의 격식이나 본보기. 또는 그것을 적은 책. =편지틀.

10. 한턱-하다(동사) : 한바탕 남에게 음식을 대접하다.

11. 해웃-값(명사) : 기생, 창기 따위와 관계를 가지고 그 대가로 주는 돈. ≒꽃값, 놀음차, 해웃돈, 화대, 화채.

12. 혼자-되다(동사) : 부부 가운데 한쪽이 죽어 홀로 남다. ≒홀로되다.

04 추가 표준어

1 2011년(39개)

1. 2011년 ①

번호	○	○	비고
①	~기에	~길래	별도 표준어
②	간질이다	간지럽히다	복수 표준어
③	괴발개발	개발새발	별도 표준어
④	거치적거리다	걸리적거리다	별도 표준어
⑤	끼적거리다	끄적거리다	별도 표준어
⑥	날개	나래	별도 표준어
⑦	남우세스럽다	남사스럽다	복수 표준어
⑧	냄새	내음	별도 표준어
⑨	눈초리	눈꼬리	별도 표준어
⑩	두루뭉술하다	두리뭉실하다	별도 표준어
⑪	목물	등물	복수 표준어
⑫	떨어뜨리다	떨구다	별도 표준어

확인문제

13 동일한 의미의 복수 표준어가 아닌 것은?   2015. 지방직 7급

① 짜장면 / 자장면
② 간지럽히다 / 간질이다
③ 복숭아뼈 / 복사뼈
④ 손주 / 손자

≫ ④

14 밑줄 친 어휘 중 표준어가 아닌 것은?   2016. 국가직 9급

① 그는 얼금얼금한 얼굴에 <u>콧망울</u>을 벌름거리면서 웃음을 터뜨렸다.
② 그 사람 <u>눈초리</u>가 아래로 축 처진 것이 순하게 생겼어.
③ 무슨 일인지 <u>귓밥</u>이 훅 달아오르면서 목덜미가 저린다.
④ 등산을 하고 났더니 <u>장딴지</u>가 땅긴다.

≫ ①

2. 2011년 ②

번호	○	○	비고
①	뜰	뜨락	별도 표준어
②	만날	맨날	복수 표준어
③	맨송맨송	맨숭맨숭 맹숭맹숭	별도 표준어
④	먹을거리	먹거리	별도 표준어
⑤	메우다	메꾸다	별도 표준어
⑥	묫자리	못자리	복수 표준어
⑦	바동바동	바둥바둥	별도 표준어
⑧	복사뼈	복숭아뼈	복수 표준어
⑨	새치름하다	새초롬하다	별도 표준어
⑩	세간	세간살이	복수 표준어
⑪	손자(孫子)	손주	별도 표준어
⑫	쌉싸래하다	쌉싸름하다	복수 표준어
⑬	아옹다옹	아웅다웅	별도 표준어

참고

'2011년' 단어의 의미 ②

1. 뜰(명사): 집 안의 앞뒤나 좌우로 가까이 딸려 있는 빈터. 화초나 나무를 가꾸기도 하고, 푸성귀 따위를 심기도 한다. ≒뜨락.
2. 메-우다(동사): 「1」 뚫려 있거나 비어 있는 곳을 막거나 채우다. '메다'의 사동사. ≒메꾸다. 「2」 어떤 장소를 가득 채우다. '메다'의 사동사. 「3」 부족하거나 모자라는 것을 채우다. =메꾸다. 「4」 시간을 적당히 또는 그럭저럭 보내다. =메꾸다.
3. 묫-자리(명사): 뫼를 쓸 자리. 또는 쓴 자리. ≒못자리.
4. 새치름-하다: [Ⅰ] (형용사) 쌀쌀맞게 시치미를 떼는 태도가 있다. [Ⅱ] (동사) 짐짓 쌀쌀한 기색을 꾸미다.
5. 쌉싸래-하다(형용사): 조금 쓴 맛이 있는 듯하다. ≒쌉싸름하다.

확인문제

15 다음 중 비표준어가 포함된 것은?
2016. 서울시 7급

① 마을 – 마실
② 예쁘다 – 이쁘다
③ 새초롬하다 – 새치름하다
④ 부스스하다 – 부스스하다

≫④

16 밑줄 친 단어 중 표준어가 아닌 것은?
2018. 서울시 7급

① 잘못한 사람이 <u>되려</u> 큰소리를 친다.
② 너는 시험이 코앞인데 <u>맨날</u> 놀기만 하니?
③ 어제 일을 벌써 <u>깡그리</u> 잊어버렸다.
④ 영화를 보면서 눈물을 <u>억수로</u> 흘렸다.

≫①

참고

'2011년' 단어의 의미 ③

1. 야멸-치다(형용사):「1」자기만 생각하고 남의 사정을 돌볼 마음이 없다.「2」태도가 차고 여무지다.
2. 연방(連方)(부사): 연속해서 자꾸.
3. 찌뿌듯-하다(형용사): 몸살이나 감기 따위로 몸이 조금 무겁고 거북하다.
4. 고운-대(명사): 토란의 줄기. 주로 국거리로 쓴다.≒토란대.
5. 허섭스레기(명사): 좋은 것이 빠지고 난 뒤에 남은 허름한 물건.≒허접쓰레기.
6. 휭-허케(부사): '휭하니'를 예스럽게 이르는 말.
7. 토-담(土담)(명사): 흙으로 쌓아 만든 담.≒토원, 토장, 흙담.

확인문제

17 밑줄 친 단어 중 표준어가 <u>아닌</u> 것은? 　2014. 지방직 7급

① 담벼락에는 <u>개발새발</u> 아무렇게나 낙서가 되어 있었다.
② 어제 딴 <u>쪽밤</u>을 아이들이 몰래 까서 먹고 있다.
③ 창을 통해서 <u>뜨락</u>을 바라보니 완연한 가을이었다.
④ "상상의 <u>나래</u>를 펴는 중국어"는 듣기, 말하기 중심의 학습을 도와주는 교재이다.

>> ②

3. 2011년 ③

번호	○	○	비고
①	야멸치다	야멸차다	별도 표준어
②	어수룩하다	어리숙하다	별도 표준어
③	연방	연신(한자어)	별도 표준어
④	오순도순	오손도손	별도 표준어
⑤	자장면	짜장면	복수 표기
⑥	찌뿌듯하다	찌뿌둥하다	별도 표준어
⑦	치근거리다	추근거리다	별도 표준어
⑧	태껸	택견	복수 표기
⑨	고운대	토란대	복수 표준어
⑩	품세	품새	복수 표기
⑪	허섭스레기	허접쓰레기	복수 표준어
⑫	휭허케	휭하니	별도 표준어
⑬	토담	흙담	복수 표준어

2 2014년(13개)

번호	○	○	비고
①	개개다	개기다	별도 표준어
②	구안괘사	구안와사	복수 표준어
③	굽실	굽신	복수 표준어
④	꾀다	꼬시다	별도 표준어
⑤	장난감	놀잇감	별도 표준어
⑥	눈두덩	눈두덩이	복수 표준어
⑦	딴죽	딴지	별도 표준어
⑧	삐치다	삐지다	복수 표준어
⑨	사그라지다	사그라들다	별도 표준어
⑩	섬뜩	섬찟	별도 표준어
⑪	속병	속앓이	별도 표준어
⑫	작장초	초장초	복수 표준어
⑬	허접스럽다	허접하다	별도 표준어

참고

'2014년' 단어의 의미

1. 개개다(동사) : 「1」 자꾸 맞닿아 마찰이 일어나면서 표면이 닳거나 해어지거나 벗어지거나 하다. 「2」 【…에게】 성가시게 달라붙어 손해를 끼치다.
2. 구안-괘사(口眼喎斜)(명사) : 『한의』 얼굴 신경 마비 증상. 입과 눈이 한쪽으로 틀어지는 병이다. ≒구면괘사, 구안괘벽, 구안와사, 구안편사.
3. 딴-죽(명사) : 「1」 『체육』 씨름이나 택견에서, 발로 상대편의 다리를 옆으로 치거나 끌어당겨 넘어뜨리는 기술.≒윤기. 「2」 이미 동의하거나 약속한 일에 대하여 딴전을 부림을 비유적으로 이르는 말.
4. 사그라-지다(동사) : 기운이나 현상 따위가 가라앉거나 없어지다.
5. 작장-초(酢漿草)(명사) : 『식물』 괭이밥과의 여러해살이풀. 높이는 10~30cm이며, 잎은 어긋나고 세 갈래로 갈라지며, 작은 잎은 거꾸로 된 심장 모양이다. 7~8월에 노란 꽃이 산형(繖形) 화서로 꽃줄기 끝에 피고 열매는 삭과(蒴果)를 맺는다. 어린잎과 줄기는 식용한다. 논밭이나 길가에 나는데 우리나라 각지에 분포한다.=괭이밥.
6. 허접-스럽다(형용사) : 허름하고 잡스러운 느낌이 있다.

확인문제

18 다음 중 표준어로만 짝지어진 것은?
2015. 서울시 9급

① 덩쿨 – 눈두덩이 – 놀이감
② 윗어른 – 호루라기 – 딴지
③ 계면쩍다 – 지리하다 – 삐지다
④ 주책 – 두루뭉술하다 – 허드레

≫ ④

참고

'2015년' 단어의 의미

1. 가오리-연(가오리鳶)(명사) : 가오리 모양으로 만들어 꼬리를 길게 단 연. 띄우면 오르면서 머리가 아래위로 흔들린다.≒꼬빡연.
2. 마실(명사) : 이웃에 놀러 다니는 일.=마을.
3. 잎-새(명사) : 나무의 잎사귀. 주로 문학적 표현에 쓰인다.
4. 차-지다(형용사) : 「1」 반죽이나 밥, 떡 따위가 끈기가 많다.「반대말」 메지다 「2」 성질이 야무지고 까다로우며 빈틈이 없다.
5. 푸르르다(형용사) : '푸르다'를 강조하여 이르는 말.

참고

'2016년' 단어의 의미

1. 거방-지다(형용사) : 「1」 몸집이 크다. 「2」 하는 짓이 점잖고 무게가 있다. 「3」 매우 푸지다. =걸판지다.
2. 걸판-지다(형용사) : 「1」 매우 푸지다.≒거방지다. 「2」 동작이나 모양이 크고 어수선하다.
3. 건-울음(乾울음)(명사) : 눈물 없이 우는 울음. 또는 억지로 우는 울음.=강울음.
4. 실-몽당이(명사) : 실을 풀기 좋게 공 모양으로 감은 뭉치.
5. 주책(명사) : 「1」 일정하게 자리 잡힌 주장이나 판단력. 「2」 일정한 줏대가 없이 되는대로 하는 짓.

3 2015년(11개)

번호	○	○	비고	설명
①	~고 싶다	~고프다	복수 표준어	
②	가오리연	꼬리연	별도 표준어	
③	노라네 동그라네 조그마네 …	노랗네 동그랗네 조그맣네 …	복수 표준형	'ㅎ' 불규칙 용언이 어미 '-네'와 결합할 때는 어간 끝의 'ㅎ'을 탈락시키지 않아도 됨.
④	마을	마실	복수 표준어	
⑤	마 마라 마요	말아 말아라 말아요	복수 표준형	'말다'에 명령형 어미 '-아', '-아라', '-아요' 등이 결합할 때는 어간 끝의 'ㄹ'을 탈락시키지 않아도 됨.
⑥	의논	의론	별도 표준어	
⑦	예쁘다	이쁘다	복수 표준어	
⑧	이키	이크	별도 표준어	
⑨	잎사귀	잎새	별도 표준어	
⑩	차지다	찰지다	복수 표준어	
⑪	푸르다	푸르르다	별도 표준어	

4 2016년(6개)

번호	○	○	비고	설명
①	거방지다	걸판지다	별도 표준어	
②	건울음	겉울음	별도 표준어	
③	까다롭다	까탈스럽다	별도 표준어	
④	실몽당이	실뭉치	별도 표준어	
⑤	에는	엘랑	복수 표준형	표준어 규정 제25항에 따라 '에는'의 비표준형으로 다루어 온 '엘랑'을 표준형으로 인정함. '엘랑' 외에도 'ㄹ랑'에 조사 또는 어미가 결합한 '에설랑, 설랑, -고설랑, -어설랑, -질랑'도 표준형으로 인정함.
⑥	주책없다	주책이다	복수 표준형	표준어 규정 제25항에 따라 '주책없다'의 비표준형으로 다루어 온 '주책이다'를 표준형으로 인정함. '주책이다'는 '일정한 줏대가 없이 되는대로 하는 짓'을 뜻하는 '주책'에 서술격 조사 '이다'가 붙은 말로 봄.⑥

5 2017년(5개)

번호	○	○	비고
①	꺼림칙하다	꺼림직하다	복수 표준어
②	께름칙하다	께름직하다	복수 표준어
③	추어올리다	추켜올리다	복수 표준어
④	치켜세우다	추켜세우다	복수 표준어
⑤	추어올리다 추켜올리다	치켜올리다	복수 표준어

참고

'2017년' 단어의 의미

1. 께름칙-하다(형용사) : 마음에 걸려서 언짢고 싫은 느낌이 꽤 있다. ≒께름직하다.

2. 추어-올리다(동사) : 「1」 옷이나 물건, 신체 일부 따위를 위로 가뜬하게 올리다. ≒추켜올리다, 치켜올리다. 「2」 실제보다 과장되게 칭찬한다. ≒추어주다, 추켜올리다, 치켜올리다.

3. 추켜-올리다(동사) : 「1」 옷이나 물건, 신체 일부 따위를 위로 가뜬하게 올리다.=추어올리다.「2」 실제보다 과장되게 칭찬한다. =추어올리다.

4. 치켜-세우다(동사) : 「1」 옷깃이나 신체 일부 따위를 위로 가뜬하게 올려 세우다. ≒추켜세우다. 「2」【…을 …으로】【…을 -고】 정도 이상으로 크게 칭찬한다. ≒추켜세우다.

확인문제

20 표준어끼리 묶인 것으로 가장 옳지 **않은** 것은?   2018. 서울시 9급

① 등물, 남사스럽다, 쌉싸름하다, 복숭아뼈

② 까탈스럽다, 걸판지다, 주책이다, 겉울음

③ 찰지다, 잎새, 꼬리연, 푸르르다

④ 개발새발, 이쁘다, 덩쿨, 마실

≫④

21 다음 중 표준어로만 묶인 것은?
2016. 서울시 9급

① 끄나풀 – 새벽녘 – 삵괭이 – 떨어먹다

② 뜯게질 – 세째 – 수평아리 – 애닲다

③ 치켜세우다 – 사글세 – 설거지 – 수캉아지

④ 보조개 – 숫양 – 광우리 - 강낭콩

≫③

강세진 국어

All In One

문학

www.pmg.co.kr

01 문학 감상법

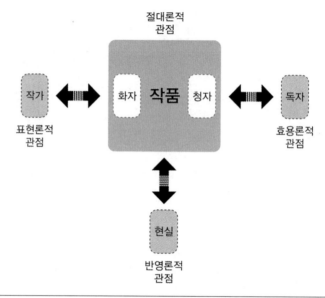

내재적 관점	① 문학 작품의 외재적 요인들은 배제한 채, 작품의 언어적 특징, 갈등 구조, 비유, 문체, 정서 따위의 내재적 요소들에 근거하여 해석하는 관점이다. ② '절대론적 관점'이자, '형식주의 비평'이라고도 한다.	
외재적 관점	① 작품 외부에 있는 요소를 통해 작품을 감상하는 관점이다. ② 작품을 올바르게 이해하기 위해서는 작가와 사회 현실, 독자와의 영향 관계를 고려해야 한다는 사고를 기반으로 한 관점이다. 외재적 관점은 표현론적 관점, 반영론적 관점, 효용론적 관점으로 나뉜다.	
	표현론적 관점 (작가주의 비평)	'작가의 입장'과 관련된 것으로 '작가의 삶', '작가의 다른 작품', '창작 의도' 등을 바탕으로 '해석'한 내용을 말한다.
	반영론적 관점 (역사주의 비평)	'일제 식민지, 6·25 전쟁, 산업화 시대' 등 우리 역사적 현실이 반영된 '해석'이다.
	효용론적 관점 (독자반응 비평)	'독자의 입장'에서 얻게 된 '깨달음', '생각', '감상' 등이 여기에 속한다. 즉, 작품이 독자에게 어떤 영향을 끼친다는 의미이다.
종합주의적 관점	문학 작품을 비평할 때, 그 작품의 성분이나 요소를 세분하여 비평하는 것이 아니라 종합적으로 그 가치를 논하는 비평 방법. 작품의 총체적이고 통합적인 의미를 발견하기 위하여 표현론적 관점, 반영론적 관점, 효용론적 관점, 절대주의적 관점, 분석주의적 관점 따위를 상호 유기적으로 통합하여 객관성을 유지하는 방법이다.	

02 운문 이론

1 의사소통

1. 정의

(1) 화자(話者): 이야기를 하는 사람.

(2) 청자(聽者): 이야기를 듣는 사람.

2. 논점

(1) **표면에 나타난 '화자 vs. 청자'**

① 일인칭 대명사 찾기: '나, 내, 나의, 저, 제, 우리' 등으로 표현된다.

② 이인칭 대명사 찾기: '당신, 너, 너희, 그대' 등으로 표현된다.

③ 돈호법 찾기: '친구야, 윤슬아, 예수여, 하나님이시여, 주여' 등 '체언 + 호격 조사'의 구조로 표현된다.

(2) **시적 대상 vs. 청자**

① 시적 대상(對象): 어떤 일의 상대 또는 목표나 목적이 되는 것.(시에서 다양하게 존재한다.)

　　예 밥, 국수, 강물, 사과나무 등

② 청자: 청자는 기본적으로 화자의 말을 듣는 사람을 뜻하므로 '사람'이어야 한다.

　　예 너, 당신, 친구야, 강아지야 등

(3) **중심 소재**

① '시적 대상' 중에서 중요하게 서술하는 대상을 가리킨다.

② 보통 중요할수록 시의 제목으로 설정한다.

(4) **의인화된 청자**

① '의인화된 청자'라고 하면, 사람이 아닌 대상을 청자로 여긴다고 이해하면 된다.

　　예 꽃아, 들아, 산아, 하늘아 등

② 비유법 중 '의인법'을 활용하였다.

2 운율(韻律)

1. 정의

(1) 시문(詩文)의 음성적 형식.

(2) 음의 강약, 장단, 고저 또는 동음이나 유음의 반복으로 이루어진다.

(3) '운율'을 활용하면 '리듬감'을 자아낸다.

연습문제

1 시적 화자가 작품의 표면에 드러나 있다. (○, ×)

> 생사(生死) 길은
> 예 있으매 머뭇거리고,
> 나는 간다는 말도
> 못다 이르고 어찌 갑니까.
> 어느 가을 이른 바람에
> 이에 저에 떨어질 잎처럼,
> 한 가지에 나고 가는 곳 모르온저
> 아아, 미타찰(彌陀刹)에서 만날 나
> 도(道) 닦아 기다리겠노라.

>> ○

2 '구름'은 화자가 말을 건네는 청자로 설정되어 있다. (○, ×)

> 철령 높은 봉에 쉬어 넘는 저 구름아
> 고신 원루(孤臣寃淚)를 비 삼아 띄워다가
> 님 계신 구중 심처(九重深處)에 뿌려 본들 어떠리

>> ○

연습문제

3 4음보를 사용하여 안정감을 주고 있다. (○, ×)

> 이몸이 죽고 죽어 일백 번 고쳐 죽어
> 백골이 진토되어 넋이라도 있고 없고
> 임 향한 일편단심이야 가실 줄이 있으랴?
> 　　　　　　 － 정몽주, 「단심가」

>> ○

2. 논점

(1) 외형률 vs. 내재율

구분	외형률(外形律)	내재율(內在律)
의미	정형시에서, 음의 고저(高低)·장단(長短)·음수(音數)·음보(音步) 따위의 규칙적 반복에 의하여 생기는 운율.	자유시나 산문시에서 문장에 잠재적으로 깃들어 있는 운율.
특징	운율이 겉으로 드러난다. (대표 정형시: 평시조)	운율이 작품 내에 있고, 주로 '반복법'으로 많이 묻는다.

(2) 음보율 vs. 음수율

구분	음보율(音步律)	음수율(音數律)
의미	시에 있어서 운율을 이루는 기본 단위.	음절의 수를 일정하게 하여 이루는 운율.
특징	우리나라 시의 경우 대체로 '휴지(休止)의 주기'라고 할 수 있는 3음절이나 4음절이 한 음보를 이룬다.	우리나라 고전 시가는 3(4)·4조, 7·5조, 3·3·2조가 대표적이다.
	'민요, 경기체가'는 주로 3음보로, '시조, 가사' 등은 주로 4음보로 구성된다.	

연습문제

1 시적 허용과 동일한 의미의 중첩을 통해 거리감을 강조하고 있다.

(○, ×)

비와 바람에 깎이는 대로
억년(億年) 비정(非情)의 함묵(緘默)에
안으로 안으로만 채찍질하여
드디어 생명도 망각하고
흐르는 구름
머언 원뢰(遠雷)
꿈 꾸어도 노래하지 않고
두 쪽으로 깨뜨려져도
소리하지 않는 바위가 되리라.

>> ○(머언 원뢰(遠雷))

(3) 시적 허용

① '시적 허용'이란 일반적인 맞춤법 규범에서 벗어난 표현으로 '시'를 위해 일부러 늘이거나 줄이는 표현을 말한다.

② 음수율에 맞추어 4글자를 3글자로 줄이거나, 2글자를 3글자로 늘이기도 한다.

예 빈 하늘에 걸렸다. → 비인 하늘에 걸리었다.

예 하얀 새가 날아온다. → 하이얀 새가 날아온다.

3 이미지(＝심상)

세진쌤의 핵심TIP

시험에 구성된 선지
① 공감각적 이미지로 이웃 간의 배려를 표현했다.
② 갑작스럽게 변화한 자연 현상을 감각적으로 제시하고 있다.
③ 청각적 이미지와 시각적 이미지를 활용하여 시상을 전개하고 있다.

1. 정의

(1) 이미지: 감각에 의하여 획득한 현상이 마음속에서 재생된 것.

(2) 심상: 감각에 의하여 획득한 현상이 마음속에서 재생된 것.

(3) '이미지'는 '심상'이라도 하며, '선명함, 생생함' 등을 부여한다.

2. 논점 ①

(1) 감각어 vs. 관념어

구분	감각어(= 구체어)	관념어(= 추상어)
의미	'오감'으로 느낄 수 있는 시어를 말한다.	'오감'으로 느낄 수 없는 시어를 말한다.

(2) 감각적 이미지의 종류

번호	이미지	특징	예
①	시각적 이미지	'눈'으로 감지할 수 있다.	<u>푸른</u> 하늘, <u>초록</u> 치마, <u>다홍</u> 저고리 등
②	후각적 이미지	'코'로 감지할 수 있다.	<u>향기롭다</u>, ~냄새, ~향기 등
③	촉각적 이미지	'피부'로 감지할 수 있다.	<u>따뜻하다</u>, <u>차갑다</u>, <u>뜨겁다</u> 등
④	미각적 이미지	'혀'로 감지할 수 있다.	달콤하다, 쓰다, 맵다, 짜다, 시다, ~맛 등
⑤	청각적 이미지	'귀'로 감지할 수 있다.	딸랑딸랑, 졸졸졸, ~소리 등

(3) 감각적 이미지의 대비

번호	대비	특징
①	색채 대비 (명암 대비)	'검은색-흰색, 파란색-빨간색, 파란색-흰색' 등 선명한 두 색을 비교하는 방식으로 나타난다.
②	냉온 대비	'따뜻하다-차갑다' 등 촉각적 이미지를 비교하는 방식으로 나타난다.

(4) 색채 이미지 vs. 색채어

구분	색채 이미지	색채어
의미	색채어를 포함한 색을 판단할 수 있는 이미지	색깔 그 자체를 가리키는 말.
예	밤, 눈	<u>노란</u> 나비, <u>푸른</u> 바다

(5) 다양한 이미지

번호	구분	특징	예
①	상승 이미지	'아래'에서 '위'를 향하는 이미지	풍선이 땅에서 하늘 위로 <u>떠오르고</u> 있다.
②	하강 이미지	'위'에서 '아래'를 향하는 이미지	물이 <u>떨어진다</u>. 아래로 <u>떨어진다</u>.
③	(역)동적 이미지	'움직임'이 있는 이미지	폭포가 위에서 아래로 떨어진다. <u>파도가 힘차게 움직인다.</u>
④	정적 이미지	'거의' 움직임이 없는 이미지	'강'의 움직임은 해석하는 관점에 따라 동적이기도 하고 정적이기도 하다.
⑤	수직적 이미지	위와 아래의 관계로 이루어지는 이미지	하늘도 그만 지쳐 끝난 <u>고원(高原)</u> / 서릿발 칼날진 <u>그 위에</u> 서다.
⑥	수평적 이미지	기울지 않고 평평한 상태의 이미지	매운 계절의 채찍에 갈겨 / 마침내 <u>북방으로 휩쓸려 오다.</u>

연습문제

1 ㉠: **정적인 이미지가 나타난다.**

(○, ×)

> 새벽에 깨어나
> 반짝이는 별을 보고 있으면
> 이 세상 깊은 어디에 마르지 않는
> 사랑의 샘 하나 출렁이고 있을
> 것만 같다
> ㉠<u>고통과 쓰라림과 목마름의</u>
> <u>정령들은 잠들고</u>
> 눈시울이 붉어진 인간의 혼들만
> 깜박이는
> 아무도 모르는 고요한 그 시각에
> 아름다움은 새벽의 창을 열고
> 우리들 가슴의 깊숙한 뜨거움과
> 만난다

>> ○

(6) 계절적 이미지

① '계절의 변화'는 시간의 연속성을 파악해야 한다. 즉, 봄에서 여름으로, 여름에서 가을로, 가을에서 겨울로, 겨울에서 봄으로 가는 상황을 파악해야 한다.

② 계절의 변화는 다음의 순서로 찾기를 바란다.

  ㉠ 계절적 특징을 찾는다.

  ㉡ 순서에 맞게 변화하는지 확인하면 된다.

번호	구분	시어 모음
①	봄 [春(춘)]	동풍(東風), 도화(桃花)(복숭아꽃), 행화(杏花)(살구꽃), 매화(梅花)(매화꽃), 진달래꽃, 눈이 녹는 상황 등
②	여름 [夏(하)]	녹음(綠陰), 여름 바람, 장마 등
③	가을 [秋(추)]	가을바람[추풍(秋風)], 낙엽(落葉), 가을 서리 등
④	겨울 [冬(동)]	한파, 북풍(北風), 매서운 바람, 눈[설(雪)], 적설(積雪) 등

3. 논점 ②

(1) 공감각적 이미지

① 어떤 하나의 감각이 다른 영역의 감각을 일으키는 일.

② '공감각적 이미지'를 '~의 ~화'로 적을 때는, 상식선으로 먼저 느껴지는 것은 처음에 적고, 작가가 만들어 낸 것을 뒤에 적는다.

③ '감각의 전이'는 공감각적 이미지를 다르게 표현한 말이다.

번호	구분	상식선 감각	작가의 의도	예
①	시각의 청각화	시각	청각	<u>금으로 타는</u> 태양의 즐거운 <u>울림</u>
②	시각의 촉각화	시각	촉각	<u>피부의 바깥에 스미는</u> 어둠
③	시각의 후각화	시각	후각	달은 과일보다 <u>향기롭다</u>
④	청각의 시각화	청각	시각	흔들리는 <u>종소리의 동그라미</u>
				금빛 게으른 <u>울음</u>을 울던 곳
⑤	청각의 후각화	청각	후각	<u>향기로운</u> 임의 <u>말소리</u>
⑥	촉각의 시각화	촉각	시각	동해 <u>쪽빛 바람</u>

(2) 복합 감각

하나의 대상으로부터 동시에 다른 감각을 느끼는 그것. 또는 여러 감각을 나열해 놓는 것.

(3) 추상의 구체화(= 관념의 구체화)

관념어를 '감각적 이미지'를 통해 구체적으로 표현한 것.

예 <u>긴 여름의 해</u>가 날개를 접었다.(시간을 '시각적 이미지'로 구체화하였다.)

(4) 주관적 변용

① 어떤 대상을 화자의 주관적 생각을 드러내어 표현을 바꾸는 것'을 말한다.

② '화자의 주관적 생각'을 기준으로 문제에 접근하는 것이 좋다.

> **예** 동짓달 기나긴 밤을 한 허리를 베어 내어
>   시간   주관적 변용
>   춘풍(春風) 이불 아래 서리서리 넣었다가
>   정든 임 오신 날 밤이어든 굽이굽이 펴리라(황진이)

4 비유와 상징

세진쌤의 핵심TIP

시험에 구성된 선지
① <u>사물</u>을 <u>의인화</u>하여 대상의 속성을 강조하고 있다.
② <u>시어들의 상징적인 의미</u>를 통해 주제를 형성하고 있다.
③ 그리운 이를 볼 수 없는 <u>화자의 절망적 심정을 투영</u>한 대상물이겠군.
④ 여러 개의 난로가 지펴져 안온한 대합실의 상황을 <u>비유적으로 표현</u>하였다.

1. 정의

(1) 비유: 표현하고자 하는 대상을 다른 대상에 비유하여 표현하는 수사법.

(2) 상징: 어떤 사물의 의미나 특징을 직접 드러내지 아니하고 다른 사물에 비유하여 표현하는 수법.

(3) '비유법'의 종류로 '직유법, 은유법, 의인법, 활유법, 대유법, 풍유법' 등이 있다.

2. 논점 ①

(1) 원관념 vs. 보조 관념

구분	원관념	보조 관념
의미	화자가 궁극적으로 말하고 싶은 대상	화자가 빗대어 말하고 싶은 대상
예	내 마음은 호수다. 원관념 보조 관념	

(2) 직유법 vs. 은유법

구분	직유법(直喩法)	은유법(隱喩法)
의미	비슷한 성질이나 모양을 가진 두 사물을 '같이, 처럼, 듯이'와 같은 연결어로 결합하여 직접 비유하는 수사법	사물의 상태나 움직임을 암시적으로 나타내는 수사법
특징	매개어 ○ (~처럼, ~같이, ~듯이, ~양, ~ 같은 등)	매개어 × ('A는 B이다. B의 A, A의 B'와 같은 구조)
예	<u>토끼 같은 내 치아</u>	내 사랑은 커피이다.

연습문제

1 직유법을 사용하여 시적 의미를 구체화하고 있다. (○, ×)

> 그래 살아 봐야지
> 너도 나도 공이 되어
> 떨어져도 튀는 공이 되어
>
> 살아 봐야지
> 쓰러지는 법이 없는 둥근
> 공처럼, 탄력의 나라의
> 왕자처럼

>> ○(공처럼, 왕자처럼)

(3) 의인법 vs. 활유법

구분	의인법(擬人法)	활유법(活喩法)
의미	'사람이 아닌 것'을 사람에 빗대 사람이 행동하는 것처럼 표현하는 수사법.	'무생물'을 '생물'인 것처럼, 감정이 없는 것을 감정이 있는 것처럼 표현하는 수사법.
예	책상이 <u>고뇌에 빠졌다.</u>	책상이 <u>잠을 잔다.</u>

(4) 대유법 – 제유법 vs. 환유법

구분	제유법(提喩法)	환유법(換喩法)
의미	사물의 한 부분으로 그 사물의 전체를 나타내는 수사법.	어떤 사물을, 그것의 속성과 밀접한 관계가 있는 다른 낱말을 빌려서 표현하는 수사법.
예	인간은 <u>빵</u>만으로 살 수 없다.('빵'이 '식량'을 나타낸다.)	'<u>하이힐</u>'은 '숙녀'를 뜻한다. '<u>흰옷</u>'은 '우리 민족'을 뜻한다. '<u>백의의 천사</u>'는 '간호사'를 뜻한다.

(5) 다양한 비유법

번호	종류	특징	예
①	대유법(代喩法)	하나의 사물이나 관념을 나타내는 말이 경험적으로 그것과 밀접하게 연관된 다른 사물이나 관념을 나타내도록 표현하는 수사법.	하이힐(숙녀), 백악관(미국 정부), 청와대(한국 정부)
②	풍유법(諷諭法)	본뜻은 숨기고 비유하는 말만으로 숨겨진 뜻을 암시하는 수사법. (속담, 격언 등) (풍자, 교훈)	속담 : 고양이한테 생선을 맡긴다.
③	중의법(重義法)	한 단어에 두 가지 이상의 뜻을 곁들여 표현함으로써, 언어의 단조로움을 피하고 여러 의미를 나타내고자 하는 수사법.	<u>수양산</u> 바라보며 이제(夷齋)를 한하노라. ㉠ 공간을 의미(백이, 숙제가 숨어 살던 중국 수양산) ㉡ '수양대군'을 의미
④	의성법(擬聲法)	사람이나 사물의 소리를 그대로 묘사하여 그 소리나 상태를 실제와 같이 표현하는 비유법. 읽는 사람에게 실감을 주어 인상을 강하게 한다.	<u>주룩주룩</u> 비가 내린다, 아기가 <u>쌕쌕</u> 잠을 잔다 등
⑤	의태법(擬態法)	사물의 모양이나 태도를 그대로 모방하여 표현하는 수사법.	<u>두둥실 두리둥실</u> 배 떠나간다, <u>어슬렁어슬렁</u> 걷는다 등

(6) 음성 상징어

구분	의성어	의태어
의미	사람이나 사물의 소리를 흉내 낸 말.	사람이나 사물의 모양이나 움직임을 흉내 낸 말.
예	짹짹, 으앙으앙, 야옹, 멍멍 등	깡충깡충, 펄쩍, 훨훨, 살랑살랑 등

(7) 원형적 상징

'원형적 상징'은 우리나라에만 특수하게 의미가 통용되는 것이 아니라 전 세계적으로 통용된다. 다음의 의미를 알고 있으면 시를 해석하기 편하다.

번호	종류	특징
①	물	창조의 신비, 탄생, 죽음, 소생, 정화, 풍요, 성장, 역사 등을 상징한다.
②	바다	어머니, 영혼의 신비와 무한성, 죽음과 재생, 무의식 등을 상징한다.
③	강	죽음과 재생, 시간의 영원한 흐름(= 역사), 생의 순환의 변화상 등을 상징한다.
④	불	파괴, 정화, 죽음, 소멸 등을 상징한다.
⑤	하늘	절대자, 신, 창조주 등을 상징한다.

3. 논점 ②

(1) 감정 이입 vs. 객관적 상관물

구분	감정 이입	객관적 상관물
의미	자연의 풍경이나 예술 작품 따위에 자신의 감정이나 정신을 불어넣거나, 대상으로부터 느낌을 직접 받아들여 대상과 자기가 서로 통한다고 느끼는 일.	시에서 정서와 사상을 표현하기 위하여 찾아낸 사물, 정황, 사건을 이르는 말. 엘리엇(Eliot, T. S.)이 처음 사용하였다.
특징	㉠ 보통 자연물이나 사물에 <u>인간의 감정</u>을 이입한다. ㉡ 객관적 상관물과 논의를 같이할 때도 있고, 달리할 때도 있다.	㉠ 보통 자연물이나 사물에 <u>인간의 감정과 연결</u>한다. ㉡ 감정 이입과 달리 감정을 이입하는 대상과 감정이 달라도 괜찮다.
예	수풀에 우는 새는 春氣(춘기)를 못내 계워 소리마다 <u>교태(嬌態)</u>로다 <u>서러운 풀빛</u>이 짙어 오겠다.	펄펄 나는 저 <u>꾀꼬리</u> ㄴ '꾀꼬리'는 객관적 상관물로, 화자의 외로움을 부각한다. 암수 서로 정답구나. 외로울사 이 내 몸은 뉘와 함께 돌아갈꼬.

5 다양한 표현법

세진쌤의 핵심TIP

시험에 구성된 선지
① <u>문답법</u>을 통해 과거의 삶을 반추하고 있다.
② 구체적 대상을 <u>열거</u>하여 시상을 전개하고 있다.
③ 특정한 <u>조사</u>를 반복하여 운율을 형성하고 있다.
④ <u>설의적 표현</u>을 활용하여 삶의 깨달음을 강조하고 있다.
⑤ <u>대조적 속성</u>을 지닌 소재를 통해 정서를 부각하고 있군.
⑥ <u>표현하려는 본뜻과는 반대되는 말</u>을 함으로써 문장의 의미를 강화하는 표현이다.

1. 논점 ①

(1) 반복법 vs. 대구법(효과 : 리듬감)

구분	반복법(反復法)	대구법(對句法)
의미	같거나 비슷한 어구를 되풀이하여 효과적으로 표현하는 수사법.	비슷한 어조나 어세를 가진 어구를 짝 지어 표현의 효과를 나타내는 수사법.
예	산에는 물이 있고, 강에는 고기가 있네.	

(2) 반복법의 종류(효과 : 리듬감)

① '시행의 반복'은 시행 기준으로 그 줄 자체가 같아야 한다. '시행 한 줄'에 여러 번 반복된 것은 시어의 반복이나 시구의 반복으로 본다.

② '통사 구조의 반복'은 시 어디에서나 나타나도 되지만, '대구법'이라고 물을 경우는 반드시 '두 문장이 연달아' 나타나야 한다.

번호	종류	특징
①	시어의 반복	명사, 대명사, 수사, 부사, 관형사, 동사, 형용사 등 하나의 단어나 음절 등이 여러 번 반복되어 나타난다.
②	시구의 반복	한 토막 정도의 단어를 말하며, 띄어쓰기가 포함되어도 괜찮다.
③	시행의 반복	운율적으로 배열되어 있는 시의 행이 반복되는 경우를 의미한다.
④	통사 구조의 반복 (= 문장 구조의 반복)	문장 단위가 반복되는 경우를 의미한다. (주로 조사와 어미에서 확인할 수 있음.)
⑤	어말 어미의 반복	'종결 어미' 또는 '연결 어미'라고 구체적으로 나오며, 주로 용언의 활용형에서 확인할 수 있는 반복이다.
⑥	반복과 변주(or 변형)	반복되는 가운데 시어나 시구가 바뀌는 경우를 의미한다. (내용이 변주되는 경우는 꽤 고난도 문제로 출제됨.)

(3) 연쇄법 vs. 열거법(효과 : 리듬감)

구분	연쇄법(連鎖法)	열거법(列擧法)(= 나열법)
의미	앞 구절의 끝 어구를 다음 구절의 앞 구절에 이어받아 이미지나 심상을 강조하는 수사법.	내용적으로 연결되거나 비슷한 어구를 여러 개 늘어놓아 전체의 내용을 표현하는 수사법.
예	성 안에 담이, 담 안에 방이, 방 안에 상자가, 상자 안에 다이아몬드가 있다.	꽃밭에는 장미꽃, 나팔꽃, 백합, 매화꽃 등이 피어 있다.

(4) 영탄법 vs. 설의법(효과 : 강조)

① '영탄법'을 찾는 방법

　㉠ 감탄사를 찾는다. 예 아, 오, 어즈버 등

　㉡ 감탄형 어말 어미를 찾는다.

　　예 -구먼, -구려, -구나, -군, -도다, -노라, -어라 등

　㉢ '㉠'과 '㉡'이 없으면 설의적 표현을 확인한다.

② '설의법'을 찾는 방법
  ㉠ 의문형 어미를 찾는다.
    예 −습니까, −오, −게, −느냐, −리, −랴, −가, −고, −니 등(이때, '−랴, −고, −가'는 고전 시가에 많이 나옴.)
  ㉡ 의문형을 평서문으로 바꾸면서 화자가 말하고자 하는 의도를 파악해 둔다.(해석할 때 용이하다.)
③ '의문형 어미'에 대하여 '의문형 어미'가 있다고 해서 무조건 설의법인 것은 아니다. 화자의 의도에 따라 '궁금해서 물을 때'도 있고, '혼잣말'로 쓸 때도 있다. 후자는 보통 '수사 의문문'이나 '설의적 표현'으로 문제를 낼 때가 많다.

구분	영탄법(詠歎法)	설의법(設疑法)
의미	감탄사나 감탄 조사 따위를 이용하여 기쁨·슬픔·놀라움과 같은 감정을 강하게 나타내는 수사법.	쉽게 판단할 수 있는 사실을 의문의 형식으로 표현하여 상대편이 스스로 판단하게 하는 수사법.(보통 화자가 답을 알고 있으므로 해석할 때 평서문으로 바꾸면 쉬워진다.)
예	<u>아</u> 아름다운 너의 모습!	빈천을 손으로 떨친다고 <u>물러가랴</u>?

(5) 의문문의 종류

번호	종류	특징	예
①	판정 의문문	상대편에게 '예', '아니요'의 대답을 요구하는 의문문.	A : 내일 집에 가니? B : <u>응</u>, 내일 집에 가.
②	설명 의문문	상대편에게 구체적인 설명을 요구하는 의문문. '어디', '언제', '누구', '무엇', '어떻게', '왜' 따위의 의문사를 쓴 문장이다.	A : <u>언제</u> 집에 가니? B : 내일 집에 가.
③	수사 의문문	문장의 형식은 물음을 나타내나 답변을 요구하지 아니하고 강한 긍정 진술을 내포하고 있는 의문문. 또는 겉으로 드러내는 말과 의미가 일치하지 않을 때가 있다.	㉠ 이 얼마나 아름다운 <u>강산인가</u>.(매우 아름답다.) ㉡ 너한테 가방 하나 <u>못 사줄까</u>?(사줄 수 있다.)

(6) 돈호법(효과 : 강조, 청자 설정)
① 사람이나 사물의 이름을 불러 주의를 불러일으키는 수사법.
  예 행복아, 들아, 하늘이시여, 고양이야 등
② '돈호법'을 찾는 방법 : 호격 조사를 찾는다.(아, 야, 이시여, 여 등)
  예 구름아, 친구야, 예수이시여, 주여 등

(7) 도치법(효과 : 입체감, 시적 긴장감)
① 정서의 환기와 변화감을 끌어내기 위하여 말의 차례를 바꾸어 쓰는 문장 표현법.
② '서술어 생략'은 일부러 서술어를 쓸 수 있음에도 생략하는 구조를 말한다.

(8) **과장법(효과 : 강조)**

① 사물을 실상보다 지나치게 과도하게 혹은 작게 표현함으로써 문장의 효과를 높이는 수사법.

② '과장법'은 눈에 잘 띄지 않는다. 문제에서 물을 때, 빠르게 구절로 돌아가 '보통 이상보다 과하게' 말한 부분이 없는지 확인하면 된다.

　예　천만리에 두고 온 임을 그리워합니다.

(9) **현재법(효과 : 현장감, 생생함)**

① 과거나 미래의 사실, 또는 눈앞에 없는 사실을 마치 눈앞에 있는 것처럼 나타내는 수사법.

② 서술어 부분에 현재 시제 선어말 어미 '－ㄴ/는－'이 주로 나타난다.

　예　강세진은 <u>잔다</u>. / 오늘도 <u>잔다</u>. / 내일도 <u>자려 한다</u>.

(10) **가정법**

① 상황을 가정하여 화자가 말하고 싶을 때가 있다.

② 그럴 때 '－(으)면'을 주로 활용한다.

(11) **행간 걸침(효과 : 중의법, 긴장감)**

① '행간 걸침'은 일부러 시인이 한 줄에 쓸 수 있음에도 불구하고 중의적으로 해석했으면 하거나 흐름을 끊고 싶은 의도에서 일부러 행을 바꾸는 것을 의미한다.

② 행간 걸침은 '도치법'과 다른 표현 양식이다.

　예　그때쯤이면 아이들도 산란한 <u>꿈에서</u>
　　　깨어나 자전거의 페달을 밟고 <u>검은 숲 위로</u>
　　　<u>오른다</u> 볼이 붉은 막내까지도 <u>큼큼</u>
　　　<u>기침을 하며</u> 이파리들이 쏟아지듯 빛을
　　　<u>토하는</u> 잡목 숲 옆구리를 빠져나가 (최하림, 「아침 시」)

2. 논점 ②

(1) **점층법과 점강법(효과 : 강조)**

구분	점층법(漸層法)	점강법(漸降法)
의미	문장의 뜻을 점점 강하게 하거나, 크게 하거나, 높게 하여 마침내 절정에 이르도록 하는 수사법.	크고 높고 강한 것에서부터 점차 작고 낮고 약한 것으로 끌어내려 표현함으로써 강조의 효과를 얻으려는 수사법. (점층법의 반대 개념)
예	너의 잘못은 처음에는 <u>작은 모래</u>와 같았는데, 그 잘못이 <u>돌멩이</u>가 되고, 그 잘못이 <u>바위</u>가 되었고, 지금은 <u>큰 암석</u>이 되었다.(작은 모래 → 돌멩이 → 바위 → 큰 암석)	내가 가지고 있던 <u>큰 암석</u>이 시간이 지나자 <u>바위</u>가 되었고, 시간이 더 흐르자 돌멩이가 되었고, 지금은 <u>작은 모래</u>가 되었다.(큰 암석 → 바위 → 돌멩이 → 작은 모래)

(2) **대비법과 대조법(효과 : 뚜렷함)**

① 감각적 이미지의 대비 : 명암 대비, 색채 대비, 촉각 대비(＝ 냉온 대비) 등이 있다.

　예　달(밝음) － 밤(어두움) / 청포도 － 하얀 모시옷 / 한파가 부는 바깥 － 따뜻한 아랫목

② 시간의 대비
  ㉠ 과거 vs. 현재 : '과거'와 '현재'의 내용이 비교될 수 있도록 내용이 구성되어 있다. 대체로 과거는 좋은 시절을, 현재는 부정적인 현실을 드러낸다.(이 반대도 가능하다.)
  ㉡ 현재 vs. 미래 : '현재'와 '미래'의 내용이 비교될 수 있도록 내용이 구성되어 있다. 대체로 '미래'를 '이상'과 관련지어 드러낸다.

③ 공간의 대비
  ㉠ 이상적 공간 vs. 현실적 공간 : '화자가 있는 현실'과 '화자가 긍정적으로 보고 있는 대상'이 무엇인지 중심으로 찾을 것!(불만족 vs. 만족)
    예 강과 산, 하늘, 평화로운 세상, 민주주의가 도래한 세상 등 vs. 화자가 있는 현실, 홍진, 속세 등
  ㉡ 탈속적 공간 vs. 속세(=세속) : 고전 시가에 많이 나오는 대비.

④ 외부 vs. 내부(= 외적 상황 vs. 내면) : 주로 자기 성찰적 태도를 보여 준 시에서 많이 나타난다. '화자가 바람직하게 생각하는 자신'과 '화자의 현실 상황'을 주로 비교한다.(이때 보통 외적 상황은 화자의 현 상황을 드러낸 경우가 많아 현실적 자아와 자주 연결된다.)

⑤ 현실적 자아 vs. 이상적 자아

구분	대비법(對比法)	대조법(對照法)
의미	두 가지의 차이를 밝히기 위하여 서로 맞대어 비교하는 방식. (뚜렷하게 나타낼 때 주로 사용한다.)	서로 반대되는 대상이나 내용을 내세워 주제를 강조하거나 인상을 선명하게 표현하는 수사법. (상반되는 경우가 많다.)

(3) **역설법과 반어법**(효과 : 시적 긴장감)

구분	역설법(逆說法) (= 대위법(對位法))	반어법(反語法)
정의	일반적으로는 모순을 야기하지 아니하나 특정한 경우에 논리적 모순을 일으키는 논증. 부정적인 이미지와 긍정적인 이미지가 같이 올 때.	참뜻과는 반대되는 말을 하여 문장의 의미를 강화하는 수사법. (풍자나 위트 등의 상황에서 많이 쓰인다.)
특징	모순 어법(= 모순 형용)이란 수사법에서, 의미상 서로 양립할 수 없는 말을 함께 사용하는 일. 이를테면, '소리 없는 아우성', '수다쟁이 벙어리' 따위이다.	아이러니(= 반어)는 표현의 효과를 높이기 위하여 실제와 반대되는 뜻의 말을 하는 것. 못난 사람을 보고 '잘났어.'라고 하는 것 따위이다.
예	아아, <u>님은 갔지마는</u> 나는 <u>님을 보내지 아니하였습</u>니다. 이것은 <u>소리 없는 아우성</u>.	(점수가 20점이 시험지를 보고 어머니께서) 왜! <u>아주 잘했구나!</u> 김동인, 「감자」: <u>복이 없는</u> 주인공의 이름을 '<u>복녀</u>'라고 함. 전영택, 「화수분」: <u>복이 없는</u> 주인공의 이름을 '<u>화수분</u>'이라 함.

연습문제

1 역설적 표현을 통해 대상에서 느끼는 모순된 감정을 강조하고 있다.
(○, ×)

모란이 지고 말면 그 뿐 내 한 해는 다 가고 말아
삼백예순 날 하냥 섭섭해 우옵네다
모란이 피기까지는
나는 아직 기다리고 있을 테요
찬란한 슬픔의 봄을

≫ ○(찬란한 슬픔)

| 예 | 찬란한 슬픔의 봄을. | 현진건, 「운수 좋은 날」: 장사가 잘되어 <u>돈이 많은 날</u> <u>아내가 죽음</u>.(상황적 아이러니) |
| | <u>외로운 황홀한</u> 심사이어니. | 박영준, 「모범 경작생」: 마을에서 <u>가장 이기적인 사람</u>을 '<u>모범 경작생</u>'이라 부름. |

(4) 언어유희(言語遊戱)(효과 : 희화화)

① 정의

말이나 글자를 소재로 하는 놀이. 말 잇기 놀이, 어려운 말 외우기, 새말 만들기 따위가 있다.

② 종류

번호	종류	예
①	발음의 유사성 (또는 동음이의어)	너의 <u>서방</u>인지 <u>남방</u>인지
②	같은 소리를 반복하여 사용	눈이 어두워 <u>삼 년</u>, 말 못해서 <u>삼 년</u>, 이러구러 살아 <u>삼 년</u>
③	말꼬리를 이어 연결하는 것	원숭이 엉덩이는 <u>빨개</u>, <u>빨간 것</u>은 사과.
④	말의 순서를 바꾸는 경우	어 추워라. <u>문</u> 들어온다. <u>바람</u> 닫아라.
⑤	의성어나 의태어를 활용하는 경우	캔이 똑 따지듯이 목이 똑 따져버렸네.

(5) 고사(故事)

번호	구분	의미
①	복희씨	중국 고대 전설상의 제왕. 삼황(三皇)의 한 사람으로, 팔괘를 처음으로 만들고, 그물을 발명하여 고기잡이의 방법을 가르쳤다고 한다.
②	편작	중국 전국 시대의 의사(?~?). 성은 진(秦). 이름은 월인(越人). 임상 경험을 바탕으로 치료하였다. 장상군(長桑君)으로부터 의술을 배워 환자의 오장을 투시하는 경지에까지 이르렀다고 전한다.
③	도연명	중국 동진의 시인(365~427). 이름은 잠(潛). 호는 오류선생(五柳先生). 연명은 자(字). 405년에 팽택현(彭澤縣)의 현령이 되었으나, 80여 일 뒤에 「귀거래사」를 남기고 관직에서 물러나 귀향하였다. 자연을 노래한 시가 많으며, 당나라 이후 육조(六朝) 최고의 시인이라 불린다. 시 외의 산문 작품에 「오류선생전」, 「도화원기」 따위가 있다.
④	백이	중국 은나라 말에서 주나라 초기의 현인(?~?). 이름은 윤(允). 자는 공신(公信). 주나라 무왕이 은나라의 주왕을 치려고 했을 때, 아우인 숙제(叔齊)와 함께 간하였으나 받아들여지지 않고 주나라가 천하를 통일하자 수양산으로 들어가 굶어 죽었다.
⑤	숙제	중국 은나라 말기의 현인(賢人)(?~?). 이름은 지(智). 자는 공달(公達). 주나라 무왕(武王)이 은나라 주왕(紂王)을 치려고 할 때 형 백이(伯夷)와 함께 간하였으나, 받아들여지지 않자, 수양산에 숨어 살다가 굶어 죽었다.

6 시상 전개 방식

세진쌤의 핵심TIP

시험에 구성된 선지
① 과거 시제로 <u>회상의 분위기</u>를 표현했다.
② 시적 공간이 <u>원경에서 근경</u>으로 옮아오고 있다.
③ <u>수미상관의 방식</u>으로 구조적 완결성을 높이고 있다.
④ 해가 지고 밤이 깊어간 <u>시간의 경과</u>가 나타나 있다.

1. 대화 vs. 독백

(1) 대화 vs. 독백

구분	대화	독백
의미	마주 대하여 이야기를 주고받는 상황을 의미한다.	혼자서 중얼거리는 상황을 의미한다.
특징	대화체 ○	독백체 ○
기준	화자 2명	화자 1명

(2) 말을 건네는 방식

① '말을 건네는 방식'이란 남에게 말을 붙인다는 의미이다.

② 청자가 제시되어 있고, 청자에게 말을 건네는 내용이 있다.

③ '말을 건네는 방식'이 있다고 하더라도 독백으로 볼 수 있다.

(3) 자문자답

① '자문자답'이란 스스로 묻고 스스로 대답함을 의미한다.

② 구성 상 '화자 스스로 질문하고 바로 답을 하는' 방식이다.

(4) 대화적 구성

① '대화'는 서로 다른 화자 2명 이상이 나온다.

② 말을 주고받기 때문에 '화자'는 곧 '청자'가 되기도 한다.

③ <화자>−<또 다른 화자>−<화자>−<또 다른 화자> 이러한 구조로 시가 진행된다.

2. 시상

(1) 시상의 유발

화자가 '이 시를 어떻게 쓰게 되었는가'에 해당한다.

예 <u>사랑</u>, 그것은 아무것도 아니야.('사랑' 때문에 시를 쓰기로 했다.)

(2) 시상의 집약

화자의 생각을 분산하지 않고, '어떤 대상'에 집중하여 전개하는 것을 의미한다.

예 나는 배고프다. 힘들다. 피로하다. 피로를 푸는 '커피'!

연습문제

1 대상에게 말을 건네는 어투로 친근감을 표현하고 있다. (○, ×)

> 아이들아, 수많은 기다림의 세월
> 그러니 서러워하지도 말아라
> 눈 속에 익은 까치밥 몇 개가
> 겨울 하늘에 떠서
> 아직도 너희들이 가야 할 머나먼 길
> 이렇게 등 따숩게 비춰주고 있지 않으냐.

>> ○(아이들아)

(3) 시상의 확산

화자의 생각이 어느 곳에 집중되지 않고 시상이 연결되면서 퍼지는 것을 말한다.

> **예** 오늘 <u>강원도</u>에 갔다. 강원도에 가니 <u>엄마가 생각난다</u>. 엄마. 보고 싶다. 엄마를 생각하다 보니, 어렸을 때 만들어 주시던 <u>호떡이 생각난다</u>. 그래서 호떡을 먹으러 가려 한다.

(4) 시상의 마무리

시를 '끝내는 것'을 말하며, 시의 마지막 부분을 보면 된다.

> **예** 오늘도 나는 너를 보러 '바다'에 간다. <u>바다에</u>.('바다'라는 공간으로 마무리)

(5) 시상의 전환(= 어조의 변화)

① 정의

시상이 다른 방향이나 상태로 바뀌는 것을 뜻한다.(확실하게, 급격하게 변한다.)

② 종류

　㉠ 상황의 변화 : 부정적 상황 ↔ 긍정적 상황

　㉡ 태도의 변화 : 적극적 태도 ↔ 소극적 태도

　㉢ '그런데, 그러나'와 같은 접속 표현이나, '~지만'과 같은 연결 어미가 있는지 확인하되, 이전과 이후의 시상이 바뀌었는지도 확인해야 한다.

3. 시간적 구성

(1) 시간

① 어떤 시각에서 어떤 시각까지의 사이를 의미한다.

② 사건의 전후 관계로 '시간'을 파악할 수 있다.

③ '시간'을 다르게 표현한 방법

　㉠ 서술하는 시간과 서술되는 시간이 일치하지 않는다. : 과거 or 미래

　㉡ 서술하는 시간과 서술되는 시간이 일치한다. : 현재

(2) 시간의 순행

① 사건의 진행이 시간의 흐름대로 나아가는 것을 의미한다.

② 사건의 전후 관계로 파악할 수 있다.

> **예** 촛불이 <u>켜졌다</u>. 나는 그 켜진 촛불 앞에 있다.

(3) 시간의 역행

① '역행, 역전, 회상'의 의미

　㉠ **역행** : 보통의 방향과 반대 방향으로 거슬러 나아가는 것을 의미한다.

　㉡ **역전** : 형세가 뒤집힘. 또는 형세를 뒤집은 것을 의미한다.

　㉢ **회상** : 지난 일을 돌이켜 생각함. 또는 그런 생각을 의미한다.

② '시간의 역행'은 '현재 → 과거'로 돌아가는 구성을 보인다.

③ '<u>시간의 역전, 역전적 구성, 과거, 회상</u>' 등으로 표현하기도 한다.

(4) 시간의 지연

① 시간이 정지될 수는 없지만, '지연시킬 수'는 있다.

② 시간을 지연시키기 위해 쓰는 방식은 바로 '묘사'이다. 간혹 시를 읽으면 시가 처음부터 끝까지 묘사만 있는 시가 있다. 이러한 시들은 시간을 파악하기 쉽지 않다.

(5) 계절의 순환

① '순환'의 의미 : 주기적으로 자꾸 되풀이하여 돎. 또는 그런 과정

② '계절의 순환'은 '봄 → 여름 → 가을 → 겨울'이라는 시간의 순환을 고려하면 된다.

③ '시간의 순환, 자연의 순환'이라고도 표현한다.

(6) 계절과 관련된 시어들

번호	구분	시어 모음
①	봄 [春(춘)]	동풍(東風), 도화(桃花)(복숭아꽃), 행화(杏花)(살구꽃), 매화(梅花)(매화꽃), 진달래꽃, 눈이 녹는 상황 등
②	여름 [夏(하)]	녹음(綠陰), 여름 바람, 장마 등
③	가을 [秋(추)]	가을바람[추풍(秋風)], 낙엽(落葉), 가을 서리 등
④	겨울 [冬(동)]	한파, 북풍(北風), 매서운 바람, 눈[설(雪)], 적설(積雪) 등

(7) 시간의 순차적 흐름 vs. 시간의 순환적 흐름

구분	시간의 순차적 흐름	시간의 순환적 흐름
의미	순서를 따라 차례대로 하는 것을 의미.	주기적으로 자꾸 되풀이하는 것을 의미.

4. 공간의 이동

(1) 공간

① 물질이 존재하고 여러 가지 현상이 일어나는 장소.

② 시간과 공간이 함께 존재할 수 있다.

③ 화자가 현재 있는 곳은 언제나 '공간'이 있다. 다만, 장소와 관련된 시어가 제시되는 경우가 많다.

(2) 공간의 이동

① 화자가 그 길을 따라 이동하고 있으면 '공간의 이동'이 된다.

② 같은 시간대 다른 공간에서 일어나는 일을 '이동'이라고 표현하지 않는다. 이러한 설명은 '병렬적 구성'이라고 말한다.

③ 보통 '공간의 이동'이 나타나면 '시간의 흐름'도 있다고 말할 수 있다.

> 예 누군가 나에게 물었다. 시가 뭐냐고
> 나는 시인이 못됨으로 잘 모른다고 대답하였다.
> <u>무교동과 종로와 명동과 남산과 / 서울역 앞을</u> 걸었다.
> <u>저녁녘 남대문 시장 안에서</u> / 빈대떡을 먹을 때 생각나고 있었다.
> 그런 사람들이 / 엄청난 고생 되어도

순하고 명랑하고 맘 좋고 인정이 / 있으므로 슬기롭게 사는 사람들이

그런 사람들이 / 이 세상에서 알파이고

고귀한 인류이고 / 영원한 광명이고 / 다름 아닌 시인이라고. (김종삼, 「누군가 나에게 물었다」)

→ '공간의 이동'이 나타나 있다.(○)

5. 시선의 이동(효과 : 초점화)

(1) 시선 vs. 초점

구분	시선	초점
의미	눈이 가는 길을 의미.	사람들의 관심이나 주의가 집중되는 사물의 중심 부분을 의미.

(2) 종류

① 원경 ↔ 근경 : 화자의 시선이 멀리 있는지, 가까운 곳에 있는지를 기준으로 잡아야 한다.

② 왼쪽 ↔ 오른쪽 : 화자의 시선이 왼쪽에서 시작하는지, 오른쪽에서 시작하는지를 기준으로 잡아야 한다.

③ 위 ↔ 아래 : 화자의 시선이 위에서 시작하는지, 아래에서 시작하는지를 기준으로 잡아야 한다.

④ 외부 ↔ 내면 : 외부로 인해 내면의 변화가 있는지 내용면에서 파악해야 한다.

6. 수미상관(효과 : 안정감)

(1) 의미

양쪽 끝이 서로 통한다.

(2) 특징

① 앞부분과 마지막 부분이 서로 짝을 이룬다.

② 앞부분과 마지막 부분의 형태는 반드시 100% 같을 필요는 없다. 형태적 유사성은 70% 정도만 유사해도 된다.

③ 문장의 배열은 바뀌어도 되지만, 내용의 유사성은 깊어야 한다.

④ 수미상관은 연의 구분이 없어도 일어날 수 있다.

7. 선경후정, 선정후경

(1) 선경후정 vs. 선정후경

구분	선경후정	선정후경
의미	먼저 경치를 보여주고, 후에 정서를 배치.	먼저 정서를 보여주고, 후에 경치를 배치.

(2) 특징

① 시의 전반에는 풍경과 관련된 내용이 주를 이룬다.

연습문제

1 처음과 끝을 대응시켜 형태적 안정감을 준다.　　　(○, ×)

고향에 고향에 돌아와도
그리던 고향은 아니러뇨.

산꿩이 알을 품고
뻐꾸기 제 철에 울건만,

마음은 제 고향 지니지 않고
머언 항구로 떠도는 구름.

오늘도 뫼 끝에 홀로 오르니
흰 점 꽃이 인정스레 웃고,

어린 시절에 불던 풀피리 소리 아니 나고
메마른 입술에 쓰디쓰다.

고향에 고향에 돌아와도
그리던 하늘만이 높푸르구나.
－ 정지용, 「고향」

》》 ○

② 시의 후반에는 풍경과 관련된 감흥, 정서, 생각 등이 나타난다.

③ 보통 '선경후정'은 한시의 구성과 관련이 깊다.

> 예 눈을 가만 감으면 굽이 잦은 풀밭길이,
> 개울물 돌돌돌 길섶으로 흘러가고,
> 백양 숲 사립을 가린 초집들도 보이구요.
>
> 송아지 몰고 오며 바라보던 진달래도
> 저녁 노을처럼 산을 둘러 퍼질 것을.
> 어마씨 그리운 솜씨에 향그러운 꽃지짐.
>
> 어질고 고운 그들 멧남새도 캐어 오리.
> 집집 끼니마다 봄을 씹고 사는 마을,
> 감았던 그 눈을 뜨면 <u>마음 도로 애젓하오</u>. (김상옥, 「사향」)
> → '화자의 정서'가 후반부에 나타나 있다.(○)

8. 기승전결(起承轉結)

(1) 한시에서, 시구를 구성하는 방법이다. 학생들이 해당 구성을 찾기가 어려우므로, 이와 같은 구성을 지닌 작품을 외우는 것이 낫다.

(2) **'기승전결'의 구조**

구분	절구	율시	특징
기	제1구	제1구, 제2구	시를 시작하는 부분.
승	제2구	제3구, 제4구	그것을 이어받아 전개하는 부분.
전	제3구	제5구, 제6구	시의를 한 번 돌리어 전환하는 부분.
결	제4구	제7구, 제8구	전체 시의(詩意)를 끝맺는 부분.

9. 거리감(距離感)

(1) 문제의 의도가 '물리적'에 있는지, '심리적'에 있는지 확인해야 한다.

(2) **물리적 거리감 vs. 심리적 거리감**

구분	물리적 거리감	심리적 거리감
기준	① 물리적 거리 개념. ② '거리가 멀다', '거리가 가깝다'와 같은 표현을 쓴다.	① 심리적 거리 개념. ② 화자와 대상 간의 친밀도를 기준으로 접근해야 한다.
특징	현실적 거리감을 고려한 표현이다.	① 거리가 있다. : 자신의 마음을 전하기에 시적 대상과 화자와의 거리가 가깝지 않다고 해석되기도 한다. ② 대상과의 거리감이 있다. : 서먹한 마음이 있는 것으로 해석된다. ③ 일정한 거리를 유지한다. : 대상을 객관적으로 바라보고 싶다로 해석된다.

03 산문 이론

1 시점(= 서술자)

1. 정의

(1) 소설에서, 이야기를 서술하여 나가는 방식이나 관점.

(2) '서술자' 대신 '화자'로 설명할 수도 있다.

(3) 작중 화자가 '나'인 일인칭과 '그'인 삼인칭이 있다.

구분	일인칭	삼인칭
사건의 내적 분석	일인칭 주인공 시점	전지적 작가 시점
사건의 외적 관찰	일인칭 관찰자 시점	삼인칭 관찰자 시점

2. 특징

(1) 서술자는 곧 화자이자, 시점으로 분석할 수 있다.

(2) 서술자가 작중인물인지 아닌지의 여부도 중요하며, 관찰자 시점인지 아닌지도 중요하다. 특히 '내면 심리'를 묘사하는 부분에서 차이가 난다.

3. 종류

(1) 일인칭 주인공 시점 vs. 일인칭 관찰자 시점

구분	일인칭 주인공 시점	일인칭 관찰자 시점
특징	사건의 중심이 되는 인물이 '나'이다.	서술자가 '나'이지만, 사건의 중심이 되는 인물은 따로 있다.
	자기 이야기이므로 속내, 생각 등을 적는 데에 자유롭다.(효과 : 주관성)	일인칭 관찰자는 '내'가 본 것을 서술하므로 '나의 속내'를 드러내기가 쉽다.
	'주인공'과 '서술자'가 일치하므로, '인물'과 '서술자'의 거리는 가장 가깝다.	다른 대상을 관찰하므로, 사건에 대한 정보를 전달할 수 있다.(일인칭 주인공 시점보다 객관적)
예	그러나 나는 이 발길이 아내에게로 돌아가야 옳은가 이것만은 분간하기가 좀 어려웠다. 가야 하나? 그럼 어디로 가나? — 이상, 「날개」	학교 강당 뒤편 으슥한 곳에 끌려가 머리에 털 나고 처음인 그런 무서운 린치를 당했다. 끽소리 한번 못 한 채 고스란히 당해야만 했다. 설사 소리를 내질렀다고 하더라도 누구 한 사람 쫓아와 그 공포로부터 나를 건져 올리지 못했을 것이다. (중략) 반장 형우는 그 나름의 성실과 지혜로 '우리'를 위해 헌신했다. 우리 교실에 들어오는 선생님마다 칭찬의 말을 아끼지 않았다. 기표의 얘기가 영화로 만들어진다는 얘기가 더욱 구체적으로 드러나기 시작했고 우리들은 덩달아 들떠서 술렁거렸다. — 전상국, 「우상의 눈물」

연습문제

나는 선생님이 시내로 들어가는 전차를 타야 할 역전 네거리 앞 종점까지 함께 걸었다. 말없이 걷던 그이가 "김수남 어린이는 이번 시험에도 성적이 아주 뛰어나더군요." 말했으므로 나는 얼굴이 새빨개졌고 얼떨결에 "반장은 어때요, 선생님?" 하며 내 속마음을 드러내고 말았다. "이영래…… 어린이 말인가요." 그이는 뭔가 곰곰 생각해 보는 듯한 표정이다가 "어떻게 생각해요, 김수남 어린이는 혼자서 살 수 있나요?" 물어 왔다. 나는 동생 없이 엄마 없이, 누구보다도 선생님 없이는 살 수 없다고 생각했고 혼자서는 못 산다고 대답했다. 그이가 말했다. "혼자서만 좋은 사람이 될 수는 없다고 생각합니다. 또 한 사람이 잘못 생각하고 있었다면 여럿이서 고쳐 줘야 해요. 그냥 모른 체하면 모두 다 함께 나쁜 사람들입니다. 더구나 공부를 잘한다거나 집안 형편이 좋은 학생은 그렇지 못한 다른 친구들께 부끄러워할 줄 알아야 합니다." 나는 무슨 얘기인지 잘 알아들을 수는 없었지만, 선생님께서 나를 책망하고 있다는 느낌이어서 풀이 죽어 버렸던 것이다.

1 작중인물이 서술자가 되어 자기 내면과 경험한 사건을 서술하고 있다.
(○, ×)

2 작품 밖 서술자가 전지적 관점에서 등장인물의 심리를 서술하고 있다.
(○, ×)

≫ 1. ○   2. ×(작품 안 서술자)

(2) 삼인칭 관찰자 시점 vs. 전지적 작가 시점

구분	삼인칭 관찰자 시점	전지적 작가 시점
	서술자는 '나'가 아니며, 모든 인물을 '이름'이나 '명사', 또는 '대명사'로 표현한다.	
특징	'관찰' 위주로 서술되며, 인물의 내면 심리를 파악하기 어렵다. 대체로 '묘사'나 '추측성 발언' 위주로 나타난다.(**효과**: 객관성, 사실성)	전지적 시점에서 '인물의 내면 서술'이 자연스럽다. 그뿐만 아니라 '묘사, 추측성 발언'도 가능하다.
	'인물'과 '서술자'의 거리가 가장 멀다.	'서술자의 개입, 편집자적 논평' 등의 이론과 연결된다.
예	그러나 <u>키 작은 사내</u>는 뒤도 돌아보지 않았다. <u>큰 키의 사내</u>는 무슨 결심이라도 한 듯 어깨를 한번 으쓱 추켜올리곤 한길에서 내려서 앞서 간 쪽의 발자국을 조심스레 되밟아 나갔다. 　앞서 가던 쪽이 밭두렁에서 발을 헛디뎌 앞으로 넘어졌다. 그러나 곧바로 몸을 세우더 옷에 묻은 눈을 털 생각도 않고 그냥 걷고만 있었다. 그렇게 키 작은 쪽이 허청거릴 적마다 큰 키의 사내는 오버 주머니에서 가죽장갑 낀 손을 빼어 줄타기하듯 조심스레 발을 옮기곤 했다. 　　　　　　　　　　　　– 전상국, 「동행」	<u>싸움, 간통, 살인, 도적, 구걸, 징역 이 세상의 모든 비극과 활극의 근원지인, 칠성문 밖 빈민굴로 오기 전까지는, 복녀의 부처는 (사농공상의 제2위에 드는) 농민이었었다.</u> 　복녀는, 원래 <u>가난</u>은 하나마 정직한 농가에서 규칙 있게 자라난 처녀였었다. 이전 선비의 엄한 규율은 농민으로 떨어지자부터 없어졌다 하나, 그러나 어딘지는 모르지만 딴 농민보다는 좀 똑똑하고 엄한 가율이 그의 집에 그냥 남아 있었다. 　　　　　　　　　　　　– 김동인, 「감자」

4. 논점

(1) 전지적 작가 시점 vs. 제한적 전지적 작가 시점

번호	전지적 작가 시점	제한적 전지적 작가 시점
특징	서술자가 인물의 내면 심리를 모두 알고 있는 상태에서 제시하는 방식.	서술자가 '특정 인물의 시각'에 따라 사건을 제시하는 방식.
	특정 인물뿐만 아니라 등장하는 인물의 심리 상태를 파악하기가 쉽다.	제한된 인물의 시각에 따라 서술하기 때문에 해당 인물 이외의 다른 인물의 심리 상태를 파악하기가 어렵다.
	시각이 제한되지 않으므로 다양한 입장을 서술할 수가 있다.	시각이 제한되기 때문에 독자 입장에서는 '한 인물'에 초점을 맞추어 극에 몰입하기가 쉽다.
예	<u>싸움, 간통, 살인, 도적, 구걸, 징역 이 세상의 모든 비극과 활극의 근원지인, 칠성문 밖 빈민굴로 오기 전까지는, 복녀의 부처는 (사농공상의 제2위에 드는) 농민이었었다.</u> 　복녀는, 원래 <u>가난</u>은 하나마 정직한 농가에서 규칙 있게 자라난 처녀였었다. 이전 선비의 엄한 규율은 농민으로 떨어지자부터 없어졌다 하나, 그러나 어딘지는 모르지만 딴 농민보다는 좀 똑똑하고 엄한 가율이 그의 집에 그냥 남아 있었다. 　　　　　　　　　　　　– 김동인, 「감자」	<u>현</u>은 평양이 십여 년 만이다. 소설에서 평양 장면을 쓰게 될 때마다, 이번에는 좀 새로 가보고 써야, 스케치를 해야야, 하고 벼르기만 했지, 한 번도 그래서 와보지는 못하였다. 소설을 위해서뿐 아니라 친구들도 가끔 놀러 오라는 편지가 있었다. 　학창 때 사귄 벗들로, 이곳 부회 의원이요 실업가인 김(金)도 있고, 어느 고등보통학교에서 조선어와 한문을 가르치는 박(朴)도 있건만, 그들의 편지에 한 번도 용기를 내어 본 적은 없었다. <u>이번에 받은 박의 편지는 놀러 오라는 말이 있던 편지보다 오히려 현의 마음을 끌었다.</u> 　　　　　　　　　　　　– 이태준, 「패강랭」
주의	전지적 시점에서 제한적 시점으로 바뀐 것은 '시점의 교체'가 아니다.	

(2) 시점의 교체(= 서술자 교체)

① 서술자의 시점을 다른 시점으로 바꾸는 것.

② '일인칭 ↔ 삼인칭'으로 바뀔 때 시점이 교체되었다고 한다.

③ '특정 인물(A) → 특정 인물(B)', '특정 인물(B) → 특정 인물(C)'로 교체되는 것은 시점이 교체되었다고 하지 않는다.

④ '작중인물의 시점으로 바뀌었다.'는 '삼인칭 시점'에서 '일인칭 시점'으로 바뀌었다는 의미이다.

(3) 서술자의 개입

구분	일인칭 시점	전지적 작가 시점
특징	자신의 주관적인 생각을 드러내는 경우가 많다.	'인물'이 아닌 '서술자'가 자기 생각(=주관성)을 드러낼 때가 있는데, 이러한 서술을 '서술자의 개입'이라고 말한다.
주의	① '편집자적 논평', '서술자의 논평' 등도 넓게 보면 '서술자의 개입'에 해당한다. ② '차설(=각설)'도 '서술자의 개입'에 해당한다. '차설'이란 말이나 글 따위에서, 이제까지 다루던 내용을 그만두고 화제를 다른 쪽으로 돌림.'을 의미한다.	

(4) 편집자적 논평

① '편집자적 논평'이란 '어떤 글이나 말 또는 사건 따위에 대하여, 서술자가 직접 그 내용에 개입하여 논하고 비평함. 또는 그런 비평.'을 의미하는데, 주로 고소설에 자주 나타난다.

② 인물의 생각이 아닌 서술자 자기 생각과 인물에 대한 평가 또는 상황에 대한 평가로 나타난다. 찾는 방식은 서술자의 개입과 유사하며, '평가'에 주목하여 찾는 것이 좋다.

(5) 믿을 수 없는 화자(=서술자)

우리가 소설을 읽다 보면, '나이가 어린 화자'가 주인공일 때가 있다. 나이가 어리면 아는 것이 적기 때문에 지식이 제한될 수 있고, 이해력이 부족할 수도 있다. 따라서 독자들은 이 '화자'가 보고, 듣고, 느끼는 것에 대하여 무조건적인 신뢰를 하기가 어렵다. 예를 들어, 「사랑방 손님과 어머니」의 옥희가 '믿을 수 없는 화자'에 해당하는데, 그 아이가 보고 판단하는 것과 어머니의 심리가 얼마나 일치하는지, 어머니와 아저씨의 관계가 실제로 어디까지인지 '옥희'의 말만으로는 판단할 수 없다. 따라서 우리는 '옥희'의 시각에 따라 서사를 이해하지만, '옥희'라는 인물을 이해할 때 '참, 어린 시선을 지녔구나.' 하고 이해해야 한다.

(6) 시점과 거리의 관계(일반)

① 대상: 서술자, 인물, 독자

② '서술자, 인물, 독자' 등의 관계에서 나타나는 거리를 의미한다.

연습문제

1 인물에 대한 서술자의 생각이 직접적으로 드러나 있다. (○, ×)

세상에 덧없는 것은 세월이요, 무정한 것은 가난이었다. 심청이 나이가 십일 세에 집안 형편이 가련하고 노부(老父)가 궁병(窮病)하니 어리고 약한 몸이 무엇을 의지하여 살까. 하루는 심청이 부친 앞에 여쭙기를,
"아버님 들으시옵소서. 말 못 하는 까마귀도 쓸쓸한 숲 저문 날에 효도할 줄을 알고, 곽거(郭巨)라 하는 사람은 부모 전 효도하여 반찬 공경 극진히 할 때 세 살 된 어린 아이가 부모 반찬을 먹으므로 산 자식을 묻고 양주가 의논하였고, 맹종(孟宗)은 효도하여 엄동 설한에 죽순을 얻어 부모를 봉양하였나이다. 소녀도 나이가 십여 세라, 옛 효자만 못할망정 맛난 음식으로 아버님을 공양 못하겠나이까. 아버지의 어두우신 눈으로 험로한 길을 다니시다가 넘어져 상하기 쉽고, 비바람을 무릅쓰고 다니시면 병환이 날까 염려가 되니, 아버지는 오늘부터 집안에 계시옵소서. 소녀가 혼자 밥을 빌어 조석으로 근심을 덜겠나이다."
- 작자 미상, 「심청전」

≫ ○

③ '서술자와 인물의 거리'가 가까우면, '독자와 인물의 거리'는 멀게 느껴진다.

④ '서술자와 인물의 거리'가 멀면, '독자와 인물의 거리'는 가깝게 느껴진다.

⑤ 그러나 반드시 일치하는 것은 아니다. 다음의 거리 내용도 참고로만 알아두자.

⑺ 시점과 거리 관계

① 일인칭 관찰자 시점, 삼인칭 관찰자 시점
  ㉠ '관찰자 시점'이므로 '서술자'가 '인물'을 바라보는 시선은 멀다.
  ㉡ '서술자'는 '관찰 위주'로 접근하기 때문에 '독자'에게 알려주는 정보가 일부만 있다.(정보 ↓)
  ㉢ '서술자'와 '독자'의 거리 또한 멀다.
  ㉣ '독자'는 '인물'에 대해 깊이 이해하려 하므로 이 둘의 거리는 가깝다.

번호	거리 관계			그림
①	서술자	독자	멀다	독자 ―가깝다― 인물
②	서술자	인물	멀다	멀다 멀다
③	독자	인물	가깝다	서술자 / 일인칭 관찰자, 삼인칭 관찰자

② 전지적 작가 시점
  ㉠ '전지적 작가 시점'이므로 '서술자'가 '인물'을 바라보는 시선은 가깝다.
  ㉡ '서술자'가 '인물'의 내면을 전반적으로 '독자'에게 서술하기 때문에 이 둘의 거리도 가깝다.
  ㉢ '인물'과 '독자' 사이는 서술자의 설명이 필요하므로 거리가 멀게 된다.

번호	거리 관계			그림
①	서술자	독자	가깝다	독자 ―멀다― 인물
②	서술자	인물	가깝다	가깝다 가깝다
③	독자	인물	멀다	서술자 / 전지적 작가

③ 일인칭 주인공 시점

　㉠ 자기 이야기를 전달하므로, '서술자와 인물 거리'가 가깝다.

　㉡ 자기 이야기를 전달하므로, '독자와 서술자의 거리'도 가깝다.

　㉢ '인물'이 곧 '서술자'이므로, '인물과 독자의 거리'도 가깝다.

번호	거리 관계			그림
①	서술자	독자	가깝다	독자 —가깝다— 인물
②	서술자	인물	가깝다	가깝다　서술자　가깝다
③	독자	인물	가깝다	일인칭 주인공

2 제시 방식

1. 제시 방식

(1) 종류

구분	말하기(telling)	보여주기(showing)
표현	직접 제시, 요약적 제시	간접 제시, 장면 제시
특징	서술자가 직접 제시하는 방식이다.	서술자가 간접 제시하는 방식이다.
	서술 시간이 짧다.	서술 시간이 같거나 길다.
		대화 또는 묘사가(행동이) 많다.

2. 논점

(1) 제시 방식과 전개 속도

① 속도감: 일이 진행되는 빠르기의 느낌.

② '제시 방식'과 '전개 속도'와의 관계

번호	제시 방식과의 관계	효과
①	사건이 실제 일어나는 시간 > 서술한 시간	속도감이 있다. 요약적 제시가 나타난다.
②	사건이 실제 일어나는 시간 ≤ 서술한 시간	속도가 지연되어 나타난다. 장면 제시가 나타난다.

(2) 시간을 '지연'하는 방법

① 인물들의 대화를 모두 적는 경우

　→ 실제 속도와 유사하므로 '장면 제시'로 이해한다.

② 배경 묘사, 행동 묘사 등을 섬세하고 치밀하게 한 경우

　→ 사건 전개 속도를 지연시킨다.(묘사는 정지된 상태에서 그림을 그리듯이 나타내는 경우가 많다.)

③ 내면 심리 or 내적 독백이 많은 경우

→ 사건 전개 속도를 지연시킨다.(자기 내면을 드러내는 시간만큼 장면을 서술해야
하기 때문이다.)

(3) 의식의 흐름 기법

① '의식'에 따라 서술하는 방식인데, 구성이 정돈되지 않고 인물의 의식에 따라 서술하
는 방식을 말한다.

② 전체적으로 '비논리'적으로 이루어져 있으며 구성이 깔끔하지 않다.

③ 오상원의 「유예」가 대표작이다.

(4) 내면 심리 묘사

① 내면 심리 묘사는 대체로 '서술' 부분에서 나타난다.(고민, 생각, 희로애락 모두 포함)

② 해당 '서술' 부분에 인물의 내면과 관련된 내용이 나타나 있으면, 인물의 내면 심리
묘사가 나타난다고 보아도 된다.

③ 이때 작은따옴표로 제시된 '속마음'은 출제자에 따라 '내면 심리'와 관련지을 때도 있
고 아닐 때도 있으니, 출제자 의도를 같이 파악해야 한다.

(5) 내적 독백

① 내적 독백은 '서술'에 그대로 표출하는 것을 말한다.

② 보통 인물의 내면은 '작은따옴표'로 드러내기 마련인데, 내적 독백은 서술 상태에서
여과없이 보여준다.

　예 아 진짜 짜증 나. 그녀는 오늘따라 자신의 짜증을 속으로 풀어내었다.

(6) 제시 방식과 인물의 성격

① '인물의 성격'은 서술자가 직접 제시할 수도 있고, '대화'와 '행동 묘사'를 통해 간접으
로 제시할 수도 있다.

② 서술자가 어떻게 인물을 보여주는지를 주목해야 한다.

3 인물(人物)

1. 유형

(1) 중심인물 vs. 주변 인물

구분	중심인물	주변 인물
의미	어떤 사건의 중심이 되는 인물을 가리킨다.	소설 속에서 부수적인 역할을 한다.
예	「춘향전」의 '춘향'과 '이몽룡'	「춘향전」의 '향단'과 '방자'

(2) 주동 인물 vs. 반동 인물

구분	주동 인물	반동 인물
의미	어떤 사건의 중심에서 사건을 주도하며 작가가 말하고자 하는 바를 전달하는 역할을 한다.	주동 인물의 반대편 입장에 서서 주동 인물과 대립한다.
예	「춘향전」의 '춘향'과 '이몽룡'	「춘향전」의 '사또'

연습문제

1 요약적 서술을 통해 사건을 속도감 있게 전개하고 있다. (○, ×)

성진이 머리를 조아리고 울며 가로되,
"스승님! 저에게 진실로 죄가 있지만 주계(酒戒)를 파(破)한 것은 용왕이 괴롭게 권해서 마지못해 한 것이고, 선녀로 더불어 언어를 수작하고 꽃을 던져 희롱한 것은 길을 빌리기 위함이어서 각별히 부정한 말을 한 바가 없었고, 선방에 돌아온 후에 잠시 동안 마음을 잡지 못하였으나, 마침내 스스로 뉘우쳐 뜻을 바르게 하였습니다. 제자에게 죄가 있으면 사부께서 회초리로 때려 꾸짖으실 뿐이지 어찌하여 차마 내치려 하십니까? 사부님을 우러르기를 부모같이 하여 제가 십이 세에 부모를 버리고 사부님을 좇아 머리를 깎은 이후, 연화도량(蓮花道場)이 곧 제 집이니 저를 어디로 가라 하십니까?"
대사가 이르되,
"네 스스로 가고자 하기에 가라 하는 것이니 네 만일 있고자 하면 뉘 능히 가라 하겠느냐? 네 또 말하기를, '어디로 가라 하십니까?' 하는데, 너의 가고자 하는 곳이 너의 갈 곳이니라."
대사가 크게 소리질러 가로되,
"황건 역사(黃巾力士)는 어디에 있느냐?"
홀연 공중으로부터 신장(神將)이 내려와 명령을 기다리니, 대사가 분부하되,
"네 죄인을 영거(領去)하여 풍도(酆都)에 가 교부(交付)하고 오너라."
　　　　－ 김만중, 「구운몽(九雲夢)」

≫ ×

(3) 평면적 인물 vs. 입체적 인물

구분	평면적 인물	입체적 인물
의미	소설 속에서 성격이 변하지 않는 인물이다.	소설 속에서 성격이 변하는 인물이다.
예	「흥부전」의 '흥부'와 '놀부'	김동인, 「감자」의 '복녀'

(4) 전형적 인물 vs. 개성적 인물

구분	전형적 인물	개성적 인물
의미	그 시류에 부합한 보편적인 성격을 가졌을 때 전형적 인물이라고 한다.	고유의 성격. 개인이 갖는 그 자체의 특징이 있다. 현대 작품에서 주로 나타나는 인물이다.
예	「흥부전」의 '흥부'와 '놀부'	요즘 드라마의 주인공들 (전형적이지 않은 인물)

4 갈등(葛藤)

1. 정의

소설이나 희곡에서, 등장인물 사이에 일어나는 대립과 충돌 또는 등장인물과 환경 사이의 모순과 대립을 이르는 말.

2. 특징

(1) 갈등은 소설에서 중요한 요소이다.

(2) 갈등은 크게 '외적 갈등'과 '내적 갈등'으로 나뉜다.

(3) 외적 갈등은 '인물 vs. 인물, 인물 vs. 사회, 인물 vs. 자연, 인물 vs. 운명'으로 나뉜다.

3. 종류

(1) 내적 갈등

① 의미

'내적'이란 정신이나 마음의 작용을 의미하며 그 안에서 이루어진 고민이나 고뇌 등을 '내적 갈등'이라 한다.

② 특징

㉠ 인물의 내면에서 나타나는 갈등이다.

㉡ 내적 갈등 대신 '고뇌'나 '고민'이란 말로 표현하기도 한다.

㉢ 내적 갈등은 대체로 '괴로움'을 같이 수반한다.

㉣ 내적 갈등은 '무언가를 바라는 이상 속의 자아'와 '그것을 현실화하지 못하는 현실 속의 자아'의 갈등으로 이루어지기도 한다.

(2) 외적 갈등

① 인물과 인물 간의 갈등(인물 vs. 인물)
   ㉠ 작품에서 가장 많이 나타나는 갈등 구조.
   ㉡ '주동 인물과 반동 인물'의 대립 구조로 제시된다.
   ㉢ 보통 '어떤 사건'을 두고 서로 갈등하는 경우가 많다.

② 인물과 사회 간의 갈등(인물 vs. 사회)
   ㉠ 윤리, 사회 구조, 경제, 이념 등의 문제와 관련되어 있다.
   ㉡ 사회 구조로 인해 개인이 괴로움을 느끼고 문제를 겪고 있는 구조로 나온다.

③ 인물과 자연 간의 갈등(인물 vs. 자연)
   ㉠ 거대한 바다, 거대한 산, 거대한 우주 등에서 겪는 문제와 관련되어 있다.
   ㉡ 자연에 처한, 한 개인이 문제를 겪는 구조로 나온다.

④ 인물과 운명 간의 갈등(인물 vs. 운명)
   ㉠ 하늘이 정해준 운명에 따라 사는 것을 거부하는 내용으로 많이 나타난다.
   ㉡ 결말은 운명에 패배하거나, 운명을 거부하거나, 운명에 순응하는 내용으로 전개된다.

4. 논점

(1) 첨예한 갈등

① '첨예하다'란 '상황이나 사태 따위가 날카롭고 격하다.'는 의미로 갈등 상황이 어느 정도 '절정'에 다다르고 있다는 의미이다.

② 예컨대, '전쟁 중'이라면, 싸움이 어느 전동 진행되어 절정에 치달을 때이다.

③ 또는 '말다툼 중'이라면, 두 인물의 격앙된 목소리로 격하게 싸울 때이다.

④ 또는 '질투하는 중'이라면, 상대방을 격렬하게 괴롭힐 때이다.

⑤ 잔잔한 내용이 주를 이루거나, 일상적인 생활과 관련된 묘사 등은 첨예한 갈등을 드러내기 어려우므로, 격한 싸움을 연상할 수 있는 장면으로 이루어져 있는지 확인해 보면 된다.

5 구성 방식

1. 일반적 구성

(1) 인과적 구성 vs. 병렬적 구성

구분	인과적 구성	병렬적 구성 (=삽화식 구성)
의미	원인과 결과를 아울러 이르는 말.	내용이 '나란히' 늘어서 있는 것을 의미.
특징	'이 사건이 왜 일어나게 되었는가?'를 풀어주는 구조로 되어 있다.	같은 시간대 '다른 사건'을 언급할 때 '병렬적'으로 구성할 수 있다.
	'인과적 구성' 내에 '병렬적 구성'이라든가, '역행적 구성'과 같은 다른 구성도 올 수 있다.	일상생활에서의 사건 나열은 병렬적 구성으로 이해해도 괜찮다.
표현	~어서, ~ 때문이다.	한편, 각설, 차설, 이때 등

(2) 순행적 구성 vs. 역행적 구성

구분	순행적 구성	역행적 구성
의미	내용이 '시간의 순서대로' 차례대로 나아가는 것을 의미한다.	내용이 '시간의 순서대로'가 아닌 '과거'로 거슬러 올라가는 것을 의미한다.
특징	시간을 '과거-현재-미래'와 같이 순차적으로 배열하는 방식을 의미한다.	'서술' 부분에서 과거로 돌아가는 부분이 있으면, '역순행적' 또는 '역행적' 구성이라고 말한다.
	'서술하는 시간'과 '서술되는 시간'이 일치한다는 의미는 '현재'와 관련된 서술이라는 의미이다.	'서술하는 시간'과 '서술되는 시간'이 일치하지 않는다는 의미는 '과거' 또는 '미래'와 관련된 서술이라는 의미이다.
주의	시간의 흐름에 따라 진행하다가 대화 내용에서 '회상'을 할 수는 있다.(대화 내 회상)	'대화' 내용 내에서 '과거'와 관련된 내용이 있으면 '역순행적 구성'이라 말하지 않는다.(대화 내 회상)

2. 다양한 구성

(1) 옴니버스식 vs. 피카레스크

구분	옴니버스식 구성	피카레스크식 구성
의미	영화나 연극의 한 형식. 하나의 주제를 중심으로 몇 개의 독립된 짧은 이야기를 늘어놓아 한 편의 작품으로 만든다.	독립된 여러 개의 이야기를 모아, 전체적으로 보다 큰 통일성을 갖도록 구성하는 방식.
특징	지문으로 나오기는 어려운 구성이다. 따라서 이론을 설명하는 구조로 많이 나온다. 옴니버스는 '주제'가 같다는 것이 특징이다.	여러 개의 사건이 인과 관계에 의해 긴밀하게 짜여진 구성이 아니라, 산만하게 나열되어 있는 연작 형식의 구성이다.
	영화나 연극에서 많이 나오는 구성이다.	만화, 애니메이션에서 많이 나오는 구성이다.
예	영화, 「러브 액츄얼리」	장편 만화, 장편 애니메이션 「나루토」, 「원피스」

(2) 액자식 구성

구분	액자식 구성
의미	액자처럼 '테두리'와 '내용' 있다는 의미이다.
특징	'외부 이야기'와 '내부 이야기'로 나뉜다.('외화, 내화'라는 용어로도 표현한다.)
	외부 이야기와 내부 이야기의 서술자가 달라질 수도 있다.(액자식 구성의 가장 큰 특징!)
예	김동인, 「배따라기」 : 외화(일인칭 관찰자 시점), 내화(전지적 작가 시점)

⑶ 가전체

구분	가전체 구성	
의미	사물을 의인화하여 전기(傳記) 형식으로 서술하는 문학 양식.	
특징	'사람'과 관련된 이야기가 아니고, '일대기'를 중심으로 서술된다.	
	'우화(또는 우의적), 의인화'의 수법을 써서 '인간과 관련된 상황'에 대해 비판적인 시각을 드러낼 때가 있다.	
구조	① 인물과 관련된 소개 ② 인물과 관련된 행적들(일대기 요소가 나타남.) ③ 작가의 평가	
예	임춘, 「국순전」	술을 의인화
	이규보, 「국선생전」	
	임춘, 「공방전」	돈을 의인화
	이첨, 「저생전」	종이를 의인화
	이곡, 「죽부인전」	대나무를 의인화
	이규보, 「청강사자현부전」	거북이를 의인화
	석식영암, 「정시자전」	지팡이를 의인화

⑷ 영웅 서사 구조

구분	영웅 서사 구조	
의미	'영웅'이란 '지혜와 재능이 뛰어나고 용맹하여 보통 사람이 하기 어려운 일을 해내는 사람'을 의미하는데, 극 중에서 '능력치'가 뛰어난 사람을 의미한다.	
특징	영웅 서사 구조는 '어떤 한 인물의 일생'을 드러내는 경우가 많다.	
구조	① 고귀한 혈통	왕족의 핏줄, 신의 핏줄
	② 비정상적인 출생, 특별한 탄생	알에서 태어나거나 누가 데려다 주거나 등
	③ 비범한 능력	도술을 쓰거나 백발백중으로 활을 쏘아 대상을 맞추거나 등
	④ 어렸을 때 겪는 고난	거의 죽을 정도의 고비. 그러나 죽지 않는다.
	⑤ 조력자의 도움	수련하거나 위기를 벗어나도록 도와준다. 주인공은 죽지 않는다.
	⑥ 다시 위기에 봉착	그동안의 수련이 이 위기를 이겨낼 수 있도록 한다.
	⑦ 위기를 극복하고 승리자가 된다.	−

(5) 환몽 구조

구분	환몽 구조
의미	'꿈'을 이용하여 이야기를 서술하는 구조(환몽: 허황된 꿈.)
특징	'현실 - 입몽 - 각몽'의 구조로 이루어진다.
구조	① 현실
	② 꿈(입몽 - 꿈속에서 벌어진 일 - 각몽)
	③ 현실

(6) 몽유록 소설 vs. 몽자류 소설

구분	몽유록 소설	몽자류 소설
대표 작품	원생몽유록, 대관재몽유록	구운몽, 옥루몽
구조	환몽구조	
	꿈속에서 일어난 사건을 내용으로 하는 문학 작품. 우리나라의 전통적인 문학 작품의 한 유형으로 '현실-입몽-각몽'의 구조로 이루어진다.	주인공이 꿈속에서 현실과 다른 존재로 태어나 현실과 전혀 다른 일생을 겪은 다음 꿈에서 깨어나 깨달음을 얻는다는 이야기를 담고 있다. 우리나라의 전통적인 문학 작품의 한 유형으로 '현실-입몽-각몽'의 구조로 이루어진다.
차이	'몽유록'은 서술자가 꿈속에 들어가 본인의 의식을 지니고 있다.	'몽자류'는 '주인공이 다른 인물'로 태어나게 된다.
	'몽유록'은 '꿈'을 불만의 해소 공간으로 그린다.	'몽자류'는 꿈에서의 부귀영화를 즐겨도 꿈 자체를 허무의식의 세계로 인식하기도 한다.

(7) 적강 구조

구분	액자식 구성
의미	'적강'이란 '신선이 인간 세상에 내려오거나 사람으로 태어남.'을 뜻한다.
특징	유배지가 '인간 세계'이다.
	인물들의 전생이 '신선'이거나 '선녀'이다.
	천상계와 인간계라는 용어를 쓰며, 이를 '이원적 공간(구조)'이란 용어로 표현하기도 한다.
예	작자 미상, 「숙향전」

6 배경

1. 정의

'배경'이란 사건이나 환경, 인물 따위를 둘러싼 주위의 정경을 의미한다.

2. 특징

(1) '작품의 분위기'를 형성한다.

예 '눈이 내리는 밤'을 바탕으로 묘사하여 작품의 조용한 분위기를 만들어 낼 수 있다.

연습문제

1 '선군'이 인간으로 태어났다는 것은 천상계로부터 귀양 왔다는 것을 의미한다. (○, ×)

문득 녹의홍상으로 단장한 낭자가 방문을 열고 들어 와서 두 번 절하고 옆에 앉더니,

"낭군은 저를 몰라보시겠습니까? 제가 여기에 온 것은 다름이 아니오라 우리 둘이 천생연분이 있기로 이렇게 찾아왔습니다."

하였다. 이에 선군은,

"나는 진세(塵世)의 속객(俗客)이요, 낭자는 천상의 선녀인데 어찌 우리 사이에 연분이 있다 하오?"

하고 의아하여 물었다. 그러자 낭자는,

"낭군은 본디 하늘에서 비를 내리게 하는 선관(仙官)이셨는데, 요지연에서 저와 서로 희롱한 죄로 상제께서 인간 세상에 귀양을 보냈으며, 이 세상에서 우리의 인연을 이루라 했나이다. 그런데 낭군께서는 어찌 이것을 모르시고 다른 가문에 구혼하려 하시나이까? 낭군은 저를 위해 삼 년만 기다려주시옵소서."

선군이 깨어나 보니 남가일몽(南柯一夢)이라.

— 작자 미상, 「숙영낭자전」

>> ○

(2) '앞으로의 전개'와 관련을 짓기도 한다.

> **예** 사건의 부정적인 현실을 보여주기 위해, 한 마리씩 죽어가는 개미의 모습을 묘사하기도 하였다.

(3) '인물의 심리적 상황'과 연결할 수 있다.

> **예** 인물이 우울함에 못 이겨 괴로워하는데, 때마침 폭우가 쏟아진다.

(4) 인물의 상황에 '현실감'을 부여한다.(시대적 배경이 여기에 속한다.)

> **예** 조선 시대, 한 여인이 살았으니, 그 이름은 강세진이다.

번호	시기	시대적 배경과 관련된 단어
①	일제 강점기	순사, 일본군, 내지인, 제2차 세계대전 등
②	6·25 전쟁	공비, 연합군, 빨치산, 빨갱이, 공산주의 등

3. 분석하는 방법

(1) 배경은 단어, 문장으로 아주 짧게 제시될 때도 있고, 한 지면을 다 쓸 만큼 자세하게 쓸 때도 있다.

(2) 보통 배경 묘사가 4~5줄 이상이 되면 해당 작품에서 상당히 중요하다는 의미이므로, 따로 '배경 묘사'라고 적어 두어야 한다.

(3) 자연과 관련된 배경 묘사가 많다.

7 문체

1. 간결체 vs. 만연체

구분	간결체(簡潔體)	만연체(蔓衍體)
의미	짧고 간결한 문장으로 내용을 명쾌하게 표현하는 문체.	많은 어구를 이용하여 반복·부연·수식·설명함으로써 문장을 장황하게 표현하는 문체.
특징	간결체를 쓰면 속도감이 있는 것처럼 느껴진다.	정보를 충분히 전달할 수 있다는 장점은 있으나 문장의 긴밀성이 떨어진다는 흠이 있다.
	문장이 1줄~2줄 이내에 대체로 끝난다.	문장이 길면 지문의 처음부터 끝까지 한 문장으로 이루어질 수도 있다. 연결 어미를 자주 쓴다.
주의	장면 제시인데 간결체를 쓴다고 해서 사건 전개 속도가 빠르다고 말할 수 없다.	만연체를 쓴다고 하여 무조건 사건 전개의 속도가 느린 것은 아니다.

2. '간결체/만연체'와 '속도감'과의 관계

번호	기준	속도감
①	간결체 + 요약적 제시	→ 사건 전개 속도가 빠르다.
②	만연체 + 요약적 제시	→ 사건 전개 속도가 빠르다.
③	간결체 + 장면 제시	→ 사건 전개 속도가 느리다.
④	만연체 + 장면 제시	→ 사건 전개 속도가 느리다.

8 표현

1. 묘사(描寫)

(1) 정의

어떤 대상이나 사물, 현상 따위를 언어로 그림을 그리듯이 표현한 것을 의미한다.

(2) 종류

번호	종류	특징
①	감각적 묘사	'오감(시각, 청각, 후각, 미각, 촉각)'이 기준이다.
②	섬세하고 치밀한 묘사	묘사가 상세하게 적혀 있다. 분량이 많다.
③	환상적 묘사	비현실적인 요소가 가미된 묘사이다.(용궁, 천상계, 지옥 등)
④	행동 묘사	인물이 하는 행동을 위주로 드러내는 서술을 '행동 묘사'라고 한다.
⑤	외양 묘사	외양 묘사는 겉으로 보이는 모양을 의미한다.(서술자의 직접 제시, 인물의 대화)
⑥	전기적 요소	㉠ 죽은 사람이 살아 돌아오는 경우 ㉡ 죽은 연인과 다시 인연을 맺는 경우 ㉢ 살아있는 사람이 지옥에 다녀오는 경우

2. 비유(比喩)

(1) 정의

어떤 현상이나 사물을 직접 설명하지 아니하고 다른 비슷한 현상이나 사물에 빗대어서 설명하는 일.

(2) 종류

번호	종류	특징
①	직유법	'처럼, 듯이, 같이, 인 양'과 같은 매개어 확인.
②	은유법	'a의 b', 'b는 a이다.'와 같은 구조 확인.
③	의인법	사람이 아닌 대상을 사람처럼 표현한 구절 확인.
④	활유법	생명체가 아닌 대상을 생명체처럼 표현한 구절 확인.
⑤	풍유법	속담, 격언 등을 확인.

3. 대화(對話)

(1) 정의

① 마주 대하여 이야기를 주고받는 것을 의미한다.

② 등장인물들의 대사이다. 큰따옴표를 쓴다.(요즘은 작가가 문장 부호를 생략하는 경우도 있다.)

연습문제

춘향이가 그제야 못 이기는 모습으로 겨우 일어나 광한루로 건너갈 제, 대명전(大明殿) 대들보의 명매기 걸음으로, 양지(陽地) 마당의 씨암탉 걸음으로, 흰모래 바다의 금자라 걸음으로, 달 같은 태도 꽃다운 용모로 천천히 건너간다. 월(越)나라 서시(西施)가 배우던 걸음걸이로 흐늘흐늘 건너온다. 도련님 난간에 절반만 비켜서서 그윽이 바라보니 춘향이가 건너오는데 광한루 가까이 온지라. 도련님 좋아라고 자세히 살펴보니 요염하고 정숙하여 그 아름다움이 세상에 둘도 없는지라.
얼굴이 빼어나니 청강(淸江)에 노는 학이 설월(雪月)에 비친 것 같고, 흰 치아 붉은 입술이 반쯤 열렸으니 별도 같고 옥도 같다. 연지를 품은 듯, 자줏빛 치마 고운 태도는 석양에 비치는 안개 같고, 푸른 치마가 영롱하여 은하수 물결 같다. 고운 걸음 단정히 옮겨 천연히 누각에 올라 부끄러이 서 있거늘, 통인 불러 말한다.
　 – 작자 미상, 「열녀춘향수절가」

1 비속어를 사용하여 감정을 그대로 드러내고 있다.　(○, ×)

2 비유적 표현을 열거하여 인물의 행동을 미화하고 있다.　(○, ×)

》》**1.** ○ **2.** ○

(2) 종류

번호	종류	특징
①	사투리, 방언	어느 한 지방에서만 쓰는, 표준어가 아닌 말을 뜻한다. 그 지역의 고유함을 드러내는 효과가 있다.
예	전라도 사투리	긍게, 잘들 지내보드라고잉~
	충청도 사투리	그런디 먹은 것두 읇거이, 먹던 쇠주 있으면 마눌이나 짓찧어 놓구 갈앉히면 모를까 …….
②	비속어	격이 낮고 속된 말.(욕) '낮잡아 이르는 말'도 여기에 속한다.
③	격조 있는 표현	'격조'란 문예 작품 따위에서, 격식과 운치에 어울리는 가락을 뜻하는데, 매우 점잖고, 교양이 있는 말투로 드러내는 것을 말한다. '현학적인 표현'과는 차이가 있다.
④	현학적인 표현	'현학적'이란 학식이 있음을 자랑하는 것을 말한다. 인물의 행동이나 말투에 '자랑'이 내포되어 있는지 확인해야 한다.

4. 풍자 vs. 해학

구분	풍자(諷刺)	해학(諧謔)
의미	문학 작품 따위에서, 현실의 부정적 현상이나 모순 따위를 빗대어 비웃으면서 쓰는 것을 말한다.	익살스럽고도 품위가 있는 말이나 행동을 의미한다. 해학은 '연민'과 관련하여 설명할 수 있다.
특징	풍자를 쓰는 현실은 대체로 '부정적'이다. '공격성'이 있다.	해학을 드러내는 방식으로 '언어유희', '과장된 몸짓이나 말' 등이 있다.
	직접적으로 비판하는 방식이 아닌 '놀리듯이', '비웃으면서' 드러내는 표현 방식이다.	'희화화'가 유발된다.(희화화: 어떤 인물의 외모나 성격, 또는 사건이 의도적으로 우스꽝스럽게 묘사되거나 풍자됨. 또는 그렇게 만듦.)
예	봉산탈춤에서 말뚝이가 양반을 놀리는 대목 말뚝이: (가운데쯤에 나와서) 쉬이. (음악과 춤 멈춘다.) 양반 나오신다아! 양반이라고 하니까 노론(老論), 소론(少論), 호조(戶曹), 병조(兵曹), 옥당(玉堂)을 다 지내고 삼정승(三政丞), 육판서(六判書)를 다 지낸 퇴로 재상(退老宰相)으로 계신 양반인 줄 알지 마시오. 개잘량이라는 '양'에 개다리 소반이라는 '반'자 쓰는 양반이 나오신단 말이오.(해학 ○, 풍자 ○)	

5. 4대 미적 범주

(1) 기준 ①

구분	사전적 정의	특징
골계미 (滑稽美)	자연의 질서나 이치를 의의 있는 것으로 존중하지 않고 추락시킴으로써 미의식이 나타난다.	① 풍자, 해학 ② 익살, 우스꽝스러움, 유머
비장미 (悲壯美)	자연을 인식하는 '나'의 실현 의지가 현실적 여건 때문에 좌절될 때 미의식이 나타난다.	① 자기희생적 의지에서 죽음을 각오할 때(비극적) ② 슬프고 애상적인 분위기를 자아냄.

우아미 (優雅美)	자연을 바라보는 '나'가 자연의 조화라는 가치에 순응하는 태도를 보임으로써 미의식이 나타난다.	① 조화된 질서에서 느끼는 감정 ② 고전적인 멋을 향유하는 것
숭고미 (崇高美)	자연을 인식하는 '나'가 자연의 조화를 현실에서 추구하고 실현하고자 하는 태도를 보임으로써 미의식이 나타난다.	① 경이(驚異), 외경(畏敬), 위대함 따위의 느낌 ② 경건하고 엄숙한 분위기, 종교적인 분위기

(2) 기준 ②

종류	특징	
골계미 (滑稽美)	있어야 할 것과 있는 것이 상반.	있어야 할 것을 부정, 있는 것을 긍정.
비장미 (悲壯美)	있는 것과 있어야 할 것이 상반.	있어야 할 것을 긍정, 있는 것을 부정.
우아미 (優雅美)	있는 것과 있어야 할 것이, '있는 것'에 의해 융합	
숭고미 (崇高美)	있어야 할 것과 있는 것이, '있어야 할 것'에 의해 융합	

9 극, 시나리오

1. 시나리오 용어

(1) 종류

번호	종류	특징
①	S# (신 넘버) 장면 번호	숫자로 적혀 있다. 장면 번호가 '연속'되어 나타나는지 확인해야 한다.
②	C.U. (클로즈 업) Close Up.	인물이나 주요 깊게 봐야 하는 장면을 확대하여 촬영하는 방식이다.
③	F.I. (페이드 인) Fade In.	화면이 점점 밝아지는 기법이다. 장면이 바뀔 때 자주 사용한다.
④	F.O. (페이드 아웃) Fade Out.	F.I과 반대로 화면이 점점 어두워지는 기법이다. 장면이 바뀔 때 자주 사용한다.
⑤	E. (이펙트) Effect. 효과음	화면 밖의 음성이나 음향, 대사 등을 제시할 때 효과적이다.
⑥	NAR. (내레이션) Narration.	화면 밖에서 주로 설명하거나 대화할 때 사용한다.
⑦	O.L (오버 랩) Over Lap	하나의 장면이 끝날 때 부드럽게 다른 장면을 '겹쳐서' 보여주는 기법을 말한다. 장면 전환에 많이 쓰인다.
⑧	Ins. (인서트) Insert	화면과 화면 사이에 다른 화면을 끼워 넣는 기법이다.

⑨	PAN. (팬)	카메라를 상하좌우로 움직이는 것을 말한다.
⑩	F.S. (풀 신) Full Scene	화면 전체를 잡는 샷. 인물 외에 배경을 드러낼 때 자주 쓰는 기법이다.
⑪	몽타주	화면을 따로따로 촬영하여 나중에 이어 붙이는 편집 기법이다.

(2) 예

> S# 48 수라간(회상*, 밤)
>
> 급히 들어오는 한 나인. 이리저리 휘돌아보다가 선반 옆 서랍 속에서 무언가를 급히 찾는다.
> 한 나인: (E*) 순간, 부자탕은 감두탕이나 녹두로 해독할 수 있다는 네 말이 떠올랐다. 그러나, 네가 이걸로 살아날 수 있을지 알 수가 없구나. 살았느냐, 명이야…….
> 이윽고 녹두물 그릇을 찾은 듯 급히 품에 넣고 나간다.

2. 극 용어

(1) 종류

번호	종류	특징
①	막(幕)	연극의 단락을 세는 단위이다. 한 막은 무대의 막이 올랐다가 다시 내릴 때까지로 하위 단위인 장(場)으로 구성된다.
②	장(場)	① 연극의 단락을 세는 기본 단위이다. 막(幕)의 하위 단위로 무대 장면이 변하지 않고 이루어지는 사건의 한 토막을 말한다. ② 장면이 변할 때는 무대 장치를 쓰거나, 조명을 쓰거나, 인물의 등장/퇴장하거나 한다.
③	해설	① 시간적 배경과 공간적 배경, 등장인물에 대한 소개, 무대 장치에 관해 설명한다. ② 주로 극의 '첫머리'에 나온다.(작품의 첫머리, 막이 오르기 전후에 제시)
④	지시문	인물들의 표정, 행동, 말투 등을 지시하거나 무대와 관련된 내용을 적은 것들을 말한다.
⑤	무대 지시문	거의 '막' 다음이나 '장' 다음에 적혀 있다.
⑥	행동(동작) 지시문	괄호 안에 적혀 있거나 문장으로 적혀 있다.
⑦	대사	인물들이 하는 말이다. 대사를 통해 인물의 성격을 알 수 있다.
⑧	대화	2명 이상의 등장인물이 서로 말을 주고받는 것을 말한다.
⑨	독백	배우가 상대역 없이 혼자 말하는 행위나 대사이다. 관객에게 인물의 심리 상태를 전달하는 데 효과적이다.
⑩	방백	등장인물이 대사를 할 때, 무대 위의 다른 인물에게는 들리지 않는다. 오로지 관객만 들을 수 있는 것으로 약속된 대사를 뜻한다.

(2) 객석과 무대

구분	객석	무대
의미	극장 따위에서 손님이 앉는 자리.	노래, 춤, 연극 따위를 하기 위하여 객석 정면에 만들어 놓은 단
특징	관객의 몰입을 위해서는 '무대'와 '객석'은 '분리'되어 있어야 한다.	

구분		
특징	'무대 밖의 사건'은 보통 인물의 대화나 표정, 행동 등을 통해 나타난다. 따라서 극이 이루어지는 현 무대에 '무대 밖의 사건'이 장면으로 제시되기 어렵다.	
	무대와 객석의 경계가 깨진 상황 ① 관객의 몰입을 방해하거나 이성적인 생각을 하기 위한 장치. ② 관객을 청자로 보고 청유문으로 말함. ③ 관객에게 말을 건네거나 해설함.	

3. 희곡 vs. 소설

구분	희곡	소설
차이점	서술자 개입 × (특별한 경우를 제외)	서술자 개입 ○
	등장인물의 수, 시간, 공간 제약 ○	등장인물의 수, 시간, 공간 제약 ×
	대사, 지시문에 의한 행동 중심	서술, 묘사, 대화로 표현
	대사와 행동을 통한 심리 묘사 ○	섬세한 심리 묘사 ○
공통점	자아와 세계와의 갈등 및 성격의 묘사, 대화 사용, 배경 설정, 주제 의식 등이 서로 유사함.	

4. 희곡 vs. 시나리오

구분	희곡	시나리오
차이점	연극의 대본 ○	시나리오 대본 ○
	등장인물의 수, 시간, 공간 제약 ○	등장인물의 수, 시간, 공간 제약 ×
	무대 위에서 상연 ○	스크린에서 상영 ○
	막과 장으로 구성 ○	신과 시퀀스로 구성 ○
공통점	대사, 행동, 지시문 ○ 대사와 행동을 통한 심리 묘사 ○ 서술자 개입 ×(해설자 개입은 별개)	

04 내용상 키워드

1 선지 구성 원리

세진쌤의 핵심TIP

시험에 구성된 선지
① <u>직설적인 어조</u>로써 메시지를 전달하고 있다.
② <u>이상적 세계</u>에 대한 그리움을 노래하고 있다.
③ <u>높임법</u>을 활용하여 주제 의식을 강화하고 있다.
④ <u>주관을 배제한 시각</u>으로 자연을 묘사하고 있다.
⑤ <u>토속적 시어</u>를 활용하여 향토색을 드러내고 있다.
⑥ 희망과 신념을 드러내는 <u>단정적 어조</u>로 표현하고 있다.

1. 화자의 상황과 정서

화자	공간 시간	청자 (시적 대상)

상황	부정적	긍정적	자연	인간사

정서	부정적	긍정적	희로애락

2. 자주 등장하는 키워드

아는 내용에 동그라미 하세요.

부정적 현실	일제 강점기	6.25 전쟁	산업화	IMF
긍정적 현실	순수한 자연	이상 세계		

	사랑	기쁨	즐거움	목가적
긍정	공경	동경	깨달음	자연 친화

	원망	체념	허무	괴리감
부정	절망	슬픔	그리움	냉소
	외로움	가난	부재	결핍
	부끄러움	안타까움	후회	애상감

	의지적	단정적	직설적	비판적
어조	풍자적	반어적	독백적	관조적
	자조적	냉소적	성찰적	고백적
	영탄적	예찬적	전통적	이야기하는 듯한

기타	종교(구도)	운명	반성/성찰	교훈
	한가로움	초월	의연함	연민
	유대감	공감		

2 내용상 해석

1. 부정적 상황

번호	내용	설명
①	가난	물질적으로 부족할 경우를 '가난'이라고 표현하는데, '가난'에 대한 이미지는 무조건 부정적이지 않다. '안빈낙도'와 '청빈한 선비의 삶'과 같은 내용을 고려해 보면 '가난'을 '긍정적'으로 그리기도 하기 때문이다.
②	고난(苦難) 시련(試鍊/試練)	부정적 현실에서 얻는 고통이 있는지 확인하면 된다.
③	단절(斷切/斷截)	'단절'이란 유대나 연관 관계를 끊음을 뜻한다. 어떤 세계 또는 어떤 대상과의 연결고리가 끊겨 있는지를 중심으로 파악하면 된다.
④	부재(不在)	화자가 언급하는 대상이 화자의 곁에 없거나 해당 작품 내에 존재하지 않을 때, '부재가 나타난다.'고 말할 수 있다. 보통은 '대상의 부재, 임의 부재' 등으로 출제된다.
⑤	비극적(悲劇的) 현실	서사 전개에 있어, 화자가 처한 현실이 일반적이지 못하고 불행이 연속되거나 괴로움이 연속되고 있는 현실을 의미한다. 그리고 이 현실이 더 이상 극복될 수 없을 때 더욱 비극성을 심화한다.
⑥	암울(暗鬱)한 상황	부정적인 현실을 찾아도 충분하다. 화자가 이에 대해 '절망'이라 느끼고 있다면, 더욱 암울한 상황에 가깝다고 할 수 있다.
⑦	이별(離別)의 상황 (사별 포함)	사랑하는 임이나 고향을 떠날 때의 상황으로 보통 부정적인 상황으로 이해하며, '슬픔'이 동반된다.

2. 공간의 분위기

번호	내용	설명
①	경건(敬虔)한 분위기	'경건한 분위기'일 때, 함부로 떠들거나 활발할 수 없는 조용한 분위기를 이어가는 경우가 많다. 게다가 감히 행동할 수 없으므로 엄숙한 분위기와도 잘 어울린다.
②	고즈넉한 분위기	화자가 있는 공간이 시끄럽지 않고 조용한 분위기이다.
③	목가적(牧歌的) 분위기	바쁜 도시의 생활과 대비된다. 여유롭고 한가로운 시골의(또는 자연) 분위기가 그려져 있는지 확인하면 된다.
④	숭고(崇高)한 분위기	보통 남을 위해 자신의 목숨을 내놓을 만큼 자기희생적일 때, 자연을 대하는 경외감이 클 때, 이런 분위기에서 '숭고함'을 읽을 수 있다.

⑤	애상적(哀想的) 분위기	'애상적'이란 말은 '슬프다'라는 의미와 유사하다. 따라서 화자가 어떤 상황에 슬퍼하고 있는지 확인하면 된다.
⑥	향토적(鄕土的) 분위기	도시에서 쉽게 볼 수 없는 것들이 있는지 여부를 확인한다.
⑦	환상적(幻想的) 분위기	비현실적인 세계와 관련이 깊다. '용궁', '천상계(옥황상제)', '지옥', '온갖 도술을 부리는 세계', '상상의 세계'를 포함한다.

3. 구성

번호	내용	설명
①	여로(旅路) 구성, 여정(旅程)에 의한 구성	'여로'나 '여정'과 같은 이야기가 나오면 공간의 이동이 있는지 여부로 확인하면 된다.
②	운명론(運命論)	이미 하늘에서 정해진 것을 의미한다. '팔자'라는 말로 자신의 운명이 이미 정해져 있다는 듯한 말투를 보여 주거나, '하늘이 정해 놓았다.'라는 듯한 표현을 쓴다. '운명론'과 관련하여 인물이 갖는 태도는 다양하다. '수용, 거부, 긍정, 부정' 등의 태도가 나타난다.
③	이원적(二元的) 공간	보통 '적강 구조'에서 확인된다. '이원적 구조' 또는 '이원적 공간'이라고 하는데, '천상계'와 '지상계'가 확인되면 된다.
④	자연의 섭리(攝理)	'자연의 섭리'는 자연계의 법칙과 연결된다. 따라서 '자연에 순응하는 법칙' 또는 '자연의 법칙', '약육강식' 등의 개념과 같이 연결하여서 생각하면 된다.
⑤	종교적(宗敎的) 신념(信念)	'기독교, 불교'와 관련된 표현이 있는지 확인하면 된다.
⑥	탈속적(脫俗的) 공간	'속세, 홍진, 인간 세계'와 대비되는 공간이 있는지 확인하면 된다.

4. 대립 구조

번호	내용	설명
①	생성(生成) 이미지	'생성 이미지'는 '소멸 이미지'의 반대 개념으로, 없었던 것이 새로이 생겨났는지를 중심으로 확인하면 된다.
②	소멸(消滅) 이미지	작품 내용에서 있었던 것이 사라졌는지 확인하면 된다. '소멸 이미지'는 이미지가 상당히 뚜렷하므로 주로 단어로 제시되어 있다.
③	지향(志向)	보통 시에서는 부정적인 상황 속에서 화자가 바라는 행동이나 생각으로 나타날 때 지향하는 삶의 자세가 나타났다고 말할 수 있다. 물론, 긍정적인 상황 속에서 더 큰 꿈을 꿀 때도 가능하다.
④	지양(止揚)	보통은 '지향'과 헷갈려서 문제를 틀리는 경우가 많다. '지양'은 '하지 않는 것'을 의미하고, '지향'은 '하는 것'을 의미하므로, 이를 정확하게 구별해야 한다.

| ⑤ | 인간의 유한성(有限性) | 인간은 결국 죽음을 맞이하는 존재이다. 따라서 한계가 있다. 이런 상황을 어렵게 '인간의 유한성'이라 표현한다. 이와 달리 자연은 관점에 따라 '유한성'을 보여 주기도 하고 '무한성'을 보여 주기도 하므로, 자연물과 관련된 이야기는 주제를 잘 파악해야 한다. |
| ⑥ | '자연'의 무한함 | 개별적인 자연물도 결국 '죽음'을 맞이하지만, 다시 꽃이 피고 진다는 점에서 인간과 달리 무한하다. |

5. 부정적 정서

번호	내용	설명
①	결핍(缺乏)	'불만족 상황'의 연속이며, 충족이 덜 된 부분이 있는지 확인하면 된다.
②	고뇌(苦惱)	화자가 어떤 상황이나 대상에 대해 심각하게 생각하며 괴로워할 때 '고뇌가 드러났다.'라고 한다.
③	고독(孤獨), 외로움	화자가 홀로 있는 상황을 괴로워하고 있는지 확인하면 된다.
④	그리움	화자와 함께 있지 않은 대상이나 이미 세상을 떠난 대상을, 화자가 보고 싶어 하는지 확인하면 된다.
⑤	도피(逃避)	문제의 상황을 해결하지 않고 그대로 둔 채, 다른 곳으로 도망갔는지 확인하면 쉽게 파악할 수 있다.
⑥	비관(悲觀)	'미래'에 대한 희망이 없으며, 절망적인 정서를 지니고 있어야 설명할 수 있다.
⑦	비난(非難)	해당 태도가 있으려면 화자가 다른 대상에 대해 나쁘게 말하고자 하는 의도로 말해야 한다. 비판하는 태도와 다르게 '감정적'이므로 '분노'가 있을 수도 있다.
⑧	비판(批判)	'이성적' 사고를 지니며, 비난이 아닌 자기 생각을 바탕으로 '다른 대상'의 그릇됨을 논리적으로 밝히는 것이 있는지 확인한다. 비난과 전혀 다른 태도이기 때문에 화자의 상황 분석이 중요하다.
⑨	안타까움	화자가 어떤 상황에 대해 공감하면서 보기에 딱한 감정을 느끼는지 확인하면 된다.
⑩	절망(絶望)	미래에 대하여 희망이 없으면 절망이라고 표현한다.

6. 긍정적 정서

번호	내용	설명
①	의지(意志)	시에서는 화자가 이루고자 하는 목표를 나타내거나 '~을 하겠다, ~을 하리라' 등의 형태로 자기 의지를 드러내기도 한다.
②	극복(克服) 의지	화자가 부정적 현실에 놓여 있지만, 그 상황을 이기고 긍정적인 상황으로 나아가는지를 파악하면 된다.
③	대결(代決) 의지	화자가 다른 대상을 두고 승패를 가르는 분위기를 만들 때 가능한 개념이다. 특히 대결하여 문제상황을 타개하겠다는 의지가 강하다.
④	깨달음	화자가 끊임없이 고민하고 결국 무엇인가를 새롭게 알게 되었을 때 '깨달음'을 얻었다고 할 수 있다.

⑤	동경(憧憬)	'동경하는 태도'가 나타난다고 할 때, 화자가 이미 그 대상에 대해서 긍정적으로 생각하거나 본받을 만한 대상이라 여기고 있을 것이다.
⑥	바람직한 가치	화자가 지향하는 상황이나 생각 등이 나타날 때, 그리고 이것이 도덕적일 때, '바람직한 삶'이라고 말할 수 있다.
⑦	소망(所望)	해당 작품 내에서 '화자가 꼭 이루고 싶은 무언가가 있고, 그러기를 바라는 간절한 마음'이 있는지 확인하면 된다.
⑧	연대(連帶)	화자 홀로 등장하기보다 다른 대상과 교감을 느끼고 어울리며 공동체를 이루는 경우가 많다.
⑨	연민(憐憫/憐愍)	대상 또는 화자의 처지가 안타깝거나 만족스럽지 못한 상황에 놓여 있으며, 인간적인 감정이 나타날 때 연민이 나타난다고 설명한다.
⑩	예찬(禮讚)	화자가 어떤 대상에 대해 칭찬하면, 예찬하는 태도가 나타난다고 볼 수 있다.

7. ○○감(感)

번호	내용	설명
①	교감(交感)	화자가 바라보는 대상과 비슷한 느낌을 받을 때 '교감이 있다.'라고 할 수 있다. 교감은 '공감'이란 말과 치환할 수 있으므로 '교감'이 어려울 때 '공감'으로 이해하는 것이 낫다.
②	기대감(期待感)	화자가 무언가가 이루어지기를 원하는지 중심으로 확인해야 한다. 화자의 욕망을 읽어 내는 것이 중요하다.
③	상실감(喪失感)	시에서 화자가 잃어버린 대상(또는 헤어진 대상)이 있는지를 찾고, 그 대상에 대해 화자가 서글퍼하는지를 파악하면 된다.
④	소외감(疏外感)	다른 것으로부터 정을 느끼지 못하고 홀로 있으며, 특히 무리 속에 홀로 고독함을 느끼고 있는지 확인해야 한다.
⑤	유대감(紐帶感)	'유대감'은 공감대만 있으면 생기는 감정이다. 서로 비슷한 상황에 놓여 있을수록 유대감이 깊어진다.
⑥	일체감(一體感)	화자가 어떤 상황이나 대상에 대해, 마치 하나가 되는 듯한 느낌 또는 '동질감'을 느끼고 있는지 확인하면 된다. '물아일체(物我一體)'란 사자성어로 설명하기도 한다.
⑦	허무감(虛無感), 덧없음	'허무'란 무의미하게 느껴져 매우 허전하고 쓸쓸한 감정을 말한다. 작품에서 화자가 어떤 것이든 가치가 없는 것처럼 느끼고 있는지 확인하면 된다.

8. ○○적 태도/자세

번호	내용	설명
①	겸양(謙讓)적 태도	겸양적 태도를 지닌 사람들은 대체로 예의가 바르고, 자기를 낮추어 말하며 남을 높이는 말을 한다. 이때 아부나 아첨을 하지 않는다.
②	관조적(觀照的) 자세	화자가 바라보는 대상에 대하여 친밀도가 높은지 낮은지와 관련된 기준이 아니다. 대상을 멀리 고요한 마음으로 바라보고 있는지가 중요하다.

③	권위적(權威的) 태도	'권위적이라 할 때'는 가부장적 태도를 지닌 사람을 가리키는 말이기도 하지만, 그 분야에 전문적인 사람일 때도 권위적이란 말로 표현하기도 한다.
④	구도(求道)적 자세	화자가 '종교(불교, 기독교)'와 관련된 어떤 태도를 지니고 있는지 확인하면 된다. 이때 참된 도리나 깨달음을 추구하는 태도를 지닌다.
⑤	달관(達觀)적 태도	어떤 상황에 얽매이지 않고, 갈등이나 고뇌에서 벗어나 그 선을 초월한 상태를 의미한다. 화자나 인물이 세속적 욕심이 없는 상태인지 파악하면 된다.
⑥	반성(反省)적 태도	'반성'을 한다고 하여 반드시 반성한 것을 고쳐야 할 필요는 없고, 그러한 생각하는 것 자체만 나와도 반성이라고 한다. '부끄러움, 자책' 등 다양한 말로 제시된다.
⑦	성찰적(省察的) 태도	지나간 일을 되돌아보는 것뿐만 아니라, 어떤 대상에 대해 깊이 생각하거나, 자신의 삶을 되돌아보는 것도 역시 '성찰'이라고 한다.
⑧	우호적 태도	화자가 대상에 대해 나쁜 감정이 없고 좋은 감정 위주로 있는지 확인하면 된다.
⑨	자조적(自嘲的) 태도	'자조적 태도'는 자신을 냉소적으로 대하는 태도를 의미한다. 자신에 대해 만족하지 못하므로 필연적으로 부정적인 현실과 연결된다.
⑩	체념적(諦念的) 태도	화자가 어떤 상황을 극복하지 못하고 포기한 부분이 있는지 찾아보면 된다.
⑪	초월적(超越的) 태도	'초월적 태도'는 이미 평범한 기준을 넘어설 때를 의미한다. 보통 사람이 경험하기 어려운 것이라서 완전히 경지를 뛰어넘은 사람을 가리키므로 내용 분석이 철저해야 한다. 하느님이나 부처님도 초월적인 인물에 해당하지만, 보통은 종교적 색채가 강해서 '초월적 태도'는 보통이 아닌 비현실적인 사람 위주로 문제를 내는 경우가 많다.
⑫	현학적(衒學的) 태도	'현학적 태도'와 '교양을 갖춘 태도'는 전혀 다른 개념이다. '현학적 태도'는 자신이 학식이 있음을 자랑하고자 하는 의도에서 비롯된 것이기 때문에 '부정적 태도'와 관련이 깊다.
⑬	회의적(懷疑的) 태도	작품에서 '회의적 태도'는 부정적 어감을 느낄 때가 많으므로 어떤 내용에 의심하고 부정적 태도를 보이는지에 관심을 가져야 한다.

9. ○○적 어조, 말투

번호	내용	설명
①	냉소적(冷笑的) 어조	'냉소적 어조'는 한 인물이(또는 화자가) 어떤 대상에 대해 쌀쌀한 태도로 대하는지 확인하면 된다. 인간미가 없는, 남을 업신여기거나 쌀쌀맞게 하는 태도를 집중하면 된다.
②	단정적(斷定的) 어조, 단호(斷乎)한 어조	인물이 우유부단하지 않고, 확실하게 결정한 것이 있는지를 중심으로 판단하면 된다. 화자의 의지가 드러날 때 화자의 어조 역시 단정적일 때가 많다.
③	담담(淡淡)한 어조	작품에서 화자가 감정을 직접적으로 내보이지 않고 평온한 마음을 가지며 말할 때, '담담하다'라고 말할 수 있다.

④	유장(悠長)한 어조	느리고 급하지 않은 느낌을 부여하는 어조인데, 우리가 어떻게 읽느냐에 따라 달라서, 내용이 전반적으로 경건한 분위기를 부여하는가, 감정이 격정적이지 않은가와 같은 다른 기준으로 접근해야 한다.
⑤	예스러운 말투	보통 '-노라, -랴, -로다' 등 어미를 통해 나타나거나 '송구스럽습니다, -옵소서' 등 지금은 잘 쓰지 않는 표현에서 느낄 수 있다.
⑥	우회적(迂廻的/迂回的) 말하기	우회적 말하기에서 먼저, '우회'와 '우화'와 헷갈리지 않도록 주의해야 한다. '우회'는 돌려 말하는 것이 핵심이기 때문에 '직설 화법'으로 바꾸어 말할 수 있는지 확인하면 된다. 즉, 직설로 다시 바꿀 수 있다는 말은 '우회적으로 말했다'라는 의미이기 때문이다.
⑦	일상어(日常語)	평소에 우리가 쓰는 말이 시어로 쓰일 때가 있는데, 이때 이 시어를 바로 '일상어'라고 말한다. 이처럼 일상어로 쓰인 시에는 어려운 한자나 어려운 말, 고어 등이 최대한 자제되어 있으므로 이를 기준으로 파악하면 된다.

10. 자연물 관련 키워드

번호	내용	설명
①	객관화(客觀化)	보통 '객관화된 화자'로 출제되는데, 화자 자신을 '나'라고 하지 않고 '다른 대상'인 것처럼 표현한다.
②	동화(同化), 합일(合一)	화자가 어떤 상황이나 대상에 대해 서로 비슷하여지고자 하는 생각이나 행동 등이 나타난다. (물아일체)
③	매개체(媒介體), 매개물(媒介物)	'매개체'나 '매개물'이나 화자가 어떤 대상을 직접적으로 말하지 않고, '연결'하여 말할 때가 있다. 직접적으로 보고 싶은 대상이나 말하고 싶은 대상이 아닌 우회적으로 '어떤 대상'을 통해 말하고 있는지 확인해 보면 된다.
④	자연 친화적(自然親和的) 태도	관념적이지 않은 실제 자연을 즐기며 노니는 행동이 나타나 있으며 이를 긍정적으로 볼 때, '자연 친화적'이라고 말한다.
⑤	조응(照應)	최근에 '무엇이 무엇에 조응된다.'라는 표현을 확인할 수 있는데, 두 대상의 유사점이 많은가로 접근하면 된다.
⑥	조화(造化)와 합일(合一) 추구	갈등보다는 어울려 지내는 것을 바라는 마음에서 비롯될 때 '조화와 합일을 추구한다.'라고 표현한다.
⑦	우화적(寓話的)	인격화한 동식물이나 기타 사물을 주인공으로 하여 그들의 행동 속에 풍자와 교훈의 뜻을 나타내는 것을 의미한다. 예 이솝우화
⑧	투영(投影)	보통 '무엇이 ~에 투영된다.'와 같이 문제로 출제되며, 정서와 연결될 때가 많으므로 서로 유사한 감정을 지녔는지 확인해 보면 된다.
⑨	환기(喚起)	'환기'는 '그런 것이 나타났다'라는 기준으로 접근하는 것이 제일 쉽다. 즉, '과거의 환기'라 하면, '과거의 일들이 제시되어 있는지' 확인해 보라는 의미이다.

11. 기타

번호	내용	설명
①	극적(劇的)	'극의 특성'을 물을 수도 있고, '큰 감동을 불러일으키는 것'과 같은 느낌을 물을 수도 있으므로 가능성을 열어 두고 문제를 보아야 할 것이다.
②	낯설게하기	러시아 형식주의의 주요한 문학적 수법. 시클롭스키(Shklovsky, V.)가 주장한 것으로 일상화되어 친숙하거나 반복되어 참신하지 않은 사물이나 관념을 특수화하고 낯설게 하여 새로운 느낌이 들도록 표현하는 것을 이른다.
③	대응(對應)	어떤 상황에 대한 화자의 생각이나 행동 등이 나타날 때, '대응 방식'이 나타났다고 말할 수 있다.
④	모티프(=모티브)	작품 내 중요한 소재를 의미하기도 하지만, 대체로 작가의 사상과 관련되어 있으므로 문제에서 별도로 물을 때가 있다. 예를 들어, 변신 모티프, 혼사 장애 모티프와 같이 말이다.
⑤	지배적(支配的)	'지배적 정서'란 화자의 정서가 매우 두드러지게 나타난 것이 있다는 의미이다. 따라서 '무엇이 지배적인지'의 '무엇이'를 분석해야 한다.
⑥	이중성(二重性), 양면성(兩面性)	'이중성'과 '양면성' 모두 동일 대상에 두 가지의 상반된 성질이 있어야 한다. 따라서 하나의 성질 외에 다른 성질이 있는지 찾아보면 된다.
⑦	해학적(諧謔的) 표현	'풍자'와 함께 제시될 때도 있지만, '풍자'가 없고 웃음만 있을 때도 '해학적 표현'이 나타나 있다고 말할 수 있다. '웃음'이 포인트이다
⑧	희화화(戲畫化)	보통은 '해학적 표현'이나 '풍자'와 관련되어 나타나는 개념이다. 따라서 우스꽝스러움, 유머, 언어유희 등을 활용하여 대상을 희화화한 부분이 있는지 확인하면 된다.

01 운문 감상법

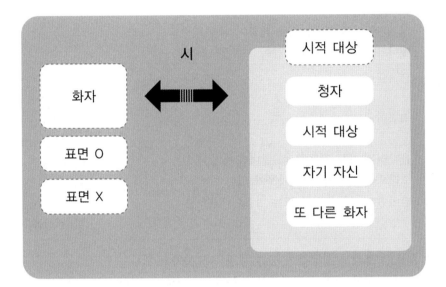

세진쌤의 핵심TIP

1. 작품 '제목'을 봐라! 주인공이다.

2. '화자'는 항상 있다.(화자 − 대상)

3. '시적 대상'이 무엇인지 파악해야 한다.
   ① 청자 : 2인칭 대명사(그대, 당신, 너), 돈호법(세진아, 윤슬아 등) 위주로 나타난다.
   ② 시적 대상 : 화자가 언급하는 대상이 한 개이면 주로 '중심 소재'일 가능성이 크다. 다양하게 등장한다.
   ③ 자기 자신 : 성찰적, 고백적 태도를 동반한다.
   ④ 또 다른 화자 : 화자가 아닌 또 다른 화자와 대화하는 구성으로 나타난다.

4. '주체'를 중심으로 '상황'을 파악해야 한다. 시를 그대로 읽으면 된다.

5. 공간적 배경과 시간적 배경을 체크한다.

6. 마지막으로 '시의 주제'를 파악해야 한다.

1 현대시

1. 표현상의 특징

01 다음 시를 감상한 내용으로 적절하지 <u>않은</u> 것은?   2024. 국가직 9급

> 머리가 마늘쪽같이 생긴 고향의 소녀와
> 한여름을 알몸으로 사는 고향의 소년과
> 같이 낯이 설어도 사랑스러운 들길이 있다
>
> 그 길에 아지랑이가 피듯 태양이 타듯
> 제비가 날듯 길을 따라 물이 흐르듯 그렇게
> 그렇게
>
> 천연히
>
> 울타리 밖에도 화초를 심는 마을이 있다
> 오래오래 잔광이 부신 마을이 있다
> 밤이면 더 많이 별이 뜨는 마을이 있다
>
> — 박용래, 「울타리 밖」

① 향토적 소재를 활용하여 공간 풍경을 묘사하고 있다.
② 유사한 문장 구조를 반복하여 리듬감을 조성하고 있다.
③ 화자를 표면에 나타내어 고향에 대한 상실감을 표출하고 있다.
④ 하나의 시어를 독립된 연으로 구성하여 주제 의식을 강조하고 있다.

[작품 구조 분석]

02 다음 글의 특징으로 가장 적절한 것은?

2021. 국가직 9급

> 살아가노라면
> 가슴 아픈 일 한두 가지겠는가
>
> 깊은 곳에 뿌리를 감추고
> 흔들리지 않는 자기를 사는 나무처럼
> 그걸 사는 거다
>
> 봄, 여름, 가을, 긴 겨울을
> 높은 곳으로
> 보다 높은 곳으로, 쉬임 없이
> 한결같이
>
> 사노라면
> 가슴 상하는 일 한두 가지겠는가
>
> ─ 조병화, 「나무의 철학」

① 문답법을 통해 과거의 삶을 반추하고 있다.
② 반어적 표현을 활용하여 슬픔의 정서를 나타내고 있다.
③ 사물을 의인화하여 현실을 목가적으로 보여 주고 있다.
④ 설의적 표현을 활용하여 삶의 깨달음을 강조하고 있다.

[작품 구조 분석]

03 다음 글을 감상한 내용으로 적절하지 <u>않은</u> 것은?

2023. 지방직 7급

> 그래 살아봐야지
> 너도 나도 공이 되어
> 떨어져도 튀는 공이 되어
>
> 살아봐야지
> 쓰러지는 법이 없는 둥근
> 공처럼, 탄력의 나라의
> 왕자처럼
>
> 가볍게 떠올라야지
> 곧 움직일 준비되어 있는 꼴
> 둥근 공이 되어
>
> 옳지 최선의 꼴
> 지금의 네 모습처럼
> 떨어져도 튀어 오르는 공
> 쓰러지는 법이 없는 공이 되어
>
> ─ 정현종, 「떨어져도 튀는 공처럼」

① 대상이 지닌 속성을 통해 주제를 부각하고 있다.
② 청유형 어투를 통해 화자의 소망을 전달하고 있다.
③ 동일한 시어의 반복을 통해 운율감을 형성하고 있다.
④ 대상의 의인화를 통해 화자의 모순된 감정을 표출하고 있다.

[작품 구조 분석]

2. 내용상 해석

04 다음 시에 대한 이해로 적절하지 <u>않은</u> 것은?

2022. 국가직 9급

> 봄은 / 남해에서도 북녘에서도
> 오지 않는다.
>
> 너그럽고 / 빛나는
> 봄의 그 눈짓은,
> 제주에서 두만까지
> 우리가 디딘
> 아름다운 논밭에서 움튼다.
>
> 겨울은, / 바다와 대륙 밖에서
> 그 매운 눈보라 몰고 왔지만
> 이제 올
> 너그러운 봄은, 삼천리 마을마다
> 우리들 가슴속에서 / 움트리라.
>
> 움터서,
> 강산을 덮은 그 미움의 쇠붙이들
> 눈 녹이듯 흐물흐물
> 녹여버리겠지.
>
> — 신동엽, 「봄은」

① 현실을 초월한 순수 자연의 세계를 노래하고 있다.
② 희망과 신념을 드러내는 단정적 어조로 표현하고 있다.
③ 시어들의 상징적인 의미를 통해 주제를 형성하고 있다.
④ '봄'과 '겨울'의 이원적 대립으로 시상을 전개하고 있다.

[작품 구조 분석]

05 **다음 시를 이해한 내용으로 적절하지 않은 것은?**

2023. 지방직 9급

> 사랑을 잃고 나는 쓰네
>
> 잘 있거라, 짧았던 밤들아
> 창밖을 떠돌던 겨울 안개들아
> 아무것도 모르던 촛불들아, 잘 있거라
> 공포를 기다리던 흰 종이들아
> 망설임을 대신하던 눈물들아
> 잘 있거라, 더 이상 내 것이 아닌 열망들아
>
> 장님처럼 나 이제 더듬거리며 문을 잠그네
> 가엾은 내 사랑 빈집에 갇혔네
>
> – 기형도, 「빈집」

① 대상들을 호명하며 안타까운 심정을 표현하고 있다.
② '빈집'은 상실감으로 공허해진 내면을 상징하고 있다.
③ 영탄형 어조를 활용해 이별에 따른 정서를 부각하고 있다.
④ 글 쓰는 행위를 통해 잃어버린 사랑의 회복을 열망하고 있다.

[작품 구조 분석]

06 ㉠~㉣에 대한 이해로 가장 적절한 것은?

2022. 지방직 9급

> ㉠산(山)새도 오리나무
> 위에서 운다
> 산새는 왜 우노, 시메산골
> 영(嶺) 넘어가려고 그래서 울지
>
> 눈은 내리네, 와서 덮이네
> 오늘도 하룻길은
> ㉡칠팔십 리(七八十里)
> 돌아서서 육십 리는 가기도 했소
>
> ㉢불귀(不歸), 불귀, 다시 불귀
> 삼수갑산에 다시 불귀
> 사나이 속이라 잊으련만
> 십오 년 정분을 못 잊겠네
>
> 산에는 오는 눈, 들에는 녹는 눈
> 산새도 오리나무
> ㉣위에서 운다
> 삼수갑산 가는 길은 고개의 길
>
> – 김소월, 「산」

① ㉠은 시적 화자와 상반되는 처지에 놓여 있다.
② ㉡은 시적 화자에게 놓인 방랑길을 비유한다.
③ ㉢은 시적 화자의 이국 지향 의식을 강조한다.
④ ㉣은 시적 화자가 지닌 분노의 정서를 대변한다.

[작품 구조 분석]

07 밑줄 친 시어에 대한 해석으로 가장 옳지 않은 것은?

2023. 서울시 9급

바닷가 햇빛 바른 바위 우에
습한 <u>간(肝)</u>을 펴서 말리우자.

코카서스 산중(山中)에서 도망해 온 <u>토끼</u>처럼
들러리를 빙빙 돌며 간(肝)을 지키자.

내가 오래 기르던 여윈 <u>독수리</u>야!
와서 뜯어 먹어라. 시름없이

너는 살찌고
나는 여위어야지, 그러나

<u>거북이</u>야!
다시는 용궁의 유혹에 안 떨어진다.

프로메테우스 불쌍한 프로메테우스
불 도전한 죄로 목에 맷돌을 달고
끝없이 침전하는 <u>프로메테우스</u>

– 윤동주, 「간(肝)」

① '간(肝)'은 화자가 지켜야 하는 지조와 생명을 가리킨다.
② 코카서스 산중에서 도망해 온 '토끼'는 토끼전과 프로메테우스 신화를 연결한다.
③ '독수리'와 '거북이'는 이 시에서 유사한 의미를 갖는 존재이다.
④ '프로메테우스'는 끝없이 침전한다는 점에서 시대의 고통이 큼을 암시한다.

[작품 구조 분석]

08 ㉠~㉣에 대한 이해로 가장 적절하지 <u>않은</u> 것은?   2023. 서울시 9급

> 어미를 따라 잡힌
> 어린 게 한 마리
>
> 큰 게들이 새끼줄에 묶여
> 거품을 뿜으며 헛발질할 때
> 게장수의 ㉠<u>구럭</u>을 빠져나와
> 옆으로 옆으로 ㉡<u>아스팔트</u>를 기어간다.
> 개펄에서 숨바꼭질하던 시절
> 바다의 자유는 어디 있을까
> 눈을 세워 ㉢<u>사방</u>을 두리번거리다
> 달려오는 군용 트럭에 깔려
> 길바닥에 터져 죽는다
>
> ㉣<u>먼지</u> 속에 썩어가는 어린 게의 시체
> 아무도 보지 않는 찬란한 빛
>
> — 김광규, 「어린 게의 죽음」

① ㉠: 폭압으로 자유를 잃은 구속된 현실을 의미한다.
② ㉡: 자유를 위해 도달하고자 하는 미래의 공간을 나타낸다.
③ ㉢: 약자가 돌파구를 찾기 어려운 현실을 나타낸다.
④ ㉣: 주목받지 못한 채 방치된 대상의 현실을 강조한다.

[작품 구조 분석]

09 다음 시에 대한 이해로 적절하지 <u>않은</u> 것은?

2021. 지방직 7급

> 텔레비전을 끄자 / 풀벌레 소리
> 어둠과 함께 방 안 가득 들어온다
> 어둠 속에서 들으니 벌레 소리들 환하다
> 별빛이 묻어 더 낭랑하다
> 귀뚜라미나 여치 같은 큰 울음 사이에는
> 너무 작아 들리지 않는 소리도 있다
> 그 풀벌레들의 작은 귀를 생각한다
> 내 귀에는 들리지 않는 소리들이 드나드는
> 까맣고 좁은 통로들을 생각한다
> 그 통로의 끝에 두근거리며 매달린
> 여린 마음들을 생각한다
> 발뒤꿈치처럼 두꺼운 내 귀에 부딪쳤다가
> 되돌아간 소리들을 생각한다
> 브라운관이 뿜어낸 현란한 빛이
> 내 눈과 귀를 두껍게 채우는 동안
> 그 울음소리들은 수없이 나에게 왔다가
> 너무 단단한 벽에 놀라 되돌아갔을 것이다
> 하루살이들처럼 전등에 부딪쳤다가
> 바닥에 새카맣게 떨어졌을 것이다
> 크게 밤공기 들이쉬니
> 허파 속으로 그 소리들이 들어온다
> 허파도 별빛이 묻어 조금은 환해진다
>
> — 김기택, 「풀벌레들의 작은 귀를 생각함」

① 문명과 자연의 호혜적 관계가 나타나고 있다.
② 자연의 실재감이 공감각적 이미지를 통해 부각되고 있다.
③ 텔레비전을 끄기 전후의 상황이 대조적으로 드러나고 있다.
④ 문명의 이기에 가려졌던 자연에 관심을 가지려는 태도가 나타나고 있다.

[작품 구조 분석]

참고 고전시가 팁

(1) 현대역 방법

① 아래아: · → ㅏ(주로 첫째 음절), ㅡ(주로 둘째 음절)

　예 ㅁ·ᅀᆞᆷ → 마음, 하ᄂᆞᆯ → 하늘, 사ᄅᆞᆷ → 사람

② 어두자음군: ㅅㄱ, ㅅㄷ, ㅅㅂ, ㅂㄷ, ㅂㅅ, ㅂㅈ, ㅄㄷ, ㅄㄱ, ㅄㄷ 등 → 된소리

　예 제 ᄠᅳ들 → 제 뜻을, ᄭᅩ리 → 꼬리, ᄎᆞᆷᄡᅢ → 참깨

③ 구개음화: 디, 뎌, 텨, 툐 등 → 지, 져, 쳐, 죠

　예 (모습을) 디녀 나샷다 → 지니며 태어나셨다,

　　　뎌 가는 뎨 각시 → 저기 가는 저 각시

④ 순경음: ㅁ, ㅸ, ㅃ, ㆄ → ㅁ, ㅂ, ㅃ, ㅍ

　예 자ᄫᅡ 먹어야지. → 잡아 먹어야지, 받ᄌᆞᄫᅥ > 받으셔

⑤ 반치음: ㅿ → 탈락

　예 ᄀᆞᅀᆞᆯ → 가을

⑥ 원순모음화: 믈, 블, 플 → 물, 불, 풀

　예 블 위에 → 불 위에

⑦ 두음법칙: 니 → 이 (ㄴ → ㅇ, ㄹ → ㄴ, ㄹ → ㅇ)

　예 니르고져 → 이르고자

(2) 고전 문법 지식

① 주격 조사: '이, ㅣ, ∅'으로 나온다. → '이' 또는 '가'로 해석

　예 ᄉᆡ미 기픈 → 샘이 깊은

② 관형격 조사: '이/의, ㅅ'으로 나온다 → '의'로 해석

　예 사ᄉᆞᆷ이 등과 → 사슴의 등과, 부텻 모미 → 부처의 몸이

③ 의문형 어미: ‑고, ‑가, ‑ㄴ다, ‑녀, ‑뇨 등 → '‑까'로 해석

　예 네 언제 온다 → 너 언제 오니?

　　수고(受苦)를 ᄒᆞᄂᆞᆫ뇨 → 수고 하십니까?

(3) 중요 고전 시어

① 체언

번호	단어	의미	예
①	ᄀᆞ룸/가롬	강	ᄀᆞᄅᆞ미 프ᄅᆞ니 새 더욱 히오
②	ᄀᆞᄉᆞᆯ	가을	어느 ᄀᆞᄉᆞᆯ 이른 ᄇᆞᄅᆞ매
③	굿/ᄀᆞᆽ	끝	ᄀᆞᆾ 업슨 디는 나못니픈
④	건곤(乾坤)	하늘과 땅 (온 세상)	건곤이 폐색ᄒᆞ야 백설이 ᄒᆞᆫ 비친제
⑤	곰비	뒤	덕(德)이란 곰비예 받ᄌᆞᆸ고
⑥	님비	앞	복(福)이란 림비예 받ᄌᆞᆸ고
⑦	곶/ᄭᅩᆺ	꽃	대동강 아즐가 대동강 건너편 고즐여
⑧	관산(關山)	국경, 관문, 요새	사호맷 ᄆᆞ리 관산 북녀긔 잇ᄂᆞ니

⑨	금수(錦繡)	수놓은 비단 (아름다운 경치 비유)	연하 일휘는 금수를 재폇는 듯
	연하(煙霞)	안개와 노을	
⑩	나리(물)	시내(물)	새파른 나리여히 기랑이 즈싀 이슈라.
⑪	나조	저녁	아츰이 낫브거니 나조해라 슬흘소냐.
⑫	놀애/놀이	날개	향 므던 놀애로 님의 오시 올므리라
⑬	남여(藍輿)	가마	남여를 비야 투고 솔 아래 구븐 길로
⑭	녀름	여름	긴 녀름 강촌애 일마다 유심ᄒ도다
⑮	녹사의	우비 (소박한 옷차림)	청약립도 써 잇노라, 녹사의 가져오라.
⑯	청약립	삿갓	
⑰	녹양(綠楊), 녹양방초(綠楊芳草)	양류, 버드나무, 버드나무와 꽃다운 풀	녹양방초는 세우(細雨)중에 프르도다
⑱	싸	땅	하ᄂᆞᆯ콰 싸콰는 일야에 뗫도다
⑲	도화(桃花)	복숭아꽃 (붉은색)	백구야 헌사ᄒ랴 못 미들손 도화ㅣ로다.
⑳	띠집, 초가, 수간모옥	소박한 집	산수간 바회 아래 띠집을 짓노라 ᄒ니
㉑	ᄆᆞ술/ᄆᆞ올	마을	몰ᄀᆞᆫ ᄀᆞᄅᆞᆷ 흔 고비 ᄆᆞ술홀 아나 흐르ᄂᆞ니
㉒	미	들	–
㉓	모쳠	초가(의 처마)	모쳠 비쵠 히롤 옥누의 올리고져
㉔	뫼	산	뫼흔 길고 길고 물은 멀고 멀고
		어른의 식사	죽조반 조석 뫼 녜와 ᄀᆞᆺ티 세시ᄂᆞᆫ가
㉕	믈	물	믈 ᄀᆞᄐᆞᆫ 얼굴이 편ᄒ실 적 몃 날인고.
㉖	블	불	플은 어이ᄒ야 프르ᄂᆞᆫ 듯 누르ᄂᆞ니
㉗	플	풀	
㉘	바롤	바다	살어리 살어리랏다 바ᄅᆞ래 살어리랏다
㉙	백구(白鷗)	흰 갈매기	백구야 헌사ᄒ랴 못 미들손 도화ㅣ로다.
㉚	백구(白駒)	흰 망아지	
㉛	벽계수(碧溪水)	푸른 시냇물	청산리 벽계수야 수이 감을 자랑마라
㉜	별헤	벼랑에	유월 보로매 아으 별헤 ᄇᆞ룐 빗 다호라
㉝	부용(芙蓉)	연꽃	부용(芙蓉)을 고잣는 듯
㉞	사창(紗窓), 옥창, 규방	여인의 방	제 혼자 우러 녜어 사창 여윈 좀을 솔쓰리도
㉟	삼춘(三春), 삼하(三夏), 삼추(三秋), 삼동(三冬)	봄, 여름, 가을, 겨울	삼춘화류 호시절에 경물이 시름 업다
㊱	세우(細雨)	가랑비 (봄비)	세우가 내리ᄂᆞ고

㊲	소(沼), 지당(池塘)	연못	말가ᄒᆞᆫ 기픈 소희 온갇 고기 뛰노ᄂᆞ다
㊳	소반(小盤)	밥상	네 다리 소반 위에 멀건 죽 한 그릇
㊴	수품(手品)	솜씨, 실력, 능력	수품 제도를 나 곧 아니면 어찌 일으리오
㊵	시비(柴扉)	사립문	시비를 여지마라, 날 ᄎᆞ즈리 뉘 이시리
㊶	시앗	첩	요악한 아우 동서 여우 같은 시앗년에
㊷	실솔(蟋蟀)	귀뚜라미	님 글인 상사몽이 실솔이 넉시되야
㊸	약수(弱水)	아무것도 빠져나올 수 없는 전설 속의 강	무슨 약수가 가렷건데
㊹	양춘(陽春)	따뜻한 봄	양춘을 백양루에 올리고져.
㊺	여름	열매	불휘 기픈 남ᄀᆞᆫ ᄇᆞᄅᆞ매 아니 뮐씨 곶 됴코 여름ᄒᆞ나니
㊻	온	백(100)	즈믄 힐 장존ᄒᆞ샬 약이라 받ᄌᆞᆸ노이다.
㊼	즈믄	천(1000)	
㊽	우부(愚夫)	어리석은 사람	우부도 알며 ᄒᆞ거니 긔 아니 쉬운가
㊾	우음	웃음	하하 허허 ᄒᆞᆫ 들 내 우음이 정 우움가
㊿	이ᄅᆡ	아양	이ᄅᆡ야 교ᄐᆡ야 어ᄌᆞ러이 ᄒᆞ돗썬디
(51)	이화(李花)	배꽃 (흰색, 봄)	이화우 흣쁘릴 제 울며 잡고 이별ᄒᆞᆫ 님
(52)	잣	성(城)	자ᇫ ᄋᆞᆫ 보ᄆᆡ 플와 나못분 기펫도다
(53)	졍지	부엌	가다가 가다가 드로라 에졍지 가다가 드로라
(54)	조화옹(造化翁)	조물주	조화옹이 시기하듯
(55)	즘싱(즘생)	짐승	즘싱을 연민하여
(56)	즈슬	모습을	ᄂᆞᄆᆡ 브롤 즈슬 디녀 나샷다.
(57)	즌 ᄃᆡ	진 곳 (위험한 곳)	즌 ᄃᆡ ᄆᆞ른 ᄃᆡ ᄀᆞᆯ히지 말고
(58)	천상백옥경 (天上白玉京)	옥황상제의 도성(都城). 곧 황성(皇城)을 뜻함.	천상 백옥경을 뒤로 하고
(59)	촉(燭)	촛불	촉 잡고 갓가이 사랑할 제 암향 조ᄎᆞ 부동터라
(60)	침선	바느질	침선 돕는 유를 각각 명호를 정하여 벗을 삼을 새
(61)	파람	휘파람	청풍의 옷깃 열고 긴 파람 흘리 불 제
(62)	ᄒᆞᄅᆞ	하루	어느 ᄒᆞᄅᆞ는 즐겁게
(63)	햐암/향암	시골에 살아 세상 이치를 모르는 어리석은 사람	어리고 햐암의 뜻의ᄂᆞᆫ 내 분인가 ᄒᆞ노라

㉟	해동(海東), 계림, 동이, 동방	우리나라	해동 육룡이 ᄂᆞᄅᆞ샤 일마다 천복이시니
㉟	해오라비	해오라기, 하얀 백로	검은 까마귀 해오라비 되도록에
㉟	행화(杏花)	살구꽃 (분홍빛)	도화행화는 석양리예 피여잇고
㉟	혜음(헴, 헴가림)	근심, 걱정, 시름	단표누항에 훗튼 혜음 아니 ᄒᆞ니
㉟	홍진(紅塵), 풍진(風塵), 속세(俗世), 진세(塵世), 인간(人間), 인세(人世), 사바, 하계, 차안	세속적 세계/인간 세계/삶의 세계	홍진에 뭇친 분네 이내 생애 엇더ᄒᆞ고
㉟	황운(黃雲)	누런 구름 (누렇게 익은 곡식)	황운은 ᄯᅩ 엇지 만경에 편 거긔요
		전쟁을 의미	

② 용언

번호	단어	의미	예
①	가시다	없어지다	님 향한 일편 단심이야 가실 줄이 있으랴
			인사(人事)ㅣ 변한들 산천이딴 가샐가
②	고두하다	머리를 숙이다	성진이 고두하고 울며 가로되
③	괴다	(정신적) 사랑하다	내 얼굴 이 거동이 님 괴얌즉 ᄒᆞ가마는
④	긋다	끊어지다	노픈 둣 ᄂᆞ즌 둣 그슨 둣 닛는 둣
⑤	씌우다	꺼리다	공명도 날 씌우고, 부귀도 날 씌우니
⑥	녀다, 니다, 녜다	가다, 지내다, 살아가다	니믈 ᄒᆞᆫᄃᆡ 녀가져 원을 비ᄉᆞ노이다.
⑦	낫브다	바쁘다	아ᄎᆞᆷ이 낫브거니 나조해라 슬흘소냐.
⑧	늣기다	흐느끼다	하 어쳑 업서셔 늣기다가 그리 되게
⑨	닛다	이어지다	노픈 둣 ᄂᆞ즌 둣 그슨 둣 닛는 둣
⑩	둏다/됴타	좋다	불휘 기픈 남ᄀᆞᆫ ᄇᆞ르매 아니 뮐씨 곳 됴코 여름 하ᄂᆞ니
⑪	좋다/조타	깨끗하다	언의 뉘 이 죠흔 뜻을 알리 잇다 ᄒᆞ리오
⑫	몰다, 견화이다, 마련하다	마름질하다, 재단하다	칼로 몰아 낸가, 붓으로 그려낸가
⑬	믜다	미워하다	믜어한 사람
⑭	방송하다	내보내다, 석방하다	"서대주의 착한 마음을 본받아라" 하고 인하여 방송하니

번호	단어	의미	예
⑮	버히다	자르다	<u>버힌</u> 보리
⑯	벼기다	우기다, 모함하다	<u>벼기더시니</u> 뉘러시니잇가 뉘러시니잇가
⑰	뷔다	비다	<u>뷘</u> 공간
⑱	삼기다	생기다, 태어나다, 만들어지다	이 몸 <u>삼기실</u> 제 님을 조차 삼기시니
⑲	싀오다	시기하다	<u>싀옴</u>이 읻또다
⑳	선ᄒ다	서운하다	잡ᄉ와 두어리마ᄂᆞᄂᆞ <u>선ᄒ면</u> 아니올셰라
㉑	슬믜다	싫어지고 미워지다	<u>슬믠</u> 사람이 이고세 인느냐
㉒	슬타	싫다	노는 게 <u>슬타</u>
㉓	슬허하다	슬퍼하다	ᄉᆞ롬이 져 시만 못ᄒ믈 못닉 <u>슬허ᄒ노라</u>
㉔	싀어디여	사라져서, 죽어 없어져	출하리 <u>싀어디여</u> 범나븨 되오리라
㉕	어리다	어리석다	이 마음 <u>어리기도</u> 님 위한 탓이로세
㉖	어엿브다	불쌍하다	<u>어엿븐</u> 그림재 날 조촐 ᄯᅮᆫ이로다
㉗	얼다	사랑하다	<u>어론</u> 님 오신 밤이어든 구뷔구뷔 펴리라
㉘	여히다/여희다	이별하다, 헤어지다	<u>여희여ᅀᅳᆫ</u>을 슬흐니 새 ᄆᆞᅀᆞᆷ을 놀래ᄂᆞ다
㉙	오뎐된	방정맞은	<u>오뎐된</u> 계셩의 ᄌᆞᆷ은 엇디 ᄭᅢ돗던고
㉚	오마 ᄒ다 /오다ᄒ다	온다고 하다	님이 <u>오마 ᄒ거늘</u> 져녁밥을 일찍 지어 먹고
㉛	외다	그르다, 잘못되다	슬프거나 즐거우나 옳다 하나 <u>외다</u> 하나
㉜	이슷하다	비슷하다	산 접동새 난 <u>이슷ᄒ요이다</u>
㉝	쟐다	짧다	긴 소ᄅᆡ <u>쟈른</u> 소ᄅᆡ 절절이 슬픈 소ᄅᆡ
㉞	젓다/저어하다	두려워하다	다른 것들이 <u>저어하다</u>
㉟	하다	많다(多), 크다(大)	노래삼긴 ᄉᆞ람 시름도 <u>하도할샤</u>
	ᄒ다	하다(爲)	
㊱	헌ᄉ하다	야단스럽다	어와 조화옹이 <u>헌ᄉ토 헌ᄉ홀샤</u>
㊲	혀다	(악기, 불을) 켜다	이월 보로매 아으 노피 <u>현</u> 등ᅀᆞ불 다호라
㊳	혜다	생각하다, 헤아리다	허튼 <u>혜음</u>

③ 수식언

번호	단어	의미	예
①	건듯	잠깐 사이에, 어느덧, 문득	동풍이 <u>건듯</u> 부러 적셜을 헤텨 내니
	져근덧		<u>져근덧</u> ᄉᆡᆼ각마라 이 시룸 닛쟈 ᄒ니
②	고텨	다시	염냥이 ᄯᅢ롤 아라 가ᄂᆞᆫ 둧 <u>고텨</u> 오니
③	모쳐라	마침	<u>모쳐라</u> 밤일미망졍 ᄒᆡᆼ혀 낫이런들 ᄂᆞᆷ 우일 번 ᄒ괘라

번호	단어	의미	예
④	바히	전혀, 아주	<u>바히</u> 업다
⑤	빗기/비겨	비스듬히	난간에 <u>비겨셔서</u> 님 가신 딕 바라보니
⑥	수이	쉽게, 빨리	청산리 벽계수야 <u>수이</u> 감을 자랑 마라
⑦	슬크장	실컷	무옴의 머근 말숨 <u>슬크장</u> 숣쟈 흐니
⑧	유세차	이해의 차례는 (제문의 첫머리에 관용적으로 쓰이는 말)	<u>유세차</u> 모년 모월 모일에
⑨	즈로	자주	구룸 빗치 조타 흐나 검기를 <u>즈로</u> 흐다
⑩	흐마(하마)	이미, 벌써	엊그제 저멋더니 <u>흐마</u> 어이 다 늘거니

④ 조사, 어미, 접사

번호	단어	의미	예
①	-고져	-하고자 (소망, 의도)	출하리 한강의 목멱에 다히<u>고져</u>
②	-곰	-좀 (강세 접미사)	돌하 노피<u>곰</u> 도두샤 어긔야 머리<u>곰</u> 비취오시라
③	-ᄂ다/는다	-느냐 (의문형 종결 어미)	네 언제 <u>온다</u>
④	-다려/드려	에게 (부사격 조사)	눌<u>다려</u> 물을는고
⑤	-다호라	-같구나	유월 보로매 아으 별혜 브론 빗 <u>다호라</u>
⑥	-다히/-다이	-의, -쪽 (-답게)	무등산 흔 활기 뫼희 동<u>다히</u>로 버더 이셔
⑦	-딕	-곳 (장소)	즌 <u>딕</u>롤 드딕욜셰라
⑧	-도곤, -에	-보다 (부사격 조사)	누고셔 삼공<u>도곤</u> 낫다 흐더니 만승이 이만흐랴
⑧	-라와	-보다 (부사격 조사)	널<u>라와</u> 시름 한 나도 자고 니러 우니노라
⑨	-ㄹ셰라	-할까 두렵다	잡스와 두어리마ᄂᆞᆫ 선흐면 아니올<u>셰라</u>
⑩	-손딕	-에게 (부사격 조사)	뉘<u>손딕</u> 타 나관딕 양지조차 ᄀᆞᆮᆞᆫ다
⑪	-우희	㉠ 시간 + -우희 : -전에	천세 <u>우희</u> 미리 정흐샨 한수 북에
⑪	-우희	㉡ 공간 + -우희 : -위에	중문 나서 대문 나가 지방 <u>우희</u> 치ᄃᆞ라 안자
⑫	-제	-때	이 몸 삼기실 <u>제</u> 님을 조차 삼기시니
⑬	-ㅋ니와	물론이거니와	각시님 돌이야 <u>ㅋ니와</u> 구준 비나 되쇼셔
⑭	-하	-야(호격 조사)	돌<u>하</u> 노피곰 도두샤
⑮	-흘	을/를(목적격 조사)	먼 뫼<u>흘</u> 바라보니

2 고전 시가

1. 고대 가요

01 **다음 글에 대한 설명으로 가장 옳은 것은?**

2019. 서울시 9급

공무도하(公無渡河)	그대 물을 건너지 마오.
공경도하(公竟渡河)	그대 기어이 물을 건너시네.
타하이사(墮河而死)	물에 빠져 죽으시니
당내공하(當奈公何)	이제 그대 어찌하리.

① 황조가와 더불어 현존하는 우리나라 최고(最古)의 서사시다.
② 한시와 함께 번역한 시가가 따로 전한다.
③ '물'의 상징적 의미를 따라 시상을 전개하고 있다.
④ 몇 번을 죽어도 충성의 마음이 변치 않음을 노래하고 있다.

참고

백수 광부의 아내, 「공무도하가」
1. 갈래 : 4언 4구의 한역 시가
2. 성격 : 개인적 서정시
3. 제재 : 물
4. 주제 : 임을 여읜 슬픔
5. 출전 : 『해동역사』
6. 특징
 ① 고조선 시대의 노래이다.
 ② 우리나라 최고(最古)의 서정 가요이다.
 ③ 집단 가요에서 개인적 서정시로 넘어가는 시기의 가요이다.
 ④ 1행의 '물'은 '사랑, 충만'을 의미한다.
 ⑤ 2행의 '물'은 '이별, 부재'를 의미한다.
 ⑥ 3행의 '물'은 '죽음, 끝, 종언'을 의미한다.
 ⑦ 임을 만류 → 임의 떠남 → 임의 죽음 → 화자의 탄식과 원망의 구조로 나타나 있다.

02 **다음 글의 시상 전개 방식으로 적절하지 않은 것은?**

2009. 국가직 7급

편편황조(翩翩黃鳥)	펄펄 나는 저 꾀꼬리
자웅상의(雌雄相依)	암수 서로 정답구나.
염아지독(念我之獨)	외로워라 이내 몸은
수기여귀(誰其與歸)	뉘와 함께 돌아갈꼬.

– 유리왕, 「황조가」

① 대조를 통해 시상을 전개하고 있다.
② 기승전결의 시상 전개 방식을 보이고 있다.
③ 선경 후정의 시상 전개 방식을 보이고 있다.
④ 근경에서 원경으로 시선을 이동하면서 전개하고 있다.

참고

유리왕, 「황조가」
1. 갈래 : 4언 4구의 한역 시가
2. 성격 : 개인적 서정시
3. 제재 : 꾀꼬리
4. 주제 : 짝을 잃은 슬픔과 외로움
5. 출전 : 『삼국사기』
6. 특징
 ① 자연물을 빌려 우의적으로 표현하였다.
 ② 현전하는 최고(最古)의 개인적 서정시이다.
 ③ 집단 가요에서 개인적 서정시로 넘어가는 단계이다.
 ④ '꾀꼬리'는 화자와 대비되는 대상이다.(객관적 상관물)
 ⑤ 1, 2구와 3, 4구가 완벽한 대칭 구조를 이룬다.
 ⑥ 선경후정의 시상 전개 방식을 따르고 있다.

참고

작자 미상, 「구지가」
1. 갈래: 집단 무가, 주술가, 4구체 한역 시가
2. 성격: 집단적, 주술적
3. 제재: 거북이
4. 주제: 임금(수로왕)의 강림의 기원
5. 출전: 『삼국유사』
6. 특징
   ① 직설적 표현이 나타나 있다.
   ② 명령 어미가 나타나 있다.
   ③ 부름 → 명령 → 가정 → 위협의 구조로 되어 있다.
   ④ 현전하는 최고(最古)의 집단 무요이다.
   ⑤ 주술성을 지닌 노동요이다.
   ⑥ 상대방을 위협하는 말하기 방식을 취하고 있다.
   ⑦ 거북은 신령스러운 존재로, 소망을 들어주는 주술의 대상이자, 주술의 매체이다.

03 다음 작품에 설명으로 가장 옳지 않은 것은?

2020. 서울시 9급

> 구하구하(龜何龜何)　　　거북아, 거북아.
> 수기현야(首其現也)　　　머리를 내어라.
> 약불현야(若不現也)　　　내어 놓지 않으면,
> 번작이끽야(燔灼而喫也)　구워서 먹으리.
>
> — 작자 미상, 「구지가」

① 향가 발생 이전의 고대 시가이다.
② 환기, 명령, 가정의 어법을 지닌 주술적 노래이다.
③ 음악, 시가, 무용이 모두 어우러진 종합 예술의 성격을 띠고 있다.
④ 고조선 곽리자고의 아내 여옥이 지었다고 전해지는 순수 서정시가이다.

2. 향가

04 다음 글에 대한 설명으로 적절한 것은?

2017. 지방직 9급

> 　　生死 길흔
> 　　이에 이샤매 머믓그리고
> 　　나는 가ᄂ다 말ㅅ도
> 　　몯다 니르고 가ᄂ닛고
> 5　어느 ᄀᄉᆞᆯ 이른 ᄇᆞᄅᆞ매
> 　　이에 뎌에 ᄯᅳ러딜 닙ᄀᆞᆫ
> 　　ᄒᆞᄃᆞᆫ 가지라 나고
> 　　가논 곧 모ᄃᆞ론뎌
> 　　아야 彌陀刹아 맛보올 나
> 10　道 닷가 기드리고다
>
> — 월명사, 「제망매가(祭亡妹歌)」

① 시적 대상과의 재회에 대한 소망을 담고 있다.
② 반어적 표현을 통해 화자의 정서를 부각하고 있다.
③ 세속의 인연에 미련을 두지 않은 구도자의 자세를 드러내고 있다.
④ 상황 인식-객관적 서경 묘사-종교적 기원의 3단 구성으로 되어 있다.

참고

월명사, 「제망매가(祭亡妹歌)」
1. 갈래: 10구체 향가, 서정시
2. 성격: 추모적, 애상적, 불교적
3. 제재: 누이의 죽음
4. 주제: 누이의 죽음으로 인한 슬픔과 극복 의지
5. 출전: 『삼국유사』
6. 특징
   ① 비유와 상징성이 뛰어나다.
   ② '이른 바람'은 누이의 요절을 의미한다.
   ③ '떨어질 잎'은 죽은 누이를 의미한다.(인간의 죽음, 숙명을 의미한다.)
   ④ '한 가지'는 같은 부모를 의미한다.
   ⑤ 3행의 '나'는 누이를 의미하고, 9행의 '나'는 화자를 의미한다.
   ⑥ 2구의 '아아'는 낙구를 의미한다.
   ⑦ 4구 - 4구 - 2구의 구성으로 되어 있다.
   ⑧ 종교적인 구도의 자세를 통해 괴로움을 극복하려 한다.

현대역

삶과 죽음의 길은
여기에 있으므로 머뭇거리고,
나는 간다는 말도
못 다 하고 가는가.
5 어느 가을 이른 바람에
여기저기 떨어질 나뭇잎처럼
같은 나뭇가지에 나고서도
가는 곳을 모르겠구나.
아아, 극락 세계에서 만나 볼 내가
10 도를 닦으며 기다리겠노라.

3. 고려 가요

05 **다음 고전 시가에 대한 설명으로 가장 옳은 것은?**   2015. 서울시 7급

내 님믈 그리ᅀᆞ와 우니다니
산(山) 졉동새 난 이슷ᄒᆞ요이다.
아니시며 거츠르신 ᄃᆞᆯ 아으
잔월효성(殘月曉星)이 아ᄅᆞ시리이다
5 넉시라도 님은 ᄒᆞᆫᄃᆡ 녀져라 아으
벼기더시니 뉘러시니잇가
과(過)도 허믈도 천만(千萬) 업소이다
ᄆᆞᆯ힛 마리신뎌 / 슬웃븐뎌 아으
10 니미 나ᄅᆞᆯ ᄒᆞ마 니ᄌᆞ시니잇가
아소 님하 도람 드르샤 괴오쇼셔.

– 정서, 「정과정」

① 현재 자신의 처지에서 벗어나고 싶은 심정을 담고 있다.
② 이상과 현실의 괴리에 대한 담담한 마음을 담고 있다.
③ 다가올 미래에 대한 비관적인 심경을 담고 있다.
④ 일상적인 소재를 통해서 삶의 교훈을 담고 있다.

참고

정서, 「정과정」
1. 갈래: 고려 속요, 향가계 고려 속요
2. 성격: 충신연주지사, 유배 문학
3. 제재: 충
4. 주제: 연군의 정
5. 출전: 「악학궤범」
6. 특징
　① '기-서-결'의 3단 구성이다.
　② 향가의 전통을 잇고 있다.
　③ 한글로 전하는 고려 속요 중 유일하게 작가가 분명하다.
　④ 충신연주지사의 원류이다.
　⑤ '접동새'는 감정 이입의 대상이자 객관적 상관물이다.
　⑥ '잔월효성'은 화자의 결백을 알아주는 자연물이다.

06 다음 글을 감상한 내용으로 적절하지 **않은** 것은?　　　　2024. 국가직 9급

① 자연물을 통해 화자의 처지를 드러내고 있다.
② 천상의 존재를 통해 화자의 결백함을 나타내고 있다.
③ 설의적 표현을 활용하여 화자의 정서를 부각하고 있다.
④ 큰 숫자를 활용하여 임을 향한 화자의 그리움을 강조하고 있다.

> **현대역**
>
> 　내 임(=의종)을 그리워하여 울며 지내더니,
> 　산 접동새와 나는 비슷합니다.
> 　아니시며 거짓인 줄
> 　천지신명이 아실 것입니다.
> 5 넋이라도 임을 한데 모시고 싶어라.
> 　우기시던 이 뉘십니까?(나를 귀양 보내게 한 사람이 누구였습니까?)
> 　잘못도 허물도 전혀 없습니다.
> 　뭇사람들의 참언이도다. / 슬프구나.
> 　(이때의 참언은 거짓으로 꾸며서 남을 헐뜯어 윗사람에게 고하여 바치는 말을 의미.)
> 10 임이 나를 벌써 잊으셨습니까?
> 　아아, 임이시여, 마음을 돌려 내 말을 들으시어 사랑하소서.

4. 시조, 연시조

(1) 이별

참고

정철, 「길 위에 두 돌부처 벗고」
1. 갈래: 평시조, 단시조
2. 성격: 이별가
3. 제재: 돌부처, 이별
4. 주제: 인간사의 이별에 대한 슬픔
5. 특징
　① 인간의 상황과 대비되는 두 개의 돌부처를 보여주고 있다.
　② 화자의 애상적 정서가 나타나 있다.

07 다음 시조에 대한 설명으로 옳지 **않은** 것은?　　　　2014. 국가직 7급

> 길 위에 두 돌부처 벗고 굶고 마주 서서
> 바람비 눈서리를 맞도록 맞을망정
> 인간(人間)의 이별(離別)을 모르니 그를 불워하노라.
>
> 　　　　　　　　　　　　　　　　　　　－ 정철

① 돌부처에 대한 신앙을 풍자하고 있다.
② 작자가 전달하려는 메시지는 마지막 줄에 있다.
③ 무정의 존재에 빗대어 작자의 감정을 표현했다.
④ 한 줄은 모두 네 개의 호흡 단위(음보)로 끊어진다.

> **현대역**
>
> 길가에 선 두 돌부처, 헐벗고 굶어가며, 마주 서서
> 비바람과 눈서리를 맞을지언정
> 인간처럼 이별을 모르고 헤어지지 않으니, 그것을 부러워하노라.

(2) 충

08 ⊙~⊜에 대한 설명으로 적절하지 <u>않은</u> 것은?   2015. 국가직 9급

> 삼동(三冬)에 ⊙<u>베옷</u> 입고 암혈(巖穴)에 ⓒ<u>눈비</u> 맞아
> 구름 낀 볕뉘도 쮠 적이 없건마는
> ⓒ<u>서산에 해 지다</u> 하니 ⓔ<u>눈물겨워</u> 하노라.
>
>   – 조식

① ⊙: 화자의 <u>처지나 생활</u>을 추측할 수 있게 한다.
② ⓒ: 화자와 중심 대상 사이를 <u>연결하는 매개체</u>이다.
③ ⓒ: 화자가 머물고 있는 <u>공간과 구별</u>되는 공간이다.
④ ⓔ: 상황에 대한 화자의 <u>감정이 직접 표출</u>되고 있다.

현대역
한겨울에 삼베옷을 입고 바위굴에서 눈비를 맞으며,(은거)
구름 사이에 비취는 햇볕(=임금의 은혜)도 쮠 적이 없건마는,
석양에 해가 진다고(=임금의 승하) 하니 눈물을 억제하지 못하겠노라.

참고

조식, 「삼동(三冬)에 베옷 입고」
1. 갈래 : 평시조, 단시조
2. 성격 : 유교적, 군신유의
3. 제재 : 임금, 충
4. 주제 : 임금의 승하를 슬퍼하고 애도
5. 특징
   ① 은유적 표현이 나타나 있다.
   ② '암혈'은 은사가 거처하는 곳을 의미한다.
   ③ '볕 기운'은 임금의 은총으로 해석할 수 있다.
   ④ '서산에 해 진다'는 표현은 임금의 승하로 이해할 수 있다.
   ⑤ 상징적 표현이 나타나 있다.
   ⑥ '군신유의(君臣有義)'라는 주제 의식이 나타나 있다.

(3) 소박한 풍류

09 다음 글에 대한 설명으로 적절하지 <u>않은</u> 것은?   2017. 지방직 9급

> 재 너머 성권농(成勸農) 집의 술 닉닷 말 어제 듯고
> 누은 쇼 발로 박차 언치 노하 지즐투고
> 아희야 네 권농 겨시냐 뎡좌슈(鄭座首) 왓다 ᄒᆞ여라
>
>   – 정철

① '아히'는 화자의 의사를 간접적으로 전달하는 존재이면서도, 대화체로 이끄는 <u>영탄적 어구</u>이다.
② '언치 노하'는 <u>엄격한 격식</u>을 갖추려는 태도를 드러낸다.
③ '박차'라는 표현에서 <u>역동성과 생동감</u>을 느낄 수 있다.
④ 화자는 <u>소박한 풍류</u>를 즐기며 살고 있다.

현대역
고개 너머 사는 성 권농 집의 술이 익었다는 말을 어제 듣고,
누운 소를 발로 차서 일으켜 깔개만 얹어서 눌러 타고,
아이야, 네 주인 계시냐? 정 좌수 왔다고 여쭈어라.

참고

정철, 「재 너머 성권농(成勸農) 집의」
1. 갈래 : 평시조, 단시조
2. 성격 : 전원한정가, 풍류적
3. 제재 : 술
4. 주제 : 전원생활과 흥취
5. 특징
   ① 술과 벗을 좋아하는 작가의 풍류가 나타난다.
   ② 해학적 표현이 나타난다.
   ③ 말을 건네는 어투가 나타난다.
   ④ 시간과 공간의 생략과 비약이 나타나 있다.

참고

우탁, 「ᄒ 손에 막ᄃᆡ 잡고」
1. 갈래 : 평시조, 단시조
2. 성격 : 탄로가
3. 제재 : 백발
4. 주제 : 늙음에 대한 탄식
5. 특징
　① 대구법이 나타나 있다.
　② 의인법이 나타나 있다.
　③ 과장법이 나타나 있다.
　④ 추상적인 늙음을 구체적인 표
　　현인 '길'로 드러낸다.
　⑤ 인생의 무상함을 뼈저리게 느
　　끼게 하는 표현이 나타나 있다.
　⑥ 해학을 통해 자연의 섭리에 대
　　한 관조와 달관의 정서를 보여
　　주고 있다.

(4) 늙음에 대한 탄식

10 다음 시조에 대한 이해로 적절하지 **않은** 것은?　　　　2021. 지방직 7급

> ᄒ 손에 막ᄃᆡ 잡고 ᄯᅩ ᄒ 손에 가ᄉᆡ 쥐고
> 늙는 길 가ᄉᆡ로 막고 오는 백발(白髮) 막ᄃᆡ로 치려터니
> 백발(白髮)이 제 몬져 알고 즈럼길노 오더라
>
> － 우탁

① 인생의 덧없음을 관조적으로 표현하고 있다.
② 대상을 의인화하여 생동감 있게 표현하고 있다.
③ 거스를 수 없는 자연의 섭리를 해학적으로 표현하고 있다.
④ 인간의 한계를 드러내어 운명은 거부할 수 없음을 표현하고 있다.

> **현대역**
> 한 손에 막대를 쥐고, 또 한 손에는 가시를 쥐고,
> 늙는 길을 가시로 막고 오는 백발을 막대로 치려고 했더니,
> 백발이 제가 먼저 알고서 지름길로 오는구나.

5. 사설시조

참고

작자 미상, 「어이 못 오던가」
1. 갈래 : 사설시조
2. 성격 : 이별가
3. 제재 : 임
4. 주제 : 임에 대한 원망과 기다림
5. 특징
　① 나열법이 나타나 있다.
　② 해학적 요소가 나타나 있다.
　③ 연쇄법이 나타나 있다.
　④ 구체적인 수치를 활용하여 임
　　을 애타게 기다리는 마음을 드
　　러내고 있다.

11 다음 글에 대한 설명으로 가장 적절한 것은?　　　　2015. 지방직 9급

> 어이 못 오던가 무슴 일로 못 오던가
> 너 오는 길 위에 무쇠로 성(城)을 ᄊᆞᆫ고 성안에 담 ᄊᆞᆼ고 담안에란 집을 짓고 집
> 안에란 뒤주 노코 뒤주 안에 궤를 노코 궤 안에 너를 결박(結縛)ᄒᆞ여 너코 쌍(雙)ᄇᆡ
> 목 외걸쇠에 용(龍)거북 ᄌᆞ믈쇠로 수기수기 줌갓더냐 네 어이 그리 아니 오던가
> ᄒ 둘이 서른 날이여니 날 보라 올 하루 업스랴
>
> － 작자 미상

① 경건한 어조를 통하여 시적 대상을 송축하고 있다.
② 음성 상징어를 활용하여 화자의 상황을 그려내고 있다.
③ 소중한 존재를 잃어버린 뒤의 상실감을 드러내고 있다.
④ 유사한 문장 구조를 반복하여 기다림을 강조하고 있다.

12 다음 글을 감상한 내용으로 가장 적절한 것은?

① 동일 구절을 반복하여 '너'에 대한 섭섭한 감정을 표출하고 있다.
② 날짜 수를 대조하여 헤어진 기간이 길다는 것을 강조하고 있다.
③ 동일한 어휘를 연쇄적으로 나열하여 감정의 기복을 표현하고 있다.
④ 단계적으로 공간을 축소하여 '너'를 만날 수 있다는 희망을 표현하고 있다.

현대역

어찌하여 못 오던가, 무슨 일로 못 오던가?

네가 오는 길에 무쇠로 성을 쌓고, 성 안에 담을 쌓고, 담 안에 집을 짓고, 집 안에 뒤주를 놓고, 뒤주 안에 궤를 놓고, 그 안에 너를 필자형으로 결박하여 넣고, 쌍배목 걸쇠에 금거북 자물쇠로 깊숙이 잠가 두었느냐? 네 어찌 그리 오지 않았느냐?

한 해도 열두 달이오, 한 달 서른 날에 나를 와 볼 하루가 없으랴?

---

6. 한시

13 다음 글에서 화자가 궁극적으로 추구하는 삶의 모습은?

> 새로 거른 막걸리 젖빛처럼 뿌옇고
> 큰 사발에 보리밥, 높기가 한 자로세.
> 밥 먹자 도리깨 잡고 마당에 나서니
> 검게 탄 두 어깨 햇볕 받아 번쩍이네.
> 5 응혜야 소리 내며 발맞추어 두드리니
> 삽시간에 보리 낟알 온 마당에 가득하네.
> 주고받는 노랫가락 점점 높아지는데
> 보이느니 지붕 위에 보리 티끌뿐이로다.
> 그 기색 살펴보니 즐겁기 짝이 없어
> 10 마음이 몸의 노예 되지 않았네.
> 낙원이 먼 곳에 있는 게 아닌데
> 무엇하러 벼슬길에 헤매고 있으리오.
>
> – 정약용, 「보리타작(打麥行)」

① 농촌에서 노동하는 삶
② 벼슬을 하는 지식인의 삶
③ 육체와 정신이 조화를 이룬 삶
④ 모두가 하나 되는 공동체적인 삶

참고

정약용, 「보리타작(打麥行)」
1. 갈래 : 악부
2. 성격 : 사실적, 묘사적, 반성적
3. 제재 : 보리타작
4. 주제 : 농민들의 건강한 보리타작, 노동의 보람
5. 특징
   ① '막걸리, 보리밥, 도리깨, 옹혜야, 보리 낟알, 노랫가락' 등에서 농민들의 생활상과 건강한 삶의 모습이 나타나 있다.
   ② 보리타작하는 모습을 사실적으로 형상화하였다.
   ③ '기(4구) – 승(4구) – 전(2구) – 결(2구)'의 4단 구성으로 되어 있다.
   ④ 1~4구는 농민들의 건강한 모습을 묘사하였고, 5~8구에서는 보리타작의 흥겨운 모습을 묘사하였고, 11~12구에서는 자기 모습에 대한 반성이 나타나 있다.

www.pmg.co.kr

참고

허난설헌, 「봄비」
1. 갈래 : 한시, 5언 절구
2. 성격 : 서정적, 애상적
3. 제재 : 봄비, 시름, 살구꽃
4. 주제 : 고독한 화자의 심정
5. 특징
   ① '기승전결'의 4단 구성으로 되어 있다.
   ② '선경후정'의 구조로 되어 있다.
   ③ '1~2수'에서는 선경을, '3~4수'에서는 후경을 확인할 수 있다.
   ④ '살구꽃'에서 화자의 외로운 심정이 나타나 있다.
   ⑤ '봄비'에서 슬픔을 느낄 수 있고, '찬 바람'에서 외로움을 느낄 수 있으며, '지는 살구꽃'에서 아쉬움을 느낄 수 있다.

14 밑줄 친 시어에서 '외롭고 쓸쓸한 화자의 심정'을 나타내기 위해 동원된 객관적 상관물로서 화자 자신과 동일시되는 소재는?

2017. 지방직 9급

춘우암서지(㉠春雨暗西池)　봄비 내리니 서쪽 못은 어둑한데
경한습나막(輕寒襲㉡羅幕)　찬바람은 비단 장막으로 스며드네.
수의소병풍(愁依小㉢屛風)　시름에 겨워 작은 병풍에 기대니
장두행화락(墻頭㉣杏花落)　담장 위에 살구꽃이 떨어지네.

– 허난설헌, 「봄비」

① ㉠　　　② ㉡　　　③ ㉢　　　④ ㉣

7. 가사

참고

박인로, 「누항사(陋巷詞)」
1. 갈래 : 가사, 은일 가사
2. 성격 : 한탄
3. 제재 : 빈이무원
4. 주제 : 누항에 묻혀 빈이무원을 추구. 산림에 묻혀 사는 선비의 마음
5. 특징
   ① '개'는 화자의 참담한 심정을 고조시킨다.
   ② '와실'은 작고 누추한 집을 의미한다.
   ③ '대승'은 오디새로 화자의 참담한 심정을 고조시킨다.
   ④ 소를 빌리지 못한 화자의 안타까운 상황이 나타나 있다.

15 ㉠과 ㉡에 대한 설명으로 적절한 것은?

2019. 국가직 9급

　헌 먼덕* 숙여 쓰고 축 없는 짚신에 설피설피 물러오니
　풍채 적은 형용에 ㉠개 짖을 뿐이로다
　와실(蝸室)에 들어간들 잠이 와서 누었으랴
　북창(北窓)을 비겨 앉아 새벽을 기다리니
5　무정한 ㉡대승(戴勝)*은 이내 한을 돋우도다
　종조(終朝) 추창(惆悵)*하며 먼 들을 바라보니
　즐기는 농가(農歌)도 흥 없이 들리나다
　세정(世情) 모르는 한숨은 그칠 줄을 모르도다

– 박인로, 「누항사(陋巷詞)」

* 먼덕 : 짚으로 만든 모자
* 대승(戴勝) : 오디새
* 추창(惆悵) : 슬퍼하는 모습

① ㉠은 실재하는 존재물이고, ㉡은 상상적 허구물이다.
② ㉠은 화자의 절망을 나타내고, ㉡은 화자의 희망을 나타낸다.
③ ㉠은 화자의 내면을 상징하고, ㉡은 화자의 외양을 상징한다.
④ ㉠은 화자의 초라함을 부각시키고, ㉡은 화자의 수심을 깊게 한다.

현대역

　헌 갓을 숙여 쓰고, 축이 없는 짚신에 맥없이 물러나오니
　풍채 작은 내 모습에 개가 짖을 뿐이로다.
　작고 누추한 집에 들어간들 잠이 와서 누워 있으랴?
　북쪽 창문에 기대어 앉아 새벽을 기다리니,
5　무정한 오디새는 이내 원한을 재촉한다.
　아침이 마칠 때까지 슬퍼하며 먼 들을 바라보니
　즐기는 농부들의 노래도 흥이 없이 들린다.
　세상 인정을 모르는 한숨은 그칠 줄을 모른다.

16 **㉠~㉣에 대한 독자의 이해가 적절한 것은?**

2015. 사복직 9급

> ㉠천상의 견우 직녀 은하수 막혔어도
> 칠월칠석 일년일도(一年一度) 실기(失期)치 아니커든
> 우리 님 가신 후는 무슴 약수(弱水) 가리었기에
> 오거나 가거나 소식조차 그쳤는고
> 5 난간의 비겨 서서 ㉡님 계신 데 바라보니
> 초로(草露)는 맺혀 있고 모운(暮雲)이 지나갈 제
> 죽림(竹林) 푸른 곳에 ㉢새 소리 더욱 설다
> 세상의 설운 사람 수 없다 하려니와
> 박명(薄命)한 홍안(紅顏)이야 날 같은 이 또 있을까
> 10 ㉣아마도 이 님의 탓으로 살동말동 하여라
>
> – 허난설헌, 「규원가」

① ㉠: 같은 처지의 존재이기에 화자에게 위안이 된다.
② ㉡: 화자의 시선에는 '님'과의 재회에 대한 확신이 담겨 있다.
③ ㉢: 화자의 과거 회상을 촉발하는 구실을 한다.
④ ㉣: '님'에 대한 화자의 원망이 직접적으로 드러나 있다.

현대역

> 하늘의 견우성과 직녀성은 은하수가 막혔을지라도,
> 칠월 칠석 일 년에 한 번 씩 때를 어기지 않고 만나는데,
> 우리 임 가신 후는 무슨 장애물이 가리었기에,
> 오고 가는 소식마저 그쳤는고?
> 5 난간에 기대어 서서 임 가신 데를 바라보니,
> 풀 이슬은 맺혀 있고, 저녁 구름이 지나갈 때,
> 대 수풀 우거진 푸른 곳에 새 소리가 더욱 서럽다.
> 세상에 설운 사람 많다고 하려니와
> 운명이 기구한 여자야 나 같은 이가 또 있을까?
> 10 아마도 이 임의 탓으로 살동 말동 하여라.

참고

허난설헌, 「규원가」
1. 갈래: 가사, 규방 가사, 내방 가사
2. 성격: 원망적, 한탄적
3. 제재: 부녀자의 한
4. 주제: 봉건 사회에서의 부녀자의 한
5. 특징
  ① 4음보 연속체이다.
  ② 임을 기다리며 기구한 운명을 한탄하였다.
  ③ '은하수'와 '약수'는 장애물을 의미한다.
  ④ '천상의 견우 직녀'와 화자의 상황은 서로 대비된다.

PART **03**

02 산문 감상법

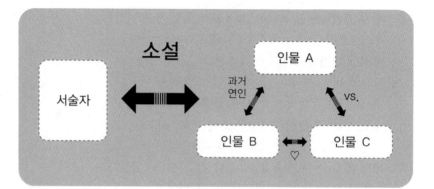

세진쌤의 핵심TIP

1. '서술자'는 항상 존재한다.
   ① '일인칭'일 경우 '나, 내, 제, 우리' 등으로 서술하고 있을 것이다.
   ② '삼인칭'일 경우 이름이 주로 나올 것이다.
   ③ '제한적 전지적 시점'을 고려해야 한다.

2. 서술자가 언급하는 '등장인물'의 관계를 파악하면 된다.
   ① 갈등을 일으키는 대상인지 확인한다.('vs'로 표시하면 편하다.)
   ② 사랑을 하는 사이인지 확인한다.('♡'로 표시하면 편하다.)
   ③ 같은 편인지, 혹은 적인지 확인한다.('동그라미'로 묶어 놓으면 편하다.)
   ④ 새로운 인물이 나오면 무조건 체크해 둔다.('☆'로 표시하면 편하다.)

3. 서술 또는 대화를 읽을 때, '주체'와 '행동'을 파악하면 된다.

4. 공간적 배경과 시간적 배경에 유의하면 된다.

① 현대소설

1. 표현상의 특징

01 다음 글을 이해한 내용으로 가장 적절한 것은?   2024. 국가직 9급

> 문득, 제비와 같이 경쾌하게 전보 배달의 자전거가 지나간다. 그의 허리에 찬 조
> 그만 가방 속에 어떠한 인생이 압축되어 있을 것인고. 불안과, 초조와, 기대와……
> 그 조그만 종이 위의, 그 짧은 문면(文面)은 그렇게도 용이하게, 또 확실하게, 사람
> 의 감정을 지배한다. 사람은 제게 온 전보를 받아 들 때 그 손이 가만히 떨림을 스
> 스로 깨닫지 못한다. 구보는 갑자기 자기에게 온 한 장의 전보를 그 봉함(封緘)을
> 떼지 않은 채 손에 들고 감동하고 싶은 충동을 느꼈다. 전보가 못 되면, 보통우편물
> 이라도 좋았다. 이제 한 장의 엽서에라도, 구보는 거의 감격을 가질 수 있을 게다.
> 흥, 하고 구보는 코웃음쳐 보았다. 그 사상은 역시 성욕의, 어느 형태로서의, 한
> 발현에 틀림없었다. 그러나 물론 결코 부자연하지 않은 생리적 현상을 무턱대고 업
> 신여길 의사는 구보에게 없었다. 사실 서울에 있지 않은 모든 벗을 구보는 잊은 지
> 오래였고 또 그 벗들도 이미 오랫동안 소식을 전하여 오지 않았다. 그들은, 모두,
> 지금, 무엇들을 하고 있을꼬. 한 해에 단 한 번 연하장을 보내 줄 따름의 벗에까지,
> 문득 구보는 그리움을 가지려 한다. 이제 수천 매의 엽서를 사서, 그 다방 구석진
> 탁자 위에서…… 어느 틈엔가 구보는 가장 열정을 가져, 벗들에게 편지를 쓰고 있
> 는 제 자신을 보았다. 한 장, 또 한 장, 구보는 재떨이 위에 생담배가 타고 있는 것
> 도 깨닫지 못하고, 그가 기억하고 있는 온갖 벗의 이름과 또 주소를 엽서 위에 흘려
> 썼다…… 구보는 거의 만족한 웃음조차 입가에 띠며, 이것은 한 개 단편소설의 결
> 말로는 결코 비속하지 않다, 생각하였다. 어떠한 단편소설의 — 물론, 구보는, 아직
> 그 내용을 생각하지 않았다.
>
> — 박태원, 「소설가 구보 씨의 일일」

① 벗들과의 추억을 시간순으로 회상하고 있다.
② 주인공인 서술자가 주변 거리를 재현하고 있다.
③ 연상 작용에 의해 인물의 생각이 연속되고 있다.
④ 전보가 이동된 경로를 따라 사건이 전개되고 있다.

[작품 구조 분석]

02 다음 글에서 설명한 소설의 시점으로 가장 옳은 것은?

2020. 서울시 9급

> 소설 속의 한 등장인물이 이야기를 말하는 것으로, 부수적인 인물이 작품 속에서 주인공의 이야기를 말한다. 주인공의 환경이나 행동 등을 관찰자의 입장에서 객관적으로 서술할 수 있다.

① 일인칭 주인공 시점 ② 일인칭 관찰자 시점
③ 전지적 작가 시점 ④ 작가 관찰자 시점

2. 내용상 해석

03 다음 글에 대한 이해로 적절하지 <u>않은</u> 것은?

2022. 국가직 9급

> 정거장에 나온 박은 수염도 깎은 지 오래어 터부룩한 데다 버릇처럼 자주 찡그려지는 비웃는 웃음은 전에 못 보던 표정이었다. 그 다니는 학교에서만 지싯지싯* 붙어 있는 것이 아니라 이 시대 전체에서 긴치 않게 여기는, 지싯지싯 붙어 있는 존재 같았다. 현은 박의 그런 지싯지싯함에서 선뜻 자기를 느끼고 또 자기의 작품들을 느끼고 그만 더 울고 싶게 괴로워졌다.
>
> 한참이나 붙들고 섰던 손목을 놓고, 그들은 우선 대합실로 들어왔다. 할 말은 많은 듯하면서도 지껄여 보고 싶은 말은 골라낼 수가 없었다. 이내 다시 일어나 현은,
>
> "나 좀 혼자 걸어 보구 싶네."
>
> 하였다. 그래서 박은 저녁에 김을 만나 가지고 대동강가에 있는 동일관이란 요정으로 나오기로 하고 현만이 모란봉으로 온 것이다.
>
> 오면서 자동차에서 시가도 가끔 내다보았다. 전에 본 기억이 없는 새 빌딩들이 꽤 많이 늘어섰다. 그중에 한 가지 인상이 깊은 것은 어느 큰 거리 한 뿌다귀*에 벽돌 공장도 아닐 테요 감옥도 아닐 터인데 시뻘건 벽돌만으로, 무슨 큰 분묘와 같이 된 건축이 웅크리고 있는 것이다. 현은 운전사에게 물어보니, 경찰서라고 했다.
>
> – 이태준, 「패강랭」
>
> * 지싯지싯: 남이 싫어하는지는 아랑곳하지 아니하고 제가 좋아하는 것만 짓궂게 자꾸 요구하는 모양.
> * 뿌다귀: '뿌다구니'의 준말로, 쑥 내밀어 구부러지거나 꺾어져 돌아간 자리.

① '현'은 예전과 달라진 '박'의 태도가 자신의 작품 때문이라고 생각하고 있다.
② '현'은 자신과 비슷한 처지에 있는 '박'을 통해 자신을 연민하고 있다.
③ '현'은 새 빌딩들을 보고 도시가 많이 변화하고 있음을 인지하고 있다.
④ '현'은 시뻘건 벽돌로 만든 경찰서를 보고 암울한 분위기를 느끼고 있다.

[작품 구조 분석]

04 다음 글에 대한 감상으로 적절하지 않은 것은?

"같이 가시지. 내 보기엔 좋은 여자 같군."

"그런 거 같아요."

"또 알우? 인연이 닿아서 말뚝 박구 살게 될지. 이런 때 아주 뜨내기 신셀 청산해야지."

영달이는 시무룩해져서 역사 밖을 멍하니 내다보았다. 백화는 뭔가 쑤군대고 있는 두 사내를 불안한 듯이 지켜보고 있었다. 영달이가 말했다.

"어디 능력이 있어야죠."

"삼포엘 같이 가실라우?"

"어쨌든……."

영달이가 뒷주머니에서 꼬깃꼬깃한 오백 원짜리 두 장을 꺼냈다.

"저 여잘 보냅시다."

영달이는 표를 사고 삼립빵 두 개와 찐 달걀을 샀다. 백화에게 그는 말했다.

"우린 뒤차를 탈 텐데……. 잘 가슈."

영달이가 내민 것들을 받아 쥔 백화의 눈이 붉게 충혈되었다. 그 여자는 더듬거리며 물었다.

"아무도…… 안 가나요?"

"우린 삼포루 갑니다. 거긴 내 고향이오."

영달이 대신 정 씨가 말했다. 사람들이 개찰구로 나가고 있었다. 백화가 보퉁이를 들고 일어섰다.

"정말, 잊어버리지…… 않을게요."

백화는 개찰구로 가다가 다시 돌아왔다. 돌아온 백화는 눈이 젖은 채로 웃고 있었다.

"내 이름 백화가 아니에요. 본명은요…… 이점례예요."

여자는 개찰구로 뛰어나갔다. 잠시 후에 기차가 떠났다.

– 황석영, 「삼포 가는 길」

---

① 정 씨는 영달이 백화와 함께 떠날 것을 권유했군.

② 백화는 영달의 선택이 어떤 것일지 몰라 불안했군.

③ 영달은 백화를 신뢰할 수 없었기 때문에 같이 떠나지 않았군.

④ 백화가 자신의 본명을 말한 것은 정 씨와 영달에 대한 고마움의 표현이었군.

[작품 구조 분석]

05 **다음 글의 내용과 부합하지 않는 것은?**

무슈 리와 엄마는 재혼한 부부다. 내가 그를 아버지라고 부르기 어려운 것은 거의 그런 말을 발음해 본 적이 없는 습관의 탓이 크다.

나는 그를 좋아할뿐더러 할아버지 같은 이로부터 느끼던 것의 몇 갑절이나 강한 보호 감정 – 부친다움 같은 것도 느끼고 있다.

그러나 나는 그의 혈족은 아니다.

무슈 리의 아들인 현규와도 마찬가지다. 그와 나는 그런 의미에서는 순전한 타인이다. 스물두 살의 남성이고 열여덟 살의 계집아이라는 것이 진실의 전부이다. 왜 나는 이 일을 그대로 알아서는 안 되는가?

나는 그를 영원히 아무에게도 주기 싫다. 그리고 나 자신을 다른 누구에게 바치고 싶지도 않다. 그리고 우리를 비끄러매는 형식이 결코 '오누이'라는 것이어서는 안 될 것을 알고 있다.

나는 또 물론 그도 나와 마찬가지로 같은 일을 생각하고 있기를 바란다. 같은 일을—같은 즐거움일 수는 없으나 같은 이 괴로움을.

이 괴로움과 상관이 있을 듯한 어떤 조그만 기억, 어떤 조그만 표정, 어떤 조그만 암시도 내 뇌리에서 사라지는 일은 없다. 아아, 나는 행복해질 수는 없는 걸까? 행복이란, 사람이 그것을 위하여 태어나는 그 일을 말함이 아닌가?

초저녁의 불투명한 검은 장막에 싸여 짙은 꽃향기가 흘러든다. 침대 위에 엎드려서 나는 마침내 느껴 울고 만다.

– 강신재, 「젊은 느티나무」

① '나'는 '현규'도 '나'와 같은 감정을 갖고 있기를 기대하고 있다.
② '나'와 '현규'는 혈연적으로는 아무런 관계가 없는 타인이며, 법률상의 '오누이'일 뿐이다.
③ '나'는 '현규'에 대한 감정 때문에 '무슈 리'를 아버지로 부르는 것에 거부감을 갖고 있다.
④ '나'는 사회적 인습이나 도덕률보다는 '현규'에 대한 '나'의 감정에 더 충실해지고 싶어 한다.

[작품 구조 분석]

06 ⑦~②에 대한 이해로 가장 적절한 것은?

2020. 국가직 7급

> 황만근, 황 선생은 어리석게 태어났는지는 모르지만 해가 가며 차츰 신지(神智)가 돌아왔다. 하늘이 착한 사람을 따뜻이 덮어 주고 땅이 은혜롭게 부리를 대어 알 껍질을 까 주었다. 그리하여 후년에는 그 누구보다 지혜로웠다. 그는 누구에게도 해를 끼치지 않았듯 ⑦그 지혜로 어떤 수고로운 가르침도 함부로 남기지 않았다. 스스로 땅의 자손을 자처하여 늘 부지런하고 근면하였다. ⑥사람들이 빚만 남는 농사에 공연히 뼈를 상한다고 하였으나 개의치 아니하였다. 사람 사이에 어려움이 있으면 언제나 함께하였고 ⑥공에는 자신보다 남을 내세워 뒷사람을 놀라게 했다. 하늘이 내린 효자로서 평생 어머니 봉양을 극진히 했다. 아들에게는 따뜻하고 이해심 많은 아버지였고 훈육을 할 때는 알아듣기 쉽게 하여 마음으로 감복시켰다.
>
> 선생은 천성이 술을 좋아하였는데 사람들은 선생이 가난한 것은 술 때문이라고 했다. (중략) 농사를 짓되 땅에서 억지로 빼앗지 않고 남으면 술을 빚어 가벼운 기운은 하늘에 바치고 무거운 기운은 땅에 돌려주었다. 그러므로 선생은 술로써 망한 것이 아니라 ②술의 물감으로 인생을 그려 나간 것이다. 선생이 마시는 막걸리는 밥이면서 사직(社稷)의 신에게 바치는 헌주였다. 힘의 근원이고 낙천(樂天)의 뼈였다.
>
> – 성석제, 「황만근은 이렇게 말했다」

① ⑦: 황만근은 후세에 그럴듯한 교훈을 남길 만큼 유식하지 못했다.
② ⑥: 황만근은 빚만 남는 농사에 고생하지 말라는 사람들의 조언을 따르지 않았다.
③ ⑥: 황만근은 공을 남에게 돌려 주위 사람들을 부담스럽게 했다.
④ ②: 황만근은 과도한 음주로 인해 결국 건강이 나빠졌다.

[작품 구조 분석]

07 (가), (나)에 대한 이해로 가장 적절한 것은?

2018. 국가직 7급

(가)

　내 개인적인 체험에 불과한 일이기는 하지만, 저 혹독한 6·25의 경험 속의 공포의 전짓불(다른 곳에서 그것에 대해 쓴 일이 있다), 그 비정한 전짓불빛 앞에 나는 도대체 어떤 변신이나 사라짐이 가능했을 것인가. 앞에 선 사람의 정체를 감춘 채 전짓불은 일방적으로 '너는 누구 편이냐'고 운명을 판가름할 대답을 강요한다. 그 앞에선 물론 어떤 변신도 사라짐도 불가능하다. 대답은 불가피하다. 그리고 그 대답이 빗나간 편을 잘못 맞췄을 땐 그 당장에 제 목숨이 달아난다. 불빛 뒤의 상대방이 어느 편인지를 알면 대답은 간단하다. 그러나 이쪽에선 그것을 알 수 없다. 그것을 알 수 없으므로 상대방을 기준하여 안전한 대답을 선택할 수가 없다. 길은 다만 한 가지. 그 대답은 자기 자신의 진실을 근거로 한 선택이 될 수밖에 없다. 그것은 바로 제 목숨을 건 자기 진실의 드러냄인 것이다. 그 밖의 다른 길은 없는 것이다.

　　　　　　　　　　　　　　　　　　　　　　　－ 이청준, 「전짓불 앞의 방백」

(나)

　한데 요즘 나는 나의 소설 작업 중에도 가끔 그 비슷한 느낌을 경험하곤 한다. 내가 소설을 쓰고 있는 것이 마치 그 얼굴이 보이지 않은 전짓불 앞에서 일방적으로 나의 진술만을 하고 있는 것 같다는 말이다. 문학 행위란 어떻게 보면 가장 성실한 작가의 자기 진술이라고 할 수 있다. 한데 나는 지금 어떤 전짓불 아래서 나의 진술을 행하고 있는지 때때로 엄청난 공포감을 느낄 때가 많다는 말이다. 지금 당신 같은 질문을 받게 될 때가 바로 그렇다…….

　　　　　　　　　　　　　　　　　　　　　　　－ 이청준, 「소문의 벽」

① (나)와 달리 (가)는, 경험에서 파생된 상징적 장치를 적용하여 사태의 의미를 도출하고 있다.

② (가)와 달리 (나)는, 이념적 대립에 의해 자유를 억압당하는 인물의 고통을 낱낱이 진술하고 있다.

③ (가)와 (나)는, 상호적 소통의 여지가 가로막힌 상황의 공포를 다룸으로써 유사한 의미를 공유하고 있다.

④ (가)와 (나)는, 고립된 채 두려움에 떠는 인물의 행동을 극화함으로써 공통된 주제 의식을 제시하고 있다.

[작품 구조 분석]

08 다음 글의 공간에 대한 설명으로 적절하지 <u>않은</u> 것은?

시(市)를 남북으로 나누며 달리는 철도는 항만의 끝에 이르러서야 잘려졌다. 석탄을 싣고 온 화차(貨車)는 자칫 바다에 빠뜨릴 듯한 머리를 위태롭게 사리며 깜짝 놀라 멎고 그 서슬에 밑구멍으로 주르르 석탄 가루를 흘려보냈다.

집에 가 봐야 노루꼬리만큼 짧다는 겨울 해에 점심이 기다리고 있는 것도 아니어서 우리들은 학교가 파하는 대로 책가방만 던져둔 채 떼를 지어 선창을 지나 항만의 북쪽 끝에 있는 제분 공장에 갔다.

제분 공장 볕 잘 드는 마당 가득 깔린 멍석에는 늘 덜 건조된 밀이 널려 있었다. 우리는 수위가 잠깐 자리를 비운 틈을 타서 마당에 들어가 멍석의 귀퉁이를 밟으며 한 움큼씩 밀을 입 안에 털어 넣고는 다시 걸었다. 올올이 흩어져 대글대글 이빨에 부딪치던 밀알들이 달고 따뜻한 침에 의해 딱딱한 껍질을 불리고 속살을 풀어 입 안 가득 풀처럼 달라붙다가 제법 고무질의 질긴 맛을 낼 때쯤이면 철로에 닿게 마련이었다.

우리는 밀껌으로 푸우푸우 풍선을 만들거나 침목(枕木) 사이에 깔린 잔돌로 비사치기를 하거나 전날 자석을 만들기 위해 선로 위에 얹어 놓았던 못을 뒤지면서 화차가 닿기를 기다렸다.

드디어 화차가 오고 몇 번의 덜컹거림으로 완전히 숨을 놓으면 우리들은 재빨리 바퀴 사이로 기어 들어가 석탄 가루를 훑고 이가 벌어진 문짝 틈에 갈퀴처럼 팔을 들이밀어 조개탄을 후벼내었다. 철도 건너 저탄장에서 밀차를 밀며 나오는 인부들이 시커멓게 모습을 나타낼 즈음이면 우리는 대개 신발주머니에, 보다 크고 몸놀림이 잽싼 아이들은 시멘트 부대에 가득 든 석탄을 팔에 안고 낮은 철조망을 깨금발로 뛰어넘었다.

선창의 간이음식점 문을 밀고 들어가 구석 자리의 테이블을 와글와글 점거하고 앉으면 그날의 노획량에 따라 가락국수, 만두, 찐빵 등이 날라져 왔다.

석탄은 때로 군고구마, 딱지, 사탕 따위가 되기도 했다. 어쨌든 석탄이 선창 주변에서는 무엇과도 바꿀 수 있는 현금과 마찬가지라는 것을 우리는 알고 있었고, 때문에 우리 동네 아이들은 사철 검정 강아지였다.

– 오정희, 「중국인 거리」

① 철길 때문에 도시가 남북으로 나뉘어 있다.
② 항만 북쪽에는 제분 공장이 있고, 철도 건너에는 저탄장이 있다.
③ 선로 주변에 아이들이 넘을 수 없는 철조망이 있다.
④ 석탄을 먹을거리와 바꿀 수 있는 간이음식점이 있다.

[작품 구조 분석]

2 고전소설

1. 표현상의 특징

01 **㉠~㉢ 중 서술자가 개입되어 있지 <u>않은</u> 것은?**   2019. 국가직 9급

이때 춘향이는 사령이 오는지 군노가 오는지 모르고 주야로 도련님을 생각하여 우는데, ㉠<u>생각지 못할 우환을 당하려 하니 소리가 화평할 수 있겠는가.</u> 한때나마 빈방살이 할 계집아이라 목소리에 청승이 끼어 자연히 슬픈 애원성이 되니 ㉡<u>보고 듣는 사람의 심장인들 아니 상할 것인가.</u> 임 그리워 서러운 마음 밥맛없어 밥 못 먹고 불안한 잠자리에 잠 못 자고 도련님 생각으로 상처가 쌓여 피골이 상접하고 양기가 쇠진하여 진양조 울음이 되어 노래를 부른다. 갈까 보다 갈까 보다, 임을 따라 갈까 보다. 천 리라도 갈까 보다. 만 리라도 갈까 보다. 바람도 쉬어 넘고 수진이 날진이 해동청 보라매도 쉬어 넘는 높은 고개 동선령 고개라도 임이 와 날 찾으면 신발 벗어 손에 들고 아니 쉬고 달려가리. ㉢<u>한양 계신 우리 낭군 나와 같이 그리워하는가, 무정하여 아주 잊고 나의 사랑 옮겨다가 다른 임을 사랑하는가?</u> ㉣<u>이렇게 한참을 서럽게 울 때 사령 등이 춘향의 슬픈 목소리를 들으니 목석이라도 어찌 감동을 받지 않겠는가?</u> 봄눈 녹듯 온몸에 맥이 탁 풀렸다.

                                                  – 작자 미상, 「춘향전」

① ㉠   ② ㉡
③ ㉢   ④ ㉣

[작품 구조 분석]

02 다음 글을 이해한 내용으로 적절하지 <u>않은</u> 것은?

매우 치라 소리 맞춰, 넓은 골에 벼락치듯 후리쳐 딱 붙이니, 춘향이 정신이 아득하여, "애고 이것이 웬일인가?" 일자(一字)로 운을 달아 우는 말이, "일편단심 춘향이 일정지심 먹은 마음 일부종사 하겠더니 일신난처 이 몸인들 일각인들 변하리까? 일월 같은 맑은 절개 이리 힘들게 말으시오."

"매우 치라." "꽤 때리오." 또 하나 딱 부치니, "애고." 이자(二字)로 우는구나. "이부불경 이내 마음 이군불사와 무엇이 다르리까? 이 몸이 죽더라도 이도령은 못 잊겠소. 이 몸이 이러한들 이 소식을 누가 전할까? 이왕 이리 되었으니 이 자리에서 죽여 주오."

"매우 치라." "꽤 때리오." 또 하나 딱 부치니, "애고." 삼자(三字)로 우는구나. "삼청동 도련님과 삼생연분 맺었는데 삼강을 버리라 하소? 삼척동자 아는 일을 이내 몸이 조각조각 찢겨져도 삼종지도 중한 법을 삼생에 버리리까? 삼월삼일 제비같이 훨훨 날아 삼십삼천 올라가서 삼태성께 하소연할까? 애고애고 서러운지고."

— 작자 미상, 「춘향전」

① 동일한 글자를 반복함으로써 리듬감을 조성하고 있다.
② 숫자를 활용하여 주인공이 처한 상황을 제시하고 있다.
③ 등장인물 간의 대화를 통해 주인공의 내적 갈등이 해결되고 있다.
④ 유교적 가치를 담고 있는 말을 활용하여 주인공의 의지를 드러내고 있다.

[작품 구조 분석]

03 ⊙~㉣에 대한 설명으로 옳지 않은 것은?

2021. 지방직 9급

이때는 오월 단옷날이렷다. 일 년 중 가장 아름다운 시절이라. ⊙이때 월매 딸 춘향이도 또한 시서 음률이 능통하니 천중절을 모를쏘냐. 추천을 하려고 향단이 앞 세우고 내려올 제, 난초같이 고운 머리 두 귀를 눌러 곱게 땋아 봉황 새긴 비녀를 단정히 매었구나. (중략) 장림 속으로 들어가니 ⓒ녹음방초 우거져 금잔디 좌르르 깔린 곳에 황금 같은 꾀꼬리는 쌍쌍이 날아든다. 버드나무 높은 곳에서 그네 타려 할 때, 좋은 비단 초록 장옷, 남색 명주 홑치마 훨훨 벗어 걸어 두고, 자주색 비단 꽃신을 썩썩 벗어 던져두고, 흰 비단 새 속옷 턱밑에 훨씬 추켜올리고, 삼 껍질 그 넷줄을 섬섬옥수 넌지시 들어 두 손에 갈라 잡고, 흰 비단 버선 두 발길로 훌쩍 올라 발 구른다. (중략) ⓒ한 번 굴러 힘을 주며 두 번 굴러 힘을 주니 발밑에 작은 티끌 바람 쫓아 펄펄, 앞뒤 점점 멀어 가니 머리 위의 나뭇잎은 몸을 따라 흔들흔들. 오고갈 제 살펴보니 녹음 속의 붉은 치맛자락 바람결에 내비치니, 높고 넓은 흰 구름 사이에 번갯불이 쏘는 듯 잠깐 사이에 앞뒤가 바뀌는구나. (중략) 무수히 진퇴하며 한참 노닐 적에 시냇가 반석 위에 옥비녀 떨어져 쟁쟁하고, '비녀, 비녀' 하는 소리는 산호채를 들어 옥그릇을 깨뜨리는 듯. ㉣그 형용은 세상 인물이 아니로다.

– 작자 미상, 「춘향전」

① ⊙: 설의적 표현을 통해 춘향이도 천중절을 당연히 알 것이라는 점을 서술하고 있다.
② ⓒ: 비유법을 사용하고 음양이 조화를 이룬 아름다운 봄날의 풍경을 서술하고 있다.
③ ⓒ: 음성상징어를 사용하여 춘향의 그네 타는 모습을 시각적으로 서술하고 있다.
④ ㉣: 서술자의 편집자적 논평을 통해 춘향이의 내면적 아름다움을 서술하고 있다.

[작품 구조 분석]

04 다음 글에 대한 감상으로 적절하지 않은 것은?

이처럼 동리자가 수절을 잘하는 부인이라 했는데 실은 슬하의 다섯 아들이 저마다 성(姓)을 달리하고 있었다. 어느 날 밤, 다섯 놈의 아들들이 서로 이르기를,

"강 건넛마을에서 닭이 울고 강 저편 하늘에 샛별이 반짝이는데 방 안에서 흘러나오는 말소리는 어찌도 그리 북곽 선생의 목청을 닮았을까."

하고, 다섯 놈이 차례로 문틈을 들여다보았다. 동리자가 북곽 선생에게,

"오랫동안 선생님의 덕을 사모했사온데 오늘 밤은 선생님 글 읽는 소리를 듣고자 하옵니다."

라고 간청하매, 북곽 선생은 옷깃을 바로잡고 점잖게 앉아서 시(詩)를 읊는 것이 아닌가.

"'원앙새는 병풍에 그려 있고
반딧불이 흐르는데 잠 못 이루어
저기 저 가마솥 세발솥은
무엇을 본떠서 만들었나.' 흥야(興也)라."

다섯 놈들이 서로 소곤대기를

"북곽 선생과 같은 점잖은 어른이 과부의 방에 들어올 리가 있겠나. 우리 고을의 성문이 무너진 데에 여우가 사는 굴이 있다더라. 여우란 놈은 천 년을 묵으면 사람 모양으로 둔갑할 수가 있다더라. 저건 틀림없이 그 여우란 놈이 북곽 선생으로 둔갑한 것이다."

하고 함께 의논했다.

"들으니 여우의 갓을 얻으면 큰 부자가 될 수 있고, 여우의 신을 신으면 대낮에 그림자를 감출 수 있고, 여우의 꼬리를 얻으면 애교를 잘 부려서 남에게 이쁘게 보일 수 있다더라. 우리 저 여우를 때려잡아서 나누어 갖도록 하자."

다섯 놈들이 방을 둘러싸고 우루루 쳐들어갔다. 북곽 선생은 크게 당황하여 도망쳤다. 사람들이 자기를 알아볼까 겁이 나서 모가지를 두 다리 사이로 들이박고 귀신처럼 춤추고 낄낄거리며 문을 나가서 내닫다가 그만 들판의 구덩이 속에 빠져 버렸다. 그 구덩이에는 똥이 가득 차 있었다. 간신히 기어올라 머리를 들고 바라보니 뜻밖에 범이 길목에 앉아 있는 것이 아닌가. 범은 북곽 선생을 보고 오만상을 찌푸리고 구역질을 하며 코를 싸쥐고 외면을 했다.

"어허, 유자(儒者)여! 더럽다."

북곽 선생은 머리를 조아리고 범 앞으로 기어가서 세 번 절하고 꿇어 앉아 우러러 아뢴다.

"범님의 덕은 지극하시지요. 대인(大人)은 그 변화를 본받고, 제왕(帝王)은 그 걸음을 배우며, 자식 된 자는 그 효성을 본받고, 장수는 그 위엄을 취하며, 거룩하신 이름은 신령스런 용(龍)의 짝이 되는지라, 풍운의 조화를 부리시매 하토(下土)의 천신(賤臣)은 감히 아랫바람에 서옵나이다."

범은 북곽 선생을 여지없이 꾸짖었다.

"내 앞에 가까이 오지 말아라. 내 들건대 유(儒)는 유(諛)라 하더니 과연 그렇구나. 네가 평소에 천하의 악명을 죄다 나에게 덮어씌우더니, 이제 사정이 급해지자 면전에서 아첨을 떠니 누가 곧이듣겠느냐?"

- 박지원, 「호질」

① 자연의 묘사를 통해 주제를 강화하고 있다.
② 시를 통해 인물의 속셈을 넌지시 드러내고 있다.
③ 동물을 의인화하여 유학자의 이중성을 들추고 있다.
④ 동음이의어를 활용한 언어유희로 대상을 비판하고 있다.

[작품 구조 분석]

2. 내용상 해석

05 다음 글을 이해한 내용으로 가장 적절한 것은? 2024. 국가직 9급

부사는 장화와 홍련이 꿈에 나타나 자신들의 원통한 사정에 대해 고한 말을 듣고 배 좌수를 관아로 불러들였다. 부사가 물었다. "딸들이 무슨 병으로 죽었소?" 배 좌수는 머뭇거리며 답하지 못했다. 그러자 후처가 엿보고 있다가 남편이 사실을 누설할까 싶어 곧장 들어와 답했다. "제 친정은 이곳의 양반 가문입니다. 장녀 장화는 음행을 저질러 낙태한 뒤 부끄러움을 못 이기고 밤을 틈타 스스로 물에 빠져 죽었습니다. 차녀 홍련은 언니의 일이 부끄러워 스스로 목숨을 끊었습니다. 이렇게 낙태한 증거물을 바치니 부디 살펴봐 주시기 바랍니다." 부사는 그것을 보고 미심쩍어하며 모두 물러가게 했다.

이날 밤 운무가 뜰에 가득한데 장화와 홍련이 다시 나타났다. "계모가 바친 것은 실제로 제가 낙태해서 나온 것이 아니라 계모가 죽은 쥐의 가죽을 벗겨 제 이불 안에 몰래 넣어 둔 것입니다. 다시 그것을 가져다 배를 갈라 보시면 분명 허실을 알게 되실 겁니다." 이에 부사가 그 말대로 했더니 과연 쥐가 분명했다.

– 작자 미상, 「장화홍련전」

① 부사는 배 좌수의 후처가 제시한 증거를 보고 장화와 홍련의 말이 거짓이라고 확신했다.

② 배 좌수의 후처는 음행을 저지른 홍련이 스스로 물에 빠져 죽었다고 부사에게 거짓말을 하였다.

③ 장화는 배 좌수의 후처가 제시한 증거가 거짓임을 확인할 수 있는 계책을 부사에게 알려 주었다.

④ 배 좌수는 장화와 홍련이 스스로 목숨을 끊은 이유를 물어보는 부사에게 머뭇거리며 대답하지 못했다.

[작품 구조 분석]

06 다음 글에 대한 이해로 적절하지 <u>않은</u> 것은?

2022. 국가직 9급

> 승상이 말을 마치기도 전에 구름이 걷히더니 노승은 간 곳이 없고 좌우를 돌아보니 팔낭자도 간 곳이 없었다. 승상이 놀라 어찌할 바를 모르는 중에 높은 대와 많은 집들이 한순간에 사라지고 자기의 몸은 작은 암자의 포단 위에 앉아 있었는데, 향로의 불은 이미 꺼져 있었고 지는 달이 창가에 비치고 있었다.
>
> 자신의 몸을 보니 백팔염주가 걸려 있고 머리를 손으로 만져보니 갓 깎은 머리털이 까칠까칠하더라. 완연한 소화상의 몸이요, 전혀 대승상의 위의가 아니었으니, 이에 제 몸이 인간 세상의 승상 양소유가 아니라 연화도량의 행자 성진임을 비로소 깨달았다.
>
> 그리고 생각하기를, '처음에 스승에게 책망을 듣고 풍도옥으로 가서 인간 세상에 환도하여 양가의 아들이 되었지. 그리고 장원급제를 하여 한림학사가 된 후 출장입상하고 공명신퇴하여 두 공주와 여섯 낭자로 더불어 즐기던 것이 다 하룻밤 꿈이었구나. 이는 필시 사부가 나의 생각이 그릇됨을 알고 나로 하여금 이런 꿈을 꾸게 하시어 인간 부귀와 남녀 정욕이 다 허무한 일임을 알게 하신 것이로다.'
>
> – 김만중, 「구운몽」

① '양소유'는 장원급제를 하여 한림학사가 되었다.
② '양소유'는 인간 세상에 환멸을 느껴 스스로 '성진'의 모습으로 되돌아왔다.
③ '성진'이 있는 곳은 인간 세상이 아니다.
④ '성진'은 자신의 외양을 통해 꿈에서 돌아왔음을 인식한다.

[작품 구조 분석]

[07~08] 다음 글을 읽고 물음에 답하시오.

잔을 씻어 다시 술을 부으려 하는데 ㉠갑자기 석양에 막대기 던지는 소리가 나거늘 괴이하게 여겨 생각하되, '어떤 사람이 올라오는고.' 하였다. 이윽고 한 중이 오는데 눈썹이 길고 눈이 맑고 얼굴이 특이하더라. 엄숙하게 자리에 이르러 승상을 보고 예하여 왈,

"산야(山野) 사람이 대승상께 인사를 드리나이다."

승상이 이인(異人)인 줄 알고 황망히 답례하여 왈,

"사부는 어디에서 오신고?"

중이 웃으며 왈,

"평생의 낯익은 사람을 몰라보시니 귀인이 잘 잊는다는 말이 옳도소이다."

승상이 자세히 보니 과연 낯이 익은 듯하거늘 문득 깨달아 능파 낭자를 돌아보며 왈,

"소유가 전에 토번을 정벌할 때 꿈에 동정 용궁에 가서 잔치하고 돌아오는 길에 남악에 가서 놀았는데 한 화상이 법좌에 앉아서 불경을 강론하더니 노부께서 바로 그 노화상이냐?"

중이 박장대소하고 말하되,

"옳다. 옳다. 비록 옳지만 ㉡꿈속에서 잠깐 만나본 일은 생각하고 ㉢십 년을 같이 살던 일은 알지 못하니 누가 양 장원을 총명하다 하더뇨?"

승상이 어리둥절하여 말하되,

"소유가 ㉣열대여섯 살 전에는 부모 슬하를 떠나지 않았고, 열여섯에 급제하여 줄곧 벼슬을 하였으니 동으로 연국에 사신을 갔고 서로 토번을 정벌한 것 외에는 일찍이 서울을 떠나지 않았으니 언제 사부와 십 년을 함께 살았으리오?"

중이 웃으며 왈,

"상공이 아직 춘몽에서 깨어나지 못하였도소이다."

승상이 왈,

"사부는 어떻게 하면 소유를 춘몽에게 깨게 하리오?"

중이 왈,

"어렵지 않으니이다."

하고 손 가운데 돌 지팡이를 들어 난간을 두어 번 치니 갑자기 사방 산골짜기에서 구름이 일어나 누대 위에 쌓여 지척을 분변하지 못했다. 승상이 정신이 아득하여 마치 꿈에 취한 듯하더니 한참 만에 소리 질러 말하되,

"사부는 어찌 소유를 정도로 인도하지 않고 환술(幻術)로 희롱하나뇨?"

대답을 듣기도 전에 구름이 날아가니 중은 간 곳이 없고 좌우를 돌아보니 여덟 낭자 또한 간 곳이 없는지라.

– 김만중, 「구운몽」

07 ㉠~㉣을 사건의 시간 순서에 따라 가장 적절하게 배열한 것은? 2018. 국가직 9급

① ㉠ → ㉢ → ㉣ → ㉡
② ㉠ → ㉣ → ㉢ → ㉡
③ ㉢ → ㉣ → ㉡ → ㉠
④ ㉣ → ㉢ → ㉡ → ㉠

08 윗글에 대한 이해로 가장 적절한 것은? 2018. 국가직 9급

① '승상'은 꿈에 남악에서 '중'을 보았던 기억을 떠올리며 낯이 익은 듯하다고 여기기 시작한다.
② '승상'은 본디 남악에서 '중'의 문하생으로 불도를 닦던 승려였음을 인정한 뒤 꿈에서 깨게 된다.
③ '승상'은 '중'이 여덟 낭자를 사라지게 한 환술을 부렸음을 확인하고서 그의 진의를 의심한다.
④ '승상'은 능파 낭자와 어울려 놀던 죄를 징벌한 이가 '중'임을 깨닫고서 '중'과의 관계를 부정하게 된다.

[작품 구조 분석]

09 ㉠과 ㉡에 대한 설명으로 가장 적절한 것은?

(가)

㉠계월이 여자 옷을 벗고 갑옷과 투구를 갖춘 후 용봉황월(龍鳳黃鉞)과 수기를 잡아 행군해 별궁에 자리를 잡았다. 그리고 군사를 시켜 보국에게 명령을 전하니 보국이 전해져 온 명령을 보고 화가 머리끝까지 났다. 그러나 보국은 예전에 계월의 위엄을 보았으므로 명령을 거역하지 못해 갑옷과 투구를 갖추고 군문에 대령했다.

이때 계월이 좌우를 돌아보며 말했다.

"보국이 어찌 이다지도 거만한가? 어서 예를 갖추어 보이라."

호령이 추상과 같으니 군졸의 대답 소리로 장안이 울릴 정도였다. 보국이 그 위엄을 보고 겁을 내어 갑옷과 투구를 끌고 몸을 굽히고 들어가니 얼굴에서 땀이 줄줄 흘러내렸다.

－ 작자 미상, 「홍계월전」

(나)

장끼 고집 끝끝내 굽히지 아니하여 ㉡까투리 홀로 경황없이 물러서니, 장끼란 놈 거동 보소. 콩 먹으러 들어갈 제 열두 장목 펼쳐 들고 꾸벅꾸벅 고개 조아 조츰조츰 들어가서 반달 같은 혀뿌리로 들입다 꽉 찍으니, 두 고패 둥그레지며 (중략) 까투리 하는 말이,

"저런 광경 당할 줄 몰랐던가. 남자라고 여자의 말 잘 들어도 패가하고, 계집의 말 안 들어도 망신하네."

까투리 거동 볼작시면, 상하평전 자갈밭에 자락머리 풀어 놓고 당굴당굴 뒹굴면서 가슴치고 일어앉아 잔디풀을 쥐어뜯어 애통하며, 두 발로 땅땅 구르면서 붕성지통(崩城之痛) 극진하니, 아홉 아들 열두 딸과 친구 벗님네들도 불쌍타 의논하며 조문 애곡하니 가련 공산 낙망천에 울음소리뿐이로다.

－ 작자 미상, 「장끼전」

① ㉠과 ㉡은 모두 상대에 비해 우월한 지위를 가지고 있다.
② ㉠이 상대의 행동을 비판하는 반면, ㉡은 옹호하고 있다.
③ ㉠이 갈등 상황을 타개하는 데 적극적인 반면, ㉡은 소극적이다.
④ ㉠이 주변으로부터 호의적인 반응을 얻은 반면, ㉡은 적대적인 반응을 얻는다.

[작품 구조 분석]

10 다음 글을 감상한 내용으로 적절하지 않은 것은?

"여보, 영감. 중한 가장 매품 팔아먹고 산단 말은 고금천지 어디 가 보았소? 가지 마오. 불쌍한 영감아, 가지 마오. 하늘이 무너져도 솟아날 구멍이 있는 법이니 설마 한들 죽사리까? 제발 가지 마오. 병영 영문 곤장 한 대를 맞고 보면 종신 골병이 든답디다. 불쌍한 우리 영감. 가지 마오." 홍보 자식들이 저의 어머니 울음소리를 듣고, 물소리 들은 거위처럼 고개 들고, "아버지, 병영 가시오?" "오냐." "아버지 병영 다녀오실 때 나 담뱃대 하나만 사다 주오." "이런 후레아들 같으니라구." 또 한 놈이 나오며, "아버지, 병영 다녀오실 때 나 풍안 하나 사다 주시오." "풍안은 무엇 하게?" "뒷동산에 가서 나무할 때 쓰면, 눈에 먼지 한 점 안 들고 좋답디다." 홍보 큰아들이 나와 앉으며, "아고, 아버지!" "너는 왜 또 부르느냐?" "아버지 병영 다녀 오실 때, 나 각시 하나 사다 주시오." "각시는 무엇 하게?" "어머니 아버지 재산 없 어 날 못 여위어주니, 데리고 막걸리 장사 할라요." 홍보가 병영 길을 허유허유 올 라가며, 신세 한탄 울음 울며, "아고, 내 신세야. 누군 팔자 좋아 부귀영화 잘 사는 데, 내 어이하여 이 지경인고?"

― 작자 미상, 「홍보가」

① 홍보는 병영에 가서 매품팔이로 생계를 유지하려 한다.
② 아내의 말을 들은 홍보는 매품팔이하는 것을 유보하려 한다.
③ 홍보 자식들은 병영에 가는 아버지에게 태연히 부탁하고 있다.
④ 홍보는 병영으로 가는 길에 자신이 처한 현실을 한탄하고 있다.

[작품 구조 분석]

11 '춘향'과 '신관 사또'의 말하기 방식에 대한 설명으로 옳은 것은? 2017. 지방직 7급

> 신관이 분부하되 "네 본읍 기생으로 도임 초에 현신 아니 하기를 잘 했느냐?"
>
> 춘향이 아뢰되 "소녀 구관 사또 자제 도련님 뫼신 후에 대비정속한 고로 대령치 아니하였나이다."
>
> 신관이 증을 내어 분부하되 "고이하다. 너 같은 노류장화가 수절이란 말이 고이하다. 네가 수절하면 우리 마누라는 기절할까? 요망한 말 말고 오늘부터 수청 거행하라."
>
> 춘향이 여쭙되 "만 번 죽사와도 이는 봉행치 못 할소이다." 신관의 말이 "네 잡말 말고 분부대로 거행하여라."
>
> 춘향이 여쭙되 "고언에 충신은 불사이군이오, 열녀는 불경이부라 하오니 사또께서는 응당 아실지라. 만일 국운이 불행하여 난시를 당하오면 사또께서는 도적에게 굴슬하시리이까?" 신관이 이 말을 듣고 크게 화를 내며 강변의 덴 소 날뛰듯하며 춘향을 바삐 형추하라 하니 (하략)
>
> – 작자 미상, 「춘향전」

① 신관 사또는 춘향에게 회유의 말과 겁박의 말을 번갈아 사용했다.
② 신관 사또는 춘향의 정서적 거부감을 없애려고 희화적 표현을 사용했다.
③ 춘향은 양시론적 입장에서 자신의 주장을 정당화하는 화법을 구사했다.
④ 춘향은 자신의 정당성을 뒷받침하고 신관 사또의 부당성을 부각하는 화법을 구사했다.

[작품 구조 분석]

3 극, 수필, 시나리오

1. 표현상의 특징

01 다음 글에 대한 이해로 가장 적절한 것은?   2021. 국가직 9급

> 암소의 뿔은 수소의 그것보다도 한층 더 겸허하다. 이 애상적인 뿔이 나를 받을
> 리 없으니 나는 마음 놓고 그 곁 풀밭에 가 누워도 좋다. 나는 누워서 우선 소를
> 본다.
> 소는 잠시 반추를 그치고 나를 응시한다.
> '이 사람의 얼굴이 왜 이리 창백하냐. 아마 병인인가 보다. 내 생명에 위해를 가
> 하려는 거나 아닌지 나는 조심해야 되지.'
> 이렇게 소는 속으로 나를 심리하였으리라. 그러나 오 분 후에는 소는 다시 반추
> 를 계속하였다. 소보다도 내가 마음을 놓는다.
> 소는 식욕의 즐거움조차를 냉대할 수 있는 지상 최대의 권태자다. 얼마나 권태에
> 지질렸길래 이미 위에 들어간 식물을 다시 게워 그 시큼털털한 반소화물의 미각을
> 역설적으로 향락하는 체해 보임이리오?
> 소의 체구가 크면 클수록 그의 권태도 크고 슬프다. 나는 소 앞에 누워 내 세균
> 같이 사소한 고독을 겸손하면서 나도 사색의 반추는 가능할는지 불가능할는지 몰
> 래 좀 생각해 본다.
>
> — 이상, 「권태」

① 대상의 행위를 통해 글쓴이의 심리가 투사되고 있다.
② 과거의 삶을 회상하며 글쓴이의 처지를 후회하고 있다.
③ 공간의 이동을 통해 글쓴이의 무료함을 표현하고 있다.
④ 현실에 대한 글쓴이의 불만이 반성적 어조로 표출되고 있다.

[작품 구조 분석]

2. 내용상 해석

02 **다음 글에 대한 이해로 가장 적절한 것은?**

> 용왕의 아들 이목(璃目)은 항상 절 옆의 작은 연못에 있으면서 남몰래 보양(寶壤) 스님의 법화(法化)를 도왔다. 문득 어느 해에 가뭄이 들어 밭의 곡식이 타들어 가자 보양 스님이 이목을 시켜 비를 내리게 하니 고을 사람들이 모두 흡족히 여겼다. 하늘의 옥황상제가 장차 하늘의 뜻을 모르고 비를 내렸다 하여 이목을 죽이려 하였다. 이목이 보양 스님에게 위급함을 아뢰자 보양 스님이 이목을 침상 밑에 숨겨 주었다. 잠시 후에 옥황상제가 보낸 천사(天使)가 뜰에 이르러 이목을 내놓으라고 하였다. 보양 스님이 뜰 앞의 배나무[梨木]를 가리키자 천사가 배나무에 벼락을 내리고 하늘로 올라갔다. 그 바람에 배나무가 꺾어졌는데 용이 쓰다듬자 곧 소생하였다(일설에는 보양 스님이 주문을 외워 살아났다고 한다). 그 나무가 근래에 땅에 쓰러지자 어떤 이가 빗장 막대기로 만들어 선법당(善法堂)과 식당에 두었다. 그 막대기에는 글귀가 새겨져 있다.
>
> – 일연, 「삼국유사」

① 천사의 벼락을 맞은 배나무는 저절로 소생했다.
② 천사는 이목을 죽이려다 실수로 배나무에 벼락을 내렸다.
③ 벼락 맞은 배나무로 만든 막대기가 글쓴이의 당대까지 전해졌다.
④ 제멋대로 비를 내린 보양 스님을 벌하려고 옥황상제가 천사를 보냈다.

[작품 구조 분석]

03 다음 글을 잘못 이해한 것은?

2021. 지방직 9급

> 서연: 여보게, 동연이.
>
> 동연: 왜?
>
> 서연: 자네가 본뜨려는 부처님 형상은 누가 언제 그렸는지 몰라도 흔히 있는 것을 베껴 놓은 걸세. 그런데 자네는 그 형상을 또다시 베껴 만들 작정이군. 자넨 의심도 없는가? 심사숙고해 보게. 그런 형상이 진짜 부처님은 아닐세.
>
> 동연: 나에겐 전혀 의심이 없네.
>
> 서연: 의심이 없다니……?
>
> 동연: 무엇 때문에 의심해서 아까운 시간을 낭비해야 하는가?
>
> 서연: 음…….
>
> 동연: 공부를 하게, 괜히 의심 말고! (허공에 걸려 있는 탱화를 가리키며) 자넨 얼마나 형상 공부를 했는가? 이십일면관세음보살의 머리 위에는 열한 개의 얼굴들이 있는데, 그 얼굴 하나하나를 살펴나 봤었는가? 귀고리, 목걸이, 손에 든 보병과 기현화란 꽃의 형태를 꼼꼼히 연구했었는가? 자네처럼 게으른 자들은 공부는 안 하고, 아무 의미 없다 의심만 하지!
>
> 서연: 자넨 정말 열심히 공부했네. 그렇다면 그 형태 속에 부처님 마음은 어디 있는지 가르쳐 주게.
>
> － 이강백, 「느낌, 극락 같은」

① 불상 제작에 대한 동연과 서연의 입장은 다르다.
② 서연은 전해지는 부처님 형상을 의심하는 인물이다.
③ 동연은 부처님 형상을 독창적으로 제작하는 인물이다.
④ 동연과 서연의 대화는 예술에 있어서 형식과 내용의 논쟁을 연상시킨다.

[작품 구조 분석]

04 ㉠~㉽에서 행위의 주체가 같은 것으로만 묶은 것은?

2020. 지방직 9급

금와왕이 이상히 여겨 유화를 방 안에 가두어 두었더니 햇빛이 방 안을 비추는데 ㉠몸을 피하면 다시 쫓아와서 비추었다. 이로 해서 태기가 있어 알[卵] 하나를 낳으니, 크기가 닷 되들이만 했다. 왕이 그것을 버려서 개와 돼지에게 주게 했으나 모두 먹지 않았다. 다시 길에 ㉡내다 버리게 했더니 소와 말이 피해서 가고 들에 내다 버리니 새와 짐승들이 덮어주었다. 왕이 쪼개 보려고 했으나 아무리 해도 쪼개지지 않아 그 어미에게 돌려주었다. 어미가 이 알을 천으로 싸서 따뜻한 곳에 놓아두었더니 한 아이가 ㉢껍질을 깨고 나왔는데, 골격과 외모가 영특하고 기이했다. 겨우 일곱 살이 되었을 때, 이미 기골이 뛰어나서 범인(凡人)과 달랐다. 스스로 활과 화살을 만들어 쏘았는데 백발백중이었다. 나라 풍속에 ㉣활 잘 쏘는 사람을 주몽이라고 하므로 그 아이를 '주몽'이라 했다.

금와왕에게는 일곱 아들이 있어 항상 주몽과 함께 놀았는데, 재주가 주몽을 따르지 못했다. 맏아들 대소가 왕에게 말했다. "주몽은 사람의 자식이 아닙니다. 일찍 ㉤없애지 않는다면 후환이 있을까 두렵습니다." 왕이 듣지 않고 주몽을 시켜 말을 기르게 하니 주몽은 좋은 말을 알아보고 적게 먹여서 여위게 기르고, 둔한 말을 ㉽잘 먹여서 살찌게 했다.

– 작자 미상, 「주몽 신화」

① ㉠, ㉡

② ㉡, ㉣

③ ㉢, ㉽

④ ㉣, ㉤

[작품 구조 분석]

05 **㉠~㉣에 대한 설명으로 적절하지 않은 것은?**

2018. 지방직 9급

> ㉠공방(孔方)의 자는 관지(貫之, 꿰미)이다. …… 처음 황제(黃帝) 때에 뽑혀 쓰였으나, 성질이 굳세어 세상일에 그리 익숙하지 못하였다. 황제가 ㉡관상을 보는 사람[相工]을 불러 보이니, 그가 한참 동안 들여다보고 말했다.
>
> "산야(山野)의 성질이어서 비록 쓸 만하지 못하오나, 만일 만물을 조화하는 폐하의 풀무와 망치 사이에 놀아 때를 긁고 빛을 갈면 그 자질이 마땅히 점점 드러날 것입니다. ㉢왕자(王者)는 사람을 그릇[器]으로 만듭니다. 원컨대 ㉣폐하께서는 저 완고한 구리[銅]와 함께 내버리지 마옵소서."
>
> 이로 말미암아 그가 세상에 이름을 드러냈다.
>
> — 이규보, 「공방전」

① ㉠은 ㉣의 결정에 의해 세상에 이름이 드러나게 되었다.
② ㉡은 ㉠의 단점보다는 앞으로의 발전 가능성에 주목하였다.
③ ㉢은 ㉡에게 자신의 견해를 펼칠 기회를 제공하였다.
④ ㉣은 ㉢의 이상적인 모습을 본받고 있다.

[작품 구조 분석]

06 ㉠에 나타난 말하기 방식에 대한 설명으로 가장 적절한 것은?　　　2020. 국가직 7급

> 이른바 규중 칠우는 부인네 방 가온데 일곱 벗이니 글하는 선배는 필묵과 조희 벼루로 문방사우를 삼았나니 규중 녀잰들 홀로 어찌 벗이 없으리오.
>
> 이러므로 침선(針線)의 돕는 유를 각각 명호를 정하여 벗을 삼을새, 바늘로 세요 각시라 하고, 침척(針尺)을 척 부인이라 하고, 가위로 교두 각시라 하고, 인도(引刀)로 인화 부인이라 하고, 달우리로 울 낭자라 하고, 실로 청홍흑백 각시라 하며, 골모로 감토 할미라 하여, 칠우를 삼아 규중 부인네 아침 소세를 마치매 칠위 일제히 모혀 종시하기를 한가지로 의논하여 각각 소임을 일워 내는지라.
>
> 일일은 칠위 모혀 침선의 공을 의논하더니 척 부인이 긴 허리를 자히며 이르되,
> 　　　　　　　　　　　(중략)
>
> 인화 낭재 이르되,
> "㉠그대네는 다토지 마라. 나도 잠간 공을 말하리라. 미누비 세누비 눌로 하여 저가락같이 고으며, 혼솔이 나곧 아니면 어찌 풀로 붙인 듯이 고으리요. 침재(針才) 용속한 재 들락날락 바르지 못한 것도 내의 손바닥을 한번 씻으면 잘못한 흔적이 감초여 세요의 공이 날로 하여 광채 나나니라."
> 　　　　　　　　　　　　　　　　　　－ 작자 미상, 「규중칠우쟁론기」

① 풍자적 표현을 통해 내면의 갈등을 드러내고 있다.
② 각자의 역할과 직분을 지켜야 한다고 충고하고 있다.
③ 자신의 도움을 통해 상대방이 빛날 수 있음을 자랑하고 있다.
④ 상대방 말의 허점을 최대한 부각하면서 논리적으로 지적하고 있다.

[작품 구조 분석]

07 ⊙에 해당하는 것과 ⓒ에 해당하는 것을 문맥적 의미를 고려하여 짝지을 때 적절하지 않은 것은?

2018. 국가직 7급

내 집에 당장 쓰러져 가는 행랑채가 세 칸이나 되어 할 수 없이 전부 수리하였다. 그중 두 칸은 이전 장마에 비가 새면서 기울어진 지 오래된 것을 알고도 이리저리 미루고 수리하지 못한 것이고 한 칸은 한 번 비가 새자 곧 기와를 바꿨던 것이다. 이번 수리할 때에 기울어진 지 오래였던 두 칸은 들보와 서까래들이 다 썩어서 다시 쓰지 못하게 되어 수리하는 비용도 더 들었으나, 비가 한 번 새었던 한 칸은 재목이 다 성하여 다시 썼기 때문에 비용도 덜 들었다. 나는 ⊙이 경험을 통해 ⓒ깨달음을 얻었다. 이러한 것은 사람에게도 있는 일이다. 자기 과오를 알고 곧 고치지 않으면 나무가 썩어서 다시 쓰지 못하는 것과 같고, 과오를 알고 고치기를 서슴지 않으면 다시 착한 사람이 되기 어렵지 않으니 집 재목을 다시 쓰는 이로움과 같은 것이다. 다만 한 사람만이 아니라 한 나라의 정치도 또한 이와 같아서 백성의 이익을 침해하는 일이 심하여도 그럭저럭 지내고 고치지 않다가 백성이 떠나가고 나라가 위태롭게 된 뒤에는 갑자기 고치려고 해도 바로잡기가 대단히 어려우니 삼가지 않아서야 되겠는가?

– 이규보, 「이옥설」

	⊙	ⓒ
①	기와를 바꾸다	과오를 고치다
②	미루고 수리하지 않다	과오를 알고도 곧 고치지 않다
③	들보와 서까래가 다 썩다	나라를 바로잡을 방도가 없다
④	비가 새서 기울어진 상태	자기 과오

[작품 구조 분석]

08 다음 글의 등장인물에 대한 이해로 적절하지 <u>않은</u> 것은?　　　　　2018. 지방직 7급

S# 75. 북측 초소(밤)

성식: (우진에게 가서 무릎을 꿇고 워커 끈을 풀어서 다시 매 주며) 얌마, 군인이
　　　한 번 가르쳐 주면 제대로 해야지. 언제까지 내가 매 줄 순 (쓸쓸해지며) 없
　　　잖아. (워커 끈을 매 주는 안타까운 표정. 일어서며 분위기를 바꾸려는 듯)
　　　참! (봉투에 싼 물건을 꺼내 들고 한 손으로 우진의 어깨를 짚으며 짐짓 느끼
　　　한 톤으로) 생일 축하해. 진.
　　　또 한번 우엑! 하는 수혁. 너무 그러지 말라는 듯 옆에서 툭 치는 경필. 포장
　　　을 끄른 우진. 일제 수채화 물감 한 통과 붓 몇 자루를 내려다본다.

　　　　　　　　　　　　　　　　　(중략)

우진: (진정하고, 심각한 표정으로) 나도, 형들 줄려구 준비한 게 있어요.

수혁: 뭔데?

　　말없이 성식이 앉았던 자리로 와 앉는 우진. 모두들 궁금해하며 주목한다. 잠시
침묵. 주머니를 뒤지며 시간을 끄는 우진. 찾는 물건이 없다는 듯 고개를 갸우뚱한
다. 몸을 한쪽으로 기울이더니, 큰 소리로 방귀를 뀌는 우진. 일동, 좌절하며 고개를
푹 숙인다. 낄낄대는 우진, 일어서서 테이블로 간다. 서랍을 열고 서류철을 꺼내 뭔
가를 찾는 우진. 경필, 무표정한 얼굴에서 갑자기 오만상을 찡그리며 고개를 돌린
다.

경필: (코를 막으며) 야아, 문 열어!

　　초소 문을 열러 가는 성식, 손을 내미는 순간 먼저 문이 열린다. 무심코 돌아본
경필, 굳어 버린다.

　　　　　　　　　　　　　　　　　　　　　　　－ 박찬욱 외, 「공동경비구역 JSA」

---

① 수혁은 우진의 선물을 궁금해한다.
② 성식은 인간적이고 성품이 따뜻하다.
③ 경필은 참을성이 강하고 포용력이 있다.
④ 우진은 장난스러운 행동으로 해학적인 상황을 만든다.

[작품 구조 분석]

강세진 국어 ✦
All In One

04

독서

셀프 단원 MAP

01 문장 분석

1 화제 파악하기

1. 모든 글에서 먼저 확인해야 할 부분은 '주어'이다. 다른 특징들은 '주어'와 관련성이 깊은 지 확인하면 된다.

2. 초반에 나오는 '주어' 또는 '정의'의 방식으로 서술되어 있는지 확인하거나, 해당 글을 대표하는 대상을 찾으면 된다.

3. '인물, 책 이름, 작은따옴표 표시' 등에 관심을 가져야 한다.

○ 표시 방법

(1) 화제는 동그라미 표시를 정확하게 한다.
(2) 특징은 가장 핵심 단어만 밑줄로 체크하고 연결한다.
　예 역사 연구는 ①거시사적(巨視史的) 연구와 ②미시사적(微視史的) 연구로 나눌 수 있다.

연습문제

1. 플라톤이 쓴 『향연』은 '에로스(사랑)'를 주제로 한 유쾌한 토론을 담은 책이다.
2. '학습(learning)'은 직접·간접의 경험이나 훈련에 의한 비교적 영속적인 행동의 변화'라고 일반적으로 정의한다.
3. 편견이란 고정 관념을 토대로 어떤 사회 구성원에 대해 갖고 있는 부정적인 태도를 말한다.

2 세부 정보 독해하기 ①

1. '없다, 제외하다, 배제하다, 아니다, 만(보조사)' 등에 주목한다.

2. 부정하는 대상을 범주에서 정확하게 제외한다.

○ 표시 방법

(1) 부정되는 대상을 정확하게 '×' 표시한다.
(2) '~이 아니라'와 같은 문장 구조를 정확하게 파악한다.
　예 성심이란 온전한 마음이 아니라 치우친 마음으로 자기의 입장을 극대화하여 고정된 자기 관점을 고집하는 것이다.

연습문제

1. 천인은 군역에서 철저히 배제되었다.
2. 그는 기술이 더 이상 인간을 위한 도구가 아니라, 인간으로 하여금 세계를 특정한 방식으로 보도록 압박하는 존재일 수 있음을 경고하고 있다.
3. 저장 단계에서 망각이 일어난다고 보는 입장에서는 망각을 부호화 단계에서의 문제가 아니라, 저장 단계에서 정보가 사라지는 현상으로 설명한다.

>>
1. 플라톤이 쓴 『향연』은 '에로스(사랑)'를 주제로 한 유쾌한 토론을 담은 책이다.
2. 학습(learning)은 직접·간접의 경험이나 훈련에 의한 비교적 영속적인 행동의 변화'라고 일반적으로 정의한다.
3. 편견이란 고정 관념을 토대로 어떤 사회 구성원에 대해 갖고 있는 부정적인 태도를 말한다.

>>
1. 천인은 군역에서 철저히 배제되었다.
2. 그는 기술이 더 이상 인간을 위한 도구가 아니라, 인간으로 하여금 세계를 특정한 방식으로 보도록 압박하는 존재일 수 있음을 경고하고 있다.
3. 저장 단계에서 망각이 일어난다고 보는 입장에서는 망각을 부호화 단계에서의 문제가 아니라, 저장 단계에서 정보가 사라지는 현상으로 설명한다.

3 세부 정보 독해하기 ②

1. '뿐만 아니라, 함께, 도(보조사)' 등에 주목한다.

2. 정보가 하나만 있는 게 아니라 '여러 개'가 있다는 사실을 알려주는 부분이다.

○ 표시 방법

(1) 해당 구절이 나오면 '+' 표시를 한다.
(2) 'and'의 개념이기 때문에 둘 중의 하나만 묻는 선지가 나올 수 있으므로 해당 대상을 정확하게 표시해야 한다.
> 예 귀인은 <u>타인의 행동</u>뿐만 아니라 <u>자기 행동</u>에 대해서도 이루어진다.

연습문제

> >>
> 1. 인간은 <u>사단뿐만</u> 아니라, 옳고 그름을 즉각적으로 가려낼 줄 아는 <u>선천적 능력</u>도 지니고 있다고 보았다.
> 2. '정신' 작용의 하나인 '자아의식'에 의해 <u>외부 대상</u>뿐만 아니라 <u>자신의 내면</u>까지도 대상화할 수 있다고 보았다.
> 3. 더욱 <u>정교한 자물쇠</u>뿐만 아니라 지문이나 음성을 인식하여 열고 닫는 <u>첨단시스템</u>이 계속해서 개발되고 있다.

1. 인간은 사단뿐만 아니라, 옳고 그름을 즉각적으로 가려낼 줄 아는 선천적 능력도 지니고 있다고 보았다.

2. '정신' 작용의 하나인 '자아의식'에 의해 외부 대상뿐만 아니라 자신의 내면까지도 대상화할 수 있다고 보았다.

3. 더욱 정교한 자물쇠뿐만 아니라 지문이나 음성을 인식하여 열고 닫는 첨단시스템이 계속해서 개발되고 있다.

4 세부 정보 독해하기 ③

1. '~와 달리, ~에 비해' 등에 주목한다.

2. 차이를 분석하는 표지이다. '비교와 대조'를 바탕으로 구성된 글에서 많이 나타나는 구조이다.

○ 표시 방법

(1) 해당 구절이 나오면 '동그라미'와 '세모' 표시를 정확하게 한다. 또는 A와 B로 구별한다.
(2) 두 가지의 차이를 분석하는 것이 중요하다. 대상이 분명하게 나타날 수 있도록 '< >' 표시도 한다.
(3) 그리고 해당 기준으로 '두 대상'에 맞추어 한꺼번에 독해해 둔다.
> 예 그는 인간이 〈 동물과 달리 〉 정신을 가지고 있다고 생각하였다.

연습문제

> >>
> 1. 그는 인간을 〈 동물과 달리 〉 신체적인 한계를 갖고 태어나 자연에 적응하기 어려운 결핍된 존재로 보았다.
> 2. 최한기는 〈 김정희와 달리 〉 사물을 과학적이고 합리적으로 이해할 수 있는 방법으로 지리·천문·의학 등의 서양 학문에 관심을 가졌다.
> 3. 그에 의하면 〈 독립성이 없어 주변 환경에 대해 능동적으로 적응할 수 없는 식물과 달리 〉, 독립성이 있는 인간과 동물은 자신의 상황에 따라 환경에 적응해 갈 수 있다고 보았다.

1. 그는 인간을 동물과 달리 신체적인 한계를 갖고 태어나 자연에 적응하기 어려운 결핍된 존재로 보았다.

2. 최한기는 김정희와 달리 사물을 과학적이고 합리적으로 이해할 수 있는 방법으로 지리·천문·의학 등의 서양 학문에 관심을 가졌다.

3. 그에 의하면 독립성이 없어 주변 환경에 대해 능동적으로 적응할 수 없는 식물과 달리, 독립성이 있는 인간과 동물은 자신의 상황에 따라 환경에 적응해 갈 수 있다고 보았다.

5 세부 정보를 독해하는 방법 ④

1. '~에 의해(의한), ~을 통해, ~을 위해'에 주목한다.

2. '조건'이거나 '전후 관계'와 관련된 문제일 가능성이 높다.

3. 순서를 뒤바꿔서 묻는 문제가 있으므로 이런 표현이 지문에 제시되었을 때 표시를 잘해 두어야 한다.

4. 마찬가지로 '원인'과 '결과'와 관련된 표현도 순서가 중요하므로 주의해야 한다.

○ 표시 방법

(1) 해당 구절이 나오면 진행 방향 표시를 정확하게 한다.
(2) 전후 관계를 다시 확인해야 한다.
　　예 특수 기능의 전파 망원경으로 달을 구성하는 물질들의 성분을 관측하는 경우, 이때 각각의 도구를 통해 드러 나는 달의 존재 의미는 달라진다. ◄

연습문제

1. 시장 경제의 자동 조절 작용에 의해 경기가 곧 회복될 것이라고 주장했다.
2. 사회 구성원들의 합의에 의해 강제성을 갖도록 만들어진 것이 바로 '법'이다.
3. 이 모순을 해결하기 위하여 그는 자신이 경험한 바를 다시 한 번 반성하여 그것을 비교, 분석, 종합하는 지혜를 발휘한다.

>>
1. 시장 경제의 자동 조절 작용에 의해 경기가 곧 회복될 것이라고 주장했다.
2. 사회 구성원들의 합의에 의해 강제성을 갖도록 만들어진 것이 바로 '법'이다.
3. 이 모순을 해결하기 위하여 그는 자신이 경험한 바를 다시 한 번 반성하여 그것을 비교, 분석, 종합하는 지혜를 발휘한다.

02 선지 분석

1 공통점과 차이점

1. 고려인은 금속활자를 만들 때 목활자와 달리 유성먹을 사용했다.

2. 문헌에 의한 유통은 구연에 의한 유통에 비해 시간과 공간의 제약이 적었다.

3. 베테유는 인간이 실수할 수 있는 존재라고 보지만 윌리엄 보잉은 그렇지 않다고 본다.

4. 『한불자전』, 『로조사전』, 『언문』, 『말모이』는 가로쓰기 책이다.

2 부정문

1. 인간의 정신 활동은 프레임 없이 일어나지 않는다.

2. 논리수학지능은 다중지능이론의 지능 개념에 포함되지 않는다.

3. 『삼국사기』 열전에는 기릴 만한 업적이 있더라도 관직에 오르지 못한 사람은 수록되지 않았다.

3 조건과 기준

1. 보잉의 조종사는 <u>자동조종시스템을</u> 사용하지 않고 항공기를 조종한다.

2. 루카치는 각기 <u>다른 기준에 따라</u> 그리스 세계를 세 시대로 구분하였다.

3. 몽유자가 꿈속 인물들의 모임에 <u>직접 참여하는지</u>, 참여하지 않는지에 따라 몽유록의 유형을 나눌 수 있다.

4 선후 관계

1. 과학 혁명 이전 시기에는 천동설이 정설로 받아들여졌다.

2. 계몽사상은 <u>서사시의 시대</u>에서 <u>철학의 시대</u>로의 전환을 이끌었다.

3. <u>디지털 트윈을 활용함</u>에 따라 글로벌 기업들의 고용률이 향상되었다.

5 관계식

1. 『삼국사기』의 체제 중에서 열전이 <u>가장 많은</u> 권수를 차지한다.

2. 디지털 트윈의 데이터 모델은 현실 세계의 각종 실험 모델보다 <u>경제성이 낮다</u>.

3. 다중지능이론에서는 인간의 우뇌에서 담당하는 능력과 관련된 지능보다 좌뇌에서 담당하는 능력과 관련된 지능에 <u>더 많이 주목한다</u>.

03 구조 분석

1 비교와 대조

난이도 중하 ★★   ⏱ TIME : 1분

01 **다음 글에 대한 이해로 적절한 것은?**   2021. 지방직 7급

> 서양의 드래건(dragon)은 불을 내뿜는 악의 상징이었지만, 동양의 용(龍)은 신령스러움을 상징하는 존재였다. 용에 대한 동양의 인식에 의하면, 용은 날개 달린 드래건과 달리 날개 없이도 자유롭게 하늘을 날아다닐 수 있고 물속에서도 지낼 수 있으며, 네 발이 있으나 땅에서 걷는 일이 없다. 바닷가 사람들은 이러한 용이 주로 바다 속 용궁에서 지낸다고 생각했던 데 비해, 육지 사람들은 주로 하늘 위 구름 속에서 지낸다고 믿었다. 이는 환경 중심적 사고에 기인한바, 어부들은 용을 고깃배를 위협하는 풍랑(風浪)의 원인으로, 농부들은 곡식을 자라게 하는 풍우(風雨)의 원인으로 여긴 까닭이다. 자연히 어부는 '공포', 농부는 '은혜'라는 대립적 관념을 용의 신령함에 결부하게 됐는데 우리나라 전통 사회에서는 농업 비중이 큰 까닭에 대체로 용을 두려움의 대상으로보다는 상서로운 존재로 여겼다.

① 바닷가 어부들에게 '구름'과 '용궁'은 대립적 관념이었다.
② 육지 농부들은 구름 속 용에게 네 발이 있다고 인식했다.
③ 환경 중심적 사고에 의하면 풍랑과 풍우는 상서로운 현상이다.
④ 드래건에 대한 서양의 인식에 의하면 드래건은 하늘을 날 수 없다.

중요 구절

1. 어부들은 용을 고깃배를 위협하는 풍랑(風浪)의 원인으로, 농부들은 곡식을 자라게 하는 풍우(風雨)의 원인으로 여긴 까닭이다.

2. 우리나라 전통 사회에서는 농업 비중이 큰 까닭에 대체로 용을 두려움의 대상으로보다는 상서로운 존재로 여겼다.

중요 선지

1. 육지 농부들은 구름 속 용에게 네 발이 있다고 인식했다.

📐 **지문 구조도**

⚠ **세진쌤의 핵심 독해법**

1.
2.
3.
4.
5.

난이도 중 ★★★

☼ TIME : 1분 30초

02 다음 글을 이해한 내용으로 가장 적절한 것은?

2023. 국가직 9급

중요 구절
1. 전 세계를 대표하는 항공기인 보잉과 에어버스의 중요한 차이점은 자동조종시스템의 활용 정도에 있다.
2. 시스템은 불안정하고 완벽하지 않기 때문에 컴퓨터가 조종사의 판단보다 우선시될 수 없다는 것이다.

중요 선지
1. 베테유는 인간이 실수할 수 있는 존재라고 보지만 윌리엄 보잉은 그렇지 않다고 본다.

전 세계를 대표하는 항공기인 보잉과 에어버스의 중요한 차이점은 자동조종시스템의 활용 정도에 있다. 보잉의 경우, 조종사가 대개 항공기를 조종간으로 직접 통제한다. 조종간은 비행기의 날개와 물리적으로 연결되어 있어서 어떤 상황에서도 조종사가 조작한 대로 반응한다. 이와 다르게 에어버스는 조종간 대신 사이드스틱을 설치하여 컴퓨터가 조종사의 행동을 제한하거나 조종에 개입할 수 있게 설계되었다. 보잉에서는 조종사가 항공기를 통제할 수 있는 전권을 가지지만 에어버스에서는 컴퓨터가 조종사의 조작을 감시하고 제한한다.

보잉과 에어버스의 이러한 차이는 기계를 다루는 인간을 바라보는 관점이 서로 다른 데서 비롯된다. 보잉사를 창립한 윌리엄 보잉의 철학은 "비행기를 통제하는 최종 권한은 언제나 조종사에게 있다."이다. 시스템은 불안정하고 완벽하지 않기 때문에 컴퓨터가 조종사의 판단보다 우선시될 수 없다는 것이다. 반면 에어버스의 아버지라고 불리는 베테유는 "인간은 실수할 수 있는 존재"라고 전제한다. 베테유는 이런 자신의 신념을 토대로 에어버스를 설계함으로써 조종사의 모든 조작을 컴퓨터가 모니터링하고 제한하게 만든 것이다.

① 보잉은 시스템의 불완전성을, 에어버스는 인간의 실수 가능성을 고려하여 설계되었다.

② 베테유는 인간이 실수할 수 있는 존재라고 보지만 윌리엄 보잉은 그렇지 않다고 본다.

③ 에어버스의 조종사는 항공기 운항에서 자동조종시스템을 통제하고 조작한다.

④ 보잉의 조종사는 자동조종시스템을 사용하지 않고 항공기를 조종한다.

☒ **지문 구조도**

⚓ **세진쌤의 핵심 독해법**

1.
2.
3.
4.
5.

난이도 중 ★★★

🌣 **TIME : 1분 30초**

03 다음 글을 이해한 내용으로 적절한 것은?

2023. 국가직 9급

> 디지털 트윈은 현실 세계와 똑같은 가상의 세계이다. 최근 주목받고 있는 메타버스와 개념은 유사하지만 활용 목적의 측면에서 구별된다. 메타버스는 가상 세계와 현실 세계가 융합된 플랫폼으로 이용자들에게 새로운 경제·사회·문화적 경험을 제공하는 데 목적을 둔다. 반면 디지털 트윈은 현실 세계에 존재하는 사물, 공간, 환경, 공정 등을 컴퓨터상에 디지털 데이터 모델로 표현하여 똑같이 복제하고 실시간으로 서로 반응할 수 있도록 한다. 그래서 디지털 트윈의 이용자는 가상 세계에서의 시뮬레이션을 통해 미래 상황을 예측할 수 있게 된다. 디지털 트윈에 대한 수요가 증가하면서 관련 시장도 확대되고 있으며, 국내외의 글로벌 기업들은 여러 산업 분야에서 디지털 트윈을 도입하여 사전에 위험 요소를 제거하고 수익 모델의 효율성을 높이고 있다. 디지털 트윈이 이렇게 주목받는 이유는 안정성과 경제성 때문인데 현실 세계를 그대로 옮겨 놓은 가상 세계에 데이터를 전송, 취합, 분석, 이해, 실행하는 과정은 실제 실험보다 매우 빠르고 정밀하며 안전할 뿐 아니라 비용도 적게 든다.

① 디지털 트윈을 활용함에 따라 글로벌 기업들의 고용률이 향상되었다.

② 디지털 트윈의 데이터 모델은 현실 세계의 각종 실험 모델보다 경제성이 낮다.

③ 디지털 트윈에서의 시뮬레이션으로 현실 세계의 위험 요소를 찾아내고 방지할 수 있다.

④ 디지털 트윈은 현실 세계의 이용자에게 새로운 문화적 경험을 제공하는 데 목적이 있다.

PART 04

중요 구절

1. 디지털 트윈이 이렇게 주목받는 이유는 안정성과 경제성 때문인데 현실 세계를 그대로 옮겨 놓은 가상 세계에 데이터를 전송, 취합, 분석, 이해, 실행하는 과정은 실제 실험보다 매우 빠르고 정밀하며 안전할 뿐 아니라 비용도 적게 든다.

중요 선지

1. 디지털 트윈의 데이터 모델은 현실 세계의 각종 실험 모델보다 경제성이 낮다.

📉 **지문 구조도**

⚠ **세진쌤의 핵심 독해법**

1.
2.
3.
4.
5.

난이도 중상 ★★★★

TIME : 2분

04 다음 글을 이해한 내용으로 적절하지 <u>않은</u> 것은?

2023. 지방직 9급

중요 구절
1. 고소설의 유통 방식은 '구연에 의한 유통'과 '문헌에 의한 유통'으로 나눌 수 있다.

2. 이 방식은 문헌에 의한 유통에 비해 시간과 공간의 제약이 많아서 유통 범위를 넓히는 데 뚜렷한 한계가 있었다.

중요 선지
1. 차람은 알고 지내던 사람에게 대가를 지불하고 책을 빌려 보는 방식이다.

2. 문헌에 의한 유통은 구연에 의한 유통에 비해 시간과 공간의 제약이 적었다.

> 고소설의 유통 방식은 '구연에 의한 유통'과 '문헌에 의한 유통'으로 나눌 수 있다. 구연에 의한 유통은 구연자가 소설을 사람들에게 읽어 주는 방식으로, 글을 모르는 사람들과 글을 읽을 수 있지만 남이 읽어 주는 것을 선호하는 이들을 대상으로 이루어졌다. 구연자는 '전기수'로 불렸으며, 소설 구연을 통해 돈을 벌던 전문적 직업인이었다. 하지만 이 방식은 문헌에 의한 유통에 비해 시간과 공간의 제약이 많아서 유통 범위를 넓히는 데 뚜렷한 한계가 있었다.
>
> 문헌에 의한 유통은 차람, 구매, 상업적 대여로 나눌 수 있다. 차람은 소설을 소유하고 있는 사람에게 직접 빌려서 보는 것으로, 알고 지내던 개인들 사이에서 이루어졌다. 구매는 서적 중개인에게 돈을 지불하고 책을 사는 것인데, 책값이 상당히 비쌌기 때문에 소설을 구매할 수 있는 사람은 그리 많지 않았다. 상업적 대여는 세책가에 돈을 지불하고 일정 기간 동안 소설을 빌려 보는 것이다. 세책가에서는 소설을 구매하는 것보다 훨씬 적은 비용으로 빌려 볼 수 있었기 때문에 경제적으로 넉넉하지 않은 사람도 소설을 쉽게 접할 수 있었다. 이로 인해 조선 후기 사회에서 세책가가 성행하게 되었다.

① 전기수는 글을 모르는 사람들에게 소설을 구연하였다.
② 차람은 알고 지내던 사람에게 대가를 지불하고 책을 빌려 보는 방식이다.
③ 문헌에 의한 유통은 구연에 의한 유통에 비해 시간과 공간의 제약이 적었다.
④ 조선 후기에 세책가가 성행한 원인은 소설을 구매하는 비용보다 세책가에서 빌리는 비용이 적다는 데 있다.

📖 지문 구조도

⚠ 세진쌤의 핵심 독해법

1.
2.
3.
4.
5.

난이도 중상 ★★★★

⏱TIME : 2분

05 **다음 글의 내용과 부합하지 <u>않는</u> 것은?**

2023. 국가직 9급

> 몽유록(夢遊錄)은 '꿈에서 놀다 온 기록'이라는 뜻으로, 어떤 인물이 꿈에서 과거의 역사적 인물을 만나 특정 사건에 대한 견해를 듣고 현실로 돌아온다는 특징이 있다. 이때 꿈을 꾼 인물인 몽유자의 역할에 따라 몽유록을 참여자형과 방관자형으로 구분할 수 있다. 참여자형에서는 몽유자가 꿈에서 만난 인물들의 모임에 초대를 받고 토론과 시연에 직접 참여한다. 방관자형에서는 몽유자가 인물들의 모임을 엿볼 뿐 직접 그 모임에 참여하지는 않는다. 16~17세기에 창작되었던 몽유록에는 참여자형이 많다. 참여자형에서는 몽유자와 꿈속 인물들이 동질적인 이념을 공유하고 현실의 고통스러운 문제에 대해 의견을 나누며 비판적 목소리를 낸다. 그러나 주로 17세기 이후에 창작된 방관자형에서는 몽유자가 꿈속 인물들과 함께 현실을 비판하는 것이 아니라 구경꾼의 위치에 서 있다. 이 시기의 몽유록이 통속적이고 허구적인 성격으로 변모하는 것은 몽유자의 역할 변화와 무관하지 않다.

① 몽유자가 꿈속 인물들의 모임에 직접 참여하는지, 참여하지 않는지에 따라 몽유록의 유형을 나눌 수 있다.

② 17세기보다 나중 시기의 몽유록에서는 몽유자가 현실을 비판하는 경향이 강하게 나타난다.

③ 몽유자가 모임의 구경꾼 역할을 하는 몽유록은 통속적이고 허구적인 성격이 강하다.

④ 몽유자가 꿈속 인물들과 함께 현실을 비판하는 몽유록은 참여자형에 해당한다.

중요 구절

1. 이때 꿈을 꾼 인물인 몽유자의 역할에 따라 몽유록을 참여자형과 방관자형으로 구분할 수 있다.

2. 이 시기의 몽유록이 통속적이고 허구적인 성격으로 변모하는 것은 몽유자의 역할 변화와 무관하지 않다.

중요 선지

1. 몽유자가 모임의 구경꾼 역할을 하는 몽유록은 통속적이고 허구적인 성격이 강하다.

PART **04**

📄 **지문 구조도**

⚠ **세진쌤의 핵심 독해법**

1.
2.
3.
4.
5.

2 공통점과 차이점

난이도 중상 ★★★★   ☼ TIME : 2분 30초

01 다음 글에 대한 이해로 적절하지 <u>않은</u> 것은?   2022. 국가직 9급

중요 구절

1. 이를 기초로 1924년 국제연맹에서는 전문과 5개의 조항으로 된 「아동권리에 관한 제네바 선언」을 채택하였다.

2. 우리나라는 이를 토대로 2016년 「아동권리헌장」 9개 항을 만들었다. 이 헌장은 '생존과 발달의 권리', '아동이 최선의 이익을 보장 받을 권리', '차별 받지 않을 권리', '자신의 의견이 존중될 권리' 등 유엔의 「아동권리협약」의 네 가지 기본 원칙을 포함하고 있다.

중요 선지

1. 「아동권리에 관한 제네바 선언」, 「아동권리협약」, 「아동권리헌장」에는 모두 아동의 발달에 대한 내용이 들어가 있다.

☒ **지문 구조도**

⚠ **세진쌤의 핵심 독해법**

1.
2.
3.
4.
5.

아동이 부모의 소유물 또는 종족의 유지나 국가의 방위를 위한 수단으로 간주되었던 전근대사회에서는 아동의 권리에 대한 인식이 존재하지 않았다. 산업혁명으로 봉건제도가 붕괴되고 자본주의가 탄생한 근대사회에 이르러 구빈법에 따른 국가 개입과 민간단체의 자발적인 참여로 아동보호가 시작되었다.

1922년 잽 여사는 아동권리사상을 담아 아동권리에 대한 내용을 성문화하였다. 이를 기초로 1924년 국제연맹에서는 전문과 5개의 조항으로 된 「아동권리에 관한 제네바 선언」을 채택하였다. 여기에는 "아동은 물질적으로나 정신적으로 정상적인 발달을 위해 필요한 조건이 충족되어야 한다."라든지 "아동의 재능은 인류를 위해 쓰인다는 자각 속에서 양육되어야 한다." 등의 내용이 포함되었다.

그러나 여기에서도 아동은 보호의 객체로만 인식되었을 뿐 생존, 보호, 발달을 위한 적극적인 권리의 주체로 인식되지는 않았다. 최근에 와서야 국제사회의 노력에 힘입어 아동은 보호되어야 할 수동적인 존재에서 자신의 권리를 주장할 수 있는 능동적인 존재로 자리매김할 수 있게 되었다. 1989년 유엔총회에서 채택된 「아동권리협약」이 그것이다.

우리나라는 이를 토대로 2016년 「아동권리헌장」 9개 항을 만들었다. 이 헌장은 '생존과 발달의 권리', '아동이 최선의 이익을 보장 받을 권리', '차별 받지 않을 권리', '자신의 의견이 존중될 권리' 등 유엔의 「아동권리협약」의 네 가지 기본 원칙을 포함하고 있다. 또한 전문에는 아동의 권리와 더불어 "부모와 사회, 국가와 지방자치단체는 아동의 이익을 최우선으로 고려해야 하며, 다음과 같은 아동의 권리를 확인하고 실현할 책임이 있다."라고 명시하여 아동을 둘러싼 사회적 주체들의 책임을 명확히 하였다.

① 아동의 권리에 대한 인식은 근대 이후에 형성되었다.

② 「아동권리헌장」은 「아동권리협약」을 토대로 만들어졌다.

③ 「아동권리에 관한 제네바 선언」, 「아동권리협약」, 「아동권리헌장」에는 모두 아동의 발달에 대한 내용이 들어가 있다.

④ 「아동권리에 관한 제네바 선언」은 아동을 적극적인 권리의 주체로 인식함으로써 아동의 권리에 대한 진전된 성과를 이루었다.

난이도) 중상 ★★★★   TIME : 2분

02 다음 글의 내용과 부합하지 <u>않는</u> 것은?

2023. 국가직 9급

과학 혁명 이전 아리스토텔레스 철학은 로마 가톨릭교의 정통 교리와 결합되어 있었기 때문에 오랜 시간 동안 지배적인 영향력을 발휘하였다. 천문 분야 또한 예외는 아니었다. 아리스토텔레스의 세계관을 따라 우주의 중심은 지구이며, 모든 천체는 원운동을 하면서 지구의 주위를 공전한다는 천동설이 정설로 자리 잡고 있었다. 프톨레마이오스가 천체들의 공전 궤도를 관찰하던 도중, 행성들이 주기적으로 종전의 운동과는 반대 방향으로 움직인다는 관찰 결과를 얻었을 때도 그는 이를 행성의 역행 운동을 허용하지 않는 천동설로 설명하고자 하였다. 그래서 지구를 중심으로 공전하는 원 궤도에 중심을 두고 있는 원, 즉 주전원(周轉圓)을 따라 공전 궤도를 그리면서 행성들이 운동한다고 주장하였다.

과학과 아리스토텔레스 철학의 결별은 서서히 일어났다. 그 과정에서 일어난 가장 중요한 사건은 1543년 코페르니쿠스가 행성들의 운동 이론에 관한 책을 발간한 일이다. 코페르니쿠스는 천체의 중심에 지구 대신 태양을 놓고 지구가 태양의 주위를 공전한다고 주장하였다. 태양을 우주의 중심에 둔 코페르니쿠스의 지동설은 행성들의 운동에 대해 프톨레마이오스보다 수학적으로 단순하게 설명하였다.

① 과학 혁명 이전 시기에는 천동설이 정설로 받아들여졌다.
② 프톨레마이오스의 주전원은 지동설을 지지하고자 만든 개념이다.
③ 천동설과 지동설은 우주의 중심을 어디에 두느냐에 따라 구분된다.
④ 행성의 공전에 대한 프톨레마이오스의 설명은 코페르니쿠스의 설명보다 수학적으로 복잡하였다.

중요 구절

1. 프톨레마이오스가 천체들의 공전 궤도를 관찰하던 도중, 행성들이 주기적으로 종전의 운동과는 반대 방향으로 움직인다는 관찰 결과를 얻었을 때도 그는 이를 행성의 역행 운동을 허용하지 않는 천동설로 설명하고자 하였다.

2. 태양을 우주의 중심에 둔 코페르니쿠스의 지동설은 행성들의 운동에 대해 프톨레마이오스보다 수학적으로 단순하게 설명하였다.

중요 선지

1. 프톨레마이오스의 주전원은 지동설을 지지하고자 만든 개념이다.

2. 행성의 공전에 대한 프톨레마이오스의 설명은 코페르니쿠스의 설명보다 수학적으로 복잡하였다.

지문 구조도

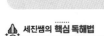
세진쌤의 핵심 독해법

1.
2.
3.
4.
5.

난이도 중상 ★★★★ TIME : 2분

중요 구절

1. 루카치는 그리스 세계를 신과 인간의 결합 정도를 가리키는 '총체성' 개념을 기준으로 세 시대로 구분하였다.

2. 호메로스의 『일리아드』와 『오디세이아』에서는 신과 인간의 세계가 하나로 얽혀 있다.

중요 선지

1. 계몽사상은 서사시의 시대에서 철학의 시대로의 전환을 이끌었다.

03 다음 글을 이해한 내용으로 가장 적절한 것은?

2023. 국가직 9급

루카치는 그리스 세계를 신과 인간의 결합 정도를 가리키는 '총체성' 개념을 기준으로 세 시대로 구분하였다. 첫 번째 시대에서 후대로 갈수록 총체성의 정도는 낮아진다. 첫째는 총체성이 완전히 구현되어 있는 '서사시의 시대'이다. 호메로스의 『일리아드』와 『오디세이아』에서는 신과 인간의 세계가 하나로 얽혀 있다. 인간들이 그리스와 트로이 두 패로 나뉘어 전쟁을 벌일 때 신들도 인간의 모습을 하고 두 패로 나뉘어 전쟁에 참여했다. 둘째는 '비극의 시대'이다. 소포클레스나 에우리피데스의 비극에서는 총체성이 흔들려 신과 인간의 세계가 분리된다. 하지만 두 세계가 완전히 분리되지는 않고 신탁이라는 약한 통로로 이어져 있다. 비극에서 신은 인간의 행위에 직접 개입하지 않고 신탁을 통해서 자신의 뜻을 그저 전달하는 존재로 바뀐다. 셋째는 플라톤으로 대표되는 '철학의 시대'이다. 이 시대는 이미 계몽된 세계여서 신탁 같은 것은 신뢰할 수 없게 되었다. 신과 인간의 세계가 완전히 분리됨으로써 신의 세계는 인격적 성격을 상실하여 '이데아'라는 추상성의 세계로 바뀐다. 신의 세계와 인간의 세계는 그 사이에 어떤 통로도 존재할 수 없는, 절대적으로 분리된 세계가 되었다.

① 계몽사상은 서사시의 시대에서 철학의 시대로의 전환을 이끌었다.
② 플라톤의 이데아는 신탁이 사라진 시대의 비극적 세계를 표현한다.
③ 루카치는 각기 다른 기준에 따라 그리스 세계를 세 시대로 구분하였다.
④ 에우리피데스의 비극에 비해 『오디세이아』에서는 신과 인간의 결합 정도가 높다.

✗ 지문 구조도

⚠ 세진쌤의 핵심 독해법

1.
2.
3.
4.
5.

난이도 중상 ★★★★   ⏱ TIME : 2분

04 다음 글을 이해한 내용으로 적절하지 <u>않은</u> 것은?   2025. 국가직 9급 예시문제

> 한국 신화에 보이는 신과 인간의 관계는 다른 나라의 신화와 견주어 볼 때 흥미롭다. 한국 신화에서 신은 인간과의 결합을 통해 결핍을 해소함으로써 완전한 존재가 되고, 인간은 신과의 결합을 통해 혼자 할 수 없었던 존재론적 상승을 이룬다.
>
> 한국 건국신화에서 주인공인 신은 지상에 내려와 왕이 되고자 한다. 천상적 존재가 지상적 존재가 되기를 바라는 것인데, 인간들의 왕이 된 신은 인간 여성과의 결합을 통해 자식을 낳음으로써 결핍을 메운다. 무속신화에서는 인간이었던 주인공이 신과의 결합을 통해 신적 존재로 거듭나게 됨으로써 존재론적으로 상승하게 된다. 이처럼 한국 신화에서 신과 인간은 서로의 존재를 필요로 한다는 점에서 상호의존적이고 호혜적이다.
>
> 다른 나라의 신화들은 신과 인간의 관계가 한국 신화와 달리 위계적이고 종속적이다. 히브리 신화에서 피조물인 인간은 자신을 창조한 유일신에 대해 원초적 부채감을 지니고 있으며, 신이 지상의 모든 일을 관장한다는 점에서 언제나 인간의 우위에 있다. 이러한 양상은 북유럽이나 바빌로니아 등에 퍼져 있는 신체 화생 신화에도 유사하게 나타난다. 신체 화생 신화는 신이 죽음을 맞게 된 후 그 신체가 해체되면서 인간 세계가 만들어지게 된다는 것인데, 신의 희생 덕분에 인간 세계가 만들어질 수 있었다는 점에서 인간은 신에게 철저히 종속되어 있다.

① 히브리 신화에서 신과 인간의 관계는 위계적이다.
② 한국 무속신화에서 신은 인간을 위해 지상에 내려와 왕이 된다.
③ 한국 건국신화에서 신은 인간과의 결합을 통해 완전한 존재가 된다.
④ 한국 신화에 보이는 신과 인간의 관계는 신체 화생 신화에 보이는 신과 인간의 관계와 다르다.

PART 04

중요 구절

1. 한국 신화에서 신은 인간과의 결합을 통해 결핍을 해소함으로써 완전한 존재가 되고, 인간은 신과의 결합을 통해 혼자 할 수 없었던 존재론적 상승을 이룬다.

2. 한국 신화에서 신과 인간은 서로의 존재를 필요로 한다는 점에서 상호의존적이고 호혜적이다.

중요 선지

1. 한국 건국신화에서 신은 인간과의 결합을 통해 완전한 존재가 된다.

📊 지문 구조도

⚠ 세진쌤의 핵심 독해법

1.
2.
3.
4.
5.

난이도 상 ★★★★★

⏱ TIME : 2분

05 다음 글에 대한 이해로 적절하지 않은 것은?

2021. 국가직 9급

중요 구절
1. 알파벳 언어는 표기 체계에 따라 철자 읽기의 명료성 수준이 달라진다.
2. 알파벳 언어를 읽을 때 사용하는 뇌의 부위는 유사하지만 뇌의 부위에 의존하는 방식에는 차이가 있다.

중요 선지
1. 영어는 음운 처리 규칙에 적용되지 않는 예외들이 많아서 스페인어에 비해 소리와 글자의 대응이 덜 규칙적이다.

언어마다 고유의 표기 체계가 있는데, 이는 읽기 과정에 영향을 미친다. 알파벳 언어는 표기 체계에 따라 철자 읽기의 명료성 수준이 달라진다. 철자 읽기가 명료하다는 것은 한 글자에 대응되는 소리가 규칙적이어서 글자와 소리의 대응이 거의 일대일이라는 것을 의미한다. 그 예로 이탈리아어와 스페인어가 있다. 이 두 언어의 사용자는 의미를 전혀 모르는 새로운 단어를 발견하더라도 보자마자 정확한 발음을 할 수 있다. 이에 비해 영어는 철자 읽기의 명료성이 낮은 언어이다. 영어는 발음이 아예 나지 않는 묵음과 같은 예외도 많은 편이고 글자에 대응하는 소리도 매우 다양하다.

한편 알파벳 언어를 읽을 때 사용하는 뇌의 부위는 유사하지만 뇌의 부위에 의존하는 방식에는 차이가 있다. 영어와 이탈리아어를 읽는 사람은 동일하게 좌반구의 읽기 네트워크를 사용한다. 하지만 무의미한 단어를 읽을 때 영어를 읽는 사람은 암기된 단어의 인출과 연관된 뇌 부위에 더 의존하는 반면 이탈리아어를 읽는 사람은 음운 처리에 연관된 뇌 부위에 더 의존한다. 왜냐하면 무의미한 단어를 읽을 때 이탈리아어를 읽는 사람은 규칙적인 음운 처리 규칙을 적용하는 반면에, 영어를 읽는 사람은 암기해 둔 수많은 예외들을 떠올리기 때문이다.

① 알파벳 언어의 철자 읽기는 소리와 표기의 대응과 관련되는데, 각 소리가 지닌 특성은 철자 읽기의 명료성을 판단하는 기준이 된다.
② 영어 사용자는 무의미한 단어를 읽을 때 좌반구의 읽기 네트워크를 활용하면서 암기된 단어의 인출과 연관된 뇌 부위에 더욱 의존한다.
③ 이탈리아어는 소리와 글자의 대응이 규칙적이어서 낯선 단어를 발음할 때 영어에 비해 철자 읽기의 명료성이 높다.
④ 영어는 음운 처리 규칙에 적용되지 않는 예외들이 많아서 스페인어에 비해 소리와 글자의 대응이 덜 규칙적이다.

☒ 지문 구조도

⚠ 세진쌤의 핵심 독해법
1.
2.
3.
4.
5.

06 다음 글을 이해한 내용으로 가장 적절한 것은? 2023. 지방직 7급

> 우리 옛 문헌은 한문이든 한글이든 지금과 같은 가로쓰기가 아닌 세로쓰기로 되어 있었다. 물론 외국인이 펴낸 대역사전이나 한국어 문법서의 경우, 알파벳을 쓰기 위해 가로쓰기를 택했다. 1880년에 리델이 편찬한 『한불자전』이나 1897년에 게일이 편찬한 『한영자전』은 모두 가로쓰기 책이다. 다만 푸칠로가 편찬한 『로조사전』은 러시아 문자는 가로로, 그에 대응되는 우리말 단어는 세로로 쓴 독특한 형태이다.
>
> 우리나라 사람이 쓴 최초의 가로쓰기 책은 1895년에 이준영, 정현, 이기영, 이명선, 강진희가 편찬한 국한 대역사전 『국한회어(國漢會語)』이다. 국문으로 된 표제어를 한문으로 풀이한 것은, 국한문혼용체의 사용 빈도가 높아진 시대적 분위기가 반영된 것이다. 서문에는 글자와 행의 기술 방식, 표제어 배열 방식 등을 설명하고, 이 방식이 알파벳을 사용하는 서양의 서적을 본뜬 것이라는 사실을 밝혀 놓았다. 주시경의 가로쓰기 주장이 1897년에 나온 것을 고려하면, 『국한회어』의 가로쓰기는 획기적이다. 1897년에 나온 『독립신문』은 띄어쓰기를 했으되 세로쓰기를 했고, 1909년에 발간된 지석영의 『언문』, 1911년에 편찬 작업을 시작한 국어사전 『말모이』 정도가 가로쓰기를 했다.

① 『한불자전』, 『로조사전』, 『언문』, 『말모이』는 가로쓰기 책이다.
② 1895년경에는 가로쓰기 사용이 늘어나는 분위기가 조성되었다.
③ 가로쓰기가 시행되면서 국한문혼용과 띄어쓰기가 활성화되었다.
④ 『국한회어』는 가로쓰기 방식으로 표기한 서양 책의 영향을 받았다.

중요 구절
1. 우리나라 사람이 쓴 최초의 가로쓰기 책은 1895년에 이준영, 정현, 이기영, 이명선, 강진희가 편찬한 국한 대역사전 『국한회어(國漢會語)』이다.
2. 국문으로 된 표제어를 한문으로 풀이한 것은, 국한문혼용체의 사용 빈도가 높아진 시대적 분위기가 반영된 것이다.

중요 선지
1. 『한불자전』, 『로조사전』, 『언문』, 『말모이』는 가로쓰기 책이다.
2. 1895년경에는 가로쓰기 사용이 늘어나는 분위기가 조성되었다.

📐 지문 구조도

⚠ 세진쌤의 핵심 독해법
1.
2.
3.
4.
5.

3 조건과 기준

난이도 중 ★★★   ☼TIME : 1분

중요 구절
1. 사람의 '지각과 생각'은 항상 어떤 맥락, 관점 혹은 어떤 평가 기준이나 가정하에서 일어난다.

중요 선지
1. 인간의 정신 활동은 프레임 없이 일어나지 않는다.

01 **다음 글을 이해한 내용으로 적절하지 않은 것은?**   2023. 국가직 9급

> 사람의 '지각과 생각'은 항상 어떤 맥락, 관점 혹은 어떤 평가 기준이나 가정하에서 일어난다. 이러한 맥락, 관점, 평가 기준, 가정을 프레임이라고 한다. 지각과 생각은 인간의 모든 정신 활동을 뜻한다. 따라서 우리의 모든 정신 활동은 진공 상태에서 일어나는 것이 아니라, 어떤 맥락이나 가정하에서 일어난다. 한마디로 우리가 프레임이라는 안경을 쓰고 세상을 보고 있음을 의미한다. 간혹 어떤 사람이 자신은 어떤 프레임의 지배도 받지 않고 세상을 있는 그대로, 객관적으로 본다고 주장한다면, 그 주장은 진실이 아닐 것이다.

① 인간의 정신 활동은 프레임 없이 일어나지 않는다.
② 프레임은 인간이 세상을 바라볼 때 어떤 편향성을 가지게 한다.
③ 인간의 지각과 사고를 확장하는 과정에서 프레임은 극복해야 할 대상이다.
④ 프레임은 인간의 정신 활동에 영향을 미치는 어떤 맥락이나 평가 기준이다.

🗡 **지문 구조도**

⚠ **세진쌤의 핵심 독해법**

1.
2.
3.
4.
5.

난이도 중상 ★★★★   ⏱TIME : 2분

02 다음 글을 이해한 내용으로 가장 적절한 것은?   2023. 지방직 9급

> 『삼국사기』는 본기 28권, 지 9권, 표 3권, 열전 10권의 체제로 되어 있다. 이 중 열전은 전체 분량의 5분의 1을 차지하며, 수록된 인물은 86명으로, 신라인이 가장 많고, 백제인이 가장 적다. 수록 인물의 배치에는 원칙이 있는데, 앞부분에는 명장, 명신, 학자 등을 수록했고, 다음으로 관직에 있지는 않았으나 기릴 만한 사람을 실었다.
>
> 반신(叛臣)의 경우 열전의 끝부분에 배치되어 있다. 이들을 수록한 까닭은 왕을 죽인 부정적 행적을 드러내어 반면교사로 삼는 데에 있었으나, 그 목적에 부합하지 않는 내용이 있어 흥미롭다. 가령 고구려의 연개소문은 반신이지만, 당나라에 당당히 대적한 민족적 영웅의 모습도 포함되어 있다. 흔히 『삼국사기』에 대해, 신라 정통론에 기반해 있으며, 유교적 사관에 따라 당시의 지배 질서를 공고히 하고자 했다고 평가한다. 하지만 연개소문의 사례에서 볼 수 있듯 『삼국사기』는 기존 평가와 달리 다면적이고 중층적인 역사 텍스트라고 할 수 있다.

① 『삼국사기』 열전에 고구려인과 백제인도 수록되었다는 점은 이 책이 신라 정통론을 계승하지 않았다는 것을 보여준다.

② 『삼국사기』 열전에 수록된 반신 중에는 이 책에 대한 기존 평가를 다르게 할 수 있는 사례가 있다.

③ 『삼국사기』 열전에는 기릴 만한 업적이 있더라도 관직에 오르지 못한 사람은 수록되지 않았다.

④ 『삼국사기』의 체제 중에서 열전이 가장 많은 권수를 차지한다.

중요 구절
1. 이 중 열전은 전체 분량의 5분의 1을 차지하며, 수록된 인물은 86명으로, 신라인이 가장 많고, 백제인이 가장 적다.

중요 선지
1. 『삼국사기』의 체제 중에서 열전이 가장 많은 권수를 차지한다.

PART **04**

⬚ **지문 구조도**

⚠ **세진쌤의 핵심 독해법**

1.
2.
3.
4.
5.

난이도 중상 ★★★★ 　　　　　　　　　　　　　　　　　　　　　　　　　TIME : 2분 30초

03 다음 글에서 추론할 수 있는 것은?

2021. 지방직 9급

　　포도주는 유럽 문명을 대표하는 술이자 동시에 음료수다. 우리는 대개 포도주를 취하기 위해 마시는 술로만 생각하기 쉬우나 유럽에서는 물 대신 마시는 '음료수'로서의 역할이 크다. 유럽의 많은 지역에서는 물이 워낙 안 좋아서 맨 물을 그냥 마시면 위험하기 때문에 제조 과정에서 안전성이 보장된 포도주나 맥주를 마시는 것이다. 이런 용도로 일상적으로 마시는 식사용 포도주로는 당연히 고급 포도주와는 다른 저렴한 포도주가 쓰이며, 술이 약한 사람들은 여기에 물을 섞어서 마시기도 한다.

　　소비의 확대와 함께, 포도주의 생산을 다른 지역으로 확산시키려는 노력도 계속되어 왔다. 포도주 생산의 확산에서 가장 큰 문제는 포도 재배가 추운 북쪽 지역으로 확대되기 힘들다는 점이다. 자연 상태에서는 포도가 자라는 북방 한계가 이탈리아 정도에서 멈춰야 했지만, 중세 유럽에서 수도원마다 온갖 노력을 기울인 결과 포도 재배가 상당히 북쪽까지 올라갔다. 대체로 대서양의 루아르강 하구로부터 크림반도와 조지아를 잇는 선이 상업적으로 포도를 재배할 수 있는 북방한계선이다.

　　적정한 기온은 포도주 생산 가능 여부뿐 아니라 생산된 포도주의 질을 결정하는 중요한 요인이다. 너무 추운 지역이나 너무 더운 지역에서는 포도주의 품질이 떨어질 수밖에 없다. 추운 지역에서는 포도에 당분이 너무 적어서 그것으로 포도주를 담그면 신맛이 강하게 된다. 반면 너무 더운 지역에서는 섬세한 맛이 부족해서 '흐물거리는' 포도주가 생산된다(그 대신 이를 잘 활용하면 포르토나 셰리처럼 도수를 높인 고급 포도주를 만들 수 있다). 그러므로 고급 포도주 주요 생산지는 보르도나 부르고뉴처럼 너무 덥지도 않고 너무 춥지도 않은 곳이다. 다만 달콤한 백포도주의 경우는 샤토 디켐(Chateau d'Yquem)처럼 뜨거운 여름 날씨가 지속하는 곳에서 명품이 만들어진다.

　　포도주의 수요는 전 유럽적인 데 비해 생산은 이처럼 지리적으로 제한됐기 때문에 포도주는 일찍부터 원거리 무역 품목이 됐고, 언제나 고가품 취급을 받았다. 그런데 한 가지 기억해야 할 점은 이렇게 수출되는 고급 포도주는 오래된 포도주가 아니라 바로 그해에 만든 술이라는 점이다. 우리는 포도주는 오래될수록 좋아진다고 믿는 경향이 있지만, 대부분의 백포도주 혹은 중급 이하 적포도주는 시간이 지날수록 오히려 품질이 떨어진다. 시간이 흐를수록 품질이 개선되는 것은 일부 고급 적포도주에만 한정된 이야기이며, 그나마 포도주를 병에 담아 코르크 마개를 끼워 보관한 이후의 일이다.

① 고급 포도주는 모두 너무 덥지도 춥지도 않은 곳에서 재배된 포도로 만들어졌다.

② 루아르강 하구로부터 크림반도와 조지아를 잇는 선은 이탈리아보다 남쪽에 있을 것이다.

③ 유럽에서 일상적으로 마시는 식사용 포도주는 저렴한 포도주거나 고급 포도주에 물을 섞은 것이다.

④ 병에 담겨 코르크 마개를 끼운 고급 백포도주는 보관 기간에 비례하여 품질이 개선되지는 않을 것이다.

난이도 중상 ★★★★ ⏱TIME : 2분

04 다음 글에서 추론한 내용으로 적절하지 않은 것은?

2024. 국가직 9급

새의 몸에서 나오는 테스토스테론은 구애 행위나 짝짓기와 밀접하게 관련된다. 따라서 번식기가 아닌 시기에는 거의 분비되지 않는데, 번식기에 나타나는 테스토스테론의 수치 변화 양상은 새의 종류에 따라 다르다.

노래참새 수컷의 테스토스테론 수치는 짝짓기에 성공하여 암컷의 수정이 이루어지는 시점을 전후하여 달라진다. 번식기가 되면 수컷은 암컷의 마음을 얻는 데 필요한 영역을 차지하려고 다른 수컷과 싸워야 한다. 이 시기 수컷의 테스토스테론 수치는 암컷의 수정이 이루어질 때까지 계속 높아진다. 그러다가 수정이 이루어지면 수컷은 곧바로 새끼를 돌볼 준비를 하게 되는데, 이때부터 그 수치는 떨어진다. 새끼가 커서 둥지를 떠나게 되면 수컷은 더 이상 영역을 지킬 필요가 없기 때문에 번식기가 끝나지 않았는데도 테스토스테론 수치는 좀 더 떨어지고, 번식기가 끝나면 테스토스테론은 거의 분비되지 않는다.

검정깃찌르레기 수컷은 테스토스테론 수치가 번식기가 되면 올라갔다가 암컷이 수정한 이후부터 번식기가 끝날 때까지 떨어지지 않는다. 이 수컷은 자신의 둥지를 지키면서 암컷과 새끼를 돌보는 대신 다른 암컷과의 짝짓기를 위해 자신의 둥지를 떠나 버린다.

① 노래참새 수컷은 번식기 동안 테스토스테론 수치가 새끼를 양육할 때보다 양육이 끝난 후에 높게 나타난다.

② 번식기 동안 노래참새 수컷의 테스토스테론 수치는 암컷의 수정이 이루어지기 전보다 이루어진 후에 낮게 나타난다.

③ 검정깃찌르레기 수컷은 암컷이 수정한 이후 번식기가 끝날 때까지 테스토스테론 수치가 떨어지지 않는다.

④ 노래참새 수컷과 검정깃찌르레기 수컷 모두 번식기의 테스토스테론 수치는 번식기가 아닌 시기의 테스토스테론 수치보다 높다.

중요 구절

1. 번식기가 아닌 시기에는 거의 분비되지 않는데, 번식기에 나타나는 테스토스테론의 수치 변화 양상은 새의 종류에 따라 다르다.

2. 이 시기 수컷의 테스토스테론 수치는 암컷의 수정이 이루어질 때까지 계속 높아진다.

중요 선지

1. 노래참새 수컷은 번식기 동안 테스토스테론 수치가 새끼를 양육할 때보다 양육이 끝난 후에 높게 나타난다.

2. 번식기 동안 노래참새 수컷의 테스토스테론 수치는 암컷의 수정이 이루어지기 전보다 이루어진 후에 낮게 나타난다.

📑 지문 구조도

⚠ 세진쌤의 핵심 독해법

1.
2.
3.
4.
5.

중요 구절

1. 단어의 의미는 그 단어가 지칭하는 실존하는 대상이 무엇인가에 따라 결정돼.

중요 선지

1. 갑은 축약된 기술어가 실존하는 대상을 지칭할 수 없다고 보는군.

2. 갑과 을은 어떤 단어가 이름이려면 그 단어는 실존하는 대상을 반드시 지칭해야 한다고 보는군.

05 **다음 대화에 대한 이해로 적절하지 않은 것은?**   2021. 지방직 7급

> 갑: 페가수스는 정말로 실존하는 것이겠지?
>
> 을: '페가수스'라는 단어는 실존하지 않는 대상을 지칭한다고 생각해.
>
> 갑: '페가수스'라는 단어가 의미를 지닌다는 것은 분명하지? 단어의 의미는 그 단어가 지칭하는 실존하는 대상이 무엇인가에 따라 결정돼. 모든 단어는 무언가의 이름인 것이지. 그러니 페가수스가 실존하지 않는다면 '페가수스'라는 이름이 어떻게 의미를 지니겠어? 이처럼 모든 이름은 실존하는 대상을 반드시 지칭해.
>
> 을: 단어 '로물루스'를 생각해 봐. 이 단어는 실제로는 이름이 아니라 일종의 축약된 기술어(記述語)야. '자기 동생을 죽이고 로마를 건국하는 등 여러 가지 일을 한 어떤 전설상의 인물'이라는 기술의 축약어일 뿐이란 거지. 만약 이 단어가 정말로 이름이라면, 그 이름이 지칭하는 대상이 실존하는지는 문제도 되지 않았을 거야. 어떤 단어가 이름이라면 그것은 실존하는 어떤 대상을 반드시 지칭하거든. 실존하지도 않는 대상에게 이름이 있을 수 없는 것은 너무 당연하니 말이야. 실존하지 않는 대상을 지칭하는 단어는 실제로는 이름이 아니라 일종의 축약된 기술어인 거야.

① 갑은 축약된 기술어가 실존하는 대상을 지칭할 수 없다고 보는군.

② 을은 실존하지 않는 대상을 지칭하는 단어가 있다고 보는군.

③ 갑은 '페가수스'를 이름으로, 을은 '페가수스'를 축약된 기술어로 보는군.

④ 갑과 을은 어떤 단어가 이름이려면 그 단어는 실존하는 대상을 반드시 지칭해야 한다고 보는군.

지문 구조도

세진쌤의 핵심 독해법

1.
2.
3.
4.
5.

난이도 상 ★★★★★

TIME : 2분 30초

06 다음 글에서 추론한 내용으로 가장 적절한 것은?

2022. 지방직 9급

논리실증주의자들에 따르면, 만약 어떤 것이 과학일 경우 거기에서 사용되는 문장은 유의미하다. 그들은 유의미한 문장의 기준으로 소위 '검증 원리'라고 불리는 것을 제안했다. 검증 원리란, 경험을 통해 참이나 거짓을 검증할 수 있는 문장은 유의미하고 그렇지 않은 문장은 유의미하지 않다는 것이다. 다음 두 문장을 예로 생각해 보자.

(가) 달의 다른 쪽 표면에 산이 있다.
(나) 절대자는 진화와 진보에 관계하지만, 그 자체는 진화하거나 진보하지 않는다.

위 두 문장 중 경험을 통해 검증할 수 있는 것은 무엇인가? 비록 현실적으로 큰 비용이 들기는 하지만 (가)는 분명히 경험을 통해 진위를 밝힐 수 있다. 즉 우리는 (가)의 진위를 확정하기 위해서 무엇을 경험해야 하는지 알고 있다는 것이다. 이런 점에 근거하여 논리실증주의자들은 (가)는 검증할 수 있고, 유의미한 문장이라고 판단한다. 그럼 (나)는 어떠한가? 우리는 무엇을 경험해야 (나)의 진위를 확정할 수 있는가? 논리실증주의자들은 그런 것은 없다고 주장하고, 이에 (나)는 검증할 수 없고 과학에서 사용될 수 없는 무의미한 문장이라고 말한다.

① 검증 원리에 따르면 거짓인 문장은 무의미하다.
② 논리실증주의자들에 따르면 과학의 문장들만이 유의미하다.
③ 논리실증주의자들에 따르면 무의미한 문장을 사용하는 것은 과학이 아니다.
④ 검증 원리에 따르면 아직까지 경험되지 않은 것을 언급한 문장은 무의미하다.

중요 구절

1. 검증 원리란, 경험을 통해 참이나 거짓을 검증할 수 있는 문장은 유의미하고 그렇지 않은 문장은 유의미하지 않다는 것이다.

2. 이런 점에 근거하여 논리실증주의자들은 (가)는 검증할 수 있고, 유의미한 문장이라고 판단한다.

중요 선지

1. 논리실증주의자들에 따르면 과학의 문장들만이 유의미하다.

2. 논리실증주의자들에 따르면 무의미한 문장을 사용하는 것은 과학이 아니다.

PART **04**

지문 구조도

⚠️ 세진쌤의 핵심 독해법

1.
2.
3.
4.
5.

4 전제와 관점

난이도) 중하 ★★   ⏱TIME : 1분

중요 구절
1. 결국 15세기 말 인쇄업은 자금을 빌려주는 업자들에게 종속되었는데 그들은 경제적 목적을 가지고 책 사업을 장악하였다.
2. 15세기 후반부에는 라틴어가 가장 중요했기에 라틴어로 된 종교 서적이 인쇄의 주류를 이루었다.

중요 선지
1. 15세기 후반부에 라틴어는 인쇄술에 힘입어 가장 중요한 언어가 되었다.

세진쌤의 핵심 독해법

1.
2.
3.
4.
5.

01 **다음 글에 대한 이해로 적절하지 <u>않은</u> 것은?**   2021. 지방직 7급

> 15세기 중엽 구텐베르크가 인쇄술을 도입했을 때 인쇄업에는 모험적인 투자가 필요했다. 인쇄 시설은 자주 교체해야 했고 노동비용과 종잇값도 비쌌을 뿐 아니라, 막대한 투자금의 회수도 오래 걸렸다. 결국 15세기 말 인쇄업은 자금을 빌려주는 업자들에게 종속되었는데 그들은 경제적 목적을 가지고 책 사업을 장악하였다. 책은 생산 원가의 2~3배의 이윤을 남기는 고가의 제품이었기 때문이다. 필사본의 수량적 한계를 뛰어넘은 책은 상인들의 교역로를 따라 유럽 각지로 퍼져 나갔다. 이 사치품은 수지맞는 상품으로 시장에서 거래되었고, 그 과정에서 사상의 교환이 촉진되었다. 15세기 후반부에는 라틴어가 가장 중요했기에 라틴어로 된 종교 서적이 인쇄의 주류를 이루었다. 16세기 들어 인쇄술은 고대 문헌들의 출판을 통해 인문주의의 대의에 공헌했으며, 1517년 이후 종교개혁을 위한 수단으로도 이용되었다.

① 16세기에는 인쇄술이 종교개혁에 영향을 주었다.
② 15세기 말 인쇄업은 대금업자들에게 금전적으로 의존했다.
③ 유럽의 상인들이 사상의 교환을 위해서 책을 유통한 것은 아니었다.
④ 15세기 후반부에 라틴어는 인쇄술에 힘입어 가장 중요한 언어가 되었다.

난이도 중상 ★★★★ ⏱TIME : 2분

02 다음 글에 대한 이해로 적절하지 <u>않은</u> 것은?

2022. 지방직 9급

> 르네상스가 일어나게 된 요인으로 많은 것들이 거론되어 왔지만, 의학사의 관점에서 볼 때 흥미롭고 논쟁적인 원인은 페스트이다. 페스트가 유럽의 인구를 격감시킴으로써 사회 경제 구조가 급변하게 되었고, 사람들은 재래의 전통이 지니고 있던 강력한 권위에 의문을 품기 시작했다. 예컨대 사람들은 이 무시무시한 질병을 예측하지 못한 기존의 의학적 전통을 불신하게 되었으며, 페스트로 인해 '사악한 자'들만이 아니라 '선량한 자'들까지 무차별적으로 죽는 것을 보고 이전까지 의심하지 않았던 신과 교회의 막강한 권위에 대해서도 회의하게 되었다.
>
> 속수무책으로 당할 수밖에 없었던 죽음에 대한 경험은 사람들을 여러 방향에서 변화시켰다. 사람들은 거리에 시체가 널려 있는 광경에 익숙해졌고, 인간의 유해에 대한 두려움 또한 점차 옅어졌다. 교회에서 제시한 세계관 및 사후관에 대한 신뢰가 떨어지고, 삶과 죽음 같은 인간의 본질적인 문제에 대해 새롭게 사유하기 시작했다. 중세의 지적 전통에 대한 의구심은 고대의 학문과 예술, 언어에 대한 재평가로 이어졌으며, 이에 따라 신에 대한 무조건적 찬양과 복종 대신 인간에 대한 새로운 관심과 사유가 활발해졌다.
>
> 이러한 움직임은 미술사에서 두드러지게 포착된다. 인간에 대한 관심의 증대에 따라 인체의 아름다움이 재발견되었고, 인체를 묘사하는 다양한 화법도 등장했다. 인체에 대한 관심은 보이는 부분뿐만 아니라 보이지 않는 부분에 대한 관심으로 이어졌다. 기존의 의학적 전통을 여전히 신봉하던 의사들에게 해부학적 지식은 불필요한 것으로 인식되었던 반면, 당시의 미술가들은 예술가이면서 동시에 해부학자이기도 할 만큼 인체의 내부 구조를 탐색하는 데 골몰했다.

① 전염병의 창궐은 르네상스의 발생을 설명하는 다양한 요인 가운데 하나이다.

② 페스트로 인한 선인과 악인의 무차별적인 죽음은 교회가 유지하던 막강한 권위를 약화시켰다.

③ 예술가들이 인체의 아름다움을 재발견함으로써 고대의 학문과 언어에 대한 재평가도 이루어졌다.

④ 르네상스 시기에 해부학은 의사들보다도 미술가들의 관심을 끌었다.

PART 04

중요 구절

1. 르네상스가 일어나게 된 요인으로 많은 것들이 거론되어 왔지만, 의학사의 관점에서 볼 때 흥미롭고 논쟁적인 원인은 페스트이다.

2. 기존의 의학적 전통을 여전히 신봉하던 의사들에게 해부학적 지식은 불필요한 것으로 인식되었던 반면, 당시의 미술가들은 예술가이면서 동시에 해부학자이기도 할 만큼 인체의 내부 구조를 탐색하는 데 골몰했다.

중요 선지

1. 예술가들이 인체의 아름다움을 재발견함으로써 고대의 학문과 언어에 대한 재평가도 이루어졌다.

📰 지문 구조도

⚠️ 세진쌤의 핵심 독해법

1.
2.
3.
4.
5.

난이도 ❯ 중상 ★★★★ 　　　　　　　　　　　　　　　　　　　　　　　　TIME : 2분

중요 구절

1. 첫째, 인간의 행동은 철저하게 유전적으로 결정되어 있다는 생각이다.

2. 둘째, 현재 인간의 마음이나 행동 체계는 오랜 진화 과정에 의한 최적의 적응 방식이라는 생각이다.

중요 선지

1. 우리에게 주어진 상황의 복잡한 정도가 클수록 인지적 전략의 최적화가 이루어진다.

📐 **지문 구조도**

⚠️ **세진쌤의 핵심 독해법**

1.
2.
3.
4.
5.

03 다음 글에서 추론한 내용으로 가장 적절한 것은?

2024. 국가직 9급

> 진화 개념에 대해 흔히 오해되는 측면이 있다. 첫째, 인간의 행동은 철저하게 유전적으로 결정되어 있다는 생각이다. 그런데 진화 이론이 유전자 결정론을 주장하는 것은 아니다. 인간의 행동은 유전적인 적응 성향과 이러한 적응 성향을 발달시키고 활성화되게 하는 환경으로부터의 입력이 상호작용한 결과이다.
>
> 둘째, 현재 인간의 마음이나 행동 체계는 오랜 진화 과정에 의한 최적의 적응 방식이라는 생각이다. 그것이 항상 맞는 것은 아니다. 가령 구석기시대의 적응 방식을 오늘날 인간이 지니고 있어 생기는 문제점이 있다. 원시시대에 사용하던 인지적 전략 등이 현재 그대로 남아 있기 때문에 문제가 생길 수 있는 것이다. 우리가 복잡한 상황에 적응하는 데는 원시시대의 적응 방식이 부적절한 경우가 있을 수 있다.

① 인간의 행동은 환경의 영향으로, 마음은 유전의 영향으로 결정된다.

② 우리에게 주어진 상황의 복잡한 정도가 클수록 인지적 전략의 최적화가 이루어진다.

③ 같은 조상을 둔 후손이라도 환경에서 얻은 정보가 다르면 행동은 다르게 나타날 수 있다.

④ 조상의 유전적 성향보다 조상이 살았던 과거 환경이 인간의 진화 방향을 우선적으로 결정한다.

난이도 상 ★★★★★ ☼ TIME : 2분 30초

04 **다음 글을 이해한 내용으로 가장 적절한 것은?** 2024. 국가직 9급

A가 주장한 다중지능이론은 기존 지능이론의 대안으로 제시되었다. 그는 기존 지능이론이 언어지능이나 논리수학지능 등 인간의 인지 능력에만 초점을 맞추고 있다고 비판하면서 이뿐 아니라 신체와 정서, 대인 관계의 능력까지 포괄한 총체적 지능 개념을 창안해 냈다. 다중지능이론은 뇌과학 연구에 일정 부분 영향을 받았는데, 뇌과학 연구에 따르면 인간의 좌뇌는 분석적, 논리적 능력을 담당하고, 우뇌는 창조적, 감성적 능력을 담당한다. 다중지능이론에서는 좌뇌의 능력에만 초점을 둔 기존의 지능 검사에 대해 반쪽짜리 검사라고 혹평한다.

그런데 다중지능이론에 대해 비판적인 연구자들은 다음과 같은 점들을 지적한다. 우선, 다중지능이론에서 주장하는 새로운 지능의 종류들이 기존 지능이론에서 주목했던 지능의 종류들과 상호 독립적일 수 있는가 하는 점이다. 그들에 따르면, 전자는 후자의 하위 영역에 속해 있고, 둘 사이에는 유의미한 상관 관계가 있으므로 서로 독립적일 수 없으며, 따라서 '다중'이라는 개념이 성립하지 않는다. 다음으로, 다중지능을 정확하게 측정할 수 있는 도구가 만들어질 수 있겠는가 하는 점이다. 그들은 지능이라는 말이 측정 가능한 인지 능력을 전제하는 것인데, 다중지능이론이 설정한 새로운 종류의 지능들을 정확하게 측정할 수 있는 도구가 만들어지기는 어려울 것이라 주장한다.

① 논리수학지능은 다중지능이론의 지능 개념에 포함되지 않는다.
② 대인 관계의 능력과 관련된 지능을 정확하게 측정할 수 있는 도구의 개발 가능성에 대해 회의적인 사람들이 있다.
③ 다중지능이론에서는 인간의 우뇌에서 담당하는 능력과 관련된 지능보다 좌뇌에서 담당하는 능력과 관련된 지능에 더 많이 주목한다.
④ 다중지능이론에 대해 비판적인 연구자들은 인간의 모든 지능 영역들이 상호 독립적이라는 이유에서 '다중' 개념이 성립하지 않는다고 주장한다.

중요 구절
1. 그는 기존 지능이론이 언어지능이나 논리수학지능 등 인간의 인지 능력에만 초점을 맞추고 있다고 비판하면서 이뿐 아니라 신체와 정서, 대인 관계의 능력까지 포괄한 총체적 지능 개념을 창안해 냈다.
2. 다중지능이론에서 주장하는 새로운 지능의 종류들이 기존 지능이론에서 주목했던 지능의 종류들과 상호 독립적일 수 있는가 하는 점이다.

중요 선지
1. 다중지능이론에 대해 비판적인 연구자들은 인간의 모든 지능 영역들이 상호 독립적이라는 이유에서 '다중' 개념이 성립하지 않는다고 주장한다.

PART 04

지문 구조도

세진쌤의 핵심 독해법

1.
2.
3.
4.
5.

5 이론과 예시

난이도 중 ★★★　　　　　　　　　　　　　　　　　　　　　　TIME : 2분

01　다음 글에서 추론한 내용으로 적절하지 않은 것은?

2021. 국가직 9급

> 　과학의 개념은 분류 개념, 비교 개념, 정량 개념으로 구분할 수 있다. 식물학과 동물학의 종, 속, 목처럼 분명한 경계를 가지고 대상들을 분류하는 개념들이 분류 개념이다. 어린이들이 맨 처음에 배우는 단어인 '사과', '개', '나무' 같은 것 역시 분류 개념인데, 하위 개념으로 분류할수록 그 대상에 대한 정보가 더 많이 전달된다. 또한, 현실 세계에 적용 대상이 하나도 없는 분류 개념도 있을 수 있다. 예를 들어 '유니콘'이라는 개념은 '이마에 뿔이 달린 말의 일종임' 같은 분명한 정의가 있기에 '유니콘'은 분류 개념으로 인정되는 것이다.
>
> 　'더 무거움', '더 짧음' 등과 같은 비교 개념은 분류 개념보다 설명에 있어서 정보 전달에 더 효과적이다. 이것은 분류 개념처럼 자연의 사실에 적용되어야 하지만, 분류 개념과 달리 논리적 관계도 반드시 성립해야 한다. 예를 들면, 대상 A의 무게가 대상 B의 무게보다 더 무겁다면, 대상 B의 무게가 대상 A의 무게보다 더 무겁다고 말할 수 없는 것처럼 '더 무거움' 같은 비교 개념은 논리적 관계를 반드시 따라야 한다.
>
> 　마지막으로 정량 개념은 비교 개념으로부터 발전된 것인데, 이것은 자연의 사실로부터 파악할 수 있는 물리량을 측정함으로써 만들어진다. 물리량을 측정하기 위해서는 몇 가지 규칙이 필요한데, 그 규칙에는 두 물리량의 크기를 비교하는 경험적 규칙과 물리량의 측정 단위를 정하는 규칙 등이 포함된다. 이러한 정량 개념은 자연에 의해서 주어지는 것이 아니라 우리가 자연현상에 수를 적용하는 과정에서 생겨나는 것이다. 정량 개념은 과학의 언어를 수많은 비교 개념 대신 수를 사용할 수 있게 하여 과학 발전의 기초가 되었다.

① '호랑나비'는 '나비'와 동일한 종에 속하지만, 나비에 비해 정보량이 적다.

② '용(龍)'은 현실 세계에 적용할 수 있는 지시물이 없더라도 분류 개념으로 인정된다.

③ '꽃'이나 '고양이'와 같은 개념은 논리적 관계를 따라야 하는 것은 아니기 때문에 비교 개념에 포함되지 않는다.

④ 물리량을 측정할 수 있는 'cm'나 'kg'과 같은 측정 단위는 자연현상에 수를 적용할 수 있게 해 주었다.

난이도 | 중 ★★★

⏱ TIME : 1분 30초

02 다음 글에서 추론한 내용으로 가장 적절한 것은?

2023. 국가직 9급

> 공포의 상태와 불안의 상태를 구분하는 것은 쉽지 않다. 왜냐하면 두 감정을 함께 느끼거나 한 감정이 다른 감정을 유발할 때가 많기 때문이다. 가령, 무시무시한 전염병을 목도하고 공포에 빠진 사람은 자신도 언젠가 그 병에 걸릴지 모른다는 불안 상태에 빠지게 된다. 이처럼 두 감정은 서로 밀접하게 얽혀 있다는 점에서 혼동하기 쉽다. 하지만 두 감정을 야기한 원인을 따져 보면 두 감정을 명확하게 구분할 수 있다. 공포는 실재하는 객관적 위협에 의해 야기된 상태를 의미하고, 불안은 현재 발생하지 않았으며 미래에 일어날지 모르는 불명확한 위협에 의해 야기된 상태를 의미한다. 공포와 불안의 감정은 둘 다 자아와 관련되어 있지만 여기에서도 차이를 찾을 수 있다. 공포를 느끼는 것은 '나 자신'이 위험한 상황에 놓여 있다는 사실을 아는 것이고, 불안의 경험은 '나 자신'이 위해를 입을까 봐 걱정하는 것이다.

① 자신이 처한 위험한 상황을 정확히 인식하는 경우에는 공포감에 비해 불안감이 더 크다.

② 전기·가스 사고가 날까 두려워 외출하지 못하는 사람은 불안한 상태에 있는 것이다.

③ 시험에 불합격할 수 있다는 생각에 사로잡힌 사람은 공포감에 빠져 있는 것이다.

④ 과거에 큰 교통사고를 경험한 사람은 공포감은 크지만 불안감은 작다.

중요 구절

1. 공포는 실재하는 객관적 위협에 의해 야기된 상태를 의미하고, 불안은 현재 발생하지 않았으며 미래에 일어날지 모르는 불명확한 위협에 의해 야기된 상태를 의미한다.

중요 선지

1. 자신이 처한 위험한 상황을 정확히 인식하는 경우에는 공포감에 비해 불안감이 더 크다.

PART **04**

📄 지문 구조도

⚠ 세진쌤의 핵심 독해법

1.
2.
3.
4.
5.

중요 구절
1. 언어의 변화 원인에는 언어적 원인, 역사적 원인, 사회적 원인, 심리적 원인 등이 있다.

중요 선지
1. '지갑'의 의미가 변화한 것은 언어적 원인이 아니라 사회적 원인 때문이다.

☒ 지문 구조도

⚠ 세진쌤의 핵심 독해법

1.
2.
3.
4.
5.

난이도 중 ★★★

⏱ TIME : 1분 30초

03 다음 글에서 추론한 내용으로 가장 적절한 것은?

2023. 지방직 7급

> 언어는 사회적 약속이기 때문에 개인이 함부로 바꿀 수 없다. 하지만 언어는 본질적으로 고정된 것이 아니기 때문에 살아 있는 유기체처럼 변화 과정을 거친다. 언어의 변화 원인에는 언어적 원인, 역사적 원인, 사회적 원인, 심리적 원인 등이 있다. 이로 인해 단어의 의미 변화가 일어난다.
>
> 단어의 의미 변화는 대략 세 유형으로 나뉜다. '뫼(메)'는 '밥' 또는 '진지'를 뜻하였으나 오늘날에는 제사 때 신위 앞에 올리는 진지로 국한해서 쓰이고 있다. '지갑'은 원래 종이로 만든 것에만 사용하였지만 지금은 가죽이나 헝겊 따위로 만든 것도 모두 포함해서 사용한다. '어여쁘다'는 본래 '불쌍하다'라는 뜻이었으나 지금은 '아름답다'로 그 뜻이 바뀌었다.

① '지갑'의 의미가 변화한 것은 언어적 원인이 아니라 사회적 원인 때문이다.

② '얼굴'은 '형체'를 뜻하였으나 '안면'만을 가리키는 것으로 바뀐 것은 '지갑'의 의미 변화 유형과 같다.

③ '인정'은 '뇌물'을 뜻하였으나 '사람의 감정'을 뜻하는 것으로 바뀐 것은 '어여쁘다'의 의미 변화 유형과 같다.

④ '다리'는 원래 사람이나 동물의 신체 일부를 지시하였으나 무생물에도 사용하게 된 것은 '뫼(메)'의 의미 변화 유형과 같다.

난이도 중상 ★★★★ 　　　　　　　　　　　　　　　　　　⏱ TIME : 1분 30초

04 다음 글에서 추론한 내용으로 적절하지 <u>않은</u> 것은?　　　2023. 지방직 9급

> 한글은 소리를 나타내는 표음문자여서 한국어 문장을 읽는 데 학습해야 할 글자가 적지만, 한자는 음과 상관없이 일정한 뜻을 나타내는 표의문자여서 한문을 읽는 데 익혀야 할 글자 수가 훨씬 많다. 이러한 번거로움에도 한글과 달리 한자가 갖는 장점이 있다. 한글에서는 동음이의어, 즉 형태와 음이 같은데 뜻이 다른 단어가 많아 글자만으로 의미를 파악하지 못하는 경우가 많다. 하지만 한자는 그렇지 않다. 예컨대, 한글로 '사고'라고만 쓰면 '뜻밖에 발생한 사건'인지 '생각하고 궁리함'인지 구별할 수 없다. 한자로 전자는 '事故', 후자는 '思考'로 표기한다. 그런데 한자는 문맥에 따라 같은 글자가 다른 뜻으로 쓰이지는 않지만 다른 문장성분으로 사용되기도 해 혼란을 야기한다. 가령 '愛人'은 문맥에 따라 '愛'가 '人'을 수식하는 관형어일 때도, '人'을 목적어로 삼는 서술어일 때도 있는 것이다.

① 한문은 한국어 문장보다 문장성분이 복잡하다.
② '淨水'가 문맥상 '깨끗하게 한 물'일 때 '淨'은 '水'를 수식한다.
③ '愛人'에서 '愛'의 문장성분이 바뀌더라도 '愛'는 동음이의어가 아니다.
④ '의사'만으로는 '병을 고치는 사람'인지 '의로운 지사'인지 구별할 수 없다.

중요 구절

1. 한글에서는 동음이의어, 즉 형태와 음이 같은데 뜻이 다른 단어가 많아 글자만으로 의미를 파악하지 못하는 경우가 많다.

2. 한자는 문맥에 따라 같은 글자가 다른 뜻으로 쓰이지는 않지만 다른 문장성분으로 사용되기도 해 혼란을 야기한다.

중요 선지

1. 한문은 한국어 문장보다 문장성분이 복잡하다.

2. '愛人'에서 '愛'의 문장성분이 바뀌더라도 '愛'는 동음이의어가 아니다.

📊 **지문 구조도**

⚠️ **세진쌤의 핵심 독해법**

1.
2.
3.
4.
5.

01 이론형

1 설명 방식

(1) 자연적 구성

① 시간적 구성

㉠ 시간에 흐름에 따라 글을 전개해 나가는 구성 방식을 의미한다.

㉡ '기행문, 일기문, 전기문' 등에 적합하다.

㉢ '추보식'은 시간의 흐름에 따라 차례대로 내용을 서술해 가는 방식으로 주로 기행문에서 쓰인다.

② 공간적 구성

㉠ 공간을 중심으로 전개해 나가는 구성 방식을 의미한다.

㉡ 시선의 이동에 따라 공간을 구성할 수도 있으며, 시간과 함께 순차적으로 진행될 수도 있다.

(2) 논리적 구성

① 단계식 구성

㉠ **3단 구성**: 서론－본론－결론, 처음－중간－끝, 머리말－본문－맺음말

㉡ **4단 구성**: 기－승－전－결, 도입－전개-전환－정리

㉢ **5단 구성**: 발단－전개－위기－절정－결말

② 포괄식 구성(주제의 위치가 기준)

㉠ **두괄식**

㉮ 글의 첫머리에 주제가 있는 구성 방식을 의미한다.

㉯ 보통 중심 문장을 앞에 제시하고, 뒤에는 이 중심 문장을 풀어 쓰는 방식으로 제시한다.

㉰ 연역적 구성을 보일 때가 많다.

㉡ **미괄식**

㉮ 글의 끝부분에 주제가 있는 구성 방식을 의미한다.

㉯ 귀납적 구성을 보일 때가 많다.

㉢ **중괄식**: 글의 중간 부분에 주제가 있는 구성 방식을 의미한다.

㉣ **양괄식**: 글의 첫머리에 주제나 요지를 제시하고, 글의 끝에 다시 요약된 내용을 서술한 구성 방식을 의미한다.

❷ 글의 전개 방식 – ① 정태적 방법

(1) 정의

① 사전적 의미

㉠ 사전적 의미 : 개념이 속하는 가장 가까운 유(類)를 들어 그것이 체계 가운데 차지하는 위치를 밝히고 다시 종차(種差)를 들어 그 개념과 등위(等位)의 개념에서 구별하는 일. '사람은 이성적(理性的)인 동물이다.'와 같이, 판명하려는 개념을 주어로 하고 종차와 최근류(最近類)를 객어로 하는 판단으로써 성립한다.

㉡ 어떤 개념의 내용이나 성격 등을 제한하여 정확하게 규정하는 방식을 의미한다.

> **예** 사자는 고양잇과의 포유류이다.

② 특징

㉠ 구조 : 피정의항(종개념), 정의항(종차, 유개념)

㉡ 종개념(種概念)은 유개념(類概念)에 포함되어야 한다.

> **예** 사자(종개념), 포유류(유개념)

㉢ 종만이 지닌 차이를 종차(種差)라 하며 정의의 기본 형식에 종차는 있어야 한다.

㉣ 피정의항에 적는 용어는 정의항에서 반복되면 안 된다.

㉤ 정의를 쓸 때 비유법을 써서는 안 된다.

③ 용어 정리

㉠ 종개념(種概念) : 정의될 대상.『철학』하나의 개념 속에 포함되어 있는 여러 개의 개별 개념. 포함 관계에 따라 상대적이다. 이를테면 '동물'은 '생물'에 대하여, 또 '사람'은 '동물'에 대하여 이것이 된다. ≒ 종

㉡ 유개념(類概念) : 사물의 범위.『철학』어떤 개념의 외연(外延)이 다른 개념의 외연보다 크고 그것을 포괄할 경우, 전자를 후자에 대하여 이르는 말. 예를 들면, 소나무·매화나무 따위의 종개념(種概念)에 대하여 식물이 이에 해당한다. ≒ 유

㉢ 종차(種差) : 본질적 속성.『철학』한 유개념 속의 어떤 종개념이 다른 종개념과 구별되는 요소. 이를테면 동물에 속하는 사람이 다른 동물과 비교할 때 이성적이며 언어를 가졌다는 차이 따위이다.

(2) 지정

① 사전적 의미

틀림없이 그러한가를 알아보거나 인정함. 또는 그런 인정.

② 특징

㉠ 물음에 대한 답을 그 대상을 손가락으로 가리켜 알려주듯이 설명하는 방식이다.

㉡ 단순한 사실 확인이나 현상적 특징을 해명하는 데에 주로 사용된다.

> **예** 저기 중절모 모자를 쓴 어르신은 이 지역의 지주이시다.

(3) 비교

① 사전적 의미

둘 또는 그 이상의 사물이나 현상을 견주어 서로 간의 유사점과 공통점, 차이점 따위를 밝히는 일.

② 특징
　㉠ 두 대상이 얼마나 유사한가를 기준으로 접근하는 방식이다.(유사점 기준)
　㉡ 두 대상의 범주는 비슷하거나 동일해야 한다.
　　예 회화와 사진은 시각 예술이다.

⑷ 대조

① 사전적 의미
　둘 이상인 대상의 내용을 맞대어 같고 다름을 검토함.

② 특징
　㉠ 두 대상이 얼마나 차이가 있는가를 기준으로 접근하는 방식이다.(차이점 기준)
　㉡ 두 대상의 범주는 비슷하거나 동일해야 한다.
　　예 조각은 공간 예술인 반면, 회화는 시각 예술에 속한다.

⑸ 분류

① 사전적 의미
　유개념의 외연에 포함된 종개념을 명확히 구분하여 체계적으로 정리하는 것.

② 특징
　㉠ '분류'는 '종개념'을 '유개념'으로 묶은 것을 의미한다.
　㉡ 분류를 '분류'와 '구분'으로 나누기도 한다.(따라서 융통성 있게 문제를 풀어야 한다.)
　㉢ 분류된 항목은 서로 대등적이다.
　　예 정형시, 자유시는 시의 형식상 갈래에 해당한다.

③ 주의사항
　㉠ 대상들 사이에 공통성이 있어야 한다.
　㉡ 분류한 항목이 서로 중복되지 않아야 한다.
　㉢ 하위 항목은 상위 항목에 포함되어야 한다.
　㉣ 하나의 구분 원리만 적용되어야 한다.

⑹ 구분

① 사전적 의미
　일정한 기준에 따라 전체를 몇 개로 갈라 나눔.

② 특징
　'구분'은 '유개념'을 '종개념'으로 구분한 것을 의미한다.
　　예 시의 형식상 갈래로 정형시, 자유시를 들 수 있다.

⑺ 분석

① 사전적 의미
　얽혀 있거나 복잡한 것을 풀어서 개별적인 요소나 성질로 나눔.

② 특징
　㉠ 『논리』 개념이나 문장을 보다 단순한 개념이나 문장으로 나누어 그 의미를 명료하게 함.
　㉡ '분류'와 달리 '분석'은 고유의 특징이 사라진다.

ⓒ 분석은 시간성을 고려하지 않아 정태적 방식에 속하는데, 과정이나 인과적 서술이 포함되기도 한다.(시간성을 고려하지 않으면 분석으로 이해할 것)

> **예** 곤충의 몸은 머리, 가슴, 배로 나뉜다.

③ 분석의 종류

ⓐ 대상에 따라

㉮ **물리적 분석**: 시계의 분해

㉯ **개념적 분석**: 시의 구성 요소

ⓑ 작용에 따라

㉮ **기능적 분석**: 복사기의 여러 부분의 기능

㉯ **연대기적 분석**: 고전 문학사의 흐름

㉰ **인과적 분석**: 알레르기 증상의 원인 분석

(8) 묘사

① **사전적 의미**

어떤 대상이나 사물, 현상 따위를 언어로 서술하거나 그림을 그려서 표현함. '그려 냄'으로 순화.

② **특징**

ⓐ 묘사는 전체 글쓰기 과정에서 '부분적'으로 나타나는 경우가 많다.

ⓑ '감각적 이미지'를 자유롭게 사용할 때가 많다.

> **예** 붉은 대궁이 향기같이 애잔하고 나귀들의 걸음도 시원하다.

③ **종류**

ⓐ **객관적 묘사**: 대상을 사실적으로 묘사하는 방식을 말한다.

ⓑ **주관적 묘사**: 어떤 대상에 대해 자신만의 생각을 담아 그림을 그리듯이 드러내는 방식을 말한다.

ⓒ **배경 묘사**: 공간 묘사로, 주변에 있는 배경을 어느 정도 분량을 두고 서술하는 것을 말한다.

ⓓ **인물 묘사**: 인물의 외양을 감각적으로 그린 서술을 의미한다.

(9) 예시

① **사전적 의미**

예를 들어 보임.

② **특징**

ⓐ '예를 들어, 가령'과 같은 표지를 쓴다.

ⓑ '예시'의 범주는 구체적인 것 위주로 언급된다.

ⓒ 일반적 진술인 주지를 뒷받침하는 역할을 한다.

> **예** 세상에는 맛있는 것이 많다. 예를 들어, 치킨, 피자, 스시 등이 있다.

(10) **유추**

① **사전적 의미**

같은 종류의 것 또는 비슷한 것에 기초하여 다른 사물을 미루어 추측하는 일.

② **특징**

㉠ 『논리』 두 개의 사물이 여러 면에서 비슷하다는 것을 근거로 다른 속성도 유사할 것이라고 추론하는 일. 서로 비슷한 점을 비교하여 하나의 사물에서 다른 사물로 추리한다.

㉡ '유비추론' 또는 '유비추리'라고도 한다.

㉢ 속성이 서로 유사한 점을 찾기 때문에 '비교'처럼 보이지만, 둘은 동일한 결론을 이끌어 낸다는 차이가 있다.

> **예** 동물이 제 새끼를 아끼며 기르듯이 사람도 마땅히 그래야 할 것이다.

3 글의 전개 방식 – ② 동태적 방법

(1) **서사**

① **사전적 의미**

시간의 경과를 고려한 글쓰기 방식이다.

② **특징**

㉠ '행위, 시간, 의미'는 서사의 3요소에 해당한다.

㉡ 소설, 전기문, 일기문, 기행문 등에서 주로 활용된다.

㉢ 육하원칙 중에 '누가, 언제, 어디서, 무엇을'과 관련이 있다.

(2) **과정**

① **사전적 의미**

일이 되어 가는 경로.

② **특징**

㉠ 어떤 변화에 따른 과정이 구체적으로 드러나는 글의 전개 방식을 의미한다.

㉡ 어떤 결과에 이르는 일련의 단계, 변화, 기능, 행동 등에 초점을 두는 전개 방식이다.

㉢ 육하원칙 중에 '어떻게'와 관련이 있다.

(3) **인과**

① **사전적 의미**

원인과 결과를 아울러 이르는 말.

② **특징**

㉠ 원인과 밀접한 결과에 대한 언급이 있는 전개 방식을 의미한다.

㉡ 결과에 대한 원인을 찾을 때 밀접한 관계인지 꼭 파악해야 한다.

㉢ 육하원칙 중에 '왜'와 관련이 있다.

(4) 기타 – ① 병렬

① 사전적 의미

나란히 늘어섬. 또는 나란히 늘어놓음.

② 특징

㉠ 여러 대상이 동등한 위치에서 비슷한 분량으로 언급되면 병렬적 구조라 할 수 있다.

㉡ 두 대상 간의 인과성이 약해야 한다. 쉽게 생각하면 두 대상이 인과적으로 연결되어 있지 않으면 병렬이라 할 수 있다.

(5) 기타 – ② 통시적

① 사전적 의미

어떤 시기를 종적으로 바라보는 것.

② 특징

㉠ 시대순으로 바라보는 관점이 통시적이다.

㉡ 시간의 흐름과 전후 관계를 중심으로 파악해야 통시적 관점을 찾을 수 있다.

(6) 기타 – ③ 공시적

① 사전적 의미

어떤 시기를 횡적으로 바라보는 것.

② 특징

㉠ 동시대에서 바라보는 관점이 공시적이다.

㉡ 어떤 특정 시기에 맞추어 글을 전개하였는지 위주로 파악해야 한다.

4 글의 전개 방식 – ③ 설명

(1) 설명

① 특징

㉠ 객관적 사실이나 지식 등의 정보를 제공하는 글이다.

㉡ 보통 '설명문'의 형태를 보인다.

② 주의사항

㉠ 객관성: 주관적인 견해 배제, 객관적인 관점 서술 태도를 유지한다.

㉡ 정확성: 설명 대상에 대한 정확한 정보를 쓴다.

㉢ 명료성: 전달하고자 하는 내용을 구체적이고 정확한 어휘를 사용, 구체적이고 간결하게 서술한다.

㉣ 평이성: 지식, 정보의 내용을 전달하고 이해시키는 것이 목적이므로 쉽게 풀어서 서술한다.

5 '설명 방식'과 관련된 선지

1. 사물을 그림을 그리듯이 표현하고 있다.

2. 인과적 연결을 통해 대상을 논증하고 있다.

3. 풍자와 해학을 동원하여 대상을 희화화하고 있다.

4. 다양성 확보의 중요성에 대해 유추를 통해 설명하고 있다.

5. 자문자답 형식을 사용하여 독자의 흥미를 유발하고 있다.

6. 다양성이 사라진 사회를 여러 기준에 따라 분류하고 있다.

7. 전문 용어의 뜻을 쉽게 풀이하여 독자의 이해를 돕고 있다.

8. 통계적 사실이나 사례 제시를 통해 독자의 이해를 돕고 있다.

9. 시대적 변천 양상을 살피면서 바람직한 방향을 제시하고 있다.

10. 자신과 다른 견해를 일부 인정하면서도 그 한계를 지적하고 있다.

11. 여러 사례를 근거로 삼아 노동 시장에 대한 통념을 비판하고 있다.

12. 주장을 먼저 제시한 뒤 다양한 실례를 들어 타당성을 증명하고 있다.

13. 여러 이론을 토대로 노동 시장에 대한 다양한 관점을 소개하고 있다.

14. 예시와 열거 등의 설명 방법을 구사하여 주장의 설득력을 높이고 있다.

15. 서로 대립되는 두 견해를 제시하고 검토한 뒤 제3의 견해를 도출하고 있다.

16. 개별적인 사례로부터 일반적이고 보편적인 원리나 사실을 이끌어 내는 방식으로 논지를 전개하고 있다.

01 **다음에서 제시한 글의 전개 방식의 예로 가장 적절한 것은?**　　2020. 국가직 9급

> '인과'는 원인과 결과를 서술하는 전개 방식이다. 어떤 현상이나 결과가 나타나게
> 된 원인이나 힘을 제시하고 그로 말미암아 초래된 결과를 나타내는 서술 방식이다.

① 온실 효과로 지구의 기온이 상승할 때 가장 심각한 영향은 해수면의 상승이다. 이
　러한 현상은 바다와 육지의 비율을 변화시켜 엄청난 기후 변화를 유발하며, 게다
　가 섬나라나 저지대는 온통 물에 잠기게 된다.

② 이 사회의 경제는 모두가 제로섬 요소로 구성되어 있다. 제로섬(zero-sum)이란
　어떤 수를 합해서 제로가 된다는 뜻이다. 어떤 운동 경기를 한다고 할 때 이기는
　사람이 있으면 반드시 지는 사람이 있게 마련이다.

③ 다음날도 찬호는 학교 담을 따라 돌았다. 그리고 고무신을 벗어 한 손에 한 짝씩
　쥐고는 고양이 걸음으로 보초의 뒤를 빠져 팽이처럼 교문 안으로 뛰어들었다.

④ 벼랑 아래는 빽빽한 소나무 숲에 가려 보이지 않았다. 새털 구름이 흩어진 하늘
　아래 저 멀리 논과 밭, 강을 선물 세트처럼 끼고 들어앉은 소읍의 전경은 적막해
　보였다.

📐 **지문 구조도**

⚠️ **세진쌤의 핵심 독해법**

1.
2.
3.
4.
5.

지문 구조도

세진쌤의 핵심 독해법

1.
2.
3.
4.
5.

02 **다음 글의 설명 방식으로 적절하지 않은 것은?**

2021. 국가직 9급

> 빛 공해란 인공조명의 과도한 빛이나 조명 영역 밖으로 누출되는 빛이 인간의 건강하고 쾌적한 생활을 방해하거나 환경에 피해를 주는 상태를 말한다. 국제 과학 저널인 「사이언스 어드밴스」의 '전 세계 빛 공해 지도'에 따르면, 우리나라는 빛 공해가 심각한 국가이다. 빛 공해는 멜라토닌 부족을 초래해 인간에게 수면 부족과 면역력 저하 등의 문제를 유발하고, 농작물의 생산량 저하, 생태계 교란 등의 문제를 일으킨다.

① 빛 공해의 정의를 제시하고 있다.
② 빛 공해의 주요 요인인 인공조명의 누출 원인을 제시하고 있다.
③ 자료를 인용하여 빛 공해가 심각한 국가로 우리나라를 제시하고 있다.
④ 사례를 들어 빛 공해의 악영향을 제시하고 있다.

03 다음 글의 글쓰기 전략으로 볼 수 <u>없는</u> 것은?   2019. 국가직 9급

> 고전파 음악은 어떤 음악인가? 서양 음악의 뿌리는 종교 음악에서 비롯되었다. 바로크 시대까지는 음악이 종교에 예속되어 있었으며, 음악가들 또한 종교에 예속되어 있었다. 고전파는 이렇게 종교에 예속되었던 음악을, 음악을 위한 음악으로 정립하려는 예술 운동에서 출발하였다. 따라서 종래의 신을 위한 음악에서 탈피해 형식과 내용의 일체화를 꾀하고 균형 잡힌 절대 음악을 추구하였다. 즉 '신'보다는 '사람'을 위한 음악, '음악'을 위한 음악을 이루어 나가겠다는 굳은 결의를 보여 준 것이다.
>
> 또한 고전파 음악은 음악적 형식과 내용의 완숙을 이룬 음악이기도 하다. 이 시기에는 하이든, 모차르트, 베토벤 등 음악의 역사에서 가장 위대한 작곡가들이 배출되기도 하였다. 이때에는 성악이 아닌 기악만으로도 음악이 가능하게 되었으며, 교향곡의 기본을 이루는 소나타 형식이 완성되었다. 특히 옛 그리스나 로마 때처럼 보다 정돈된 형식을 가진 음악을 해 보자고 주장하였기에 '옛것에서 배우자는 의미의 고전'과 '청정하고 우아하며 흐림 없음, 최고의 예술적 경지에 다다름으로서의 고전'을 모두 지향하게 되었다.
>
> 이렇듯 역사적으로 고전파 음악은 종교의 영역에서 음악 자체의 영역을 확보하였으며 최고 수준의 음악적 내용과 형식을 수립하였다. 고전파 음악이 서양 전통 음악 전체를 대표하게 된 것은 고전파 음악이 이룩한 역사적인 성과에서 비롯된 것일지도 모른다. 따라서 고전 음악의 개념을 이해하기 위해서는 고전파 음악의 성격과 특질에 대한 이해가 선행되어야 할 것이다.

① 고전파 음악이 지닌 음악사적 의의를 밝힌다.
② 고전파 음악의 음악가를 예시하여 이해를 돕는다.
③ 고전파 음악의 특징이 형식과 내용의 분리에 있음을 강조한다.
④ 질문을 통해 화제를 제시함으로써 호기심을 유발한다.

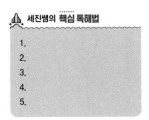

📄 지문 구조도

⚓ 세진쌤의 **핵심 독해법**

1.
2.
3.
4.
5.

PART **04**

04 **다음 글에 대한 설명으로 적절하지 <u>않은</u> 것은?**   2019. 국가직 9급

(가) 20세기 들어서 생태학자들은 지속성 농약이 자연 생태계에 어떤 악영향을 미치는지를 밝힐 수 있었다. 예컨대 제2차 세계대전 이후 전 세계에서 해충 구제용으로 널리 사용됨으로써 농업 생산량 향상에 커다란 기여를 한 디디티(DDT)는 유기 염소계 살충제의 대명사이다.

(나) 그렇지만 이 유기 염소계 살충제는 물에 잘 녹지 않고 자연에서 햇빛에 의한 광분해나 미생물에 의한 생물학적 분해가 거의 이루어지지 않는다. 그래서 디디티는 토양이나 물속의 퇴적물 속에 수십 년간 축적된다. 게다가 디디티는 지방에는 잘 녹아서 먹이사슬을 거치는 동안 지방 함량이 높은 동물 체내에 그 농도가 높아진다. 이렇듯 많은 양의 유기 염소계 살충제를 체내에 축적하게 된 맹금류는 물질대사에 장애를 일으켜서 껍질이 매우 얇은 알을 낳기 때문에, 포란 중 대부분의 알이 깨져 버려 멸종의 길을 걷게 된다.

(다) 디디티는 쉽게 분해되지 않기 때문에 한번 뿌려진 디디티는 물과 공기, 생물체 등을 매개로 세계 전역으로 퍼질 수 있다. 그래서 디디티에 한 번도 노출된 적이 없는 알래스카 지방의 에스키모 산모의 젖에서도 디디티가 검출되었고, 남극 지방의 펭귄 몸속에서도 디디티가 발견되었다. 이러한 생물 농축과 잔존성의 특성이 밝혀짐으로써 미국에서는 1972년부터 디디티 생산이 전면 중단되었고, 1980년대에 이르러서는 유기 염소계 농약의 사용이 대부분 금지되었다.

(라) 이와 같이 디디티의 생물 농축 현상에서처럼 생태학자들은 한 생물 종에 미치는 오염의 영향이 오랫동안 누적되면 전체 생태계를 훼손시킬 수 있다는 사실을 발견하였다. 그래서인지 최근 우리나라에서도 사소한 환경 오염 행위가 장차 어떠한 재앙을 몰고 올 수 있는지에 대한 연구가 활발히 이루어지고 있다.

---

① (가)는 중심 화제를 소개하고, 핵심어를 제시함으로써 전개될 내용을 암시하고 있다.
② (나)는 디디티가 끼칠 생태계의 영향을 인과 분석의 방법으로 설명하고 있다.
③ (다)는 디디티의 악영향을 제시하고, 그것의 사용 금지를 주장하고 있다.
④ (라)는 환경오염에 대한 경각심을 암시적으로 드러내고 있다.

난이도 **중하** ★★ ⏱ TIME : 1분 30초

05 **다음 글의 논지 전개 방식으로 가장 적절한 것은?** 2013. 국가직 9급

📑 지문 구조도

⚠ 세진쌤의 핵심 독해법

1.
2.
3.
4.
5.

PART **04**

　언젠가부터 우리 바닷속에 해파리나 불가사리와 같이 특정한 종들만이 크게 번창하고 있다는 우려의 말이 들린다. 한마디로 다양성이 크게 줄었다는 이야기다. 척박한 환경에서는 몇몇 특별한 종들만이 득세한다는 점에서 자연 생태계와 우리 사회는 닮은 것 같다. 어떤 특정 집단이나 개인들에게 앞으로 어려워질 경제 상황은 새로운 기회가 될지도 모른다. 하지만 이는 사회 전체로 볼 때 그다지 바람직한 현상이 아니다. 왜냐하면 자원과 에너지 측면에서 보더라도 이들 몇몇 집단들만 존재하는 세계에서는 이들이 쓰다 남은 물자와 이용하지 못한 에너지는 고스란히 버려질 수밖에 없고 따라서 효율성이 극히 낮기 때문이다.

　다양성 확보는 사회 집단의 생존과도 무관하지 않다. 조류 독감이 발생할 때마다 해당 양계장은 물론 그 주변 양계장의 닭까지 모조리 폐사시켜야 하는 참혹한 현실을 본다. 단 한 마리 닭이 걸려도 그렇게 많은 닭들을 죽여야 하는 이유는 인공적인 교배로 인해 이들 모두가 똑같은 유전자를 가졌기 때문이다. 따라서 다양한 유전 형질을 확보하는 길만이 재앙의 확산을 막고 피해를 줄이는 길이다.

　이처럼 다양성의 확보는 자원의 효율적 사용과 사회 안정에 중요하지만 많은 비용이 들기도 한다. 예를 들어 출산 휴가를 주고, 노약자를 배려하고, 장애인에게 보조 공학 기기와 접근성을 제공하는 것을 비롯해 다문화 가정, 외국인 노동자를 위한 행정 제도 개선 등은 결코 공짜가 아니다. 그럼에도 불구하고 다양성 확보가 중요한 이유는 우리가 미처 깨닫고 있지 못하는 넓은 이해와 사랑에 대한 기회를 사회 구성원 모두에게 제공하기 때문이다.

① 다양성 확보의 중요성에 대해 관점이 다른 두 주장을 대비하고 있다.
② 다양성 확보의 중요성에 대해 유추를 통해 설명하고 있다.
③ 다양성이 사라진 사회를 여러 기준에 따라 분류하고 있다.
④ 다양성이 사라진 사회의 사례들을 나열하고 있다.

지문 구조도

세진쌤의 핵심 독해법

1.
2.
3.
4.
5.

난이도 중하 ★★

TIME : 1분 30초

06 다음 글의 전개 방식에 대한 설명으로 적절한 것은?

2017. 지방직 9급

유럽의 18~19세기는 혁신적 지성의 열기로 가득 찬 시대였다. 혁신적 지성은 정치적, 경제적, 사회적 여건의 성숙과 더불어 서양 근대 사회의 확립에 주도적 역할을 하였다. 수많은 개혁 사상과 혁명 사상의 제공자는 물론이요, 실천 면에서도 개혁가와 혁명가는 지성인 출신이었다. 그들은 새로운 미래를 제시하고, 그것을 뒷받침할 이데올로기를 마련하고, 그것을 실현할 구체적인 방안을 제시하는 동시에, 현실의 모순을 과감하게 비판하고 몸소 실천에 뛰어들기도 하였다.

하지만 20세기에 이르러 사태는 달라지기 시작하였다. 근대 사회 성립에 주도적 역할을 담당했던 혁신적 지성은 그 혁신적 성격과 개혁적 정열을 점차로 상실하고, 직업적이고 기술적인 지성으로 변모하였다. 이는 근대 사회가 완성되고 성숙함에 따른 당연한 귀결일지도 모르며, 오늘날 고도로 발달한 서구 사회에 직업적이고 기술적인 지성이 필요 불가결하기도 하다. 그러나 지성이 고도로 발달한 사회에서 직업적이고 전문적인 지식과 기술을 제공하는 것으로 만족할 것인가의 문제는 다시 한 번 생각해 봄직하다.

만일 서구 사회가 현재에 안주하고 현상 유지를 계속할 수가 있다면 문제는 다르다. 그러나 그것은 사회의 전면적인 침체를 가지고 올 것이며, 그것은 또한 불길한 몰락의 징조일지도 모른다.

현재의 모순과 문제를 파헤치고 이를 개혁하여 새로운 미래로 나아가는 구체적 방안을 모색하는 임무는 누가 져야 할 것인가? 그것은 역시 지성의 임무이다. 지성은 거의 영구불변의 기능이라고 할 수 있는 문화 창조의 기능을 가져야 한다. 현대의 지성은 전문 지식과 기술을 제공하는 데 그치지 말고, 현실을 비판하며 실현 가능한 구체적 방안을 모색하여 새로운 미래를 제시하는 혁신적 성격을 상실해서는 안 될 것이다.

① 자신의 주장을 밝히고 이와 상반된 견해를 반박하고 있다.
② 상호 대립된 견해를 제시하고 자신의 입장을 밝히고 있다.
③ 용어에 대한 개념 차이를 밝히며 자신의 주장을 펼치고 있다.
④ 시대적 변천 양상을 살피면서 바람직한 방향을 제시하고 있다.

6 전개 순서(+접속 표현)

(1) 순접 관계

① 의미

　　㉠ 문장 또는 구(句)의 접속 방법.

　　㉡ 앞뒤의 문장이나 구를 논리적 모순 없이 이유, 원인, 조건 따위의 관계가 되도록 순조롭게 잇는다.

② 종류

번호	종류	의미
①	그리고	단어, 구, 절, 문장 따위를 병렬적으로 연결할 때 쓰는 접속 부사.
②	그래서	앞의 내용이 뒤의 내용의 원인이나 근거, 조건 따위가 될 때 쓰는 접속 부사.
③	그러니까	앞의 내용이 뒤의 내용의 이유나 근거 따위가 될 때 쓰는 접속 부사.
④	그러므로	앞의 내용이 뒤의 내용의 이유나 원인, 근거가 될 때 쓰는 접속 부사. ≒고로.
⑤	그리하여	앞의 내용이 뒤의 내용의 원인이거나 앞의 내용이 발전하여 뒤의 내용이 전개될 때 쓰는 접속 부사.
⑥	이리하여	앞 내용이 뒤 내용의 원인임을 나타내거나 앞 내용이 발전하여 뒤 내용이 전개됨을 나타내는 접속 부사. 주로 남에게 이야기를 들려줄 때 쓴다.

③ 예

　　그녀는 학생이 되었다. 그리고 공부하기 시작하였다.

(2) 역접 관계

① 의미

　　㉠ 문장 또는 구의 접속 방법.

　　㉡ 앞의 글에서 서술한 사실과 서로 반대되는 사태이거나 그와 일치하지 아니하는 사태가 뒤의 글에서 성립함을 나타내는 일.

② 종류

번호	종류	의미
①	그러나	앞의 내용과 뒤의 내용이 상반될 때 쓰는 접속 부사.
②	하지만	서로 일치하지 아니하거나 상반되는 사실을 나타내는 두 문장을 이어 줄 때 쓰는 접속 부사.
③	그렇지만	앞의 내용을 인정하면서 앞의 내용과 뒤의 내용이 대립될 때 쓰는 접속 부사.

③ 예
  ㉠ 그녀는 어른이다. <u>하지만</u> 아이같이 행동한다.
  ㉡ 그는 대학생이 되었다. <u>그러나</u> 아직도 소년처럼 행동한다.

(3) 첨가 관계

① 의미
  ㉠ 앞 문장의 내용에 추가하는 내용을 덧붙이는 것.
  ㉡ '보충 관계'라고도 한다.

② 종류

번호	종류	의미
①	그리고	단어, 구, 절, 문장 따위를 <u>병렬적</u>으로 연결할 때 쓰는 접속 부사.
②	게다가	<u>그러한</u> 데다가.
③	더구나	이미 있는 사실에 <u>더하여.</u>
④	아울러	<u>동시에</u> 함께.
⑤	마찬가지	사물의 모양이나 일의 형편이 <u>서로 같음.</u>
⑥	그뿐만 아니라	앞말에 <u>덧붙일 때</u> 쓰는 표현

③ 예

그녀는 선생님이다. <u>그뿐만 아니라</u> 엄마이기도 하다.

(4) 인과 관계

① 의미
  ㉠ 원인과 결과를 아울러 이르는 말.
  ㉡ 구조
    ㉮ 원인 − 결과: A는 ~이다. 따라서 ~ 것이다.
    ㉯ 결과 − 원인: A는 ~이다. 그 이유는 ~ 때문이다.

② 종류

번호	종류	의미
①	그래서	앞의 내용이 뒤의 내용의 <u>원인이나 근거, 조건</u> 따위가 될 때 쓰는 접속 부사.
②	그러므로	앞의 내용이 뒤의 내용의 <u>이유나 원인, 근거</u>가 될 때 쓰는 접속 부사.≒고로.
③	그러니까	앞의 내용이 뒤의 내용의 <u>이유나 근거 따위</u>가 될 때 쓰는 접속 부사.
④	따라서	앞에서 말한 일이 뒤에서 말할 일의 <u>원인, 이유, 근거</u>가 됨을 나타내는 접속 부사.
⑤	왜냐하면	왜 그러냐 하면.

③ 예
  ㉠ 폭풍이 왔다. <u>그래서</u> 견학이 취소되었다.
  ㉡ 견학이 취소되었다. 그 이유는 폭풍이 왔기 <u>때문이다.</u>

(5) 대등 관계, 병렬 관계

① 의미

　⊙ 나란히 늘어섬. 또는 나란히 늘어놓음.

　ⓒ 비슷한 구성으로 다양하게 제시하는 구조로 이루어질 때가 많다.

② 종류

번호	종류	의미
①	그리고	단어, 구, 절, 문장 따위를 <u>병렬적</u>으로 연결할 때 쓰는 접속 부사.
②	또한	「1」 어떤 것을 전제로 하고 <u>그것과 같게</u>. 늑역, 역시. 「2」 그 위에 더. 또는 <u>거기에다 더</u>.
③	또는	그렇지 않으면.늑내지.
④	또	「1」 어떤 일이 <u>거듭하여</u>. 「2」 그 밖에 더. 「3」 그럼에도 불구하고. 「4」 ((주로 '-으면' 뒤에 쓰이거나 일정한 뜻을 가지는 의문문에 쓰여)) 그래도 혹시. 「5」 그뿐만 아니라 다시 더. 「6」 단어를 이어 줄 때 쓰는 말. 「7」 ((의문 대명사 앞에 쓰여)) (구어체로) 놀람이나 안도의 뜻을 나타내는 말. 「8」 ((같은 말이 나란히 쓰일 때 그 사이에서 관형사 '무슨'과 함께 쓰여)) 앞에 있는 말이 뜻하는 내용을 부정하거나 의아하게 여길 때 쓰는 말.
⑤	및	'그리고', '그 밖에', '또'의 뜻으로, 문장에서 같은 종류의 성분을 <u>연결할</u> 때 쓰는 말.
⑥	혹은	「1」 그렇지 아니하면. 또는 그것이 아니라면. 「2」 (('혹은 …, 혹은 …' 구성으로 쓰여)) <u>더러는</u>.
⑦	이와 함께	앞의 상황과 비슷한 내용을 다시 언급.

③ 예

　⊙ 장갑 및 목도리

　ⓒ 사람이라면 마땅히 인정을 베풀어야 한다. <u>그리고</u> 도리를 지켜야 한다.

(6) 전환 관계

① 의미

　⊙ 다른 방향이나 상태로 바뀌거나 바꿈.

　ⓒ 화제가 바뀌거나 구성이 바뀔 때 나타나는 구조이다.

② 종류

번호	종류	의미
①	그런데	「1」 화제를 앞의 내용과 관련시키면서 <u>다른 방향으로 이끌어 나 갈 때</u> 쓰는 접속 부사. 「2」 앞의 내용과 <u>상반되는 내용을 이끌</u> 때 쓰는 접속 부사.
②	한편	어떤 일에 대하여, <u>앞에서 말한 측면</u>과 다른 측면을 말할 때 쓰는 말.
③	그러면	「1」 앞의 내용이 뒤의 내용의 조건이 될 때 쓰는 접속 부사. 「2」 앞의 내용을 받아들이거나 <u>그것을 전제로 새로운 주장을</u> 할 때 쓰는 접속 부사.

③ 예

12시까지 민수가 코엑스 앞에 오기로 하였다. <u>그런데</u> 갑작스러운 사고로 민수는 그곳에 오지 못하였다.

(7) 예시 관계

① 의미

예를 들어 보임.

② 종류

번호	종류	의미
①	가령	「1」 가정하여 말하여. ≒가사, 가약. 「2」 <u>예를 들어.</u>
②	예컨대	<u>예를 들자면.</u>
③	이를테면	<u>가령</u> 말하자면.
④	예를 들어	예시를 구체적으로 들 때 쓰는 표현
⑤	~ 와 같은	예시를 구체적으로 들 때 쓰는 표현

③ 예

세상에는 맛있는 것이 많다. <u>예를 들어,</u> 치킨, 떡볶이, 피자 등이 있다.

(8) 환언 관계

① 의미

앞서 한 말에 대하여 표현을 달리 바꾸어 말함.

② 종류

번호	종류	의미
①	즉	「1」 <u>다시 말하여.</u> 「2」 다른 것이 아니라 바로.
②	요컨대	「1」 중요한 점을 말하자면. 「2」 여러 말 할 것 없이.
③	결국	일의 마무리에 이르러서. 또는 일의 결과가 그렇게 돌아가게.
④	다시 말해	
⑤	말하자면	앞의 말을 다시 받아 다른 말로 바꾼 표현.
⑥	바꾸어 말하면	

③ 예

사람은 사회적 동물이다. <u>말하자면,</u> 같이 생활하고 서로를 이해하는 과정이 필요하다는 의미이다.

(9) 요약 관계

① 의미

말이나 글의 요점을 잡아서 간추림.

② 종류

번호	종류	의미
①	요컨대	「1」 중요한 점을 말하자면. 「2」 여러 말 할 것 없이.
②	요약하건대	말이나 글의 요점을 <u>간추린</u> 표현.
③	요약하자면	

③ 예

~ <u>요약하자면</u>, 다음과 같이 정리할 수 있다.

지문 구조도

세진쌤의 핵심 독해법

1.
2.
3.
4.
5.

01 다음 글에서 (가)~(다)의 순서를 자연스럽게 배열한 것은?

2023. 국가직 9급

빅데이터가 부각된다는 것은 기업들이 빅데이터의 가치를 받아들이기 시작했다는 뜻이다. 여기에는 기업들이 데이터를 바라보는 시각이 변한 측면도 있다.

(가) 기업들은 고객이 판촉 활동에 어떻게 반응하고 평소에 어떻게 행동하며 사물에 대해 어떤 태도를 보이는지 알기 위해 많은 돈을 투자해 마케팅 조사를 해 왔다.

(나) 그런 상황에서 기업들은 SNS나 스마트폰 등 새로운 데이터 소스로부터 그러한 궁금증과 답답함을 해결할 수 있다는 것을 알게 되었다. 페이스북에 올리는 광고에 친구가 '좋아요'를 한 것에서 기업들은 궁금증과 답답함을 해결할 수 있다.

(다) 그런데 기업들의 그런 노력이 효과가 있는 경우도 있었으나 아쉬운 점도 많았다. 쉬운 예로, 기업들은 많은 광고비를 쓰지만 그 돈이 구체적으로 어느 부분에서 효과를 내는지는 알지 못했다.

결국 데이터가 있는 곳에서 기업들은 점점 더 고객 취향에 집중할 수 있게 되었으며, 이에 따라 기업들은 소셜 미디어의 빅데이터를 중요한 경영 수단으로 수용하기 시작한 것이다.

① (가) - (나) - (다)
② (가) - (다) - (나)
③ (나) - (가) - (다)
④ (다) - (나) - (가)

난이도 중하 ★★   ⏱ TIME : 1분 30초

PART **04**

02 **(가)~(라)를 맥락에 따라 가장 자연스럽게 배열한 것은?**   2024. 국가직 9급

📐 **지문 구조도**

> 약물은 질병을 치료하거나 예방할 목적으로 사용되는 의약품이다. 우리 주변에는 약물이 오남용되는 경우가 있다.
>
> > (가) 더구나 약물은 내성이 있어 이전보다 더 많은 양을 사용하기 마련이므로 피해는 점점 커지게 된다.
> >
> > (나) 오남용은 오용과 남용을 합친 말로서 오용은 본래 용도와 다르게 사용하는 일, 남용은 함부로 지나치게 사용하는 일을 가리킨다.
> >
> > (다) 그러므로 약물을 사용할 때는 반드시 의사나 약사와 상의하고 설명서를 확인하여 목적에 맞게 적정량을 사용해야 한다.
> >
> > (라) 약물을 오남용하면 신체적 피해는 물론 정신적 피해를 입을 수 있다.

⚠ **세진쌤의 핵심 독해법**

1.
2.
3.
4.
5.

① (나) – (다) – (라) – (가)
② (나) – (라) – (가) – (다)
③ (라) – (가) – (나) – (다)
④ (라) – (다) – (나) – (가)

난이도 중하 ★★ ⟡ TIME : 1분 30초

03 **(가)~(라)를 맥락에 맞추어 가장 적절하게 나열한 것은?** 2025. 국가직 9급 예시문제

(가) 다음으로 시청자의 마음을 사로잡을 수 있는 참신한 인물을 창조해야 한다. 특히 주인공은 장애를 만나 새로운 목표를 만들고, 그것을 이루는 과정에서 최종적으로 영웅이 된다. 시청자는 주인공이 목표를 이루는 데 적합한 인물로 변화를 거듭할 때 그에게 매료된다.

(나) 스토리텔링 전략에서 제일 먼저 해야 할 일이 로그라인을 만드는 것이다. 로그라인은 '장애, 목표, 변화, 영웅'이라는 네 가지 요소를 담아야 하며, 3분 이내로 압축적이어야 한다. 이를 통해 스토리의 목적과 방향이 마련된다.

(다) 이 같은 인물 창조의 과정에서 스토리의 주제가 만들어진다. '사랑과 소속감, 안전과 안정, 자유와 자발성, 권력과 책임, 즐거움과 재미, 인식과 이해'는 수천 년 동안 성별, 나이, 문화를 초월하여 두루 통용된 주제이다.

(라) 시청자가 드라마나 영화에 대해 시청 여부를 결정하는 데 걸리는 시간은 8초에 불과하다. 제작자는 이 짧은 시간 안에 시청자를 사로잡을 수 있는 스토리텔링 전략이 필요하다.

① (나) - (가) - (라) - (다)
② (나) - (다) - (가) - (라)
③ (라) - (나) - (가) - (다)
④ (라) - (나) - (다) - (가)

난이도 중 ★★★

⏱TIME : 2분

04 다음 글의 전개 순서로 가장 자연스러운 것은?

2022 국가직 9급

(가) 이 기관을 잘 수리하여 정련하면 그 작동도 원활하게 될 것이요, 수리하지 아니하여 노둔해지면 그 작동도 막혀 버릴 것이니 이런 기관을 다스리지 아니하고야 어찌 그 사회를 고취하여 발달케 하리오.

(나) 이러므로 말과 글은 한 사회가 조직되는 근본이요, 사회 경영의 목표와 지향을 발표하여 그 인민을 통합시키고 작동하게 하는 기관과 같다.

(다) 말과 글이 없으면 어찌 그 뜻을 서로 통할 수 있으며, 그 뜻을 서로 통하지 못하면 어찌 그 인민들이 서로 이어져 번듯한 사회의 모습을 갖출 수 있으리오.

(라) 그뿐 아니라 그 기관은 점점 녹슬고 상하여 필경은 쓸 수 없는 지경에 이를 것이니 그 사회가 어찌 유지될 수 있으리오. 반드시 패망을 면하지 못할지라.

(마) 사회는 여러 사람이 그 뜻을 서로 통하고 그 힘을 서로 이어서 개인의 생활을 경영하고 보존하는 데에 서로 의지하는 인연의 한 단체라.

– 주시경, 「대한국어문법 발문」

① (마) – (가) – (다) – (나) – (라)

② (마) – (가) – (라) – (다) – (나)

③ (마) – (다) – (가) – (라) – (나)

④ (마) – (다) – (나) – (가) – (라)

📐 지문 구조도

⚠ 세진쌤의 핵심 독해법

1.
2.
3.
4.
5.

난이도 ↘ 중 ★★★　　　　　　　　　　　　　　　　　　　　　TIME : 2분

05 **다음 글의 전개 순서로 가장 자연스러운 것은?**　　　　　2023. 지방직 7급

▨ 지문 구조도

⚓ 세진쌤의 핵심 독해법

1.
2.
3.
4.
5.

> (가) 시가 마음을 담아내는 것이므로 시의 내용은 다양할 수밖에 없다. 사람의 마음은 매우 다양하기 때문이다.
> (나) 그러나 인간이라면 누구나 갖게 되는 마음이 있기에 자주 등장하는 내용도 있다. 대표적인 것이 바로 그리움이다.
> (다) 시는 사람의 내면에만 담아 둘 수 없는 간절한 마음을 말이나 글로 표현할 때 탄생한다는 견해가 있다. 이에 따르면 시를 감상하는 것은 시에 담긴 마음을 읽어 내는 것이다.
> (라) 그리움이 담겨 있는 시가 많은 것은 그리움이 그만큼 간절한 마음이기 때문이다. 이렇게 볼 때, 동서고금을 막론하고 그리움을 노래하는 시가 많은 것은 어쩌면 당연한 일이다.

① (가) - (나) - (라) - (다)
② (가) - (다) - (나) - (라)
③ (다) - (가) - (나) - (라)
④ (다) - (나) - (가) - (라)

난이도 중 ★★★　　　　　　　　　　　　　　　　　　　　　　　　　⏱TIME : 2분

06 ⑦~㉣의 전개 순서로 가장 자연스러운 것은?　　　　　　　　2020. 지방직 7급

> 1900년대 이후로 다른 문자를 지양하고 한글로만 문자 생활을 영위하고자 하는 경향이 나타났다.
>
> > ⑦ 이에 따라 각급 학교 교재에 한자는 괄호 안에 넣는 조치를 취했다.
> > ⑥ 그 과정에서 그들이 가장 고심했던 일은 우리말 어휘의 반 이상을 차지하는 한자어를 어떻게 처리하느냐 하는 것이었다.
> > ⑥ 한글학회의 『큰사전』에서는 모든 단어의 표제어는 한글로 적었고 괄호 속에 한자, 로마자 등 다른 문자를 병기하였다.
> > ㉣ 이로 인해 1930년대 이후에 우리 어문 연구가들은 맞춤법과 외래어 표기법을 제정하고 표준어를 사정하였으며 이를 바탕으로 사전 편찬 사업을 추진했다.

① ⑥ - ⑦ - ⑥ - ㉣
② ⑥ - ⑥ - ⑦ - ㉣
③ ㉣ - ⑥ - ⑥ - ⑦
④ ㉣ - ⑥ - ⑦ - ⑥

🔖 **지문 구조도**

⚓ **세진쌤의 핵심 독해법**

1.
2.
3.
4.
5.

☒ 지문 구조도

⚠ 세진쌤의 핵심 독해법

1.
2.
3.
4.
5.

난이도 중 ★★★　　　　　　　　　　　　　　　　　　　　　⏱TIME : 2분

07 다음 글의 전개 순서로 가장 자연스러운 것은?　　　　　　　2018. 지방직 9급

(가) 생명체들은 본성적으로 감각을 갖고 태어나지만, 그들 가운데 일부의 경우에는 감각으로부터 기억이 생겨나지 않는 반면 일부의 경우에는 생겨난다. 그리고 그 때문에 후자의 경우에 해당하는 생명체들은 기억 능력이 없는 것들보다 분별력과 학습력이 더 뛰어난데, 그중 소리를 듣는 능력이 없는 것들은 분별은 하지만 배움을 얻지는 못하고, 기억에 덧붙여 청각 능력이 있는 것들은 배움을 얻는다.

(나) 앞에서 말했듯이, 유경험자는 어떤 종류의 것이든 감각을 가지고 있는 사람들보다 더 지혜롭고, 기술자는 유경험자들보다 더 지혜로우며, 이론적인 지식들은 실천적인 것들보다 더 지혜롭다는 것이 일반적인 견해이다. 그러므로 지혜는 어떤 원리들과 원인들에 대한 학문적인 인식임이 분명하다.

(다) 하지만 발견된 다양한 기술 가운데 어떤 것들은 필요 때문에, 어떤 것들은 여가의 삶을 위해서 있으니, 우리는 언제나 후자의 기술들을 발견한 사람들이 전자의 기술들을 발견한 사람들보다 더 지혜롭다고 생각한다. 그 이유는 그들이 가진 여러 가지 인식은 유용한 쓰임을 위한 것이 아니기 때문이다. 그러므로 그런 종류의 모든 발견이 이미 이루어지고 난 뒤, 여가의 즐거움이나 필요, 그 어느 것에도 매이지 않는 학문들이 발견되었으니, 그 일은 사람들이 여가를 누렸던 여러 곳에서 가장 먼저 일어났다. 그러므로 이집트 지역에서 수학적인 기술들이 맨 처음 자리 잡았으니, 그곳에서는 제사장(祭司長) 가문이 여가의 삶을 허락받았기 때문이다.

(라) 인간 종족은 기술과 추론을 이용해서 살아간다. 인간의 경우에는 기억으로부터 경험이 생겨나는데, 그 까닭은 같은 일에 대한 여러 차례의 기억은 하나의 경험 능력을 만들어 내기 때문이다. 그리고 경험은 학문적인 인식이나 기술과 거의 비슷해 보이지만, 사실 학문적인 인식과 기술은 경험의 결과로서 사람들에게 생겨나는 것이다. 그 까닭은 폴로스가 말하듯 경험은 기술을 만들어 내지만, 무경험은 우연적 결과를 낳기 때문이다. 기술은, 경험을 통해 안에 쌓인 여러 관념들로부터 비슷한 것들에 대해 하나의 일반적인 관념이 생겨날 때 생긴다.

① (가) − (다) − (나) − (라)

② (가) − (다) − (라) − (나)

③ (가) − (라) − (나) − (다)

④ (가) − (라) − (다) − (나)

7 논증

1. 논증

(1) 주장과 근거를 통해 자기 생각을 드러내는 글로, 상대방을 설득하기 위한 글쓰기 방식이기도 하다.

(2) 보통 '주장문, 논설문'과 관련이 깊다.

(3) '명제, 논거, 추론'은 논증의 3요소이다.

(4) 논증 방식으로 연역적 방식, 귀납적 방식 등이 있다.

2. 논증의 요소

(1) **명제**

① 정의

어떤 문제에 대한 하나의 논리적 판단 내용과 주장을 언어 또는 기호로 표시한 것. 참과 거짓을 판단할 수 있는 내용이라는 점이 특징이다. 이를 테면, '고래는 포유류이다.' 따위이다.

② 종류

번호	종류	특징
①	사실 명제	㉠ 어떤 사실에 대한 진위 판단으로 진술된다. ㉡ '~이다'와 같은 형태로 구성된다. ㉢ 진실성에 근거한다.
②	가치 명제	㉠ 인간, 윤리, 예술 등 가치가 필요한 것과 관련이 깊다. ㉡ '~하다'와 같은 형태로 구성된다. ㉢ 주관적인 판단이 개입되며 공정성에 근거한다.
③	정책 명제	㉠ 어떤 문제에 대한 해결책이나 바람직한 행동에 관한 판단과 관련이 깊다. ㉡ '~해야 한다'의 형태로 구성된다. ㉢ 논증의 타당성에 근거한다.

(2) **논거**

① 정의

어떤 이론이나 논리, 논설 따위의 근거.

② 종류

번호	종류	특징
①	사실 논거 (예시)	㉠ 구체적 사실, 증거, 객관적으로 증명될 수 있는 내용과 관련된 논거 ㉡ 진실성이 중시되는 논거이다.
②	소견 논거 (인용)	㉠ 권위자의 말이나 일반적인 여론 등을 인용하여 사용한 논거 ㉡ 성현이나 권위자의 말을 인용.

(3) **추론**

　① **정의**

　　어떠한 판단을 근거로 삼아 다른 판단을 이끌어 냄.

　② **종류**

번호	종류	특징
①	연역법	㉠ 일반적 사실이나 원리를 전제로 하여 개별적인 특수한 사실이나 원리를 결론으로 이끌어 내는 추리 방법을 이른다. ㉡ 경험에 의하지 않고 논리상 필연적인 결론을 내게 하는 것으로, 삼단 논법이 그 대표적인 형식이다.
②	귀납법	㉠ 개별적인 특수한 사실이나 원리를 전제로 하여 일반적인 사실이나 원리로서의 결론을 이끌어 내는 연구 방법. ㉡ 특히 인과 관계를 확정하는 데에 사용된다. 베이컨을 거쳐 밀에 의하여 자연 과학 연구 방법으로 정식화되었다.
③	변증법	㉠ 헤겔 철학에서, 동일률을 근본 원리로 하는 형식 논리와 달리 모순 또는 대립을 근본 원리로 하여 사물의 운동을 설명하려는 논리. ㉡ 인식이나 사물은 정(正)·반(反)·합(合) 삼 단계를 거쳐 전개된다고 한다.

3. 추론의 유형

(1) **연역 추론**

　① **정언 삼단 논법**

　　㉠ **특징**

　　　㉮ 대전제와 소전제의 두 전제와 하나의 결론으로 이루어진 연역적 추리법.

　　　㉯ 삼단 논법은 전제와 결론을 구성하고 있는 명제의 종류에 따라 아리스토텔레스가 체계화한 정언적 삼단 논법, 가언적 삼단 논법, 선언적 삼단 논법으로 나누어지는데, 이 가운데 정언적 삼단 논법이 대표적인 형식이다.

　　㉡ **예**

번호	종류	예
①	대전제	모든 인간은 죽는 존재이다.(모든 p는 q이다.)
②	소전제	소크라테스는 인간이다.(s는 p이다.)
③	결론	그러므로 소크라테스는 죽는 존재이다.(s는 q이다.)

　② **가언 삼단 논법**

　　㉠ **특징**

　　　㉮ 대전제가 조건을 제시하는 명제로 이루어진 논법

　　　㉯ 전건 긍정으로 후건을 긍정하거나, 후건 부정으로 전건을 부정해야 올바른 결론이 도출된다.

    ⓛ 예

       ⑦ 전건 긍정으로 후건 긍정

번호	종류	예
①	가언 명제	비가 오면 땅이 젖는다.(만일 p라면 q이다.)
②	전건 긍정	비가 온다.(p이다. – 전건 긍정)
③	후건 긍정	그러므로 땅이 젖을 것이다.(q이다. – 후건 긍정)

       ④ 후건 부정으로 전건 부정

번호	종류	예
①	가언 명제	비가 오면 땅이 젖는다.(만일 p라면 q이다.)
②	후건 부정	땅이 젖지 않았다.(q가 아니다. – 후건 부정)
③	전건 부정	따라서 비가 오지 않았을 것이다.(p가 아니다. – 전건 부정)

③ 선언 삼단 논법

    ㉠ 특징

       ⑦ 대전제가 선언 판단으로 구성되어 있다.

       ④ '~거나'로 구성되어 있다.

       ④ 선언지가 배타적이면, 선언 삼단 논법은 항상 참이다.

    ㉡ 예

번호	종류	예
①	대전제	그녀가 좋아하는 가수는 BTS 또는 강세진이다.(p이거나 q이다.)
②	소전제	그녀가 좋아하는 가수는 강세진이 아니다.(p가 아니다.)
③	결론	그러므로 그녀가 좋아하는 가수는 BTS이다.(q이다.)

⑵ 귀납 추론

① 일반화

    ㉠ 특징

       ⑦ 개별적인 특수한 사실이나 원리로부터 일반적이고 보편적인 명제 및 법칙을
          유도해 내는 일.

       ④ 추리 및 사고방식의 하나로, 개연적인 확실성만을 가진다.

    ㉡ 예

번호	종류	예
①	개별적인 사실	소크라테스는 죽었다. 플라톤도 죽었다. 나도 죽었다.
②	공통점	그들은 사람이다.
③	결론 도출	따라서 모든 사람은 죽는다.

② 완전 귀납 추론

    모든 사례를 관찰하고 결론을 내리는 추론법.

③ 인과적 귀납 추론

    대상의 일부 현상들이 지닌 원인과 결과를 인식하여 결론을 이끌어 내는 추론법.

④ 통계적 귀납 추론

어떤 집합의 구성 요소를 관찰하고, 그것을 근거로 전체의 속성을 도출하는 추론법.

⑤ 유비 추론(유추적 귀납 추론)

두 대상의 유사성을 바탕으로 나머지 요소들도 동일하다고 결론짓는 추론법.

(3) 변증법

① 정의

헤겔 철학에서, 동일률을 근본 원리로 하는 형식 논리와 달리 모순 또는 대립을 근본 원리로 하여 사물의 운동을 설명하려는 논리. 인식이나 사물은 정(正)·반(反)·합(合)의 삼 단계를 거쳐 전개된다고 한다.

② 예

번호	종류	예
①	정	진리는 이성적 사고에서 나타난다.
②	반	진리는 경험적 사고에서 나타난다.
③	합	진리는 이성적 사고와 경험적 사고가 결부되어야 확인할 수 있다.

4. 정언 명제

(1) 정언 명제 종류

① 긍정: AFFIRMO → A, I

② 부정: NEGO → E, O

정언 명제	양	질	명칭	유형
모든 S는 P이다.	전칭	긍정	전칭 긍정 명제	A
어떤 S도 P가 아니다.	전칭	부정	전칭 부정 명제	E
어떤 S는 P이다.	특칭	긍정	특칭 긍정 명제	I
어떤 S는 P가 아니다.	특칭	부정	특칭 부정 명제	O

(2) 정언 명제와 벤다이어그램

명제	벤다이어그램
모든 S는 P이다. (예 모든 여성은 인간이다.)	술어 P / 주어 S

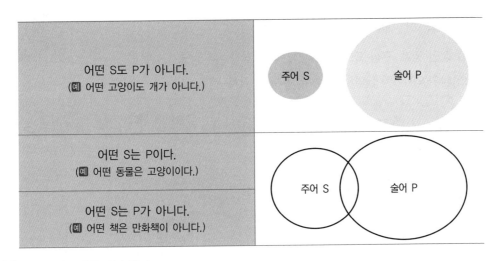

어떤 S도 P가 아니다. (**예** 어떤 고양이도 개가 아니다.)	
어떤 S는 P이다. (**예** 어떤 동물은 고양이이다.)	
어떤 S는 P가 아니다. (**예** 어떤 책은 만화책이 아니다.)	

(3) 벤다이어그램을 연습하자.

① 정언 명제는 '주어 명사'와 '술어 명사'로 구성되어 있다. 따라서 2개의 원이 필요하다.

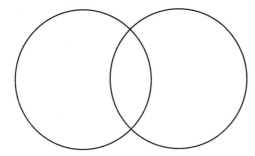

② 예로 '모든 인간은 배우이다.'라는 명제가 참이라는 가정에서 그림을 그리면 다음과 같다.

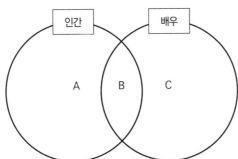

구분	인간	배우	명제
A	○	×	
B	○	○	모든 인간은 배우이다.(T) 어떤 인간은 배우이다.(T)
C	×	○	

⑷ **명제, 역, 이, 대우**

① 정언 명제 구성 요소: 양화사, 주어 명사, 술어 명사, 계사

② 환위(역): 주어 명사와 술어 명사의 위치 변형.

A 명제 (제한)	벤다이어그램
모든 S는 P이다.	술어 P / 주어 S
모든 P는 S이다. (제한)	주어 S / 술어 P

E 명제 (환위가 가능)	벤다이어그램
어떤 S도 P가 아니다.	주어 S 술어 P
어떤 P도 S가 아니다. (가능)	술어 P 주어 S

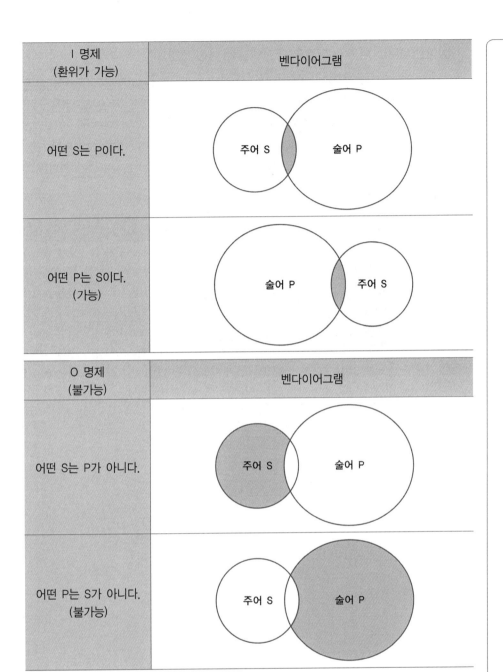

I 명제 (환위가 가능)	벤다이어그램
어떤 S는 P이다.	
어떤 P는 S이다. (가능)	

O 명제 (불가능)	벤다이어그램
어떤 S는 P가 아니다.	
어떤 P는 S가 아니다. (불가능)	

③ 환질(이): 긍정이면 부정으로, 부정이면 긍정으로 변형. (이중 부정은 긍정으로 해석)

	명제	환질
A	모든 S는 P이다.	어떤 S도 non-P가 아니다.
E	어떤 S도 P가 아니다.	모든 S는 non-P이다.
I	어떤 S는 P이다.	어떤 S는 non-P가 아니다.
O	어떤 S는 P가 아니다.	어떤 S는 non-P이다.

④ 이환(대우) : 환위와 환질을 동시에 적용하는 변형.

	명제	대우
A	모든 S는 P이다.	모든 non-P는 non-S이다.
E	어떤 S도 P가 아니다.	어떤 non-P도 non-S가 아니다.
I	어떤 S는 P이다.	어떤 non-P는 non-S이다.
O	어떤 S는 P가 아니다.	어떤 non-P는 non-S가 아니다.

⑤ **명제, 역, 이, 대우 정리**

	명제	환위(역)	환질(이)	이환(대우)
A	모든 S는 P이다.	모든 P는 S이다. (제한)	어떤 S도 non-P가 아니다.	모든 non-P는 non-S이다.
E	어떤 S도 P가 아니다.	어떤 P도 S가 아니다.	모든 S는 non-P이다.	어떤 non-P도 non-S가 아니다.
I	어떤 S는 P이다.	어떤 P는 S이다.	어떤 S는 non-P가 아니다.	어떤 non-P는 non-S이다.
O	어떤 S는 P가 아니다.	어떤 P는 S가 아니다.	어떤 S는 non-P이다.	어떤 non-P는 non-S가 아니다.

(6) 대당 사각형

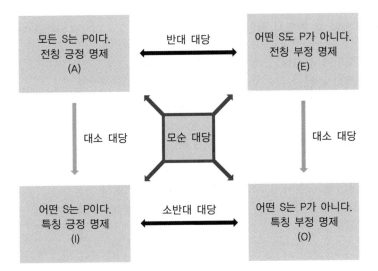

1. 모순 대당

결과	A, E	O, I
불가능	T	T
가능	T	F
가능	F	T
불가능	F	F

2. 반대 대당

결과	A	E
불가능	T	T
가능	T	F
가능	F	T
가능	F	F

3. 소반대 대당

결과	I	O
가능	T	T
가능	T	F
가능	F	T
불가능	F	F

난이도 중 ★★★

⏱ TIME : 2분

01 다음 진술이 모두 참일 때 반드시 참인 것은?

2025. 국가직 9급 예시문제

- 오 주무관이 회의에 참석하면, 박 주무관도 참석한다.
- 박 주무관이 회의에 참석하면, 홍 주무관도 참석한다.
- 홍 주무관이 회의에 참석하지 않으면, 공 주무관도 참석하지 않는다.

① 공 주무관이 회의에 참석하면, 박 주무관도 참석한다.
② 오 주무관이 회의에 참석하면, 홍 주무관은 참석하지 않는다.
③ 박 주무관이 회의에 참석하지 않으면, 공 주무관은 참석한다.
④ 홍 주무관이 회의에 참석하지 않으면, 오 주무관도 참석하지 않는다.

PART **04**

난이도 상 ★★★★★   ⏱TIME : 2분

02 (가)와 (나)를 전제로 할 때 빈칸에 들어갈 결론으로 가장 적절한 것은?

2025. 국가직 9급 예시문제

> (가) 노인복지 문제에 관심이 있는 사람 중 일부는 일자리 문제에 관심이 있는 사람이 아니다.
>
> (나) 공직에 관심이 있는 사람은 모두 일자리 문제에 관심이 있는 사람이다.
>
>   따라서 _____.

① 노인복지 문제에 관심이 있는 사람 중 일부는 공직에 관심이 있는 사람이 아니다

② 공직에 관심이 있는 사람 중 일부는 노인복지 문제에 관심이 있는 사람이 아니다

③ 공직에 관심이 있는 사람은 모두 노인복지 문제에 관심이 있는 사람이 아니다

④ 일자리 문제에 관심이 있지만 노인복지 문제에 관심이 없는 사람은 모두 공직에 관심이 있는 사람이 아니다

🗺 **지문 구조도**

⚠ **세진쌤의 핵심 독해법**

1.
2.
3.
4.
5.

난이도 상 ★★★★★

TIME : 2분

03 다음 글의 밑줄 친 결론을 이끌어내기 위해 추가해야 할 것은? 2025. 국가직 9급 예시문제

문학을 좋아하는 사람은 모두 자연의 아름다움을 좋아하는 사람이다. 자연의 아름다움을 좋아하는 어떤 사람은 예술을 좋아하는 사람이다. 따라서 <u>예술을 좋아하는 어떤 사람은 문학을 좋아하는 사람이다.</u>

① 자연의 아름다움을 좋아하는 사람은 모두 문학을 좋아하는 사람이다.
② 문학을 좋아하는 어떤 사람은 자연의 아름다움을 좋아하는 사람이다.
③ 예술을 좋아하는 어떤 사람은 자연의 아름다움을 좋아하는 사람이다.
④ 예술을 좋아하지만 문학을 좋아하지 않는 사람은 모두 자연의 아름다움을 좋아하는 사람이다.

02 응용형

1 논지와 요지

난이도 중 ★★★　　　　　　　　　　　　　　　　　　⏱ TIME : 1분 30초

01 **다음 글의 중심내용으로 가장 적절한 것은?**　　　　2023. 지방직 9급

> 교환가치는 거래를 통해 발생하는 가치이며, 사용가치는 어떤 상품을 사용할 때 느끼는 가치이다. 전자가 시장에서 결정된다는 점에서 객관적이라면, 후자는 개인에 따라 다르다는 점에서 주관적이다. 상품에는 사용가치와 교환가치가 섞여 있는데, 교환가치가 아무리 높아도 '나'에게 사용가치가 없다면 해당 상품을 구매하지 않을 것이다.
>
> 하지만 이 같은 상식이 통하지 않는 경우를 종종 볼 수 있다. 예를 들어 보자. 인터넷 커뮤니티에서 백만 원짜리 공연 티켓을 판매하는데, 어떤 사람이 "이 공연의 가치는 돈으로 환산할 수 없어요." 등의 댓글들을 보고서 애초에 관심도 없던 이 공연의 티켓을 샀다. 그에게 그 공연의 사용가치는 처음에는 없었으나 많은 댓글로 인해 사용가치가 있을 것으로 잘못 판단한 것이다. 안타깝게도, 그는 그 공연에서 조금도 만족하지 못했다.
>
> 이 사례에서 볼 때 건강한 소비를 위해서는 구매하려는 상품의 사용가치가 어떤 과정을 거쳐 결정된 것인지 곰곰이 생각해봐야 한다. '나'에게 얼마나 필요한가에 대한 고민 없이 다른 사람들의 말에 휩쓸려 어떤 상품의 사용가치가 결정될 때, 그 상품은 '나'에게 쓸모없는 골칫덩이가 될 수 있다.

① 사용가치보다 교환가치가 큰 상품을 구매해야 한다.
② 상품을 구매할 때 사용가치와 교환가치를 두루 고려해야 한다.
③ 상품에 대한 다른 사람들의 평가를 반영해서 상품을 구매해야 한다.
④ 상품을 구매할 때 사용가치가 자신의 필요에 의해 결정된 것인지 신중하게 따져야 한다.

PART 04

중요 구절

1. 교환가치는 거래를 통해 발생하는 가치이며, 사용가치는 어떤 상품을 사용할 때 느끼는 가치이다.

2. 이 사례에서 볼 때 건강한 소비를 위해서는 구매하려는 상품의 사용가치가 어떤 과정을 거쳐 결정된 것인지 곰곰이 생각해봐야 한다.

중요 선지

1. 사용가치보다 교환가치가 큰 상품을 구매해야 한다.

⬡ 지문 구조도

⚠ 세진쌤의 핵심 독해법

1.
2.
3.
4.
5.

난이도 중하 ★★

TIME : 1분 30초

02 다음 글의 주제로 가장 적절한 것은?

2022. 지방직 9급

예전에 '혐오'는 대중에게 관심을 끄는 말이 아니었지만, 요즘에는 익숙하게 듣는 말이 되었다. 이는 과거에 혐오가 존재하지 않았다는 말이 아니다. 단지 최근 몇 년 사이에 이 문제가 폭발하듯 가시화되었다는 뜻이다. 혐오 현상은 외계에서 뚝 떨어진 괴물이 만들어 낸 것이 아니라, 거기엔 자체의 역사와 사회적 배경이 반드시 선행한다.

이 문제를 바라볼 때 주의 사항이 있다. 혐오나 증오라는 특정 감정에 집착해선 안 된다는 것이다. 혐오가 주제인데 거기에 집중하지 말라니, 얼핏 이율배반처럼 들리지만 이는 매우 중요한 포인트다. 왜 혐오가 나쁘냐고 물어보면 많은 사람들은 이렇게 답한다. "나쁜 감정이니까 나쁘다.", "약자와 소수자를 차별하게 만드니까 나쁘다." 이 대답들은 분명 선량한 마음에서 나온 것이다. 하지만 문제의 성격을 오인하게 만들 수 있다. 혐오나 증오라는 감정에 집중할수록 우린 '달을 가리키는 손가락만 바라보는' 잘못을 범하기 쉬워진다.

인과관계를 혼동하면 곤란하다. 우리가 문제시하고 있는 각종 혐오는 자연 발생한 게 아니라 사회적으로 형성된 감정이다. 사회문제의 기원이나 원인이 아니라, 발현이며 결과다. 더 정확히 말하자면 혐오는 증상이다. 증상을 관찰하는 일은 중요하지만 거기에만 매몰되면 곤란하다. 우리는 혐오나 증오 그 자체를 사회악으로 지목해 도덕적으로 지탄하는 데서 그치지 말아야 한다.

① 혐오 현상에는 인과관계가 존재하지 않는다.
② 혐오 현상은 선량한 마음으로 바라보아야 한다.
③ 혐오 현상을 만들어 내는 근본 원인을 찾아야 한다.
④ 혐오라는 감정에 집중할수록 사회문제는 잘 보인다.

난이도 중상 ★★★★　　　　　　　　　　　　　　　　　　　TIME : 2분 30초

03　다음 글의 핵심 논지로 가장 적절한 것은?

2022. 국가직 7급

　　독일 통일을 지칭하는 '흡수 통일'이라는 용어는 동독이 일방적으로 서독에 흡수되었다는 인상을 준다. 그러나 통일 과정에서 동독 주민들이 보여준 행동을 고려하면 흡수 통일은 오해의 여지를 주는 용어일 수 있다.

　　1989년에 동독에서는 지방선거 부정 의혹을 둘러싼 내부 혼란이 발생했다. 그 과정에서 체제에 환멸을 느낀 많은 동독 주민들이 서독으로 탈출했고, 동독 곳곳에서 개혁과 개방을 주장하는 시위의 물결이 일어나기 시작했다. 초기 시위에서 동독 주민들은 여행·신앙·언론의 자유를 중심에 둔 내부 개혁을 주장했지만 이후 "우리는 하나의 민족이다!"라는 구호와 함께 동독과 서독의 통일을 요구하기 시작했다. 그렇게 변화하는 사회적 분위기 속에서 1990년 3월 18일에 동독 최초이자 최후의 자유총선거가 실시되었다.

　　동독 자유총선거를 위한 선거운동 과정에서 서독과 협력하는 동독 정당들이 생겨났고, 이들 정당의 선거운동에 서독 정당과 정치인들이 적극적으로 유세 지원을 하기도 했다. 초반에는 서독 사민당의 지원을 받으며 점진적 통일을 주장하던 동독 사민당이 우세했지만, 실제 선거에서는 서독 기민당의 지원을 받으며 급속한 통일을 주장하던 독일동맹이 승리하게 되었다. 동독 주민들이 자유총선거에서 독일동맹을 선택한 것은 그들 스스로 급속한 통일을 지지한 것이라고 할 수 있다. 이후 동독은 서독과 1990년 5월 18일에 『통화·경제·사회보장동맹의 창설에 관한 조약』을, 1990년 8월 31일에 『통일조약』을 체결했고, 마침내 1990년 10월 3일에 동서독 통일을 이루게 되었다.

　　이처럼 독일 통일의 과정에서 동독 주민들의 주체적인 참여를 확인할 수 있다. 독일 통일을 단순히 흡수 통일이라고 부른다면, 통일 과정에서 중요한 역할을 담당했던 동독 주민들을 배제한다는 오해를 불러일으킬 수 있다. 독일 통일의 과정을 온전히 이해하기 위해서는 동독 주민들의 활동에도 주목할 필요가 있다.

① 자유총선거에서 동독 주민들은 점진적 통일보다 급속한 통일을 지지하는 모습을 보여주었다.

② 독일 통일은 동독이 일방적으로 서독에 흡수되었다는 점에서 흔히 흡수 통일이라고 부른다.

③ 독일 통일은 분단국가가 합의된 절차를 거쳐 통일을 이루었다는 점에서 의의가 있다.

④ 독일 통일 전부터 서독의 정당은 물론 개인도 동독의 선거에 개입할 수 있었다.

⑤ 독일 통일의 과정에서 동독 주민들의 주체적 참여가 큰 역할을 하였다.

PART **04**

중요 구절
1. 독일 통일을 지칭하는 '흡수 통일'이라는 용어는 동독이 일방적으로 서독에 흡수되었다는 인상을 준다.
2. 독일 통일을 단순히 흡수 통일이라고 부른다면, 통일 과정에서 중요한 역할을 담당했던 동독 주민들을 배제한다는 오해를 불러일으킬 수 있다.

중요 선지
1. 독일 통일의 과정에서 동독 주민들의 주체적 참여가 큰 역할을 하였다.

📊 **지문 구조도**

⚠️ **세진쌤의 핵심 독해법**
1.
2.
3.
4.
5.

난이도) 중상 ★★★★　　　　　　　　　　　　　　　　　　　TIME : 2분 30초

04 다음 글의 핵심 논지로 가장 적절한 것은?　　　　　　　　2023. 국가직 7급

> 우리는 보통 먹거리의 생산에 대해서는 책임을 묻는 것이 자연스럽다고 생각하면서도 먹거리의 소비는 책임져야 하는 행위로 생각하지 않는다. 우리는 무엇을 먹을 때 좋아하고 익숙한 것 그리고 싸고, 빠르고, 편리한 것을 찾아서 먹을 뿐이다. 그런데 먹는 일에도 윤리적 책임이 동반된다고 생각해 볼 수 있지 않을까?
>
> 먹는 행위를 두고 '잘 먹었다' 혹은 '잘 먹는다'고 말할 때 '잘'을 평가하는 기준은 무엇일까? 신체가 요구하는 영양분을 골고루 섭취하는 것은 생물학적 차원에서 잘 먹는 것이고, 섭취하는 음식을 통해 다양한 감각들을 만족시키며 개인의 취향을 계발하는 것은 문화적인 차원에서 잘 먹는 것이다. 그런데 이 경우들의 '잘'은 윤리적 의미를 띠고 있는 것 같지 않다. 이 두 경우는 먹는 행위를 개인적 경험의 차원으로 축소하기 때문이다.
>
> '잘 먹는다'는 것의 윤리적 차원은 우리의 먹는 행위가 그저 개인적 차원에서 일어나는 일이 아니라, 다른 사람들, 동물들, 식물들, 서식지, 토양 등과 관계를 맺는 행위임을 인식하기 시작할 때 비로소 드러난다. 오늘날 먹거리의 전 지구적인 생산·유통·소비 체계 속에서, 우리는 이들을 경제적 자원으로만 간주하는 특정한 방식으로 이들과 관계를 맺고 있다. 그러한 관계의 방식은 공장식 사육, 심각한 동물 학대, 농약과 화학비료 사용에 따른 토양과 물의 오염, 동식물의 생존에 필수적인 서식지 파괴, 전통적인 농민 공동체의 파괴, 불공정한 노동 착취 등을 동반한다.
>
> 우리가 무엇을 어떻게 먹는가 하는 것은 결국 우리가 그런 관계망에 속한 인간이나 비인간 존재를 어떻게 대우하고 있는가를 드러내며, 불가피하게 이러한 관계망의 형성이나 유지 혹은 변화에 기여하게 된다. 우리의 먹는 행위에 따라 이런 관계망의 모습은 바뀔 수도 있다. 그렇기에 이러한 관계들은 먹는 행위를 윤리적 반성의 대상으로 끌어 올린다.

① 윤리적으로 잘 먹기 위해서는 육식을 지양해야 한다.

② 먹는 행위에 대해서도 윤리적 차원을 고려하여야 한다.

③ 건강 증진이나 취향 만족을 위한 먹는 행위는 개인적 차원의 평가 대상일 뿐이다.

④ 먹는 행위는 동물, 식물, 토양 등의 비인간 존재와 인간 사이의 관계를 만들어낸다.

⑤ 먹는 행위를 평가할 때에는 먹거리의 소비자보다 생산자의 윤리적 책임을 더 고려하여야 한다.

📛 지문 구조도

⚠ 세진쌤의 핵심 독해법

1.
2.
3.
4.
5.

2 강화와 약화

난이도 중상 ★★★★   ☼TIME : 2분 30초

01 **아래의 글에 대해 평가한 내용으로 가장 적절한 것은?**   2025. 국가직 9급 예시문제

> 영국의 유명한 원형 석조물인 스톤헨지는 기원전 3,000년경 신석기시대에 세워졌다. 1960년대에 천문학자 호일이 스톤헨지가 일종의 연산장치라는 주장을 하였고, 이후 엔지니어인 톰은 태양과 달을 관찰하기 위한 정교한 기구라고 확신했다. 천문학자 호킨스는 스톤헨지의 모양이 태양과 달의 배열을 나타낸 것이라는 의견을 제시해 관심을 모았다.
>
> 그러나 고고학자 앳킨슨은 그들의 생각을 비난했다. 앳킨슨은 스톤헨지를 세운 사람들을 '야만인'으로 묘사하면서, 이들은 호킨스의 주장과 달리 과학적 사고를 할 줄 모른다고 주장했다. 이에 호킨스를 옹호하는 학자들이 진화적 관점에서 앳킨슨을 비판하였다. 이들은 신석기시대보다 훨씬 이전인 4만 년 전의 사람들도 신체적으로 우리와 동일했으며 지능 또한 우리보다 열등했다고 볼 근거가 없다고 주장했다.
>
> 하지만 스톤헨지의 건설자들이 포괄적인 의미에서 현대인과 같은 지능을 가졌다고 해도 과학적 사고와 기술적 지식을 가지지는 못했다. 그들에게는 우리처럼 2,500년에 걸쳐 수학과 천문학의 지식이 보존되고 세대를 거쳐 전승되어 쌓인 방대하고 정교한 문자 기록이 없었다. 선사시대의 생각과 행동이 우리와 똑같은 식으로 전개되지 않았으리라는 점은 매우 중요하다. 지적 능력을 갖췄다고 해서 누구나 우리와 같은 동기와 관심, 개념적 틀을 가졌으리라고 생각하는 것은 잘못이다.

① 스톤헨지가 제사를 지내는 장소였다는 후대 기록이 발견되면 호킨스의 주장은 강화될 것이다.

② 스톤헨지 건설 당시의 사람들이 숫자를 사용하였다는 증거가 발견되면 호일의 주장은 약화될 것이다.

③ 스톤헨지의 유적지에서 수학과 과학에 관련된 신석기시대 기록물이 발견되면 글쓴이의 주장은 강화될 것이다.

④ 기원전 3,000년경 인류에게 천문학 지식이 있었다는 증거가 발견되면 앳킨슨의 주장은 약화될 것이다.

PART **04**

중요 구절

1. 앳킨슨은 스톤헨지를 세운 사람들을 '야만인'으로 묘사하면서, 이들은 호킨스의 주장과 달리 과학적 사고를 할 줄 모른다고 주장했다.

2. 하지만 스톤헨지의 건설자들이 포괄적인 의미에서 현대인과 같은 지능을 가졌다고 해도 과학적 사고와 기술적 지식을 가지지는 못했다.

중요 선지

1. 스톤헨지의 유적지에서 수학과 과학에 관련된 신석기시대 기록물이 발견되면 글쓴이의 주장은 강화될 것이다.

⊠ **지문 구조도**

⚠ **세진쌤의 핵심 독해법**
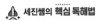

1.
2.
3.
4.
5.

난이도 중상 ★★★★

TIME : 2분 30초

중요 구절

1. 사피어와 워프는 이 설문 결과에 기대어, 사람들은 자신의 언어에 얽매인 채 세계를 경험한다고 판단했다.

2. 이에 따르면 특정 현상과 관련한 단어가 많을수록 해당 언어권의 화자들은 그 현상에 대해 심도 있게 경험하는 것이다.

02 ㉠을 평가한 내용으로 적절한 것만을 〈보기〉에서 모두 고르면?

2025. 국가직 9급 예시문제

흔히 '일곱 빛깔 무지개'라는 말을 한다. 서로 다른 빛깔의 띠 일곱 개가 무지개를 이루고 있다는 뜻이다. 영어나 프랑스어를 비롯해 다른 자연언어들에도 이와 똑같은 표현이 있는데, 이는 해당 자연언어가 무지개의 색상에 대응하는 색채 어휘를 일곱 개씩 지녔기 때문이라고 할 수 있다.

언어학자 사피어와 그의 제자 워프는 여기서 어떤 영감을 얻었다. 그들은 서로 다른 언어를 쓰는 아메리카 원주민들에게 무지개의 띠가 몇 개냐고 물었다. 대답은 제각각 달랐다. 사피어와 워프는 이 설문 결과에 기대어, 사람들은 자신의 언어에 얽매인 채 세계를 경험한다고 판단했다. 이 판단으로부터, "우리는 모국어가 그어 놓은 선에 따라 자연세계를 분단한다."라는 유명한 발언이 나왔다. 이에 따르면 특정 현상과 관련한 단어가 많을수록 해당 언어권의 화자들은 그 현상에 대해 심도 있게 경험하는 것이다. 언어가 의식을, 사고와 세계관을 결정한다는 이 견해는 ㉠<u>사피어-워프 가설</u>이라 불리며 언어학과 인지과학의 논란거리가 되어왔다.

━━━━ 보기 ━━━━

ㄱ. 눈[雪]을 가리키는 단어를 4개 지니고 있는 이누이트족이 1개 지니고 있는 영어 화자들보다 눈을 넓고 섬세하게 경험한다는 것은 ㉠을 강화한다.

ㄴ. 수를 세는 단어가 '하나', '둘', '많다' 3개뿐인 피라하족의 사람들이 세 개 이상의 대상을 모두 '많다'고 인식하는 것은 ㉠을 강화한다.

ㄷ. 색채 어휘가 적은 자연언어 화자들이 색채 어휘가 많은 자연언어 화자들에 비해 색채를 구별하는 능력이 뛰어나다는 것은 ㉠을 약화한다.

① ㄱ
② ㄱ, ㄴ
③ ㄴ, ㄷ
④ ㄱ, ㄴ, ㄷ

📑 **지문 구조도**

⚠️ **세진쌤의 핵심 독해법**

1.
2.
3.
4.
5.

3 빈칸 추론

난이도 중상 ★★★★   TIME : 2분

01 **다음 글의 빈칸에 들어갈 결론으로 가장 적절한 것은?**   2025. 국가직 9급 예시문제

> 신경과학자 아이젠버거는 참가자들을 모집하여 실험을 진행하였다. 이 실험에서 그의 연구팀은 실험 참가자의 뇌를 'fMRI' 기계를 이용해 촬영하였다. 뇌의 어떤 부위가 활성화되는가를 촬영하여 실험 참가자가 어떤 심리적 상태인가를 파악하려는 것이었다. 아이젠버거는 각 참가자에게 그가 세 사람으로 구성된 그룹의 일원이 될 것이고, 온라인에 각각 접속하여 서로 공을 주고받는 게임을 하게 될 것이라고 알려주었다. 그런데 이 실험에서 각 그룹의 구성원 중 실제 참가자는 한 명뿐이었고 나머지 둘은 컴퓨터 프로그램이었다. 실험이 시작되면 처음 몇 분 동안 셋이 사이좋게 순서대로 공을 주고받지만, 어느 순간부터 실험 참가자는 공을 받지 못한다. 실험 참가자를 제외한 나머지 둘은 계속 공을 주고받기 때문에, 실험 참가자는 나머지 두 사람이 아무런 설명 없이 자신을 따돌린다고 느끼게 된다. 연구팀은 실험 참가자가 따돌림을 당할 때 그의 뇌에서 전두엽의 전대상피질 부위가 활성화된다는 것을 확인했다. 이는 인간이 물리적 폭력을 당할 때 활성화되는 뇌의 부위이다. 연구팀은 이로부터 (   )는 결론을 내릴 수 있었다.

① 물리적 폭력은 뇌 전두엽의 전대상피질 부위를 활성화한다
② 물리적 폭력은 피해자의 개인적 경험을 사회적 문제로 전환한다
③ 따돌림은 피해자에게 물리적 폭력보다 더 심각한 부정적 영향을 미친다
④ 따돌림을 당할 때와 물리적 폭력을 당할 때의 심리적 상태는 서로 다르지 않다

PART **04**

중요 구절
1. 실험 참가자가 따돌림을 당할 때 그의 뇌에서 전두엽의 전대상피질 부위가 활성화된다는 것을 확인했다.
2. 이는 인간이 물리적 폭력을 당할 때 활성화되는 뇌의 부위이다.

중요 선지
1. 따돌림은 피해자에게 물리적 폭력보다 더 심각한 부정적 영향을 미친다

☒ 지문 구조도

⚠ 세진쌤의 핵심 독해법
1.
2.
3.
4.
5.

중요 구절

1. 눈동자의 평균 고정 빈도에서 A 집단은 B 집단에 비해 약 2배 많은 수치를 보였다.

2. 읽기 후 독해 검사에서 B 집단은 A 집단보다 평균 점수가 높았고, 독서 과정에서 눈동자가 이전으로 돌아가거나 이전으로 건너뛰는 현상은 모두 관찰되지 않았다.

중요 선지

1. 더 적지만 난해하다고 느끼는 각각의 단어를 이해하는 과정에 들이는 평균 시간은 더 많다

☒ 지문 구조도

⚠ 세진쌤의 핵심 독해법

1.
2.
3.
4.
5.

난이도 중상 ★★★★

⏱ **TIME : 2분 30초**

02 다음 글의 빈칸에 들어갈 내용으로 가장 적절한 것은?

2024. 국가직 9급

독자는 글을 읽을 때 생소하거나 이해하기 어려운 단어에 주시하는데, 이때 특정 단어에 눈동자를 멈추는 '고정'이 나타나며, 고정과 고정 사이에는 '이동', 단어를 건너뛸 때는 '도약'이 나타난다. 고정이 관찰될 때는 의미를 이해하려는 시도가 이루어지지만, 이동이나 도약이 관찰될 때는 이루어지지 않는다. 이를 바탕으로, K 연구진은 동일한 텍스트를 활용하여 읽기 능력 하위 집단(A)과 읽기 능력 평균 집단(B)의 읽기 특성을 탐색하는 연구를 진행하였다. 독서 횟수는 1회로 제한하되 독서 시간은 제한하지 않았다.

그 결과, 눈동자의 평균 고정 빈도에서 A 집단은 B 집단에 비해 약 2배 많은 수치를 보였다. 그런데 총 고정 시간을 총 고정 빈도로 나눈 평균 고정 시간은 B 집단이 A 집단에 비해 더 높게 나타났다. 읽기 후 독해 검사에서 B 집단은 A 집단보다 평균 점수가 높았고, 독서 과정에서 눈동자가 이전으로 돌아가거나 이전으로 건너뛰는 현상은 모두 관찰되지 않았다. 연구진은 이를 종합하여 읽기 능력이 부족한 독자는 읽기 능력이 평균인 독자에 비해 난해하다고 느끼는 단어들이 _____는 결론을 내렸다.

① 더 많지만 난해하다고 느끼는 각각의 단어를 이해하는 과정에 들이는 평균 시간은 더 적다

② 더 많고 난해하다고 느끼는 각각의 단어를 이해하는 과정에 들이는 평균 시간도 더 많다

③ 더 적지만 난해하다고 느끼는 각각의 단어를 이해하는 과정에 들이는 평균 시간은 더 많다

④ 더 적고 난해하다고 느끼는 각각의 단어를 이해하는 과정에 들이는 평균 시간도 더 적다

난이도 중 ★★★ TIME : 1분 30초

03 다음 글의 (가)와 (나)에 들어갈 말로 적절한 것은? 2024. 국가직 9급

채식주의자는 고기, 생선, 유제품, 달걀 섭취 여부에 따라 다섯 가지로 나뉜다. 완전 채식주의자는 이들 모두를 섭취하지 않으며, 페스코 채식주의자는 고기는 섭취하지 않지만 생선은 먹으며, 유제품과 달걀은 개인적 선호에 따라 선택적으로 섭취한다. 남은 세 가지 채식주의자는 고기와 생선 모두를 먹지 않되 유제품과 달걀 중 어떤 것을 먹느냐의 여부로 결정된다. 이들의 명칭은 라틴어의 '우유'를 의미하는 '락토(lacto)'와 '달걀'을 의미하는 '오보(ovo)'를 사용해 정해졌는데, 예를 들어, 락토오보 채식주의자는 고기와 생선은 먹지 않으나 유제품과 달걀은 먹는다. 락토 채식주의자는 [(가)] 먹지 않으며, 오보 채식주의자는 [(나)] 먹지 않는다.

① ┌(가) : 달걀은 먹지만 고기와 생선과 유제품은
　└(나) : 고기와 생선과 달걀은 먹지만 유제품은

② ┌(가) : 달걀은 먹지만 고기와 생선과 유제품은
　└(나) : 유제품은 먹지만 고기와 생선과 달걀은

③ ┌(가) : 유제품은 먹지만 고기와 생선과 달걀은
　└(나) : 고기와 생선과 유제품은 먹지만 달걀은

④ ┌(가) : 유제품은 먹지만 고기와 생선과 달걀은
　└(나) : 달걀은 먹지만 고기와 생선과 유제품은

중요 구절
1. 이들의 명칭은 라틴어의 '우유'를 의미하는 '락토(lacto)'와 '달걀'을 의미하는 '오보(ovo)'를 사용해 정해졌다.

📋 지문 구조도

⚠️ 세진쌤의 **핵심 독해법**

1.
2.
3.
4.
5.

난이도 ▶ 중상 ★★★★

⏱ TIME : 2분

04 ㉠과 ㉡에 들어갈 말로 가장 적절한 것은?

2023. 국가직 9급

특정한 작업을 수행하기 위해 신체 근육의 특정 움직임을 조작하는 능력을 운동 능력이라고 한다. 언어에 관한 운동 능력은 '발음 능력'과 '필기 능력' 두 가지인데 모두 표현을 위한 능력이다.

말로 표현하기 위해서는 발음 능력이 필요한데, 이는 음성 기관을 움직여 원하는 음성을 만들어 내는 능력이다. 이 능력은 영·유아기에 수많은 시행착오와 꾸준한 훈련을 통해 습득된다. 이렇게 발음 능력을 습득하면 음성 기관의 움직임은 자동화되어 음성 기관의 어느 부분을 언제 어떻게 움직일지를 화자가 거의 의식하지 않는다. 우리가 모어에 없는 외국어 음성을 발음하기 어려운 이유는 (㉠) 있기 때문이다.

글로 표현하기 위해서는 필기 능력이 필요하다. 필기에서는 글자의 모양을 서로 구별되게 쓰는 것은 기본이고 그 수준을 넘어서서 쉽게 알아볼 수 있는 모양으로 잘 쓰는 것도 필요하다. 글씨를 쓰기 위해 손을 놀리는 것은 발음을 하기 위해 음성 기관을 움직이는 것에 비해 상당히 의식적이라 할 수 있다. 그렇지만 개인의 의지와 관계없이 필체가 꽤 일정하다는 사실은 손을 놀리는 데에 (㉡) 의미한다.

① ㉠: 음성 기관의 움직임이 모어의 음성에 맞게 자동화되어
   ㉡: 무의식적이고 자동적인 면이 있음을

② ㉠: 낯선 음성은 무의식적으로 발음하도록 훈련되어
   ㉡: 유아기에 수행한 훈련이 효과적이지 않음을

③ ㉠: 음성 기관의 움직임이 모어의 음성에 맞게 자동화되어
   ㉡: 유아기에 수행한 훈련이 효과적이지 않음을

④ ㉠: 낯선 음성은 무의식적으로 발음하도록 훈련되어
   ㉡: 무의식적이고 자동적인 면이 있음을

4 ㄱ, ㄴ, ㄷ 판단

난이도 중 ★★★　　　　　　　　　　　　　　　　　○TIME : 2분

01 다음 글에서 추론할 수 있는 것만을 〈보기〉에서 모두 고르면?　　2022. 지방직 9급

　　컴퓨터에는 자유의지가 있을까? 나아가 컴퓨터에 도덕적 의무를 귀속시킬 수 있을까? 컴퓨터는 다양한 전기회로로 구성되어 있고, 물리법칙, 프로그래밍 방식, 하드웨어의 속성 등에 따라 필연적으로 특정한 초기 상태로부터 다음 상태로 넘어간다. 마찬가지로 두 번째 상태에서 세 번째 상태로 이동하고, 이러한 과정이 계속해서 이어진다. 즉 컴퓨터는 결정론적 법칙의 지배를 받는 시스템이라는 것이다. 그럼 이러한 시스템에는 자유의지가 있을까?

　　결정론적 법칙의 지배를 받는 시스템의 중요한 특징은 주어진 조건에 따라 결과가 하나로 고정된다는 점이다. 다시 말해, 이러한 시스템에는 항상 하나의 선택지만 있을 뿐이다. 그런 뜻에서 결정론적 지배를 받는다는 것과 자유의지를 가진다는 것은 양립할 수 없음이 분명하다. 어떤 선택을 할 때 그것과 다른 선택을 할 수도 있다는 것은 자유의지의 필요조건이기 때문이다. 결국 결정론적 법칙의 지배를 받는 시스템은 자유의지를 가지지 않는다. 또한 자유의지를 가지지 않는 시스템에 도덕적 의무를 귀속시킬 수 없음은 당연하다.

━━━━━ 보기 ━━━━━

㉠ 컴퓨터는 자유의지를 가지지 않으며 도덕적 의무의 귀속 대상일 수도 없다.
㉡ 도덕적 의무를 귀속시킬 수 있는 시스템은 결정론적 법칙의 지배를 받지 않는다.
㉢ 어떤 선택을 할 때 그것과 다른 선택을 할 수 없는 시스템은 자유의지를 가지지 않는다.

① ㉠, ㉡　　　　　　　　　　　② ㉠, ㉢
③ ㉡, ㉢　　　　　　　　　　　④ ㉠, ㉡, ㉢

중요 구절

1. 결정론적 법칙의 지배를 받는 시스템의 중요한 특징은 주어진 조건에 따라 결과가 하나로 고정된다는 점이다.
2. 결국 결정론적 법칙의 지배를 받는 시스템은 자유의지를 가지지 않는다.

중요 선지

1. 어떤 선택을 할 때 그것과 다른 선택을 할 수 없는 시스템은 자유의지를 가지지 않는다.

🗙 지문 구조도

⚠ 세진쌤의 핵심 독해법

1.
2.
3.
4.
5.

난이도 상 ★★★★★　　　　　　　　　　　　　　　　　　　　　TIME : 3분

중요 구절

1. 첫 번째는 판단의 결과가 가능한 결과들 중 일부분으로 특별히 치우쳐서는 안 된다는 것이다. 이런 조건은 '공평성'이라고 불린다.

2. 두 번째 조건은 '독립성'으로, 이는 관련된 판단들이 외적인 것에 의해서 영향을 받지 않아야 한다는 것을 의미한다.

중요 선지

1. 앞면이 나온 바로 다음에는 반드시 뒷면이 나오고, 뒷면이 나온 바로 다음에는 반드시 앞면이 나오도록 장치가 된 동전 던지기 게임은 공평하지 않다.

02 다음 글을 통해 추론할 수 있는 것만을 〈보기〉에서 모두 고르면?

2020. 국가직 7급

　'공정하다'는 말은 여러 가지 맥락에서 사용된다. 우리는 종종 어떤 법적 판단에 대해 공정성을 묻기도 하고, 스포츠 경기에서 심판의 판단에 대해서도 공정성을 묻는다. 공정성이 성립하기 위해서는 적어도 두 가지 조건을 충족해야 한다. 첫 번째는 판단의 결과가 가능한 결과들 중 일부분으로 특별히 치우쳐서는 안 된다는 것이다. 이런 조건은 '공평성'이라고 불린다. 두 번째 조건은 '독립성'으로, 이는 관련된 판단들이 외적인 것에 의해서 영향을 받지 않아야 한다는 것을 의미한다.

　공정성의 두 조건은 동전 던지기 게임을 사례로 설명할 수 있다. 게임의 규칙은 동전을 던져 뒷면이 나온 사람이 승리하는 것이라고 해 보자. 이 게임이 공평하다는 것은 동전 던지기를 충분히 여러 번 진행했을 때의 가능한 결과, 즉 앞면과 뒷면이 나오는 횟수가 거의 같다는 것을 말한다. 공평성이 성립하지 않는다면 이 게임의 공정성이 성립하지 않는다는 것은 당연하다.

　그러면 독립성이 공정성의 조건이 되는 이유는 무엇일까. 동전 던지기 게임이 독립적이라는 것은 동전 던지기의 결과가 동전 자체가 가진 특성 이외의 특별한 장치에 의해서 조작되지 않는다는 것을 말한다. 만일 게임에 사용된 동전이 특별한 외부 장치에 의해 조작되어서 앞면이 두 번 나온 뒤에는 항상 뒷면이 나온다고 가정해 보자. 이때 두 번 연속으로 앞면이 나온 뒤에 게임에 참여하고, 그렇지 않은 경우에는 게임에 참여하지 않는 전략을 채택한 사람은 언제나 패배하지 않을 수 있다. 이와 같이 동전이 외부 장치에 의해 조작될 경우에는 항상 게임에서 패배하지 않을 수 있는 전략을 만들어 낼 수 있다. 언제나 패배하지 않을 수 있는 전략을 만들어 낼 수 있는 게임은 공정하지 않은 게임이다. 이런 점을 생각할 때, 독립적이지 않은 것은 공정하지 않다고 할 수 있다.

━━━ 보기 ━━━

㉠ 패배하지 않을 수 있는 전략을 만들어 낼 수 없는 동전 던지기 게임은 독립적이다.

㉡ 앞면이 나온 바로 다음에는 반드시 뒷면이 나오고, 뒷면이 나온 바로 다음에는 반드시 앞면이 나오도록 장치가 된 동전 던지기 게임은 공평하지 않다.

㉢ 동전 자체의 무게중심이 한쪽으로 쏠려 있어 앞면이 나올 확률과 뒷면이 나올 확률의 차이가 클 때, 그 동전을 이용한 동전 던지기 게임은 공정하지 않다.

① ㉠, ㉡　　　　　　　　　　　② ㉠, ㉢
③ ㉡, ㉢　　　　　　　　　　　④ ㉠, ㉡, ㉢

⊠ 지문 구조도

⚓ 세진쌤의 핵심 독해법

1.
2.
3.
4.
5.

MEMO

강세진 국어

All In One

1 ㉠~㉣의 말하기 방식을 설명한 내용으로 가장 적절한 것은?

2023. 지방직 9급

김 주무관: AI에 대한 국민 이해도를 높이기 위해 설명회를 개최할 필요가 있다고 생각해요.
최 주무관: ㉠ 저도 요즘 그 필요성을 절감하고 있어요.
김 주무관: ㉡ 그런데 어떻게 준비해야 효과적으로 전달할 수 있을지 고민이에요.
최 주무관: 설명회에 참여할 청중 분석이 먼저 되어야겠지요.
김 주무관: 청중이 주로 어떤 분야에 관심이 있는지 알면 준비할 때 유용하겠네요.
최 주무관: ㉢ 그럼 청중의 관심 분야를 파악하려면 청중의 특성 중에서 어떤 것들을 조사하면 좋을까요?
김 주무관: ㉣ 나이, 성별, 직업 등을 조사할까요?

① ㉠: 상대의 의견에 대해 공감을 표현하고 있다.
② ㉡: 정중한 표현을 사용하여 직접 질문하고 있다.
③ ㉢: 자신의 반대 의사를 우회적으로 드러내고 있다.
④ ㉣: 의문문을 통해 상대의 의견을 반박하고 있다.

≫ ④

01 화법 이론

1 공감적 듣기

1. 소극적 듣기

상대방에게 관심을 보이고, 이야기를 이끌어 갈 수 있도록 격려하는 방법이다.

> 예 명훈: 오늘은 정말 제대로 해 보고 싶었는데, 벌써 삼진 아웃이야. 왜 이러는지 모르겠어.
> 세진: 아이고, 오늘 참 많이 속상했겠어.

2. 적극적 듣기

(1) 화자의 말을 요약, 정리하여, 스스로 문제를 해결할 수 있도록 도와주는 방법이다.

(2) 해당 방법으로는 재진술, 환언, 명료화가 있다.

번호	종류	특징	예
①	재진술	앞에서 일어난 상황에 대하여 다시 자세하게 이야기함.	"그렇다면, 네 말은 바로 이런 것을 의미하는 거구나?"
②	환언	앞서 한 말에 대하여 표현을 달리 바꾸어 말함.	"아! 이러한 상황이랑 유사하구나?"
③	명료화	뚜렷하고 분명하게 다시 말함.	"음. 그러니깐, 네가 말하고 싶은 것은 바로 이것이지?"

2 평가적 듣기

1. 특징

(1) 상대방의 입장이나 견해에 대하여 '신뢰성, 타당성, 공정성' 등을 고려하며 평가하고 판단하면서 듣는 방법이다.

(2) 이외에 의사소통의 목적과 관련하여 객관성, 적절성, 효율성 등을 기준으로 의사소통 내용을 평가할 수도 있다.

2. 기준

번호	종류	특징
①	신뢰성 (정확성)	① 정보나 <u>자료의 출처</u>가 믿을 만한 것인지 검증할 수 있는지를 따져 보는 것을 말한다. ② 출처가 불분명하면 신뢰성이 떨어지지만, 이와 달리 출처가 공신력이 있을 때, 예를 들어 '국가기관'이라면, 출처의 신뢰성이 높아진다.
②	타당성	① 자료나 <u>근거와 결론</u>이 서로 연관성이 깊은지, 합리적인지, 내용이 현실의 이치에 부합한지 따져 보는 것을 말한다. ② 객관적 사실에 입각한 것도 포함한다. ③ '결론으로 보기에 근거가 부족하지 않은가?'와 같은 질문을 할 수 있다.
③	공정성	① 사실 판단이나 내용이 한쪽에 치우치지 않고, <u>공평하고 정의로운지</u>를 따져 보는 것을 말한다. ② 고의로 누락 또는 왜곡한 내용은 없는지 파악하는 것을 말한다.
④	적절성	① 자료가 주장이나 <u>설명한 내용에 적절한지</u> 평가하는 것을 말한다. ② 자료는 필요한 형태로, 필요한 위치에, 필요한 정보 수준으로 제시되어야 한다.

3 표현 방식

1. 반언어적 표현(=준언어적 표현)

억양, 강약, 고저, 속도, 어조 등과 같은 것.

예 (비아냥거리는 어투로), (다독이는 목소리로)

번호	종류	특징
①	억양	① 말의 높낮이. ② 화자의 감정이나 의도의 변화에 따라서 변화를 준다.
②	성량	① 목소리의 크기. ② 일대일로 대화할 때는 목소리가 작아도 되지만, 발표나 연설에서는 성량을 풍부하게 해야 한다.
③	속도	① 말의 빠르기. ② 적당히 변화를 주면서 속도 조절을 해야 한다.
④	어조	① 말의 분위기. ② 확신에 찬 느낌, 슬프거나 안타까운 느낌 등을 의미한다.

확인문제

2 다음 대화에서 나타난 '지민'의 의사소통 방식으로 가장 적절한 것은? 2022, 국가직 9급

정수 : 지난번에 너랑 같이 들었던 면접 전략 강의가 정말 유익했어.
지민 : 그랬어? 나도 그랬는데.
정수 : 특히 아이스크림 회사의 면접 내용이 도움이 많이 됐어.
지민 : 맞아. 그중에서도 두괄식으로 답변하라는 첫 번째 내용이 정말 인상적이더라. 핵심 내용을 먼저 말하는 전략이 면접에서 그렇게 효과적일 줄 몰랐어.
정수 : 어! 그래? 나는 두 번째 내용이 훨씬 더 인상적이었는데
지민 : 그랬구나. 하긴 아이스크림 매출 증가에 관한 통계 자료를 인용해서 답변한 전략도 설득력이 있었어. 하지만 초두 효과의 효용성도 크지 않을까 해.
정수 : 그렇긴 해.

① 자신의 면접 경험을 예로 들어 상대방을 설득하고 있다.
② 상대방의 약점을 공략하며 상대방의 이견을 반박하고 있다.
③ 상대방의 견해를 존중하면서 자신의 의견을 제시하고 있다.
④ 상대방과의 갈등 해소를 위해 자신의 감정을 표현하고 있다.

>> ③

2. 비언어적 표현

몸짓, 손짓, 시선, 표정, 눈빛 등과 같은 것.

예 (신기한 표정을 지으며), (손사래를 치며)

번호	종류	특징
①	시선	의사소통 상대를 바라보는 눈길(관심 또는 호감)을 의미한다.
②	표정	마음속의 감정 상태를 표현하는 얼굴의 모양을 의미한다.
③	몸짓	① 손짓을 포함한 몸동작을 의미한다. ② 몸짓은 문화적으로 차이가 있는 경우가 많으므로 주의해서 사용해야 한다.

확인문제

3 〈보기〉의 대화에서 ⓛ의 대답이 갖는 특징으로 적절하지 <u>않은</u> 것은?
2016. 국가직 9급

대화 (1) ㉠: 체중이 얼마나 되니?
　　　　ⓛ: <u>55kg인데 키에 비해 가벼운 편입니다.</u>
대화 (2) ㉠: 얼마 전 시민 운동회가 있었다며?
　　　　ⓛ: <u>응, 백 미터 달리기에서 비행기보다 빠른 사람을 봤어.</u>
대화 (3) ㉠: 너 몇 살이니?
　　　　ⓛ: <u>형이 열일곱 살이고, 저는 열다섯 살이지요.</u>
대화 (4) ㉠: 점심은 뭐 먹을래?
　　　　ⓛ: <u>생각해 보고 마음 내키는 대로요.</u>

① 대화 (1): 관련성의 격률을 위배하였다.
② 대화 (2): 질의 격률을 위배하였다.
③ 대화 (3): 양의 격률을 위배하였다.
④ 대화 (4): 태도의 격률을 위배하였다.

≫ ①

4 화자의 진정한 발화 의도를 파악할 때, 밑줄 친 부분을 고려하지 않아도 되는 것은?
2018. 지방직 9급

일상 대화에서는 직접 발화보다는 간접 발화가 더 많이 사용되지만, 그 의미는 맥락에 의해 파악될 수 있다. 화자는 상대방이 충분히 그 의미를 파악할 수 있다고 판단될 때 간접 발화를 전략적으로 사용함으로써 의사소통을 원활하게 하기도 한다.

① (친한 사이에서 돈을 빌릴 때) 돈 가진 것 좀 있니?
② (창문을 열고 싶을 때) 얘야, 방이 너무 더운 것 같구나.
③ (갈림길에서 방향을 물을 때) 김포공항은 어느 쪽으로 가야 합니까?
④ (선생님이 과제를 내주고 독려할 때) 우리 반 학생들은 선생님 말씀을 아주 잘 듣습니다.

≫ ③

4 협력의 원리

1. 정의

대화 참여자가 대화의 목적에 성공적으로 도달하기 위해 지켜야 할 격률을 의미한다.

2. 네 가지의 격률

번호	종류	특징
①	양의 격률	대화의 목적에 필요한 만큼의 정보를 제공해야 한다는 것을 의미한다.
②	질의 격률	타당한 근거를 들어 진실을 말해야 한다는 것을 의미한다.
③	관련성의 격률	대화의 목적이나 주제와 관련된 것을 말해야 한다는 것을 의미한다.
④	태도의 격률	모호성이나 중의성이 있는 표현을 하지 않고, 간결하고 조리 있게 말하되 언어 예절에 맞게 말해야 한다는 것을 의미한다.

3. 대화 함축

의도적으로 협력의 원리를 깨뜨려서 숨은 의미를 전달하는 것을 의미한다.

예 명훈: 내일, 영화 보러 갈래?
　　세진: 나 내일 시험이라서 공부를 더 해야 할 것 같아.
　　(내일 영화 보는 것을 직접적으로 거절하지 않고, 협력의 원리를 깨뜨려 대답한 예이다.)

5 공손성의 원리

1. 정의

의사소통할 때 상대방과의 예의를 지키면서 하는 것을 의미한다.(리치(Leech)의 공손성의 원리)

2. 다섯 가지의 격률

번호	종류	특징	예
①	요령의 격률	상대방에게 부담이 되는 표현은 최소화하고, 상대의 이익을 최대화하라.	당신에게 이런 이점이 있는데, 혹시 시간 좀 내주실 수 있으십니까?(상대방에게 부담이 되는 것을 줄여줌.)
②	관용의 격률	화자 자신에게 주어진 혜택을 주는 표현은 최소화하고, 자신에게 부담을 주는 표현은 최대화하라.	제가 잠시 다른 생각을 해서 그러는데, 다시 말씀해 주시겠어요?(화자 자신에게 부담을 극대화함.)
③	찬동의 격률	상대방에 대한 비방은 최소화하고, 칭찬은 최대화하라.	A: 내 남자친구 어떤 것 같아? B: 참 괜찮은 사람인 것 같아.(상대방과 관련된 사람 칭찬)
④	겸양의 격률	화자 자신에 대한 칭찬은 최소화하고, 자신에 대한 비방은 최대화하라.	A: 너는 참 공부를 열심히 하는구나, 대단해. B: 아니야, 게을러서 이제라도 조금 하는 것뿐이야.(화자 자신의 비방 극대화)
⑤	동의의 격률	자신의 의견과 다른 사람의 의견 사이의 다른 점을 최소화하고, 일치점을 최대화하라.	A: 자기야, 오늘 영화 한 편 보는 게 어때? B: 영화? 좋지, 그런데 말이야, 요즘 벚꽃이 예쁘다던데. 다음 주에는 벚꽃이 진다고 하더라고. A: 그래? 벚꽃놀이 가고 나서 영화 보러 갈까?(상대방 의견 존중)

3. 요약

번호	종류	요구	칭찬	상대방 이익	화자 이익
①	요령의 격률	○	×	최대화	–
②	관용의 격률	○	×	–	최소화
③	찬동의 격률	×	○	최대화	–
④	겸양의 격률	×	○	–	최소화
⑤	동의의 격률	의견이 다를 때, '일치점' 찾기			

확인문제

5 ㉠~㉣은 '공손하게 말하기'에 대한 설명이다. ㉠~㉣을 적용한 B의 대답으로 적절하지 않은 것은?

2021. 국가직 9급

㉠ 자신을 상대방에게 낮추어 겸손하게 말해야 한다.
㉡ 상대방의 처지를 고려하여 상대방이 부담을 갖지 않도록 말해야 한다.
㉢ 상대방이 관용을 베풀 수 있도록 문제를 자신의 탓으로 돌려 말해야 한다.
㉣ 상대방의 의견에서 동의하는 부분을 찾아 인정해 준 다음에 자신의 의견을 말해야 한다.

① ㉠ A: "이번에 제출한 디자인 시안 정말 멋졌어." B: "아닙니다. 아직도 여러모로 부족한 부분이 많습니다."

② ㉡ A: "미안해요. 생각보다 길이 많이 막혀서 늦었어요." B: "괜찮아요. 쇼핑하면서 기다리니 시간 가는 줄 몰랐어요."

③ ㉢ A: "혹시 내가 설명한 내용이 이해 가니?" B: "네 목소리가 작아서 내용이 잘 안 들렸는데 다시 한 번 크게 말해 줄래?"

④ ㉣ A: "가원아, 경희 생일 선물로 귀걸이를 사주는 것은 어때?" B: "그거 좋은 생각이네. 하지만 경희의 취향을 우리가 잘 모르니까 귀걸이 대신 책을 선물하는 게 어떨까?"

≫ ③

02 토의와 토론

1 토의(討議)

1. 정의

어떤 문제에 대하여 검토하고 협의함.

2. 특징

(1) 협동적인 사고를 바탕으로 해결 방안을 모색하고자 하는 목적에서 하는 말하기이다. 따라서 '문제 제기'와 '해결 방식' 위주로 글이 쓰여 있다.

(2) 토의에 참여하는 참여자들의 의견을 존중한다. 물론 소수 의견도 포함이다.

(3) 집단으로 하는 '협의의 과정'을 거친다.

3. 과정

(1) 해결할 문제 사항을 확인

↓

(2) 해결 방안을 모색

↓

(3) 최선의 해결안을 선택

4. 사회자

(1) **역할**

① 토의 문제를 명확히 규정하고 토의 사항을 순서대로 제시한다.
② 토의의 절차에 따라 토의를 원활하게 진행한다.
③ 참여자들에게 균등한 발언권을 제시한다.
④ 보충 질문을 요구할 수 있다.
⑤ 내용을 요약한다.
⑥ 갈등과 의견 충돌을 조정한다.

(2) **질문의 예**

① 구성원의 참여를 유도하려는 질문
→ (아직 발표하지 않은 청중에게) ○○○께서 의견을 말씀해 주시겠습니까?

② 진행과 관련된 질문
→ 일단 이 주제와 관련된 원인을 찾아보는 게 어떨까요?

③ <u>발언을 명료화하기 위한 질문</u>
→ 앞서 말씀하신 것과 어떤 관련이 있나요?

5. 종류

번호	종류	특징
①	심포지엄(symposium)(전문성) : 정한 문제에 대하여 두 사람 이상의 전문가가 서로 다른 각도에서 의견을 발표하고 참석자의 질문에 답하는 형식의 토론회	① 전문적이고 학술적인 주제, 전문가(3~6명)의 강연식 발표 ② 청중의 질의 및 응답 ③ 같은 문제를 각 분야의 전문가입장에서 검토 ④ 사회자 : 토의할 문제와 연사를 할 사람들을 소개
②	패널 토의(panel討議)(＝ 배심토의, 대표토의)(대표성) : 토의 참가자들이 주제에 대하여 자유 토의를 하고, 토의가 끝난 후에 청중이 참여하여 질문을 하거나 의견을 제시하는 방식의 토의	① 전문적이고 시사적인 주제, 각 부분의 대표자, 즉 배심원(4~8명)이 의견을 정리한 후 발표(경험이 있는 배심원들이란 점에서 차이가 있다.) ② 의회나 일반 회의에서 이견을 조정하는 수단으로 사용 ③ 결론을 요약하여 청중으로부터 질문을 받는 형식
③	포럼(forum)(공공성, 공개성) : 고대 로마에서 행하던 토의 방식의 하나. 사회자의 지도 아래 한 사람 또는 여러 사람이 연설한 다음, 그에 대하여 청중이 질문하면서 토론을 진행한다.	① 사회적인 공공의 문제가 주제, 공공장소에서 공개 토의하는 방식 ② 청중들이 처음부터 끝까지 참여, 참가자는 간략하게 주제와 관련하여 발표(강연, 연설의 형태는 아님) ③ 청중의 질문 시간을 조정
④	원탁토의(圓卓討議)(Round-Table Discussion)(다양성, 평등성) : 각 분야를 대표하는 여러 사람이 둥근 탁자에 둘러앉아 어떤 문제에 대하여 검토하고 협의하는 방식	① 일상적인 문제부터 세계적인 것까지 논제 범위가 가장 넓음, 10명 내외의 소규모 집단 ② 평등한 입장에서 자유롭게 의견을 교환하는 방식 ③ 청중, 사회자가 필요가 없다.(경우에 따라 사회자를 지정할 수 있다.)

세진쌤의 핵심TIP

사회자 역할 비중
포럼 > 패널 토의 > 심포지엄 > 원탁토의

2 토론(討論)

1. 정의

어떤 문제에 대하여 여러 사람이 각각 의견을 말하며 논의함.

2. 특징

① 찬성과 반대의 대립이 뚜렷하다.

② 찬성과 반대 각 입장에서 상대방을 논리적으로 설득하는 말하기이다.

③ 토론의 논제는 '사실 명제(~인가)'나 '정책 명제(~해야 한다)'의 형태여야 한다.

3. 사회자

(1) 역할

① 토론이 원만하게 진행되도록 공정성을 유지해야 한다.

② 토론이 열리게 된 배경과 토론의 논제를 초반에 소개한다.

③ 토론자를 청중에게 소개하고, '질문과 요약'을 때때로 삽입하면서 토론의 진행을 도와주어야 한다.

④ 논제에서 벗어나면 '논점을 다시 정리'해서 알려 주는지 확인해야 한다.

⑤ 토론의 규칙을 미리 알려 주어 토론이 궤도에서 벗어나지 않도록 해야 한다.

(2) 질문의 예

① 구성원의 참여를 유도하려는 질문
→ ○○님의 의견을 말해주겠습니까?

② 논증 구성 요소에 관한 질문
→ 그 정보는 어디서 얻은 것인가요?

③ 진행과 관련된 질문
→ 이 주제와 관련된 원인을 찾아보는 것은 어떨까요?

④ 의견 대립이나 갈등을 조정하기 위한 질문
→ 찬성 측과 반대 측의 주장이 기본적으로 전제하고 있는 내용은 같지 않습니까?

4. 토론의 논거

① 주장을 뒷받침하는 내용이어야 한다.

② 주장의 타당성, 신뢰성, 적합성을 내세울 수 있는 증거 자료의 성격을 지녀야 한다.

③ 통계, 사례 등의 사실 논거, 전문가 의견, 관찰자 증언 등의 의견 논거가 있어야 한다.

④ 토론 중에는 상대방의 논거가 정확한가, 믿을 수 있는가를 검증해야 한다.

5. 토론의 검증

(1) 상대방의 논거가 정확하지 않거나 믿을 만하지 못할 때는 논리적인 반박을 해야 한다.

(2) 논거의 질과 양을 검증해야 한다.

번호	종류	특징
①	질의 검증	① 주어진 자료가 사실임을 증명할 수 있는가? ② 주어진 자료가 일관성이 있는가? ③ 주어진 자료가 정확한가? ④ 주어진 자료가 최근의 자료인가?
②	양의 검증	자료가 충분한가?

6. 용어

(1) **입론(立論)**: 의론(議論)하는 취지나 순서 따위의 체계를 세움.

(2) **반론(反論)**: 남의 논설이나 비난, 논평 따위에 대하여 반박함.

7. 논제의 유형

번호	종류	특징
①	사실 논제	① 어떤 사실에 대한 진위 판단으로 진술된다. ② 진실성에 근거한다.
②	가치 논제	① 대상이나 사안이 바람직한가 그렇지 않은가와 관련이 깊다. ② 주관적인 판단이 개입되며 공정성에 근거한다.
③	정책 논제	① 어떤 문제에 대하여 정책을 시행해야 하는가 그렇지 않은가와 관련이 깊다. ② 논증의 타당성에 근거한다.

8. 종류

번호	종류	특징
①	2인 토론	① 찬성자와 반대자가 하는 토론이다. ② 사회자가 참가하여 단시간 내에 한쪽을 선택하고자 하는 방식이다.
②	반대신문식 토론	① 법정에서 행해지는 토론인데, 반대신문을 첨가하여 청중의 관심을 유도하려는 토론 방식이다. ② 주로 반대 측 당사자가 행한다.
③	반대신문	① 증인 신문에서, 주신문이 끝난 뒤에 반대 측 당사자가 증인을 상대로 행하는 신문. ② 주신문의 잘못된 점을 지적하고, 자신에게 유리한 사항이 누락되는 것을 방지하며, 증인의 증거력을 떨어뜨리기 위한 것이다.

6 다음의 여러 조건에 가장 잘 맞는 토론 논제는? 2019. 국가직 9급

- 긍정 평서문으로 제시되어야 한다.
- 찬성과 반대의 대립이 분명하게 나타나야 한다.
- 쟁점이 하나여야 한다.
- 찬성이나 반대 어느 한 편에 유리하게 작용하는 정서적 표현을 사용해서는 안 된다.

① 징병제도는 유지해야 한다.
② 정보통신망법을 개선할 수는 없다.
③ 야만적인 두발 제한을 폐지해야 한다.
④ 내신 제도와 논술 시험을 개혁해야 한다.

≫ ①

03 문제 유형

1 사회자 역할

중요 선지

1. 상대방의 주장에 대한 이견을 소
개하고 그에 대한 의견을 요청한다.

난이도 중하 ★★   ☼ TIME : 1분 30초

01 **진행자의 말하기 방식에 대한 설명으로 적절하지 않은 것은?**   2024. 국가직 9급

진행자 : 우리 시에서도 다음 달부터 시내 도심부에서의 제한 속도를 조정하기로 했습니다. 이와 관련하여, 강□□ 교수님 모시고 말씀 들겠습니다. 교수님, 안녕하세요?

강 교수 : 네, 안녕하세요?

진행자 : 바뀌는 제도의 내용을 좀 더 구체적으로 설명해 주시죠.

강 교수 : 네, 시내 도심부 간선도로에서의 제한 속도를 기존의 70km/h에서 60km/h로 낮추는 정책입니다.

진행자 : 시의회에서 이 정책 도입에 중요한 역할을 하신 것으로 아는데, 어떤 효과를 얻을 것이라고 주장하셨나요?

강 교수 : 차량 간 교통사고 발생 가능성을 줄이고 보행자 안전을 확보할 수 있다고 했습니다.

진행자 : 그런데 일각에서는 그런 효과는 미미하고 오히려 교통체증을 유발하여 대기오염이 심화될 것이라며 이 정책에 반대합니다. 이에 대해 말씀해 주시겠어요?

강 교수 : 그렇지 않습니다. ○○시가 작년에 7개 구간을 대상으로 이 제도를 시험 적용해 보니, 차가 막히는 시간은 2분 정도밖에 증가하지 않았습니다. 그런데 중상 이상의 인명 사고는 26.2% 감소했습니다. 또 이산화질소와 미세먼지 같은 오염물질도 각각 28%, 21%가량 오히려 감소한다는 연구 결과가 있습니다.

진행자 : 아, 그러니까 속도를 10km/h 낮출 때 2분 정도 늦어지는 것이라면 인명 사고의 예방과 오염물질의 감소를 위해 충분히 감수할 만한 시간이라는 말씀이시군요.

강 교수 : 네, 맞습니다.

진행자 : 교통사고를 줄이고 보행자 안전을 확보할 수 있다는 점, 교통체증 유발은 미미할 것이라는 점, 오염물질 배출이 감소할 것이라는 점에서 이번의 제한 속도 조정 정책은 훌륭한 정책이라는 것이군요. 맞습니까?

강 교수 : 네, 그렇게 정리할 수 있겠습니다.

① 상대방이 통계 수치를 제시한 의도를 자기 나름대로 풀어 설명한다.
② 상대방의 견해를 요약하며 자신이 이해한 바가 맞는지를 확인한다.
③ 상대방의 주장에 대한 이견을 소개하고 그에 대한 의견을 요청한다.
④ 상대방이 설명한 내용을 뒷받침할 수 있는 자신의 경험을 예시한다.

☒ 대화구조도

⚠ 세진쌤의 핵심 독해법

1.
2.
3.
4.
5.

2 토론

난이도 중상 ★★★★ ⏱ TIME : 1분 30초

01 다음 대화를 분석한 내용으로 가장 적절한 것은? 2024. 국가직 9급

> 갑: 고대 노예제 사회나 중세 봉건 사회는 타고난 신분에 따라 사회적 지위가 결정
> 되는 계급사회였지만, 현대 사회는 계급사회가 아니라고 많이들 말해. 그런데
> 과연 그런지 의문이야.
>
> 을: 현대 사회는 고대나 중세만큼은 아니지만 귀속지위가 성취지위를 결정하는 면
> 이 없다고 할 수 없어. 빈부 격차에 따라 계급이 나뉘고 그에 따른 불평등이
> 엄연히 존재하잖아. '금수저', '흙수저'라는 유행어에서 볼 수 있듯 빈부 격차가
> 대물림되면서 개인의 계급이 결정되고 있어.
>
> 병: 현대 사회가 빈부 격차로 인해 계급이 나누어지는 것처럼 보인다고 해서 계급
> 사회라고 단정할 수는 없어. 계급사회라고 말하려면 계급 체계 자체가 인간의
> 생활을 전적으로 규정할 수 있어야 하는데, 오늘날 각종 문화나 생활 방식 전체
> 를 특정한 계급 논리만으로는 설명할 수 없어. 따라서 현대 사회를 계급사회로
> 보기는 어려워.
>
> 갑: 현대 사회의 문화가 다양하다는 것은 맞아. 하지만 인간 생활의 근간은 결국
> 경제 활동이고, 경제적 계급 논리로 현대 사회의 문화를 충분히 설명하고 규정
> 할 수 있어. 또한 현대 사회에서 인간의 사회적 지위는 부모의 경제력과 직결되
> 기 때문에 계급사회라고 말할 수 있어.

① 갑은 을의 주장 중 일부는 수용하고 일부는 반박한다.
② 을의 주장은 갑의 주장과 대립하지 않는다.
③ 갑과 병은 상이한 전제에서 유사한 결론을 도출하고 있다.
④ 병의 주장은 갑의 주장과는 대립하지 않지만 을의 주장과는 대립한다.

PART 05

중요 구절
1. 고대 노예제 사회나 중세 봉건 사회는 타고난 신분에 따라 사회적 지위가 결정되는 계급사회였지만, 현대 사회는 계급사회가 아니라고 많이들 말해.

중요 선지
1. 병의 주장은 갑의 주장과는 대립하지 않지만 을의 주장과는 대립한다.

📐 **대화구조도**

⚠ **세진쌤의 핵심 독해법**
1.
2.
3.
4.
5.

중요 구절

1. 설탕세를 부과하면 당 소비가 감소한다고 믿을 만한 근거가 있니?

☒ 대화구조도

⚠ 세진쌤의 핵심 독해법

1.
2.
3.
4.
5.

난이도 ⟩ 중상 ★★★★

◌ TIME : 1분

02 다음 대화를 분석한 내용으로 적절하지 않은 것은?

2023. 지방직 9급

> 은지: 최근 국민 건강 문제와 관련해 '설탕세' 부과 여부가 논란인데, 나는 설탕세를 부과해야 한다고 생각해. 그러면 당 함유 식품의 소비가 감소하게 되고, 비만이나 당뇨병 등의 질병이 예방되니까 국민 건강 증진에 도움이 되기 때문이야.
>
> 운용: 설탕세를 부과하면 당 소비가 감소한다고 믿을 만한 근거가 있니?
>
> 은지: 세계보건기구 보고서를 보면 당이 포함된 음료에 설탕세를 부과하면 이에 비례해 소비가 감소한다고 나와 있어.
>
> 재윤: 그건 나도 알아. 그런데 설탕세 부과가 질병을 예방한다는 것은 타당하지 않아. 여러 연구 결과를 보면 당 섭취와 질병 발생은 유의미한 상관관계가 없어.

① 은지는 첫 번째 발언에서 화제를 제시하고 있다.
② 운용은 은지의 주장에 반대하고 있다.
③ 은지는 두 번째 발언에서 자신의 주장에 대한 근거를 제시하고 있다.
④ 재윤은 은지가 제시한 주장의 근거를 부정하고 있다.

난이도 중 ★★★　　　　　　　　　　　　　　　　　　　　　　　TIME : 2분

03 토론자들의 말하기 방식에 대한 설명으로 적절한 것은?　　　　2019. 국가직 9급

> 사회자 : 학교 폭력 문제가 나날이 심각해지고 있습니다. 이와 관련해 오늘은 '학교 폭력을 방관한 학생에게도 책임을 물어야 한다'를 주제로 토론을 해 보도록 하겠습니다. 먼저 찬성 측 말씀해 주시죠.
>
> 찬성 측 : 친구가 학교 폭력에 의해 희생되고 있는데도 자신에게 피해가 올까 두려워 아무런 조치를 취하지 않는 학생들이 많다고 합니다. 이러한 행동으로 인해 학교 폭력은 점점 확산되고 있습니다. 학교 폭력을 행하는 것을 목격했음에도 어떤 조치도 취하지 않은 것은 폭력에 대해 묵시적으로 동의한 것과 같습니다. 폭력을 직접 행사하는 행위뿐 아니라, 불의에 저항하지 않는 정의롭지 못한 행위에 대해서도 합당한 책임을 물어야 할 것입니다.
>
> 사회자 : 다음으로 반대 측 의견 말씀해 주시죠.
>
> 반대 측 : 특정 학생에게 폭력을 직접 행사해서 피해를 준 사실이 명백할 때에만 책임을 물을 수 있을 것입니다. 또한 사건에 대한 개입과 방관은 개인의 자율적 의지에 달린 문제이므로 외부에서 규제할 성질의 문제가 아닙니다.
>
> 사회자 : 그럼 이번에는 반대 측부터 찬성 측에 대해 반론해 주시지요.
>
> 반대 측 : 과연 누구까지를 학교 폭력의 방관자라고 규정 지을 수 있을까요? 집에 가는 길에 우연히 폭력을 목격했을 경우, 자신의 친구로부터 폭력에 관련된 소문을 접했을 경우 등 방관자라고 규정하기에는 애매한 경우가 많습니다. 어떠한 행위를 처벌하려면 확고한 기준이 필요한데, 방관자의 범위부터 규정하기가 불명확하다고 볼 수 있습니다.
>
> 찬성 측 : 불의를 방관한 행위에 대해 사회가 책임을 묻지 않는다면 이후로도 사람들은 아무런 죄책감 없이 불의를 모른 체하고 방관할 것입니다. 결국 이는 사회 전체의 건전성과 도덕성을 떨어뜨릴 것이고, 정의에 근거한 시민의 고발정신까지 약화시킬 것입니다.

① 찬성 측은 친숙한 상황을 빗대어 자신의 견해를 펼치고 있다.
② 찬성 측은 자신의 경험을 제시하여 논지를 보충하고 있다.
③ 반대 측은 윤리적 방법으로 해결책을 제시하고 있다.
④ 반대 측은 논제에 의문을 제기하여 주장을 강화하고 있다.

중요 구절
1. 학교 폭력을 방관한 학생에게도 책임을 물어야 한다.

중요 선지
1. 찬성 측은 친숙한 상황을 빗대어 자신의 견해를 펼치고 있다.

대화구조도

세진쌤의 핵심 독해법

1.
2.
3.
4.
5.

중요 선지

1. 발표자는 주제에 대한 자신의 견해를 밝혀 청중에게 정보를 제공하고 있다.

3 토의

난이도 중 ★★★

⏱ TIME : 1분 30초

01 다음 토의에 대한 설명으로 적절하지 않은 것은?

2021. 국가직 9급

> 사회자 : 오늘의 토의 주제는 '통일 시대의 남북한 언어가 나아갈 길'입니다. 먼저 최○○ 교수님께서 '남북한 언어 차이와 의사소통'이라는 제목으로 발표해 주시겠습니다.
>
> 최 교수 : 남한과 북한의 말은 비슷하지만 다른 점이 있습니다. 남한과 북한의 어휘 차이가 대표적입니다. 남한과 북한의 어휘 차이를 분석한 결과, … (중략) … 앞으로도 남북한 언어 차이에 대한 연구가 지속되어야 합니다.
>
> 사회자 : 이로써 최 교수님의 발표를 마치겠습니다. 다음은 정○○ 박사님의 '남북한 언어의 동질성 회복 방안'에 대한 발표가 있겠습니다.
>
> 정 박사 : 앞으로 통일을 대비해 남북한 언어의 다른 점을 줄여 나가는 노력이 필요합니다. 실제로도 남한과 북한의 학자들로 구성된 '겨레말큰사전 편찬위원회'에서는 남북한 공통의 사전인 「겨레말큰사전」을 만들며 서로의 차이를 이해하고 받아들이기 위한 노력을 하고 있습니다. … (중략) …
>
> 사회자 : 그러면 질의응답이 있겠습니다. 시간상 간략하게 질문해 주시기 바랍니다.
>
> 청중 A : 두 분의 말씀 잘 들었습니다. 남북한 언어의 차이와 이를 극복하는 방안을 말씀하셨는데요. 그렇다면 통일 시대에 대비한 언어 정책에는 무엇이 있을까요?

① 학술적인 주제에 대해 발표 형식으로 진행되고 있다.
② 사회자는 발표자 간의 이견을 조정하여 의사결정을 유도하고 있다.
③ 발표자는 주제에 대한 자신의 견해를 밝혀 청중에게 정보를 제공하고 있다.
④ 청중 A는 발표자의 발표 내용을 확인하고 주제와 관련된 질문을 하고 있다.

✗ **대화구조도**

⚠ **세진쌤의 핵심 독해법**

1.
2.
3.
4.
5.

난이도) 중 ★★★　　　　　　　　　　　　　　TIME : 1분 30초

02　다음 대화에 대한 설명으로 적절하지 <u>않은</u> 것은?

2023. 지방직 7급

> **학생 대표**: 학교에 외부인이 아무 때나 드나들면, 소음이나 교통사고 등 예기치 못한 문제가 발생할 수 있습니다. 주민들의 학교 체육 시설 이용 시간을 오후 5시 이후로 제한했으면 합니다.
>
> **주민 대표**: 학생들의 수업권과 안전이 우선적으로 보장되어야 한다는 데 동의합니다. 그런데 많은 주민들이 아침에 운동하기를 선호하니 오전 9시 이전까지는 체육 시설 이용을 허용하면 어떨까요? 학생들의 수업 시간과 겹치지 않으면 수업권 보장과 안전에 큰 문제가 없으리라 봅니다.
>
> **학교장**: 알겠습니다. 주민들이 체육 시설 이용 시간을 잘 준수한다면 9시 이전에도 시설 이용을 허용하도록 하겠습니다. 이용 시간에 대해 주민들에게 잘 안내해 주시기를 부탁드립니다.
>
> **주민 대표**: 네. 주민 홍보 앱을 활용해서 널리 알리겠습니다. 하나 더 제안할 것이 있는데, 수업이 없는 방학 동안은 주민들이 체육 시설을 시간 제한 없이 이용할 수 있도록 해 주시면 좋겠습니다.

① 상대의 의견을 조건부로 수용하고 있다.
② 자신의 의견을 질문 형식으로 제안하고 있다.
③ 자신의 의견을 제안하기 전에 근거를 먼저 밝히고 있다.
④ 상대의 의견을 반박하여 새로운 제안의 근거를 확보하고 있다.

중요 선지

1. 상대의 의견을 반박하여 새로운 제안의 근거를 확보하고 있다.

대화구조도

세진쌤의 핵심 독해법

1.
2.
3.
4.
5.

PART
05

4 대화

난이도 중상 ★★★★ ⏱ TIME : 1분 30초

01 **다음 대화를 분석한 내용으로 가장 적절한 것은?**

2025. 국가직 9급 예비

> 갑 : 전염병이 창궐했을 때 마스크를 착용하는 것은 당연한 일인데, 그것을 거부하는 사람이 있다니 도대체 이해가 안 돼.
>
> 을 : 마스크 착용을 거부하는 사람들을 무조건 비난하지 말고 먼저 왜 그러는지 정확하게 이유를 파악하는 것이 필요해.
>
> 병 : 그 사람들은 개인의 자유가 가장 존중받아야 하는 기본권이라고 생각하기 때문일 거야.
>
> 갑 : 개인의 자유로운 선택이 타인의 생명을 위협한다면 기본권이라 하더라도 제한하는 것이 보편적 상식 아닐까?
>
> 병 : 맞아. 개인이 모여 공동체를 이루는데 나의 자유만을 고집하면 결국 사회는 극단적 이기주의에 빠져 붕괴하고 말 거야.
>
> 을 : 마스크를 쓰지 않는 행위를 윤리적 차원에서만 접근하지 말고, 문화적 차원에서도 고려할 필요가 있어. 어떤 사회에서는 얼굴을 가리는 것이 범죄자의 징표로 인식되기도 해.

① 화제에 대해 남들과 다른 측면에서 탐색하는 사람이 있다.
② 자신의 의견이 반박되자 질문을 던져 화제를 전환하는 사람이 있다.
③ 대화가 진행되면서 논점에 대한 찬반 입장이 바뀌는 사람이 있다.
④ 사례의 공통점을 종합하여 자신의 주장을 강화하는 사람이 있다.

중요 선지

1. 자신의 의견이 반박되자 질문을 던져 화제를 전환하는 사람이 있다.

⚠ 세진쌤의 핵심 독해법

1.
2.
3.
4.
5.

난이도 중상 ★★★　　　　　　　　　　　　　　　　　　　　⏱ TIME : 1분 30초

02 **다음 대화에 나타난 말하기 방식을 설명한 것으로 적절하지 <u>않은</u> 것은?** 2023. 국가직 9급

> 백 팀장 : 이번 워크숍 장면을 사내 게시판에 올리는 게 좋겠어요. 워크숍 내용을
> 공유하면 좋을 것 같아서요.
> 고 대리 : 전 반대합니다. 사내 게시판에 영상을 공개하는 것은 부담스러워요. 타
> 부서와 비교될 것 같기도 하고요.
> 임 대리 : 저도 팀장님 말씀대로 정보를 공유한다는 취지는 좋다고 생각해요. 다만
> 다른 팀원들의 동의도 구해야 할 것 같고, 여러 면에서 우려되긴 하네요.
> 팀원들 의견을 먼저 들어 보고, 잘된 것만 시범적으로 한두 개 올리는 것
> 이 어떨까요?

① 백 팀장은 팀원들에 대한 유대감을 드러내는 표현을 사용하며 자신의 바람을 전달하고 있다.

② 고 대리는 백 팀장의 제안에 반대하는 이유를 명시적으로 밝히며 백 팀장의 요청을 거절하고 있다.

③ 임 대리는 발언 초반에 백 팀장 발언의 취지에 공감하여 백 팀장의 체면을 세워 주고 있다.

④ 임 대리는 대화 참여자의 의견을 묻는 의문문을 사용하여 자신의 의견을 간접적으로 드러내고 있다.

중요 선지

1. 백 팀장은 팀원들에 대한 유대감을 드러내는 표현을 사용하며 자신의 바람을 전달하고 있다.

2. 임 대리는 대화 참여자의 의견을 묻는 의문문을 사용하여 자신의 의견을 간접적으로 드러내고 있다.

🖾 **대화구조도**

⚠ **세진쌤의 핵심 독해법**

1.
2.
3.
4.
5.

5 기타

난이도) 중 ★★★　　　　　　　　　　　　　　　　　⏱ TIME : 1분 30초

01 다음 글의 '동기화 단계 조직'에 따라 (가)~(마)를 배열한 것으로 가장 적절한 것은?

2022. 국가직 9급

설득하는 말하기의 메시지를 조직하는 방법으로 '동기화 단계 조직'이 있다. 이 방법의 세부 단계는 다음과 같다.
1단계: 주제에 대한 청자의 주의나 관심을 환기한다.
2단계: 특정 문제를 청자와 관련지어 설명함으로써 청자의 요구나 기대를 자극한다.
3단계: 해결 방안을 제시하여 청자의 이해와 만족을 유도한다.
4단계: 해결 방안이 청자에게 어떤 도움이 되는지 구체화한다.
5단계: 구체적인 행동의 내용과 방법을 제시하여 특정 행동을 요구한다.

(가) 지난주 제 친구는 일을 마친 후 자전거를 타고 집으로 돌아오다가 사고를 당해 머리를 다쳤습니다.
(나) 여러분이 자전거를 탈 때 헬멧을 착용하면 머리를 보호할 수 있습니다.
(다) 아마 여러분도 가끔 자전거를 타는 경우가 있을 것입니다. 그런데 매년 2천여 명이 자전거를 타다가 머리를 다쳐 고생한다고 합니다.
(라) 만약 자전거를 타는 모든 사람이 헬멧을 착용한다면 자전거 사고를 당해도 뇌 손상을 비롯한 신체 피해를 75% 줄일 수 있습니다. 또 자전거 타기가 주는 즐거움과 편리함을 안전하게 누릴 수 있습니다.
(마) 자전거를 탈 때는 안전을 위해서 반드시 헬멧을 착용하시기 바랍니다.

① (가) - (나) - (다) - (라) - (마)
② (가) - (다) - (나) - (라) - (마)
③ (가) - (다) - (라) - (나) - (마)
④ (가) - (라) - (다) - (나) - (마)

⌗ **대화구조도**

⚠ **세진쌤의 핵심 독해법**

1.
2.
3.
4.
5.

01 작문 이론

1 작문 순서

번호	단계	특징
①	계획하기	① 주제를 설정한다. ② 주제문을 작성한다. ③ 평서문이 적합하다. 의문문은 피한다. ④ 비유적인 표현을 쓸 때는 모호한 표현은 피한다.
②	내용 생성하기	① 재료를 수집한다. ② 재료를 선택한다. ③ 주제를 뒷받침한 것이어야 한다. ④ 객관적, 구체적, 확실한 것 위주로 선별한다. ⑤ 사실과 의견은 구별하여 쓴다. ⑥ 독자의 관심을 이끌 수 있어야 한다. ⑦ 통계 자료, 신문 기사 등 주제에 걸맞은 다양한 자료를 활용할 수 있다.
③	내용 조직하기	① 내용을 구성한다. ② 개요를 작성한다. ③ 구성의 종류는 다음과 같다. 　㉠ **자연적 구성**: 시간적 구성, 공간적 구성 　㉡ **논리적 구성**: 단계식 구성, 포괄식 구성, 열거식 구성, 점층식 구성, 인과식 구성
④	표현하기 – 집필	① 조직된 내용에 따라 글로 표현한 것을 말한다. ② 구상한 것을 구체화하여 글을 쓰면 된다. ③ 자신의 문체에 따라 수사법을 선별하여 주제에 걸맞게 쓰면 된다.
⑤	고쳐쓰기 – 퇴고	① 글쓰기의 마지막 과정이다. ② 문맥을 다듬고 글을 정리하는 것을 말한다. ③ 퇴고는 '첨가하거나, 삭제하거나, 구성을 바꾸거나' 할 수 있다.

2 개요 작성

1. 정의

간결하게 추려낸 주요 내용

2. 특징

① 주제와 목적에 맞게 글감을 배치하는 것이 개요이다.

② 글의 전체 내용과 흐름을 알 수 있도록 줄거리를 정리한 것이다.

3. 종류

번호	종류	특징
①	화제 개요	줄거리의 각 항목을 단어나 구로 간결하게 표현한 것이다.
②	문장 개요	줄거리의 각 항목을 문장 형식으로 표현한 것이다.

4. 개요 작성 방법

> 2017. 지방직 9급
>
> **주제**: 수출 경쟁력을 좌우하는 요인을 분석한 후 그에 맞는 방안을 마련해야 한다.
> **서론**: 최근의 수출 실적 부진 현상
> **본론**: 수출 경쟁력의 실태 분석
>   1. 가격 경쟁력 요인
>   ㄱ. 제조 원가 상승
>   ㄴ. 고금리
>   ㄷ. 환율 불안정
>   2. 비가격 경쟁력 요인
>   ㄱ. 기업의 연구 개발 소홀
>   ㄴ. 품질 개선 부족
>   ㄷ. 판매 후 서비스 부족
>   ㄹ. 납기의 지연
> **결론**: 분석 결과의 요약 및 수출 경쟁력 향상 방안 제시

번호	특징
①	제목과 주제를 작성한다.
②	'서론-본론-결론'의 방식으로 구성하며, 본론은 논의 사항에 따라 두 가지 이상 세분화할 수 있다.
③	대항목에 맞추어 종속된 논점은 다시 중항목, 소항목으로 세분화할 수 있다.
④	같은 계열은 일관성 있게 부호나 번호로 표시한다.
⑤	배열 순서는 논리적 질서를 지켜야 한다.
⑥	항목 간의 관계가 명확해야 한다.

3 집필

1. 제목 작성

(1) 글의 주제를 나타낼 수 있는 중심 내용이어야 한다.

(2) 독자들에게 깊은 인상을 주는 것이어야 한다.

(3) 평범하고 현학적인 것은 피해야 한다.

(4) 구체적이고 강한 이미지를 주어야 한다.

2. 서론 작성

(1) 주제 범위 안에서 독자의 관심을 끌 수 있는 글감을 쓴다.

(2) 권위자의 말 인용(격언, 명언 등), 필자의 경험, 예화 등의 자료가 효과적이다.

(3) 전체적으로 글의 주제가 무엇인지 암시할 수 있도록 제시해야 한다.

(4) 논점을 분명하기 위해서 대상의 뜻을 정의를 활용하여 밝히기도 한다.

(5) **서론의 구성 요소**: 화제 도입(주의 환기), 논제 제기(문제 제기) 등

3. 본론 작성

(1) 주제에 맞추어 필자의 생각이 드러날 수 있도록 논거를 일관되게 제시한다.

(2) 내용이 참신해야 하는 것은 당연하지만, 참신한 내용을 위해 주제에서 벗어나서는 안 된다.

(3) 개요에 의해 단락이 전개되어야 한다. 주제를 드러내기 위해 단락과 단락이 긴밀하게 연결되어야 한다.

(4) 논제와 관련된 문제를 파악하거나, 다양하게 원인을 분석하거나, 문제와 원인과 관련된 해결책을 찾거나, 견해가 다른 주장을 반박하거나 등, 주제를 위한 글쓰기를 진행하면 된다.

(5) **본론의 구성 요소**: 주제에 일관된 필자의 관점 제시, 문제와 해결 방안 제시 등

4. 결론 작성

(1) 서론과 본론에 작성된 내용을 요약하여, 주제를 명확하게 한다.

(2) 남은 과제에 대한 전망이나 제안 등을 제시한다.

(3) **결론의 구성 요소**: 본문 요약, 주장 강조, 전망 제시 등

4 퇴고(=수정하기)

1. 글쓰기의 마지막 과정이다.

2. 글의 전반적인 내용이 문제가 있는지 확인하는 과정이다.

3. 통일성, 완결성, 일관성에서 벗어나지 않은지를 확인해야 한다.

4. 퇴고와 관련된 문제 유형을 익혀 둔다.

번호	종류	특징
①	문장 성분 누락	① 주어 누락(서술어에 어울리는지 확인) ② 목적어 누락(서술어가 필요로 하는지 확인) ③ 서술어 누락(목적어나 주어에 어울리는지 확인) ④ 보어 누락('되다/아니다' 앞을 확인) ⑤ 관형어 다음 체언 누락(관형어 다음에 체언 확인)
②	문장 성분 호응	① 주어-서술어 호응(~란 ~것이다) ② 목적어-서술어(A를 하고, B를 하다) ③ 부사어-서술어(모름지기 ~ 해야 하는 것이다)
③	이중 피동	① -이/히/리/기- + -어지다 ② -되다 + -어지다
④	불필요한 사동 표현	① 소개시키다 → 소대하다 ② 교육시키다 → 교육하다
⑤	높임 표현	① 높일 필요가 없는 곳에 높임. 예 품절이십니다. ② 높여야 할 곳에 높이지 않음. 예 선생님이 집에 가셨다.(이 → 께서, 집 → 댁)
⑥	조사	① 에게(동물, 사람) vs. 에(식물, 정부) ② 로서(자격) vs. 로써(방법)
⑦	어미	① 시제의 적절성 ② 관형사형 전성 어미 예 알맞은, 걸맞은
⑧	어휘	① 상황에 맞지 않는 어휘 표현 등 ② 상황에 맞지 않는 한자 성어, 속담 활용 문제
⑨	띄어쓰기	띄어쓰기가 잘못된 곳
⑩	맥락형	① 문장의 위치 적절성 문제 ② 접속어 적절성 문제

02 수정하기

1 문장 고치기

1. 문장 성분 누락

번호	종류	특징	예
①	부사어 누락	'서술어'를 중심으로 '부사어'를 확인해야 한다.	어머니는 동그랗고 하얀 내 얼굴이 닮았다고 한다.(→ 내 얼굴이 아빠와 닮았다.) → '닮다'는 '~와'와 같은 부사어를 필요로 한다.
②	목적어 누락	'서술어'를 중심으로 '목적어'를 확인해야 한다.	그는 하루도 쉬지 않고, 열심히 하였다.(→ 공부를 하였다.) → '하다'는 '~를'과 같은 목적어를 필요로 한다.
③	보어 누락	'되다/아니다'를 중심으로 '보어'를 확인해야 한다.	그녀는 내년에 되기 위해서 매일 연습하였다.(→ 가수가 되기) → '되다'는 '~이/가'와 같은 보어를 필요로 한다.
④	관형어 + 체언	보통 '관형어'를 누락하기보다 '체언'을 누락하는 경우가 많다.	가능한 열심히 하겠습니다.(→ 가능한 한) → 관형어가 보일 때는 '체언'이 누락된 것이 아닌지 확인해야 한다.

연습문제

1 그는 어려운 공부한다고 매일 도서관에 가요.　(○, ×)
2 나는 이 일의 적임자를 찾는 것보다 내가 직접 되기로 결심했다.　(○, ×)
3 겁이 많았던 나는 혼자 해외로 여행을 가는 것이 못내 무서워 동행하였다.　(○, ×)
4 우리와 함께 살아가는 동물은 사람을 경계하기도 하지만 때때로 의지하기도 한다.　(○, ×)

>>1. ×(어려운 공부를 한다고),
2. ×(내가 직접 적임자가 되기로),
3. ×(친구와 동행하였다),
4. ×, (사람에게 의지하기도 한다)

PART **05**

2. 문장 성분 호응

번호	종류	특징	예
①	주술 호응	문장을 볼 때 '주어'와 '서술어'가 서로 어울리는지를 확인해야 한다.	여기에서 가장 중요한 것은 나는 너를 사랑한다.(→ 사랑한다는 점이다.) → 'A란 ~이다.', 'A라는 것은 ~라는 점이다.' 등으로 고친다.
②	목술 호응	'와/과'의 유형과 같이 문장 구성이 분명하지 않으면, '목적어'와 '서술어'를 구체적으로 확인해야 한다.	오늘은 뉴스와 신문을 읽기로 했다.(→ 뉴스를 시청하고, 신문을 읽기로 했다.) → '뉴스와 신문'처럼 '와/과'가 있으면 서술어와 함께 읽어본다.
③	부술 호응	문장에서 '부사어'를 중심으로 '서술어'가 어색할 때가 있다.	사람은 모름지기 정직한다.(→ 정직해야 한다.) → '모름지기'는 당위적인 표현과 잘 어울리므로 '~어야 한다'와 같은 표현으로 고쳐야 한다.

연습문제

1 절대로 이것은 사실이 아닙니다.　(○, ×)
2 그다지 돈은 중요하지 않습니다.　(○, ×)
3 내가 강조하고 싶은 점은 우리가 고유 언어를 가졌다.　(○, ×)
4 차라리 굶어 죽을지언정 네 앞에 무릎을 꿇지 않겠다.　(○, ×)
5 내 생각은 집을 사서 이사하는 것이 좋겠다고 결정했다.　(○, ×)
6 왜냐하면 한국이 빠른 속도로 경제적 발전을 이루었다는 것이다.　(○, ×)
7 우리는 균형 있는 식단 마련과 쾌적한 실내 분위기를 조성하는 노력을 꾸준히 해 왔다.　(○, ×)

>>1. ○, 2. ○, 3. ×(언어를 가졌다는 점이다), 4. ○, 5. ×(나는 집을 사서 이사하는 것이 좋겠다고 생각했다.), 6. ×(이루었기 때문이다), 7. ×(균형 있는 식단을 마련하고)

1. 결코 ~ 않다.	2. 여간 ~ 않다.
3. 별로 ~ 없다(않다)	4. 일절 ~ 않다/못하다.
5. 차마 ~ 않다.	6. 도무지 ~ 않다.
7. 그다지 ~ 않다.	8. 좀처럼/좀체 ~ 않다.
9. ~치고 ~ 것 없다.	10. 비단 ~가 아니다.
11. 부디 ~ 해라.	12. 반드시 ~ 해야 한다.
13. 모름지기 ~ 해야 한다.	14. 영락없이 ~ 가야 한다.
15. 왜냐하면 ~ 때문이다.	16. 마치 ~ 같다.
17. 아마도 ~ㄹ 것이다.	18. 비록 ~ 일지라도
19. 설령 ~라도	20. 만약 ~라면
21. 아무리 ~해도	22. 혹시 ~거든
23. 오죽이나 ~랴	24. 하물며 ~랴(~ㄴ가)

3. 이중 피동

(1) 피동문을 배울 때 삼가야 할 표현으로 배운 내용이다.

(2) 피동사에 피동 표현이 결합한 구조이다.

번호	종류	예
①	-이/히/리/기-(피동사) + -어지다(피동 표현)	풀이 밟혀져 있었다. → 밟혀
②	-되다(피동사) + -어지다(피동 표현)	그곳에 건물이 건설되어졌다. → 건설되었다.

(3) 다음의 단어는 주의해야 한다.

번호	종류	예
①	-이/히/리/기/우/구/추-(사동사) + -어지다(피동 표현) → 이중 피동이 아님.	돈이 숨겨지지 않았다. → (돈을) 숨기다 ※ 숨기다: 「1」【…을 …에】【…을 …으로】 감추어 보이지 않게 하다. '숨다'의 사동사.
②	본래의 단어에 '-이/히/리/기'가 있는 단어 → 이중 피동이 아님. 예 갈리다, 버리다 등	통에 쓰레기가 버려졌다. → (쓰레기를) 버리다 ※ 버리다: 【…을 …에】 가지거나 지니고 있을 필요가 없는 물건을 내던지거나 쏟거나 하다.

4. 불필요한 사동 표현

(1) 불필요하게 사동 표현을 써서, 능동적으로 써도 되는 문장을 애매하게 만들 때가 있다.

(2) 주로 '-시키다'라는 표현을 쓰므로, '하다'로 고쳐 문장이 자연스러운지 확인해야 한다.

연습문제

1 그 사실이 밝혀졌다. (○, ×)
2 그는 천재로 불려졌다. (○, ×)
3 이 문이 잘 닫히지지 않는다. (○, ×)
4 비상문이 열려져 있어 신속하게 대피할 수 있었다. (○, ×)

>> 1. ○(밝혀졌다), 2. ×(불렸다),
3. ×(닫히지), 4. ×(열려)

연습문제

1 그는 김 교수에게 박 군을 소개시켰다. (○, ×)
>> ×(소개했다)

5. 높임 표현

(1) 간접 높임법

높임의 필요가 없는 대상에게 과도하게 쓸 필요가 없다.

- 예 주문하신 커피가 <u>나오셨습니다</u>.(→ 나왔습니다.)
- 예 문의하신 상품은 <u>품절이십니다</u>.(→ 품절입니다.)
- 예 문의하신 사이즈가 <u>없으십니다</u>.(→ 없습니다.)
- 예 <u>포장이세요</u>?(→ 포장해 드릴까요?)
- 예 따님이 <u>여섯 살이시라고요</u>.(여섯 살이라고요.)

(2) 압존법

가족 간에는 지키지만, 회사에서는 지키지 않는다.

- 예 할아버지, <u>아버지께서</u> 잠시 <u>외출하셨습니다</u>.
  (→ 할아버지, <u>아버지가</u> 잠시 <u>외출하였습니다</u>.)
- 예 부장님, <u>강 과장은</u> 거래처에 <u>갔습니다</u>.
  (→ 부장님, <u>강 과장님은</u> 거래처에 <u>가셨습니다</u>.)

(3) 직함

① 자신의 직함을 밝힐 때는 이름 '앞'에 넣는다.

② 만약 이름 '뒤'에 넣으면 높임의 의미가 된다.

- 예 저는 ○○사에 근무하는 <u>강세진 과장입니다</u>.(→ <u>과장 강세진입니다</u>.)
- 예 이분은 저희 ○○사 <u>과장 강세진입니다</u>.(→ <u>강세진 과장입니다</u>.)

(4) 이름

번호	구분	표현	예
①	자신의 성을 말할 때	① ○가 ② ○○(본관) ○가	선생님, 저는 <u>진주 강가</u>입니다.
②	남의 성을 말할 때	① ○씨 ② ○○(본관) ○씨	이분은 <u>진주 강씨</u>입니다.
③	부모님의 성함을 말할 때	성에 '자'를 붙이지 않도록 주의한다.	저희 어머니는 <u>강 세 자 진 자</u>를 쓰십니다.

(5) 조사

존칭을 나타낼 때는 '께서, 께'를 쓰지만, 구어체일 때는 '이/가, 한테' 등을 써도 괜찮다.

- 예 <u>선생님께서</u> 오셨습니다.(○), <u>선생님이</u> 오셨습니다.(○)

(6) 어미

용언을 너무 많이 쓸 때는 대체로 마지막 용언에 주체 높임 선어말 어미인 '-(으)시-'를 쓴다.

- 예 아버지께서 회사에서 <u>택배를 가지시고 가시겠다고 하셨습니다</u>.
  (→ 택배를 <u>가지고 가겠다고 하셨습니다</u>.)

1 할머니는 지금 아프셔. (○, ×)
2 그분께 물어 보았습니다.(○, ×)
3 철수야, 선생님이 오시래.
　　　　　　　　　　　　(○, ×)
4 제 성은 (김해) 김씨입니다.
　　　　　　　　　　　　(○, ×)
5 할머니께서는 이빨이 좋으시다.
　　　　　　　　　　　　(○, ×)
6 문의하신 상품은 품절이십니다.
　　　　　　　　　　　　(○, ×)
7 교장 선생님의 훈화가 계시겠습니다. (○, ×)
8 김 선생님, 지금 집으로 돌아가십니까? (○, ×)
9 할아버지, 아버지께서 방금 오셨습니다. (○, ×)
10 회장님은 지금 병으로 입원하시고 계십니다. (○, ×)
>> 1. ×(편찮으셔), 2. ×(여쭈어),
　　3. ×(오라셔), 4. ×(김가),
　5. ×(치아가), 6. ×(품절입니다).
7. ×(있으시겠습니다), 8. ×(댁으로),
　　　　9. ×(아버지가, 왔습니다),
　　　　　　10. ×(병환, 입원하고)

(7) 어휘

① 어른에게는 '수고하다, 야단맞다, 평안하다, 당부하다' 등을 사용하지 않는다.
　예 선생님, <u>수고하셨습니다</u>.(→ <u>고맙습니다</u>.)
　예 어머니에게 <u>야단</u>을 맞았습니다.(→ <u>꾸중(꾸지람, 걱정)</u>을 들었습니다.)
　예 선생님, 그동안 <u>평안히 계셨습니까</u>?(→ 그동안 <u>안녕하셨습니까</u>?)
　예 제가 선생님께 <u>당부드렸습니다</u>.(→ <u>부탁드렸습니다</u>.)

② 윗사람이나 남에게 나와 관계된 부분을 낮추어 '저희'라는 표현을 사용한다. '나라'는 낮출 수 없으므로 '우리'라는 표현을 사용한다.
　예 <u>저희</u> 회사, <u>저희</u> 가게, <u>저희</u> 학교 등(→ <u>우리</u>나라, <u>우리</u>말, <u>우리</u>글, <u>우리</u> 겨레)

③ 우리말보다 한자어가 높임의 의미가 더 강하게 인식된다. 따라서 필요할 때는 적절한 한자어로 바꾸어 사용한다.
　예 아버지의 <u>이름</u>을 알려 주세요.(→ 존함(尊銜))
　예 아버지의 <u>이</u>가 좋지 않으시다.(→ 치아(齒牙))
　예 아버지의 <u>나이</u>는 어떻게 되시는가?(→ 연세(年歲), 춘추(春秋))
　예 회장님께서 지금 <u>병</u>으로 입원하셨습니다.(→ 병환(病患))

④ '밥'의 높임말인 '진지'는 가정에서 쓴다. 사회에서는 윗사람에게 '밥'과 관련된 이야기를 할 때에는 '아침/점심/저녁 잡수셨습니까?(드셨습니까)'로 쓴다. 동년배는 '식사하셨습니까?'로 써도 된다.
　예 과장님, <u>진지</u> 드셨습니까?(→ 아침/점심/저녁)

(8) 상황 판단

① 화자와 청자, 대상의 위치를 고려해야 한다.
　예 너, <u>선생님</u>이 빨리 <u>오시래</u>.(→ <u>선생님께서</u> 빨리 <u>오라셔</u>.)
　예 <u>하시라면</u> 해야죠.(→ <u>하라시면</u> 해야죠.)
　예 저에게 <u>여쭈어보세요</u>.(→ <u>물어보세요</u>.)
　예 선생님의 <u>말</u>을 먼저 듣겠습니다.(→ <u>말씀</u>)
　예 선생님, 제 <u>말</u>을 들어 주세요.(→ <u>말씀</u>)

② 상황과 더불어 어휘와 표현을 선별해야 한다.
　예 처음 뵙겠습니다. 강 사장님의 <u>안사람</u> 되시죠?(→ <u>부인(夫人)</u>)
　　※ 부인(夫人) : 남의 아내를 높여 이르는 말. ≒현합.
　예 제 <u>부인</u>을 소개하겠습니다.(→ 제 <u>아내/안사람/집사람/처/윤슬 엄마</u>)
　예 이쪽으로 잠시 <u>누우실게요</u>.(→ <u>누워 주시기 바랍니다</u>.)

6. 조사

어울리지 않는 '조사'를 사용하여 문장을 쓴 경우이다.
예 꽃<u>에게</u> 물을 <u>주었다</u>.(→ 꽃<u>에</u> 물을 주었다.)
　→ '에게'는 유정명사, '에'는 무정명사에 쓰인다. 따라서 '꽃'은 무정명사이기 때문에 '에게'가 아니라 '에'를 써야 적절하다.

세진쌤의 핵심TIP

일부 조사만을 허용하는 단어들

1. 미연에
2. 덕분에, 덕분이다, 덕분으로
3. 통에
4. 극비리에
5. 바람에
6. 불굴의
7. 미증유의
8. 가관이다
9. 불가분의

연습문제

1 나는 오늘 아침 나무에게 물을 주었다.　　　　(○, ×)
2 친구가 "난 학교에 안 가겠다."고 말했다.　　　　(○, ×)
　　>> 1. ×(나무에), 2. ×(라고)

7. 어미

(1) 선어말 어미의 쓰임이나 어말 어미의 쓰임이 적절치 않을 때이다.

(2) 시제 표현이나, 높임 표현, 그리고 부사어와의 적절성과 관련하여 많이 묻는다.

　예 그는 어제 민수를 찾으러 바다에 간다.(→ 갔다(과거 시제))

　예 바야흐로 공부를 하였다.(→ 공부를 하려고 한다.)

세진쌤의 핵심TIP

헷갈리는 어미들 모음

1. -(으)ㄹ세라, -(으)ㄹ수록, -(으)ㄹ지라도, -(으)ㄹ지언정, -(으)ㄹ는지, -(으)ㄹ밖에, -느니만큼, -(으)니만큼
2. -(으)ㄹ 것을 vs. -(으)ㄹ걸(어미)
3. -(으)ㄹ 것이 vs. -(으)ㄹ게(어미)
4. 지(시간, 의존 명사) vs. -(으)ㄹ지, -(으)ㄴ지(어미)
5. 데(장소, 일, 경우) vs. -(으)ㄴ데(어미)
6. 바(의존 명사) vs. -(으)ㄴ바(어미)
7. 알맞은, 걸맞은, 자랑스러운, 고운 등

8. 어휘

(1) 사전에 등재되지 않은 단어

번호	×	○
①	삼가하다	(~을) 삼가다
②	꺼려하다	(~을) 꺼리다
③	개이다	(~이) 개다
④	배이다	(~에 주어) 배다
⑤	패이다	(~에) 패다(=파이다)
⑥	설레이다	(~이) 설레다
⑦	헤매이다	(~을) or (~에) 헤매다
⑧	되뇌이다	(~을) 되뇌다
⑨	날라가다	(~에, ~으로) 날아가다
⑩	으례	으레
⑪	저물녁	저물녘

⑫	접질러서	접질려서(접질리다)
⑬	덮히다	덮이다
⑭	(골기퍼를) 제끼고	(골기퍼를) 제치고

(2) 구조로 확인해야 단어

번호	○	○
①	(~을) 닫(치)다	(~이) 닫히다
②	(~을) 베다	(~에) (~이) 베이다
③	(~에 ~을) 부딪(치)다	(~에) 부딪히다
④	(~을) 피우다	(~이) 피다
⑤	(~을) 새우다	(~이) 새다

(3) 의미로 확인해야 단어 ①

번호	○	○
①	수거 예 쓰레기를 분리해서 <u>수거</u>해 주세요.(거두어 가는 입장은 '수거')	배출 예 쓰레기를 분리해서 <u>배출</u>해 주세요.(가정에서는 '배출')
②	터울 예 형과 나는 두 살 <u>터울</u>이다.(한 어머니로부터 먼저 태어난 아이와 그다음에 태어난 아이와의 나이 차이.)	차이 예 윤슬이와 세진이는 두 살 <u>차이</u>이다.(서로 같지 아니하고 다름. 또는 그런 정도나 상태.)
③	수납 예 경기 침체로 조세 <u>수납</u>에 차질을 빚고 있다.(거두어 가는 입장에서는 '수납', 돈이나 물품 따위를 받아 거두어들임.)	납부 예 {등록금/세금/공과금}을 <u>납부</u>하였다.(관계 기관에 내는 입장에는 '납부', 세금이나 공과금 따위를 관계 기관에 냄.)
④	홀몸 예 <u>홀시아버지</u>를 모셨다.(배우자나 형제가 없는 사람.)	홑몸 예 (임신중) <u>홑몸</u>도 아닌데.(「1」 딸린 사람이 없는 혼자의 몸. 「2」 아이를 배지 아니한 몸.)
⑤	그저 예 <u>그저</u> 웃기만 했다.(「2」 다른 일은 하지 않고 그냥.)	거저 예 <u>거저</u> 가지려 했다.(「1」 아무런 노력이나 대가 없이.)
⑥	일체 예 재산 <u>일체</u>를 고아원에 기부하였다. 근심을 <u>일체</u> 털어버리자.('모든 것'을 의미.(긍정적 문장))	일절 예 담배를 일절 금하다. 외상 일절 사절.('아주, 전혀, 절대로'의 의미.(부정적 문장))

(4) 의미로 확인해야 단어 ②

번호	○	○
①	박이다 예 굳은살이 <u>박였다</u>.(버릇, 생각, 태도, 손바닥/발바닥의 굳은살)	박히다 예 못이 벽에 <u>박혔다</u>.(두들겨 치이거나 틀려서 꽂히다. '박다'의 피동사.)
②	썩이다 예 부모님의 속을 <u>썩였다</u>.(걱정, 근심, 몹시 괴로운 상태. '썩다'의 사동사.)	썩히다 예 음식을 <u>썩혀</u> 거름을 만들다.(나쁜 냄새가 나고 형체가 뭉개지는 상태, 물건/사람/사람의 재능이 제대로 쓰이지 못함. '썩다'의 사동사.)
③	삭이다 예 분노를 <u>삭였다</u>.(먹은 음식물을 소화, 긴장/화를 풀어 가라앉힘, 기침/가래 잠잠하게 하기. '삭다'의 사동사.)	삭히다 예 밥을 <u>삭혀</u> 끓인 감주.(김치/젓갈 따위의 음식물을 발효. '삭다'의 사동사.)
④	여위다 예 홀쭉하게 <u>여위고</u> 두 눈만 퀭하였다.(몸의 살이 빠져 파리하게 되다.)	여의다 예 그는 일찍이 부모를 <u>여의고</u> (죽음을 의미)
⑤	거치다 예 수원을 <u>거쳐</u> 서울로 갔다.(오가는 도중에 어디를 지나거나 들르다.)	걸치다 예 달이 고개에 <u>걸쳐</u> 있다.(지는 해나 달이 산이나 고개 따위에 얹히다.)
⑥	젖히다 예 머리를 <u>젖히다</u>.(뒤로 기울게 하다. '젖다'의 사동사.)	제치다 예 골키퍼를 <u>제치고</u>(거치적거리지 않게 처리하다, 범위에서 빼다, 경쟁 상대보다 우위에 서다, 일을 미루다.)

(5) 의미로 확인해야 단어 ③

번호	○	○
①	쳐다보다 예 하늘을 <u>쳐다보았다</u>.(위를 향하여 올려 보다. 얼굴을 들어 바로 보다.)	바라보다 예 땅바닥을 <u>바라보았다</u>.(어떤 대상을 바로 향하여 보았다.)
②	들이키다 예 사람이 다닐 수 있도록 발을 <u>들이키</u>니.(안쪽으로 가까이 옮기다.)	들이켜다 예 물을 벌컥벌컥 <u>들이켜니</u>(물이나 술 따위의 액체를 단숨에 마구 마시다.)
③	막연하다 예 앞으로 살아갈 길이 <u>막연(漠然)하다</u>.(갈피를 잡을 수 없이 아득하다.)	막역하다 예 이 친구와 나는 아주 <u>막역(莫逆)하다</u>.(허물없이 아주 친하다.)
④	가르치다 예 공부를 <u>가르쳐</u> 주셨다.(지식이나 기능, 이치 따위를 깨닫게 하거나 익히게 하다.)	가리키다 예 저쪽을 <u>가키켰다</u>.(어떤 방향이나 대상을 집어서 보이거나 말하거나 알리다.)

연습문제

1 내년에는 수출량을 더 늘려야 한다.　　　(○, ×)
2 우리 모두의 바램은 가족의 건강이야.　　　(○, ×)
3 오빠는 생김새가 나하고는 많이 틀려.　　　(○, ×)
4 우리 업소에서는 미성년자 고용을 일절 하지 않습니다. (○, ×)
5 공과금을 기한 내에 지정 금융 기관에 납부하지 않으면 연체료를 내야 한다.　　　(○, ×)
　　>>1. ○, 2. ×(바램(바라다)), 3. ×(달라), 4. ○, 5. ○

2 중의적 표현

1. 종류 ①

구분	어휘적 중의성	은유적 중의성	구조적 중의성
이유	동음이의어나 다의어를 사용할 때 생긴다.	은유적 표현을 사용해서 생긴다.	한 문장이 지닌 구조적인 문제로 인해 생긴다.
예	나는 배를 보았다.(복부/열매/선박)	세진이는 고양이이다.(성격/역할)	나는 아름다운 윤슬이의 친구를 만났다.
제거 방법	필요한 정보를 첨가하여 구체적으로 대상을 드러낸다.	① 은유적 표현을 애초에 쓰지 않는다. ② 필요한 정보를 첨가하여 구체적으로 대상을 드러낸다.	① 문장 성분을 조절한다. ② 쉼표를 활용한다. ③ 필요한 정보를 첨가하여 대상을 드러낸다. ④ 보조사를 사용한다.

2. 종류 ②

(1) 서술어의 주체

> 예 선생님이 보고 싶은 학생이 많다.
> → 선생님을 보고 싶어 하는 학생들이 많다.(조사를 정확하게 쓰기)
> → 선생님은 여러 학생들을 보고 싶어 한다.(문장 구성 바꾸기)

(2) 비교 대상

> 예 그는 나보다 영화를 더 좋아한다.
> → 그는 나와 있는 것보다 영화를 보는 것을 더 좋아한다.(구체적으로 쓰기)
> → 나보다 그가 영화를 더 좋아한다.(자리 옮기기)

(3) 수식 대상

> 예 나는 아름다운 친구의 동생을 만났다.
> → 나는 아름다운, 친구의 동생을 만났다.(쉼표 활용, 친구의 동생이 아름답다.)
> → 나는 아름다운 친구의, 동생을 만났다.(쉼표 활용, 친구가 아름답다.)
> → 나는 친구의 아름다운 동생을 만났다.(자리 옮기기)

(4) 범주 부정

> 예 학생들이 다 오지 않았다.
> → 학생들이 다는 오지 않았다.(조사 쓰기, 일부가 오지 않았다.)
> → 학생들이 다, 오지 않았다.(쉼표 활용, 100% 모두 오지 않았다.)

(5) 사동사

> 예 엄마가 아이에게 밥을 먹였다.
> → 엄마가 아이에게 밥을 먹게 했다.('-게 하다' 활용, 간접 사동만 가능)

(6) 진행형, 완료형

> 예 그는 넥타이를 매고 있다.
> → 그는 넥타이를 매는 중이다.(구체적으로 쓰기, 진행 표현)
> → 그는 넥타이를 맨 상태이다.(구체적으로 쓰기, 완료 표현)

연습문제

1 정수가 흰 바지를 입고 있다.
　(○, ×)
2 미희가 보고 싶은 친구들이 많다.
　(○, ×)
3 그는 마음씨 좋은 할머니의 손자이다.　(○, ×)
4 아버지께 꼭 차를 사드리고 싶습니다.　(○, ×)
5 아내들은 남편들보다 아이들을 더 사랑한다.　(○, ×)

≫ 1. '입고 있다'에서 진행형인지, 완료형인지 알 수 없다. 2. '보고 싶은' 주체가 '미희'인지, '친구들'인지 알 수 없다. 3. '할머니'가 마음씨가 좋으신 것인지, 손자가 마음씨 좋은 것인지 알 수 없다. 4. '차'가 tea인지 car인지 알 수 없다. 5. '아내들 vs. 남편들'인지, '남편들 vs. 아이들'인지 알 수 없다.

(7) 동음이의어

예 배가 있다.

→ 나는 내 <u>배</u>를 보며 다이어트를 해야겠다고 생각했다.(구체적으로 쓰기)

→ 나는 나무에 열려 있는 <u>배</u>를 보았다.(구체적으로 쓰기)

→ 나는 바다 위에 떠 있는 <u>배</u>를 보았다.(구체적으로 쓰기)

(8) 개수

예 할머니께서 나에게 <u>감과 배 두 개</u>를 주셨다.

→ 할머니께서 나에게 <u>감과 배를 각각 두 개씩</u> 주셨다.(총 4개)

→ 할머니께서 나에게 <u>감 한 개와 배 한 개, 총 두 개</u>를 주셨다.(총 2개)

→ 할머니께서 나에게 <u>감 한 개와 배 두 개</u>를 주셨다.(총 3개)

(9) 접속 조사 vs. 부사격 조사

예 그는 <u>민지와</u> 미희를 만났다.

→ 그는 <u>민지와,</u> 미희를 만났다.(쉼표 활용, 민지와 함께 만났다는 의미)

→ <u>그는,</u> 민지와 미희를 만났다.(쉼표 활용, 홀로 민지와 미희를 만났다는 의미)

(10) 관형격 조사

예 여기에 <u>아버지의 그림</u>이 있다.

→ 아버지께서 사신 <u>그림</u>이 있다.(구체적으로 쓰기)

→ 아버지께서 그리신 <u>그림</u>이 있다.(구체적으로 쓰기)

→ 아버지를 그린 <u>그림</u>이 있다.(구체적으로 쓰기)

(11) 부사

예 <u>끝까지</u> 이곳에 <u>남아</u> 권리를 <u>지키겠습니다.</u>

→ 끝까지 이곳에 <u>남아,</u> 권리를 지키겠습니다.(쉼표 활용)

→ 이곳에 남아 권리를 <u>끝까지</u> 지키겠습니다.(자리 옮기기)

(12) 지시 대상

예 그는 <u>값비싼 보석</u>을 가지고 왔지만, <u>그것</u>을 숨기었다.

→ <u>보석</u>을 숨기었다.(구체적으로 쓰기)

→ <u>보석을 가져온 사실</u>을 숨기었다.(구체적으로 쓰기)

(13) 의존 명사 '것'

예 그가 <u>걸음을 걷는 것</u>이 이상하다.

→ <u>그의 걸음걸이</u>가 이상하다.(구체적으로 쓰기)

→ 그가 <u>걷는 행동을 하는 것</u>이 이상하다.(구체적으로 쓰기)

(14) 관용구

예 나는 <u>무릎을 꿇었다.</u>

→ 나는 적군 앞에서 <u>무릎을 꿇었다.</u>(구체적으로 쓰기)

→ <u>무릎을 꿇은 채</u> 혼났다.(구체적으로 쓰기)

1 한결같이 어려운 이웃을 돕는 사람들이 많다.　　　　(○, ×)
2 그는 자기가 맡은 과제를 다 처리하지 못했다.　　　　(○, ×)
3 김 선생님이 간호사와 입원 환자를 둘러보았다.　　　　(○, ×)
4 나는 국어 선생님과 교장 선생님을 찾아뵈었다.　　　　(○, ×)
5 영희는 어제 빨간 모자를 쓰고 학교에 가지 않았다.　　　　(○, ×)

>> **1.** '한결같이'가 어려운을 수식하는지, 돕는을 수식하는지 알 수 없다. **2.** '다'의 의미가 전부인지, 일부인지 알 수 없다. **3.** '간호사와' 함께 '입원 환자'를 둘러본 것인지, '김 선생님'이 '간호사와, 입원 환자' 각각을 둘러본 것인지 알 수 없다. **4.** '국어선생님'과 함께 '교장 선생님'을 찾아뵌 것인지, '국어 선생님'과 '교장 선생님' 각각을 둘러본 것인지 알 수 없다. **5.** '어제' 학교에 안 간 것인지, '빨간 모자'가 아니라 '다른 모자'를 쓰고 간 것인지, '빨간 모자를 썼으나, 다른 곳으로 간 것'인지 알 수 없다.

3. 의미 중복

(1) 서술어 위주

① 축구(蹴球)를 <u>찼다</u>.(→ 축구를 했다.)
② 접수(接受)를 <u>받았다</u>.(→ 서류를 받았다.)
③ 참고 <u>인내(忍耐)</u>하면서(→ 참고 견디면서, 인내하면서)
④ 원고(原稿)를 <u>투고(投稿)</u>하다.(→ 원고를 보내다.)
⑤ <u>삭제(削除)</u>하여 빼도록 한다.(→ 삭제하도록, 빼도록)
⑥ 돌이켜 <u>회고(回顧)</u>해 보건대(→ 돌이켜 보건대, 회고해 보건대)
⑦ <u>회의(懷疑)</u>하고 의문(疑問)을 품은(→ 의문을 품은, 회의한)

(2) 체언 위주

① 역전(驛前) <u>앞</u>(→ 역 앞에는, 역전에는)
② 기간(其間) <u>동안</u>(→ 기간, 동안)
③ 서해(西海) <u>바다</u>(→ 서쪽 바다)
④ 그때 <u>당시(當時)</u>(→ 그때에는, 당시에는)
⑤ 그 여자 <u>자매(姉妹)</u>는(→ 그 자매는)
⑥ <u>현안(懸案)</u> 문제(問題)가(→ 현안이, 문제가)
⑦ 터지는 <u>폭음(爆音)</u> 소리에(→ 터지는 소리에, 폭음에)
⑧ <u>과반수(過半數)</u> 이상(以上)의(→ 과반수의, 반수 이상의)
⑨ 머릿속에는 <u>뇌리(腦裏)</u>를 스치는 기억 하나(→ 머릿속을 스치는~, 뇌리를 스치는~)

(3) 부사어 위주

① 미리 <u>예습(豫習)</u>(→ 예습)
② 완전히 <u>근절(根絶)</u>하다.(→ 근절하다)
③ <u>허다(許多)</u>히 많습니다.(→ 매우 많습니다, 허다합니다)
④ 미리 자료를 <u>예비(豫備)</u>한 분은(→ 미리 자료를 준비한, 자료를 예비한)
⑤ 아무 생각 없이 <u>무심(無心)</u>히(→ 아무 생각 없이)

(4) 관형어 위주

① 남은 <u>여생(餘生)</u>(→ 남은 생)
② 조용한 <u>정숙(靜肅)</u>(→ 조용하고 엄숙한 분위기를, 정숙을)
③ 근거 없는 <u>낭설(浪說)</u>(→ 근거 없는 소문)
④ 지나가는 <u>과객(過客)</u>이다.(→ 지나가는 사람이다, 과객이다.)
⑤ <u>형극(荊棘)</u>의 가시밭길을(→ 형극의 길을)
⑥ 어려운 <u>난관(難關)</u>을 뚫고(→ 난관을 뚫고)
⑦ 필요(必要)한 <u>필수품(必需品)</u>(→ 필수품)
⑧ 어쩔 수 없는 <u>불가피(不可避)</u>한 일이다.(→ 어쩔 수 없는, 불가피한)
⑨ 이미 가지고 있던 <u>기존(旣存)</u>의 생각이 있다,(→ 이미 하던 생각, 기존의 생각)

(5) 기타

① <u>매주(每週)</u> <u>일요일마다</u>(→ 매주 일요일에, 일요일마다)

② <u>둘로</u> <u>양분(兩分)</u>할 수 없다.(→ 둘로 나눌 수 없다, 양분할 수 없다)

③ <u>죽기를 각오</u>하고 <u>필사적(必死的)</u>으로 싸웠다.(→ 죽기를 각오하고, 결사적으로)

④ 실내 <u>공기</u>를 자주 <u>환기(換氣)</u>시켜야 합니다.(→ 공기를 자주 바꿔 주어야, 자주 환기해야)

03 문제 유형

1 조건문

난이도 중 ★★★   ☼ TIME : 1분

01 '해양 오염'을 주제로 연설을 한다고 할 때, 다음에 제시된 조건을 모두 충족한 것은?

2023. 국가직 9급

> • 해양 오염을 줄일 수 있는 생활 속 실천 방법을 포함할 것.
> • 설의적 표현과 비유적 표현을 활용할 것.

① 바다는 쓰레기 없는 푸른 날을 꿈꾸고 있습니다. 미세 플라스틱은 바다를 서서히 죽이는 보이지 않는 독입니다. 우리의 관심만이 다시 바다를 살릴 수 있을 것입니다.

② 우리가 버린 쓰레기는 바다로 흘러갔다가 해양 생물의 몸에 축적이 되어 해산물을 섭취하면 결국 다시 우리에게 돌아오게 됩니다. 분리수거를 철저히 하고 일회용품을 줄이는 것이 바다도 살리고 우리 자신도 살리는 길입니다.

③ 여름만 되면 피서객들이 마구 버린 쓰레기로 바다가 몸살을 앓는다고 합니다. 자기 집이라면 이렇게 함부로 쓰레기를 버렸을까요? 피서객들의 양심이 모래밭 위를 뒹굴고 있습니다. 자기 쓰레기는 자기가 집으로 되가져가도록 합시다.

④ 산업 폐기물이 바다로 흘러가 고래가 죽어 가는 장면을 다큐멘터리에서 본 적이 있습니다. 이대로 가다간 인간도 고통받게 되지 않을까요? 정부에서 산업 폐기물 관리 지침을 만들고 감독을 강화하지 않는다면 바다는 쓰레기 무덤이 되고 말 것입니다.

난이도 중 ★★★

⏱TIME : 1분

02 다음 조건을 모두 참조하여 쓴 글은?

2018. 지방직 9급

• 대구(對句)의 기법을 사용할 것
• 삶에 대한 통찰을 우의적으로 표현할 것

① 낙엽 : 낙엽은 항상 패배한다. 시간이 지나고 낙엽이 지는 것은 어쩔 수 없는 일이다. 그리고 계절의 객석에 슬픔과 추위가 찾아온다. 하지만 이 패배가 없더라면, 어떻게 봄의 승리가 가능할 것인가.

② 비 : 프랑스어로 '비가 내린다'는 한 단어라고 한다. 내리는 것은 비의 숙명인 것이다. 세월이 아무리 흘러도, 비는 주룩주룩 내리고, 토끼는 깡충깡충 뛴다. 자연은 모두 한 단어이다. 우리의 삶도 자연을 닮는다면 어떨까.

③ 하늘 : 하늘은 언젠가 자기 얼굴이 알고 싶었다. 하지만 어디에도 자신을 비춰줄 만큼 큰 거울을 발견할 수 없었다. 그러다 어느 날 어떤 소녀를 발견했다. 포근한 얼굴로 자신을 바라보는 소녀의 눈동자를 하늘은 바라보았다. 거기에 자신이 있었다.

④ 새 : 높이 나는 새는 낮게 나는 새를 놀려 댔다. "어째서 그대는 멀리 보는 것을 선택하지 않는가? 기껏 날개가 있는 존재로 태어났는데." 그러자 낮게 나는 새가 대답했다. "높은 곳의 구름은 멀리를 바라보고, 낮은 곳의 산은 세심히 보듬는다네."

2 개요

01 〈지침〉에 따라 〈개요〉를 작성할 때 ㉠~㉣에 들어갈 내용으로 적절하지 **않은** 것은?

2025. 국가직 9급 예비

━ 지침 ━

- 서론은 중심 소재의 개념 정의와 문제 제기를 1개의 장으로 작성할 것.
- 본론은 제목에서 밝힌 내용을 2개의 장으로 구성하되 각 장의 하위 항목끼리 대응되도록 작성할 것.
- 결론은 기대 효과와 향후 과제를 1개의 장으로 작성할 것.

━ 개요 ━

- 제목 : 복지 사각지대의 발생 원인과 해소 방안
  Ⅰ. 서론
    1. 복지 사각지대의 정의
    2. _____㉠_____
  Ⅱ. 복지 사각지대의 발생 원인
    1. _____㉡_____
    2. 사회복지 담당 공무원의 인력 부족
  Ⅲ. 복지 사각지대의 해소 방안
    1. 사회적 변화를 반영하여 기존 복지 제도의 미비점 보완
    2. _____㉢_____
  Ⅳ. 결론
    1. _____㉣_____
    2. 복지 사각지대의 근본적이고 지속가능한 해소 방안 마련

① ㉠: 복지 사각지대의 발생에 따른 사회 문제의 증가
② ㉡: 사회적 변화를 반영하지 못한 기존 복지 제도의 한계
③ ㉢: 사회복지 업무 경감을 통한 공무원 직무 만족도 증대
④ ㉣: 복지 혜택의 범위 확장을 통한 사회 안전망 강화

난이도 중 ★★★   TIME : 1분

02 '청소년 인터넷 중독의 현황과 문제 해결'에 대한 글을 작성하고자 한다. 글의 내용으로 포함하기에 적절하지 <u>않은</u> 것은?   2020. 지방직 9급

① 국내 최대 게임 업체의 고객 개인 정보가 유출되어 청소년들에게 성인 광고 문자가 대량 발송된 사건을 예로 제시한다.

② 인터넷에 중독되는 청소년의 비율이 해마다 증가한다는 통계를 활용하여 해당 사안이 시급히 해결되어야 할 문제임을 강조한다.

③ 사회성 결여, 의사소통 장애, 집중력 저하 등 인터넷 중독이 야기할 수 있는 부정적 현상들을 열거하여 문제의 심각성을 환기한다.

④ 청소년 대상 인터넷 중독 상담 프로그램의 개발 및 운영을 위해 할당된 예산이 부족하다는 전문가의 의견을 인용하여 해당 문제에 대한 대처가 미온적임을 지적한다.

난이도 중 ★★★   TIME : 1분 30초

03 다음은 '청소년의 디지털 중독의 폐해와 해결 방안'이라는 주제로 글을 쓰기 위한 개요이다. 수정·보완하기 위한 방안으로 적절하지 <u>않은</u> 것은?   2014. 국가직 9급

> Ⅰ. 서론: 청소년 디지털 중독의 심각성
> Ⅱ. 본론:
>   1. 청소년 디지털 중독의 폐해 ·· ㉠
>   가. 타인과의 관계를 원활하게 하지 못하는 사회 부적응 야기
>   나. 다양한 기능과 탁월한 이동성을 가진 디지털 기기의 등장 ·········· ㉡
>   2. 청소년 디지털 중독에 영향을 미치는 요인
>   가. 디지털 중독의 심각성에 대한 개인적, 사회적 인식 부족
>   나. 뇌의 기억 능력을 심각하게 퇴화시키는 디지털 치매의 심화 ········ ㉢
>   다. 신체 활동을 동반한 건전한 놀이를 위한 시간 및 프로그램의 부족
>   라. 자극적이고 중독적인 디지털 콘텐츠의 무분별한 유통
>   3. 청소년 디지털 중독을 해결하기 위한 방안
>   가. 디지털 중독의 심각성에 대한 교육과 홍보를 위한 전문 기관 확대
>   나. 학교, 지역 사회 차원에서 신체 활동을 위한 시간 및 프로그램의 확대
>   다. (   ) ·········· ㉣
> Ⅲ. 결론: 청소년 디지털 중독을 줄이기 위한 개인적, 사회적 노력의 촉구

① ㉠의 하위 항목으로 '우울증이나 정서 불안 등의 심리적 질환 초래'를 추가한다.

② ㉡은 'Ⅱ-1'과 관련된 내용이 아니므로 삭제한다.

③ ㉢은 'Ⅱ-2'의 내용과 어울리지 않으므로, 'Ⅱ-1'의 하위 항목으로 옮긴다.

④ ㉣에는 'Ⅱ-2'와의 관련성을 고려하여 '청소년을 대상으로 디지털 기기의 사용 시간 제한'이라는 내용을 넣는다.

3 수정하기

난이도 중상 ★★★★   ☀ TIME : 1분 30초

01 **다음 글을 퇴고할 때, ㉠~㉢ 중 어법상 수정할 필요가 있는 것은?**   2024. 국가직 9급

> 주지하듯이 ㉠기후 위기는 날이 갈수록 심각해지고 있다. 극지방의 빙하가 녹고,
> 유럽에는 사상 최악의 폭염과 가뭄이 발생하고 그 반대편에서는 감당하기 어려울
> 정도의 폭우가 쏟아져 많은 사람이 고통받고 있다. ㉡우리의 삶을 지속적으로 위
> 협하는 이러한 기상 재해 앞에서 기후학자로서 자괴감이 든다. 무엇이 문제인지,
> 상황이 얼마나 심각한지 잘 알고 있으면서도 지구의 위기를 그저 바라만 볼 수밖에
> 없다.
> 그러나 우리가 기후 문제에 관심을 가지고 적극적으로 대처한다면 아직 희망이 있
> 다. 크게는 신재생 에너지와 관련하여 ㉢국가 정책 수립과 국제 협약을 체결하기
> 위해 힘을 기울여야 한다. 작게는 일상생활에서 불필요한 소비를 줄이고 에너지 절
> 약을 습관화해야 한다. 만시지탄(晚時之歎)일 수는 있겠으나, ㉣지구가 파국으로
> 치닫는 것을 막을 기회는 아직 남아 있다. 우리 모두 힘을 모아 지구의 위기를 극
> 복하여야 한다.

① ㉠   ② ㉡

③ ㉢   ④ ㉣

난이도 상 ★★★★★　　　　　　　　　　　　　　　　　　　　　　🕐 **TIME : 1분 30초**

02 〈공공언어 바로 쓰기 원칙〉에 따라 〈공문서〉의 ㉠~㉣을 수정한 것으로 적절하지 않은 것은?

2025. 국가직 9급 예시문제

━━━━ **공공언어 바로 쓰기 원칙** ━━━━

- 중복되는 표현을 삼갈 것.
- 대등한 것끼리 접속할 때는 구조가 같은 표현을 사용할 것.
- 주어와 서술어를 호응시킬 것.
- 필요한 문장 성분이 생략되지 않도록 할 것.

━━━━ **공문서** ━━━━

한국의약품정보원

수신: 국립국어원

(경유)

제목: 의약품 용어 표준화를 위한 자문회의 참석 ㉠안내 알림

─────────────────────────────────────

1. ㉡표준적인 언어생활의 확립과 일상적인 국어 생활을 향상하기 위해 일하시는 귀원의 노고에 감사드립니다.

2. 본원은 국내 유일의 의약품 관련 비영리 재단법인으로서 의약품에 관한 ㉢표준 정보가 제공되고 있습니다.

3. 의약품의 표준 용어 체계를 구축하고 ㉣일반 국민도 알기 쉬운 표현으로 개선하여 안전한 의약품 사용 환경을 마련하기 위해 자문회의를 개최하니 귀원의 연구원이 참석해 주시기를 바랍니다.

① ㉠: 안내

② ㉡: 표준적인 언어생활을 확립하고 일상적인 국어 생활의 향상을 위해

③ ㉢: 표준 정보를 제공하고 있습니다.

④ ㉣: 의약품 용어를 일반 국민도 알기 쉬운 표현으로 개선하여

난이도 상 ★★★★★　　　　　　　　　　　　　　　　　⏱ TIME : 1분 30초

03 다음 글의 ⊙~② 중 어색한 곳을 찾아 가장 적절하게 수정한 것은?

2025. 국가직 9급 예시문제

수명을 늘릴 수 있는 여러 방법 중 가장 좋은 방법은 노화 문제를 해결하는 것이다. 이 방법은 인간이 젊고 건강한 상태로 수명을 연장할 수 있다는 점에서 ⊙늙고 병든 상태에서 단순히 죽음의 시간을 지연시킨다는 기존 발상과 근본적으로 다르다. ⊙노화가 진행된 상태를 진행되기 전의 상태로 되돌린다거나 노화가 시작되기 전에 노화를 막는 장치가 개발된다면, 젊음을 유지한 채 수명을 늘리는 것은 충분히 가능하다.

그러나 노화 문제와 관련된 현재까지의 연구는 초라하다. 이는 대부분 연구가 신약 개발의 방식으로만 진행되어 왔기 때문이다. 현재 기준에서는 질병 치료를 목적으로 개발한 신약만 승인받을 수 있는데, 식품의약국이 노화를 ⓒ질병으로 본 탓에 노화를 멈추는 약은 승인받을 수 없었다. 노화를 질병으로 보더라도 해당 약들이 상용화되기까지는 아주 오랜 시간이 필요하다.

그런데 노화 문제는 발전을 거듭하고 있는 인공지능 덕분에 신약 개발과는 다른 방식으로 극복될 수 있을지 모른다. 일반 사람들에 비해 ②노화가 더디게 진행되는 사람들의 유전자 자료를 데이터화하면 그들에게서 노화를 지연시키는 생리적 특징을 추출할 수 있는데, 이를 통해 유전자를 조작하는 방식으로 노화를 막을 수 있다.

① ⊙: 늙고 병든 상태에서 담담히 죽음의 시간을 기다린다
② ⓛ: 노화가 진행되기 전의 신체를 노화가 진행된 신체
③ ⓒ: 질병으로 보지 않은 탓에 노화를 멈추는 약은 승인받을 수 없었다
④ ②: 노화가 더디게 진행되는 사람들의 유전자 자료를 데이터화하면 그들에게서 노화를 촉진

난이도 중 ★★★　　　　　　　　　　　　　　　　　　　⏱ TIME : 1분

04 (가)~(라)를 고쳐 쓴 것으로 옳지 <u>않은</u> 것은?

2022. 국가직 9급

(가) 오빠는 생김새가 나하고는 많이 틀려.
(나) 좋은 결실이 맺어졌으면 하는 바람입니다.
(다) 내가 오직 바라는 것은 네가 잘됐으면 좋겠어.
(라) 신은 인간을 사랑하기도 하지만 시련을 주기도 한다.

① (가) : 오빠는 생김새가 나하고는 많이 달라.
② (나) : 좋은 결실을 맺었으면 하는 바램입니다.
③ (다) : 내가 오직 바라는 것은 네가 잘됐으면 좋겠다는 거야.
④ (라) : 신은 인간을 사랑하기도 하지만 인간에게 시련을 주기도 한다.

4 문장 삽입

난이도 중 ★★★ TIME : 1분

01 다음 문장이 들어가기에 가장 적절한 곳을 (가)~(라)에서 고르면? 2024. 국가직 9급

> 나라에 위기가 닥쳤을 때 제 몸을 희생해 가며 나라 지키기에 나섰으되 역사책에 이름 한 줄 남기지 못한 이들이 이순신의 일기에는 뚜렷하게 기록된 것이다.

> 『난중일기』의 진면목은 7년 동안 전란을 치렀던 이순신의 인간적 고뇌가 가감 없이 드러나 있다는 데 있다. [(가)] 왜군이라는 외부의 적은 물론이고 임금과 조정의 끊임없는 경계와 의심이라는 내부의 적과도 싸우며, 영웅이기 이전에 한 사람의 인간으로서 느낀 극심한 심리적 고통이 잘 나타나 있다. [(나)] 전란 중 겪은 원균과의 갈등도 적나라하게 드러나 있어 그가 완벽한 인간이 아니라 감정에 휘둘리는 보통의 인간이었음을 보여 준다. [(다)] 그뿐만 아니라 이순신은 『난중일기』에서 사랑하는 가족의 이름과 함께 휘하 장수에서부터 병졸들과 하인, 백성들의 이름까지도 언급하고 있다. [(라)] 『난중일기』의 위대함은 바로 여기에 있다.

① (가) ② (나)

③ (다) ④ (라)

5 접속 표현 삽입

난이도 중 ★★★   ⏱TIME : 1분

01 (가)~(라)에 들어갈 말로 가장 적절한 것은?   2021. 지방직 9급

> 정철, 윤선도, 황진이, 이황, 이조년 그리고 무명씨. 우리말로 시조나 가사를 썼던 이들이다. 황진이는 말할 것도 없고 무명씨도 대부분 양반이 아니었겠지만 정철, 윤선도, 이황은 양반 중에 양반이었다. (가) 그들이 우리말로 작품을 썼던 걸 보면 양반들도 한글 쓰는 것을 즐겨 했다는 것을 부정할 수는 없다. (나) 허균이나 김만중은 한글로 소설까지 쓰지 않았던가. (다) 이들이 특별한 취향을 가진 소수의 양반이었다면 이야기는 달라진다. 우리말로 된 문학 작품을 만들겠다는 생각을 가진 특별한 양반들을 제외하고 대다수 양반들은 한문을 썼기 때문에 한글을 모를 수도 있었기 때문이다. 실학자 박지원이 당시 양반 사회를 풍자한 작품 호질은 한문으로 쓰여 있다. (라) 한 가지 분명한 것은 양반 대부분이 한글을 이해하지 못하는 상황이었다면 정철도 이황도 윤선도도 한글로 작품을 쓰지는 않았을 것이란 사실이다.

	(가)	(나)	(다)	(라)
①	그런데	게다가	그렇지만	그러나
②	그런데	그리고	그래서	또는
③	그리고	그러나	하지만	즉
④	그래서	더구나	따라서	하지만

강세진 국어

All In One

합격까지 박문각

정답 및 해설

Chapter ◆ 01 음운론

확인문제

p.11

1 ③ ··

'상승 억양은 비판의 뜻을 나타낸다.'에 주목한다. 선지의 내용과 같으므로 ③이 정답이다.

오답 피하기

① 글의 마지막에서 '억양에는 이처럼 발화 태도와 의미가 드러나 있으므로, 이를 잘 이해해야 정확한 뜻을 전달할 수 있다.'라는 내용을 고려해 보면, '억양을 잘 이해할수록 정확한 뜻을 전달할 수 있음'을 알 수 있다.

② '억양은 문장의 유형을 결정하는 문법적 기능을 담당한다.'라는 내용을 고려해 볼 때, '문장의 어순'이 아님을 알 수 있다.

④ '억양은 소리의 높낮이의 이어짐으로 이루어지는 일정한 유형이라고 할 수 있다.'에서 알 수 있듯이, '소리의 장단'이 아니라 '소리의 높낮이'임을 확인할 수 있다.

p.12

2 ③ ··

지역에 따라 구별되지 않은 음운이 있음을 언급한 글이다. '경상 지역 방언'은 'ㅓ'와 'ㅡ'를 구별하지 못하고, 'ㅅ'과 'ㅆ'을 구별하지 못한다. '평안도 및 전라도와 경상도의 일부'는 'ㅗ'와 'ㅓ'를 구별하지 못한다. '평안도'는 'ㅈ'의 발음과 'ㄷ'의 발음이 매우 비슷하다. 따라서, 지역에 따라 구별되지 않은 모음과 자음에 대한 언급이므로 ③이 정답이다.

3 ① ··

'소리의 강약이나 고저' 등은 분절되지 않는 '비분절 음운'에 해당한다. '비분절 음운'은 '운소'에 해당한다. '음운'은 '음소'와 '운소'를 아우르는 개념이므로 '소리의 강약이나 고저' 역시 음운이라고 할 수 있다.

오답 피하기

② '최소 대립쌍'이란 '의미를 변별하게 하는 음운을 가진 단어들의 쌍. 예를 들어 '불'과 '풀'은 다른 음운인 'ㅂ', 'ㅍ'에 의해 의미가 달라진다.'이다. 음운은 '의미를 구별해 주는 최소의 단위'이므로, 해당 선지는 적절하다.

③ '변이음'이란 '같은 음소에 포괄되는 몇 개의 구체적인 음이 서로 구별되는 음의 특징을 지니고 있을 때의 음.'이다. 예를 들어, '감기'의 두 'ㄱ' 소리는 같은 문자로 표기하나 실제로는 앞의 ㄱ은 [k], 뒤의 것은 [g]와 같이 서로 다른 음가를 가지는데, 한 음운으로 묶인 서로 다른 둘 이상의 음성을 그 음운에 상대하여 이른다. 이처럼 특정 음운(ㄱ, ㄷ, ㅂ)은 몇 개의 변이음으로 되어 있어서, 실제로 들리는 소리가 다름에도 불구하고 '하나의 음운'으로 인정된다.

④ 음운은 실제적인 소리 그 자체가 아니라, 관념적이고 추상적인 기호로 약속하여 쓴 것이므로, 해당 설명 역시 적절하다.

p.14

4 ① ··

'ㄴ, ㅁ, ㅇ'은 '유음'이 아니라 '비음'이다. '유음'은 'ㄹ'이 있다.

오답 피하기

② 'ㅅ, ㅆ, ㅎ'은 마찰음이다.

③ 후설 모음으로 'ㅡ, ㅓ, ㅏ'도 있지만, 'ㅜ, ㅗ'도 있다.

④ 원순 모음으로 'ㅟ, ㅚ, ㅜ, ㅗ' 모두 4개가 있다.

5 ③ ··

• ㄱ: 양순음으로 'ㅂ, ㅃ, ㅍ, ㅁ'이 있으므로 ㄱ은 적절한 선지이다.

• ㄹ: 양순음은 발음 과정에서 조음 위치상, '윗입술과 아랫입술'이 닿아야 한다. 따라서 ㄹ은 적절한 선지이다.

이를 종합하면, 'ㄱ과 ㄹ'이 있는 ③이 정답이다.

오답 피하기

• ㄴ: 양순음은 '파열음(ㅂ, ㅃ, ㅍ)'과 '비음(ㅁ)'이 있다. '마찰음'은 'ㅅ, ㅆ, ㅎ'과 관련이 깊으므로, ㄴ은 적절한 설명이 아니다.

• ㄷ: 'ㅁ'은 조음 위치로는 양순음이며, 조음 방법으로는 비음이다. 따라서 '양순음은 아니다.'라는 설명은 적절하지 않다.

6 ③ ··

• ㅂ: [+양순음, −치조음, −경구개음, −연구개음, −후음]

• ㄱ: [+연구개음, −양순음, −치조음, −경구개음, −후음]

이렇게 분석이 되므로, ③이 정답이다.

오답 피하기

① ㄱ은 [+경구개음]이 아니라 [−경구개음]이어야 한다.

② ㅂ은 [+후음]이 아니라 [−후음]이어야 한다.

④ ㅎ은 [+후음], ㄱ은 [+연구개음]이어야 한다.

p.16

7 ②

'ㅐ'는 <u>저모음</u>이고, 'ㅔ'는 <u>중모음</u>이다. 이 둘이 구별하기 어렵다면, 그 이유는 혀의 높이를 고려하지 못한 채 발음했기 때문이다. 따라서 '혀의 높낮이 관련 자질'인 '고모음/중모음/저모음'과 관련된 ②가 정답이다.

p.24

8 ③

• 꽃–망울: [꼳망울 → 꼰망울], 음절 끝소리 규칙(교체)/비음화(교체) → '꽃망울'은 [꼳]에서 '음절 끝소리 규칙'이 적용되고, [꼰]에서 '비음화'가 적용된 것을 알 수 있다.

오답 피하기

① 덮–개: [덥개 → 덥깨], 음절 끝소리 규칙(교체)/된소리되기(경음화)(교체)
② 문–고리: [문꼬리], 표준 발음법 제28항(경음화)
④ 광한–루: [광 : 할루], 유음화(교체)

9 ①

• 국민: [궁민], 비음화(교체), 묻는: [문는], 비음화(교체) → '비음화'는 '조음 위치'가 바뀌는 음운 현상이 아니라, '조음 방법'이 바뀌는 음운 현상이다. 즉, '파열음'을 '비음'으로 바꾼 것은 '조음 방법'과 관련된 것이다.

오답 피하기

② 'ㅁ'과 'ㄴ'은 모두 비음으로 비음화는 이처럼 비음 앞에서 일어나는 음운 현상이다.
③ 동화 현상으로 '비음화, 유음화, 구개음화'가 있다.
④ 읊는: [읖는 → 읍는 → 음는], 자음군 단순화(탈락)/음절 끝소리 규칙(교체)/ 비음화(교체)

p.25

10 ①

• 깎는: [깍는 → 깡는], 음절 끝소리 규칙(교체)/비음화(교체) → '음절 끝소리 규칙'과 '비음화' 모두 '교체'에 해당한다.

오답 피하기

② '깎아'는 [까까]로 발음되나 이는 연음되어 발음하였기 때문이지 탈락으로 인한 것은 아니다.
③ 깎고: [깍고 → 깍꼬], 음절 끝소리 규칙(교체)/된소리되기(경음화)(교체) → '깎고'는 모두 교체 현상에 의해 발음된다. 음운의 도치는 두 음운의 위치가 서로 바뀌는 현상을 의미하는데, 국립국어원에서는 '배꼽'을 예로 든다.
④ 깎지: [깍지 → 깍찌], 음절 끝소리 규칙(교체)/된소리되기(경음화)(교체) → '깎지'는 모두 교체 현상에 의해 발음된다. 따라서 축약 현상과 첨가 현상 모두 없다.

11 ①

• 손–난로: [손날로] → 종성 'ㄴ'이 'ㄹ'로 교체되었으므로 '역행 동화'에 해당한다. '손난로'만 역행 동화이고, 나머지는 모두 순행 동화이다.

오답 피하기

② 불–놀이: [불로리] → 초성 'ㄴ'이 'ㄹ'로 교체되었으므로 '순행 동화'에 해당한다.
③ 찰나: [찰라] → 초성 'ㄴ'이 'ㄹ'로 교체되었으므로 '순행 동화'에 해당한다.
④ 강릉: [강능] → 초성 'ㄹ'이 'ㄴ'으로 교체되었으므로 '순행 동화'에 해당한다.

p.27

12 ①

• ㉠ 밭을: [바틀], 연음 → '을'은 조사이지만, '이'로 시작하는 것이 아니다. 따라서, 구개음화가 적용되어서는 안 된다.

오답 피하기

② ㉡ 밭만: [받만 → 반만], 음절 끝소리 규칙(교체)/비음화(교체)
③ ㉢ 밭: [받], 음절 끝소리 규칙(교체)
④ ㉣ 밭이: [바치], 구개음화(교체)

13 ②

'동화(비음화, 유음화, 구개음화)의 예'가 아니라 '두음 법칙의 예'이다.

오답 피하기

① 권력(權力): [궐 : 력], 유음화(교체-동화)
③ 돕는다: [돔는다], 비음화(교체-동화)
④ 미닫–이: [미 : 다지], 구개음화(교체-동화)

p.34

14 ③

• 가자: <u>가</u>–(어간) + <u>–자</u>(어미), 동일한 모음이 연속된 경우가 아니다.

오답 피하기

① 자: <u>자</u>–(어간) + <u>–아</u>(어미), 동일 음운이 탈락하여 '자'로 활용한다.
② 서서: <u>서</u>–(어간) + <u>–어서</u>(어미), 동일 음운이 탈락하여 '서서'로 활용한다.
④ 가: <u>가</u>–(어간) + <u>–아</u>(어미), 동일 음운이 탈락하여 '가'로 활용된다.

p.36

15 ④

닫히다: [다티다 → 다치다], 거센소리되기(자음 축약)/구개음화(교체) → '닫히다'는 자음 축약이 적용되어 [다티다]와 같이 발음된다. 다음에 구개음화 현상을 겪어 [다치다]로 발음된다.

① 놓-치다: [녿치다], 음절 끝소리 규칙(교체)
② 헛-웃음: [헏웃음 → 허두슴], 음절 끝소리 규칙(교체)/연음
③ 똑같-이: [똑같이 → 똑까치], 된소리되기(경음화)(교체)/구개음화 (교체)

16 ② ···

솥하고: [솥하고 → 소타고], 음절 끝소리 규칙(교체) / 거센소리되기 (자음 축약) → '솥하고'는 먼저 '음절 끝소리 규칙'에 의해 [솓]으로 발음된다. 다음에는 'ㄷ과 ㅎ'이 축약되어 [ㅌ]이 된다. 따라서 ㉠, ㉣ 이 있는 ②가 정답이다.

p.37

17 ① ···

부엌-일: [부엌 → 부엌닐 → 부엉닐], 음절 끝소리 규칙(교체)/ㄴ 첨 가(첨가)/비음화(교체) → '부엌일'에 일어나는 음운 변동 유형으로 ㉠(교체)과 ㉡(첨가)이 있으므로 ①이 정답이다.

18 ② ···

• ㄱ. 등-용문(登龍門)[등용문]: '등용문'은 ㄴ 첨가 없이 글자 그대로 발음해야 한다.
• ㄹ. 송별-연(送別宴)[송 : 벼련]: '송별연'은 ㄴ 첨가 없이 연음되어 그대로 발음해야 한다.

• ㄴ. 한-여름[한녀름]: ㄴ이 첨가되어 발음되므로, '음의 첨가 현상' 이 일어난 경우이다.
• ㄷ. 눈-요기(눈療飢)[눈뇨기]: ㄴ이 첨가되어 발음되므로, '음의 첨 가 현상'이 일어난 경우이다.

p.38

19 ④ ···

• 한-여름: [한녀름], ㄴ 첨가(첨가) → '한-여름'은 'ㄴ'이 첨가되어 [한녀름]으로 발음된다.

① 국만: [궁만], 비음화(교체)
② 물-난리: [물랄리], 유음화(교체)
③ 입고: [입꼬], 된소리되기(경음화)(교체)

20 ③ ···

• 끓는: [끌는 → 끌른], 자음군 단순화(탈락)/유음화(대치, 교체) → '탈락'과 '대치' 현상이 있는 ③이 정답이다.

① 값진: [갑진 → 갑찐], 자음군 단순화(탈락)/경음화(대치, 교체) → '탈락'은 맞다. 그런데 '첨가'는 없다.
② 박과: [박과 → 박꽈], 음절 끝소리 규칙(대치, 교체)/경음화(대치, 교체) → '대치'는 맞다. 그런데 '축약'은 없다.
④ 밭도: [받도 → 받또], 음절 끝소리 규칙(대치, 교체)/경음화(대치, 교체) → '대치'는 맞다. 그런데 '첨가'가 아니라 '대치(=교체)'로 보아야 한다.

p.45

21 ③ ···

• ㄴ. 국화: [구콰], 거센소리되기(자음 축약)
  1) 표기: 3+2=5개, 발음: 2+2=4개
  2) 축약이 있으므로 음운의 수가 하나 줄어들었다.
• ㄷ. 솔-잎: [솔입 → 솔닙 → 솔립], 음절 끝소리 규칙(교체)/ ㄴ 첨가(첨가)/유음화(교체)
  1) 표기: 3+2=5개, 발음: 3+3=6개
  2) 첨가가 있으므로, 음운의 수가 하나 늘었다.
  정리하자면, ㄱ~ㄹ 중 음운의 수에 변화가 있는 단어는 'ㄴ과 ㄷ' 이다. 따라서 정답은 ③이다.

• ㄱ. 발전: [발쩐], 된소리되기(경음화)(교체)
  1) 표기: 3+3=6개, 발음: 3+3=6개
  2) 교체만 있으므로 음운의 수에 변화가 없다.
• ㄹ. 독립: [독닙 → 동닙], 유음의 비음화/비음화(교체)(상호 동화)
  1) 표기: 3+3=6개, 발음: 3+3=6개
  2) 교체만 있으므로 음운의 수에 변화가 없다.

22 ③ ···

• ㉠ 가을-일: [가을닐 → 가을릴], ㄴ 첨가(첨가)/유음화(교체)
• ㉡ 텃-마당: [턷마당 → 턴마당], 음절 끝소리 규칙(교체)/비음화 (교체)(또는 사잇소리 현상에 의한 '첨가'로 볼 수도 있다.)
• ㉢ 입학-생: [이팍생 → 이팍쌩], 거센소리되기(자음 축약)/된소리 되기(경음화)(교체)
• ㉣ 흙-먼지: [흑먼지 → 흥먼지], 자음군 단순화(탈락)/비음화(교체)
  ㉢의 음운 변동 전의 음운 개수는 'ㅣ, ㅂ, ㅎ, ㅏ, ㄱ, ㅅ, ㅐ, ㅇ' 이렇게 총 8개이지만, 음운 변동 후엔 '축약'에 따라 개수가 하나 적어진다. 즉, 'ㅣ, ㅍ, ㅏ, ㄱ, ㅆ, ㅐ, ㅇ' 이렇게 총 7개가 된다. 따라서 음운 변동 전의 음운 개수와 음운 변동 후의 음운 개수가 서로 다르다.

① '한 가지 유형'이 아니라 '첨가'와 '교체'가 일어나므로 2가지 유형이다.
② '비음화'는 '조음 위치가 같아지는 것'이 아니라 '조음 방법이 같아 지는 것'이다. [ㄷ]이 'ㅁ'을 만나 [ㄴ]으로 바뀐 것은 조음 위치 때문 이 아니다.(즉, 양순음으로 같아지는 것이 아니다.) 'ㅁ'이 비음이 므로 파열음이 비음으로 바뀐 것이다.(즉, 조음 방법이 바뀐 것이다.)
④ 'ㄺ'이 [ㄱ]이 된 것은 '음절 끝소리 규칙'에 의한 것이 아니라 '자 음군 단순화'에 의한 것이다.

수능형 문제로 실력 완성!

p.48~50

01 ④ ··

• ㅔ: [−후설성, −고설성, −저설성, −원순성]
• ㅗ: [+후설성, −고설성, −저설성, +원순성]
'ㅔ'와 'ㅗ'는 [−저설성]으로 동일하다. 'ㅔ'와 'ㅗ'는 [−고설성]으로 동일하다. 따라서 [고설성]을 중심으로 변별적 자질의 특성이 서로 다르다는 진술은 적절하지 않다.

오답 피하기
① • ㅡ: [+후설성, +고설성, −저설성, −원순성]
• ㅣ: [−후설성, +고설성, −저설성, −원순성]
'ㅡ'와 'ㅣ'는 [후설성]을 중심으로 변별적 자질의 특성이 서로 다르다. 전자는 +이고, 후자는 −이다.
② • ㅏ: [+후설성, −고설성, +저설성, −원순성]
• ㅓ: [+후설성, −고설성, −저설성, −원순성]
'ㅏ'와 'ㅓ'는 [저설성]을 중심으로 변별적 자질의 특성이 서로 다르다. 전자는 +이고, 후자는 −이다.
③ • ㅚ: [−후설성, −고설성, −저설성, +원순성]
• ㅜ: [+후설성, +고설성, −저설성, +원순성]
'ㅚ'와 'ㅜ'는 [+원순성]과 [−저설성]으로 동일하다.
⑤ • ㅐ: [−후설성, −고설성, −저설성, −원순성]
• ㅟ: [−후설성, +고설성, −저설성, +원순성]
'ㅐ'와 'ㅟ'는 [후설성]으로 동일하되, [고설성]을 중심으로는 변별적 특성이 서로 다르다. 전자는 −이고, 후자는 +이다.

02 ④ ··

• 독서: [독써], 된소리되기(교체) → 교체가 된 결과로, 음운의 개수 변동은 없다. [써]는 음절 유형이 '자음 + 모음'이다. 즉, '첨가'의 결과가 아니므로 ④는 적절한 설명이 아니다.

03 ③ ··

㉠을 중심으로 앞사람이 말한 '달', 뒷사람이 말한 '굴' 모두를 고려한 최소 대립쌍인 단어가 들어가야 한다. 받침 'ㄹ'은 무조건 있어야 하므로, ②는 제외가 된다. 그리고 자음이 달라졌다는 점에서 ㉠의 모음은 'ㅜ'로 정해진다. 즉, '꿀, 둘, 풀' 중에 답이 된다는 의미이다. 마지막으로 '달'과 최소 대립되는 것을 찾아야 하므로 '둘'이 정답이다.

04 ⑤ ··

'구개음화'는 '동화의 결과'는 맞다. 그러나 자음인 'ㄷ'이 [ㅈ]으로 바뀌는 현상을 의미하는 것이지, 모음의 소리인 'ㅣ'는 그대로 있으므로 해당 선지는 적절하지 않다. 참고로, 3문단의 '구개음화는 끝소리 'ㄷ, ㅌ'이 모음 'ㅣ'로 시작되는 조사나 접미사 앞에서 구개음 'ㅈ, ㅊ'으로 발음되는 현상'이라고 하였다.

오답 피하기
① 1문단의 '음운의 동화는 인접한 두 음운 중 어느 한쪽 또는 양쪽이 서로 비슷하거나 같은 소리로 바뀌는 현상'이라고 하였으므로 적절한 선지이다.

② 5문단의 '비음화, 유음화, 구개음화는 동화 결과 인접한 두 음운의 성격이 비슷하거나 같은 소리로 바뀐다는 점에서 유사하다. 이처럼 성격이 비슷하거나 같은 소리가 연속되면 발음할 때 힘이 덜 들게 되므로 발음의 경제성이 높아진다.'이라고 하였으므로, 음운의 동화가 일어날 때 조음 위치나 조음 방식이 바뀌면 발음의 경제성이 높아짐을 알 수 있다.

③ 2문단의 '비음화는 비음이 아닌 'ㅂ, ㄷ, ㄱ'이 비음 'ㅁ, ㄴ' 앞에서 비음 'ㅁ, ㄴ, ㅇ'으로 바뀌어 소리 나는 현상이다.'와 '유음화는 비음 'ㄴ'이 유음 'ㄹ'의 앞이나 뒤에서 유음 'ㄹ'로 발음되는 현상이다.'를 참고할 때, 구개음화와 달리 비음화와 유음화가 일어나는 인접한 두 음운은 모두 '자음'이다.

④ 3문단의 '구개음화는 끝소리 'ㄷ, ㅌ'이 모음 'ㅣ'로 시작되는 조사나 접미사 앞에서 구개음 'ㅈ, ㅊ'으로 발음되는 현상이다.'를 참고할 때, 모음으로 시작되는 조사나 접미사 앞에서 일어난다고 하였으므로, '자음'으로 시작되는 조사나 접미사 앞에서는 일어날 수 없다.

05 ① ··

• a. 밥물: [밤물], 비음화(교체)
1) 조음 방식(파열음(ㅂ) → 비음(ㅁ))이 바뀌었다.
2) 조음 위치(입술소리(양순음)(ㅂ, ㅁ))는 동일하다.
• b. 신라: [실라], 유음화(교체)
1) 조음 방식(비음(ㄴ) → 유음(ㄹ))이 바뀌었다.
2) 조음 위치(잇몸소리(치조음)(ㄴ, ㄹ))는 동일하다.
• c. 굳이: [구지], 구개음화(교체)
1) 조음 방식(파열음(ㄷ) → 파찰음(ㅈ))이 바뀌었다.
2) 조음 위치(잇몸소리(치조음)(ㄷ) → 센입천장소리(경구개음)(ㅈ))가 바뀌었다.

확인문제

p.54

1 ①

이때의 '는'은 대조의 의미가 아니라 '강조'의 의미를 담고 있다. '대조'의 의미일 때는 '사과는 먹어도 배는 먹지 마라.'와 같다.

2 ③

• 오늘로써(○): '셈에 넣는 한계를 나타내'는 것으로, '오늘로서'가 아니라 '오늘로써'를 써야 한다.

오답 피하기

① 딸로써(×) → 딸로서(○): '아버지의 딸'이라는 자격을 부여한 것이므로 '로서'로 고쳐야 한다.

② 대화로서(×) → 대화로써(○): '대화'로 갈등을 풀고 싶어 한다는 점에서 수단이나 도구로 보아야 하므로 '로써'로 고쳐야 한다.

④ 이로서(×) → 이로써(○): '세 번째가 된다.'라는 횟수를 고려해야 하므로 '로써'로 고쳐야 한다.

p.55

3 ②

'그는'의 '는'은 '주격 조사'가 아니라 '보조사'이다.

4 ③

• 고등학교 때 수학과 영어를 무척 좋아했다.: '수학을 무척 좋아했다.'와 '영어를 무척 좋아했다.'와 같이 겹문장으로 분석된다. 즉, '와/과로 이어진 문장'이고, 이때의 '과'는 부사격 조사가 아닌 '접속 조사'로 보아야 한다.

오답 피하기

① 인생은 과연 뜬구름과 같은 것일까?: '뜬구름과 같다'의 '과'는 비교의 의미를 지닌 '부사격 조사'이다.

② 누구나 영수하고 친하게 지낸다.: '영수하고 친하게 지낸다.'의 '하고'는 상대의 의미를 지닌 '부사격 조사'이다.

④ 나와 그 친구는 서로 의지하는 사이였다.: '나와 서로 의지하다.'에서 '와'는 동일한 문장 성분의 역할을 하기보다 서로를 상대로 한다는 점에서 '부사격 조사'임을 알 수 있다.

p.57

5 ③

• ㉠ 그쪽(대명사): '듣는 이'를 가리키는 말, 2인칭 대명사.
• ㉡ 우리(대명사): '할머니'와 친밀한 관계임을 나타내는 말.
• ㉢ 저(대명사): '화자'를 가리키는 말, 1인칭 대명사.
• ㉣ 할머니(명사): '할머니'라는 것만 알면 된다.
• ㉤ 본인(명사): '할머니'를 가리키는 말.
• ㉥ 당신: '듣는 이'를 가리키는 말, 2인칭 대명사.

• ㉦ 당신: '할머니'를 가리키는 말, 재귀칭 대명사.
정리하자면, 화자(㉢), 청자(㉠, ㉥), 할머니(㉣, ㉤, ㉦)가 된다.(㉡은 친밀감을 드러내기 위해서 쓴 것이므로, 정확한 것만 구별하였다.)
이때, ㉣(할머니)과 ㉦(당신)은 모두 '할머니'를 가리키는 표현이므로 '같은 사람'이 맞다.

p.58

6 ①

• 할아버지께서는 생전에 당신의 장서를 소중히 다루셨다.: 이때의 '당신'은 '할아버지'를 뜻하는 재귀칭 대명사로, 3인칭에 해당한다.

오답 피하기

② 당신에게 좋은 남편이 되도록 노력하겠소.: 2인칭 대명사.
③ 당신의 희생을 잊지 않겠습니다.: 2인칭 대명사.
④ 이 일을 한 사람이 당신입니까?: 2인칭 대명사.

p.59

7 ②

• ㉠ 자기(대명사): '형님'을 가리키는 말, 삼인칭 대명사, 재귀칭 대명사
• ㉡ 당신(대명사): '형님'을 가리키는 말, 삼인칭 대명사, 재귀칭 대명사
• ㉢ 그(대명사): '다른 이'를 가리키는 말, 삼인칭 대명사
㉠과 ㉡은 모두 삼인칭 대명사이다. 일인칭 대명사도, 이인칭 대명사도 아니다.

p.60

8 ②

'한둘(이) 눈에 띌 뿐'과 같이 분석되므로 이때의 '한둘'은 '수사'이다.

9 ②

'둘'은 '수사'이다. 즉 '하나, 둘'이란 양수사와 관련된 것이므로 '명사'로는 보기 어렵다.

p.61

10 ①

'다섯'은 '권'을 꾸미는 관형사이다.

오답 피하기

② 싶다(보조 형용사): '보조 형용사'이다.
③ 요(보조사): '보조사'이다.
④ 및(부사): '그리고', '그 밖에', '또'의 뜻으로, 문장에서 같은 종류의 성분을 연결할 때 쓰는 말.

11 ③

• 이런 사람: 여기서 '이런'은 '관형사'도 되고, '용언'도 된다. 문제의 의도에 따르면 유일하게 '용언의 활용 형식'이 되므로 ③을 정답으로 해야 한다.

12 ③ p.62

부사가 체언을 수식할 수도 있다. 다만, 예외 사항에 해당하므로 예시와 함께 외워야 한다. 예를 들어, '바로 너를 사랑한다.'를 보면, '바로'는 '너'라는 체언을 강조하고자 쓴 것임을 알 수 있다.

13 ④ ....

'볼'은 관형어이다. 관형어는 체언을 수식한다. 따라서 '겸'은 체언이다. '겸'은 의존 명사이지만, '비교적, 아니, 보다'는 부사에 해당하므로 ④가 정답이다.

.... p.63

14 ① ....

'갖은'은 '고생'을 꾸미는 관형사이다. 나머지는 모두 '부사'이다.

15 ⑤ ....

'아름답게'의 품사는 '형용사'이다. '-게'는 부사형 전성 어미로 부사처럼 쓸 수 있게끔 쓰는 어미이지, 품사 자체를 바꾸지 않는다.

.... p.65

16 ③ ....

•'비교적'은 '편리한'을 꾸미므로 '부사'이다.(부사)
•'비교적'은 '교통'을 꾸미는 것이 아니라 '편리한'을 꾸미므로 '부사'이다.(부사)
밑줄 친 단어의 품사가 같으므로 ③이 정답이다.

오답 피하기

① •'잘못입니다.'의 '잘못'은 명사이다.(명사)
　•'잘못 적용하여'에서 '잘못'은 용언을 수식하므로 부사이다.(부사)
② •'도착하는 대로'에서 '도착하는'은 '관형어'로 명사를 꾸민다. 따라서 이때의 '대로'는 명사이다.(의존 명사)
　•'큰 것대로'와 같이 체언 뒤에 결합한 '대로'는 조사이므로 앞과 붙여 쓴다.(보조사)
④ •'이 사과'의 '이'는 '사과'를 꾸며주므로 '관형사'이다.(관형사)
　•'이보다 더 좋다.'의 '이'는 '지시 대명사'이다.(대명사)

17 ① ....

•'할 만큼'의 '만큼'은 관형어인 '할'이 수식하는 의존 명사에 해당한다.(의존 명사)
•'-으리만큼'의 '만큼'은 조사가 아니라 '-으리만큼' 자체가 연결 어미이다.(어미)
따라서 '의존명사 - 조사'의 짝이라고 말하기가 어렵다.

오답 피하기

② •'들어오는 대로'의 '대로'는 관형어인 '들어오는'이 수식하는 의존 명사에 해당한다.(의존 명사)

•'멋대로'의 '대로'는 앞말이 체언이므로 앞말에 붙여 써야 하는 조사로 보아야 한다.(보조사)
③ •'10년 만에'의 '만'은 시간의 의미가 있으므로 의존 명사로 볼 수 있다.(의존 명사)
•'너만 와라'의 '너만'은 유일하다는 의미로 쓰였으므로 조사로 보아야 한다.(보조사)
④ •'할 뿐이다.'의 '뿐'은 관형어인 '할'이 수식하는 의존 명사에 해당한다.(의존 명사)
•'다섯뿐이다.'의 '뿐'은 앞말이 체언이므로, 앞말에 붙여 써야 하는 조사로 보아야 한다.(보조사)

18 ① ....

'굳다'는 동사도 있고 형용사도 있으므로 활용과 의미를 고려해야 한다. 이 문장에서 '굳다'는 관형사형 전성 어미인 '-는'이 활용되었고, '땅이 단단하게 되다'는 의미이므로 동사가 맞다.

오답 피하기

② '다르다'는 형용사만 있다. 다만, '다른'이란 형태로 관형사도 있으므로 해당 문장을 분석해야 한다. 즉, '사람들이 성격이 다르다.'로 문장이 분석되므로, 이때의 '다른'은 관형사가 아닌 서술성이 있는 형용사로 보아야 한다.

.... p.66

19 ④ ....

•ㄱ. 옥수수는 가만 두어도 잘 큰다.: '자란다'는 의미를 확인할 수 있다. 현재 시제 선어말 어미인 '-는/-ㄴ-'을 썼으므로 '크다'의 품사는 '동사'이다.
•ㄴ. 이 규칙을 / 중시하지 않은 / 사람은 아무도 없었다.: '-지 않다'에서 중요한 것은 앞의 '중시하다'의 품사이다. '-지 않다'라는 부정문은 본용언과 보조 용언의 품사가 동일하다. '중시하다'는 '동사'이므로, '않다' 역시 '동사'이다.
•ㄷ. 그 연예인도 사람인지라 / 늙는 것은 어쩔 수 없구나.: '늙다'는 무조건 '동사'이다. 관형사형 전성 어미 중 '현재'를 뜻하는 '-는'을 썼으므로 '늙다'는 '동사'이다.

20 ② ....

•할아버지는 재산이 많이 있으시다.: '재산이 많이 있다.'의 '있다'는 '있는다'로 활용할 수 없는 형용사에 해당한다. 따라서 '동사적인 모습'을 보여준 예로 보기 어렵다.

21 ③ ....

'밝는'의 '-는'은 동사에만 쓰이는 '관형사형 전성 어미'이다. 또한 '날이 밝다'는 의미도 지녔다. 이를 종합하면 '밝는'의 품사는 동사이다.

22 ②　···

· 삼았네(동사, 기본형: 삼다) → 삼- + -았-(선어말 어미) + -네(어말 어미)

'늙은'의 기본형은 '늙다'이며, 품사는 동사이다. 이와 품사가 같은 단어는 '삼다'이다.

오답 피하기

① 빠르네(형용사, 기본형: 빠르다) → 빠르- + -네(어말 어미)

③ 다르겠지(형용사, 기본형: 다르다) → 다르- + -겠-(선어말 어미) + -지(어말 어미)

④ 예뻐야지(형용사, 기본형: 예쁘다) → 예쁘- + -어야지(어말 어미)

23 ②　···

· ㉠: '서로 성격이 다른'은 관형절로, 이때의 '다르다'의 품사는 형용사이다.(형용사)

· ㉡: '나무가 잘 크지 못한다.'의 '크다'는 '자라다'라는 의미를 지닌 단어로, 품사는 동사이다(동사)

· ㉢: '홍수가 나다'의 '나다'는 '난다'로 활용되는 동사이다.('나다'는 동사와 보조 동사만 있다.)(동사)

· ㉣: '허튼'은 관형사이다.(관형사)

· ㉤: '아니다'는 형용사이다.(형용사)

즉, 동사(㉡, ㉢), 형용사(㉠, ㉤), 관형사(㉣)로 정리가 되며, 정답은 ②이다.

p.69

24 ③　···

· 철수가 이번에는 자기가 <u>가겠</u>다고 하였다.(의지): '자기가 가겠다'에서 '-겠-'만 유일하게 '의지'의 의미로 쓰였다. 나머지는 모두 '추측'과 관련된 표현이다.

오답 피하기

① 구름이 몰려오는 것을 보니 조만간 비가 <u>오겠</u>다.(추측): 아직 오지 않은 비를 추측하고 있으므로, 미래 시제와 관련된 추측으로 쓰였음을 알 수 있다.

② 지금쯤 철수가 집에 도착하여 밥을 <u>먹겠</u>다.(추측): 지금쯤 도착하여 밥을 먹고 있을 것이라고 추측하고 있으므로, 현재 시제에 영향을 미치는 추측으로 쓰였음을 알 수 있다.

④ 8시에 출발하면 10시쯤 <u>도착하겠</u>구나.(추측): 10시쯤에 도착할 것이라 추측하고 있으므로, 미래 시제와 관련된 추측으로 쓰였음을 알 수 있다.

p.71

25 ③　···

· 드리셨을: 드리- + <u>-(으)시-</u> + <u>-었-</u> + <u>-(으)ㄹ</u>
　　　　　　선어말 어미(㉠) / 선어말 어미(㉡) / <u>전성어미(㉢)</u>

'-(으)ㄹ'은 전성어미로 '터'라는 의존 명사를 꾸민다. 따라서 '㉡'은 연결 어미가 아니라 '㉢'인 전성어미로 보아야 한다.

오답 피하기

① 모시겠지만: 모시- + <u>-겠-</u> + <u>-지만</u>
　　　　　　　선어말 어미(㉠) / <u>연결 어미(㉡)</u>

② 오갔기: 오가- + <u>-았-</u> + <u>-기</u>
　　　　　　선어말 어미(㉠) / <u>전성어미(㉣)</u>

④ 보내셨을걸: 보내- + <u>-(으)시-</u> + <u>-었-</u> + <u>-(으)ㄹ걸</u>
　　　　　　　선어말 어미(㉠) / 선어말 어미(㉠) / <u>종결어미(㉤)</u>

p.72

26 ②　···

'불은'의 기본형은 '불다'가 아니라 '붇다'이다. 의미는 '국수가 물에 젖어서 부피가 커지다'이다. 또한 모음 어미인 '-(으)ㄴ'을 만나면 어간의 'ㄷ'은 'ㄹ'로 바뀐다.(ㄷ 불규칙 용언)

오답 피하기

① '-(으)니'란 어미를 만나면 '갈다'는 ㄹ이 탈락된다.(ㄹ 탈락 규칙 용언)

③ 모음 어미인 '-었-'을 만나면, '이르다'는 '르 불규칙 활용'으로 '일렀다'로 활용된다.(르 불규칙 용언)

④ 모음 어미인 '-었-'을 만나면, '들르다'는 'ㅡ'가 탈락되어 '들렀다'로 활용된다.(ㅡ 탈락 규칙 용언)

27 ①　···

'머무르다'는 '르 불규칙 용언'이므로 모음 어미 '-었-'을 만나면, '머물렀다'와 같이 활용해야 한다. '머무르다'는 '머물다'와 같이 준말로 쓸 수는 있지만, 모음 어미가 연결될 때는 준말을 허용하지 않는다.

오답 피하기

② '머무르- + -(으)면서'의 결합으로 '머무르면서'와 같이 쓴다.

③ '서툴- + -(으)ㄴ'의 결합으로 '서툰'과 같이 쓴다. 참고로 '서툴다'는 '서투르다'의 준말이다.('서툴은'으로 쓰지 않는다.)

④ '서투르- + (으)므로'의 결합으로 '서투르므로'와 같이 쓴다.

p.73

28 ③　···

· 휘두르다: 휘두름, <u>휘둘러</u>, 휘두르고, 휘두르네, 휘두르니 → 르 불규칙 용언, 어간이 바뀌는 불규칙

· 자르다: 자름, <u>잘라</u>, 자르고, 자르네, 자르니 → 르 불규칙 용언, 어간이 바뀌는 불규칙

'휘두르다'와 '자르다'는 모두 '르 불규칙'으로 동일하다.

오답 피하기

① · 누르다: 누름, <u>누르러</u>, 누르고, 누르네, 누르니 → 러 불규칙 용언, 어미가 바뀌는 불규칙

　· 오르다: 오름, <u>올라</u>, 오르고, 오르네, 오르니 → 르 불규칙 용언, 어간이 바뀌는 불규칙

② · 이르다: 이름, <u>이르러</u>, 이르고, 이르네, 이르니 → 러 불규칙 용언, 어미가 바뀌는 불규칙

p.68

• 구르다: 구름, 굴러, 구르고, 구르네, 구르니 → 르 불규칙 용언,
  어간이 바뀌는 불규칙

④ • 부르다: 부름, 불러, 부르고, 부르네, 부르니 → 르 불규칙 용언,
  어간이 바뀌는 불규칙

  • 푸르다: 푸름, 푸르러, 푸르고, 푸르네, 푸르니 → 러 불규칙 용
    언, 어미가 바뀌는 불규칙

p.74

29 ③

(다) 불규칙 용언 가운데는 어미가 다른 것으로 바뀌는 경우가 있다.
'불규칙 용언, 어미, 교체'의 예로, '러 불규칙 용언, 여 불규칙 용언,
오 불규칙 용언'이 있다.
• 푸르다: 러 불규칙 용언, 푸르러
• 하다: 여 불규칙 용언, 하여
• 노르다: 러 불규칙 용언, 노르러
따라서 '푸르다(→ 푸르러)'와 '하다(→ 하여)', '노르다(→ 노르러)' 모
두 (다)의 예로 볼 수 있다.

오답 피하기

① • 눕다: '눕다'는 (나)의 예에 해당한다. (가) 불규칙 용언 가운데
  는 어간의 일부가 탈락되는 경우가 있다. '불규칙 용언, 어간,
  탈락'의 예로, 'ㅅ 불규칙 용언'과 'ㅜ 불규칙 용언'이 있다.
  • 짓다: ㅅ 불규칙 용언, 지어
  • 푸다: ㅜ 불규칙 용언, 퍼
    따라서 '짓다(→ 지어)'와 '푸다(→ 퍼)'는 (가)의 예로 볼 수 있는
    데, '눕다'는 'ㅂ 불규칙 용언'이라서 (나)의 예로 보아야 한다.

② • 씻다: '씻다'는 (가)~(라)의 예에 해당하지 않는다. '규칙 용언'
  이다. (나) 불규칙 용언 가운데는 어간의 일부가 다른 것으로 바
  뀌는 경우가 있다. '불규칙 용언, 어간, 교체'의 예로, 'ㄷ 불규칙
  용언, ㅂ 불규칙 용언, 르 불규칙 용언'이 있다.
  • 깨닫다: ㄷ 불규칙 용언, 깨달아
  • 춥다: ㅂ 불규칙 용언, 추워
    따라서 '깨닫다(→ 깨달아)'와 '춥다(→ 추워)'는 (나)의 예로 볼
    수 있는데, '씻다(→ 씻어)'는 '규칙 활용하는 용언'이라 (나)의
    예로 볼 수 없다.

④ • 좋다: '좋다'는 (가)~(라)의 예에 해당하지 않는다. '규칙 용언'
  이다. (라) 불규칙 용언 가운데는 어간과 어미가 함께 바뀌는 경
  우가 있다. '불규칙 용언, 어간과 어미, 교체'의 예로 'ㅎ 불규칙 용
  언'이 있다.
  • 파랗다: ㅎ 불규칙 용언, 파래
  • 부옇다: ㅎ 불규칙 용언, 부예
    따라서 '파랗다(→ 파래), 부옇다(→ 부예)'는 예로 볼 수 있으나,
    '좋다(→ 좋아)'는 '규칙적으로 활용하는 용언'이므로 (라)의 예
    로 볼 수 없다.

30 ④

• ㉠(○): 푸다, 품, 퍼, 푸고, 푸네 → ㅜ 불규칙, 어간이 바뀌는 불규칙
• ㉡(○): 이르다, 이름, 이르러, 이르고, 이르네 → 러 불규칙 용언,
  어미가 바뀌는 불규칙
  ㉠의 '푸다'는 어간만 바뀌는 불규칙 용언이고, ㉡의 '이르다'는 '목
  적지에 다다르다'는 의미를 지닌, 어미만 바뀌는 불규칙 용언이다.

오답 피하기

① • ㉠(○): 빠르다, 빠름, 빨라, 빠르고, 빠르네 → 르 불규칙 용언,
  어간이 바뀌는 불규칙
  • ㉡(×): 노랗다, 노람, 노래, 노랗고, 노라네/노랗네 → ㅎ 불규칙
    용언, 어간과 어미가 바뀌는 불규칙

② • ㉠(×): 치르다, 치름, 치러, 치르고, 치르네 → ─ 탈락 규칙 용
  언, 규칙 활용
  • ㉡(○): 하다, 함, 하여, 하고, 하네 → 여 불규칙 용언, 어미가
    바뀌는 불규칙

③ • ㉠(○): 붇다, 불음, 불어, 붇고, 붇네 → ㄷ 불규칙 용언, 어간이
  바뀌는 불규칙
  • ㉡(×): 바라다, 바람, 바라, 바라고, 바라네 → 규칙 활용

31 ②

• 개울물이 불어서 / 징검다리가 안 보인다.(→ 붇다): '개울물이 불
  었다'의 의미는 '양이 이전보다 많아졌다.'는 의미이다. 따라서 '불
  다'가 기본형이 아니라 '붇다'가 기본형이어야 한다. '붇다'는 ㄷ 불
  규칙 용언으로, 모음 어미 앞에서 'ㄷ'이 'ㄹ'로 바뀐다. 따라서 '붇
  다, 불어서, 불으니'와 같이 활용한다.

오답 피하기

① 아침이면 얼굴이 부어서 / 늘 고생이다.(→ 붓다): '얼굴이 붓다'의
  의미는 '살가죽이나 기관이 부풀어 오르는 것'을 의미한다. 따라
  서 '붓다'가 기본형이다. '붓다'는 ㅅ 불규칙 용언으로, '부어, 부으
  니, 부은'과 같이 활용한다.

③ 은행에 부은 적금만도 / 벌써 천만 원이다.(→ 붓다): '은행에 적금
  을 붓다'의 의미는 '일정한 기간마다 불입금, 이자, 곗돈 따위를
  내다'를 의미한다. 따라서 '붓다'가 기본형이다. '붓다'는 ㅅ 불규
  칙 용언으로, '부어, 부으니, 부은'과 같이 활용한다.

④ 물속에 오래 있었더니 / 손과 발이 퉁퉁 불었다.(→ 붇다): '손과
  발이 불었다'의 의미는 '물에 젖어서 부피가 커지다.'는 의미이다.
  따라서 '붇다'가 기본형이다. '붇다'는 ㄷ 불규칙 용언으로, '붇다,
  불어서, 불으니'와 같이 활용한다.

p.75

32 ①

• 들다(본용언, 동사), 가다(본용언, 동사): '어머니가 바구니를 들다.'
  라는 문장과 '어머니가 가셨다.'는 문장이 결합된 겹문장이다. 따라
  서 '들고 가셨다.'는 '본용언 + 본용언'의 구조로 분석할 수 있다.

오답 피하기

② 끝내다(본용언, 동사), 못하다(보조 동사): '끝내지 못했다.'는 부
  정문이다. 즉, '본용언'에 따라 '보조 용언'이 결정되는 구조이다.

③ 입다(본용언, 동사), 보다(보조 동사): '입어 보다'의 '보다'는 '시
  도'라는 의미를 지닌다. 따라서 '본용언 + 보조 용언'의 구조로 분
  석된다.

④ 놀리다(본용언, 동사), 대다(보조 동사): '놀려 대다'의 '대다'는 '행
  동의 반복, 행동에 대한 심한 정도'라는 의미를 지닌다. 따라서
  '본용언 + 보조 용언'의 구조로 분석된다.

33 ①

- 줍다(본용언, 동사), 버리다(본용언, 동사): '영수는 쓰레기를 줍다'라는 문장과 '영수는 쓰레기를 버렸다.'는 문장이 결합된 겹문장이다. 따라서 '본용언 + 본용언'의 구성으로 쓰였기 때문에 '본용언 + 보조 용언'의 구성이라고 할 수 없다.

오답 피하기

② 알다(본용언, 동사), 척하다(보조 동사): 본용언 + 보조 용언의 구성이다. '척하다'는 '보조 동사'에 해당한다.

③ 먹다(본용언, 동사), 보다(보조 동사): 본용언 + 보조 용언의 구성이다. '먹어(서) 보다'의 의미로 쓰이지 않았으며, 보조 용언처럼 의미를 덧붙여 준다. 이때의 '보다'는 '시도'를 뜻한다.

④ 알다(본용언, 동사), 가다(보조 동사): 본용언 + 보조 용언의 구성이다. '알아(서) 가다'의 의미로 쓰이지 않았으며, 보조 용언처럼 의미를 덧붙여 준다. 이때의 '가다'는 '진행'을 뜻한다.

p.76

34 ③

- 똑똑하다(본용언, 형용사), 못하다(보조 형용사): 해당 문제는 '못하다'의 의미를 구별하는 것이다. '못하다'는 '보조 동사'와 '보조 형용사'에 따라 의미가 구별되고, '보조 형용사'는 의미도 2개로 나뉜다. 이 중 '앞말이 뜻하는 상태에 미치지 아니함을 나타내는 말.'을 의미한다. '똑똑하지 못하다'는 '똑똑하다'라는 형용사이고, 나머지는 모두 동사 구성이므로 ③이 정답이다.

오답 피하기

① 먹다(본용언, 동사), 못하다(보조 동사): 의미는 '앞말이 뜻하는 행동에 대하여 그것이 이루어지지 않거나 그것을 이룰 능력이 없음을 나타내는 말.'이다.

② 잇다(본용언, 동사), 못하다(보조 동사): 의미는 '앞말이 뜻하는 행동에 대하여 그것이 이루어지지 않거나 그것을 이룰 능력이 없음을 나타내는 말.'이다.

④ 가다(본용언, 동사), 못하다(보조 동사): 의미는 '앞말이 뜻하는 행동에 대하여 그것이 이루어지지 않거나 그것을 이룰 능력이 없음을 나타내는 말.'이다.

p.78

35 ②

'동사의 어간'은 '실질 형태소'이지만, '자립 형태소'가 아니라 '의존 형태소'에 해당한다. 이와 달리 '명사'는 '실질 형태소'이지만, '자립 형태소'에 해당한다.

오답 피하기

① '조사'는 '의존 형태소'에 해당한다.

③ '명사'와 '동사의 어간' 모두 실질적인 의미를 가지고 있으므로 '실질 형태소'에 해당한다.

④ '어미'와 '조사'는 모두 문법적 기능을 하므로 '문법 형태소'에 해당한다.

36 ③

'-님'은 접사, '숙제'는 명사, '주-'는 어간에 해당한다. 이때 '접사'는 '실질 형태소'가 아니라 '형식 형태소'에 해당하므로 ③이 정답이다.

오답 피하기

① '께서'는 조사, '-들'은 접사, '주-'는 어간에 해당한다. 모두 '의존 형태소'에 해당한다.

② '께서'는 조사, '를'은 조사, '-다'는 어미이므로, 모두 '형식 형태소'에 해당한다.

④ '선생'은 명사, '우리'는 대명사, '숙제'는 명사이다. 모두 '자립 형태소'에 해당한다.

p.79

37 ①

형태소의 개수는 '조사, 접사, 어미'를 제대로 분석하느냐에 달려 있다. '가변어'에서는 '선어말 어미, 어말 어미, 조사, 접사, 또 다른 어근' 등이 많이 결합하여 있으므로 조심해야 한다.

- 7개 → 뜨-/-어/내리-/-어/ 가-/-았-/-다.

구분	뜨-	-어	내리-	-어	가-	-았-	-다
① 형식		○		○		○	○
		어미		어미		어미	어미
② 실질	○		○		○		
③ 의존	○	○	○	○	○	○	○
④ 자립							

오답 피하기

② 5개 → 따르-/-아/ 버리-/-었-/-다.

구분	따르-	-아	버리-	-었-	-다
① 형식		○		○	○
		어미		어미	어미
② 실질	○		○		
③ 의존	○	○	○	○	○
④ 자립					

③ 5개 → 빌-/-어/먹-/-었-/-다.

구분	빌-	-어	먹-	-었-	-다
① 형식		○		○	○
		어미		어미	어미
② 실질	○		○		
③ 의존	○	○	○	○	○
④ 자립					

④ 5개 → 여쭈-/-어/보-/-았-/-다.

구분	여쭈-	-어	보-	-았-	-다
① 형식		○		○	○
		어미		어미	어미
② 실질	○		○		
③ 의존	○	○	○	○	○
④ 자립					

p.81

38 ②

문제의 핵심은 '형태적' 특징에 있다. '동사'와 '형용사'는 형태와 관련된 표현으로, 활용을 한다는 점에서 용언으로 묶을 수 있다.

오답 피하기

① 통사적 특징에 해당한다. 수식어가 피수식어 앞에 오는 것은 적절한 설명이다.

③ 통사적 특징에 해당한다. 문장 성분의 순서가 무조건 정해져 있지는 않으나, 어느 정도 자유롭게는 움직일 수 있다.

④ 통사적 특징에 해당한다. '주어-목적어-동사'의 어순을 갖는다는 점은 적절한 설명이다.

39 ②

우리나라는 '값'과 같이 음절 말에서 2개의 자음이 연속되어 발음할 수가 없다. 즉, [값]이 아닌 [갑]으로 발음해야 한다.

오답 피하기

① '교착어'란 '언어의 형태적 유형의 하나. 실질적인 의미를 가진 단어 또는 어간에 문법적인 기능을 가진 요소가 차례로 결합함으로써 문장 속에서의 문법적인 역할이나 관계의 차이를 나타내는 언어로, 한국어·튀르키예어·일본어·핀란드어 따위가 여기에 속한다.'를 의미한다. 우리나라는 '조사와 어미'가 바로 교착어로 볼 수 있다.

③ 담화를 하는 과정에서 주어나 목적어는 흔히 생략되길 마련이다. 맥락 상 '주어'와 '목적어'를 유추할 수 있기 때문이다.

④ 우리나라는 '아버지와 어머니'의 가족과 관련된 친족어가 상당히 발달되어 있다. 예를 들어, '고모, 이모, 외삼촌, 삼촌' 등이 있다.

p.83

40 ④

• 날-뛰다: 날-(어근, 동사) + 뛰다(어근, 동사) → 합성어(비통사적), 보조적 연결 어미 ×

'날뛰다'는 '날다'와 '뛰다'의 결합형으로 보조적 연결 어미가 생략한 경우에 해당한다.(비통사적 합성어)

오답 피하기

① 할미-꽃: 할미(어근, 명사) + 꽃(어근, 명사) → 합성어(통사적), 명사 + 명사

② 큰-형: 크-(어근, 형용사) + 관형사형 전성 어미(-(으)ㄴ) + 형(어근, 명사) → 합성어(통사적), 관형어 + 체언

③ 빛-나다: 빛(어근, 명사)(이) + 나다(어근, 동사) → 합성어(통사적), 조사 생략(주어 + 서술어)

41 ④

• 어린-이: 어리-(어근, 형용사) + 관형사형 전성 어미(-(으)ㄴ) + 이(어근, 명사) → 합성어(통사적), 관형어 + 체언

• 가져-오다: 가지-(어근, 동사) + 보조적 연결 어미(-어) + 오다(어근, 동사) → 합성어(통사적), 보조적 연결 어미 ○

오답 피하기

① • 흔들-바위: 흔들(어근, 부사) + 바위(어근, 명사) → 합성어(비통사적), 부사 + 명사
   • 곶-감: 곶-(어근, 동사) + 감(어근, 명사) → 합성어(비통사적), 관형사형 전성 어미 ×

② • 새-언니: 새(어근, 관형사) + 언니(어근, 명사) → 합성어(통사적), 관형사 + 명사
   • 척척-박사: 척척(어근, 부사) + 박사(어근, 명사) → 합성어(비통사적), 부사 + 명사

③ • 길-짐승: 기-(어근, 동사) + 관형사형 전성 어미(-(으)ㄹ) + 짐승(어근, 명사) → 합성어(통사적), 관형어 + 체언
   • 높-푸르다: 높-(어근, 형용사) + 푸르다(어근, 형용사) → 합성어(비통사적), 보조적 연결 어미 ×

p.84

42 ②

• 덮-밥: 덮-(어근, 동사) + 밥(어근, 명사) → 합성어(비통사적), 관형사형 전성 어미 ×

• 짙-푸르다: 짙-(어근, 형용사) + 푸르다(어근, 형용사) → 합성어(비통사적), 보조적 연결 어미 ×

오답 피하기

① • 열-쇠: 열-(어근, 동사) + 관형사형 전성 어미(-(으)ㄹ) + 쇠(어근, 명사) → 합성어(통사적), 관형어 + 체언
   ※ '열쇠'를 '비통사적 합성어'로 보는 시각도 있지만, 국립국어원에서는 '통사적 합성어'로 본다.
   • 새-빨갛다: 새-(접사) + 빨갛다(어근, 형용사) → 파생어

③ • 감-발: 감-(어근, 동사) + 발(어근, 명사) → 합성어(비통사적), 관형사형 전성 어미 ×
   • 돌아-가다: 돌-(어근, 동사) + 보조적 연결 어미(-아) + 가다(어근, 동사) → 합성어(통사적), 보조적 연결 어미 ○

④ • 젊은-이: 젊-(어근, 형용사) + 관형사형 전성 어미(-(으)ㄴ) + 이(어근, 명사) → 합성어(통사적), 관형어 + 체언
   • 가로-막다: 가로(어근, 부사) + 막다(어근, 동사) → 합성어(통사적), 부사 + 용언

43 ③

• 부슬-비: 부슬(어근, 부사) + 비(어근, 명사) → 합성어(비통사적), 부사 + 명사

• 늦-더위: 늦-(어근, 용언) + 더위(어근, 명사) → 합성어(비통사적), 관형사형 전성 어미 ×
   ※ '늦더위'의 '늦-'은 접사도 있으므로 파생어도 가능하다.

• 굶-주리다: 굶-(어근, 동사) + 주리다(어근, 동사) → 합성어(비통사적), 보조적 연결 어미 ×

① • 힘-들다: 힘(어근, 명사) + 들다(어근, 동사) → 합성어(통사적), 조사 생략

• 작은-집: 작-(어근, 형용사) + 관형사형 전성 어미(-(으)ㄴ) + 집(어근, 명사) → 합성어(통사적), 관형어 + 체언

• 돌아-오다: 돌-(어근, 동사) + 보조적 연결 어미(-아) + 오다(어근, 동사) → 합성어(비통사적), 보조적 연결 어미 ○

② • 검-붉다: 검-(어근, 형용사) + 붉다(어근, 형용사) → 합성어(비통사적), 보조적 연결 어미 ×

• 굳-세다: 굳-(어근, 동사) + 세다(어근, 형용사) → 합성어(비통사적), 보조적 연결 어미 ×

• 밤-낮: 밤(어근, 명사) + 낮(어근, 명사) → 합성어(통사적), 명사 + 명사

④ • 빛-나다: 빛(어근, 명사)(이) + 나다(어근, 동사) → 합성어(통사적), 조사 생략(주어 + 서술어)

• 보-살피다: 보-(어근, 동사) + 살피다(어근, 동사) → 합성어(비통사적), 보조적 연결 어미 ×

• 오르-내리다: 오르-(어근, 동사) + 내리다(어근, 동사) → 합성어(비통사적), 보조적 연결 어미 ×

44 ③ ·······

• 강-기침: '마른기침'을 일상적으로 이르는 말.=건기침.

※ -강(접사): 「2」 ((몇몇 명사 앞에 붙어)) '마른' 또는 '물기가 없는'의 뜻을 더하는 접두사.

① 강-염기(強鹽基): 『화학』 수용액에서 수산화 이온과 양이온으로 완전히 해리되는 염기. 수산화 칼륨, 수산화 나트륨 따위가 이에 속한다.≒강알칼리.

② 강-타자(強打者): 『체육』 야구에서, 타격이 강한 타자.

④ 강-행군(強行軍): 「1」 어떤 일을 짧은 시간 안에 끝내려고 무리하게 함.

※ -강(強)(접사): ((일부 명사 앞에 붙어)) '매우 센' 또는 '호된'의 뜻을 더하는 접두사.

45 ① ·······

'군-식구'는 ②의 의미를 지닌다.

② '쓸데없는 말'이란 의미이다.

③ '쓸데없는 살'이란 의미이다.

④ '쓸데없는 기침'이란 의미이다.

46 ① ·······

• 좁-히다: 좁-(어근) + -히-(접사) → 파생어

→ 좁다(형용사) → 좁히다(동사), (품사가 바뀐 예)

'좁다'는 형용사이고, '좁히다'는 사동사이다. 품사를 바꾸어 주는 접사 '-히-'가 결합되어 있다. 따라서 '품사를 바꾸어 주는 접사가 포함된 예'로 ①을 들 수 있다.

② 밀-치다: 밀-(어근) + -치-(강세 접미사) → 파생어

→ 밀다(동사) → 밀치다(동사)

③ 치-솟다: 치-(접사) + 솟다(어근) → 파생어

→ 솟다(동사) → 치솟다(동사)

④ 엿-보다: 엿-(접사) + 보다(어근) → 파생어

→ 보다(동사) → 엿보다(동사)

47 ② ·······

• 맨-손: 맨-(접사) + 손(어근) → 파생어

• 울-보: 울-(어근) + -보(접사) → 파생어

→ 울다(동사) → 울보(명사), (품사가 바뀐 예)

① • 동화-책: 동화(어근) + 책(어근) → 합성어

• 책-상: 책(한자어 어근) + 상(한자어 어근)

③ • 시-동생(媤동생): 시-(접사) + 동생(어근) → 파생어

• 어깨-동무: 어깨(어근) + 동무(어근) → 합성어

④ • 크다: 단일어

• 복-스럽다: 복(어근) + -스럽-(접사) → 파생어

→ 복(명사) → 복스럽다(형용사), (품사가 바뀐 예)

48 ② ·······

• 정-답다: 정(어근, 명사) + -답-(접사)

→ 정(명사) → 정답다(형용사), (품사가 바뀐 예)

1) '정답다'는 명사 '정'에 접사인 '-답-'이 결합된 예이다.

2) 명사에 접사가 결합하여 형용사로 바뀌었다.

3) '낚시질'과 동일하게 접미사가 결합되긴 하지만 어근의 품사가 바뀌었으므로 ㉠의 예로 볼 수 있다.

① [황금을 보기(=보다)]를 돌같이 하라.: '황금을 보기'는 명사절로, 이때의 '-기'는 접미사가 아닌 명사형 전성 어미로 보아야 한다.

③ [옥수수 알이 크기(=크다)]에는 안 좋은 날씨이다.: '옥수수 알이 크기'는 명사절로, 이때의 '-기'는 접미사가 아니라 명사형 전성 어미로 보아야 한다.

④ 낚시-질: 낚시(어근) + 질(접사)

→ 낚시(명사) → 낚시질(명사)

1) '낚시질'의 '질'은 접미사이다.

2) 이때의 '-질'은 품사를 바꾸지는 못한다.

49 ①

- 톱-질: 톱(어근) + -질(접사) → 파생어
- 슬픔: 슬프-(어근) + -(으)ㅁ(접사) → 파생어
- 잡-히다: 잡-(어근) + -히-(접사) → 파생어

'톱질, 슬픔, 잡히다' 모두 파생어이기 때문에 ①이 정답이다.

오답 피하기

② • 접-칼: 접-(어근) + 칼(어근) → 합성어
　• 작은-아버지: 작-(어근) + 아버지(어근) → 합성어
　• 치-솟다: 치-(접사) + 솟-(어근) → 파생어
파생어는 오로지 '치솟다'뿐이므로 정답이 될 수 없다.

③ • 헛-고생: 헛-(접사) + 고생(어근) → 파생어
　• 김치-찌개: 김치(어근) + 찌개(어근) → 합성어
　• 어른-스럽다: 어른(어근) + -스럽-(접다) → 파생어
파생어는 '헛고생, 어른스럽다'뿐이므로 정답이 될 수 없다.

④ • 새-해: 새(어근) + 해(어근) → 합성어
　• 구경-꾼: 구경(어근) + -꾼(접사) → 파생어
　• 돌-보다: 돌-(어근) + 보-(어근) → 합성어
파생어는 '구경꾼'뿐이므로 정답이 될 수 없다.

p.94

50 ②

- 낯-섦: 낯-(어근) + 설-(어근) + -(으)ㅁ(명사형 전성 어미), '낯섦'은 '낯설다'의 '낯설-'에 명사형 전성 어미 '-ㅁ'이 붙은 형태이므로 (i) 품사를 바꾸는 것으로도 (ii) 자동사를 타동사로 바꾸는 것으로도 보기 어렵다. '낯설다'는 '형용사'이며, '낯섦'도 역시 형용사이다.

오답 피하기

① 보-기: 보다(동사) + -기(접사) → 보기(명사), 품사가 바뀐 예
③ 낮-추다: 낮다(형용사) + -추-(접사) → 낮추다(동사), 품사가 바뀐 예
④ 꽃-답다: 꽃(명사) + -답-(접사) → 꽃답다(형용사), 품사가 바뀐 예

p.95

51 ①

〈보기〉의 핵심은 다음과 같다. 해당 단어는 '합성어'여야 한다. 합성어 안에 '파생어'가 있어야 한다. 즉, '어근 + (어근 + 접사)'의 구조를 가진 단어를 찾아야 한다는 의미이다. 이와 같은 구조를 가진 단어는 '책꽂이'이다.

> 책(명사) + [꽃-(어근) + -이(접사)]
> 　　　　　　　　　(파생)
> 　　　　(합성)

오답 피하기

② 헛-소리: 헛-(접사) + 소리(어근) → 파생어
③ 가리-개: 가리-(어근) + -개(접사) → 파생어

④ 흔들-림: [흔들-(어근) + -리-(접사)] + -(으)ㅁ(명사형 전성 어미) → '흔들리다'는 파생어

※ 참고: 흔들림은 사전에 등재되지 않았기 때문에 파생어로 보기는 어렵고, 마지막 '-(으)ㅁ'은 명사형 전성 어미가 결합한 것으로 보아야 할 것이다.

52 ①

- 기뻐-하다: 기쁘-(어근) + -어(어미) + -하-(접사) → 파생어

'기쁘다'에 동사 파생 접미사인 '-하다'를 결합하면, 동사 '기뻐하다'가 된다. 참고로 '-어하다'가 '구(句)'에 결합한 경우가 아니라면 앞말에 붙여 써야 한다.

오답 피하기

② '시누이'는 접미사가 아닌 접두사가 결합하였다.
　• 시-누이(媤누이): 시-(접사) + 누이(어근) → 접두파생명사
　• 선생-님(先生님): 선생(어근) + -님(접사) → 접미파생명사

③ '빗나가다, 공부하다' 모두 합성동사가 아니라 파생어이다.
　• 빗-나가다: 빗-(접사) + 나가(어근) → 파생어
　• 공부-하다: 공부(어근) + -하-(접사) → 파생어

④ '한여름'은 단일어가 아니다.
　• 한-여름: 한-(접사) + 여름(어근) → 파생어

53 ②

'덮밥'은 비통사적 합성어이다. 파생어가 아니다. '회덮밥'은 '회(어근) + 덮밥(어근)'의 결합인 합성어이다.

오답 피하기

① '바다'와 '맑다'는 하나의 실질 형태소로 이루어져 있으므로 둘 다 단일어이다.
③ '곁눈질'에서 '곁눈'은 '곁'과 '눈' 각각 어근으로 보아야 하므로 합성어이다.(참고로 '곁'은 명사로만 존재하고 접사는 없다.) 그리고 '곁눈'이란 어근에 '-질'이라는 접사가 결합하여 파생어가 된다.
④ '웃다'의 어근 '웃-'에 '-음'이라는 접사가 결합하여 동사에서 명사로 바뀐 파생어이다.

01 ③

'만'은 '한정', '도'는 '더함'의 뜻을 앞말에 더해 주는 보조사이다. '조사의 결합'만으로 앞말의 품사를 바꾸지 않는다.

오답 피하기

① '이, 을, 가, 이다' 모두 앞말이 문장에서 일정한 자격을 가질 수 있게 해 주는 격 조사이다.
② '와'와 '랑'은 두 말을 같은 자격으로 이어 주는 접속조사이다.
④ 조사는 체언(꽃)과 용언(예쁘게), 부사(천천히) 뒤에 결합할 수 있다.
⑤ ㅁ은 '이', 조사 생략, '만+으로+도'의 형태로 이루어진 예이다.

02 ③

'두'는 '관형사'로 문장 안에서 수식의 기능을 하는 단어이다. '하나'는 '수사'로 문장 안에서 수식의 기능을 하지 않는 단어이다. 따라서 ③이 정답이다.

오답 피하기

① '도'와 '만'은 형태가 변하지 않는 조사(=불변어)이다.
② '이루었다(이루다)'와 '그린(그리다)'은 형태가 변하는 동사(=가변어)이다.
④ '나무'와 '꽃'은 사물의 이름을 나타내는 명사이다.
⑤ '넓게'와 '희미하다'는 대상의 상태를 나타내는 형용사이다.

03 ④

• 치르다(ㅡ 탈락 규칙 용언): 치르- + -어 → 치러
• 흐르다(르 불규칙 용언): 흐르- + -어 → 흘러
'치르다'는 '치러'와 같이 활용하는데, 여기서 'ㅡ'가 탈락하지만, 규칙 활용의 예이다. 그런데, '흐르다'는 '흘러'와 같이 모음 어미 앞에서 어간의 '르'가 'ㄹㄹ' 형태로 변하는 불규칙 활용의 예이다. 따라서 어미가 바뀌는 경우(ⓒ)가 아니라 어간이 바뀌는 경우(ⓐ)이다.

오답 피하기

① • 솟다(규칙 용언): 솟- + -아 → 솟아
   • 낫아(ㅅ 불규칙 용언): 낫- + -아 → 나아
   '낫다'는 모음 어미 앞에서 어간의 'ㅅ'이 탈락하는 'ㅅ 불규칙 용언'에 해당하므로, 어간이 바뀌는 경우(ⓐ)이다.
② • 얻다(규칙 용언): 얻- + -어 → 얻어
   • 엿듣다(ㄷ 불규칙 용언): 엿듣- + -어 → 엿들어
   '엿듣다'는 모음 어미 앞에서 어간의 'ㄷ'이 'ㄹ'로 바뀌는 'ㄷ 불규칙 용언'에 해당하므로, 어간이 바뀌는 경우(ⓐ)이다.
③ • 먹다(규칙 용언): 먹- + -어 → 먹어
   • 하다(여 불규칙 용언): 하- + -아 → 하여
   '하다'는 어간 '하-' 뒤에 모음 어미 '-아' 대신에 '-여'로 바뀌는 '여 불규칙 용언'에 해당하므로, 어미가 바뀌는 경우(ⓒ)이다.
⑤ • 수놓다(규칙 용언): 수놓- + -아 → 수놓아
   • 파랗다(ㅎ 불규칙 용언): 파랗- + -아 → 파래
   'ㅎ'으로 끝나는 어간 '파랗-'에 모음 어미 '-아'가 올 때 어간과

어미가 모두 바뀌어 '파래'가 된다. 따라서 '파랗다'는 어간과 어미가 모두 바뀌는 경우(ⓒ)이다.

04 ⑤

• 내일 해야 할 업무가 생각만큼 쉽지는 ⓐ않겠다.
　　　　　　본용언+보조 용언(보조 형용사)
• 나는 부모님께 야단맞을까 ⓑ봐 얘기도 못 꺼냈다.
　　　　　　본용언+보조 용언(보조 형용사)
• 일을 마무리했음에도 사람들은 집에 가지 ⓒ않았다.
　　　　　　　　본용언+보조 용언(보조 동사)
• 새로 일할 사람이 업무 처리에 항상 성실했으면 ⓓ한다.
　　　　　　　　　본용언+보조 용언(보조 동사)
• 이런 일을 당해 ⓔ보지 않은 사람은 내 심정을 모를 것이다.
　　본용언+보조 용언(보조 동사)
1) 보조 동사: ⓒ, ⓓ, ⓔ
2) 보조 형용사: ⓐ, ⓑ
따라서 ⑤가 정답이다.

05 ②

• Ⓐ 그는 순식간에 사과를 던져서 베어 버렸다(ㄱ).
　　　　　　본용언 / 본용언 + 보조 용언
• Ⓑ 그는 식당에서 고기를 먹어 치우고 일어났다(ㄴ).
　　　　　　본용언 + 보조 용언 / 본용언
• Ⓒ 그에게 전화를 했을 때 그가 깨어 있어 행복했다(ㄴ).
　　　　　　본용언 + 보조 용언 / 본용언
• Ⓓ 나는 경기에 출전하지 못하고 의자에 앉아 있게 생겼다(ㄷ).
　　　　　　본용언 + 보조 용언 + 보조 용언
• Ⓔ 나는 평소 밥을 좋아하는데 오늘은 갑자기 빵을 먹고 싶게 되었다(ㄷ).
　　　　　　본용언 + 보조 용언 + 보조 용언
'치우고'와 '일어나다'는 둘 다 '본용언'이므로, '보조적 연결 어미'인 '-고'가 결합하였다는 말은 적절하지 않다. 또한 ㄱ~ㄷ 중 어디에도 해당하지 않는다.

오답 피하기

① '베어 버리다'는 '본용언 + 보조 용언'의 구조로, 보조적 연결 어미인 '-어'가 결합한 표현이다. 또한 '본용언, 본용언, 보조 용언'의 구성으로 되어 있으므로 ㄱ에 해당한다고 볼 수 있다.
③ '깨어 있다'는 '본용언 + 보조 용언'의 구조로, 보조적 연결 어미인 '-어'가 결합한 형태이다. 또한 '본용언 + 보조 용언, 본용언'의 구성으로 되어 있으므로 ㄴ에 해당한다고 볼 수 있다.
④ '앉아 있게'는 '본용언 + 보조 용언'의 구조로, 보조적 연결 어미인 '-아'가 결합한 형태이다. 또한 '본용언 + 보조 용언 + 본용언'의 구성으로 되어 있으므로 ㄷ에 해당한다고 볼 수 있다.
⑤ '먹고 싶게'는 '본용언 + 보조 용언'의 구조로, 보조적 연결 어미인 '-고'가 결합한 형태이다. 또한 '본용언 + 보조 용언 + 본용언'의 구성으로 되어 있으므로 ㄷ에 해당한다고 볼 수 있다.

Chapter ✦ 03 통사론

확인문제

p.100

1 ①

• 입은 비뚤어져도 / 말은(목적어) 바로 해라(서술어): '하다'는 목적어를 필요로 한다. '말을 바로 하다'로 분석되므로 '말은'의 문장 성분은 '목적어'이다. 나머지는 모두 '주어'에 해당되므로 ①이 정답이다.

오답 피하기

② 호랑이도(주어) / 제 말 하면 / 온다(서술어).: '온다'는 주어를 필요로 하는 서술어이므로 '호랑이도'의 문장 성분은 '주어'이다.(호랑이 온다.)

③ 아니 땐 / 굴뚝에 연기(가)(주어) 날까(서술어)?: '나다'는 주어를 필요로 하는 서술어이므로 '연기'의 문장 성분은 '주어'이다.(연기(가) 날까?)

④ 꿀도(주어) 약이라면(서술어) / 쓰다.: '약이다'는 주어를 필요로 하는 서술어이므로 '꿀도'의 문장 성분은 '주어'이다.(꿀이 약이다.)

2 ④

조사 결과를 실시한 주체는 '정부'이다. 이때의 '에서'는 부사격 조사가 아닌 주격 조사로 보아야 한다. 따라서 '정부에서'는 부사어가 아니라 '주어'이다.

오답 피하기

① 시장에서: 이때의 '에서'는 「1」 앞말이 행동이 이루어지고 있는 처소의 부사어임을 나타내는 격 조사.'를 의미한다.

② 마음에서: 이때의 '에서'는 「4」 앞말이 근거의 뜻을 갖는 부사어임을 나타내는 격 조사.'를 의미한다.

③ 이에서: 이때의 '에서'는 「5」 앞말이 비교의 기준이 되는 점의 뜻을 갖는 부사어임을 나타내는 격 조사.'를 의미한다.

p.101

3 ④

'넓다'는 '주어'만 필요로 하는 1자리 서술어이다.

오답 피하기

① '같다'는 '주어와 필수적 부사어'를 필요로 하는 2자리 서술어이다.

② '아니다'는 '주어와 보어'를 필요로 하는 2자리 서술어이다.

③ '울리다'는 '주어와 목적어'를 필요로 하는 2자리 서술어이다.

4 ③

'달라'는 '주어(철수의 생각은)'와 '부사어(나와는)'를 필요로 하는 2자리 서술어이다. 따라서 3자리를 2자리로 고쳐야 한다. 정답은 ③이다.

오답 피하기

① '같다'는 '주어(우정은)'와 '부사어(보석과도)'를 필요로 하는 2자리 서술어이다.

② '되다'는 '주어(나)'와 '보어(녹초가)'를 필요로 하는 2자리 서술어이다.

④ '넣다'는 '주어(원영이가)'와 '목적어(편지를)'와 '부사어(우체통에)'를 필요로 하는 3자리 서술어이다.

p.102

5 ②

문장 성분을 분석할 때 필요한 것은 '서술어'이다. '날아가다'는 주어를 필요로 하는 서술어이다. 따라서 '마음만은' 목적어가 아닌 주어이므로 ②가 정답이다. ①, ③, ④의 밑줄 친 부분은 모두 목적어이다.

오답 피하기

① '먹다'는 목적어를 필요로 하는 서술어이므로 '밥도'의 문장 성분은 '목적어'이다.(밥을 먹다.)

③ '주다'는 목적어를 필요로 하는 서술어이므로 '물만'의 문장 성분은 '목적어'이다.(물을 주다.)

④ '싫어하다'는 목적어를 필요로 하는 서술어이므로 '사투리까지'의 문장 성분은 '목적어'이다.(사투리를 싫어하다.)

p.103

6 ③

'에게'는 부사격 조사이다. 따라서 '나에게'는 '부사어'이므로 '관형어'라고 볼 수 없다.

오답 피하기

① 새(관형사): 관형사는 관형어가 된다.

② 군인인(어간+관형사형 전성 어미(-(으)ㄴ)): '군인인'은 서술격 조사(이다)와 '-(으)ㄴ'이란 '관형사형 전성 어미'가 결합한 관형어이다.

④ 시골의(체언+관형격 조사): '시골의'는 관형격 조사 '의'가 결합한 경우이다. 이때 관형격 조사가 결합하면 관형어가 될 수 있다.

7 ①

모두 관형어를 만드는 방법이다.

• ㉠: 관형어의 특징이다. 관형어는 체언류를 꾸미는 문장 성분이다.

• ㉡: '명사 + 명사'의 구조일 때, 앞의 '명사'가 관형어의 역할을 한다.

• ㉢: 용언이 관형어가 되려면, '관형사형 전성 어미'인 '-(으)ㄴ, -(으)ㄹ, -는, -던'이 있어야 한다.

• ㉣: '관형격 조사'인 '의'가 결합하면 관형어가 된다.

따라서 정답은 ㉠~㉣이 모두 있는 ①이 된다.

p.104

8 ②

• 그 학생이 아주 새 사람이 되었더라.: '아주'의 품사는 '부사'이다. 해당 문장에서는 '아주'가 관형사인 '새'를 꾸민다. 정리하자면, '아주'는 '부사어'로 쓰인 것을 알 수 있다.

① • 지금도 나는 <u>어머니의</u> 말씀이 기억난다.: '어머니'는 '명사'이고, '의'는 '관형격 조사'이다. '어머니의'는 '말씀'을 수식하므로 '관형어'로 보아야 한다.

③ • <u>바로</u> 옆집에 삼촌이 사신다.: '바로'는 품사가 '부사'인 것은 맞다. 그런데 문장 성분을 물었기 때문에 '옆집'인 명사를 수식하므로 '관형어'로 보아야 한다.

④ • 5월에 <u>예쁜</u> 꽃을 보러 가자.: '예쁜'의 품사는 '형용사'이다. '예쁜'은 '꽃'을 수식하므로 '관형어'로 보아야 한다.(물론 '예쁜'을 관형절로 볼 수도 있고, 따라서 '서술어'도 가능하다.)

p.105

9 ③

'물이'는 주어이고, '얼음이'는 보어이다. 따라서 서술어를 꾸며주는 '부사어'로 볼 수 없다.

① '지원은' 깨우는 주체이므로 주어로 보아야 한다.

② '만들다'는 '유선은'이란 주어와 '도자기를'이란 목적어를 필요로 한다.

④ '어머나'는 다른 문장 성분과 직접적으로 관련이 없는 '독립어'에 해당한다.

10 ③

• ㉢: '물이 얼음으로 되었다'는 문장은 '주어'와 '부사어(부사격 조사: 으로)', 그리고 '되다'라는 서술어로 구성되어 있다. 따라서 ㉢은 적절한 설명이다.

• ㉣: 부사어는 '관형어, 부사어, 용언, 문장 전체' 등을 꾸민다.

• ㉤: '영호야'와 같이 체언에 호격 조사가 결합할 때, '독립어'로 본다. 따라서 ㉢, ㉣, ㉤이 있는 ③이 정답이다.

• ㉠: 서술어는 서술어의 성격에 따라 필요로 하는 문장 성분의 숫자가 다르며, 종류는 1자리 서술어, 2자리 서술어, 3자리 서술어가 있다. ㉠에는 서술어가 아닌 '주어'가 적혀 있으므로 ㉠은 옳은 설명이 아니다.

• ㉡: 주성분으로는 '주어, 서술어, 목적어, 보어'가 있다. '부사어'는 부속 성분에 해당한다.

• ㉥: 주어, 목적어 모두 생략할 수 있다.

p.108

11 ②

• <u>가능한</u>(관형어) 한 깨끗하게 청소하여라.: '가능한'이란 관형어가 있으므로 '한'은 무조건 체언이어야 한다. '한'은 명사이다.

• 그녀는 <u>웃을</u>(관형어) 뿐 말이 없었다.: '웃을'이란 관형어가 있으므로 '뿐'은 무조건 체언이어야 한다. '뿐'은 의존 명사이다.

'한'과 '뿐'만이 명사이므로 ②가 정답이다.

①, ④ • [십 년 만에 그 친구를 <u>만남</u>(서술어)]으로써 / <u>갈등이</u>(주어) 다소 <u>해결되었다</u>(서술어).: '십 년 만에 그 친구를 만나다.'와 같이 문장이 분석된다. 이때의 '만남'은 명사가 아닌 동사로 보아야 한다. 참고로 '-(으)ㅁ'은 '명사형 전성 어미'이다.

③, ④ • [나를 <u>보기</u>(서술어)] <u>위해</u>(서술어) <u>왔니</u>(서술어)?: '나를 보다.'와 같이 문장이 분석된다. 이때의 '보기'는 명사가 아닌 동사로 보아야 한다. 참고로 '-기'는 '명사형 전성 어미'이다.

12 ③

• [<u>태산이</u>(주어) 높음(서술어)]을 <u>사람들은</u>(주어) 알지 못한다(서술어).: '태산이 높음'은 '태산이 높다'라는 문장으로 분석된다. 즉, '높음'의 '-(으)ㅁ'은 명사형 전성 어미이며, '높다'가 기본형이다.

① <u>그는</u>(주어) [<u>수줍음이</u>(주어) <u>많은</u>(서술어)] <u>사람이다</u>(서술어).: '수줍음이 많다.'와 같이 문장이 분석되며, '수줍다가 많다.'와 같이 활용되지 않는다. 이때 '수줍음'의 '-(으)ㅁ'은 명사화 접사이다. 참고로, '수줍음'은 사전에 등재된 명사이다.

② <u>그는</u>(주어) 죽음을 <u>각오하고</u>(서술어) / 일에 <u>매달렸다</u>(서술어).: '그는 죽음을 각오하다.'와 같이 문장이 분석되며, '그는 죽다.'와 같이 활용되지 않는다. 이때 '죽음'의 '-(으)ㅁ'은 명사화 접사이다. 참고로, '죽음'은 사전에 등재된 명사이다.

④ 나라를 <u>위해</u>(서술어) / [<u>젊음을</u> <u>바친</u>(서술어)] <u>사람이</u>(주어) 애국자다(서술어).: '사람이 젊음을 바치다.'와 같이 문장이 분석되며, '사람이 젊다'와 같이 활용되지 않는다. 이때 '젊음'의 '-(으)ㅁ'은 명사화 접사이다. 참고로, '젊음'은 사전에 등재된 명사이다.

p.109

13 ②

• <u>저는</u>(주어) [<u>제가</u>(주어) 직접 그분을 <u>만난</u>(서술어)] <u>기억이</u>(주어) 없습니다(서술어).: '제가 직접 그분을 만났다.'는 내용과 '기억'이 동격이고, 특정 문장 성분이 생략되지 않았다. 따라서 해당 관형절은 '동격 관형절'에 해당한다.

① • [<u>내가</u>(주어) 어제 책을 <u>산</u>(서술어)] <u>서점은</u>(주어) 우리 집 옆에 있다(서술어).: '내가 어제 책을 (서점에서)(부사어) 샀다.'와 같은 구조로 분석된다. 부사어가 생략된 '관계 관형절'이다.

③ • 그 <u>화가는</u>(주어) 붓을 <u>놓고</u>(서술어) / [<u>이마에</u> <u>흐르는</u>(서술어)] 땀을 <u>씻었다</u>(서술어).: '(땀이)(주어) 이마에 흐른다.'와 같은 구조로 분석된다. 주어가 생략된 '관계 관형절'이다.

④ • [<u>햇불을</u> <u>추켜든</u>(서술어)] <u>사람들이</u>(주어) 골짜기를 샅샅이 <u>뒤졌다</u>(서술어).: '(사람들이)(주어) 햇불을 추켜들다.'와 같은 구조로 분석된다. 주어가 생략된 '관계 관형절'이다.

14 ③

- 나는(주어) [영수가(주어) 애쓴(서술어)] 사실을 알고 있다(서술어).: '영수가 애쓴'은 동격 관형절에 해당한다. '영수가 애쓰다'는 문장에는 생략된 문장 성분이 없으며, '사실'은 영수가 애쓴 상황과 동일한 의미를 지닌다. ③만 '동격 관형절'이고, 나머지는 '관계 관형절'이다.

오답 피하기

① 나는(주어) [영수가(주어) 만든(서술어)] 음식이(주어) 정말 맛있다(서술어).: '영수가 만든'은 '영수가 (음식을)(목적어) 만들다.'와 같은 구조로 분석된다. 목적어가 생략된 '관계 관형절'이다.
② [영수가(주어) 한(서술어)] 질문이(주어) 너무 어려웠다(서술어).: '영수가 한'은 '영수가 (질문을)(목적어) 하다.'와 같은 구조로 분석된다. 목적어가 생략된 '관계 관형절'이다.
④ [영수가(주어) 들은(서술어)] 소문은(주어) 헛소문이었다(서술어).: '영수가 들은'은 '영수가 (소문을)(목적어) 듣다.'와 같은 구조로 분석된다. 목적어가 생략된 '관계 관형절'이다.

p.111

15 ③

- [아이들이(주어) 놀다 간(서술어)] 자리는(주어) 항상 어지럽다(서술어).: '관형절'로 안긴문장.
  주성분은 '주어, 서술어, 목적어, 보어'이므로 '관형어'는 여기에 해당하지 않는다.

오답 피하기

① 그 학교는(주어) [교정이(주어) 넓다(서술어).]: '서술절'로 안긴문장. 서술어는 주성분이다.
② 농부들은(주어) [비가(주어) 오기(서술어)]를 학수고대한다(서술어).: '명사절'로 안긴문장. 목적어는 주성분이다.
④ [대화가(주어) 어디로 튈지(서술어)](를) 아무도(주어) 몰랐다(서술어).: '명사절'로 안긴문장. 목적어는 주성분이다.

p.113

16 ③

- 해진이는(주어) 울산에 살고(서술어) / 초희는(주어) 광주에 산다(서술어).: '대등적'으로 연결된 이어진 문장.

오답 피하기

① 나는(주어) [동생이(주어) 시험에 합격하기(서술어)]를 고대한다(서술어).: '명사절'로 안긴문장이다.
② [착한(서술어)] 영호는(주어) 언제나 친구들을 잘 도와준다(서술어).: '관형절'로 안긴문장이다.('착한'은 관형어로 분석하기도 한다.)
④ 아버지께서는(주어) 나에게 [내일 가족 여행을 가자고(서술어)] 말씀하셨다(서술어).: '인용절'로 안긴문장이다. 인용격 조사 '고'를 확인할 수 있다.

17 ②

- 봄이(주어) 오면(서술어) / 꽃이(주어) 핀다(서술어).: '꽃이 피면, 봄이 온다.'는 구조로 바꾸면, 문장의 의미가 달라진다. 즉, 해당 문장은 '이어진 문장'에 해당하며 종속적으로 이어진 문장으로 분석이 된다.
  그런데 나머지 ①, ③, ④ 모두 안긴문장으로 분석이 되기 때문에 정답은 ②이다.

오답 피하기

① [그 일은(주어) 하기(서술어)]가(주어) 쉽지 않다(서술어).: '명사절'로 안긴문장이다.
③ 철수는(주어) 발에 [땀이(주어) 나도록(서술어)] 뛰었다(서술어).: '부사절'로 안긴문장이다.
④ 우리는(주어) [인간이(주어) 존귀하다고(서술어)] 믿는다(서술어).: '인용절'로 안긴문장이다.

p.116

18 ②

'밥 좀 먹읍시다'에서 '-(으)ㅂ시다'라는 청유형 어미가 확인된다. 다만, 화자와 청자 모두가 서술어의 행동을 하기 원해서 쓴 것은 아니다. '화자만' 행동하기를 바랄 때 쓴 말이므로 ②가 정답이다.

오답 피하기

① '-자'라는 청유형 어미가 있지만, '청자'인 '친구'가 행동하기를 바랄 때 쓴 말이다.
③ '-합시다'라는 청유형 어미가 있지만, '화자와 청자'인 회의에 참여한 사람 모두가 행동하기를 바랄 때 쓴 말이다.
④ '-자'라는 청유형 어미가 있지만, '화자와 청자'인 '나와 친구' 모두가 행동하기를 바랄 때 쓴 말이다.

p.122

19 ③

시제 문제를 풀 때는 '발화시'와 '사건시'를 기준으로 접근해야 한다. '늙다, 닮다, 마르다'의 의미가 상태와 관련이 깊다 보니 시제를 파악하기가 어렵다. 이 중에서 '그 사람은 작년에 부쩍 늙었어.'는 현재 상황에 영향을 미치지 않은 채 '과거'에 늙었다는 의미이다. 따라서 ③만이 세 문장과 시제가 다르다.(과거 시제)

오답 피하기

① '세월이 많이 흐르긴 흘렀네, 너도 많이 늙었다.'는 과거에 완료되어 현재까지 그 영향이 지속되는 것으로 이해된다.
② '너는 네 아버지 어릴 때를 꼭 닮았어.'는 과거에 완료되어 현재까지 그 영향이 지속되는 것으로 이해된다.
④ '고생해서 그런지 많이 말랐네.'는 과거에 완료되어 현재까지 그 영향이 지속되는 것으로 이해된다.

④ <u>주민 여러분께서는</u> 잠시만 제 이야기에 귀를 <u>기울여 주시기</u> 바랍니다.
　　주체 높임　　　　　　　　　주체 높임/상대 높임(하십시오체)

p.137

26 ④

• 어느덧 벚꽃이 다 <u>지는구려</u>.: '-구려'는 '하오체'에 해당하고, '-는
가, -네, -세'는 '하게체'에 해당한다. 상대 높임법의 등급이 ④만
유일하게 다르다.

오답 피하기

① 여보게, 어디 <u>가는가</u>?: '여보게'에서 아랫사람을 부르는 것을 알
　수 있다. '-는가'는 '하게체'에 해당한다.
② 김 군, 벌써 봄이 <u>왔다네</u>.: '김 군'에서 아랫사람을 부르는 것을 알
　수 있다. '-네'는 '하게체'에 해당한다.
③ 오후에 나와 같이 <u>산책하세</u>.: 아랫사람에게 말을 건네는 것을 알
　수 있다. '-세'는 '하게체'에 해당한다.

수능형 문제로 실력 완성!

p.138~139

01 ④

• ㉣ <u>날이</u>(주어) <u>추워지면</u>(서술어) / <u>방한 용품이</u>(주어) <u>필요하다</u>(서
술어).(종속적으로 이어진 문장(조건, -(으)면)): '날이 추워지다'와
'방한 용품이 필요하다'가 이어진 문장은 맞으나, '대등'이 아니라
'종속'으로 이루어져 있다.

오답 피하기

① ㉠ <u>그는</u>(주어) [우리와 함께 <u>일하기</u>(서술어)]를 <u>거부했다</u>(서술
　어).(명사절(목적어)): '우리와 함께 일하기를'은 명사절로, 안은문
　장의 목적어 역할을 한다.
② ㉡ <u>개는</u>(주어) 사람보다 [<u>후각이</u>(주어) 훨씬 <u>예민하다</u>(서술어)].
　(서술절(서술어)): '개가 후각이 예민하다.'라는 서술절로, 안은문
　장의 서술어 역할을 한다.
③ ㉢ <u>나는</u>(주어) [<u>그가</u> (주어) 우리를 <u>도와 준</u>(서술어)] 일을 잊지
　<u>않았다</u>(서술어).(관형절(관형어)): '그가 우리를 도와 준'은 '일'이
　란 체언을 꾸미는 관형절로, 안은문장의 관형어 역할을 한다.
⑤ ㉤ 수만 명의 <u>관객들이</u>(주어) 공연장을 가득 <u>메웠다</u>(서술어).(홑문
　장): '관객들이'란 주어와 '메웠다'라는 서술어가 한 번만 나타난
　홑문장이다.

02 ⑤

• -어라: 늦을 것 같으니까 어서 씻<u>어라</u>.
　　　　　　명령형 어미(명령문)
• -어라: 그 사람을 몹시도 만나고 싶<u>어라</u>.
　　　　　　감탄형 어미(감탄문)
종결 어미 '-어라'는 맥락에 따라 '명령문'과 '감탄문'이 가능하다. '만
나고 싶어라.'는 명령한 것이 아닌 자기 감정을 드러낸 경우이므로
'감탄문'으로 보아야 한다.

오답 피하기

① • -니: 너는 무엇을 먹었<u>니</u>?
　　　　　의문형 어미(의문문)
　• -니: 아버님은 어디 갔다 오시<u>니</u>?
　　　　　의문형 어미(의문문)
　'무엇을 먹니?, 어디 갔다가 오시니?' 모두 상대방에게 의문을 지
　녀서 물어본 것이므로 '의문문'으로 동일하다.
② • -ㄹ게: 오늘은 내가 먼저 나갈<u>게</u>.
　　　　　　평서형 어미(평서문)
　• -ㄹ게: 내가 나중에 다시 전화할<u>게</u>.
　　　　　　평서형 어미(평서문)
　'나가다, 전화하다'라는 상황을 설명한 것이므로 '평서문'으로 동일하다.
③ • -구나: 그것 참 그럴듯한 생각이<u>구나</u>.
　　　　　　감탄형 어미(감탄문)
　• -구나:　올해도 과일이 많이 열리겠<u>구나</u>.
　　　　　　감탄형 어미(감탄문)
　상황에 대하여 '그럴 듯한 생각이라'고 감탄한 것이고, '과일이 많
　이 열리겠다'라는 상황에 감탄한 것이다. 따라서 둘 다 '감탄문'으
　로 동일하다.
④ • -ㅂ시다: 지금부터 함께 청소를 <u>합시다</u>.
　　　　　　　청유형 어미(청유문)
　• -ㅂ시다: 밥을 먹고 공원에 놀러 <u>갑시다</u>.
　　　　　　　청유형 어미(청유문)
　같이 '청소를 하자, 놀러 가자'라는 상황에 대한 설명이므로 둘 다
　'청유문'으로 동일하다.

03 ④

• ⓐ 아기가 새근새근 잘 <u>잔다</u>.
　　　현재 시제(선어말 어미 -ㄴ-)
• ⓑ 영주는 <u>어제</u> 영화를 한 편 <u>봤다</u>.
　　　시간 부사(어제) / 과거 시제(선어말 어미 -았-)
• ⓒ 전국적으로 비가 곧 <u>내리겠습니다</u>.
　　　미래 시제(선어말 어미 -겠-)
'시간 부사'인 '어제'와 '선어말 어미'인 '-았-'을 활용한 시간 표현이
나타났으므로 ④가 정답이다.

오답 피하기

① ⓐ는 '발화시'보다 '사건시'가 일치하는 '현재 시제'이므로, '나중인
　시간 표현'이라고 말할 수 없다.
② ⓐ에는 '관형사형 전성 어미'가 없다. 해당 문장은 선어말 어미를
　활용한 시간 표현이 나타날 뿐이다.
③ ⓑ는 '발화시'보다 '사건시'가 앞선 '과거 시제'이므로, '일치하는
　시간 표현'이라고 말할 수 없다.
⑤ ⓒ는 '발화시'보다 '사건시'가 나중인 '미래 시제'이므로, '앞선 시
　간 표현'이라고 할 수 없다.

04 ⑤ ··

• 어린 동생과 싸웠으니 난 이제 어머니께 혼났다.
                          미래 시제(선어말 어미 -았-)
발화시보다 사건시가 나중이므로 '미래'에 해당한다.

오답 피하기

① 그는 여행을 떠나기로 결심했다.
              과거 시제(선어말 어미 -았-)
  발화시보다 사건시가 앞선 상황이므로 '과거'에 해당한다.
② 1919년 3월 1일, 만세운동이 일어났다.
                  과거 시제(선어말 어미 -았-)
  발화시보다 사건시가 앞선 상황이므로 '과거'에 해당한다.
③ 봄날 거리에 개나리가 흐드러지게 피었다.
                  현재 시제(선어말 어미 -았-)
  과거에 이루어진 어떤 상황이 지금까지 영향을 미친 경우이므로
  '현재'도 고려할 수 있다.
④ 학생들이 운동장에서 축구공을 차고 있었다.
                  과거 시제(선어말 어미 -았-)
  발화시보다 사건시가 앞선 상황이므로 '과거'에 해당한다.

Chapter ✦ 01 표준 발음법

확인문제

p.143

1 ②

• 차례: [차례], 표준 발음법(제5항) → [차례]가 맞는 발음이다. '예, 례'는 [예]와 [례]로 발음해야 하므로, [차레]가 아니라 [차례]로 발음해야 한다.

오답 피하기

① 연계: [연계/연게], 표준 발음법(제5항) → [연게]는 표준 발음이다.
③ 충의의: [충의의/충의에/충이의/충이에], 표준 발음법(제5항) → [충이의]는 표준 발음이다. 둘째 음절의 '의'는 [의] 또는 [이]로 발음할 수 있고, 조사 '의'는 [의] 또는 [에]로 발음할 수 있다.
④ 논의: [노늬/노니], 표준 발음법(제5항) → 둘째 음절의 '의'는 [의] 또는 [이]로 발음할 수 있으므로 [노늬]라고 발음해야 한다.

p.147

2 ④

• 맑고: [맑꼬 → 말꼬], 된소리되기(경음화)/자음군 단순화(탈락) → 겹받침 'ㄹㄱ'은 'ㄱ'으로 시작한 어미를 만났는지 확인해야 한다. 이때는, 겹받침의 발음이 [ㄱ]이 아닌 [ㄹ]로 발음해야 하기 때문이다. 따라서 [말꼬]가 맞다.

오답 피하기

① 핥다: [핥따 → 할따], 된소리되기(경음화)/자음군 단순화(탈락) → 겹받침 'ㄹㅌ'은 'ㄷ'으로 시작한 어미를 만날 경우 [ㄹ]로 발음해야 한다. 따라서 [할따]가 맞다.
② 밟게: [밟 : 께 → 밥 : 께], 된소리되기(경음화)/자음군 단순화(탈락) → 겹받침 'ㄹㅂ'은 단어에 따라 조심해야 한다. '밟다'는 무조건 자음으로 시작한 어미를 만날 경우 [밥]으로 발음해야 한다. 따라서 [밥 : 께]로 발음해야 한다.
③ 얽거나: [얽꺼나 → 얼꺼나], 된소리되기(경음화)/자음군 단순화(탈락) → 겹받침 'ㄹㄱ'은 'ㄱ'으로 시작한 어미를 만날 경우 [ㄱ]이 아닌 [ㄹ]로 발음해야 한다. 따라서 [얼꺼나]가 맞다.

3 ①

• 풀꽃아: [풀꼬차], 연음 → '아'는 호격 조사로, 모음으로 시작하는 형식 형태소이다. 이런 환경에서는 연음하여 발음해야 한다.

오답 피하기

② 옷 한 벌: [옫 한 벌 → 오탄벌], 음절 끝소리 규칙(교체)/거센소리되기(축약)
③ 넓−둥글다: [넙둥글다 → 넙뚱글다], 자음군 단순화(탈락)/된소리되기(교체)
④ 늙습니다: [늑습니다 → 늑씁니다 → 늑씀니다], 자음군 단순화(탈락)/된소리되기(교체)/비음화(교체)

p.149

4 ④

• 않은: [안은 → 아는], ㅎ 탈락(탈락)/연음 → ㉠을 보면 'ㅎ'이 발음되지 않는 경우를 '모음으로 시작된 어미나 접미사'라고 적혀 있다. 이에 따르면 '않은'의 발음은 잘못되었다. 제12항에 의하면 'ㅎ'이 발음되지 않으므로 [안은]이 되어야 하고, 연음되어 [아는]으로 발음해야 한다.

오답 피하기

① 닳아서: [달아서 → 다라서], ㅎ 탈락(탈락)/연음 → '−아서'는 모음으로 시작하는 어미이므로 [다라서]와 같이 발음된다.
② 끓이고: [끌이고 → 끄리고], ㅎ 탈락(탈락)/연음 → '−이−'는 모음으로 시작하는 접미사이므로 [끄리고]와 같이 발음된다.
③ 놓아: [노아], ㅎ 탈락(탈락) → '−아'는 모음으로 시작하는 어미이므로 [노아]와 같이 발음된다.

p.152

5 ①

• 디귿이: [디그시], 표준 발음법(제16항) → 'ㄷ, ㅈ, ㅊ, ㅋ, ㅌ, ㅍ, ㅎ'의 경우에는 표준 발음법에 따라 발음해야 한다. 즉, 제16항은 현실 발음만을 표준 발음으로 인정한다.
• 홑−이불: [홑이불 → 홑니불 → 혼니불], 음절 끝소리 규칙(교체)/ㄴ 첨가(첨가)/비음화(교체)

오답 피하기

② • 뚫는: [뚤는 → 뚤른], ㅎ 탈락(탈락)/유음화(교체)
　• 밝−히다: [발키다], 거센소리되기(축약)
③ • 핥다: [할따], 용언이 'ㄹㅌ'일 경우 뒤에 'ㄱ, ㄷ, ㅂ, ㅅ, ㅈ'와 관련된 어미가 나올 경우 반드시 경음화를 해야 한다.
　• 넓죽−하다: [넙죽하다 → 넙쭉하다 → 넙쭈카다], 자음군 단순화(탈락)/된소리되기(교체)/거센소리되기(축약)
④ • 흙만: [흑만 → 흥만], 자음군 단순화(탈락)/비음화(교체)
　• 동원−령: [동 : 원녕], 비음화(교체)

6 ② ··

'신문'은 [신문]으로 발음해야 한다.

오답 피하기

① 물-난리: [물랄리], 유음화(교체)
③ 밟는다: [밥 : 는다 → 밤 : 는다], 자음군 단순화(탈락)/비음화(교체)
④ 한-여름: [한녀름], ㄴ 첨가(첨가)

7 ① ··

• 상견-례: [상견녜], 표준 발음법(제20항)
• 의견-란: [의 : 견난], 표준 발음법(제20항)
• 백리: [백니 → 뱅니], 유음의 비음화(교체)/비음화(교체)
  → '상견례, 의견란, 백리'의 'ㄹ'의 발음이 [ㄴ]으로 같으므로, ①이 정답이다.

오답 피하기

② • 임진-란: [임 : 진난], 표준 발음법(제20항)
  • 공권-력: [공꿘녁], 표준 발음법(제20항)
  • 광한-루: [광 : 할루], 유음화(교체)
    → '임진란'과 '공권력'의 'ㄹ'의 발음은 [ㄴ]이지만, '광한루'의 'ㄹ'의 발음은 [ㄹ]이다.
③ • 대관-령: [대 : 괄령], 유음화(교체)
  • 입원-료: [이붠뇨], 표준 발음법(제20항)
  • 협력: [협녁 → 혐녁], 유음의 비음화(교체)/비음화(교체), 상호 동화
    → '입원료'와 '협력'의 'ㄹ'의 발음은 [ㄴ]이지만, '대관령'의 'ㄹ'의 발음은 [ㄹ]이다.
④ • 동원-령: [동 : 원녕], 표준 발음법(제20항)
  • 구근-류: [구근뉴], 표준 발음법(제20항)
  • 난로: [날 : 로], 유음화(교체)
    → '동원령'과 '구근류'의 'ㄹ'의 발음은 [ㄴ]이지만, '난로'의 'ㄹ'의 발음은 [ㄹ]이다.

8 ② ··

• 불볕-더위: [불볃더위 → 불볕떠위], 음절 끝소리 규칙(교체)/경음화(교체) → 받침 'ㅌ' 다음의 'ㄷ'은 [ㄸ]으로 발음해야 한다.

오답 피하기

① 색-연필: [색년필 → 생년필], ㄴ 첨가(첨가)/비음화(교체)
③ 옷-맵시: [온맵시 → 온맵씨 → 온맵씨], 음절 끝소리 규칙(교체)/비음화(교체)/경음화(교체)
④ 식용-유: [시굥유 → 시굥뉴], 연음/ㄴ 첨가(첨가)

9 ④ ··

• ㉠ 'ㄱ, ㄷ, ㅂ' 뒤에 연결되는 평음은 경음으로 발음된다.
  1) 잡고[잡꼬](○), 받고[받꼬](○), 먹고[먹꼬](○)
  2) 놓습니다: [노 : 씀니다], 표준 발음법(제12항) → 'ㅎ'이 받침으로 있고, 'ㅎ+ㅅ'은 [ㅆ]로 발음된다. 따라서 ㉠의 예로 볼 수 없다.
• ㉡ 비음으로 끝나는 용언 어간에 연결되는 어미의 첫소리는 경음으로 발음된다.
  1) 담고[담 : 꼬](○), 앉더라[안떠라](○), 삶더라[삼 : 떠라](○), 껴안더라[껴안떠라](○)
  2) '담다, 앉다, 삶다, 껴안다' 모두 비음으로 끝나는 용언 어간에 해당한다.
• ㉢ 관형사형 어미 '-(으)ㄹ' 뒤에 연결되는 평음은 경음으로 발음된다.
  1) 갈 곳[갈 꼳](○), 어찌할 바[어찌할 빠](○)
  2) 발전: [발쩐], 표준 발음법(제26항) → '발전(發展)'은 관형사형 전성 어미가 아닌 한자어이므로, ㉢의 예로 보아야 한다.
  3) 열 군데: [열 군데] → '열'은 관형사로, 관형사형 전성 어미가 결합된 용언이 아니다.
• ㉣ 한자어에서 'ㄹ' 뒤에 연결되는 'ㄷ, ㅅ, ㅈ'은 경음으로 발음된다.
  1) 절정(絕頂)[절쩡](○), 결석(缺席)[결썩](○)
  2) 하늘-소: [하늘쏘], 표준 발음법(제28항) → 고유어이다.
  3) 물-동이: [물똥이], 표준 발음법(제28항) → 고유어이다.
따라서 ④가 정답이다.

10 ② ··

• 직행-열차: [지캥열차 → 지캥녈차], 거센소리 되기(축약)/ㄴ 첨가(첨가)

오답 피하기

① 솜-이불: [솜 : 니불], ㄴ 첨가(첨가)
③ 내복-약: [내 : 복냑 → 내 : 봉냑], ㄴ 첨가(첨가)/비음화(교체)
④ 막-일: [막닐 → 망닐], ㄴ 첨가(첨가)/비음화(교체)

11 ① ··

• 혼합-약(混合藥): [혼 : 합냑 → 혼함냑], ㄴ 첨가(첨가)/비음화(교체) → 해당 문제는 무조건 규정에 따라 해당 예시가 알맞은지를 판단해야 한다. ㉠은 'ㄴ 음을 첨가하여 발음'할 수도 있고, '표기대로 발음'할 수도 있어야 한다. 그런데, '혼합약'은 ㄴ을 첨가한 다음 비음화한 발음만 할 수 있으므로, ㉠의 예로 보기 어렵다.

오답 피하기

② 휘발-유(揮發油): [휘발뉴 → 휘발류], ㄴ 첨가(첨가)/유음화(교체)
③ 열-여덟: [열여덜 → 열녀덜 → 열려덜], 자음군 단순화(탈락)/ㄴ 첨가(첨가)/유음화(교체)
④ 등-용문(登龍門): [등용문], 표준 발음법(제29항)

p.161

12 ③ ··

- 나뭇–잎: [나문닙], 표준 발음법(제30항)
- 나뭇–잎: [나묻잎 → 나묻닙 → 나문닙], 음절 끝소리 규칙(교체)/
  ㄴ 첨가(첨가)/비음화(교체)

[나묻닙]이라고 발음해서는 안 된다. 오로지 [나문닙]으로만 발음해
야 한다. 순우리말로 된 합성어이다. 뒷말의 첫소리가 모음 앞이고,
사잇소리 현상이 있다. 따라서 '나뭇잎'이라고 적어야 한다.

오답 피하기

① • 금융: [금늉], ㄴ 첨가(첨가)
  • 금융: [그뮹], 연음
  [금늉]이 원칙이고, [그뮹]이 허용이다.
② • 샛–길: [새 : 낄], 표준 발음법(제30항)
  • 샛–길: [샏 : 길 → 샏 : 낄], 음절 끝소리 규칙(교체)/된소리되기
    (교체)
  [새 : 낄]이 원칙이고, [샏 : 낄]이 허용이다. 순우리말로 된 합성어
  이다. 뒷말의 첫소리가 된소리로 난다. 따라서 '샛길'이라고 적어야
  한다.
④ • 이죽–이죽: [이중니죽], ㄴ 첨가(첨가)/비음화(교체)
  • 이죽–이죽: [이주기죽], 연음
  [이중니죽]이 원칙이고, [이주기죽]이 허용이다.

Chapter ✦ 02 로마자 표기법

확인문제 p.168

1 ①
- 왕십리[왕심니]: Wang / sim / ni, '리'는 비음화에 따라 발음이
  [니]가 된다. 즉, 'ri'가 아닌 'ni'로 적어야 한다.

오답 피하기

② 울릉[울릉]: Ul / leung, 'ㄹㄹ'이 연속으로 표기될 때는 'll'로 표기
  해야 한다.
③ 백마[뱅마]: Baeng / ma, 비음화는 표기에 반영해서 'ng'로 써야
  한다.

2 ②
- 학여울[항녀울]: Hang / nyeo / ul, '학여울'은 연음하여 발음하지
  않고, ㄴ을 첨가한 다음 비음화를 적용한다. 따라서 [항녀울]과 같
  이 발음해야 한다.

오답 피하기

③ 낙동강[낙똥강]: Nak / dong / gang, '경음화'는 로마자에 반영되
  지 않는다.
④ 집현전[지편전]: Jip / hyeon / jeon, 명사일 때, 거센소리되기가
  적용된다고 하더라도, ㅎ은 무조건 'h'로 적어야 한다.(축약 금지)
  받침인 'ㅂ'은 p라 적어야 한다.

3 ①
- 종로[종노]: Jong / no, 비음화는 표기에 반영된다. 따라서, 'ro'가
  아니라 'no'라고 써야 한다.

오답 피하기

② 알약[알략]: al / lyak, ㄴ 첨가 후 유음화가 적용된 경우는 로마자
  에 반영된다. 고유 명사가 아니므로 소문자를 써야 한다.
③ 같이[가치]: ga / chi, 구개음화는 로마자에 반영된다.
④ 좋고[조코]: jo / ko, 체언이 아닌 용언일 경우는 거센소리되기가
  로마자에 반영된다.

p.169

4 ②
- 반구대[반구대]: Ban / gu / dae, 반구대에 붙임표를 하지 않는다
  면 'Bang / u / dae'(방우대)로도 읽을 수 있다. 문제의 의도대로
  발음상 혼동의 우려가 있으므로 ②가 정답이다.

오답 피하기

① 독도[독또]: Dok / do, 된소리는 표기에 반영되지 않는다. 이때
  붙임표를 구별하여 쓸 필요가 없다.

③ 독립문[동님문]: Dong / nim / mun, '상호동화'는 표기에 반영된다. 이때 각각을 붙임표로 구별하여 쓸 필요는 없다.

④ 인왕리[인왕리]: In / wang / -ri, '인왕리'의 '리'는 행정단위 구역으로 붙임표를 쓸 수 있다. 문제의 핵심은 발음상 혼동의 우려가 있을 때와 관련되어야 한다. 따라서 행정단위 구역을 묻는 것은 적절하지 않다.

5 ③ ....

• ㄱ. 오죽헌[오주컨]: O / juk / heon, 체언일 경우는 거센소리되기가 로마자에 반영되지 않는다.
• ㄴ. 김복남[김봉남]: Kim / Bok-nam, 인명일 경우는 [봉남]과 같이 비음화로 발음된다고 하더라도 로마자에 반영되지 않는다. '김'의 초성 역시 관습에 따라 써도 무관하다.
• ㄷ. 선릉[설릉]: Seol / leung, '유음화'는 로마자에 반영된다. 'ㄹㄹ'은 'll'로 로마자를 써야 한다.
• ㄹ. 합덕[합떡]: Hap / deok, '경음화'는 로마자에 반영되지 않는다. 받침 ㅂ과 ㄱ은 'p'과 'k'를 쓴다.
이 중에서 로마자 표기가 옳은 것은 'ㄴ, ㄹ'이다.

p.170

6 ② ....

• 밀양[미량]: Mi / ryang '밀양'은 연음하여 발음해야 한다. 따라서 ㄹ은 'l'이 아니라 초성 로마자인 'r'로 적어야 한다.

오답 피하기
① 춘천[춘천]: Chun / cheon, 'ㅓ'을 'eo'로 적어야 한다.
③ 청량리[청냥니]: Cheong / nyang / ni, 비음화는 표기에 반영된다. '량'과 '리' 모두 비음화 해야 한다. 'ㄹ'이 아닌 'ㄴ'으로 발음되므로 'n'으로 적어야 한다.
④ 예산[예산]: Ye / san, '예'는 [예]로 발음하므로 'Ye'라고 적어야 한다.

7 ① ....

• 월곶[월곧]: Wol / got, '워'는 'wo'로 적어야 한다.

오답 피하기
② 벚꽃[벋꼳]: beot / kkot, 'ㄲ'은 'kk'로 표기해야 한다.
③ 별내[별래]: Byeol / lae, 유음화는 'll'을 적어야 한다.
④ 신창읍[신창읍]: Sin / chang / -eup, '읍, 면, 리'는 별도로 써야 하며, 붙임표 사이에 일어난 음운 변동은 적용하지 않는다.

8 ① ....

• 신리(역)[신니]: Sin / ni(○), Sin / -ri(○), '신리'는 일단 '역명'으로만 있다. 그런데 시험장에서는 '-니' 때문에 행정구역과 관련된 문제로 보였을 가능성이 있다. 따라서 'Sin-ri'와 같이 고쳤을 거라 생각된다. 나머지와 달리 유일하게 로마자 표기법이 맞지 않은 단어이므로 ①이 정답이다.

오답 피하기
② 일직-면(행정 구역)[일찡면]: Il / jik / -myeon, 읍, 면, 리는 비음화 적용을 하지 않는다. 또한 [찌]과 같이 경음화가 된 경우도 로마자에 반영되지 않는다.
③ 사직-로(도로명 주소)[사징노]: Sa / jik / -ro, 문제의 의도에 따라 '로'는 도로명으로 보아야 한다. 다만, '사직로'는 교통 지명으로도 있다. 따라서 'Sa / jing/ no'로 써도 된다.
④ 진량-읍(행정 구역)[질량읍]: Jil / lyang / -eup, '진량'은 [질량]으로 발음되며 유음화는 로마자에 반영된다.

p.171

9 ③ ....

• 극락-전[긍낙쩐]: Geung / nak / jeon, '상호동화'는 로마자에 반영된다. 따라서 'k'가 아니라 'ng'를 써야 한다. '경음화'는 로마자에 반영되지 않는다.

오답 피하기
② 불국-사[불국싸]: Bul / guk / sa, '경음화'는 로마자에 반영되지 않는다.
④ 촉석-루[촉썽누]: Chok / seong / nu, '상호동화'는 로마자에 반영된다. 따라서 'k'가 아니라 'ng'를 써야 한다. '경음화'는 로마자에 반영되지 않는다.

10 ③ ....

• 신문-로[신문노]: Sin / mun / no, '비음화'는 로마자에 반영된다. 여기서 '로'는 도로명 주소인지 알 수가 없다.
• 율곡-로[율공노]: Yul / gong / ro(×) → Yul / gok / -ro(○), '로'는 도로명 주소에 따라 분리해야 한다. '율곡'을 그대로 쓰고 '로'를 별도로 써야 한다. '곡로'에서 일어나는 음운 변동은 반영되지 않는다.

오답 피하기
① 광화-문[광화문]: Gwang / hwa / mun, 'ㅘ'는 'wa'로 써야 한다.
② 정릉[정능]: Jeong / neung, '비음화'는 로마자에 반영된다. '비음화'에 따라 'n'으로 로마자를 써야 한다.
④ 백두-산[백뚜산]: Baek / du / san, '경음화'는 로마자에 반영되지 않는다. 따라서 'tt'가 아니라 'd'라고 써야 한다.

11 ④ ....

• ㄹ 한라산[할 : 라산]: Hal / la / san, '유음화'는 로마자 표기에 반영되므로, 'll'로 표기해야 한다.

오답 피하기
① ㄱ 다락골[다락꼴]: Da / rak / gol, '경음화'는 로마자에 반영되지 않는다. 'ㄹ'의 초성은 'r'로, 'ㄱ'의 종성은 'k'로 표기해야 한다.
② ㄴ 국망봉[궁망봉]: Gung / mang / bong, '비음화'는 로마자 표기에 반영된다.
③ ㄷ 낭림산[낭 : 님산]: Nang / nim / san, '비음화'는 로마자 표기에 반영된다.

✔ 확인문제   p.173

1 ③ ⋯⋯⋯⋯⋯⋯⋯⋯⋯⋯⋯⋯⋯⋯⋯⋯⋯⋯⋯⋯⋯⋯

㉠과 ㉡ 모두 어법에 맞도록 함을 원칙으로 한 예에 해당하므로 ③이 정답이다.
- ㉠ 빛-깔[빋깔]: '빛'은 [빋]으로 쓰지 않고 받침 'ㅊ'을 살려 적었는데, 이는 '어법에 맞도록 함을 원칙'으로 한 것이므로 ㉡의 예로 볼 수 있다.
- ㉡ 여덟에[여덜베]: '여덜베'와 같이 연음하여 쓰지 않고 겹받침 'ㄼ'을 살려 적었는데, 이는 '어법에 맞도록 함을 원칙'으로 한 것이므로 ㉡의 예로 볼 수 있다.

오답 피하기

① • ㉠ 마감: '막암'이라고 쓰면 어법에 맞도록 함을 원칙으로 적은 것이지만, 소리 나는 대로 '마감'이라고 적었으므로 ㉠의 예로 볼 수 있다.
  • ㉡ 무릎이[무르피]: '무르피'와 같이 연음하여 쓰지 않고 받침 'ㅍ'을 살려 적었는데, 이는 '어법에 맞도록 함을 원칙'으로 한 것이므로 ㉡의 예로 볼 수 있다.
② • ㉠ 며칠: '몇 일'이라고 쓰면 어법에 맞도록 함을 원칙으로 적은 것이지만, 소리 나는 대로 '며칠'이라고 적었으므로 ㉠의 예로 볼 수 있다.
  • ㉡ 없었고[업썯꼬]: '없었고'와 같이 겹받침 'ㅄ'과 'ㅆ'을 살려 적었는데, 이는 '어법에 맞도록 함을 원칙'으로 한 것이므로 ㉡의 예로 볼 수 있다.
④ • ㉠ 꼬락서니[꼬락써니]: '꼬락서니'는 제20항의 [붙임]의 예로, '[붙임] '-이' 이외의 모음으로 시작된 접미사가 붙어서 된 말은 그 명사의 원형을 밝히어 적지 아니한다.'에 해당하므로 ㉠의 예로 볼 수 있다.
  • ㉡ 젊은이[절므니]: '젊은이'와 같이 연음하여 쓰지 않고 겹받침 'ㄻ'을 살려 적었는데, 이는 '어법에 맞도록 함을 원칙'으로 한 것이므로 ㉡의 예로 볼 수 있다.

p.174

2 ② ⋯⋯⋯⋯⋯⋯⋯⋯⋯⋯⋯⋯⋯⋯⋯⋯⋯⋯⋯⋯⋯⋯

1) 초성: 모두 'ㄱ'으로 되어 있다. 따라서 '중성'의 순서를 확인해야 한다.
2) 중성: ㅗ, ㅠ, ㅗ, ㅘ → 순서가 맞지 않으므로 'ㅗ, ㅗ, ㅘ, ㅠ' 순으로 바꾼다.
3) 종성: 'ㄹㅅ'과 'ㅅ' 중 'ㄹㅅ'이 먼저이다.
4) 최종: ㉠ 곬, ㉢ 곳간, ㉣ 광명, ㉡ 규탄, 즉, '㉠ → ㉢ → ㉣ → ㉡'인 ②가 정답이다.

p.175

3 ④ ⋯⋯⋯⋯⋯⋯⋯⋯⋯⋯⋯⋯⋯⋯⋯⋯⋯⋯⋯⋯⋯⋯

한글 맞춤법 제6항은 '구개음화'이며, '종속적 관계를 지닌' 단어임을 고려해야 한다. 그러나 '잔디'와 '버티다'는 'ㄷ, ㅌ' 받침과 종속적 관

계를 가진 '-이(-)', '-히-'가 없으므로 해당 조건에 맞지 않는다. 따라서 ④가 정답이다.

오답 피하기

① '해돋-이'와 '같-이'의 '-이'는 종속적 관계인 접사이다.
② '굳이'는 '소리 나는' 대로 적은 것이 아니라 '어법'대로 적은 것이다.
③ '종속적 관계'란 '조사, 접사, 어미' 등이 결합하는 관계로, 구개음화는 종속적 관계 내에서 일어나므로 적절한 선지이다.

4 ③ ⋯⋯⋯⋯⋯⋯⋯⋯⋯⋯⋯⋯⋯⋯⋯⋯⋯⋯⋯⋯⋯⋯

- 얻다가(○): '어디에다가'의 준말은 '얻다가'이다.

오답 피하기

① 설겆이(×) → 설거지(○)
② 얼키고설켜서(×) → 얽히고설켜서(○)
④ 걷어부치고(×) → 걷어붙이고(○)

p.178

5 ② ⋯⋯⋯⋯⋯⋯⋯⋯⋯⋯⋯⋯⋯⋯⋯⋯⋯⋯⋯⋯⋯⋯

- 흡입량(○), 구름양(○), 정답란(○), 칼럼난(○)

오답 피하기

① • 꼭지점(×) → 꼭짓점(○)
  • 돌-나물(○), 페트병(PET瓶)(○), 낚시꾼(○)
③ • 딱다구리(×) → 딱따구리(○)
  • 오뚝이(○), 싸라기(○), 법석(○)
④ • 홧병(×) → 화병(○)
  • 찻간(車間)(○), 셋방(貰房)(○), 곳간(庫間)(○)

p.179

6 ④ ⋯⋯⋯⋯⋯⋯⋯⋯⋯⋯⋯⋯⋯⋯⋯⋯⋯⋯⋯⋯⋯⋯

- 방끗(○), 방긋(○)

오답 피하기

① 입학율(×) → 입학률(○)
② 어린이란(×) → 어린이난(○)
③ 채하였다(×) → 체하였다(○)
⑤ 껍질채(×) → 껍질째(○)

p.180

7 ② ⋯⋯⋯⋯⋯⋯⋯⋯⋯⋯⋯⋯⋯⋯⋯⋯⋯⋯⋯⋯⋯⋯

- 닐리리(×) → 늴리리(○), 남존녀비(×) → 남존여비(○), 헤택(×) → 혜택(○)

오답 피하기

① 웃어른(○), 사흗날(○), 베갯-잇(○)
③ 적잖은(○), 생각건대(○), 하마터면(○)
④ 홀몸(○), 밋밋하다(○), 신율(○)

p.184

8 ③

• 잠갔다(○): '잠그다'에 '-았-'을 결합하면 'ㅡ'가 탈락되므로 '잠갔다'와 같이 쓴다.(ㅡ 탈락 규칙 용언)

오답 피하기

① 낳았다(×) → 나았다(○): '낫다'와 '낳다'를 구별해야 한다. '병'은 '낳다'가 아니라 '낫다'를 써야 한다. 따라서 '나았다'로 쓰는 것이 옳다.(ㅅ 불규칙 활용)
② 넉넉치(×) → 넉넉지(○): '넉넉하지'의 준말은 '넉넉지'이다. '울림소리 + -하다'의 구조일 때만 ㅎ이 남아 거센소리가 된다. 만약 그렇지 않을 경우 '-하-' 자체가 준다. 이 경우는 후자에 해당하므로 '넉넉지'가 된다.
④ 이여서(×) → 이어서(○): '잇다'에 '-어서'가 결합하면 ㅅ이 탈락되므로 '이어서'와 같이 써야 한다.

p.185

9 ③

• 곧바라야(×) → 곧발라야(○): '곧바르다'는 '르 불규칙 용언'에 해당한다. 다시 말해 '곧발라야'와 같이 활용이 된다는 의미이다.

오답 피하기

① 존(○): 기본형 '졸다'에 관형사형 전성 어미 '-(으)ㄴ'이 결합하면 '존'과 같이 활용된다.
② 노라네(○), 노랗네(○): '-네'라는 어미가 결합하면, '노라네'로 활용되는 것이 맞으나 '노랗네'도 표준어이다.
④ 저러나(○): '저리하다'의 준말은 '저러다'이다. 따라서 '-(으)나'라는 어미가 결합되면, '저러나'와 같이 활용된다.

p.186

10 ②

어문 규정의 조건에 따르면 '제19항'의 [붙임]은 '어간'에다가 접사를 결합해야 한다. 그런데 예로 든 '지붕'은 '집'이라는 명사에 결합한 것이므로 (나)의 예로 보기 어렵다.
• 마개(명사): 막-(어간) + -애(제19항 [붙임] 어간에 '-이'나 '-음' 이외의 모음으로 시작된 접미사)
• 마감(명사): 막-(어간) + -암(제19항 [붙임] 어간에 '-이'나 '-음' 이외의 모음으로 시작된 접미사)

p.188

11 ①

• 먹거리(○), 먹을거리(○)

오답 피하기

② 깎두기(×) → 깍두기(○)
③ 닥달하다(×) → 닦달하다(○)
④ 넓다랗다(×) → 널따랗다(○)

p.191

12 ②

• 시뻘겋다(○), 시허옇다(○), 싯누렇다(○)

오답 피하기

① 싯퍼렇다(×) → 시퍼렇다(○)
③ 새퍼렇다(×) → 새파랗다(○)
④ 시하얗다(×) → 시허옇다(○)

13 ②

• 몇 일(×) → 며칠(○)

오답 피하기

① 웬일(○)
③ 박이다(○)
④ 으레(○)

p.193

14 ①

• 못-자리(○), 멧-나물(○), 두렛-일(○)

오답 피하기

② 첫-바퀴(○), 잇-몸(○), 훗-일(後-일)(○)
③ 잇-자국(○), 툇-마루(退-마루)(○), 나뭇-잎(○)
④ 사잣-밥(使者-밥)(○), 곗-날(契-날)(○), 예삿-일(例事-일)(○)

15 ②

• 마굿간(×) → 마구간(馬廄間)(○)
• 인삿말(×) → 인사말(人事-말)(○)[인사말]

p.194

16 ④

• 인사-말(人事말)[인사말](○)

오답 피하기

① 노래말(×) → 노랫-말[노랜말](○)
② 순대국(×) → 순댓-국[순대꾹/순댇꾹](○)
③ 하교길(×) → 하굣-길(下校길)[하 : 교낄/하 : 굗낄](○)

17 ④

• 북엇-국(北魚국)[부거꾹/부걷꾹](○)

오답 피하기

① 머릿말(×) → 머리-말[머리말](○)
② 윗층(×) → 위층(○)
③ 햇님(×) → 해님(○)

18 ③ ──────────────────────────

• 전셋방(×) → 전세-방(傳貰房)[전세빵](○)

오답 피하기

① 아랫-집[아래찝/아랟찝](○)
② 숏-조각[쇠쪼각/쉗쪼각](○)
④ 자릿-세(자릿貰)[자리쎄/자릳쎄](○)

p.195

19 ② ──────────────────────────

• 왠지(○)

오답 피하기

① 아랫사람(○), 윗어른(×) → 웃어른(○)
③ 살코기(○), 졸여(×) → 조려(○), 담궈(×) → 담가(○)
④ 댓가(×) → 대가(○), 치뤄야(×) → 치러야(○)

p.197

20 ① ──────────────────────────

• 돼라는(×) → 되라는(○)

오답 피하기

② 되었다(○)
③ 돼라(○)
④ 되고(○)

p.198

21 ③ ──────────────────────────

• 씌어(○), 쓰여(○), 쓰이- + -어(어미)

오답 피하기

① 가까왔다(×) → 가까웠다(○)
② 잘되서(×) → 잘돼서(○)
④ 생각컨대(×) → 생각건대(○)

p.199

22 ③ ──────────────────────────

• 익숙치(×): 익숙-하다 → 익숙-하지(활용) → 익숙-지(○)(준말)

오답 피하기

① 섭섭-하다 → 섭섭-하지(활용) → 섭섭-지(○)(준말)
② 흔-하다 → 흔-타(○)(준말)
④ 정결-하다 → 정결-타(○)(준말)

23 ② ──────────────────────────

• ㉠ 무정-하다 → 무정-타(○)(준말)
• ㉢ 선발-하다 → 선발-하도록(활용) → 선발-토록(○)(준말)

오답 피하기

• ㉡ 섭섭지(×): 섭섭-하다 → 섭섭-하지(활용) → 섭섭-지(○)(준말)
• ㉣ 생각컨대(×): 생각-하다 → 생각-하건대(활용) → 생각-건대
  (○)(준말)

24 ② ──────────────────────────

• 통째(○)

오답 피하기

① 허구헌(×) → 허구한(○)
③ 하마트면(×) → 하마터면(○)
④ 잘룩하게(×) → 잘록하게(○)

p.200

25 ④ ──────────────────────────

• 내∨모자는∨<u>그것하고</u>∨다르다.: '하고'는 조사이므로 앞말과 붙여
  쓴다.

오답 피하기

① 그는∨<u>우리</u>∨<u>시대의</u>∨<u>스승이라기</u>∨<u>보다는</u>∨자상한∨어버이이다.:
  '보다'는 조사이므로 '스승이라기보다는'과 같이 붙여 써야 한다.
② 그는∨<u>황소</u>∨<u>같이</u>∨일을∨했다.: '같이'는 조사이므로 앞말에 붙
  여 써야 한다.
③ <u>하루</u>∨종일∨<u>밥은</u>∨<u>커녕</u>∨<u>물</u>∨<u>한</u>∨<u>모금도</u>∨마시지∨못했다.: '은
  커녕'은 조사이므로, 앞말에 붙여 써야 한다.

26 ④ ──────────────────────────

• <u>나가면서까지도</u>∨말썽을∨피우고∨있다.: '까지'와 '도'는 보조사
  로, 앞말에 붙여 써야 한다.

오답 피하기

① 이제∨봄이∨<u>옵니다그려</u>.: '그려'는 보조사이므로 어미 뒤에 붙을
  수 있다.
② <u>집에서처럼</u>∨그렇게∨해야겠지?: '에서'와 '처럼'은 모두 조사이
  므로 앞말에 붙여 써야 한다.
③ <u>사과하고</u>∨<u>배하고는</u>∨과일입니다.: 여기서 '하고'는 접속 조사로
  쓰였고, '는'은 보조사로 쓰였다. 모두 조사이므로 앞말에 붙여 써
  야 한다.

27 ① ──────────────────────────

• 차라리∨얼어서∨<u>죽을망정</u>∨겻불은∨아니∨쬐겠다.: '-(으)ㄹ망정'
  은 어미로 어간의 '죽-'에 결합하여 붙여 써야 한다.

② 마음에∨걱정이∨있을∨지라도∨내색하지∨마라.: '-(으)ㄹ지라도'는 어미로 어간의 '있-'에 붙여 써야 한다.

③ 그녀는∨얼굴이∨예쁜대신∨마음씨는∨고약하다.: 용언의 관형어는 체언인 '대신'을 꾸며주므로 '예쁜∨대신'과 같이 띄어 써야 한다.

④ 그∨사람이∨친구들∨말을∨들을∨지∨모르겠다.: '모르다'라는 판단이 필요할 때의 '-(으)ㄹ지'는 어미이므로, 앞말에 붙여 써야 한다.

28 ③

• 은연∨중에∨자신의∨속뜻을∨내비치고∨있었다.: '은연중에'는 사전에 등재된 단어이므로 붙여 써야 한다.

① 나는∨거기에∨어떻게∨갈지∨결정하지∨못했다.: '결정하다'와 같이 판단할 경우, 이럴 때 제시된 '-(으)ㄹ지'는 어미로 생각해야 한다.

② 이미∨설명한바∨그∨자세한∨내용은∨생략하겠습니다.: '설명한바'의 '-(으)ㄴ바'는 '~했으니까'라는 의미이다. 이때의 '-(으)ㄴ바'는 어미로 생각해야 한다.

④ 그∨빨간∨캡슐이∨머리∨아픈∨데∨먹는∨약입니다.: '아픈∨데(에)'와 같이 부사격 조사인 '에'와 결합할 수 있으면, 이때의 '데'는 의존 명사로 봐야 한다.

p.201

29 ①

• 한밤중에∨전화가∨왔다.: '한밤중'은 하나의 단어로 사전에 등재되어 있다.

② 그는∨일도∨잘할∨뿐더러∨성격도∨좋다.: '-(으)ㄹ뿐더러'는 하나의 어미이므로 붙여 써야 한다.

③ 친구가∨도착한∨지∨두∨시간만에∨떠났다.: '만'이 시간 개념과 함께 '만에'와 '만이다'와 같이 활용된다. 이때의 '만'은 의존 명사이므로 '두∨시간∨만에'와 같이 띄어 써야 한다.

④ 요즘∨경기가∨안∨좋아서∨장사가∨잘∨안∨된다.: 국립국어원에서 '잘 안 되다'의 구성에서는 '의미와 상관없이' '안되다'를 붙이라고 하였으므로, '안되다'와 같이 붙여 써야 한다.

30 ④

• 저분이∨그럴∨분이∨아니신데∨큰∨실수를∨하셨다.
1) 저분(대명사): 사전에 등재된 대명사이므로 붙여 써야 한다.
2) 그럴(관형어), 분(의존 명사): '그럴'은 관형어이고 '분'은 의존 명사이므로, '그럴∨분'과 같이 띄어 써야 한다.
3) -(으)ㄴ데(어미): 앞의 상황을 바탕으로 다음의 상황을 이어가고 있으므로 '-ㄴ데'는 어미로 보아야 한다.
4) 크다(형용사), 실수(명사): '큰실수'는 사전에 등재되어 있지 않으므로 '큰∨실수'와 같이 띄어 써야 한다.

① 예전에∨가∨본∨데가∨어디쯤인지∨모르겠다.
1) 데(의존 명사): '데'는 '공간'을 의미하는 의존 명사이므로 '본∨데가'와 같이 띄어 써야 한다.
2) -쯤(접사), 이다(조사), -(으)ㄴ지(어미): '조사, 접사, 어미'는 모두 붙여 써야 한다.

② 사람을∨돕는데에∨애∨어른이∨어디∨있겠습니까?
1) 데(의존 명사): '돕는'은 관형어이고 '데'는 의존 명사이므로, '돕는∨데에'와 같이 띄어 써야 한다. 이때의 '데'는 '일이나 것'을 의미한다.
2) 애(명사), 어른(명사): '애∨또는∨어른'이란 맥락이므로 '애∨어른'과 같이 띄어 써야 한다.

③ 이∨그릇은∨귀한∨거라∨손님을∨대접하는데나∨쓴다.
1) 이(관형사), 그릇(명사): '이'는 관형사이고 '그릇'은 명사이므로, '이∨그릇'과 같이 띄어 써야 한다.
2) 것(의존 명사): '거라'는 '것이라'의 구어체이다. '귀한'은 관형어이고 '것'은 의존 명사이므로 '귀한∨거라'와 같이 띄어 써야 한다.
3) 데(의존 명사): '대접하는'은 관형어이고 '데'는 의존 명사이므로 '대접하는∨데나'와 같이 띄어 써야 한다. 이때의 '데'는 '경우'를 의미한다.

p.202

31 ④

• 조기 두 두름: 2×20 = 40
• 북어 세 쾌: 3×20 = 60
• 마늘 두 접: 2×100 = 200
40 + 60 + 200 = 300개, 따라서 ④가 정답이다.

p.203

32 ③

• 저∨도서관만큼∨크게∨지으시오.: '만큼' 앞에 체언이 올 때는 '도서관만큼'과 같이 붙여 써야 한다.

① 이게∨얼마∨만인가?: '만이다'의 '만'은 의존 명사이므로 앞말과 띄어 써야 한다.

② 제27∨대∨국회의원: '제-'는 접사라서 '제27'과 같이 붙여 써야 한다.

④ 먹을∨만큼∨덜어서∨집에∨갈∨거야.: '만큼' 앞에 용언이 올 때는 '먹을∨만큼'과 같이 띄어 써야 한다. 그리고 '거야'는 '것이야'의 구어체이다. 따라서 '갈∨거야'와 같이 띄어 써야 한다.

33 ②

• 제∨3장의∨내용을∨요약해∨주세요.: '제'는 접두사이기 때문에 뒷말과 붙여 써야 한다.

① 이처럼∨좋은∨걸∨어떡해?: '걸'은 '것을'의 구어체이다. '-(으)ㄴ걸'이란 어미가 아니므로 '좋은∨걸'과 같이 띄어 써야 한다.

③ 공사를∨진행한∨지∨꽤∨오래되었다.: '오래되다'라는 시간 개념이 있으므로 '진행한∨지'와 같이 띄어 써야 한다.

④ 결혼∨10년∨차에∨내∨집을∨장만했다.: '차'는 '주기나 경과의 해당 시기를 나타내는 말'이므로 '10년∨차에'와 같이 띄어 써야 한다.

p.204

34 ③

• 이번∨시험에서∨<u>우리∨중</u>∨<u>안∨되어도</u>∨<u>세</u>∨명은∨<u>합격할∨듯하다</u>.
1) 우리(대명사), 중(명사): '우리∨중'의 '우리'와 '중'은 대명사와 명사 사이이므로 띄어 써야 한다.
2) 안-되다(동사): '안 되어도'의 '안'을 부사로 볼 수 없으므로 '안되다'와 같이 붙여 써야 한다. '대략'이란 의미를 지닌다.
3) 세(관형사), 명(명사): '세∨명'은 관형사와 명사로 분석되므로 띄어 써야 한다.
4) 합격-할(본용언) + 듯하다(보조 용언): '합격할∨듯하다'는 '본용언 + 보조 용언'의 구조로 기본적으로 띄어 쓰는 것이 원칙이다.

오답 피하기

① 조금∨<u>의심스러운</u>∨부분이∨있어서∨<u>물어도∨보았다</u>.: 물어도(본용언) + 보았다(보조 용언): 기본적으로 띄어 쓰는 것이 원칙이다. 이때 본용언에 '도'와 같이 조사가 있으면 반드시 띄어 써야 한다.
② 매일같이∨지각하던∨<u>김∨선생이</u>∨직장을∨그만두었다.: '김∨선생'의 '선생'은 호칭 또는 관직명에 해당하므로 띄어 써야 한다.
④ <u>지난주에</u>∨발생한∨사고를∨어떻게∨<u>해결해야</u>∨<u>할지</u>∨회의를∨했다.: '할지'의 '-(으)ㄹ지'는 어미이므로 붙여 써야 한다.

p.205

35 ③

• 강물에∨<u>떠내려</u>∨<u>가</u>∨버렸다.: 떠내려가(본용언) + 버렸다(보조 용언): '본용언 + 보조 용언'의 구조는 원칙적으로 띄어 써야 한다.

오답 피하기

① 불이∨<u>꺼져</u>∨<u>간다</u>.: 꺼져(본용언) + 간다(보조 용언): '본용언 + 보조 용언'의 구조는 원칙적으로 띄어 써야 한다.
② 그∨사람은∨잘∨<u>아는척한다</u>.: '본용언 + 보조 용언'의 구조는 원칙적으로 띄어 써야 한다. 단, 본용언이 단일어면, 붙여 쓰는 것을 허용한다.
④ 그가∨올∨<u>듯도</u>∨<u>하다</u>.: '본용언 + 보조 용언'의 구조는 원칙적으로 띄어 써야 한다. 단, 보조 용언 사이에 조사가 있을 경우, '올∨듯도∨하다'와 같이 모두 띄어 써야 한다.

36 ③

• 다음부터는∨일이∨<u>잘될</u>∨<u>듯싶었다</u>.: '잘될'은 본용언이고, '듯싶다'는 보조 용언인데, 이때 보조 용언 사이에 조사가 결합한 것이 아니라면, '듯싶다'와 같이 붙여 써야 한다.

오답 피하기

① 이∨일도∨이제는∨<u>할∨만하다</u>.: '할∨만하다'는 '본용언과 보조 용언'의 구성이다. 이때 '할'은 단일어이므로 '할∨만하다'와 같이 띄어 써도 되고, '할만하다'와 같이 붙여 써도 된다.

② 나는∨하고∨싶은∨대로∨할∨테야.: '할'은 관형어이고, '터이야'의 '터'는 의존 명사이므로 '할∨테야'와 같이 띄어 써야 한다.
④ 그녀는∨그∨사실에∨대해∨<u>아는</u>∨<u>체를</u>∨<u>하였다</u>.: 보조 동사인 '체하다' 사이에 조사가 결합하면, '아는∨체를∨하였다'와 같이 띄어 써야 한다.

p.206

37 ②

• ㉠ 보내는∨데에는(○): '보내는∨데에는'의 '데'는 의존 명사이므로 앞말과 띄어 써야 한다.
• ㉤ 책만∨한(○): '책만∨한'의 '만'은 조사이고, '한(=하다)'은 용언이므로 '책만∨한'과 같이 띄어 써야 한다.
• ㉣ (지식과 지혜를) 늘리고(○): '늘이다'와 '늘리다'의 차이를 묻는 문제이다. '늘이다'는 주로 '선, 고무줄' 등과 관련된 길이와 잘 어울린다. 그러나 '지식과 지혜'는 「4」 재주나 능력 따위를 나아지게 하다.'는 의미를 지닌 '늘리다'가 잘 어울린다.
정리하자면, '㉠, ㉤, ㉣'이 맞춤법에 맞게 쓰인 것이므로 정답은 ②가 된다.

오답 피하기

① ㉡ (답을) 맞추기(×) → 맞히기(○): '맞추다'와 '맞히다'의 차이를 묻는 문제이다. 시험 문제의 답을 누구와 비교하고 있지 않으면, '맞히다'를 쓰는 것이 자연스럽다.
③ ㉢ 김박사님의(×) → 김∨박사님의(○): '김∨박사'의 '박사'는 호칭어나 관직명 등에 해당하므로 성이나 이름 뒤에 붙을 경우에는 '김∨박사'와 같이 띄어 써야 한다.
㉦ 읽으므로써(×) → 읽음으로써(○): '(으)로써'는 부사격 조사이고, '-(으)므로'는 어미이다. '책'을 수단으로 '자신을 성장시킨다고 하였으므로', '명사절(-음)+으로써'로 분석하는 것이 적절하다. 따라서 '읽음으로써'와 같이 고쳐야 한다.
④ ㉣ 솔직이(×) → 솔직히(○): '솔직하다'와 같이 '-하다'가 결합할 경우 어근의 받침이 'ㅅ'으로 끝난 경우가 아니라면 '-히'를 결합해야 한다.
㉧ 해야 겠다(×) → 해야겠다(○): '해야겠다'의 '-겠-'은 선어말 어미이므로 앞말에 붙여 써야 한다.

p.207

38 ①

• <u>열</u>∨<u>길</u>∨물속은∨알아도∨<u>한</u>∨길∨사람의∨속은∨모른다.
1) 열(관형사), 길(명사): '관형사'와 '명사'는 품사가 다르므로 띄어 써야 한다.
2) 물-속(명사): '물속'은 사전에 등재된 단어이므로 붙여 써야 한다.
3) 한(관형사), 길(명사): '관형사'와 '명사'는 품사가 다르므로 띄어 써야 한다.

오답 피하기

② 데칸∨고원은∨인도∨중부와∨남부에∨위치한∨고원이다.: 과거와 달리 '데칸고원'은 붙여 써야 한다.

③ 못∨본∨사이에∨키가∨전봇대∨만큼∨자랐구나!: '전봇대'가 명사이므로, 이때의 '만큼'은 조사로 보아야 한다. 조사는 앞말에 붙여 써야 한다.

④ 이번∨행사에서는∨쓸모∨있는∨주머니만들기를∨하였다.: '쓸모 있다'라는 단어가 사전에 등재된 것은 아니므로, '쓸모∨있는'과 같이 띄어 써야 한다. 그리고 '주머니'는 명사이고, '만들기'는 동사이므로, 해당 '주머니를 만들다'라는 문장으로 분석했을 때 반드시 띄어 써야 한다.

p.209

39 ④

'정확히(○)'는 '-히'로만 나는 경우의 예이다. '꼼꼼히, 당당히, 섭섭히'는 '이'나 '히'로 하는 경우의 예이다. 모든 것을 암기한 다음에야 ④가 정답인 것을 알 수 있다.

오답 피하기

① 꼼꼼히(○): '꼼꼼히'는 '이'나 '히'로 나는 것이라 '-히'로 적는다.
② 당당히(○): '당당히'는 '이'나 '히'로 나는 것이라 '-히'로 적는다.
③ 섭섭히(○): '섭섭히'는 '이'나 '히'로 나는 것이라 '-히'로 적는다.

p.212

40 ④

• 부숴진(×) → 부서진(○)

오답 피하기

① 시답지(○)
② 다섯 살배기(○)
③ 금세(○)

41 ④

• ㄷ. (소박을) 맞히고(○), 맞추고(×): '소박'과 같이 좋지 않은 일이 있을 경우는 '맞히다'가 맞다.(기본형: 맞히다)
• ㄹ. (친구와 일정을) 맞춰(○), 맞혀(×): 서로 비교할 때는 '맞추다'를 써야 한다.(기본형: 맞추다)
정리하자면, 'ㄷ과 ㄹ'이 있는 ④가 정답이다.

오답 피하기

• ㄱ. 맞추기(×) → 맞히기(○): '주사'라는 조건이 있으면 '맞히다'를 써야 한다.
• ㄴ. 맞추면(×) → 맞히면(○): '답이 맞다, 틀리다'를 고려할 때는 '맞히다'를 써야 한다.

p.213

42 ①

• ㉠ 가름(○): '끈기가 승패를 정하다.'는 의미이므로, '갈음'이 아니라 '가름'이 맞다.
• ㉡ 부문(○): '11개로 분류한 것'을 의미하므로, '부분'이 아니라 '부문'으로 써야 한다. '부분'은 전체를 이루는 작은 범위를 의미한다.

• ㉢ 구별(○): '구분'은 전체를 몇 개로 나누는 것을 의미하는데, '동생과 형'은 나누는 개념이 아니라 '차이를 인지하는 것'이므로 '구별'해야 한다.

43 ④

• 걷잡아서(×) → 겉잡아서(○): '경기장에는 약 천 명이 넘게 왔다.'라는 의미에서 쓴 것이므로 '걷잡다'가 아니라 '겉잡다'를 써야 한다.

오답 피하기

① '힘이 모자라다'는 의미이므로 '부치다'로 쓰는 것이 맞다.
② '서로 아는 사이'라는 의미이므로 '알음'이라고 쓰는 것이 맞다.
③ '(대문이) 닫히다'는 '(대문을) 닫다'의 피동문이다. 따라서 '닫혔다'라고 쓰는 것이 맞다.

p.215

44 ④

• 닫치며(×) → 닫히며(○), '닫다'는 목적어를 필요로 하는 타동사인데, 해당 문장엔 목적어가 없고 '문이'와 같은 주어가 있으므로 피동사인 '닫히며'를 써야 한다.(기본형: 닫히다)

오답 피하기

① 안치기(○), '밥'을 올릴 때는 '안치다'를 써야 한다.
② 부치기로(○), '원고'를 '인쇄'에 넘길 때에는 '부치다'를 써야 한다.
③ 벌여(○), '상품을 늘어놓다'란 의미일 때는 '벌이다'를 써야 한다.

p.216

45 ②

• 집에서 숙식을 ㉠ 붙인다는 것: 숙식을 붙이다(×) → 숙식을 부치다(○)
• 편지를 보내려고 우표를 ㉣ 부치고 있을 뿐이었다.: 우표를 부치다(×) → 우표를 붙이다(○)
• ㉤ 붙여 먹을 땅 한 평 없던 아버지: 붙여(×) 먹을 땅 → 부쳐(○) 먹을 땅
이 중에서 어휘가 잘못 쓰인 것은 '㉠, ㉣, ㉤'이므로 ②가 정답이다.

p.217

46 ④

'설레이다'가 아니라 '설레다'가 맞다.(설레는(○))

오답 피하기

① 알음(○), 아름(×)
② 돋우다(○), 돋구다(×)
③ '바투'는 '두 대상이나 물체의 사이가 썩 가깝게.'라는 부사이다.

p.219

47 ②

- 요리사는 마른 멸치와 고추를 간장에 <u>조렸다</u>.: 맥락을 보면 '간장에' 마른 멸치와 고추를 넣어 바짝 끓여서 양념이 배어들게 함을 알 수 있다. 따라서 '졸이다'가 아닌 '조리다'로 쓰는 것이 알맞다.

[오답 피하기]

① 어머니는 밥을 하려고 솥에 쌀을 <u>앉혔다</u>.: 맥락을 보면 '밥을 하려는 것'이 주된 행동이며, 따라서 '앉다'의 사동 표현인 '앉히다'가 아닌 밥을 만들기 위한 행동인 '안치다'로 적는 것이 알맞다.
③ 다른 사람에 비해 실력이 <u>딸리니</u> 더 열심히 노력해야겠다.: '실력이 부족하다.'는 의미에서 쓰는 단어는 '달리다'이다.
④ 오랫동안 나를 기다리던 친구는 화가 나서 잔뜩 <u>불어</u> 있었다.: 맥락을 보면, '화가 잔뜩 나 있는 상태'이다. 이와 관련된 단어는 '붓다'이며, 모음 어미 앞에서는 '부어'로 활용된다.

48 ①

- 하노라고(○): '-느라고'와 달리 '-노라고'는 '자기 나름대로 꽤 노력했음을 나타내는 연결 어미.'를 의미하며 해당 맥락에 잘 어울린다.

[오답 피하기]

② 결재된다(×) → 결제된다(○): '대금'을 낼 때는 '결재'가 아니라 '결제'를 써야 한다.
③ 걷잡아서(×) → 겉잡아서(○): '대충'이란 의미일 때는 '걷잡다'가 아니라 '겉잡다'를 써야 한다.
④ 가름합니다(×) → 갈음합니다(○): '~을 ~으로 갈다'는 맥락이므로, '가르다'가 아니라 '갈다'로 고쳐야 한다.

p.220

49 ②

- 정답과 맞혀(×) → 맞춰(○)
  '정답을 맞히다'는 맞지만, 무엇과 비교할 때에는 '정답을 ~과 맞추다'와 같이 써야 한다.

[오답 피하기]

① 일함으로써(○): 이렇게 함으로써 보람을 느꼈다는 의미이므로, '수단'의 의미가 담긴 '로써'를 쓰는 것이 옳다.
③ 넙죽(○): 한 '고깃덩어리'로 써야 하고, '고기덩어리'로는 쓸 수 없다.
④ 먹었을는지(○): '-을는지'는 어미이다.

Chapter ✦ 04 외래어 표기법

확인문제   p.221

1 ③

외래어는 받침을 'ㄱ, ㄴ, ㄹ, ㅁ, ㅂ, ㅅ, ㅇ'만을 쓴다. 따라서 'ㄷ'은 지워야 한다.

[오답 피하기]

① 국어의 현용 24 자모만을 써야 한다.
② 1 음운은 원칙적으로 1 기호를 적어야 한다. 다시 말해 'f'를 쓰기 위해 'ㅎ'과 'ㅍ'을 혼용해서 쓰면 안 된다는 의미이다.
④ 파열음 표기에 '카페(○)'를 '까페(×)'와 같이 된소리로 쓰면 안 된다. 물론 관용에 따르는 '빵(○)'은 된소리로 쓰는 것이 가능하다.

2 ①

'콩트, 더블, 게임, 피에로'를 '꽁트, 떠블, 께임, 삐에로'로 적지 않아야 하므로, '파열음 표기에는 된소리를 쓰지 않는 것을 원칙으로 한다.'를 적용한 것이다.

[오답 피하기]

② 외래어는 받침을 'ㄱ, ㄴ, ㄹ, ㅁ, ㅂ, ㅅ, ㅇ'만을 쓴다. 따라서 'ㄷ'은 지워야 한다.
③ 1음운은 원칙적으로 1기호를 적어야 한다. 다시 말해 'f'를 쓰기 위해 'ㅎ'과 'ㅍ'을 혼용해서 쓰면 안 된다는 의미이다.
④ 이미 굳어진 외래어는 일부 그대로 쓰는 것을 허용하기도 한다.
⑤ 국어의 현용 24자모만을 써야 하므로 다른 자모를 만들지 않는다.

p.223

3 ③

- chocolate 초콜릿(○), shepherd 셰퍼드(○)

[오답 피하기]

① brush 브러쉬(×) → 브러시(○), cake 케익(×) → 케이크(○)
② carpet 카페트(×) → 카펫(○), Paris 파리(○)
④ supermarket 슈퍼마켙(×) → 슈퍼마켓(○), service 서비스(○)

4 ①

- yellow card 옐로카드(○), staff 스태프(○), cake 케이크(○)

[오답 피하기]

② cardigan 가디건(×) → 카디건(○), buffet 뷔페(○), caramel 캐러멜(○)
③ napkin 냅킨(○), jumper 점퍼(○)/잠바(○), chocolate 초콜렛(×) → 초콜릿(○)
④ fanfare 팡파레(×) → 팡파르(○), croquette 크로켓(○), massage 마사지(○)

p.224

5 ②

〈표기〉에 있는 '리더십'의 근거만을 찾아야 하는 문제이다.
- ⊙: 'shi'를 보면 모음 앞의 'sh'를 확인할 수 있으며, '시'로 적어야
할 근거가 된다.
- ⓒ: '십'의 받침 'ㅂ'에서 확인할 수 있다.
따라서 ⊙과 ⓒ만이 있는 ②가 정답이다.

오답 피하기
- ©: '이미 굳어진 외래어'의 예로, '빵'이 있다. '리더십'과는 관련이 없다.
- @: '어말 또는 자음 앞에' 왔을 때 'ㄹ'로 적는다고 하였다. 그런데 '리'는 모음 앞에 왔을 때 해당하므로 '리더십'의 표기 근거로 볼 수 없다.

6 ②

- shrimp 쉬림프(×) → 슈림프(○)

오답 피하기
① flash 플래시(○)
③ presentation 프레젠테이션(○)
④ Newton 뉴턴(○)

7 ②

- brush 브러쉬(×) → 브러시(○)

오답 피하기
① bonnet 보닛(○)
③ boat 보트(○)
④ graph 그래프(○)

p.225

8 ②

- coffee shop 커피숍(○), leadership 리더십(○), permanent 파마(○)

오답 피하기
① placard 플랭카드(×) → 플래카드(○), cake 케익(×) → 케이크(○), schedule 스케줄(○)
③ television 텔레비전(○), chocolate 쵸콜릿(×) → 초콜릿(○), flash 플래시(○)
④ cabinet 캐비넷(×) → 캐비닛(○), rocket 로켓(○), supermarket 슈퍼마켓(○)

p.226

9 ③

- ㄱ. yellow 옐로(○)
- ㄴ. cardigan 카디건(○)
- ㄹ. vision 비전(○)
정리하자면, 'ㄱ, ㄴ, ㄹ'이 있는 ③이 정답이다.

오답 피하기
- ㄷ. lobster 롭스터(×) → 로브스터(○), 랍스터(○)
- ㅁ. container 콘테이너(×) → 컨테이너(○)

p.227

10 ②

- ㄱ. commission 커미션(○)
- ㄴ. concert 콘서트(○)
- ㄹ. air conditioner 에어컨(○)

오답 피하기
- ㄷ. concept 컨셉트(×) → 콘셉트(○)
- ㅁ. remote control 리모콘(×) → 리모컨(○)

11 ①

- symposium 심포지엄(○)

오답 피하기
② barricade 바라케이트(×) → 바리케이드(○)
③ concept 컨셉트(×) → 콘셉트(○)
④ contents 컨텐츠(×) → 콘텐츠(○)

p.228

12 ②

- ㄴ. Caesar 시저(○)
- ㅁ. pamphlet 팸플릿(○)
- ㅂ. キュウシュウ, 九州 규슈(○)
정리하자면, 'ㄴ, ㅁ, ㅂ'이 있는 ②가 정답이다.

오답 피하기
- ㄱ. agenda 아젠다(×) → 어젠다(○)
- ㄷ. recreation 레크레이션(×) → 레크리에이션(○)
- ㄹ. 싸이트(×) → 사이트(○)

Chapter ✦ 05 표준어 규정

확인문제
p.232

1 ①

• 강낭콩(○), 고삿(○), 사글세(○)

'강낭콩, 고삿, 사글세'는 〈표준어 규정〉의 '제2장 제5항'인 '어원에서 멀어진 형태로 굳어져서 널리 쓰이는 것은, 그것을 표준어로 삼는다.'와 관련된 예이다. 따라서 ①이 정답이다.

오답 피하기

② 어원적으로 원형에 더 가까운 형태가 아직 쓰이고 있는 경우에는, 그것을 표준어로 삼는다.: 갈비, 갓모, 굴젓, 말곁, 물수란, 밀뜨리다, 적이, 휴지(표준어 규정 제5항의 '다만')

③ 모음의 발음 변화를 인정하여, 발음이 바뀌어 굳어진 형태를 표준어로 삼는다.: -구려, 깍쟁이, 나무라다, 미수, 바라다, 상추, 시러베아들, 주책, 지루하다, 튀기, 허드레, 호루라기(표준어 규정 제11항)

④ 비슷한 발음의 몇 형태가 쓰일 경우, 그 의미에 아무런 차이가 없고, 그중 하나가 더 널리 쓰이면, 그 한 형태만을 표준어로 삼는다.: 거든그리다, 구어박다, 귀고리, 귀띔, 귀지, 까딱하면 등(표준어 규정 제17항)

p.233

2 ③

'머무르다'와 '머물다' 모두 표준어에 해당한다. 따라서 '머무를' 또는 '머물'로 써도 된다.

오답 피하기

① 순서를 뜻할 때는 수사를 써야 한다. 따라서 '열두째'와 같이 써야 맞다. 참고로 '두째, 세째'로 써서는 안 되지만, '열'이 넘어갈 경우, '열두째, 스물두째'는 모두 수사 또는 관형사에 해당한다.

② '떨어먹다'는 사전에 없는 단어이다. '털어먹다'로 고쳐야 한다.

④ '숫'은 '숫양, 숫염소, 숫쥐'만 해당한다. '병아리'는 '수평아리'와 같이 써야 한다.

p.234

3 ③

수컷과 관련될 때는 '수-, 수ㅎ-, 숫-'을 써야 한다. '숫-'을 쓸 경우는 '숫양, 숫염소, 숫쥐'만이다. '수ㅎ-'을 쓸 경우는 '수평아리, 수탉, 수캉아지, 수캐, 수탕나귀, 수퇘지'와 같이 목록에 있는 경우이다. 나머지는 모두 '수-'를 쓴다. '병아리와 당나귀'는 모두 '수ㅎ-'을 써야 하므로, '수평아리, 수탕나귀'가 맞는 표기이다.

• 숫병아리(×) → 수평아리(○), 수탕나귀(×) → 수탕나귀(○)

오답 피하기

① 숫기와(×) → 수키와(○), 숫양(○)

② 수캉아지(○), 수탉(○)

④ 숫은행나무(×) → 수은행나무(○), 수퇘지(○)

4 ①

• 반듯이(○), 수나비(○), 에두르다(○)

오답 피하기

② 푸주간(×) → 푸줏간(○), 쓱싹쓱싹(○), 명중률(○)

③ 등교길(×) → 등굣길(○), 늠름하다(○), 깡충깡충(○)

④ 거적떼기(×) → 거적때기(○), 돋보이다(○), 야단법석(○)

p.236

5 ④

• 으레(○)

오답 피하기

① 수염소(×) → 숫염소(○)

② 윗층(×) → 위층(○)

③ 아지랭이(×) → 아지랑이(○)

p.238

6 ②

• 윗돈(×) → 웃돈(○)

오답 피하기

① 윗목(○)

③ 위층(○)

④ 웃옷(○): 맨 겉에 입는 옷.

p.240

7 ①

• 퍼레서(○): '퍼렇- + -어서'가 결합할 때 어간과 어미 모두 바뀌어 '퍼레서'로 활용된다.(ㅎ 불규칙 용언)

오답 피하기

② 또아리(×) → 똬리(○)

③ 머릿말(×) → 머리-말[머리말](○)

④ 잠궈야(×) → 잠가야(○)

p.255

8 ④

• 대-물림(○), 구시렁-거리다(○), 느지막-하다(○)

오답 피하기

① 통채(×) → 통-째(○), 발자욱(×) → 발-자국(○)
구렛나루(×) → 구레-나룻(○)

② 귀뜸(×) → 귀띔(○), 핼쓱하다(×) → 핼쑥하다(○), 해쓱하다(○), 널찍하다(○)

③ 닥달하다(×) → 닦달하다(○), 곰곰-이(○), 간질이다(○): '간질이다'와 '간지럽히다' 모두 표준어이다.

p.256

9 ②

• 고깃간(○)
'고깃간'의 복수 표준어는 '푸줏간'이다. '정육간'이라는 단어는 없다.

오답 피하기

① 가는허리(○), 잔허리(○)
③ 관계없다(○), 상관없다(○)
④ 기세부리다(○), 기세피우다(○)

10 ③

• 외눈퉁이(×) → 애꾸눈이(○), 덩쿨(×) → 넝쿨/덩굴(○)
• 상관없다(○), 귀퉁배기(○)

오답 피하기

① 가엽다(○), 배냇저고리(○), 감감소식(○), 검은엿(○)
② 눈짐작(○), 세로글씨(○), 푸줏간(○), 가물(○)
④ 겉창(○), 뚱딴지(○), 툇돌(○), 들랑날랑(○)

p.258

11 ④

• 넝쿨(○), 덩굴(○)

오답 피하기

① 눈대중(○), 눈어림(○), 눈짐작(○)
② 보통내기(○), 여간내기(○), 예사내기(○)
③ 멸치감치(○), 멀찌가니(○), 멀찍이(○),
⑤ 되우(○), 된통(○), 되게(○)

p.262

12 ②

• 쳐져요(○): 치다 → 치- + -어지- + -어요(종결 어미)

오답 피하기

① 뵀습니다(×) → 뵀습니다(○)
③ 예뻐졌데요(×) → 예뻐졌대요(○)
④ 쌍둥이에요(×) → 쌍둥이예요(○)

p.264

13 ④

• 손주(○): 손자와 손녀를 아울러 이르는 말.
• 손자(○): '손주'는 '손자'와 '손녀'를 아울러 이르는 말.

오답 피하기

① 짜장면(○), 자장면(○)
② 간지럽히다(○), 간질이다(○)
③ 복숭아뼈(○), 복사뼈(○)

14 ①

• 콧망울(×) → 콧방울(○): 코끝 양쪽으로 둥글게 방울처럼 내민 부분.

오답 피하기

② 눈초리(○), 눈꼬리(○)
③ 귓밥(○), 귓불(○)
④ 장딴지(○)

p.265

15 ④

• 부스스하다(○), 부시시하다(×)

오답 피하기

① 마을(○), 마실(○)
② 예쁘다(○), 이쁘다(○)
③ 새초롬하다(○), 새치름하다(○)

16 ①

• 되려(×) → 도리어(○), 되레(○)

오답 피하기

② 맨날(○), 만날(○)
③ 깡그리(○)
④ 억수로(○)

p.266

17 ②

• 쪽밤(×) → 쌍동밤(○): 한 껍데기 속에 두 쪽이 들어 있는 밤.

오답 피하기

① 개발새발(○), 괴발개발(○)
③ 뜨락(○)
④ 나래(○)

p.267

18 ④

• 주책이다(○), 주책없다(○), 주책(○)
• 두루뭉술하다(○), 두리뭉실하다(○)
• 허드렛일(○), 허드레(○)

오답 피하기

① 덩쿨(×) → 넝쿨/덩굴(○), 놀이감(×) → 놀잇감(○)
  • 눈두덩/눈두덩이(○)
② 윗어른(×) → 웃어른(○)
  • 호루라기(○), 딴지(○)
③ 지리하다(×) → 지루하다(○)
  • 계면쩍다/겸연쩍다/계면쩍다(○), 삐지다/삐치다(○)

p.268

19 ②

- 여지껏(×) → 여태껏(○), 입때껏(○)

오답 피하기

① '-지 말다'에 '-아라'가 결합한 것으로 '버리지 말아라'와 같이 쓸 수 있다.
③ 두루뭉술하다(○), 두리뭉실하다(○)
④ 주책없다(○), 주책이다(○)

p.269

20 ④

- 덩쿨(×) → 넝쿨/덩굴(○)
- 개발새발(○), 괴발개발(○), 이쁘다/예쁘다(○), 마실/마을(○)

오답 피하기

① 등물(○), 남사스럽다(○), 쌉싸름하다/쌉싸래하다(○), 복숭아뼈/복사뼈(○)
② 까탈스럽다/까다롭다(○), 걸판지다/거방지다(○), 주책이다(○), 주책없다(○), 겉울음(○), 건울음(○)
③ 찰지다/차지다(○), 잎새(○), 잎사귀(○), 꼬리연(○), 가오리연(○), 푸르다(○), 푸르르다(○)

21 ③

- 치켜세우다(○), 사글세(○), 설거지(○), 수캉아지(○)

오답 피하기

① 삵쾡이(×) → 살쾡이/삵(○), 떨어먹다(×) → 털어먹다(○)
② 세째(×) → 셋째(○), 애닯다(×) → 애달프다/애닮다(○)
④ 광우리(×) → 광주리(○), 강남콩(×) → 강낭콩(○)

Chapter ✦ 02 갈래별 특징(= 문제 유형)

01 운문 감상법

1 현대시
p.316~324

01 ③ ··········

'나'라는 표면에 드러난 화자가 없을뿐더러, '고향'을 잃었다는 주제 의식을 드러낸 시가 아니다.

오답 피하기

① '마늘쪽, 고향, 들길, 아지랑이' 등 시골에서 확인할 수 있는 향토적 소재를 활용하여 공간을 묘사하였음을 알 수 있다.
② '머리가 마늘쪽같이 생긴 고향의 소녀와/한여름을 알몸으로 사는 고향의 소년과'에서 유사한 문장 구조를 확인할 수 있다.
④ '천연히'에서 독립된 연으로 구성하여 '마을의 순수한 모습'을 강조하였다.

02 ④ ··········

'가지겠는가'에서 설의적 표현을 확인할 수 있다. 인생을 살아가며 힘든 일을 겪을 수 있다는 화자의 깨달음을 확인할 수 있다.

오답 피하기

① 과거의 회상을 중심으로 시상이 전개되고 있지 않다.
② 반어적 표현이 아니라 설의적 표현을 활용하여 자신의 깨달음을 보여 주었다.
③ 목가적이란 '전원의 한가로운 분위기'와 관련되어 있는데, 해당 내용은 인간의 삶과 관련이 깊을 뿐, 전원의 한가로운 분위기와는 거리가 멀다.

03 ④ ··········

'모순된 감정'이란 '좋고 싫음'과 같이 대립하는 감정을 의미한다. 해당 작품은 '살아보겠다'는 화자의 의지가 두드러지므로 무언가에 대한 모순된 감정을 지녔다고 보기 어렵다.

오답 피하기

① '공이 떨어져도 튀는'에서 공의 속성이 두드러진다.
② '살아봐야지, 떠올라야지'에서 청유형 어투를 확인할 수 있다.
③ '살아봐야지, 공이 되어, 처럼' 등의 단어가 수시로 반복되어 운율감을 형성하고 있다.

04 ① ··········

신동엽의 「봄은」은 남북이 분단된 현실에서 벗어나 평화로운 나날을 꿈꾼 내용이 담긴 작품이다. 따라서 현실을 벗어나 '순수한 자연의 세계'를 노래한다는 설명은 적절하지 않다. 순수한 자연의 세계를 노래하려면, 자연 친화적 성격이 강해야 하는데, 해당 작품은 자연물을 활용하였으나 '분단 현실에 대한 인식, 자주적 통일에 대한 염원'을 말하기 위해 상징적으로 활용하였을 뿐이다. 결코 자연물을 자연에 대한 친근감이나 긍정적이고 아름다운 이미지 등을 그리기 위해 쓴 것은 아니다.

오답 피하기

② 화자가 염원하는 평화를 '움튼다, 움트리라, 녹여 버리겠지'에서 알 수 있듯이 의지적이고 단정적인 어조로 표현하였음을 알 수 있다.
③ 대체로 시어들의 의미는 상징적이다. '겨울'은 부정적인 현실인 분단을 의미하지만, 찾아오는 '봄'은 평화를 의미한다.
④ '봄'은 평화를 의미하며, '겨울'은 분단을 의미한다. 이원적 대립으로 시상을 전개하고 있다.

05 ④ ··········

'글을 쓰는 행위'가 있는 것은 맞지만, 그렇다고 하여 잃어버린 사랑의 회복을 원한다고 보기는 어렵다.

오답 피하기

① '밤들아, 안개들아, 촛불들아, 흰 종이들아, 눈물들아, 열망들아'에서 대상을 호명하며 자신의 슬픈 감정을 드러냈다.
② '빈집'은 실제의 건물이 아니라, 사랑하는 임과 이별 후 공허해진 화자의 내면을 은유적으로 표현한 것이다.
③ 돈호법을 적절하게 활용하여 화자의 감정을 드러냈다는 점에서 영탄형 어조를 확인할 수 있다.

06 ② ··········

화자는 하룻길 7~80리를 가는데, 돌아서서는 60리를 간다고 한다. '하룻길'은 '고향을 가고 싶은데 그렇지 못한' 화자의 현실로 볼 수 있다. 이를 바탕으로 ⓛ을 보면, 목적지가 없이 이리저리 돌아다니는 것으로 보아 '화자에게 놓인 방랑길을 비유한다는 말.'은 적절하다.

오답 피하기

① '산새'는 가고 싶은 곳을 가지 못해 우는 대상이다. 화자 역시 고개를 넘어, 가고 싶어 하는 곳이 있는데 그러지 못한 처지에 가슴 아파한다. 따라서 '상반되는 처지'가 아니라 '동일시되는 대상'이므로 해당 선지는 적절하지 않다.

③ '이국 지향'은 '다른 나라에 가고 싶은 소망'으로 해석할 수 있다. 그런데, '불귀'는 고향으로 돌아갈 수 없는 화자의 안타까운 상황이 나타나 있을 뿐, '이국'을 지향한다고 말하기가 어렵다.

④ '산새'는 화자와 동일시되는 대상이다. 따라서 고향에 가지 못한 화자의 슬픔이 드러나 있을 뿐, '분노의 정서'가 나타나 있다고 말하기가 어렵다.

07 ③

'독수리'는 화자가 오래 기르던 대상이지만, '거북이'는 화자를 유혹에 떨어뜨리게 했던 주범이다. 따라서 이 둘의 의미는 결코 유사하다고 볼 수 없다.

오답 피하기

① '간'은 화자가 지키고자 하는 대상이나, 실제 '간'을 의미하지 않고, 화자가 지키고자 하는 긍정적 가치로 이해할 수 있다. 따라서 '지조와 생명'으로 이해하는 것은 적절하다.

② '코카서스 산중에서 도망해 온 토끼'는 '빙빙 돌고' 있는데, 이 모습과 유사하게 프로메테우스 역시 목에 맷돌을 달고 끝없이 침전 중이다. 신화와의 연결만 물었으므로 적절한 설명이다.

④ '불 도전한 죄로 목에 맷돌을 달고/끝없이 침전하는'에서 '프로메테우스'의 끝없는 고통을 확인할 수 있다.

08 ②

ⓒ의 '아스팔트'는 큰 게들이 기어간 곳이나, 그들이 꿈꾸는 바다가 아니다. 따라서 자유를 위해 도달하고자 하는 미래의 공간이라고 말할 수 없다.

오답 피하기

① 게가 ㉠의 '구럭'으로부터 탈출하고 싶다는 상황을 고려해 볼 때, 폭압으로 자유를 잃은 구속된 현실로 해석할 수 있다.

③ ⓒ은 게들이 눈을 세워 두리번거리는 공간이다. 그러다가 그곳에서 달려오는 군용 트럭에 깔려 죽기도 한다. 이로 볼 때, 약자가 돌파구를 찾기란 매우 어려운 일임을 알 수 있다.

④ ⓔ의 '먼지' 속에 '썩어가는 어린 게의 시체'를 확인할 수 있다. 화자는 이를 안타깝게 여기며, 방치된 어린 게가 겪는 잔인한 현실을 강조한다.

09 ①

'호혜적'이란 '서로에게 특별한 혜택을 주고받는 것'을 의미한다. 화자는 '문명'에 대해서는 비판적 시각을 고수하고, '자연'에 대해서는 호감을 취한다. 이런 상황을 볼 때, 이 둘의 관계가 호혜적이라고 말하는 것은 어불성설이다.

오답 피하기

② '벌레 소리들 환하다.'에서 자연의 실재감이 '청각의 시각화'를 통해 두드러짐을 알 수 있다.

③ '텔레비전을 끄기 전후'의 차이는 '풀벌레들의 작은 귀'를 들었다는 데에 있다. 텔레비전의 소리가 가득할 때는 풀벌레 소리가 들리지 않았지만, 끈 이후 풀벌레 소리가 가득하다.

④ '문명'을 상징하는 텔레비전의 소리에 묻힌 '풀벌레 소리'에 관심을 지닌 모습에서 확인할 수 있다.

2 고전 시가 p.331~339

01 ③

'물'은 각 수마다 의미가 다르다. 1수의 '물'은 임을 걱정하는 화자의 사랑이 담겨 있으며, 2수의 '물'은 화자와 임 사이를 이별하게 하는 장애물로 그리며, 마지막 3수의 '물'은 임의 죽음을 의미한다. 이를 바탕으로 볼 때, '물'의 상징적 의미를 따라 시상을 전개한다는 말은 그나마 적절함을 알 수 있다.

오답 피하기

① 「황조가」와 「공무도하가」 모두 '서사시'가 아니라 '서정시'이다. '최고'라는 글자에 현혹되면 안 된다.

② 4언 4구체의 한시로만 전해질 뿐, 별도로 번역한 시가가 전해지지 않는다.

④ 해당 작품은 '사랑하는 임과의 이별, 그리고 화자의 한탄'이 주제이기 때문에 연군지정, 충성심과는 관련이 없다.

02 ④

시선의 이동은 나타나 있지 않다.

오답 피하기

① 정다운 '꾀꼬리'와 외로운 '화자'가 서로 대비되어 나타난다.

② 해당 작품은 '기승전결'의 구조로 되어 있다.(반드시 암기)

③ '1수~2수'는 선경을, '3수~4수'는 후정을 드러낸 구조이므로 해당 선지는 타당하다.

03 ④

'고조선 곽리자고의 아내 여옥이 지은 작품'은 「구지가」가 아니라 「공무도하가」이다. 따라서 정답은 ④이다.

오답 피하기

① 「구지가」는 향가 발생 이전의 고대시가에 해당하므로 ①은 무조건 적절한 선지이다. 참고로 '향가'는 신라시대와 관련된다.

② 해당 작품은 '환기-명령-가정-위협'으로 구성되어 있으므로, 해당 선지는 적절하다.

③ 집단적, 주술적 성격을 지닌 작품이기 때문에 종합 예술 성격을 띠고 있다고 볼 수 있다.

04 ①

화자는 '미타찰에서 누이를 만나고 싶다.'라고 밝힌 것을 보아 '재회에 대한 바람'이 있다고 해석할 수 있다.

오답 피하기

② 처음부터 끝까지 자신의 생각을 반대로 말한 부분이 없다.

③ '누이를 다시 만나고 싶다'는 점에서 세속의 인연에 미련을 두고 있으므로, 해당 해석은 적절하지 않다.
④ 상황은 인식한 것은 맞으나 '객관적 배경 묘사'는 없다. 따라서 적절한 설명이 아니다.

05 ①

화자는 자신의 억울한 심정을 임에게 전하고 있다. 이런 상황을 다르게 본다면, 자신의 처지에서 벗어나고 싶은 심정이라고 볼 수 있다.

② 이상과 현실의 괴리에 대한 이야기도 아니며, 담담한 태도로 상황을 대처하고 있지도 않다.
③ 다가올 미래에 대한 비관적인 태도, 즉 희망이 없다고 보고 있지 않다. 화자는 자신의 상황과 이에 대한 정서를 위주로 시상을 전개하고 있다.
④ 해당 작품은 교훈적인 의도와 거리가 멀다.

06 ④

'천만'의 '천'과 '만'에 큰 숫자를 활용한 것은 맞으나, 자신이 한 잘못이 전혀 없음을 강조한 표현이지 임을 향한 화자의 그리움을 강조한 것은 아니다.

① '접동새'를 활용하여 화자의 억울한 심정과 한, 슬픔의 감정을 드러내고 있다.
② '잔월효성'에 언급된 '달'과 '별'을 활용하여 화자의 억울함과 결백함을 강조하였다.
③ '뉘러시니잇가, 니즈시니잇가'에서 설의적 표현을 활용하여 화자의 슬픔을 강조하였다.

07 ①

해당 시조의 내용은 돌부처에 대한 신앙과 관련이 없다. 무정의 존재와 인간의 상황을 비교하며 자신이 부러워하는 상황이 해당 시조의 주제이기 때문이다.

② 인간의 이별을 모른다는 그 상황을 부러워한다는 점에서 작자가 전달하려는 메시지가 마지막 줄에 있다는 말은 적절하다.
③ '돌부처'라는 무정의 존재에 빗대어, 화자의 부러워하는 감정을 드러내었다.
④ 4음보 운율을 드러낸 작품이므로 해당 선지는 적절하다.

08 ②

'눈비'는 화자의 부정적인 상황을 보여주는 구절이다. '화자와 중심 대상인 임'과 연결하는 매개체는 아니다.

① ㉠의 '베옷'은 '베로 지은 옷'인데 겨울에 입기 춥다. 삼동에 베옷을 입었다는 것만으로도 충분히 화자의 처지나 생활을 유추해 볼 수 있겠다.
③ ㉢의 '서산'은 화자가 바라보는 공간이다. 화자가 머물고 있는 공간과 구별된다.(참고로 서산은 임금이 계신 곳으로 해석한다. 따라서 서산에 해가 진다는 말은 곧 '임금님이 승하하였다'는 말과 같다.)
④ ㉣의 '눈물겨워' 화자의 감정이 직접 표출된 말이다.

09 ②

해당 시조는 술이 익었다는 말을 듣고, 이를 마시러 가겠다는 화자의 상황을 그린 작품이다. 즉, '풍류적이고 전원적인 분위기를 표출하는' 시인 것이다. 이러한 상황을 고려해 볼 때, '언치 노하'는 결코 '엄격한 격식을 갖추려는 태도'라고 해석하기 어렵다. 술을 먹기 위해 빠르게 행동하는 것으로 보는 것이 낫다.

① '아이야'라고 부르는 장면으로, 자신의 의사를 직접 말할 수 있음에 불구하고, '아이'의 말을 통해 이야기 하는 것을 보아 '간접적으로 전달하는 존재'로 해석이 가능하다. 또한 대화적 서술이 있으므로 '대화체로 이끄는 영탄적 어구'라는 설명 역시 가능하다.
③ '박차'는 화자의 행동으로 역동성을 느낄 수 있으며 보통 행동과 관련된 내용이 나타날 때 '생동감'까지 같이 설명할 수 있다.
④ 화자는 소박한 풍류, '즉 술이 익는다. 그걸 먹으러 간다.'에서 확인할 수 있으므로 타당하다.

10 ①

'늙음에 대한 한탄'이란 주제로 유명한 '우탁'의 시조이다. '인생의 덧없음'은 '허무함'과 관련된 표현으로, 어떠한 기대감에 의한 실망이나 괴로운 어조가 있어야 하는데, '늙음'은 자연의 섭리에 해당하기 때문에 이와 관련지어 해석하기가 어렵다. 또한 관조적이란 고요한 마음 상태에서 멀리 바라보는 듯한 태도를 의미하므로, 이 역시 적절하다고 볼 수 없다.

② '백발(白髮)이 제 몬져 알고 즈럼길노 오더라'에서 '늙음'을 마치 사람처럼 움직일 수 있는 구체적인 대상으로 그리고 있다는 점에서 '의인법'이 쓰였음을 알 수 있다.
③ '자연의 섭리'는 바로 늙음을 의미하는데, 이를 막으려고 노력하는 모습을 재밌게 그렸다는 점에서 해학적 표현을 확인할 수 있다.
④ '인간의 한계를 드러낸다'는 말을 '늙음을 막을 수 없다'는 것으로 치환해야 한다. 이 부분이 분석이 되어야, 늙음이란 운명을 거부할 수 없다는 것까지 빠르게 이해가 될 것이다.

11 ④

'무쇠로 성을 쌓고 성 안에 담 쌓고 ~' 부분에서 유사한 문장 구조가 반복되어 있음을 알 수 있다.

③ '병풍(屛風)'은 화자가 기대는 공간이다. 시름에 겨워 기댈 곳이 필요한데, '병풍'이 그러한 역할을 한다.

15 ④ ....

㉠은 앞부분과 같이 해석을 해야 한다. '짚으로 만든 모자를 쓰고 축 없는 짚신을 신고 풍채가 적은 모습'은 바로 화자를 가리킨다. 이런 모습에 대고 개가 짖고 있는 상황이므로 '부정'과 '긍정' 중 '부정적 상황'에 놓였음을 유추할 수 있다. 따라서 '화자의 초라함을 부각한다.'는 ④가 가장 적절하다. ㉡은 '화자의 한을 돋우도다'라는 구절을 고려해 볼 때, 화자의 걱정을 더욱 깊게 한다는 점에서 '화자의 수심을 깊게 한다'는 ④가 가장 적절하다.

① '대승'은 상상적 허구물로 볼 수 없다. '개'를 실재하는 존재물로 보았다면, '대승'도 역시 그렇게 보아야 할 것이다.
② '개'는 화자의 절망과 관련이 있다고 볼 수 있지만, '대승'은 화자의 희망과 관련이 없다.
③ '대승'은 화자의 외양과 관련이 없다. 화자의 슬픈 심정을 강조하는 자연물로 이해해야 한다.

16 ④ ....

㉣을 보면 화자는 '임' 때문에 목숨이 왔다 갔다 한다며 자신의 처지를 드러낸다. ①~③이 답이 되지 않는 이유가 명백하므로 ㉣을 직접적으로 드러난다고 볼 수 있다.

① ㉠: 화자와 '견우직녀'는 같은 처지라고 말할 수 없다. 견우와 직녀는 7월 7일, 하루라도 만나지만, 화자와 임은 전혀 만나지 못하고 있다.
② ㉡: 화자는 임을 만나고 싶어 그곳을 향해 바라보지만 그렇지 못한 현실 때문에 슬픔이 크다. 따라서 임과의 재회에 확신이 담겨 있다는 설명은 적절하지 않다.
③ ㉢: '새 소리'는 화자의 슬픈 감정이 이입된 대상이다. 과거 회상을 불러일으키지 않는다.

---

① '경건하다'란 '공경하며 삼가고 엄숙하다.'는 의미인데, 이런 의미보다 내용에서 어떤 대상을 공경하는지, 또는 삼가는지 위주로 고려해야 한다. 해당 시조는 대상에 대한 그리움과 아픔이 나타나 있으므로, 경건한 어조라고 하기 어렵고, 더구나 송축하고 있지 않기 때문에 해당 선지는 적절하지 않다.
② 음성 상징어를 확인하기가 어렵다.
③ 소중한 존재가 자신에게 오지 않아 그리워하는 마음을 위주로 그린 작품이므로, 소중한 존재를 잃어버린 뒤의 상실감이 나타나 있다고 보기 어렵다.

12 ① ....

'못 오던가'가 반복되어, 화자에게 오지 않는 임을 향한 원망의 어조와 섭섭한 감정이 드러나 있다.

② '한 달, 서른 날, 하루' 등의 날짜는 있으나, 모두 화자의 그리움과 관련된 날짜일 뿐, 특별하게 의미가 대비되지 않는다.
③ 화자의 감정은 기복 없이 슬프고 애상적인 정서로 일관되어 나타난다.
④ '성 안 → 담 안 → 집 안 → 뒤주 안'으로 점점 공간이 축소되는 것은 맞지만, '너'를 만날 수 있다는 희망은 있지 않다.

13 ③ ....

화자는 건강한 농사일을 보며, 자신의 삶에 대해 반성하고 있다. 육체와 정신의 조화가 없는 자기 자신을 반성함으로써 이를 추구하는 방식으로 시상이 전개되어 있으므로, ③이 정답이다.

① 농촌에서 노동하는 삶만을 궁극적으로 추구하지 않는다. 정신과의 조화를 말하고자 하기 때문에 이 점을 고려해야 한다.
② 벼슬을 하는 지식인의 삶을 추구하지 않는다는 식의 말투를 말미에 보여주었으므로 해당 선지는 적절하지 않다.
④ 공동체의 삶을 강조한 것이 아니므로 해당 선지는 적절하지 않다.

14 ④ ....

'행화(杏花)'는 살구꽃이다. 담장 위에 홀로 떨어진 살구꽃에 마지막에 주목하는데, ①~③ 모두 상황적 설명을 위주로, 그리고 ④에 주목하게끔 만든 것을 보아, '외롭고 쓸쓸한 화자의 심정'을 드러내기 위한 하나의 장치로 이해해 볼 수 있겠다. 이러한 소재를 어려운 말로 '객관적 상관물'이라고 한다.

① '춘우(春雨)'는 봄비를 가리키는 말이다. 봄비는 서정적 배경을 자아내는 풍경으로 해석이 가능하다.
② '나막(羅幕)'은 '비단 장막'을 의미한다. 화자가 있는 공간으로 찬 바람이 스며드는 공간이다. 외롭고 추운 화자의 상황을 환기시키는 소재이다.

1 현대소설
p.341~347

01 ③

처음에는 '전보 배달의 자전거'에 주목하면서 구보의 내면이 서술된다. 그런 다음, '전보, 벗' 등을 차례로 연상하며 구보의 생각을 자세하게 서술하였다.

오답 피하기

① '벗과 관련된 이야기'는 '서울에 있지 않은 모든 벗을 구보는 잊은 지 오래였고 또 그 벗들도 이미 오랫동안 소식을 전하여 오지 않았다.'에서 확인할 수 있는데, 시간순으로 회상한 것은 아니다.
② 서술자는 삼인칭이므로 '주인공인 서술자'가 아니다.
④ '전보 배달'에 주목한 것은 맞지만, '이동된 경로'에 따라 사건이 전개되지 않았다.

02 ②

'부수적인 인물이 작품 속에서 주인공의 이야기를 한다.'라는 내용에 주목해야 한다. 해당 설명에 가장 맞는 시점은 바로 '일인칭 관찰자 시점'이다.

오답 피하기

① '일인칭 주인공 시점'은 서술자 '나'가 주인공이므로 부수적인 인물이 주인공의 이야기를 말하지 않는다.
③ '전지적 작가 시점'은 소설 속의 한 등장인물이 이야기를 말할 수는 있지만, 주인공의 환경이나 행동을 관찰자의 입장에서 객관적으로 서술할 수 없다.
④ '작가 관찰자 시점'은 주인공의 환경이나 행동 등을 관찰자의 입장에서 객관적으로 서술할 수는 있지만, '소설 속의 한 등장인물이 이야기'한 것이라고 말할 수 없다.

03 ①

'현'은 예전과 달라진 '박'의 상황을 인지하고 있다. 그렇다고 하여 '박'의 태도가 달라진 원인이 '자신의 작품'이라고 생각하지 않는다. '현'은 '박'의 그런 지싯지싯한 태도가 마치 자기와 자기의 작품과 유사하다고 느꼈을 뿐이다.

오답 피하기

② '자신과 비슷한 처지에 있다'는 말은 '이 시대 전체에서 긴치 않게 여기는, 지싯지싯 붙어 있는 존재 같았다. 현은 박의 그런 지싯지싯함에서 선뜻 자기를 느끼고'에서 확인할 수 있다.
③ '오면서 자동차에서 시가도 가끔 내다보았다. 전에 본 기억이 없는 새 빌딩들이 꽤 많이 늘어섰다.'에서 현은 바깥 풍경을 보고 있음을 알 수 있는데, 과거와 달리 새 빌딩이 늘어섰다는 말에서 도시가 많이 변화하였음을 인지하였다고 해석할 수 있다.
④ '시뻘건 벽돌로 만든 것'은 '경찰서'인데, 화자는 그것을 보고 '큰 분묘와 같다'고 묘사한다. 이 말에서 부정적인 시선을 느끼고 있으니, 충분히 암울한 분위기를 느끼고 있다고 말할 수 있다.

04 ③

'영달'은 '백화를 신뢰할 수 없기 때문'에 같이 떠나지 않은 것이 아니다. '영달'은 "어디 능력이 있어야죠."에서 알 수 있듯이 자신의 능력을 탓하고 있다.

오답 피하기

① 처음 대사인 "같이 가시지. 내 보기엔 좋은 여자 같군."에서 바로 '정 씨'인 것을 알 수 없지만, 중간에 '영달이 대신 정 씨가 말했다'에서 '정 씨'를 확인할 수 있다. 여기에 있는 두 사내는 '영달과 정 씨'이고, 처음의 대화는 '정 씨'가 '영달'에게 백화와 함께 떠날 것을 권유한 것으로 보인다.
② 중간에 '백화는 뭔가 쑤군대고 있는 두 사내를 불안한 듯이 지켜보고 있었다.'에서 백화의 시선에서 불안함을 확인할 수 있다.
④ '영달'의 배려(삼립빵 두 개와 찐 달걀)를 받은 백화는 자신의 본명을 말할 필요가 없는데 헤어지기 전에 '이점례'라고 밝힌다. 이는 '정 씨와 영달에 대한 고마움의 표현'으로 해석할 수 있다.

05 ③

③은 '아버지'에 대한 '나'의 감정을 묻고 있다. 전반부를 보면, '내가 그를 아버지라고 부르기 어려운 것은 거의 그런 말을 발음해 본 적이 없는 습관의 탓'이라고 한다. 따라서 '아버지로 부르는 것에 대한 거부감'은 있을지 몰라도, '현규'에 대한 감정 때문이라고 보기는 어렵다.

오답 피하기

① 내용의 전개를 보면, '그를 좋아한다, 보호 감정을 느낀다, 그러나 그의 혈족은 아니다, 현규도 마찬가지이다'와 같은 이야기를 한다. 이를 바탕으로 보면 '나는 현규를 좋아하고 사랑하는 것으로 보인다.' 그리고 나는 그 감정이 '그도 나와 마찬가지로 같은 일을 생각하고 있기를 바란다.'에서 알 수 있듯이 현규도 나와의 감정이 같기를 바란다.
② '혈연적으로 아무런 관계가 없다.'라는 내용과 '법률상의 오누이'라는 정보를 확인해야 한다. 초반에는 '혈연'과 관련된 이야기에서 '타인임'을 지적하고, 중간 이후에는 이 둘의 관계가 법적인 형식은 '오누이'란 점도 확인된다.
④ '아아, 나는 행복해질 수는 없는 걸까'를 보면, '사회적 인습이나 도덕률'과 관련이 있는 '오누이'라는 관계보다 '현규'에 대한 '나'의 감정에 더 충실해지고 싶어 한다고 판단할 수 있다.

06 ②

'사람들이 빚만 남는 농사에 공연히 뼈를 상한다.'라며 황만근에게 부지런히 농사를 지을 필요가 없다고 조언을 주었다. 그러나 황만근은 이러한 사실에 개의치 않고 부지런히 농사를 지었다. 이런 상황을 고려해 볼 때, '사람들의 조언을 따르지 않았다.'라는 이 자체를 그대로 서술한 것이므로, 해당 선지가 가장 적절하다.

오답 피하기

① 황만근이 남들에게 자랑하지 않고 지혜롭게 살아간다는 의도에서 쓴 부분이므로, '유식하지 못했다.'와 같이 해석할 수 없다.

③ 황만근은 자기보다 남을 내세우며 겸손한 모습을 보여 주었는데, 이를 두고 '주위 사람들을 부담스럽게 했다.'라는 설명은 적절하지 않다.

④ 황만근이 술을 좋아한다는 의미에서 쓴 것이지, '그의 건강이 나빠졌다.'라는 사실을 말하기 위해 쓴 것은 아니다.

07 ③

(가)에서는 '앞에 선 사람의 일방적인 물음과 대답을 강요된' 상황을 활용하여 당시에 느끼는 공포를 다루었고, (나)에서는 '일방적으로 나의 진술만을 하고 있는 것과 유사한', '당신의 질문'을 다루었다. 정리하자면, (가)와 (나)는 상호적 소통의 여지가 가로막힌 상황이란 공통점, 그리고 이에 대해 '공포를 느낀다.'라는 심리 모두 확인할 수 있으므로 ③이 정답이다.

오답 피하기

① (가)와 (나) 모두 '전짓불'이라는 상징적 장치를 적용하여 사태의 의미를 도출하고 있으므로, '(나)와 달리'라고 말할 수 없다. 참고로 '전짓불'은 모두 공포심과 관련이 깊다.

② (가)에서 이념적 대립에 의해 자유를 억압당하는 인물의 고통이 진술되었음을 알 수 있다.

④ (가)는 고립된 채 두려움에 떠는 인물의 행동이 제시되어 있지만, 전반적으로 당시의 공포심에 맞추어 서술되어 있으므로, 장면 제시를 보여 주어야 하는 극화된 표현과 연결하기가 어렵다. (나)는 '고립된 채 인물의 행동을 극화한 부분'이 제시되어 있지 않으므로, 해당 선지는 적절하지 않다.

08 ③

5문단의 '보다 크고 몸놀림이 잽싼 아이들은 시멘트 부대에 가득 든 석탄을 팔에 안고 낮은 철조망을 깨금발로 뛰어넘었다.'라는 말을 고려하면 된다. 선로 주변에 넘을 수 '없는' 철조망이 아닌 '넘을 수 있는' 철조망인 것을 알 수 있다.

오답 피하기

① 맨 처음의 '시(市)를 남북으로 나누며 달리는 철도는 항만의 끝에 이르러서야 잘려졌다.'를 보면, 남북으로 나누며 철도가 달리는 것을 알 수 있다.

② 2문단의 '선창을 지나 항만의 북쪽 끝에 있는 제분 공장에 갔다.'에서 항만 북쪽에는 제분 공장이 있음을 알 수 있다. 5문단의 '철도 건너 저탄장에서 밀차를 밀며 나오는 인부들이'에서는 철도 건너에 저탄장이 있는 것을 알 수 있다.

④ '선창의 간이음식점 문을 밀고 들어가 구석 자리의 테이블을 와글와글 점거하고 앉으면 그날의 노획량에 따라 가락국수, 만두, 찐빵 등이 날라져 왔다. 석탄은 때로 군고구마, 딱지, 사탕 따위가 되기도 했다. 어쨌든 석탄이 선창 주변에서는 무엇과도 바꿀 수 있는 현금과 마찬가지라는 것을 우리는 알고 있었고,'를 보면, '간이음식점'에서 석탄과 음식을 바꿀 수 있음을 알 수 있다.

2 고전소설   p.348~359

01 ③

ⓒ은 춘향이의 말이기에, 서술자의 개입이라 볼 수 없다.

오답 피하기

① ⓐ은 '화평할 수 있겠는가'에서 서술자의 감정이 설의적 표현으로 제시되었다.(서술자 개입)

② ⓑ은 '아니 상할 것인가'에서 서술자의 감정이 설의적 표현으로 제시되었다.(서술자 개입)

④ ⓓ은 '어찌 감동을 받지 않겠는가'에서 서술자의 감정이 설의적 표현으로 제시되었다.(서술자 개입)

02 ③

해당 장면을 '말을 주고받는 장면'이라고 해석하기는 어렵고, 매를 맞는 장면에 고통스러워하는 춘향의 모습이 나타나 있다고 말하는 것이 적절하다. 이때 주인공의 괴로움이 부각되지만, 이를 두고 내적 갈등이 해결되었다고 볼 수는 없다.

오답 피하기

① '일편단심, 일정지심, 일부종사' 등에서는 '일'이 반복되고, '이부불경, 이군불사, 이도령' 등에서는 '이'가 반복되며, '삼청동, 삼생연분, 삼강, 삼척동자' 등에서는 '삼'이 반복되어 리듬감을 조성하고 있다. 이뿐만 아니라, 아예 동일한 대사가 반복되어 나타나 있으므로 여러 군데에서 확인이 가능하다.

② '일자(一字), 이자(二字), 삼자(三字)'에서 숫자를 활용하여 주인공인 춘향의 상황을 이에 맞추어 보여주었다.

④ '삼종지도 중한 법'에서 유교적 가치를 확인할 수 있으며, 이를 지키겠다는 춘향의 의지를 읽을 수 있다.

03 ④

'그 형용은 세상 인물이 아니로다.'의 판단은 춘향의 모습을 보고 한 것이다. 그리고 해당 말은 다른 인물이 쓴 것이 아니기 때문에 '서술자의 개입'으로 인지하면 된다. 즉, '편집자적 논평'으로 보아도 무방하다는 의미이다. 그러나 이 모든 내용이 '춘향의 외적 모습'을 중심으로 하였으므로, '내면적 아름다움'이라고 표현할 수 없다. 따라서 ④가 정답이다.

오답 피하기

① '모를쏘냐'에서 설의적 표현이 확인된다. '천중절을 모르지 않다.'라는 의도에서 썼다.

② '녹음방초, 금잔디, 꾀꼬리' 모두 봄을 묘사할 때 쓰는 표현이다. 이때 '황금 같은 꾀꼬리'에서 비유법을 확인할 수 있으며, '봄날의 풍경'을 묘사한다고 볼 수 있으니 해당 선지는 적절하다.

③ '펄펄, 흔들흔들'에서 음성 상징어를 확인할 수 있는데, '춘향이가 그네를 타는 모습'은 (중략) 이전에 '그넷줄을 타고 발을 구르는 장면'에서부터 확인했어야 한다. 이를 바탕으로 다시 ⓒ을 보면 '두 번 굴러 힘을 주니'의 장면이 그네를 타는 장면인 것을 알 수 있다.

04 ①

'자연의 묘사'를 활용하여 주제를 강화한 글이 아니다. 해당 작품의 주제는 '허세가 가득한 북곽 선생'의 모습과 '절개를 지키지 않는 동리자'의 모습에서 확인할 수 있다. 특히 '선비의 이중성'은 '범'을 만나는 장면에서 확인할 수 있다. 이처럼 자연의 묘사가 아닌 인물과 자연물을 통해 보여 주었으므로, ①이 정답이다.

오답 피하기

② '북곽 선생'이 지은 시에서 '동리자'와 함께하고 싶다는 생각을 은유적으로 보여 주었다.
③ '범'을 의인화하여 북곽선생을 꾸짖는 장면에서, 유학자의 비굴한 모습을 확인할 수 있다.
④ '유(儒)는 유(諛)라 하더니'에서 동음이의어를 활용한 언어유희를 확인할 수 있다. 즉, '범'은 '선비'를 뜻하는 '유'와 '아첨'을 뜻하는 '유'를 활용하여 선비의 이중성을 비판한 것이다.

05 ③

"계모가 바친 것은 실제로 제가 낙태해서 나온 것이 아니라 계모가 죽은 쥐의 가죽을 벗겨 제 이불 안에 몰래 넣어 둔 것입니다. 다시 그것을 가져다 배를 갈라 보시면 분명 허실을 알게 될 겁니다."에서 알 수 있듯이 배 좌수의 후처가 제시한 증거가 거짓임을 확인할 수 있는 계책을 장화와 홍련이 부사에게 알려 주었다.

오답 피하기

① '부사는 그것을 보고 미심쩍어하며 모두 물러가게 했다.'에서 알 수 있듯이 '증거를 보고 미심쩍어한 것'이다. 장화와 홍련의 말이 거짓이라고 단정짓지 않았다.
② '장녀 장화는 음행을 저질러 낙태한 뒤 부끄러움을 못 이기고 밤을 틈타 스스로 물에 빠져 죽었습니다.'에서 알 수 있듯이 '홍련'이 아니라 '장화'가 스스로 물에 빠져 죽었다고 진술했음을 알 수 있다.
④ '배 좌수는 머뭇거리며 답하지 못했다.'에서 알 수 있으나, '딸들이 무슨 병으로 죽었소'의 대화를 보면, 선지의 '스스로 목숨을 끊은 이유를 물어본다.'라는 내용과 맞지 않음을 알 수 있다.

06 ②

'양소유'는 인간 세상에 환멸을 느껴 스스로 '성진'의 모습으로 되돌아온 것이 아니다. 승상(=양소유)이 말을 마치기도 전에 구름이 걷히고, 승상이 놀라 어찌할 바를 모르는 중에 모든 것이 사라졌다. '양소유'가 '성진'의 모습으로 되돌아온 것 자체가 '인간 세상에 환멸을 느껴 스스로 온 것'이 아니므로, 정답은 ②이다.

오답 피하기

① '장원급제를 하여 한림학사가 된 후'에서 확인할 수 있다.
③ '인간 세상의 승상 양소유가 아니라 연화도량의 행자 성진'이라는 구절에서 '인간 세상'과의 비교하는 문장을 통해 '성진'이 있는 곳이 인간 세상이 아님을 추론할 수 있다.
④ '자신의 몸을 보니 백팔염주가 걸려 있고, 머리를 손으로 만져보 갓 깎은 머리털이 까칠까칠하더라.'에서 외양을 확인할 수 있고,

이는 인간 세상의 승상 양소유가 아니라는 의미이므로 꿈에서 돌아왔음을 확인할 수 있다.

07 ③

• ㉠: 지금 일어난 일이기 때문에 '과거'라고 말할 수 없다.
• ㉡: 꿈속에서 잠깐 만나본 일은 ㉠보다 '과거'에서 일어난 일이다.
• ㉢: ㉡과 ㉢을 비교해 볼 때, '십 년을 같이 살던 일'이 더 오래된 일임을 알 수 있다.
• ㉣: 열대여섯 살 전에는 부모 슬하를 떠나지 않았다는 말을 고려해 볼 때, '현실'이 아닌 '꿈' 속의 일을 언급한 것으로 보이며, 이는 ㉢보다 이후의 일로 분석할 수 있다. 그리고 ㉡인 '꿈속에서 잠깐 만나본 일'이 있던 때는 나이가 16살보다 많을 때이다.
정리하자면, ㉢ → ㉣ → ㉡ → ㉠이 있는 ③이 정답이다.

08 ①

'승상이 자세히 보니 과연 낯이 익은 듯하거늘 문득 깨달아'라는 장면을 고려해 볼 때, '승상'은 '중'을 보았던 기억을 떠올리고 낯이 익는다고 생각하고 있다. 그뿐만 아니라 '꿈에 동정 용궁에 가서 잔치하고 돌아오는 길에 남악에 가서 놀았는데 한 화상이 법좌에 앉아서 불경을 강론하더니'라는 말에서, '꿈에서 중을 본 사실'을 지문에서 찾을 수 있다.
이러한 근거를 고려해 볼 때, 정답은 ①이다.

오답 피하기

② 지문에는 나타나 있지 않지만, '꿈에서 깬 후'에 자신이 양소유가 아닌 불도를 닦던 승려였음을 알게 된다.
③ '중'은 여덟 낭자를 사라지게 하는 환술을 부린 것이 아니라 '춘몽에서 깨게 하기 위해' 한 것이다.
④ 능파 낭자와 어울려 놀던 죄를 징벌한 이가 '중'임을 깨닫는 장면은 해당 부분에 나타나 있지 않다.

09 ③

㉠은 위엄을 갖춘 후 문제의 상황이 무엇인지 질문을 하고 이를 해결하기 위해 '어서 예를 갖추어 보이라.'와 같이 말하며 적극적으로 행동한다. 그러나 ㉡은 장끼가 고집을 끝끝내 굽히지 않자, 홀로 경황 없이 물러나 버렸다. 즉, 소극적인 태도로 문제 상황에 임했다고 볼 수 있다.

오답 피하기

① 계월이 여자 옷을 벗고 갑옷과 투구를 갖춘 후 용봉황월(龍鳳黃鉞)과 수기를 잡아 행군해 별궁에 자리를 잡았다. 그리고 군사를 시켜 보국에게 명령을 전하니'에서 ㉠의 우월한 지위를 확인할 수 있다. 그러나 ㉡에는 그와 같은 모습이 없다.
② "보국이 어찌 이다지도 거만한가? 어서 예를 갖추어 보이라."에서 ㉠은 상대방의 행동에 대한 비판적 태도를 취하였음을 알 수 있다. 또한 ㉡도 "저런 광경 당할 줄 몰랐던가. 남자라고 여자의 말 잘 들어도 패가하고, 계집의 말 안 들어도 망신하네."라며 장끼를 비판한다.

④ '호령이 추상과 같으니 군졸의 대답 소리로 장안이 울릴 정도였다. 보국이 그 위엄을 보고 겁을 내어'에서 알 수 있듯이 ㉠은 주변으로부터 호의적인 반응보다는 위엄에 겁을 내는 모습을 알 수 있다. 그러나 ㉡은 장끼를 잃어 슬퍼하는 모습을 보이자, 주변 인물들은 '아홉 아들 열두 딸과 친구 벗님네들도 불쌍타 의논하며 조문 애곡하니 가련 공산 낙망천에 울음소리뿐이로다.'며 ㉡을 위로해 준다.

10 ②

'여보, 영감. 중한 가장 매품 팔아먹고 산단 말은 고금천지 어디 가 보았소? 가지 마오. 불쌍한 영감아'에서 '흥보의 아내'가 '흥보가 매품 파는 것'을 말리는 것을 알 수 있다. 그러나 '흥보'는 '병영 길을 허유허유 올라가며에서' 알 수 있듯이 아내의 말을 듣지 않고 매품팔이를 하러 간 것을 파악할 수 있다. 참고로, '유보하다'란 '어떤 일을 당장 처리하지 아니하고 나중으로 미루어 두다.=보류하다.'란 의미이다.

오답 피하기

①, ④ "아고, 내 신세야. 누군 팔자 좋아 부귀영화 잘 사는데, 내 어이하여 이 지경인고?"에서 알 수 있듯이, 홍보는 병영에 가서 매품팔이로 생계를 유지하는 것으로 보인다. 또한 자신의 현실에 슬퍼하며 괴로워함도 알 수 있다.

③ '흥보 자식'들은 아버지가 병영에 간다고 하자, '담뱃대를 사달라, 풍안을 사달라, 각시 하나 사달라' 등의 부탁을 태연하게 하는 것을 알 수 있다.

11 ④

"고언에 충신은 불사이군이오, 열녀는 불경이부라 하오니 사또께서는 응당 아실지라. 만일 국운이 불행하여 난시를 당하오면 사또께서는 도적에게 굴슬하시리이까?"에서 알 수 있듯이, 춘향 또한 충신처럼 두 명의 지아비를 섬기지 않는다는 점을 강조하여, 수청을 강요하는 사또를 거절하였다. 이는 곧 자신의 정당성을 뒷받침하고, 신관 사또의 부당성을 부각하는 화법이라고 정리할 수 있다.

오답 피하기

① '신관 사또'는 춘향을 회유하는 것이 아니라 겁박의 말 위주로 구사하고 있다.

② '신관 사또'는 자신의 위엄을 지키고 있으므로, 언어유희와 같은 희화적 화법을 구사하고 있지 않다.

③ '춘향'은 '맞서서 내세우는 두 말이 모두 옳다'는 입장을 고려하지 않고, '신관 사또'의 말을 모두 부정하고 있다.

3 극, 수필, 시나리오

p.360~367

01 ①

반추하는 소의 모습을 보면서 '소의 체구가 크면 클수록 그의 권태도 크고 슬프다. 나는 소 앞에 누워 내 세균 같이 사소한 고독을 겸손하면서 나도 사색의 반추는 가능할는지 불가능할는지 몰래 좀 생각해 본다.'와 같이 생각한다. 따라서 대상의 행위를 통해 글쓴이의 심리가 투사된다는 설명은 적절하다.

오답 피하기

② 과거의 삶에 대한 언급이 없다. 과거의 삶을 회상한다는 의미는 글쓴이가 지난 일에 대해 언급한다는 의미인데, 이에 관한 내용이 없고 더구나 과거의 삶에 관한 후회도 없다.

③ 공간의 이동보다 자신이 생각하는 바에 집중하여 글을 전개하고 있다.

④ 현실에 대한 글쓴이의 불만과 반성적 어조가 맥락에서 확인되어야 하는데, '소'에 대한 자기 생각 위주로 드러내고 있다.

02 ③

'그 나무가 근래에 땅에 쓰러지자 어떤 이가 빗장 막대기로 만들어 선법당(善法堂)과 식당에 두었다. 그 막대기에는 글귀가 새겨져 있다.'에서 벼락 맞은 배나무로 만든 막대기가 글쓴이의 당대까지 전해져 내려옴을 유추할 수 있다.

오답 피하기

① '그 바람에 배나무가 꺾어졌는데 용이 쓰다듬자 곧 소생하였다(일설에는 보양 스님이 주문을 외워 살아났다고 한다).'를 확인해 보면, '용이 쓰다듬어서' 또는 '보양 스님이 주문을 외워서' 배나무가 소생했음을 알 수 있다. 따라서 '저절로' 소생했다고 보기 어렵다.

② '잠시 후에 옥황상제가 보낸 천사(天使)가 뜰에 이르러 이목을 내놓으라고 하였다. 보양 스님이 뜰 앞의 배나무[梨木]를 가리키자 천사가 배나무에 벼락을 내리고 하늘로 올라갔다.'를 보면, 천사는 보양 스님이 가리킨 '이목'에 벼락을 내리고 올라갔음을 알 수 있다. 따라서 '실수로' 벼락을 내렸다는 말은 적절하지 않다.

④ '보양 스님이 이목을 시켜 비를 내리게 하니'를 보면, 보양 스님이 비를 내리게 한 것이 아니고, 이목이 비를 내리게 하였음을 알 수 있다. 그리고 이것을 안 옥황상제가 하늘의 뜻을 모르고 비를 내린 이목을 죽이려 하였다. 이를 보면, 보양 스님이 아닌 이목을 벌하려고 천사를 보낸 것임을 알 수 있다.

03 ③

동연과 서연은 '부처님 형상'에 대하여 다른 입장을 드러내는데, 이를 잘못 이해한 것은 바로 ③이다. 서연의 말을 보면 '자네는 그 형상을 또다시 베껴 만들 작정이군'이라며 외형에 관해 지적한다. 이를 토대로 볼 때, 동연은 부처님 형상을 독창적으로 제작한다고 보기가 어려우므로, ③이 정답이다.

오답 피하기

① '서연'은 이미 만들어진 불상에 대해 의심을 하는 입장이고, '동연'은 이미 만들어진 형상에 관해 공부하는 입장이다. 따라서 이 둘의 입장이 같다고 볼 수 없다.

② '서연'의 대화에서 '부처님 형상을 의심하는 것'을 확인할 수 있다. 이미 만들어진 형상에 대하여 '심사숙고해 보라는 말'에서 확인할 수 있기 때문이다.

④ '동연과 서연의 대화'를 보면 예술에 있어 만들어진 것과 그 안에 들어가 있어야 할 것에 대해 의견 차이가 있음을 알 수 있다. 전자를 외관 또는 외형이라고 하고 후자를 내면 또는 내용이라고 한다. 특히 마지막 서연의 말 '형태 속에 부처님 마음은 어디 있는가?'라는 내용에서 형태와 마음을 달리 쓴 것을 알 수 있고, 동연은 형태에, 서연은 마음에(또는 내용에) 집중한 것을 확인할 수 있으므로, 형식과 내용의 논쟁을 연상시킨다고 볼 수 있다.

04 ③

• ⓒ: '껍질을 깨고 나온' 주체는 '주몽'이다.
• ⓑ: '(말을) 잘 먹여서 살찌게 한' 주체는 '주몽'이다.
따라서 ⓒ과 ⓑ은 행위의 주체가 같으므로 정답이다.

오답 피하기

① • ㉠: '몸을 피하는' 주체는 '유화'이다.
• ⓛ: '내다 버리게 한' 주체는 '금와왕'이다.
㉠과 ⓛ은 행위의 주체가 같지 않기 때문에 답이 될 수 없다.

② • ⓛ: '내다 버리게 한' 주체는 '왕'이다.
• ⓔ: '활을 잘 쏘는' 주체는 '사람' 또는 '주몽이라 불리는 자'이다.
ⓛ과 ⓔ은 행위의 주체가 같지 않기 때문에 답이 될 수 없다.

④ • ⓔ: '활을 잘 쏘는' 주체는 '사람' 또는 '주몽'이다.
• ⓜ: '(누군가가) (주몽을) 없애지 않는다면 후환이 있을까 두렵다'고 말한 주체는 '맏아들 대소'를 포함한 '주몽의 반대 세력'을 의미한다.
ⓔ과 ⓜ은 행위의 주체가 같지 않기 때문에 답이 될 수 없다.

05 ③

'황제가 관상을 보는 사람을 불러 보이니'란 설명을 고려해 볼 때, ⓒ이 ⓛ에게 자신의 견해를 펼칠 기회를 제공한 것이 아니다. ⓛ에게 자신의 견해를 펼칠 기회를 제공한 자는 ⓔ인 '황제'이다. 따라서 정답은 ③이다.

오답 피하기

① '이로 말미암아 그(=공방)가 세상에 이름을 드러냈다.'라는 서술을 고려해 볼 때, '㉠(공방)'은 'ⓔ(폐하)'에 의해 이름이 드러나게 된 것을 알 수 있다.

② '비록 쓸 만하지 못하오나'에서는 단점을 확인할 수 있지만, '빛을 갈면 그 자질이 마땅히 점점 드러날 것입니다.'라는 말에서 발전 가능성을 제시하고 있다.

④ 'ⓔ(=폐하)'은 '왕자는 사람을 그릇으로 만듭니다.'라는 말처럼 자신도 '왕자'와 같은 인물이 되길 바라고 있으므로, 'ⓔ이 ⓒ의 이상적인 모습을 본받고 있다.'라는 설명은 적절하다.

06 ③

'자신의 공'을 말하면서, '잘못한 흔적이 감춰진다, 바늘의 공이 날로 광채가 난다.'라며 동시에 다른 대상이 빛날 수 있음을 자랑하고 있으므로, ③이 가장 적절하다.

오답 피하기

① '인화 낭자'가 자신의 공 위주로 말하고 있을 뿐, 내면의 갈등을 드러내고 있지 않다.

② '각자의 역할과 직분을 지켜야 한다.'라는 의도에서 한 말이 아니다. 다른 이의 부족한 부분을 자신의 공으로 채워 넣을 수 있다는 점을 강조하고 있다.

④ 상대방의 단점을 제시한 것은 맞지만, 그렇다고 하여 논리적으로 지적한 것은 아니기 때문에 해당 선지 역시 적절하지 않다.

07 ③

• ㉠: '이 경험'은 '들보와 서까래들이 다 썩은 경험, 비가 새면서 기울어진 경험, 썩은 부분을 미루고 수리하지 않은 경험, 기와는 바로 바꾼 경험'에 해당한다.

• ⓛ: '깨달음'은 '과오를 알고도 고치지 않은 깨달음, 그러한 자기 과오, 또한 과오를 고치지 않은 상황' 등이 포함된다. 다만, '깨달음' 부분에서 '나라를 바로 잡을 방도가 아예 없는 것'이 아니므로, 정답은 ③이 된다.

오답 피하기

① '기와를 바꾸는 경험'은 '과오를 고치는 깨달음'으로 이어진다.

② '미루고 수리하지 않은 경험'은 '과오를 알고도 고치지 않은 경험'으로 이어진다.

④ '비가 새서 기울어진 상태'는 부정적인 상황으로, 결국 '자기 과오' 그 자체를 의미한다.

08 ③

'경필'은 '코를 막으며 문을 열라.'라고 반응하였을 뿐, 참을성이 강하거나 포용력이 있는지는 알 수 없다.

오답 피하기

① '우진'이가 형들 주려고 준비한 게 있다고 하자, 이에 대해 '수혁'은 '무엇인지' 궁금해하였다.

② '성식'은 '우진'이의 워커 끈을 풀어서 다시 매주는데, 이 모습에서 인간적이고 따뜻한 모습을 읽을 수 있다. 또한 분위기를 바꾸려는 부분에서도 다른 사람을 배려하는 모습을 읽을 수 있다.

④ '우진'은 '몸을 한쪽으로 기울이더니, 큰 소리로 방귀를 뀌는'에서 알 수 있듯이, 장난스러운 행동으로 웃음을 유발하였음을 알 수 있다.

Chapter ◆ 01 독서 일반

03 구조 분석

1 비교와 대조
p.375~379

01 ②

'용에 대한 동양의 인식에 의하면, 용은 날개 달린 드래건과 달리 날개 없이도 자유롭게 하늘을 날아다닐 수 있고 물속에서도 지낼 수 있으며, 네 발이 있으나 땅에서 걷는 일이 없다.'와 '육지 사람들은 주로 하늘 위 구름 속에서 지낸다고 믿었다.'를 종합해서 생각하면, 육지 농부들은 구름 속 용에게 네 발이 있다고 믿었을 것이다.

오답 피하기

① 바닷가 어부들에게 '용'은 고깃배를 위협하는 원인이며, 이들은 주로 바닷속 용궁에서 지낸다고 생각했기 때문에 '구름'과 '용궁'을 대립적 관점에 따라 이해하지 않는다.
③ '어부들은 용을 고깃배를 위협하는 풍랑(風浪)의 원인'이라는 점과 '농부들은 곡식을 자라게 하는 풍우(風雨)의 원인'이라는 점을 같이 고려해야 하는데, 전자는 공포의 대상이고 후자는 은혜의 대상이므로, 모두 상서로운 현상이라고 말할 수 없다.
④ '서양의 드래건'도 '동양의 용'도 모두 날아다닌다. 다만, 날개가 있느냐의 여부에 차이가 있을 뿐이다.

02 ①

'보잉'은 시스템은 불안정하고 완벽하지 않기 때문에 컴퓨터가 조종사의 판단보다 우선시될 수 없다고 하였으며, '에어버스'는 '인간은 실수할 수 있다'는 점을 고려하여 설계하였다고 밝혔다.

오답 피하기

② 베테유는 "인간은 실수할 수 있는 존재"라고 전제한다.'에서 알 수 있듯이 '인간이 실수할 수 있는 존재'라고 보는 것은 맞다. 그러나 윌리엄 보잉이 인간을 실수할 수 없는 존재라고 본 것은 아니다. 그는 통제의 최종 권한을 시스템에 둔 것이 아닌 조종사에게 둔다라고 하였을 뿐, 인간의 실수에 관한 언급을 한 사람은 아니다.
③ '에어버스는 조종간 대신 사이드스틱을 설치하여 컴퓨터가 조종사의 행동을 제한하거나 조종에 개입할 수 있게 설계되었다.'에서 알 수 있듯이 '자동조종시스템을 통제하고 조작하는 주체'는 '에어버스의 조종사'가 아니라, '보잉의 조종사'이다.
④ '보잉의 조종사'는 자동조종시스템을 사용하되, 조종사가 직접 통제한다는 특징이 있다.

03 ③

'국내외의 글로벌 기업들은 여러 산업 분야에서 디지털 트윈을 도입하여 사전에 위험 요소를 제거하고 수익 모델의 효율성을 높이고 있다.'에서 알 수 있듯이, 디지털 트윈에서의 시뮬레이션으로 현실 세계의 위험 요소를 찾아내고 방지할 수가 있다.

오답 피하기

① '디지털 트윈에 대한 수요가 증가하면서 관련 시장도 확대되고 있으며, 국내외의 글로벌 기업들은 여러 산업 분야에서 디지털 트윈을 도입하여 사전에 위험 요소를 제거하고 수익 모델의 효율성을 높이고 있다.'에서 디지털 트윈에 대한 수요가 증가하였을 뿐, '고용률이 향상'된 것은 아니다.
② '실제 실험보다 매우 빠르고 정밀하며 안전할 뿐 아니라 비용도 적게 든다.'에서 알 수 있듯이, 경제성이 높다.
④ '메타버스는 가상 세계와 현실 세계가 융합된 플랫폼으로 이용자들에게 새로운 경제·사회·문화적 경험을 제공하는 데 목적을 둔다.'에서 알 수 있듯이, '현실 세계의 이용자'에게 '새로운 문화적 경험을 제공하는 데 목적'이 있는 것은 '메타버스'이지, '디지털 트윈'이 아니다.

04 ②

'차람'은 '차람은 소설을 소유하고 있는 사람에게 직접 빌려서 보는 것으로, 알고 지내던 개인들 사이에서 이루어졌다.'에서 알 수 있듯이 대가를 지불했는지의 여부를 알 수 없다.

오답 피하기

① '구연에 의한 유통은 구연자가 소설을 사람들에게 읽어 주는 방식으로, 글을 모르는 사람들과 글을 읽을 수 있지만 남이 읽어 주는 것을 선호하는 이들을 대상으로 이루어졌다. 구연자는 '전기수'로 불렸으며, 소설 구연을 통해 돈을 벌던 전문적 직업인이었다.'에서 알 수 있듯이, '글을 모르는 사람'에게 소설을 구연한 사람이 전기수임을 알 수 있다.
③ '이 방식은 문헌에 의한 유통에 비해 시간과 공간의 제약이 많아서 유통 범위를 넓히는 데 뚜렷한 한계가 있었다.'에서 알 수 있듯이 '구연에 의한 유통' 방식은 시간과 공간의 제약이 많다. 이와 달리 문헌에 의한 유통은 '시간과 공간의 제약이 적었음'을 짐작할 수 있다.
④ '세책가에서는 소설을 구매하는 것보다 훨씬 적은 비용으로 빌려 볼 수 있었기 때문에 경제적으로 넉넉하지 않은 사람도 소설을 쉽게 접할 수 있었다.'에서, 소설을 구매하는 비용보다 세책가에서 빌리는 비용이 적음을 알 수 있다.

05 ②

17세기보다 나중은 '참여자형'이 아니라 '방관자형'과 관련된 내용이어야 한다. 그런데 '비판하는 경향이 나타난 것'은 '방관자형'이 아니라 '참여자형'이다.

① '이때 꿈을 꾼 인물인 몽유자의 역할에 따라 몽유록을 참여자형과 방관자형으로 구분할 수 있다.'에서 알 수 있듯이, '몽유자의 역할'이 중요하며, '참여자형에서는 몽유자가 꿈에서 만난 인물들의 모임에 초대를 받고 토론과 시연에 직접 참여한다.'에서 '참여자형의 특징'을, '방관자형에서는 몽유자가 인물들의 모임을 엿볼 뿐 직접 그 모임에 참여하지는 않는다.'에서는 '방관자형의 특징'을 확인할 수 있다.
③ '몽유자가 모임의 구경꾼 역할'을 한다는 말은 '방관자형'을 의미한다. 이들은 '현실을 비판하는 것이 아니라 구경꾼의 위치에 서 있'고, '이 시기의 몽유록이 통속적이고 허구적인 성격'을 지닌다.
④ '참여자형'은 '참여자형에서는 몽유자와 꿈속 인물들이 동질적인 이념을 공유하고 현실의 고통스러운 문제에 대해 의견을 나누며 비판적 목소리를 낸다.'에서 알 수 있듯이, 꿈속 인물들과 함께 현실을 비판한다.

2 공통점과 차이점

p.380~385

01 ④

3문단의 '여기(=「아동권리에 관한 제네바 선언」)에서도 아동은 보호의 객체로만 인식되었을 뿐 생존, 보호, 발달을 위한 적극적인 권리의 주체로 인식되지는 않았다.'를 보면, 적극적인 권리의 주체로 인식하였다는 말은 적절하지 않음을 확인할 수 있다.

① 1문단을 보면 전근대사회에서는 아동 권리에 대한 인식이 없었고, 아동의 권리에 대한 인식은 자본주의가 탄생한 근대사회에 있었음을 알 수 있다.
② 4문단을 보면 '이(=「아동권리협약」)를 토대로 2016년 「아동권리헌장」 9개 항을 만들었다'에서 알 수 있듯이, 「아동권리헌장」은 「아동권리협약」을 토대로 만들어졌다.
③ 2문단의 「아동권리에 관한 제네바 선언」에 물질적으로나 정신적으로 정상적인 발달을 위해 필요한 조건이 충족되어야 한다는 내용이 언급되었고, 4문단의 '생존과 발달의 권리'는 유엔의 「아동권리협약」에 있는 내용이지만, 이 내용 그대로 우리나라의 「아동권리헌장」에 포함하므로, 모두 아동의 발달에 관한 내용이 있음을 알 수 있다.

02 ②

'그는 이를 행성의 역행 운동을 허용하지 않는 천동설로 설명하고자 하였다. 그래서 지구를 중심으로 공전하는 원 궤도에 중심을 두고 있는 원, 즉 주전원(周轉圓)을 따라 공전 궤도를 그리면서 행성들이 운동한다고 주장하였다.'에서 알 수 있듯이 프톨레마이오스의 주전원은 지동설을 지지하고자 만든 개념이 아니라, 천동설로 설명하고자 함을 알 수 있다.

① '아리스토텔레스의 세계관을 따라 우주의 중심은 지구이며, 모든 천체는 원운동을 하면서 지구의 주위를 공전한다는 천동설이 정설로 자리 잡고 있었다.'에서 알 수 있듯이 '과학 혁명 이전'은 '천동설이 정설로 받아들여졌음'을 알 수 있다.
③ '천동설'은 '우주의 중심은 지구'라는 점을 언급하였고, '지동설'은 '천체의 중심은 태양'이라는 점을 언급하였다는 것을 보아, 우주의 중심을 어디에 두느냐에 따라 구분됨을 알 수 있다.
④ '태양을 우주의 중심에 둔 코페르니쿠스의 지동설은 행성들의 운동에 대해 프톨레마이오스보다 수학적으로 단순하게 설명하였다.'에서 알 수 있듯이, '프톨레마이오스'는 수학적으로 '코페르니쿠스'보다 복잡하게 설명하였음을 짐작할 수 있다.

03 ④

'호메로스의 『일리아드』와 『오디세이아』'는 '서사시의 시대'이고, '소포클레스나 에우리피데스의 비극'은 '비극의 시대'이다. 신과 인간의 결합 정도는 '『일리아드』와 『오디세이아』'의 시대가 더 높다. 그 이유는 '비극의 시대'부터 점차 분리되기 때문이다.

① '서사시의 시대에서 철학의 시대로의 전환'을 총체성 개념을 기준으로 설명한 글이다. '계몽사상'이 그 전환을 이끈 것이라고 말할 수 없다.
② '플라톤으로 대표되는 '철학의 시대'이다.'에서 플라톤을 확인할 수 있으며, '이데아'는 신탁이 사라진 철학의 시대를 표현하였기에 '비극적 세계를 표현하였다.'는 말은 적절하지 않다.
③ 루카치는 '신과 인간의 결합 정도를 가리키는 '총체성' 개념을 기준으로 세 시대로 구분하였다.'에서 알 수 있듯이, '다른 기준에 따른 것'이 아니다.

04 ②

'한국 건국신화에서 주인공인 신은 지상에 내려와 왕이 되고자 한다.'에서, '신은 지상에 내려와 왕이 됨'을 알 수 있다. 게다가 '한국 신화에서 신과 인간은 서로의 존재를 필요로 한다는 점에서 상호의존적이고 호혜적'이라고 한다. 이런 점에서 '인간을 위해' 내려왔다는 말은 상호의존적이란 말과 맞지 않으므로 ②가 정답이다.

① 히브리 신화에서 피조물인 인간은 자신을 창조한 유일신에 대해 원초적 부채감을 지니고 있으며, 신이 지상의 모든 일을 관장한다는 점에서 언제나 인간의 우위에 있다.'에서, '신이 언제나 인간의 우위에 있다.'라는 말의 의미는 신과 인간의 관계가 위계적이라는 뜻이다.
③ '신은 인간과의 결합을 통해 결핍을 해소함으로써 완전한 존재가 되고'에서 확인할 수 있다.
④ '신체 화생 신화는 신이 죽음을 맞게 된 후 그 신체가 해체되면서 인간 세계가 만들어지게 된다는 것'과 '인간은 신에게 철저히 종속되어 있다.'를 볼 때, 한국 신화에 보이는 상호의존적인 면모와 전혀 다른 것을 알 수 있다.

05 ①

①의 핵심은 '소리가 지닌 특성이 철자 읽기의 명료성을 판단하는 기준'이 되는 것이 맞냐에 있다. 1문단의 '알파벳 언어는 표기 체계에 따라 철자 읽기의 명료성 수준이 달라진다.'는 점에서 '알파벳 철자 읽기'는 이 글의 핵심임을 알 수 있다. 또한 1문단의 '철자 읽기가 명료하다는 것은 한 글자에 대응되는 소리가 규칙적이어서 글자와 소리의 대응이 거의 일대일이라는 것을 의미한다.'에서 '철자 읽기와, 글자와 소리의 대응' 역시 이 글의 중요 화제임을 알 수 있다. 다만, 우리가 독해해야 할 내용은 '철자 읽기의 명료성'은 '표기 체계에 따른 것'이지, '각 소리가 지닌 특성'에 대한 것이 아니란 것이다.

오답 피하기

② 2문단의 '영어와 이탈리아어를 읽는 사람은 동일하게 좌반구의 읽기 네트워크를 사용한다.'와 '무의미한 단어를 읽을 때 영어를 읽는 사람은 암기된 단어의 인출과 연관된 뇌 부위에 더 의존하는'을 같이 고려하면 된다.

③ '이탈리아어'는 '스페인어'와 마찬가지로 글자와 소리의 대응이 거의 일대일이며, 철자 읽기가 명료한 특징을 지닌다. 1문단의 '철자 읽기가 명료하다는 것은 한 글자에 대응되는 소리가 규칙적이어서 글자와 소리의 대응이 거의 일대일이라는 것을 의미한다. 그 예로 이탈리아어와 스페인어가 있다.'를 참고하자.

④ 1문단의 '영어는 발음이 아예 나지 않는 묵음과 같은 예외도 많은 편이고 글자에 대응하는 소리도 매우 다양하다.'에서 음운 처리 규칙에 적용되지 않는 예외들을 확인할 수 있으며, 1문단의 '그 예로 이탈리아어와 스페인어가 있다. 이 두 언어의 사용자는 의미를 전혀 모르는 새로운 단어를 발견하더라도 보자마자 정확한 발음을 할 수 있다.'에서는 스페인어는 글자와 소리의 대응이 거의 일대일이라는 것을 알 수 있다. 따라서 '영어는 소리와 글자의 대응이 스페인어에 비해 덜 규칙적'이라고 이해할 수 있다.

06 ④

'서문에는 글자와 행의 기술 방식, 표제어 배열 방식 등을 설명하고, 이 방식이 알파벳을 사용하는 서양의 서적을 본뜬 것이라는 사실을 밝혀 놓았다.'에서 알 수 있듯이 가로쓰기 방식으로 표기한 서양 책의 영향을 받은 것이 바로 『국한회어(國漢會語)』임을 알 수 있다.

오답 피하기

① '『한불자전』이나 1897년에 게일이 편찬한 『한영자전』은 모두 가로쓰기 책이다.'에서 알 수 있듯이, 『한불자전』은 가로쓰기 책이다. 그리고, '1909년에 발간된 지석영의 『언문』, 1911년에 편찬 작업을 시작한 국어사전 『말모이』 정도가 가로쓰기를 했다.'에서도 알 수 있듯이, '『언문』, 『말모이』'도 가로쓰기 책이다. 그러나 '푸칠로가 편찬한 『로조사전』은 러시아 문자는 가로로, 그에 대응되는 우리말 단어는 세로로 쓴 독특한 형태이다.'에서 알 수 있듯이, 홀로 '세로쓰기'도 있는 독특한 형태임을 알 수 있다.

② '국문으로 된 표제어를 한문으로 풀이한 것은, 국한문혼용체의 사용 빈도가 높아진 시대적 분위기가 반영된 것이다.'를 고려해 보면, 가로쓰기 사용이 늘어나는 분위기와 다르다는 것을 알 수 있다.

③ '1897년에 나온 『독립신문』은 띄어쓰기를 했으되 세로쓰기를 했고'에서 띄어쓰기 관련 설명이 나오나, 가로쓰기가 시행되면서 이런 분위기가 활성화되었는지 알 수가 없다. 국한문혼용체의 사용 빈도가 높아졌다는 사실만 알 수 있다.

❸ 조건과 기준

p.386~391

01 ③

'인간의 지각과 사고'에 관한 설명을 한 것은 맞으나, 프레임을 극복해야 한다는 주장을 한 것은 아니다.

오답 피하기

- ㉠ 지각과 생각은 인간의 모든 정신 활동을 뜻한다.
- ㉡ 사람의 '지각과 생각'은 항상 어떤 맥락, 관점 혹은 어떤 평가 기준이나 가정하에서 일어난다.
- ㉢ 이러한 맥락, 관점, 평가 기준, 가정을 프레임이라고 한다.

① '㉠~㉢'을 보면, 인간의 모든 정신 활동은 프레임 아래에서 일어나므로, '프레임 없이 일어나지 않는다.'는 말은 적절하다.

② '프레임'은 '맥락, 관점, 평가 기준, 가정'을 의미하므로, 어떤 편향성을 가지게 된다는 말은 적절하다.

④ '프레임'은 '맥락, 관점, 평가 기준, 가정'을 의미하므로, 어떤 맥락, 평가 기준이라고 말하는 것은 적절하다.

02 ②

'가령 고구려의 연개소문은 반신이지만, 당나라에 당당히 대적한 민족적 영웅의 모습도 포함되어 있다.'에서, 열전에 수록된 반신인 연개소문에 대한 평가가 기존과 다를 수도 있음을 알 수 있다. 특히 '연개소문의 사례에서 볼 수 있듯 『삼국사기』는 기존 평가와 달리 다면적이고 중층적인 역사 텍스트라고 할 수 있다.'에서 확인할 수 있다.

오답 피하기

① '흔히 『삼국사기』에 대해, 신라 정통론에 기반해 있으며, 유교적 사관에 따라 당시의 지배 질서를 공고히 하고자 했다고 평가한다.'에서 알 수 있듯이 신라 정통론에 기반해 있다. 또한 '신라인이 가장 많고, 백제인이 가장 많다.'는 말에서 '신라인, 백제인'을 '고구려의 연개소문'도 실렸다는 점에서 모두 수록되어 있음을 알 수 있다.

③ '수록 인물의 배치에는 원칙이 있는데, 앞부분에는 명장, 명신, 학자 등을 수록했고, 다음으로 관직에 있지는 않으나 기릴 만한 사람을 실었다.'에서 알 수 있듯이 '관직에 있지 않지만, 기릴 만한 사람'도 실었음을 알 수 있다.

④ '『삼국사기』는 본기 28권, 지 9권, 표 3권, 열전 10권의 체제로 되어 있다.'에서 알 수 있듯이 가장 많은 권수를 차지한 것은 '열전'이 아니라 '본기'이다. 본기는 28권이고, 열전은 10권이다.

03 ④

4문단의 '병에 담겨 코르크 마개를 끼워 보관한' 것은 지문에서 '시간이 흐를수록 품질이 개선되는 것은 일부 고급 적포도주에만 한정된 이야기'라는 내용을 보아야 한다. 그리고 4문단의 '대부분의 백포도주는 시간이 지날수록 오히려 품질이 떨어진다.'와 '품질이 개선된 것은 고급 적포도주에만 한정된다.'는 내용을 고려해 볼 때, '고급 백포도주'는 '품질이 개선되지 않을 가능성'이 크므로, ④가 가장 적절하다. 조건을 정리할 때, 범주가 확인되어야 한다.
㉠ 고급 적포도주 – 품질이 개선된다.
㉡ 대부분의 백포도주, 중급 이하 적포도주 – 품질이 떨어진다.
㉢ 추론: 그렇다면, '고급 백포도주'는 품질이 개선되는 조건에 없으며, '대부분의 백포도주'와 유사할 것이라 보므로, '품질이 개선되지는 않을 것이라.' 보는 것이 타당하다.

오답 피하기
① 3문단의 '(그 대신 이를 잘 활용하면 포르토나 셰리처럼 도수를 높인 고급 포도주를 만들 수 있다)'를 보면, 고급 포도주는 '너무 더운 지역'에서도 가능하다. 고급 포도주의 주요 생산지는 너무 덥지도 않고 너무 춥지도 않은 곳이기도 하지만, 선지 조건 중 '모두'가 부정된다.
② 2문단의 '대체로 대서양의 루아르강 하구로부터 크림반도와 조지아를 잇는 선이 상업적으로 포도를 재배할 수 있는 북방한계선이다.'와 '자연 상태에서는 포도가 자라는 북방 한계가 이탈리아 정도에서 멈춰야 했지만, 중세 유럽에서 수도원마다 온갖 노력을 기울인 결과 포도 재배가 상당히 북쪽까지 올라갔다.'는 점을 고려해 볼 때, 이탈리아보다 남쪽에 있을 것이라는 말은 적절하지 않다.
③ 1문단의 '일상적으로 마시는 식사용 포도주로는 당연히 고급 포도주와는 다른 저렴한 포도주가 쓰이며, 술이 약한 사람들은 여기에 (=저렴한 포도주에) 물을 섞어서 마시기도 한다.'는 내용과 관련 지어 볼 때, '고급 포도주에 물을 섞은 것이라'고 볼 수 없다.

04 ①

'테스토스테론'의 수치는 '번식기가 아니냐, 맞느냐'의 기준에 따라 그리고 '새의 종류'에 따라 달라진다. 해당 선지는, '노래참새 수컷'은 '번식기 동안'의 테스토스테론 수치를 다시 '양육할 때'와 '끝난 후'를 비교하는데, '새끼가 커서 둥지를 떠나게 되면 수컷은 더 이상 영역을 지킬 필요가 없기 때문에 번식기가 끝나지 않았는데도 테스토스테론 수치는 좀 더 떨어지고,'에서 알 수 있듯이, 아직 번식기지만, 새끼의 양육이 끝난 후에 그 수치가 떨어짐을 알 수 있다.

오답 피하기
② '암컷의 수정이 이루어지기 전보다 이루어진 후에 낮게 나타난다.'에서 알 수 있듯이, '암컷의 수정 여부'가 기준이다. 해당 내용은 '이 시기 수컷의 테스토스테론 수치는 암컷의 수정이 이루어질 때까지 계속 높아진다.'에서 알 수 있듯이 수정이 이루어지면 '테스토스테론 수치'가 떨어질 것이라는 추측이 가능하다.
③ '검정깃찌르레기 수컷은 테스토스테론 수치가 번식기가 되면 올라갔다가 암컷이 수정한 이후부터 번식기가 끝날 때까지 떨어지지 않는다.'에서 알 수 있듯이 번식기가 끝날 때까지 테스토스테론 수치가 떨어지지 않는다.
④ 새의 종류에 따라 테스토스테론 수치가 떨어지는 시기가 달라졌을 뿐, 번식기일 때의 수치는 번식기가 아닐 때보다 수치가 높은 것을 알 수 있다.

05 ①

'갑'은 '축약된 기술어'가 실존하는 대상을 지칭할 수 없다고 보았는지 알 수가 없다. '축약된 기술어'에 대한 논의는 '을'이 제시하였는데, 이에 대응하는 '갑'의 반응이 없기 때문이다.

오답 피하기
② "'페가수스'라는 단어는 실존하지 않는 대상을 지칭한다고 생각해.'에서 을의 생각을 읽을 수 있고, 그는 '실존하지 않는 대상을 지칭하는 단어가 있다.'라고 여긴다.
③ '단어의 의미는 그 단어가 지칭하는 실존하는 대상이 무엇인가에 따라 결정돼. 모든 단어는 무언가의 이름인 것이지.'에서 알 수 있듯이, '갑'은 모든 단어는 무언가의 이름이라고 보고 있으므로, '페가수스'를 이름으로 본다는 말은 적절하다. 그러나 '을'은 '로물루스'를 생각해 봐. 이 단어는 실제로는 이름이 아니라 일종의 축약된 기술어(記述語)야.'에서 알 수 있듯이 로물루스를 예로 들며, 실존하지 않는 대상을 지칭하는 것은 이름이 아니라 축약된 기술어라고 지적한다. '을'은 '실존하지도 않는 대상에게 이름이 있을 수 없는 것은 너무 당연하니 말이야.'에서 알 수 있듯이, 이름이 있는 것은 실존하는 것을 뜻하기 때문이다.
④ '갑'과 '을' 모두 공통으로 어떤 단어가 이름이려면 '실존하는 대상'이어야 한다고 주장한다.

06 ③

1) 조건을 보자.
① 어떤 것이 과학일 경우 거기에 사용되는 문장은 유의미하다.
② 유의미한 문장의 기준으로 '검증 원리'라고 불리는 것을 제안한다.
③ 검증 원리란 경험을 통해 참이나 거짓을 검증할 수 있는 문장은 유의미하고 그렇지 않은 문장은 유의미하지 않다.
2) 다음으로 예로 든 (가)와 (나)를 보자.
(가): 경험을 통해 검증할 수 있는 문장이고 유의미한 문장이다.
(나): 진위를 확정할 수 없는 문장이고 과학에서 사용될 수 없는 무의미한 문장이다.
이를 종합하면, 논리실증주의자들에 따르면, 무의미한 문장을 사용하는 것은 과학이라고 볼 수 없다. 즉, 해당 조건은 '무의미한 문장을 사용하는 것'이 '과학이냐, 아니냐'를 따지는 것이고, 유의미한 문장과 과학의 경우를 같이 연결 지으니 정답은 ③이 된다.

오답 피하기
① '거짓인 문장'은 경험을 할 수 있는 문장이라 할 수 있으므로 '무의미한 것'이 아니라 '유의미한 것'이다.
② '과학의 문장들만'으로 한정 지을 수 없다. 검증 원리에 따라 경험할 수 있고, 참과 거짓을 가릴 수 있는 문장이라면 모두 유의미하기 때문이다.
④ '아직까지 경험되지 않은 것'과 '경험할 수 없는 것'은 의미가 다르다. 언젠간 경험하여 참과 거짓을 가릴 수 있다면, 그 문장은 무의미한 것이 아니라 유의미한 것으로 바뀌기 때문이다.

4 전제와 관점

01 ④

15세기 후반부에 인쇄술이 점차 발달된 것은 맞으나, 그렇다고 하여 인쇄술에 힘입어서 15세기 후반부에 라틴어가 가장 중요한 언어가 된 것은 아니다. '15세기 후반부에는 라틴어가 가장 중요했기에 라틴어로 된 종교 서적이 인쇄의 주류를 이루었다.'는 내용에서 알 수 있는 것은 라틴어가 중요했으므로 종교 서적이 인쇄의 주류를 이루었다는 것이다.

오답 피하기

① '16세기 들어 인쇄술은 고대 문헌들의 출판을 통해 인문주의의 대의에 공헌했으며, 1517년 이후 종교개혁을 위한 수단으로도 이용되었다.'에서 알 수 있는 내용이다.
② '결국 15세기 말 인쇄업은 자금을 빌려주는 업자들에게 종속되었는데'에서 알 수 있는 내용이다.
③ '필사본의 수량적 한계를 뛰어넘은 책은 상인들의 교역로를 따라 유럽 각지로 퍼져 나갔다. 이 사치품은 수지맞는 상품으로 시장에서 거래되었고, 그 과정에서 사상의 교환이 촉진되었다.'에서 알 수 있다시피, 사상의 교환을 위해서 책을 유통한 것이 아니라, 사치품이 수지맞는 상품으로 시장에서 거래되다 보니 이루어진 것이다.

02 ③

2문단의 '교회에서 제시한 세계관 및 사후관에 대한 신뢰가 떨어지고, 삶과 죽음 같은 인간의 본질적인 문제에 대해 새롭게 사유하기 시작했다. 중세의 지적 전통에 대한 의구심은 고대의 학문과 예술, 언어에 대한 재평가로 이어졌으며, 이에 따라 신에 대한 무조건적 찬양과 복종 대신 인간에 대한 새로운 관심과 사유가 활발해졌다.'를 보면, 고대의 학문과 언어에 대한 재평가가 이루어진 것은 맞다. 그런데, '인체의 아름다움을 재발견함으로써' 이루어진 것은 아니므로 ③은 적절하지 않다. 고대의 학문과 언어에 대한 재평가가 이어지고, 이에 따라 인간에 대한 새로운 관심과 사유가 활발해졌기에, 3문단의 '이러한 움직임은 미술사에서 두드러지게 포착된다. 인간에 대한 관심의 증대에 따라 인체의 아름다움이 재발견되었'음을 알 수 있다.

오답 피하기

① 1문단의 '르네상스가 일어나게 된 요인으로 많은 것들이 거론되어 왔지만, 의학사의 관점에서 볼 때 흥미롭고 논쟁적인 원인은 페스트이다.'에서 전염병의 창궐은 르네상스의 발생을 설명하는 다양한 요인 중 하나임을 알 수 있다.
② 1문단의 '페스트로 인해 '사악한 자'들만이 아니라 '선량한 자'들까지 무차별적으로 죽는 것을 보고 이전까지 의심하지 않았던 신과 교회의 막강한 권위에 대해서도 회의하게 되었다.'를 보면, 페스트로 인한 선인과 악인의 무차별적인 죽음은 교회가 지닌 막강한 권위를 약화시켰음을 알 수 있다.
④ 3문단의 '기존의 의학적 전통을 여전히 신봉하던 의사들에게 해부학적 지식은 불필요한 것으로 인식되었던 반면, 당시의 미술가들은 예술가이면서 동시에 해부학자이기도 할 만큼 인체의 내부 구조를 탐색하는 데 골몰했다.'를 보면, 미술가들이 동시에 해부

학자인 만큼 인체의 내부 구조 탐색에 골몰하였음을 알 수 있다. 또한 의사들은 오히려 해부학적 지식을 불필요하였다고 하였으니 이 둘은 비교가 가능하다.

03 ③

'인간의 행동은 유전적인 적응 성향과 이러한 적응 성향을 발달시키고 활성화되게 하는 환경으로부터의 입력이 상호작용한 결과이다.'에서 말했듯이, 유전적으로 같은 조상을 둔 후손이라 할지라도 환경으로부터의 입력이 상호작용하게 되면, 전혀 다른 행동이 나타날 수 있음을 알 수 있다.

오답 피하기

① '인간의 행동은 유전적인 적응 성향과 이러한 적응 성향을 발달시키고 활성화되게 하는 환경으로부터의 입력이 상호작용한 결과이다.'를 고려하면, '인간의 행동과 마음'을 구분하여 각각 '환경과 유전'에 영향을 받는다는 설명은 적절하지 않음을 알 수 있다.
② 복잡한 정도가 크다고 하더라도 인지적 전략의 최적화가 이루어지는 것은 아니다. 현대의 상황이 복잡한 정도가 크다고 가정했을 때, 과거의 적응 방식이 부적절할 수 있다는 점을 지적한 2문단을 보면 확인할 수 있다.
④ 조상의 유전적 성향과 조상이 살았던 과거의 환경을 서로 비교하여 진화 방향을 결정한다는 내용은 해당 지문에 없다.

04 ②

'그들은 지능이라는 말이 측정 가능한 인지 능력을 전제하는 것인데, 다중지능이론이 설정한 새로운 종류의 지능들을 정확하게 측정할 수 있는 도구가 만들어지기는 어려울 것이라 주장한다.'에서 대인 관계의 능력과 관련된 지능을 정확하게 측정할 수 있는 도구가 개발 가능성에 대해 의심하는 것을 확인할 수 있다.

오답 피하기

① '이뿐 아니라 신체와 정서, 대인 관계의 능력까지 포괄한 총체적 지능 개념을 창안해 냈다.'에서 알 수 있듯이, '논리수학지능'도 포함한 것이 다중지능이론의 지능 개념임을 알 수 있다.
③ '다중지능이론'은 좌뇌의 능력에만 초점을 둔 기존의 지능 검사를 반쪽짜리라고 하는 것을 보아, 좌뇌, 우뇌 종합적으로 판단하는 것을 의미하지 어느 것에 더 주목한다는 말은 적절하지 않다.
④ '둘 사이에는 유의미한 상관 관계가 있으므로 서로 독립적일 수 없으며, 따라서 '다중'이라는 개념이 성립하지 않는다.'라는 말에서 상호 독립적이지 않다고 하였다.

PART **04**

01 ①

'호랑나비'는 '나비'의 하위개념이다. 1문단의 '하위 개념으로 분류할 수록 그 대상에 대한 정보가 더 많이 전달된다.'고 하였다. 따라서 '호랑나비'의 정보량이 적다고 말할 수 없다.

오답 피하기
② '용'은 현실 세계에 적용할 수 있는 지시물이 없는 상상 속에 있는 대상이다. 그러나 상상 속에 있는 대상이라 할지라도 1문단에서 이를 분류 개념으로 인정하였으므로 해당 선지는 적절하다.
③ '물리량을 측정하기 위한 규칙'으로 '경험적 규칙', '측정 단위를 정하는 규칙' 등이 포함된다. 또한 정량 개념은 과학의 언어를 수많은 비교 개념 대신 수를 사용할 수 있게 했다는 점도 특징이다. 여기서 'cm, kg'과 같은 측정 단위는 물리량을 측정할 수 있는 단위이므로, 자연현상에 수를 적용할 수 있게 된다는 설명은 적절하다.
④ '꽃'과 '고양이'는 논리적 관계를 따를 필요가 없는 대상이다. 비교 개념은 논리적 관계에 대한 언급이 있어야 하는데, '꽃'과 '고양이'를 두고 '더 무거움, 더 짧음'과 같은 비교하기 위한 설명이 없다.

02 ②

'공포는 실재하는 객관적 위협에 의해 야기된 상태를 의미하고, 불안은 현재 발생하지 않았으며 미래에 일어날지 모르는 불명확한 위협에 의해 야기된 상태를 의미한다.'에서 공포와 불안의 차이가 분명하게 제시된다. 또한 '공포를 느끼는 것은 '나 자신'이 위험한 상황에 놓여 있다는 사실을 아는 것이고, 불안의 경험은 '나 자신'이 위해를 입을까 봐 걱정하는 것이다.'에서도 확인할 수 있다. 이를 바탕으로 선지를 보면, '전기, 가스 사고가 날까 두렵다'는 말에서 아직 현실에 일어나지 않았음을 파악할 수 있다. 따라서 이는 '공포'가 아닌 '불안한 상태'로 이야기할 수 있으므로 ②가 정답이다.

오답 피하기
① '자신이 처한 위험한 상황'이란 말에서 '공포'를 느껴야 하므로, '공포감에 비해 불안감이 더 크다'라는 말은 적절하지 않다.
③ '시험에 불합격할 수 있다'는 생각은 아직 현실에 놓인 상황이 아니므로 '공포감'이 아니라 '불안'에 빠진 것으로 이해해야 한다.
④ '과거에 큰 교통사고를 경험한 사람'은 이미 경험한 것이 있으므로 앞으로의 사고에 관한 불안감이 있을 수 있을 것이다. 그러나 공포감과 불안감을 비교하는 것이 적절하지 않다.

03 ③

'인정'은 '뇌물'을 뜻하였으나 '사람의 감정'으로 의미가 바뀌었다. 즉, '의미의 이동'에 해당한다. 이는 '어여쁘다'라는 의미가 '불쌍하다'에서 '아름답다'로 바뀐 것과 동일하다.

오답 피하기
① '지갑'의 의미가 변화한 것은 '세 유형 중' 하나인 '의미의 확대'에 해당한다. 이를 두고 사회적 원인 때문이라고 원인을 꼬집을 수가 없다.

② '지갑'의 의미 유형은 '의미의 확대'이다. 그러나 '얼굴'은 '형체'에서 '안면'으로 의미가 축소되었으므로 '의미의 축소'라서 의미 변화 유형이 다르다.
④ '뫼(메)'는 '밥' 또는 '진지'에서 '제사 때 신위 앞에 올리는 진지'로 국한해서 쓰이므로 '의미 유형' 중 '의미의 축소'에 해당한다. 그러나 '다리'는 사람이나 동물의 신체 일부에서 더 나아가 무생물에도 사용하게 된 것으로 보아, '의미의 확대'에 해당한다.

04 ①

해당 글은 '한글'과 '한자'의 비교이며, '한문'과 '한국어 문장'의 비교가 아니다. 따라서 문장성분이 복잡한지 알 수가 없다.

오답 피하기
② '정수(淨水)'는 '깨끗하게 한'이란 '정'과 '물'이란 '수'의 결합이다. 이때 '정'이 '수'를 수식한다고 말할 수 있다.
③ "'愛人'은 문맥에 따라 '愛'가 '人'을 수식하는 관형어일 때도, '人'을 목적어로 삼는 서술어일 때도 있는 것이다.'에서 다른 문장 성분으로 쓰인 것을 알 수 있는데, 같은 글자가 다른 뜻으로 쓰인 경우에 해당하므로 '동음이의어가 아니다.'와 같이 설명할 수 있다.
④ '동음이의어, 즉 형태와 음이 같은데 뜻이 다른 단어가 많아 글자만으로 의미를 파악하지 못하는 경우가 많다.'를 근거로 볼 때 '의사'라는 글자만으로 의미를 파악하기가 어렵다.

01 이론형

1 설명 방식
p.407~412

01 ①

'인과'는 원인과 결과에 따른 서술 방식을 의미한다. 이런 서술 방식의 예로 가장 적절한 것은 ①이다. '해수면의 상승'이 원인이고, 이 현상에 따른, '기후 변화, 저지대가 잠기게 되는 현상'이 결과이다.

오답 피하기

② 정의. '제로섬'의 개념에 대한 서술 방식에서 확인할 수 있다.
③ 서사. 찬호가 몰래 학교에 들어가는 장면이 시간의 흐름에 따라 서술되어 있다.
④ 묘사. 소읍의 전경을 그림을 그리듯이 묘사하고 있다.

02 ②

빛 공해의 주요 요인이 인공조명의 누출 원인을 제시하였다는데, 인공조명의 과도한 빛이 인간의 건강하고 쾌적한 생활을 방해한다는, 인공조명에 의한 악영향만이 제시되었다. '인공조명의 누출 원인'은 제시되지 않았으므로 정답은 ③이다.

오답 피하기

① '빛 공해란 인공조명의 과도한 빛이나 조명 영역 밖으로 누출되는 빛이 인간의 건강하고 쾌적한 생활을 방해하거나 환경에 피해를 주는 상태를 말한다.'에서 빛 공해의 정의가 제시되어 있다.
③ '국제 과학 저널인『사이언스 어드밴스』의 '전 세계 빛 공해 지도'에 따르면, 우리나라는 빛 공해가 심각한 국가이다.'에서 '국제 과학 저널'이라는 자료를 확인할 수 있고, 빛 공해가 심각한 국가 중 우리나라를 제시하고 있다.
④ '빛 공해는 멜라토닌 부족을 초래해 인간에게 수면 부족과 면역력 저하 등의 문제를 유발하고, 농작물의 생산량 저하, 생태계 교란 등의 문제를 일으킨다.'에서 '빛 공해'로 인한 악영향을 나열의 방식으로 제시하였음을 알 수 있다.

03 ③

'1문단'에서 '고전파는 ~ 형식과 내용의 일체화를 꾀한다.'고 하였다. 따라서 '형식과 내용의 분리에 있다.'라는 말은 타당하지 않다.

오답 피하기

① 해당 글은 '고전파 음악의 역사적 의의'에 대해서 이야기하고 있다.
② '2문단'에서 '하이든, 모차르트, 베토벤' 등 다양한 음악가를 예로 들고 있으므로 적절한 설명이다.
④ '고전파 음악은 어떤 음악인가?'에서 확인할 수 있듯이 질문을 통해 화제를 제시하고 있고, 이러한 질문은 독자의 주의를 이끄는 효과를 지닌다.

04 ③

'디디티'의 악영향에 대한 언급은 있지만, 그것의 사용을 금지하자는 주장을 보여준 것은 아니기 때문에 ③이 정답이다. (다)는 디디티 사용이 금지되게 된 이유와 예를 제시하여 언급하였다.

오답 피하기

① 핵심 개념인 '디디티'를 언급하며 글을 진행하고 있으므로 적절한 선지이다.
② '이 유기 염소계 살충제는 물에 잘 녹지 않고 자연에서 햇빛에 의한 광분해나 미생물에 의한 생물학적 분해가 거의 이루어지지 않는다.'는 원인으로 분석이 되고, '포란 중 대부분의 알이 깨져 버려 멸종의 길을 걷게 된다.'는 결과로 분석된다. 전반적으로 인과로 진행되고 있으므로 해당 선지는 적절하다.
④ '환경오염 행위가 장차 어떠한 재앙을 몰고 올 수 있는지에 대한 연구'에서 환경오염에 대한 경각심을 불러일으키고 있으므로 적절한 선지이다.

05 ②

'유추'란 '같은 종류의 것 또는 비슷한 것에 기초하여 다른 사물을 미루어 추측하는 일.'을 의미한다. '바닷속'의 이야기는 '우리 사회의 다양성'을 언급 하기 위해 먼저 말한 것뿐이다. '바닷속'의 이야기를 바탕으로 우리 사회의 유사한 점을 제시하고 있으므로 '유추를 통해' '다양성 확보의 중요성'을 언급하고 있다는 말은 타당하다.

오답 피하기

① 관점이 서로 다른 두 주장을 제시하고 있지 않다. 일관된 자신의 생각을 밝히고 있다.
③ 여러 기준 자체가 없다. '다양성 확보'라는 일관된 주제로 이야기하고 있다.
④ 사례들을 나열하려면 다양한 예시가 나와야 하는데, '예시'로 든 것은 '다양성'과 관련된 이야기이므로 적절하지 않다.

06 ④

'유럽의 18~19세기', '20세기'라는 말에서 '시대적 변천 양상'을 확인할 수 있어야 한다. 그리고 '개혁하여 새로운 미래로 나아가는 구체적 방안'에 대해 논의하고 있으므로, '바람직한 방향을 제시하고 있다.'는 말은 타당하다.

오답 피하기

① 자신의 주장을 밝히고 있지 않고, 역시 상반된 견해도 없다.
② 상호 대립된 견해라는 말은 ①과 유사한 의미인데, 상반된 입장이 제시되어 있지 않으므로 적절하지 않은 선지이다.
③ 용어에 대한 개념 차이가 없으므로 적절하지 않다.

PART 04

6 전개 순서(+접속 표현)
p.418~424

01 ②

> 빅데이터가 부각된다는 것은 기업들이 빅데이터의 가치를 받아들이기 시작했다는 뜻이다. 여기에는 기업들이 데이터를 바라보는 시각이 변한 측면도 있다.

1) 여기에서 주체가 '기업'인 것을 파악해야 하고, 화제가 '데이터를 바라보는 시각이 변화였다.'는 것을 이해해야 한다.

> (가) 기업들은 [고객이 판촉 활동에 어떻게 반응하고 평소에 어떻게 행동하며 사물에 대해 어떤 태도를 보이는지 알기 위해] 많은 돈을 투자해 마케팅 조사를 해 왔다.

2) 고객들의 반응을 알기 위해 '기업'에서 많은 돈을 투자했다는 설명이다. 빅데이터의 가치를 알기 전의 상황으로 보아야 한다.

> (다) 그런데 기업들의 그런 노력이 효과가 있는 경우도 있었으나 아쉬운 점도 많았다. 쉬운 예로, 기업들은 많은 광고비를 쓰지만 그 돈이 구체적으로 어느 부분에서 효과를 내는지는 알지 못했다.

3) '그런데'로 화제를 전환해야 하며, '그런 노력'이란 말에서 앞에 제시되어야 할 내용이 기업들이 한 노력임을 알 수 있다. 이는 (가)의 상황을 제시한 것으로 보인다.

> (나) 그런 상황에서 기업들은 SNS나 스마트폰 등 새로운 데이터 소스로부터 그러한 궁금증과 답답함을 해결할 수 있다는 것을 알게 되었다. 페이스북에 올리는 광고에 친구가 '좋아요'를 한 것에서 기업들은 궁금증과 답답함을 해결할 수 있다.

4) 여기서 말하는 '새로운 데이터'는 '빅데이터'를 의미한다. 그리고 '그러한 궁금증과 답답함'이란 말에서는, (가)의 의문과 연결해야 한다. 여기까지 파악하면, '(가) → (다) → (나)'가 된다.

> 결국 데이터가 있는 곳에서 기업들은 점점 더 고객 취향에 집중할 수 있게 되었으며, 이에 따라 기업들은 소셜 미디어의 빅데이터를 중요한 경영 수단으로 수용하기 시작한 것이다.

5) 마지막엔 '빅데이터의 중요함을 깨달았다.'라는 언급이 있는데, 이는 (나)와 연결되는 것이 가장 자연스럽다. 따라서 정답은 ②가 된다.

02 ②

> 약물은 질병을 치료하거나 예방할 목적으로 사용되는 의약품이다. 우리 주변에는 약물이 오남용되는 경우가 있다.

1) '약물'의 정의를 밝히고 약물이 오남용되는 경우가 있다는 점을 지적한다.

> (나) 오남용은 오용과 남용을 합친 말로서 오용은 본래 용도와 다르게 사용하는 일, 남용은 함부로 지나치게 사용하는 일을 가리킨다.

2) 먼저 '오남용'이 무엇인지에 대하여 구체적으로 설명해야 다음의 연결이 자연스럽다.

> (라) 약물을 오남용하면 신체적 피해는 물론 정신적 피해를 입을 수 있다.

3) 그리고 약물을 '오남용'하면, 어떤 피해를 이 부분에서 알려주었다.

> (가) 더구나 약물은 내성이 있어 이전보다 더 많은 양을 사용하기 마련이므로 피해는 점점 커지게 된다.

4) 그리고 그러한 피해는 (가)와 같이 연결되어 '내성이 있다'는 점을 지적하여 이전보다 피해가 심각해짐을 강조하였다.

> (다) 그러므로 약물을 사용할 때는 반드시 의사나 약사와 상의하고 설명서를 확인하여 목적에 맞게 적정량을 사용해야 한다.

5) (다)는 결론이다. 오남용하지 말고 적정량을 사용하라는 당부로 마무리되어야 글의 흐름이 자연스럽다. 따라서 정답은 ②이다.

03 ③

> (라) 시청자가 드라마나 영화에 대해 시청 여부를 결정하는 데 걸리는 시간은 8초에 불과하다. 제작자는 이 짧은 시간 안에 시청자를 사로잡을 수 있는 스토리텔링 전략이 필요하다.

1) '스토리텔링 전략이 필요하다'는 내용이 먼저 제시된 부분이 (라)이다. 따라서 (라)가 시작 부분이 된다.

> (나) 스토리텔링 전략에서 제일 먼저 해야 할 일이 로그라인을 만드는 것이다. 로그라인은 '장애, 목표, 변화, 영웅'이라는 네 가지 요소를 담아야 하며, 3분 이내로 압축적이어야 한다. 이를 통해 스토리의 목적과 방향이 마련된다.

2) 스토리텔링 전략에 관한 본격적인 이야기가 시작된다. 따라서 (라) 다음에 (나)로 가는 것이 자연스럽다.

> (가) 다음으로 시청자의 마음을 사로잡을 수 있는 참신한 인물을 창조해야 한다. 특히 주인공은 장애를 만나 새로운 목표를 만들고, 그것을 이루는 과정에서 최종적으로 영웅이 된다. 시청자는 주인공이 목표를 이루는 데 적합한 인물로 변화를 거듭할 때 그에게 매료된다.

3) 다음으로 (가)가 자연스러운데, 이유는 (다)에서 '이 같은 인물 창조의 과정'을 거쳤다는 내용이 있기 때문이다.

> (다) 이 같은 인물 창조의 과정에서 스토리의 주제가 만들어진다. '사랑과 소속감, 안전과 안정, 자유와 자발성, 권력과 책임, 즐거움과 재미, 인식과 이해'는 수천 년 동안 성별, 나이, 문화를 초월하여 두루 통용된 주제이다.

4) 마지막으로 '이 같은 인물 창조의 과정'이란 말에서 (가)가 먼저 나와야 함을 알 수 있으니, (라)-(나)-(가)-(다)가 있는 ③이 정답이다.

04 ④ ··

> (마) 사회는 여러 사람이 그 뜻을 서로 통하고 그 힘을 서로 이어서 개인의 생활을 경영하고 보존하는 데에 서로 의지하는 인연의 한 단체라.
> — 주시경, 「대한국어문법 발문」

1) 선지에 따라, 시작은 (마)에서 하되, (가), (다)를 고려하자. 그리고 마지막이 (나), (라)인 것도 파악하자.

2) (마): 글쓴이는 '사회'를 여러 사람이 뜻을 통하고 힘을 합치고 서로 의지하는 단체라고 정의하였다. 이를 바탕으로 (가)와 (다)를 읽으면 된다.

> (다) 말과 글이 없으면 어찌 그 뜻을 서로 통할 수 있으며, 그 뜻을 서로 통하지 못하면 어찌 그 인민들이 서로 이어져 번듯한 사회의 모습을 갖출 수 있으리오.

3) (다): '말과 글이 없으면'이란 말은 '말과 글이 있을 때'를 고려한 것과 맥락이 유사하므로, 이에 맞추어 읽자. '말과 글이 있어야 서로 통하고, 그 뜻이 통해야 번듯한 사회의 모습을 갖춘다.'라는 의미이다. 이로 볼 때, '(마) → (다)'의 진행이 자연스럽다.

> (나) 이러므로 말과 글은 한 사회가 조직되는 근본이요, 사회 경영의 목표와 지향을 발표하여 그 인민을 통합시키고 작동하게 하는 기관과 같다.

4) (나): 여기에 드디어 '기관'이란 말이 언급된다. '말과 글'이 바로 사회를 통합시키고 작동하게 하는 기관과 같다는 의미이다. 이로 볼 때, '(나) → (가)'의 진행이 자연스럽다.

> (가) 이 기관을 잘 수리하여 정련하면 그 작동도 원활하게 될 것이요, 수리하지 아니하여 노둔해지면 그 작동도 막혀 버릴 것이니 이런 기관을 다스리지 아니하고야 어찌 그 사회를 고취하여 발달케 하리오.

5) (가): '이 기관'이란 말에서 알 수 있듯이, '기관과 같다.'는 말을 받아 이어 쓴 것으로 보인다.

> (라) 그뿐 아니라 그 기관은 점점 녹슬고 상하여 필경은 쓸 수 없는 지경에 이를 것이니 그 사회가 어찌 유지될 수 있으리오. 반드시 패망을 면하지 못할지라.

6) (라): '그뿐 아니라'는 앞의 맥락과 같아야 한다는 의미이다. '수리하지 아니하여 노둔해지다'라는 상황과 '녹슬고 상하여 쓸 수 없는 상황'이 연결되므로, '(가) → (라)'의 진행이 자연스럽다. 정리하자면, '(마) – (다) – (나) – (가) – (라)'가 있는 ④가 정답이다.

05 ③ ··

> (다) 시는 사람의 내면에만 담아 둘 수 없는 간절한 마음을 말이나 글로 표현할 때 탄생한다는 견해가 있다. 이에 따르면 시를 감상하는 것은 시에 담긴 마음을 읽어 내는 것이다.

1) (다): '시'에 관한 글쓴이의 정의가 있다. 그리고 '시'와 '마음'의 관계에 대해 언급하였다. 이는 (가)보다 (다)가 먼저 제시되어야 함을 암시한다.

> (가) 시가 마음을 담아내는 것이므로 시의 내용은 다양할 수밖에 없다. 사람의 마음은 매우 다양하기 때문이다.

2) (가): '시가 마음을 담아낸다.'는 것이 이 글의 주제이다. 여기서는 더 나아가 '마음이 매우 다양하다.'라는 점을 언급하였다.

> (나) 그러나 인간이라면 누구나 갖게 되는 마음이 있기에 자주 등장하는 내용도 있다. 대표적인 것이 바로 그리움이다.

3) (나): '그러나'는 앞의 상황과 다르게 전개될 때 쓰는 접속 부사이다. 따라서 (가)와 연결해 볼 때, '사람마다 다양한 마음이 있지만, 그렇지 않은 것도 있다.'라는 방식으로 진행되어야 자연스러울 것이다.

> (라) 그리움이 담겨 있는 시가 많은 것은 그리움이 그만큼 간절한 마음이기 때문이다. 이렇게 볼 때, 동서고금을 막론하고 그리움을 노래하는 시가 많은 것은 어쩌면 당연한 일이다.

4) (라): 마지막으로 (라)는 (나)의 '그리움'과 연결된다. 확실하게 ③이 정답임을 알려준 셈이다.

06 ③ ··

> 1900년대 이후로 다른 문자를 지양하고 한글로만 문자 생활을 영위하고자 하는 경향이 나타났다.

1) '한글로만 문자 생활을 영위하고자 하는 경향'을 읽어야 한다.

> ② 이로 인해 1930년대 이후에 우리 어문 연구가들은 맞춤법과 외래어 표기법을 제정하고 표준어를 사정하였으며 이를 바탕으로 사전 편찬 사업을 추진했다.

2) ②: ⓒ보다 ②을 먼저 배치해야 하는 이유는 '사전 편찬 사업'을 먼저 하고, '그 과정에서 어떻게 표기하기로 했는지의 흐름으로 진행해야 자연스럽기 때문이다.

> ⓒ 그 과정에서 그들이 가장 고심했던 일은 우리말 어휘의 반 이상을 차지하는 한자어를 어떻게 처리하느냐 하는 것이었다.

3) ⓒ: 그리고 여기서 말하는 '그들이' 바로 '우리 어문 연구가들'이므로 ② → ⓒ의 흐름이 자연스럽고 뒤의 내용을 고려해 볼 때, 한자어와의 연결도 자연스럽다.

> ⓒ 한글학회의 『큰사전』에서는 모든 단어의 표제어는 한글로 적었고 괄호 속에 한자, 로마자 등 다른 문자를 병기하였다.

4) ⓒ: '괄호 속에 한자를 병기하기'로 했다는 말에서 한자어를 어떻게 표기할 것인지에 관한 답이 제시되어 있다.

> ③ 이에 따라 각급 학교 교재에 한자는 괄호 안에 넣는 조치를 취했다.

5) ③: ③은 결론이다. 한자를 괄호 안에 넣는 조치는 ⓒ에 따른 것이므로, ⓒ → ③ 흐름으로 배치하는 것이 자연스럽다. 정리하자면, '②-ⓒ-ⓒ-③'이 있는 ③이 정답이다.

07 ④

> (가) **생명체들은 본성적으로** 감각을 갖고 태어나지만, 그들 가운데 일부의 경우에는 감각으로부터 기억이 생겨나지 않는 반면 일부의 경우에는 생겨난다. 그리고 그 때문에 후자의 경우에 해당하는 생명체들은 기억 능력이 없는 것들보다 **분별력과 학습력이 더 뛰어난데**, 그중 소리를 듣는 능력이 없는 것들은 분별은 하지만 배움을 얻지는 못하고, 기억에 덧붙여 청각 능력이 있는 것들은 배움을 얻는다.

1) (가): (가)를 중심으로 전개 순서를 파악해야 하므로, 화제에 더욱 집중한다. 화제는 '생명체'와 '기억' 그리고 '기억 능력'이 있으며, '분별력과 학습력이 뛰어나다.'라는 것이다. 그리고 '기억'과 함께 '감각화'되면, '배움을 얻는다.'까지 설명하였다.

> (라) 인간 종족은 기술과 추론을 이용해서 살아간다. 인간의 경우에는 기억으로부터 경험이 생겨나는데, 그 까닭은 같은 일에 대한 여러 차례의 기억은 하나의 경험 능력을 만들어 내기 때문이다. 그리고 경험은 학문적인 인식이나 기술과 거의 비슷해 보이지만, 사실 학문적인 인식과 기술은 경험의 결과로서 사람들에게 생겨나는 것이다. 그 까닭은 폴로스가 말하듯 경험은 기술을 만들어 내지만, 무경험은 우연적 결과를 낳기 때문이다. 기술은, 경험을 통해 안에 쌓인 여러 관념들로부터 비슷한 것들에 대해 하나의 일반적인 관념이 생겨날 때 생긴다.

2) (라): 그런 다음 (나), (다), (라)를 읽으면, (라)가 먼저 시작되어야, '인간의 기억 능력, 학습력, 일반적인 관념' 등의 진행이 자연스러움을 알 수 있다.

> (다) 하지만 발견된 다양한 기술 가운데 어떤 것들은 필요 때문에, 어떤 것들은 여가의 삶을 위해서 있으니, 우리는 언제나 후자의 기술들을 발견한 사람들이 전자의 기술들을 발견한 사람들보다 더 지혜롭다고 생각한다. 그 이유는 그들이 가진 여러 가지 인식은 유용한 쓰임을 위한 것이 아니기 때문이다. 그러므로 그런 종류의 모든 발견이 이미 이루어지고 난 뒤, 여가의 즐거움이나 필요, 그 어느 것에도 매이지 않는 학문들이 발견되었으니, 그 일은 사람들이 여가를 누렸던 여러 곳에서 가장 먼저 일어났다. 그러므로 이집트 지역에서 수학적인 기술들이 맨 처음 자리 잡았으니, 그곳에서는 제사장(祭司長) 가문이 여가의 삶을 허락받았기 때문이다.

3) (다): 여기서는 '지혜로움을 비교한 부분'이 있는데, 그 이유와 예를 밝혔다. 이는 인간과 경험과 관련된 설명이 먼저 제시되어야 가능하므로 (라) → (다)의 흐름이 자연스럽다.

> (나) 앞에서 말했듯이, 유경험자는 어떤 종류의 것이든 감각을 가지고 있는 사람들보다 더 지혜롭고, 기술자는 유경험자들보다 더 지혜로우며, 이론적인 지식들은 실천적인 것들보다 더 지혜롭다는 것이 일반적인 견해이다. 그러므로 지혜는 어떤 원리들과 원인들에 대한 학문적인 인식임이 분명하다.

4) (나): '앞에서 말했듯이'에서 이미 어떤 언급이 있어야 함을 알 수 있다. '유경험자'와 '기술자', 그리고 '지혜'와 관련된 설명은 앞서 말한 (다)와 연결된다. 그리고 여기서는 '지혜'가 학문적인 인식이라며 글을 마무리한 것으로 보인다. 이로 볼 때, (가)-(라)-(다)-(나)가 있는 ④가 정답이다.

7 논증

p.434~436

01 ④

- 오 주무관이 회의에 참석하면, 박 주무관도 참석한다.
  명제: 오 ○ → 박 ○
  대우: 박 × → 오 ×
- 박 주무관이 회의에 참석하면, 홍 주무관도 참석한다.
  명제: 박 ○ → 홍 ○
  대우: 홍 × → 박 ×
- 홍 주무관이 회의에 참석하지 않으면, 공 주무관도 참석하지 않는다.
  명제: 홍 × → 공 ×
  대우: 공 ○ → 홍 ○

홍 주무관이 회의에 참석하지 않으면, 박 주무관이 회의에 참석하지 않는다. 박 주무관이 회의에 참석하지 않으면 오 주무관도 참석하지 않는다. 따라서 ④가 정답이다.

오답 피하기

① 공 주무관이 회의에 참석하면, 홍 주무관이 회의에 참석한다. 그러나 박 주무관도 참석하는지는 알 수가 없다.
② 오 주무관이 회의에 참석하면, 박 주무관도 참석한다. 박 주무관이 회의에 참석하면 홍 주무관도 참석한다. 따라서 '홍 주무관은 참석하지 않는다.'라는 말은 거짓이다.
③ 박 주무관이 회의에 참석하지 않으면, 오 주무관이 회의에 참석하지 않는다. 그러나 공 주무관이 참석하는지는 알 수가 없다.

02 ①

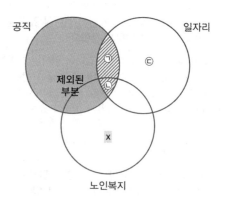

※ 색칠된 부분: 제외된 부분이다.
※ 빗금 처리된 부분: (나)의 범위를 의미한다.

(나) ㉠과 ㉡이 포함된 빗금 처리된 부분이다.

<u>공직 A → 일자리 A</u>(전체, 참)
공직 a → 일자리 a(일부, 참)
<u>~일자리 a → ~공직 a</u>(대우, 참)

[대전제] 모든 공직에 관심이 있는 사람은 일자리 문제에 관심이 있다.

(가) ×(일부): 노인복지 a → ~일자리 a
[소전제] 어떤 노인복지 문제에 관심이 있는 사람은 일자리 문제에 관심이 있는 사람이 아니다.

결론: 노인복지 a → ~일자리 a → ~공직 a
[결론] 어떤 노인복지 문제에 관심이 있는 사람은 공직에 관심이 있는 사람이 아니다.
즉, '노인복지 문제에 관심이 있는 사람 중 일부는 공직에 관심이 있는 사람이 아니다.'란 결론에 다다른다. 따라서 ①이 정답이다.

오답 피하기

② '공직에 관심이 있는 사람 중 일부'는 ㉠ 또는 ㉡에 포함되는 인물인데, (가)와 (나)를 전제로 할 때의 문제이므로, ㉠만을 언급할 수 없다.
③ ②와 달리 '모두'라고 하였으니, 공직에 관심이 있는 사람 모두는 빗금 처리된 부분이다. 이때 ㉡은 노인복지 문제에 관심이 있으므로, (가)와 (나)를 전제로 한 결론이라고 볼 수 없다.
④ 일자리 문제에 관심이 있지만, 노인복지에 관심이 없는 사람인 '㉠과 ㉢에 포함되는 인물 전체'인데, ㉠은 공직에 관심이 있는 사람이므로, (가)와 (나)를 전제로 한 결론이라고 볼 수 없다.

03 ①

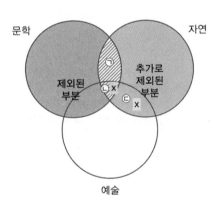

※ 색칠된 부분 ①: 제외된 부분이다.
※ 색칠된 부분 ②: 추가로 제외된 부분이다.(이때, ㉠과 ㉡이 있는 빗금 처리된 부분은 추가로 삭제되지 않는다.)
※ 빗금 처리된 부분: 처음 제시된 범위를 의미한다.
• 문학을 좋아하는 사람은 모두 자연의 아름다움을 좋아하는 사람이다.
  ㉠ + ㉡: <u>문학 A → 자연 A</u>(전체, 참)
        <u>문학 a → 자연 a</u>(일부, 참)
• 자연의 아름다움을 좋아하는 어떤 사람은 예술을 좋아하는 사람이다.
  ×(㉡): 자연 a → 예술 a(일부, 참)
  ×(㉢): 자연 a → 예술 a(일부, 참)

• 예술을 좋아하는 어떤 사람은 문학을 좋아하는 사람이다.
[결론] ×(㉡): 예술 a → 문학 a(일부, 참)
밑줄 친 결론을 끌어내리면, '×(㉢)'부분이 지워져야 한다. ①~④ 중, '자연의 아름다움을 좋아하는 사람 모두 문학을 좋아한다.'라는 내용이 추가되면, '×(㉢)'가 사라지므로 ①이 정답이다.

오답 피하기

② 문학을 좋아하는 어떤 사람은 자연의 아름다움을 좋아하는데, 이는 이미 '문학을 좋아하는 사람은 모두 자연의 아름다움을 좋아하는 사람이다.'에 포함되므로 추가할 필요가 없다.
③ 예술을 좋아하는 어떤 사람은 자연의 아름다움을 좋아한다고 하지만, 이는 '×(㉡)'와 '×(㉢)'을 의미하는데, 이것은 '자연의 아름다움을 좋아하는 어떤 사람은 예술을 좋아하는 사람'의 '역'으로, ㉢을 제외할 조건이라고 말할 수 없다.
④ 예술을 좋아하지만, 문학을 좋아하지 않은 사람은 모두 자연의 아름다움을 좋아한다고 한다. 이는 '㉢'이 있는 영역이다. 이 부분을 추가하면 결론인 '×(㉡)'을 말할 수 없으므로 적절한 설명이 아니다.

02 응용형

1 논지와 요지
p.437~440

01 ④

'건강한 소비를 위해서는 구매하려는 상품의 사용 가치가 어떤 과정을 거쳐 결정된 것인지 곰곰이 생각해 봐야 한다. '나'에게 얼마나 필요한가에 대한 고민 없이 다른 사람들의 말에 휩쓸려 어떤 상품의 사용가치가 결정될 때, 그 상품은 '나'에게 쓸모없는 골칫덩이가 될 수 있다.'가 중심 내용이다. 즉, 상품을 구매할 때, 사용 가치가 자신의 필요에 따라 결정된 것인지 신중하게 따질 필요가 있다는 의미이다.

오답 피하기

① 사용 가치보다 교환가치가 큰 상품을 구매해야 함을 강조한 것이 아니라, 자기에게 가치가 있는가가 중요하다고 말한 것이다.
② 상품을 구매할 때 사용 가치와 교환가치 모두가 중요한데, 자기에게 사용 가치가 없다면 굳이 거래할 필요가 없다.
③ 상품에 대한 다른 사람들의 평가를 멀리하라는 것이 중심 내용이다.

02 ③

해당 글의 주제는 2문단의 '혐오나 증오라는 감정에 집중할수록 우린 '달을 가리키는 손가락만 바라보는' 잘못을 범하기 쉬워진다.'에 있다. 글쓴이는 3문단의 '각종 혐오는 자연 발생한 게 아니라 사회적으로 형성된 감정이다.'이라고 말하며, '증상을 관찰하는 일은 중요하지만, 거기에만 매몰되면 곤란하다.'고 지적한다. 이런 점을 볼 때, 손가락이 아닌 '달'을 보아야 하므로 혐오 현상을 만들어 낸 근원을 찾아야 한다는 ③이 가장 적절하다.

오답 피하기

① 3문단의 '인과관계를 혼동하면 곤란하다.'에서 볼 수 있듯이, 인과관계가 존재하지 않는다의 여부를 말하고자 한 것이 아니라, 인과

관계를 혼동하면 곤란하다고 언급한다.
② 2문단의 "'나쁜 감정이니까 나쁘다.", "약자와 소수자를 차별하게 만드니까 나쁘다." 이 대답들은 분명 선량한 마음에서 나온 것이다. 하지만 문제의 성격을 오인하게 만들 수 있다.'에서 선량한 마음을 확인할 수 있는데, 이는 주제 의식을 내비치기 위한 하나의 예로, 오인하게 만들 수 있는 것과 관련지어야 한다.
④ 3문단의 '증상을 관찰하는 일은 중요하지만, 거기에만 매몰되면 곤란하다.'를 보면, 혐오라는 감정에 집중될수록 오히려 사회문제는 잘 보이지 않음을 알 수 있다.

03 ⑤

해당 글의 핵심 논지는 '이처럼 독일 통일의 과정에서 동독 주민들의 주체적인 참여를 확인할 수 있다. 독일 통일을 단순히 흡수 통일이라고 부른다면, 통일 과정에서 중요한 역할을 담당했던 동독 주민들을 배제한다는 오해를 불러일으킬 수 있다.'에 있다.

오답 피하기
① '동독 주민들이 자유총선거에서 독일동맹을 선택한 것은 그들 스스로 급속한 통일을 지지한 것이라고 할 수 있다.'에서 급속한 통일을 지지한 모습이 제시되었지만, 동독 주민들의 주체적인 참여가 중요하다는 점을 알려주려는 글이므로 사실만을 고려할 수는 없다.
② '독일 통일을 지칭하는 '흡수 통일'이라는 용어는 동독이 일방적으로 서독에 흡수되었다는 인상을 준다.'에서 동독이 일반적으로 서독에 흡수되었다는 점에서 흡수 통일이라고 부르지만, 핵심 논지와는 별개이다.
③ 서로 합의된 절차를 거쳤다는 점보다 더 중요한 것은 '주민들의 주체적인 참여'이다.
④ '동독 자유총선거를 위한 선거운동 과정에서 서독과 협력하는 동독 정당들이 생겨났고, 이들 정당의 선거운동에 서독 정당과 정치인들이 적극적으로 유세 지원을 하기도 했다.'에서 서독 정당과 정치인들이 유세 지원을 한 것을 보아 선거에 개입할 수 있었던 것 같지만, 중요한 것은 핵심 논지를 찾는 것이다.

04 ②

해당 글의 요지는 '잘 먹는다.'라는 것이 '관계를 맺는 행위임을 인식하기 시작할 때 드러난다.'라는 것과 '관계들은 먹는 행위를 윤리적 반성의 대상으로 끌어 올린다.'에 있다. 즉, 먹는 행위에 대해 윤리적 반성이 필요하다는 점을 지적한 것이니 ②가 글의 핵심 논지이다.

오답 피하기
① 윤리적 반성의 대상으로 끌어 올린다고 했을 뿐, 육식 자체를 지양하자는 이야기는 아니다.
③ '건강 증진, 취향 만족을 위한 먹는 행위'를 '개인적 차원'이냐, 아니냐를 언급하고자 쓴 글이 아니다.
④ '먹는 행위'는 이 둘 관계를 만들어 낸다는 점을 지적하기 위해 쓴 글이 아니라 '윤리적 반성'이 필요하다는 점을 강조한 글이다.
⑤ 먹는 행위를 평가할 때 소비자와 생산자의 책임을 비교하며 서술한 글이 아니다. 해당 글은 '우리는 보통 먹거리의 생산에 대해서는 책임을 묻는 것이 자연스럽다고 생각하면서도 먹거리의 소비

는 책임져야 하는 행위로 생각하지 않는다.'는 점에서 의문을 지니면서 시작된다. 즉, 소비자도 책임이 있다는 점을 강조한다.

2 강화와 약화
p.441~442

01 ④

'앳킨슨은 스톤헨지를 세운 사람들을 '야만인'으로 묘사하면서, 이들은 호킨스의 주장과 달리 과학적 사고를 할 줄 모른다고 주장했다.'에서 알 수 있듯이 앳킨슨은 스톤헨지를 세운 사람들이 지능적으로 우세하지 않았다고 보았기 때문에 만약 '기원전 3,000년경 인류에서 천문학 지식이 있다는 증거가 발견'되면, 앳킨슨의 주장과 상반되므로, 그의 주장은 약화될 것이다.

오답 피하기
① '천문학자 호킨스는 스톤헨지의 모양이 태양과 달의 배열을 나타낸 것이라는 의견을 제시해 관심을 모았다.'를 고려하면 '스톤헨지가 제사를 지내는 장소였다는 후대 기록이 발견'되었더라도 호킨스의 주장을 강화하지 못한다.
② '1960년대에 천문학자 호일이 스톤헨지가 일종의 연산장치라는 주장을 하였고'를 보면 호일은 스톤헨지를 '연산장치'와 연결지었다는 점에서 '스톤헨지 건설 당시의 사람들이 숫자를 사용하였다'는 증거가 발견되면, 오히려 호일의 주장은 강화되었을 것이다.
③ 글쓴이는 '지적 능력을 갖췄다고 해서 누구나 우리와 같은 동기와 관심, 개념적 틀을 가졌으리라고 생각하는 것은 잘못이다.'에서 알 수 있듯이, 스톤헨지를 세운 사람들은 우리와 달리 지식이 보존되고 세대를 거쳐 전승되어 쌓이지 않았을 것이라고 보았다. 그런데 '수학과 과학에 관련된 신석기시대 기록물이 발견'되면, 이는 글쓴이의 주장과 상반되므로, 글쓴이의 주장은 강화되는 것이 아니라 약화될 것이다.

02 ④

㉠과 관련된 내용을 정리하면 다음과 같다. '사람들은 자신의 언어에 얽매인 채 세계를 경험한다고 판단했다.'와 '특정 현상과 관련한 단어가 많을수록 해당 언어권의 화자들은 그 현상에 대해 심도 있게 경험하는 것이다.'이 매우 중요하다. 이를 토대로 'ㄱ~ㄷ'을 판단하면 다음과 같다.
• ㄱ: '눈[雪]을 가리키는 단어'를 4개인 '이누이트족'과 1개인 '영어 화자들'을 비교하면 당연히 눈을 넓고 섬세하게 경험한다는 ㉠을 강화한다.
• ㄴ: '수를 세는 단어'가 3개인 '피라하족'은 자신의 언어에 얽매인 채 세계를 경험한다고 볼 수 있으므로, ㉠을 강화한다.
• ㄷ: '색채 어휘가 적은 자연언어 화자'들과 '색채 어휘가 많은 자연언어 화자'들을 비교하였는데, '어휘가 적은 이들이 색채를 구별하는 능력이 뛰어난다.'고 본다면, 오히려 ㉠의 주장이 약화된다.
이를 정리하면, 'ㄱ, ㄴ, ㄷ' 모두 맞는 말이므로 정답은 ④이다.

3 빈칸 추론

p.443~446

01 ④

'실험 참가자는 나머지 두 사람이 아무런 설명 없이 자신을 따돌린다고 느끼게 된다.'부터 분석해야 결론을 확인할 수 있다. '실험 참가자가 따돌림을 당할 때 그의 뇌에서 전두엽의 전대상피질 부위가 활성화된다는 것을 확인했다.'는 내용과 '인간이 물리적 폭력을 당할 때 활성화되는 뇌의 부위이다.'라는 점에서 '전두엽의 전대상피질 부위가 활성화된다.'는 공통 부분을 이해할 수 있다. 즉, 정신적 폭력은 물리적 폭력과 다를 바 없다는 결론에 다다를 수 있다. 따라서 ④가 정답이다.

오답 피하기

① 정신적 폭력인 따돌림과 전두엽의 전대상피질 부위의 활성화된다는 내용을 연결하기 위한 전개이므로 물리적 폭력만을 바탕으로 결론을 이끌 수가 없다.
② 피해자의 개인적 경험과 사회적 문제로 전환된다는 점은 이 글의 핵심과 무관하며 결론으로 이끌어낼 수도 없다.
③ 정신적 폭력과 물리적 폭력을 서로 비교한 글이 아니다.

02 ①

1) 고정: 특정 단어에 눈동자를 멈춤. 의미를 이해하려는 시도가 있음.
2) 이동: 고정과 고정 사이, 의미를 이해하려는 시도가 없음.
3) 도약: 단어를 건너뛸 때, 의미를 이해하려는 시도가 없음.
4) 평균 고정 시간 = 총 고정 시간 / 총 고정 빈도

구분	읽기 능력 하위 집단 (A)	읽기 능력 평균 집단 (B)
조건	독서 횟수: 1회 독서 시간: 무제한	
눈동자의 평균 고정 빈도	B의 2배	
평균 고정 시간		A보다 높음
읽기 후		평균 점수 높아짐.

5) 결론: '읽기 능력이 부족한 독자'는 '읽기 능력이 평균인 독자'에 비해, 고정 빈도가 '2배'인 것을 보아, 난해하다고 느끼는 단어들이 '많다.'라는 것을 알 수 있다.
6) 그리고 고정 빈도와 시간과의 관계를 같이 보면, A 집단은 고정 빈도가 'B의 2배'이지만, 고정 시간은 같이 비례하지 않는다. 실질적으로 '평균 고정 시간'은 B가 A보다 높으므로, 난해하다고 느끼는 각각의 단어를 이해하려는 시도는 A가 많이 없음을 알 수 있다.
7) 따라서 A는 B에 비해 난해하다고 느끼는 단어들이 '더 많지만', 각각의 단어를 이해하는 과정에 들이는 평균 시간은 '더 적다'는 결론을 내린 ①이 정답이다.

오답 피하기

② '각각의 단어를 이해하는 과정에 들이는 평균 시간이 더 많은 쪽'은 A가 아니라 B이다.

03 ④

구분	고기	생선	유제품 (락토)	달걀 (오보)
완전 채식주의	×	×	×	×
페스코 채식주의자	×	○	개인 선호에 따라 선택적으로 섭취	
락토오보 채식주의자	×	×	○	○
락토 채식주의자	×	×	○	×
오보 채식주의자	×	×	×	○

• (가): '락토 채식주의자'는 유제품은 먹지만, '고기, 생선, 달걀'은 먹지 않는다.
• (나): '오보 채식주의자'는 달걀은 먹지만, '고기, 생선, 유제품'은 먹지 않는다.

오답 피하기

① (가)는 '달걀'을 먹지 않고, '유제품'을 먹으므로 적절한 선지가 아니다. (나)는 '고기와 생선'을 먹지 않으므로 적절한 선지가 아니다.
② (가)는 '달걀'을 먹지 않고, '유제품'을 먹으므로 적절한 선지가 아니다. (나)는 '유제품, 고기, 생선' 모두 먹지 않고, '달걀'은 먹으므로 적절한 선지가 아니다.
③ (나)는 '고기와 생선'을 먹지 않는다.

04 ①

• ㉠: 해당 내용을 읽어 보면, '모어'와 '외국어'를 비교하였음을 알 수 있다. '모어'는 '자동화되어 음성 기관의 어느 부분을 언제 어떻게 움직일지를 화자가 거의 의식하지 않는다.'라고 하였고, 이를 바탕으로 보면 '모어에 없는 외국어 음성'은 자동화되지 않았음을 추론할 수 있다. 따라서 '모어의 음성에 맞게 자동화되었기 때문에 외국어 음성을 발음하기가 어렵다.'라는 설명이 가능하므로 ①과 ③ 중에 답이 있음을 알 수 있다.
• ㉡: 이번에는 '필기 능력'과 '발음 능력'의 비교로 진행되는데, '손을 쓰는 것'은 '발음하는 것'보다 상당히 의식적이라고 지적한다. 그러나 개인의 의지와 상관없이 일정하다는 것은 결국 '자동화되었다.'라는 의미로 연결된다. 따라서 '무의식적이고 자동적인 면이 있다.'라는 ①과 ④ 중에 답이 있음을 알 수 있다.
• 정리하자면, 정답은 ①이다.

오답 피하기

②, ④ ㉠: '낯선 음성'은 '외국어 음성'을 의미하는데, 이를 발음할 때 무의식적으로 발음하도록 훈련되어 있지 않다. 이렇게 훈련된 것은 '낯선 음성'이 아닌 '모어'이다.
②, ③ ㉡: '유아기에 수행한 훈련'이 어느 순간 의식적이지 않고 자동화되었다는 점을 언급한 것이므로 '훈련이 효과적인지'의 여부를 강조한 글이 아니다.

4 ㄱ, ㄴ, ㄷ 판단

p.447~448

01 ④ ································

컴퓨터는 필연적으로 특정한 초기 상태로부터 다음 상태로 넘어간다. 이는 결정론적 법칙의 지배를 받는 시스템이라는 의미이다. 결정론적 법칙의 지배를 받는 시스템은 주어진 조건에 따라 결과가 하나로 고정되어 있다. 결정론적 지배를 받는다는 것과 자유의지를 가진다는 것은 양립할 수 없다. 즉, 결정론적 법칙의 지배를 받는 시스템은 자유의지를 가지지 않으며, 시스템에 도덕적 의무를 귀속시킬 수 없다.

이를 바탕으로 보면,

㉠ 컴퓨터는 자유의지를 가지지 않기에 도덕적 의무의 귀속 대상일 수가 없다.(○)

㉡ 도덕적 의무를 귀속시킬 수 있는 시스템은 자유의지와 도덕적 의무를 지니기 때문에, 이들은 결정론적 법칙의 지배를 받지 않는다고 말할 수 있다.(○)

㉢ 결정론적 법칙의 지배를 받는 시스템은 주어진 조건에 따라 결과가 하나로 고정되어 있으므로 항상 하나의 선택지만 있다. 따라서 다른 선택을 할 수 없는 시스템은 결국 결정론적 법칙의 지배를 받는 시스템을 의미하므로 자유의지를 가지지 않는다는 말은 적절하다.(○)

따라서 '㉠, ㉡, ㉢'이 있는 ④가 정답이다.

02 ② ································

1) 〈보기〉를 분석하자.
   • ㉠ 독립적이다. 공평하지 않다. 공정하지 않다.
   • ㉡ 해당 지문에서 반드시 이해해야 하는 것은 '독립적, 공평성, 공정성'이다.

2) 지문의 내용을 분석하자.
   • ㉠ 공평성: 판단의 결과가 가능한 결과들 중 일부분으로 특별히 치우쳐서는 안 된다는 것이다.
   • ㉡ 독립성: 이는 관련된 판단들이 외적인 것에 의해서 영향을 받지 않아야 한다는 것을 의미한다.
   • ㉢ 결론: 공정성에는 '공평성'과 '독립성'이 반드시 충족되어야 한다.

3) 2문단은 '동정 던지기 게임을 사례'로 보여준다. 2문단은 주로 '공평하다'는 것에 대한 이야기이고, '앞면과 뒷면이 나오는 횟수가 거의 같다는 점'을 이해해야 한다.

4) 3문단은 '독립성'에 대한 언급이 있다. '외부 장치에 의해 조작되면 안 된다는 것', '언제나 패배하지 않을 수 있는 상황'이 있어서는 안 된다는 것, 만약 이를 지키지 않으면 '공정하지 않은 게임이 된다'는 것이다.

5) 이를 바탕으로 〈보기〉를 보자.
   • ㉠: '패배하지 않을 수 있는 전략'은 조작이다. 그러나 그런 전략을 만들어 낼 수 없는 '동전 던지기 게임'은 조작을 다시 엎은 것이다. 패배하지 않을 수 있는 전략을 만들어 낼 수 없는 것은 결국 '이 게임은 독립적'이란 의미이므로, ㉠은 추론이 가능한 설명이다.

   • ㉡: '앞면이 나온 바로 다음에는 반드시 뒷면이 나온다. 뒷면이 나온 바로 다음에는 반드시 앞면이 나온다.'라는 장치는 분명 '조작'이다. 그런데 확률상 둘이 '같으므로' 조작이지만 조작이 아닌 공평한 게임이 된다. 따라서 '공평하지 않다'는 적절한 추론이 아니다.

   • ㉢: ㉠과 ㉡을 읽으면 '조작'에 대한 해석을 해야 하는 것을 알 수 있다. 마지막으로 '앞면이 나올 확률과 뒷면이 나올 확률의 차이가 크다.'라는 점을 고려해야 하며, 이는 결코 '공정하지 않은 상황'에 해당하기 때문에 ㉢은 적절한 추론이다.

6) 이를 정리하자면, ㉠과 ㉢만이 적절한 추론이므로, 정답은 ②가 된다.

Chapter ◆ 01 화법

01 화법 이론

확인문제

p.452

1 ①

㉠: '저도'에서 상대의 의견에 대한 공감이 나타나 있다.

오답 피하기

② ㉡: '어떻게 준비해야 할까?'와 같이 질문을 하면 되는데, '~이 고민이다.'와 같이 우회로 표현하였다. 따라서 직접 질문하였다는 말은 적절하지 않다.

③ ㉢: '청중의 특성 중에서 어떤 것들을 조사하면 좋을까?'라는 말은 '최 주무관'의 의견을 바탕으로 제안한 것이다. 따라서 '반대 의사'라고 말할 수 없다.

④ ㉣: '나이, 성별, 직업 등을 조사할까요?'란 의문문을 활용하여 상대의 질문인 '어떤 것'에 대한 구체적인 답을 제안한 것으로 보인다. 따라서 '반박하고 있다.'는 설명은 적절하지 않다.

p.453

2 ③

문제의 의도는 '지민'의 의사소통 방식에 있다. '정수'의 의견에 긍정하기도 하지만, 그렇다고 하여 자신의 의견을 말하지 않은 것은 아니다. 상대방의 의견도 '설득력이 있다.'라고 긍정하면서, '첫 번째 내용이 인상적이었다는 점'이란 자신의 의견도 제시했기 때문이다. 따라서 '상대방의 견해를 존중하면서 자신의 의견을 제시하고 있다.'라는 ③이 정답이다.

오답 피하기

① 같이 경험한 '면접 전략 강의'를 바탕으로 대화가 이어진다. '자신의 면접 경험'을 예로 상대방을 설득하고 있는 것이 아니다.

② 상대방의 약점을 공략한 내용은 없다.

④ 상대방과 갈등이 있는 것이 아니므로, 갈등 해소를 위해 자신의 감정을 표현하고 있지 않다.

p.454

3 ①

'체중'만 말하면 되는데, '키에 비해 가벼운 편'이라고 좀 더 이야기한 것으로 보아 '양의 격률'을 위배한 것으로 보인다.

오답 피하기

② '백 미터 달리기에서 비행기보다 빠른 사람을 보았다는 것'은 진실한 이야기가 아니므로 '질의 격률'을 위배한 것이다.

③ '저는 열다섯 살이지요.'만 말하면 되는데 형의 나이까지 말하였으므로 '양의 격률'을 위배한 것이다.

④ '애매한 태도'를 갖추고 있으므로 '태도의 격률'을 위배한 것이다.

4 ③

'간접 발화'와 '맥락'을 같이 읽어야 한다. 해당 문제의 의도는 '간접 발화'가 아닌 '직접 발화'를 찾으라는 데에 있으면 정답은 ③이다. 직접적으로 '어디로 가야 하냐'고 묻고 있기 때문이다.

오답 피하기

① '돈 가진 것 좀 있니?'를 직접 발화로 이해해 버리면 '응, 있다.'와 같이 썰렁한 대화만 오고 갈 뿐이다. 일부러 (돈을 빌릴 때)와 같이 말하고 있으니 이를 같이 읽어 숨겨진 의도를 이해하자.

② '방이 너무 더운 것 같구나.'를 직접 발화로 이해해 버리면, '응, 그런 것 같다.'와 같은 대화만 오고 갈 뿐이다. 일부러 (창문을 열고 싶다)는 내면을 제시한 이유가 있으므로 이를 같이 읽어 숨겨진 의도를 이해하자.

④ '우리 반 학생들은 선생님 말씀을 아주 잘 듣습니다.'를 직접 발화로 이해해 버리면, '네.'와 같은 대화만 오고 갈 뿐이다. 일부러 (과제를 내주고 독려할 때)와 같은 이야기를 한 이유가 있으므로 선생님의 의도를 같이 읽자.

p.455

5 ③

- ㉠ 자신을 상대방에게 낮추어 겸손하게 말해야 한다.: 겸양의 격률
- ㉡ 상대방의 처지를 고려하여 상대방이 부담을 갖지 않도록 말해야 한다.: 요령의 격률
- ㉢ 상대방이 관용을 베풀 수 있도록 문제를 자신의 탓으로 돌려 말해야 한다.: 관용의 격률
- ㉣ 상대방의 의견에서 동의하는 부분을 찾아 인정해 준 다음에 자신의 의견을 말해야 한다.: 동의의 격률

㉢은 '관용의 격률'이다. ㉢의 핵심은 '자신의 탓으로 돌려 말하기'에 있다. B는 오히려 '네 목소리가 작다.'라며 자신이 아닌 남의 탓으로 돌렸다. 이는 '관용의 격률'이 아니므로 정답은 ③이다.

오답 피하기

① ㉠은 '겸양의 격률'이다. B의 대답을 보면 '여러모로 부족한 부분이 많다.'라는 말에서 자신을 상대방에게 낮추어 겸손하게 말하고

있음을 알 수 있다.

② ㉡은 '요령의 격률'이다. B의 대화를 보면 '괜찮다'라며 상대방을 배려하며, '쇼핑하면서 기다리니 시간 가는 줄을 몰랐다며' 최대한 상대방이 부담을 갖지 않도록 하려고 노력하였음을 알 수 있다.

④ ㉣은 '동의의 격률'이다. B의 대답을 보면 '그거 좋은 생각이네'에서 알 수 있듯이 상대방의 의견에 충분히 동의한 후, '경희의 취향을 우리가 잘 모르니까 귀걸이 대신 책을 선물하는 것이 어떠냐?'라며 자신의 의견을 말하고 있다. 동의의 격률은 '동의하는 부분을 찾아 인정, 그리고 자신의 의견을 말하는 것'에 있으므로 '동의의 격률'이라 할 수 있다.

02 토의와 토론

확인문제 p.459

6 ①

'평서문'이 가장 중요한 조건인데, 모든 선지가 평서문이다. 일단 문제는 ②~③이 소거되어야 할 이유가 있으므로 정답은 ①이 된다. 긍정 평서문이고, 쟁점이 하나이고, 어느 한 편이 유리할 만한 내용이 없기 때문이다.

오답 피하기

② '개선할 수 없다.'는 긍정문이 아니라 부정문으로 제시되어 있으므로 제외된다.

③ '야만적인' 말에서 '어느 한 편에 유리하게 작용된다는 점'에서 제외가 된다.

④ '쟁점이 둘'이기 때문에 제외된다.

03 문제 유형

1 사회자 역할 p.460

01 ④

진행자가 말한 부분에서 '자기 경험'을 예로 든 부분은 없다.

오답 피하기

① '차가 막히는 시간은 2분 정도밖에 증가하지 않았습니다. 그런데 중상 이상의 인명 사고는 26.2% 감소했습니다. 또 이산화질소와 미세먼지 같은 오염물질도 각각 28%, 21%가량 오히려 감소한다는 연구 결과가 있습니다.'에서 통계 수치를 바탕으로 '아, 그러니까 속도를 10km/h 낮출 때 2분 정도 늦어지는 것이라면 인명 사고의 예방과 오염물질의 감소를 위해 충분히 감수할 만한 시간이라는 말씀이시군요.'에서 자기 나름대로 풀어나간 것을 알 수 있다.

② '교통사고를 줄이고 보행자 안전을 확보할 수 있다는 점, 교통체증 유발은 미미할 것이라는 점, 오염물질 배출이 감소할 것이라는 점에서 이번의 제한 속도 조정 정책은 훌륭한 정책이라는 것이군요.'에서 요약된 내용을 확인할 수 있다.

③ '일각에서는 그런 효과는 미미하고 오히려 교통체증을 유발하여 대기오염이 심화될 것이라며 이 정책에 반대합니다. 이에 대해 말씀해 주시겠어요?'에서 상대방의 주장에 대한 '반대 의견'을 소개하고 그에 관한 의견을 요청하였다.

2 토론 p.461~463

01 ②

1) 갑: '현대 사회는 계급사회가 아니라고 많이들 말한다.'에서 알 수 있듯이, 이에 관해 의문이라고 하였다. 이후, '현대 사회에서 인간의 사회적 지위는 부모의 경제력과 직결되기 때문에 계급사회라고 말할 수 있어.'에서 자기 의견을 밝혔다.
2) 을: '빈부 격차가 대물림되면서 개인의 계급이 결정되고 있어.'를 보면, 계급사회라는 점에서 갑과 을은 같은 입장임을 알 수 있다.
3) 병: '현대 사회가 빈부 격차로 인해 계급이 나누어지는 것처럼 보인다고 해서 계급사회라고 단정할 수는 없어.'에서 알 수 있듯이, '현대 사회를 계급사회로 보기' 어렵다고 하였다. 즉, '갑과 을'의 입장과 반대이다.
4) 이를 바탕으로 보면, 을의 주장은 갑의 주장과 대립하지 않는다는 말은 적절하다.

오답 피하기

① 갑은 을의 주장과 반박하지 않았다.

③ 갑과 병은 서로 입장이 반대이므로 유사한 결론을 도출하였다는 말은 적절하지 않다.

④ 갑과 병은 서로 입장이 반대이므로 대립하지 않다는 말은 적절하지 않다.

02 ②

'운용'은 '은지'의 말에 반론을 펼치는 것이 아니라 은지의 말 중 '나는 설탕세를 부과해야 한다고 생각해. 그러면 당 함유 식품의 소비가 감소하게 되고'에 근거가 있는지를 물은 것이다.

오답 피하기

① '은지'의 발언인 '최근 국민 건강 문제와 관련해 '설탕세' 부과 여부가 논란'에서 화제를 확인할 수 있다.

③ '세계보건기구 보고서를 보면 당이 포함된 음료에 설탕세를 부과하면 이에 비례해 소비가 감소한다고 나와 있어.'에서 알 수 있듯이 은지는 운용의 질문에 적절한 근거를 제시하였다.

④ 재윤은 '그런데 설탕세 부과가 질병을 예방한다는 것은 타당하지 않아.'에서 설탕세 부과와 질병을 예방한다는 두 관계를 주장한 은지의 발언을 부정한 것을 알 수 있다.

03 ④

해당 글은 '학교 폭력 문제'에 더 나아가 '방관한 학생에게도 책임을 물어야 한다.'라는 내용을 가지고 토론하고 있다. 찬성은 '방관한 학생에게 책임을 물어야 한다.'이고, '반대는 책임을 물으면 안 된다.'이다. 먼저, 찬성 측에서 우리가 고려해야 할 내용은 '친숙한 상황을 빗대어 자신의 견해를 펼치고 있다.'라는 것이고, '자기 경험을 제시하여 논지를 보충하고' 있는지 위주로 보아야 한다. 그리고 반대 측은 '윤리적 방법과 해결책'을 같이, 그리고 '논제에 의문을 제기하고 있는지'를 이해해야 한다. 첫 번째 '찬성 측'의 대화에는 상황을 빗댄 말도 자기 경험도 없다. 다음으로 '반대 측'의 대화를 보자. '반대 측'의 2번째 의견에는 '과연 누구까지를 ~ 규정지을 수 있을까요?'에 문제를 제기하고 있다. 해결책은 제시되어 있지 않으므로 정답은 ④이다.

① 친숙한 상황을 빗대어 자신의 견해를 펼치고 있지 않다.
② 자기 경험을 제시한 부분이 없다.
③ 반대 측은 윤리적 방법으로 해결책을 제시하고 있지 않다. 그리고 반대 측은 외부에서 규제하여 처벌할 수 없다는 입장이다.

3 토의
p.464~465

01 ②
1) 사회자는 '오늘의 토의 주제는 '통일 시대의 남북한 언어가 나아갈 길'입니다. 먼저 최○○ 교수님께서 '남북한 언어 차이와 의사소통'이라는 제목으로 발표해 주시겠습니다.'에서 주제와 발표 순서를 언급하였다.
2) '이로써 최 교수님의 발표를 마치겠습니다. 다음은 정○○ 박사님의 '남북한 언어의 동질성 회복 방안'에 대한 발표가 있겠습니다.'에서는 원활하게 토의가 이루어지도록 다음 발표자를 언급하였다.
3) 마지막 '그러면 질의응답이 있겠습니다. 시간상 간략하게 질문해 주시기 바랍니다.'에서는 질의응답과 주의를 한 것을 알 수 있다.
4) 이로 볼 때, 사회자는 진행이란 역할을 하였을 뿐, 발표자 간의 이견을 조정하지는 않았다.

① 사회자의 말에서 주제를 확인할 수 있다. 주어진 토의 주제는 '오늘의 토의 주제는 '통일 시대의 남북한 언어가 나아갈 길'입니다.'에서 알 수 있듯이 학술적인 주제이다. 참고로 학술적이란 학문과 관련된 것을 뜻한다.
③ 발표자는 여기에서 '최 교수'와 '정 박사'이다. 발표자는 모두 자신의 견해를 밝히고 있으며, 이는 청중의 입장에서 정보를 제공해 주는 것으로 보인다. 따라서 ③은 토의에서 발표자가 하는 역할이기 때문에 적절한 선지이다. 참고로 '최 교수'는 '남한과 북한의 어휘 차이가 대표적입니다.'에서 알 수 있듯이 남북한의 어휘 차이를 중심으로 이에 관한 연구가 지속되어야 함을 강조하였다. '정 박사'는 '앞으로 통일을 대비해 남북한 언어의 다른 점을 줄여 나가는 노력이 필요합니다.'에서 알 수 있듯이 남북한 언어의 차이를 줄여야 함을 강조하였다.
④ 청중 A의 반응이 하나뿐이라 바로 확인할 수 있다. '남북한 언어의 차이와 이를 극복하는 방안을 말씀하셨는데요. 그렇다면 통일 시대에 대비한 언어 정책에는 무엇이 있을까요?'에서 알 수 있듯이 '남북한 언어의 차이와 극복하는 방안'은 위의 언급된 내용을 다시 확인하는 과정이고, '통일 시대에 대비한 언어 정책에 무엇이 있는가.'는 주제와 관련된 질문이라 할 수 있다.

02 ④
'주민 대표'의 두 번째 발언에서 '하나 더 제안할 것이 있는데, 수업이 없는 방학 동안은 주민들이 체육 시설을 시간 제한 없이 이용할 수 있도록 해 주시면 좋겠습니다.'라며 제안을 하나 더 하였으나, '상대의 의견을 반박'하고 있지 않다.

① '주민 대표'는 '학생들의 수업권과 안전이 우선으로 보장되어야 한다는 데 동의합니다. 그런데 많은 주민이 아침에 운동하기를 선호하니 오전 9시 이전까지는 체육 시설 이용을 허용하면 어떨까요?'에서 상대방의 의견을 수용하되, '조건'을 건 것을 알 수 있다.
② '주민 대표'는 자신의 의견을 '오전 9시 이전까지는 체육 시설 이용을 허용하면 어떨까요?'와 같이 질문 형식으로 제안하였다.
③ '주민 대표'는 '많은 주민이 아침에 운동하기를 선호하니'에서 근거를 먼저 밝히고, '오전 9시 이전까지 체육 시설 이용을 허용하면 어떨지'에 관해 주장한다.

4 대화
p.466~467

01 ①
1) 갑: '전염병이 창궐했을 때, 마스크를 착용하는 것'은 당연하다는 입장이다.
2) 을: 무조건 비난하지 말고 이유를 파악하는 것이 필요하다는 입장이다. 그리고 '갑'과 '병'의 이야기를 듣고, '윤리적 차원에만 접근하지 말고 문화적 차원에서도' 고려할 필요가 있음을 강조한다.
3) 병: '개인의 자유가 가장 존중받아야 하는 기본권'이라고 생각하는 입장이다. 그러나 후에 갑의 생각을 듣고, '극단적 이기주의에 빠져 사회가 붕괴된다.'는 것까지 언급한다.
4) 이를 정리해 보면, '을'은 화제에 대해 남들과 다른 측면에서 탐색하는 사람이라고 할 수 있으므로 ①이 정답이다.

② '갑, 을, 병' 모두 화제를 전환하지 않고, '마스크를 착용하는 것'에 관한 이야기를 이어갔다.
③ '갑'과 '을' 모두 자기 입장을 밝히고 있다. 그리고 '병'은 상황에 관한 자기의 생각을 이야기하였을 뿐, 어떤 논점에 대한 찬반 입장을 바꾼 것은 아니다.
④ 사례의 공통점을 종합하여 주장을 강화하는 쪽으로 이야기한 인물은 없다.

02 ①
'유대감'이란 '서로 밀접하게 연결된 공통된 느낌.'을 의미하는데, '백 팀장'의 대화는 '~하는 것이 좋다.'는 제안을 중심으로 밝힌 것으로 보인다. 따라서 유대감을 드러내는 표현을 사용하였다는 말은 적절하지 않다.

② '고 대리'는 '전 반대합니다.'에서 '백 팀장의 제안에 반대를 표현'하였고, 그 이유를 '사내 게시판에 영상을 공개하는 것은 부담스러워요. 타 부서와 비교될 것 같기도 하고요.'에 드러내었다. 명시적으로 밝힌 것도 맞으며, 백 팀장의 요청인 '공유하면 좋을 것 같다.'를 거절하였다.

③ '임 대리'는 발언 초반에 '저도 팀장님 말씀대로 정보를 공유한다는 취지는 좋다고 생각해요.'에서 알 수 있듯이 백 팀장 발언의 취지에 공감한다. 또한 이렇게 공감함으로써 충분히 체면을 세워 주고 있다고 해석할 수 있다.

④ '임 대리'는 '팀원들 의견을 먼저 들어 보고, 잘된 것만 시범적으로 한두 개 올리는 것이 어떨까요?'에서 대화 참여자의 의견을 묻는 의문문을 제시하였다. 또한 직접적으로 '~하자'라는 말이 아니므로 간접적으로 드러냈다는 말은 적절하다.

5 기타

p.468

01 ②

1) 해당 선지를 보면, (가)와 (마)의 위치는 정해져 있다.
2) (가): '자기 친구가 겪었던 경험'을 언급함으로써 문제 상황에 대한 주의, 관심, 환기하고 있음을 알 수 있다.
3) (마): '자전거를 탈 때, 헬멧을 사용하시기 바랍니다.'에서 구체적인 행동, 방법을 확인할 수 있다.
4) 다음, (나), (다), (라)의 배열을 고민하자.
5) (다): (가)의 '자전거를 타고 돌아오다가 사고를 당했고, 머리를 다쳤다.'라는 문제를 '여러분도 자전거를 타는 경우'가 있다며 청자와 관련지어 설명함을 알 수 있다. 또한 2천여 명이 머리를 다쳐 고생한다는 점도 같이 언급함으로써 청자의 요구나 기대를 자극함을 알 수 있다.
6) (나): '여러분'이란 청자에게, '헬멧을 착용하면 머리를 보호할 수 있다.'라고 해결 방안을 제시하고 있다.
7) (라): '만약 자전거를 타는 모든 사람이 헬멧을 착용한다면'에서 해결 방안이 제시되었고, '뇌손상을 비롯한 신체 피해를 줄일 수 있다.', '자전거 타기가 주는 즐거움과 편리함을 안전하게 누릴 수 있다.'라는 것에서 도움이 되는 구체화한 내용을 확인할 수 있다.
8) '청자의 이해와 만족'을 기준으로 보면, (라)의 마지막 문장에서 확인할 수 있다. 그런데, 여기서 중요한 것은 '설득하는 말하기'이고, '글의 진행 흐름'이다. 즉, '해결 방안'을 먼저 제시하고, 다음에 어떤 도움이 되는지의 구체성을 고려해야 한다는 것이다.
9) 따라서 (가) – (다) – (나) – (라) – (마)가 있는 ②가 정답이다.

03 문제 유형

1 조건문

p.483~484

01 ③

'자기 쓰레기는 자기가 집으로 되가져가도록 합시다.'에서 구체적인 실천 방법을 확인할 수 있다. 그리고 '자기 집이라면 이렇게 함부로 쓰레기를 버렸을까요?'에서 설의적 표현을 확인할 수 있다. 또한 '양심이 모래밭 위를 뒹굴고 있다.'는데, 추상적 대상인 양심을 '뒹굴 수 있는' 구체적 대상에 빗대어 표현하였다.

① 구체적인 실천 방법을 제시하였다고 보기 어렵다. 다만, '푸른 날을 꿈꾸는 바다'에서 비유적 표현을, '미세 플라스틱'을 '독'에 빗댄 표현도 확인할 수 있다.

② '분리수거를 철저히 하고 일회용품을 줄이는 것'에서 구체적인 실천 방법을 확인할 수 있다. 다만, 설의법, 비유법 모두 확인할 수 없다.

④ 구체적인 실천 방법을 제시하였다고 보기 어렵다. 다만, '이대로 가다간 인간도 고통받게 되지 않을까요?'에서 설의적 표현을 확인할 수 있다.

02 ④

'높은 곳의 구름은 멀리를 바라보고, 낮은 곳의 산은 세심히 보는다네.'에 대구법이 있다. 그리고 '삶에 대한 통찰'은 '낮게 나는 새'의 자세에서 확인된다. '높이 나는 새'가 '낮게 나는 새'를 놀려댄 이유는 '멀리 보는 것'에 있는데, 이에 대해 '낮게 나는 새'는 '높은 곳의 구름은 멀리, 낮은 곳의 산도 보른다는 점' 둘 다 할 수 있어서 '낮게 난다'는 자신의 소신을 밝히고 있다.(우의적 표현)

① 대구법이 없다. 다만, '패배가 없더라면 어떻게 봄의 승리가 가능할 것인가'에 삶에 대한 통찰, 우의적 표현 모두 있다.

② '비가 주룩주룩 내리고, 토끼는 깡충깡충 뛴다.'에서 대구법이 있고, 이야기의 핵심은 '숙명'에 관한 것이다. 우의적 표현이나 삶에 대한 통찰이 약하므로 정답으로 보기가 어렵다.

③ 대구법이 없다. 다만, '자신을 비춰줄 만큼 큰 거울, 소녀의 눈동자를 하늘은 바라보았다. 거기에 자신이 있었다.'에서 우의적 표현, 삶에 대한 자신의 이야기를 밝히고 있다.

2 개요

p.485~486

01 ③

©은 '복지 사각지대의 해소 방안'과 관련된 이야기여야 하는데, '사회복지 업무 경감을 통한 공무원 직무 만족도 증대'는 이와 관련이 없다. 오히려 복지 사각지대까지 해소하려면 공무원 수를 늘려야 하지 않을까 싶다.

① ㉠은 '서론'으로 중심 소재의 개념 정의와 문제 제기를 1개의 장으로 작성하라는 조건에 따라 써야 한다. '1'에는 '복지 사각지대의 정의'가 제시되어 있으므로, '2'에는 '문제 제기'가 작성되어야 한다. '복지 사각지대의 발생에 따른 사회 문제가 증가한다.'라는 문제 상황에 해당하므로 ㉠에 들어갈 내용으로 적절하다.

② ㉡은 '본론'으로 제목에서 밝힌 내용을 2개의 장으로 구성하라는 조건과 각 장의 하위 항목끼리 대응되도록 작성해야 한다는 조건이 있다. 따라서 ㉡과 ㉢의 하위 항목을 같이 고려해야 한다. ㉡은 '사회적 변화를 반영하지 못한 기존 복지 제도의 한계'를 지적했는데, 이는 복지 사각지대의 발생 원인으로 볼 수 있다.

④ ㉣은 '결론'으로 '기대 효과와 향후 과제'와 관련된 이야기로, 복지 혜택의 범위를 확장하게 되면 얻을 수 있는 효과로 '사회 안전망 강화'와 같은 이야기를 할 수 있으므로 ㉣의 내용은 적절하다.

02 ①

글의 주제는 문제에 있다. '청소년 인터넷 중독의 현황과 문제 해결'을 보면 되는데, ①은 '청소년 인터넷 중독'이 문제가 아니라 '게임 업체의 고객 개인 정보 관리 보안'을 철저히 하지 않음으로써 벌어진 일이다. 따라서 글의 내용으로 포함하기에 적절하지 않다.

② '인터넷에 중독되는 청소년의 비율이 해마다 증가한다.'라는 말에서 인터넷 중독의 현황을 확인할 수 있으며, '시급히 해결되어야 할 문제임을 강조한다.'라는 점에서 문제의 해결을 강조하고 있다.

③ '사회성 결여, 의사소통 장애, 집중력 저하'는 모두 인터넷 중독과 관련지어 설명할 수 있는 부정적 현상들이라고 할 수 있다.

④ '청소년 대상 인터넷 중독 상담 프로그램의 개발 및 운영을 위해 할당된 예산이 부족하다.'라는 문제에 대한 전문가의 의견을 인용하면, 현재의 대처는 미온적이란 점을 지적할 수 있다.

03 ④

'청소년을 대상으로 디지털 기기의 사용 시간 제한'을 한다고 하여 '자극적이고 중독적인 디지털 콘텐츠의 무분별한 유통'을 막을 수 있는 것은 아니다. 따라서 ④가 정답이다.

① '우울증이나 정서 불안 등의 심리적 질환 초래'는 '디지털 중독'으로 인한 폐해로 볼 수 있으므로 ㉠의 하위 항목에 추가할 수 있다.

② '다양한 기능과 탁월한 이동성을 가진 디지털 기기의 등장'은 '디지털 중독으로 인한 심각성'과 별개의 이야기이므로 삭제하는 것이 낫다.

③ '뇌의 기억 능력을 심각하게 퇴화시킨다.'라는 점에서 '디지털 중독'의 예로 볼 수 있으므로 본론 Ⅱ-1로 옮기는 것이 타당하다.

3 수정하기
p.487~489

01 ③

㉢ 국가 정책 수립과 국제 협약을 체결하기 위해(×): 해당 문장에는 '와/과'가 있다. '와/과'는 문장 성분의 호응을 잘못 쓸 가능성이 높으므로 서술어와 함께 분석해야 한다. 즉, '국가 정책 수립을 체결하다.'란 문장이 적절한가와 같은 판단을 해야 한다. 그러나 문장의 맥락을 고려하면, '신재생 에너지와 관련하여 국가 정책을 수립하다.'와 '국제 협약을 체결하다.'로 나눌 수 있으므로 해당 문장은 수정이 필요하다.

① ㉠ 날이 갈수록 / 기후 위기는 심각해지고 있다.(○): 해당 문장에서 확인해야 할 것은 '심각해지다'이다. '심각해지다'는 '심각하다'란 형용사에 '-어지다'가 결합하여 동사로 쓰인 것이다. 내용도 '기후 위기'와 알맞으므로 수정할 부분은 없다.

② ㉡ 우리의 삶을 지속적으로 위협하는 / 이러한 기상 재해 앞에서(○): '기상 재해가 우리의 삶을 지속적으로 위협한다.'라는 문장과 '이러한 기상 재해 앞에서 기후학자가 자괴감이 든다.'라는 문장으로 분석되는데, 조사를 잘못 쓰거나 어미를 잘못 쓴 경우가 없으므로 수정할 부분은 없다.

④ ㉣ 지구가 파국으로 치닫는 것을 막을 / 기회는 아직 남아 있다.(○): '파국'이란 단어의 의미는 '일의 사태가 잘못된 것'을 말하는데, 문장의 맥락상 잘 어울리며, '지구가 파국으로 치닫는 것을 막다.'란 문장도 누락 없이 잘 이루어진 문장이다.

02 ②

㉡ 표준적인 언어생활의 확립과 일상적인 국어 생활을 향상하기 위해(×): '원칙'에서 말했듯이 대등한 것끼리 접속할 때는 구조가 같은 표현을 사용해야 한다고 한다. 따라서 '표준적인 언어생활을 확립하고, 일상적인 국어 생활을 향상하기'와 같이 고쳐야 한다.

① ㉠ 안내 알림(×): '원칙'에서 말했듯이 '중복되는 표현을 삼가야 한다. 따라서 '안내'와 '알림'은 의미가 중복되므로 '참석 알림'으로 고쳐야 한다.

③ ㉢ 표준 정보가 제공되고 있습니다.(×): '원칙'에서 말했듯이 '주어와 서술어를 호응'해야 한다. 즉, '본원은 ~으로서 ~을 제공하다.'와 같이 고쳐야, 주어와 서술어의 호응이 적절하다. 그러므로 '표준 정보가 제공되다.'라는 피동 표현을 '표준 정보를 제공하다.'라는 능동문으로 고쳐야 한다.

④ ㉣ 일반 국민도 알기 쉬운 표현으로 개선하여(×): '원칙'에서 말했듯이, '필요한 문장 성분이 생략되지 않도록' 해야 한다. ㉣은 문장 성분이 누락되었으므로, '의약품 용어를'을 삽입하면, '이것을 일반 국민도 알기 쉬운 표현으로 개선해야 한다.'와 같이 자연스러운 문장을 만들 수 있다.

03 ③

ⓒ을 파악하려면 '연구가 신약 개발의 방식으로만 진행되었다.'라는 내용에 집중해야 한다. 다시 말해, 질병 치료를 목적으로 신약을 개발했다는 의미인데, 노화는 질병이 아니므로 노화를 멈추는 약을 승인받기가 어려웠다. 따라서 '질병으로 본 탓'을 '질병으로 보지 않은 탓'으로 고쳐야 문장의 의미가 자연스러우므로 ③이 정답이다.

오답 피하기

① '노화 문제를 해결하는 것'이 이 글의 핵심이다. 그리고 이러한 발상은 인간이 젊고 건강한 상태로 수명을 연장하는 것이므로, 기존 발상과 근본적으로 다르다고 한다. 따라서 ⑦은 '기존 발상'과 관련된 것이어야 하므로, '늙고 병든 상태에서 단순히 죽음의 시간을 지연시킨다.'라는 말과 연결된다. 그러므로 이를 다시 '담담히 죽음의 시간을 기다린다'로 고치는 것은 적절하지 않다.

② '개발된다면'을 중심으로 보면, ⓒ은 다시 '노화 문제를 해결하는 방법'과 연결된다. 따라서 '노화가 진행된 상태를 진행되기 전의 상태로 돌린다.'라는 문장의 흐름과 매우 잘 어울린다. 그런데 이를 '노화가 진행되기 전의 신체를 노화가 진행된 신체로 되돌린다.'로 고치면 이는 '늙어진 상황을 의미하므로' 글의 맥락과 상이한 내용이 되어 버린다.

④ ②은 '일반 사람들'과 '노화가 더디게 진행되는 사람들의 유전자'를 비교하여 '그들에게서 노화를 지연시키는 생리적 특징을 추출한다.'가 핵심이고, 이는 다시 '노화를 막을 수 있다.'와 연결된다. 따라서 '그들에게서 노화를 촉진한다.'라는 말은 적절하지 않다.

04 ②

• 바람(○), '바라다'가 기본형이므로, '바람'이라고 쓰는 것이 맞다.

오답 피하기

① 틀려(×) → 달라(○), '생김새가 맞고 틀린 것'을 말하고자 쓴 것이 아니다. '차이가 있음'을 보여 주어야 하므로 '달라'와 같이 고쳐야 한다.

③ 주술 호응이 자연스럽지 않은 문장이다. '내가 오직 바라는 것은 네가 잘되었으면 좋겠다는 것이야.'와 같이 호응을 맞추어야 한다.('거야'는 '것이야'의 구어체이다.)

④ '시련을 주다'의 필수적 부사어가 누락되었다. 따라서 '인간에게'란 부사어를 보충해야 한다.

---

4 문장 삽입
p.490

01 ④

1) '나라에 위기가 닥쳤을 때'라는 위기 상황에서 '역사책에 한 줄 남기지 못한 이들'이 '이순신의 일기'에 기록되었다는 대상을 정확하게 봐야 한다. 이 맥락이 어디에 있느냐가 관건이며 이를 토대로 다음을 읽어야 한다.

2) 일단, '『난중일기』의 진면목'에서 글이 시작된다. 아직 '소수의 이야기'로 진행되기 전에 '왜군'에 관한 이야기나 영웅이기 이전에, 한 사람의 인간으로서의 고뇌가 있다는 점을 강조한 것으로 보아, (가)와 (나)에 삽입되기는 어렵다.

3) 다만 (다)와 (라) 사이에 '사랑하는 가족의 이름, 병졸, 하인, 백성들의 이름'을 언급했다는 면에서 (다)가 아니라, (라)에 삽입될 만한 여지가 있으므로 정답은 ④가 된다.

---

5 접속 표현 삽입
p.491

01 ①

1) (가): '정철, 윤선도, 이황은 양반 중에 양반이었다.'라는 내용과 '그들이 우리말로 작품을 썼던 걸 보면 양반들도 한글 쓰는 것을 즐겨 했다는 것을 부정할 수는 없다.'라는 내용을 보면, 화제가 전환된 것을 알 수 있다. 이때는 '그런데'와 같이 화제를 전환해 주는 접속어가 가장 적절하다.

2) (나): 다음으로 '허균이나 김만중은 한글로 소설까지 쓰지 않았던가.'라는 내용을 보면, 이들은 원래 한글로 소설을 쓰지 않았다는 의미로, 앞의 맥락에 덧붙이는 식으로 진행되어야 한다. 따라서 '게다가', '더구나'와 같은 접속사가 가장 자연스럽다.

3) (다): '이들이 특별한 취향을 가진 소수의 양반이었다면 이야기는 달라진다.'라는 내용은 이전과 다른 이야기를 하겠다는 의미이다. 따라서 전환의 의도를 읽을 수 있으므로, '그렇지만, 하지만'과 같은 접속어가 가장 자연스럽다.

4) (라): 해당 부분은 어느 정도 이야기가 진행된 다음 '마지막'으로 써야 하는 부분이다. '양반들은 대다수가 한글을 모를 수도 있고, 박지원도 한문으로 작품을 썼다.'라는 내용과 달리 (라) 이후에는 '한글을 이해하지 못하는 상황이었다면 정철, 이황, 윤선도도 한글로 작품을 쓰지는 않았을 것이라는 말'을 하는데, 이는 대부분 한글을 어느 정도 이해하고 있고, 이런 배경을 알고 있다고 이해할 수 있다. 따라서 '그러나, 하지만'과 같이 앞의 상황과 반대되는 접속어가 자연스럽다.

5) 이를 종합하면, '그런데, 게다가, 그렇지만, 그러나'가 있는 ①이 정답이다.

강세진

주요 약력

고려대학교 국어교육과 심화전공 졸업
현) 박문각 공무원 국어 대표 온라인, 오프라인 강사
전) 메가 공무원 소방 국어 대표 온라인, 오프라인 강사
전) 메가 공무원 국어 대표 온라인, 오프라인 강사
전) KG 공무원 9공구 9급 공무원 국어 대표 강사
전) 메가스터디 대치, 강남 러셀 국어 오프라인 강사
전) 스카이에듀 노량진 국어 오프라인 강사

주요 저서

New 강세진 국어 All In One (박문각출판)
2016~2025 문학 개념서: 더하다 (큰울림 국어연구소)
2016~2025 O.V.S 수능특강, 수능완성 (큰울림 국어연구소)
EBS EXIT 최종정리(수능특강, 인터넷수능) (지공신공)
EBS EXIT 최종정리(300제, 수능완성) (지공신공)
EBS EXIT 모의고사 (지공신공)
EBS EXIT 연계교재 문항집 (지공신공)
국어의 혁명 A형/B형 (메가북스)

사이트

네이버 밴드 앱: band.us/@kangsejin

New
강세진 국어 ✧✦ All In One

초판 인쇄 | 2024. 7. 25. **초판 발행** | 2024. 7. 30. **편저자** | 강세진
발행인 | 박 용 **발행처** | (주)박문각출판 **등록** | 2015년 4월 29일 제2019-000137호
주소 | 06654 서울시 서초구 효령로 283 서경 B/D 4층 **팩스** | (02)584-2927
전화 | 교재 문의 (02)6466-7202

저자와의
협의하에
인지생략

정가 38,000원
ISBN 979-11-7262-127-8